हिन्दी साहित्य का इतिहासदर्शन

हिन्दी साहित्य का इतिहासदर्शन

डॉ. शिवकुमार

वाणी प्रकाशन

वाणी प्रकाशन

4695, 21-ए, दरियागंज, नयी दिल्ली 110 002

शाखा

अशोक राजपथ, पटना 800 004

फ़ोन : +91 11 23273167 फ़ैक्स : +91 11 23275710

www.vaniprakashan.in
vaniprakashan@gmail.com
sales@vaniprakashan.in

HINDI SAHITYA KA ITIHASDARSHAN
by Dr. Shivkumar

ISBN : 978-93-5229-495-4
Criticism

प्रथम (वाणी) संस्करण 2016
आवृत्ति 2018

मूल्य : ₹ 795

रजौरिया प्रिंटर्स, दिल्ली-110 093 में मुद्रित

वाणी प्रकाशन का लोगो मक़बूल फ़िदा हुसेन की कूची से

धर्मनिरपेक्ष तथा प्रगतिशील
ऐतिहासिक चेतना के विकास के लिए
संघर्षशील प्रतिभाओं को

मुखबन्ध

ज्ञान के एक ऐसे क्षेत्र में अध्ययन की विशेष सार्थकता है, जिसमें लक्ष्य तक पहुँचने के लिए कोई सुनिश्चित मार्ग दृष्टिगोचर न हो। मुझे बहुत दिनों से हिन्दी साहित्य का इतिहास पढ़ते-पढ़ाते अनुभव हो रहा था कि हिन्दी साहित्येतिहासलेखन के सैद्धान्तिक तथा व्यावहारिक पक्ष का अध्ययन क्षेत्र अभी तक भी उस वीहड़ वन के समान है जिसमें कोई साहसी अनुसंधित्सु ही प्रवेश कर सका है तथा उसकी बहुत कम जानकारी दे पाया है। वस्तुतः मनुष्य की साहित्यिक गतिविधियों के इतिहास की समस्या अत्यन्त जटिल एवं विकट है। इस पर सुव्यवस्थित तथा सम्यक् रीति से अपेक्षाकृत बहुत कम विचार हुआ है।

इसमें सन्देह नहीं है कि हिन्दी के साहित्येतिहासलेखन से भारत की महान प्रतिभाएँ सम्बन्धित रही हैं। उनके भीम प्रयत्नों का परीक्षण करते हुए उनके अभावों का उद्घाटन करना अनेक कठिनाइयों तथा खतरों से भरा है, परन्तु यह इसलिए आवश्यक हो गया था कि अभी तक हिन्दी साहित्येतिहास का गम्भीर अध्येता कई प्रकार की भटकनों का शिकार है। इसके अतिरिक्त मैं इस नवीन क्षेत्र में कार्य करके उन विद्वानों के महान कार्य में सहभागी बनना चाहता था, जो साहित्यिक इतिहास के दर्शनशास्त्र एवं लेखनशास्त्र का नवनिर्माण करने में संलग्न हैं तथा साहित्य के इतिहास-सम्बन्धी इतिहास-विरोधी चिन्तन से जूझ रहे हैं।

जीवन तथा जगत सम्बन्धी विचारदर्शन पर ही इतिहासकार का ऐतिहासिक दृष्टिकोण आधारित होता है। जिस प्रकार समग्र जीवनदर्शन ऐतिहासिक दृष्टिकोण को निश्चित करता है उसी प्रकार इतिहासदर्शन साहित्येतिहास दर्शन का नियामक होता है। इसलिए साहित्येतिहास के अध्ययन के लिए मानवेतिहास तथा इतिहासदर्शन का ज्ञान अत्यन्त आवश्यक है। जब तक हम इतिहास, इतिहासदर्शन, तथा इतिहासलेखन के महत्त्वपूर्ण प्रश्नों को हल नहीं कर लेते, तब तक साहित्येतिहास के सैद्धान्तिक एवं व्यावहारिक पक्ष की चर्चा या तो उथली सिद्ध होती है अथवा ऐतिहासिक बोध से रहित बाल की खाल उतारने तक सीमित हो जाती है। इसमें

सन्देह नहीं कि साहित्येतिहास की संस्कृति के इतिहास के समान अपनी विशिष्ट प्रकृति है। अतः साहित्येतिहास का स्वरूप निश्चित करते हुए, साहित्यिक इतिहास लिखते हुए तथा उसके दर्शन एवं शिल्प पर विचार करते हुए उस विशिष्टता की उपेक्षा नहीं होनी चाहिए। साहित्येतिहासलेखन में समाजशास्त्रीय पद्धति को अपनाते हुए साहित्यिक विकास की विशिष्टता को भुला देना समस्या का अति सरलीकरण करना है परन्तु इस वैशिष्ट्य के आधार पर साहित्येतिहास को सामान्य इतिहास तथा सामाजिक यथार्थ से अलगाने का प्रयत्न भ्रामक ही नहीं इतिहास विरोधी भी है। इसके अतिरिक्त मेरी यह भी मान्यता है कि इतिहास सम्बन्धी परस्परविरोधी धारणाओं में समन्वय करके किसी ऐतिहासिक दृष्टिकोण का निर्माण ऐतिहासिक यथार्थ से पलायन ही नहीं, अवैज्ञानिक भी है तथा सारहीन भी। अतः इतिहास सम्बन्धी वैज्ञानिक दर्शनशास्त्र के आधार पर ही साहित्येतिहासदर्शन के सामान्य सिद्धान्तों का निर्माण करना उचित समझा गया है। ऐसा करते समय साहित्येतिहास की विशिष्टता को भी आँखों से ओझल नहीं होने दिया गया है। इस प्रकार एक सुविकसित साहित्येतिहासरदर्शन के आलोक में हिन्दी साहित्य के इतिहास-लेखन के दर्शन एवं शिल्प बंध का विश्लेषणात्मक अध्ययन प्रस्तुत किया गया है।

अपने लक्ष्य की पूर्ति के लिए पुस्तक को नौ अध्यायों में विभाजित किया गया है। पहले तीन अध्याय इतिहास, इतिहासलेखन, साहित्य के इतिहासदर्शन तथा साहित्यिक इतिहास के शिल्पबन्ध की अनेक समस्याओं से सम्बन्धित हैं। चौथे अध्याय में हिन्दी साहित्य के कालविभाजन की सर्वाधिक विवादास्पद समस्या से साक्षात्कार किया गया है और उसका एक नवीन समाधान पेश किया गया है। शेष अध्यायों में इतिहास दर्शन के आलोक में हिन्दी के इतिहासलेखन का विश्लेषणात्मक अध्ययन प्रस्तुत किया गया है।

मैं उन सभी विद्वानों का अत्यन्त आभारी हूँ जिन्होंने अपने गहन और वैज्ञानिक ऐतिहासिक बोध द्वारा मेरे ऐतिहासिक दृष्टिकोण के निर्माण में सहायता की है। परमप्रिय डॉ. रमेश कुंतल मेघ की प्रेरणा तथा उनके महत्त्वपूर्ण परामर्शों ने इस कार्य को सम्पन्न करने में जो सहायता दी है, उसे शब्द देने में असमर्थ हूँ। अपने विभागाध्यक्ष डॉ.सी.डी. शर्मा का अग्रज तुल्य स्नेह मेरे लिए काफी प्रेरक रहा है। श्रीमती सुरेन्द्र के त्याग के बारे में क्या कहूँ, जिन्होंने बीमार होते हुए भी परिवार का सारा उत्तरदायित्व स्वयं सँभाल कर मुझे अध्ययन के लिए मुक्त रहने दिया। डॉ. महेश्वर के सुझाव मेरे लिए अत्यन्त सार्थक रहे हैं। इसके लिए मैं उनका आभारी हूँ।

25 अगस्त, 1978 **शिवकुमार**

अनुक्रम

इतिहास तथा इतिहासदर्शन	11
इतिहासलेखन की परम्परा	47
साहित्येतिहास का दर्शनशास्त्र एवं शिल्पबन्ध	82
हिन्दी साहित्येतिहास : काल निर्धारण तथा नामकरण	131
हिन्दी साहित्येतिहास की परम्परा	154
हिन्दी साहित्येतिहासलेखन का प्रारम्भिक युग	174
विकास युग का हिन्दी साहित्येतिहासलेखन	213
वर्तमान युग का हिन्दी साहित्येतिहासलेखन	249
हिन्दी साहित्येतिहासलेखन की अन्य दिशाएँ	279
उपसंहार	318
सन्दर्भ सूची-ग्रन्थ	322
अनुक्रमणी	330

इतिहास तथा इतिहासदर्शन

इतिहास की परिभाषा

मनुष्य सामाजिक प्राणी होने के साथ-साथ एक ऐतिहासिक प्राणी भी है। स्पेंगलर के अनुसार, 'इतिहास स्पष्टतः इस सीमा तक प्रत्येक मनुष्य के लिए है कि प्रत्येक मनुष्य अपने सम्पूर्ण अस्तित्व एवं चेतना सहित इतिहास का अंग है।'[1] मानव तथा मानव-समाज इतिहास में जीवित रहकर ही उसका निर्माण करते हैं। मानव एक ओर ऐतिहासिक गतिविधियों एवं शक्तियों से प्रभावित होता है तथा दूसरी ओर इतिहास के बोध द्वारा उसकी धारा को नए मोड़ देने में भी समर्थ होता है। इसलिए मनुष्य इतिहास का दास भी है और स्वामी भी।

इतिहास क्या है? इस प्रश्न का उत्तर जितना सरल प्रतीत होता है, उतना है नहीं। इसे एक परिभाषा में बाँधना अत्यन्त कठिन है, क्योंकि इतिहास की धारा अनेकानेक शाखाओं में विभक्त होकर गतिशील है तथा इसके किनारे स्थिर नहीं हैं। इसके अतिरिक्त अनेक रूपात्मक इतिहास का अवलोकन एवं अध्ययन विभिन्न दृष्टियों से होने के कारण तत्सम्बन्धी जटिलता एवं अस्पष्टता में अधिक वृद्धि हुई है। वाल्श ने लिखा है : 'मुझे इस साधरण और परिचित तथ्य की ओर संकेत कर देना चाहिए कि इतिहास शब्द अपने आप में अस्पष्ट है।'[2] परन्तु अनिश्चय की स्थिति होते हुए भी एक बात निश्चित है कि 'आज सभी इतिहास को मानव की गतिविधियों तक सीमित मानने के लिए सहमत हैं।'[3] अतः इस दृष्टि से निर्मित इतिहास की कुछ प्रमुख परिभाषाओं पर विचार करने के उपरान्त इसकी एक समुचित परिभाषा स्थिर करने का प्रयास उचित होगा।

अनेक रूपी इतिहास को परिभाषित करते हुए रेमंड ऐरन ने कहा हैः 'इतिहास अपने संकुचित रूप में मानव के भूतकाल का विज्ञान है, अपने व्यापक रूप में यह धरती, आकाश, नक्षत्रों, जीवों तथा सभ्यता के विकास का अध्ययन है, ठोस रूप में इतिहास का तात्पर्य निश्चित तथ्य से है तथा अपने औपचारिक अर्थ में यह उस तथ्य का ज्ञान है।'[4] इस परिभाषा से इतिहास के अनेक पक्षों का तो बोध हो जाता

है परन्तु इसे स्पष्ट और सुनिश्चित परिभाषा नहीं माना जा सकता।

संस्कृत भाषा के शब्द 'इतिहास' के अर्थ–'ऐसा ही हुआ' तथा 'हिस्ट्री' के व्युत्पत्तिपरक अर्थ-'गवेषणा' के आधार पर यदि इतिहास को परिभाषित किया जाए तो कहा जाएगा कि पूर्वघटित घटनाओं तथा तथ्यों का अनुसंधान इतिहास है। इस दृष्टि से भी इतिहास की परिभाषाएँ निर्मित की गई हैं। कालिंगवुड ने लिखा है : 'मेरे विचार में इतिहास एक प्रकार की गवेषणा तथा जाँच-पड़ताल है।'[5] ऐसी परिभाषाओं द्वारा इतिहास के संकुचित अर्थ का ही बोध होता है। गवेषणा का सम्बन्ध ऐतिहासिक विधि से है, वस्तुगत इतिहास की प्रकृति से नहीं। अतः उक्त परिभाषा को एकांगी ही कहा जाएगा।

जेम्स हारवे राबिंसन ने मानव-जीवन के भूतकाल की विस्तृत जानकारी को इतिहास की संज्ञा दी है। उनके शब्दों में, 'अपने वस्तुगत अर्थ में इतिहास उस सबकी जानकारी है, जो मनुष्य द्वारा निर्मित या फलित, चिन्तित, आकांक्षित एवं अनुभूत है।'[6]

उक्त परिभाषा में इतिहास का मानव के पूर्वघटित कार्य-व्यापार की व्यापकता से तो सम्बन्ध स्थापित हुआ है, परन्तु उसकी तथ्यात्मकता पर ही विशेष बल दिया गया है। इस दृष्टि से यह परिभाषा उन्नीसवीं शताब्दी की इतिहास सम्बन्धी धारणा के अनुकूल है जब इतिहास को तथ्यमूलक एवं घटनामूलक समझा जाता था। तथ्यवादी एवं व्यवहारवादी चिन्तकों तथा इतिहासकारों के अनुसार : 'इतिहास निश्चित तथ्यों का निकाय है।' उन्होंने इतिहास के अन्तर्गत तथ्यों की शुद्धता को ही विशेष महत्त्व दिया है। इतिहास सम्बन्धी इस धारणा पर व्यंग्य करते हुए ई.एच. कार लिखते हैं : 'व्यवहारवादियों के अनुसार, इतिहासकार तथ्यों का संग्रह करता है, घर ले जाता है, उन्हें पकाता है तथा स्वेच्छित ढंग से उन्हें परोस देता है।'[7] इसमें संदेह नहीं कि तथ्य एवं घटनाएँ इतिहास का अनिवार्य अंग हैं तथा उनके अभाव में ऐतिहासिक ज्ञान की प्राप्ति एवं इतिहास रचना संभव नहीं है परन्तु भूतकालीन तथ्यों का संकलन ही इतिहास नहीं है। घटनाओं का विवरण मात्र भी इतिहास नहीं है जैसा कि रेनियर का मत है। वे कहते हैं : 'इतिहास मनुष्यों की कहानी के अतिरिक्त कुछ नहीं है।'[8] अतः उपर्युक्त परिभाषाओं को भी प्रामाणिक मानना उचित प्रतीत नहीं होता। इनसे यह अवश्य स्पष्ट हो जाता है कि इतिहास की कल्पना ऐतिहासिक तथ्यों तथा उनके विवरण के बिना नहीं हो सकती।

सामान्यतः इतिहास का सम्बन्ध मानव तथा समाज की भूतकालीन गतिविधियों से स्थापित किया जाता है। कुछ विद्वानों ने इसे इसी दृष्टि से परिभाषित किया है। प्रो. गालब्रैथ कहते हैं : 'मेरा अनुमान है कि इतिहास भूतकाल है जहाँ तक हम उसे जानते हैं।'[9] इस परिभाषा की एकांगिता स्पष्ट ही है, क्योंकि इसमें इतिहास के अध्ययन के लिए युग के सन्दर्भ की उपेक्षा की गयी है। इतिहास का सम्बन्ध अतीत

से नहीं वर्तमान से भी है। यह एक गतिशील प्रक्रिया है जिसका कभी अन्त नहीं होता। अतः इतिहास तथा अतीत को पर्यायवाची मानना अथवा इतिहास को अतीत के तथ्यों तक सीमित मानना एकांगी ही नहीं, भ्रामक दृष्टिकोण है।

अतीतवादी एवं तथ्यवादी दृष्टिकोण के विपरीत कुछ विचारकों ने इतिहास को युग सापेक्ष माना है। क्रोचे समस्त भूतकाल को वर्तमान में स्थित व्यक्ति का अतीत मानते हैं। अतः उनकी दृष्टि में : 'समग्र इतिहास समसामयिक इतिहास है।' इस सूत्र की व्याख्या करते हुए वे लिखते हैं : 'प्रत्येक ऐतिहासिक निर्णय की आधारभूत व्यावहारिक आवश्यकताएँ समस्त इतिहास को समसामयिक इतिहास का रूप प्रदान करती हैं।'[10] इसमें सन्देह नहीं कि क्रोचे की इतिहास सम्बन्धी अभिव्यंजनावादी एवं आत्मवादी धारणा भ्रामक है, परन्तु उन्होंने एक सत्य का उद्घाटन अवश्य किया है कि इतिहास वर्तमान की समस्याओं से कट नहीं सकता। मनुष्य की भूतकालीन घटनाओं, क्रियाकलापों तथा चिन्तनाओं को वर्तमान के परिप्रेक्ष्य में रखकर समझना ही उचित है अन्यथा उसका कोई महत्त्व नहीं रह जाता।

इतिहास का सम्बन्ध जीवन की गतिशीलता से है। इसलिए इसकी स्थिर रूप में कल्पना व्यर्थ एवं भ्रामक है। इसका सम्बन्ध घट रही वस्तु से है, न कि घटित वस्तु से।[11] डॉ. बुधप्रकाश ने ठीक ही लिखा है : 'इतिहास परिवर्तन है, यह परिवर्तनशील, प्रवाही एवं गतिशील है।'[12] इतिहास की यह संतुलित परिभाषा नहीं है, परन्तु इससे यह अवश्य निश्चित हो जाता है कि इतिहास की परिभाषा मनुष्य के गतिशील जीवन के सन्दर्भ में होनी अभीप्सित है।

इतिहास का सम्बन्ध मानव के देश-काल में परिवर्तनशील जीवन से ही नहीं है, इतिहासकार की तत्सम्बन्धी व्याख्या से भी है। व्याख्या के अभाव में इतिहास निर्जीव रहता है तथा सारगर्भित रूप प्राप्त नहीं करता। इस दृष्टि से ई.एच.कार की परिभाषा अत्यन्त महत्त्वपूर्ण है : 'इतिहास क्या है? इस प्रश्न का मेरा सर्वप्रथम उत्तर है कि यह इतिहासकार तथा उसके तथ्यों के मध्य होने वाली अन्योन्य क्रिया की सतत् प्रक्रिया है एवं वर्तमान तथा अतीत का एक अविच्छिन्न संवाद है।'[13] इस परिभाषा के अन्तर्गत इतिहासज्ञ ने इतिहास सम्बन्धी सैद्धान्तिक तथा व्यावहारिक दृष्टि को सन्निविष्ट करने का सफल यत्न किया है।

उपर्युक्त परिभाषाओं के सारतत्त्व को ग्रहण करते हुए इतिहास की एक समुचित परिभाषा निम्नलिखित रूप से दी जा सकती है:

इतिहास देश-काल के आयाम में विकसित एवं विकासशील मानव जीवन की गवेषणा के साथ-साथ उसकी तथ्याधारित एवं युग सापेक्ष व्याख्या है।

इतिहास का स्वरूप : कला अथवा विज्ञान

इतिहास सम्बन्धी परिभाषाओं के विवेचन एवं विश्लेषण के उपरान्त यह सुस्पष्ट हो जाता है कि इतिहास चाहे अपने परम रूप में देशकाल में घटित तथा घट रहे विकासशील मानव-जीवन की समग्रता है परन्तु अपने बोधगम्य रूप में यह उस समग्रता को समझने का प्रयास है। हमारे लिए समग्रता का वह अंश एवं रूप ही इतिहास है जिसे मानव बुद्धि प्राप्त करने तथा आकार देने में समर्थ हो सकती है। इसलिए इतिहास वस्तुतः इतिहास का ज्ञान है।[14] इतिहास का ज्ञान इतिहासलेखन द्वारा ही साकार एवं सजीव रूप धारण करता है। अतः अपने व्यावहारिक रूप में इतिहास, इतिहासलेखन से अभिन्न है।

इतिहास का स्वरूप स्थिर न होकर परिवर्तनशील है। नवीन तथ्यों का अनुसंधान तथा नवीन युगबोध इतिहास को परिवर्तित एवं विकसित करते रहते हैं। इसके अतिरिक्त युग की आवश्यकता भी इतिहासलेखन को नया रूप देती है। उपर्युक्त मत की पुष्टि में स्पेंगलर लिखते हैं : 'प्रत्येक युग का अपना ऐतिहासिक क्षितिज होता है तथा यह सच्चे इतिहास चिन्तक का लक्षण है कि वह अपने युग की आवश्यकतानुसार इतिहास के चित्र को वास्तविक आकार दे।'[15] बौद्धिक प्रक्रिया द्वारा भी यही सिद्ध होता है कि अतीत का ज्ञान वर्तमान के ज्ञान द्वारा ही संभव है, क्योंकि मानव बुद्धि प्रत्यक्ष ज्ञान द्वारा ही अप्रत्यक्ष का ज्ञान प्राप्त करती है। अतः इतिहास वर्तमान से संपृक्त है। इतिहास का सम्बन्ध केवल अतीत से नहीं है तथा यह कहना आंशिक सत्य है कि प्रत्येक इतिहासकार अतीत का अध्ययन करता है।[16] वस्तुतः हर इतिहासकार वर्तमान के अध्ययन के आधार पर अतीत का अध्ययन करता है। जेम्स थाम्पसन नें इतिहास के स्वरूप को स्पष्ट करते हुए ठीक ही कहा है कि 'इतिहास को एक ऐसा महान पुल समझा जा सकता है, जो काल की नदी पर मेहराब डालता है तथा भूत एवं वर्तमान को परस्पर संयुक्त करता है।'[17] किसी भी युग का इतिहास वर्तमान की उपेक्षा करके नहीं लिखा जा सकता। इतिहासकार अतीत की कहानी को वर्तमान के परिप्रेक्ष्य में रखकर ही लिखता है। 'यह सर्वविदित है कि हर पीढ़ी को अपना इतिहास नये सिरे से लिखना चाहिए।'[18] अतः इतिहास को अतीत के ज्ञान के रूप में स्वीकार करने की धारणा युक्तियुक्त नहीं है।

इतिहास के स्वरूप को केवल तथ्यमूलक एवं घटनामूलक मानना भी तर्कसंगत नहीं है। ऐतिहासिक तथ्य तथा घटनाएँ तो केवल इतिहास की सामग्री मात्र हैं। इस सामग्री के संग्रह से ही इतिहास रूप धारण नहीं करता। तथ्य संग्रह तथा इतिहास में भारी भेद है तथा तथ्यात्मक ज्ञान ही ऐतिहासिक ज्ञान नहीं है। भूतकालीन तथ्यों के वर्णन मात्र से भी इतिहास अपने उत्कृष्ट रूप को प्रकट नहीं होता जब तक वर्णन व्याख्यात्मक एवं विश्लेषणात्मक नहीं बनता। व्याख्या के अभाव में ऐतिहासिक

रचना संग्रहग्रंथ की नियति को प्राप्त करके रह जाती है। व्याख्या ही इतिहास को पूर्ण रूप प्रदान करती है। व्याख्या इतिहास की पूरक नहीं उसका अनिवार्य अंग है। इस सन्दर्भ में कहा जा सकता है कि इतिहास तथा इतिहास की व्याख्या अनिवार्यतः अभिन्न हैं।[19] इतिहास की कहानी तब तक अधूरी है, जब तक इतिहासकार तथ्यों एवं घटनाओं में कार्य-करण का सम्बन्ध स्थापित करता हुआ उनकी व्याख्या नहीं करता अथवा 'क्या हुआ?' के साथ-साथ 'कैसे हुआ' तथा 'क्यों हुआ' को स्पष्ट नहीं करता। इतिहास की व्याख्या दर्शनशास्त्र का विषय ही नहीं है, इतिहास का भी विषय है। हर इतिहासकार (संग्रहकर्ता नहीं) इतिहास का व्याख्याकार अवश्य होता है। व्याख्या द्वारा ही इतिहास तथा इतिहास दर्शन में तादात्म्य स्थापित होता है।

इतिहास में इतिहास की व्याख्या के महत्त्व को स्वीकार कर लेने से व्याख्या की अनेकरूपता को स्वीकार करना आवश्यक हो जाता है, क्योंकि प्रत्येक इतिहासकार इतिहास को अपनी धारणा के अनुसार व्याख्यायित करेगा। एक ही युग के इतिहास की व्याख्या विभिन्न दृष्टियों से सम्भव है, परन्तु इतिहास का सम्बन्ध मानव तथा समाज के क्रियाकलाप तथा ऐतिहासिक तथ्यों के अनुसंधान एवं अध्ययन से होने के कारण तत्सम्बन्धी व्याख्या का मानव-समाज के यथार्थ पर आधारित होना तथा तथ्यानुरूप होना अनिवार्य है। इतिहास से इतिहास सम्बन्धी काल्पनिक तथा आध्यात्मिक व्याख्या आधुनिक युग में यदि कोई संबंध है, तो शत्रुता का ही है क्योंकि अवैज्ञानिक व्याख्या इतिहास के स्वरूप को ही विकृत कर देती है। एफ. पाविक के अनुसार : 'इतिहास की व्याख्या के लिए लालसा मूलभूत है, परन्तु यदि भूतकाल सम्बन्धी हमारा दृष्टिकोण रचनात्मक नहीं होता, तो हम रहस्यवाद अथवा सिनिकवाद की ओर उन्मुख हो जाते हैं।'[20] अतः इतिहास की व्याख्या धर्म, जाति, राष्ट्रीयता इत्यादि पक्षपातपूर्ण धारणाओं के अनुरूप न होकर ठोस ऐतिहासिक यथार्थ पर आधारित होनी अपेक्षित है। तभी इतिहास अथवा इतिहासलेखन अपने शुद्ध तथा वास्तविक रूप को प्राप्त कर सकता है।

इतिहास के स्वरूप एवं प्रकृति के विस्तृत अध्ययनार्थ इतिहास, कला तथा विज्ञान के पारस्परिक सम्बन्ध को समझना, इतिहास में कारणता के प्रश्न पर विचार करना तथा ऐतिहासिक प्रगति के विभाजन का विवेचन करना अनिवार्य है।

इतिहासलेखन तथा कला

इतिहास को कला के रूप में मान्यता प्राचीन काल से ही प्राप्त है। विश्व की प्राचीन ऐतिहासिक रचनाएँ साहित्यिक कृतियाँ भी हैं। वस्तुतः इतिहासलेखन का सूत्रपात साहित्य की एक विशेष विधा के रूप में हुआ था तथा आधुनिक युग से पूर्व इतिहास एवं कला को अभिन्न समझा जाता था। वी.वी. जोशी के अनुसार : 19वीं शताब्दी के मध्य से पूर्व इतिहासलेखन निस्संकोच रूप में एक साहित्यिक कला थी। यह

केवल साहित्य की एक शाखा ही नहीं मानी जाती थी, प्रत्युत इतिहासकार सदैव उत्कृष्ट साहित्यिक शैली के सृजनार्थ भी प्रयत्नशील रहते थे, ताकि वे एक अच्छी कहानी कह सकें।'[21] इतिहास को कला मानने की इस परम्परा को आधुनिक युग में भी कई इतिहासकारों ने निबाहने का यत्न किया है तथा कई विचारकों ने इतिहास एवं कला के प्रमुख तत्त्वों की समानता के आधार पर दोनों को समकक्षी घोषित किया है।

इतिहास को कला के रूप में स्वीकार करने वाले विचारकों के अनुसार इतिहास लेखन व्यक्तिनिष्ठता एवं आत्माभिव्यंजना, कल्पना तथा शैलीगत सौन्दर्य आदि कला के तत्त्वों के बिना सम्भव नहीं। इसलिए 19वीं शताब्दी के अन्त में डिल्थे, विंडलवेंड, साइमल तथा क्रोचे इत्यादि इतिहासदार्शनिकों ने इतिहास को विज्ञान से भिन्न तथा कला के रूप में सिद्ध करने का यत्न किया। क्रोचे ने दोनों को अपने इतिहासविषयक पहले निबन्धों में अभिन्न माना है। उनके अनुसार, संक्षेप में दोनों में से प्रत्येक 'व्यक्ति का अन्तर्ज्ञान है, अतः अभिन्न है।'[22] परन्तु अपने परवर्ती निबन्धों में उन्होंने पूर्ववर्ती धारणा को संशोधित करके इतिहास को केवल कला के रूप में ही नहीं समझा, ऐतिहासिक ज्ञान तथा कलात्मक ज्ञान के अन्तर को भी स्पष्ट किया। इतिहास तथा कला के पारस्परिक सम्बन्ध का स्पष्टीकरण एवं निर्धारण इतिहास के सन्दर्भ में कला के तत्त्वों के अध्ययन द्वारा ही सम्भव प्रतीत होता है। अतः इन तत्त्वों पर विचार कर लेना आवश्यक होगा।

इतिहास तथा व्यक्तिनिष्ठता

व्यक्तिनिष्ठता तथा आत्मप्रकाशन कला के प्रमुख गुण हैं। कलाकार स्वानुभूत जीवन सत्य को अभिव्यंजित करता है। कला के ये गुण इतिहास में भी विद्यमान हैं। सम्भवतः इसलिए एमर्सन ने समस्त इतिहास को व्यक्तिनिष्ठ एवं जीवनीमूलक माना है। इसी आधार पर डब्ल्यू.एच. वाल्श इतिहासकार तथा कलाकार की समानता दर्शाते हुए लिखते हैं : 'इतिहासकार की कृति में कलाकार की रचना की भाँति उसके व्यक्तित्व का प्रकाशन किसी न किसी रूप में हो ही जाता है।'[23] इतिहासलेखन पर इतिहासकार के व्यक्तित्व की छाप अवश्य पड़ती है तथा उसकी वैयक्तिकता का अंश उसकी कृति में अपरिहार्य है, परन्तु क्या ऐतिहासिक तथा कलात्मक व्यक्तिनिष्ठता समरूप हैं तथा क्या इसका कला एवं इतिहास में समान महत्त्व है?

उक्त प्रश्न का उत्तर संक्षेप में यही होगा कि कला तथा इतिहास में व्यक्तिनिष्ठता का स्वरूप भिन्न है तथा दोनों में इसकी एक जैसी महत्ता नहीं है। कला में कलाकार की निजी अनुभूति अभिव्यक्त होती है; परन्तु इतिहास में इतिहासकार की अनुभूति घटित तथ्यों एवं घटनाओं पर आधारित होती है। इतिहासकार की अभिव्यक्ति आत्मप्रकाशन मात्र न होकर ऐतिहासिक सत्य के

अधीन होती है। कालिंगवुड के ये शब्द सारयुक्त हैं : 'यदि इतिहास कला है, तो कम से कम एक अत्यन्त विशिष्ट प्रकार की कला है। कलाकार केवल दृष्टिगत को प्रकट करता है, परन्तु इतिहासकार को इसके साथ यह भी पुष्ट करना पड़ता है कि जो वह देखता है, वह यथार्थ ही है।'[24]

आत्माभिव्यंजना कला का अभिन्न अंग है। इसके बिना कला के अस्तित्व की कल्पना भी नहीं की जा सकती परन्तु इतिहास में इतिहासकार के 'स्व' की अभिव्यक्ति का स्थान गौण है। इतिहासलेखन में यदि इतिहासकार अपने व्यक्तिगत दृष्टिकोण तथा पूर्वाग्रह के परिणामस्वरूप ऐतिहासिक तथ्यों को तोड़ता-मरोड़ता है अथवा उनकी अवहेलना करता है तो रचना का अनैतिहासिक बन जाना स्वाभाविक है। अत्यधिक व्यक्तिनिष्ठता के कारण : 'इतिहास का कला, दर्शन, वाद, प्रचार अथवा विशेष अभिवचन बन जाना सम्भव है।[25] इसमें कोई सन्देह नहीं कि इतिहासलेखन के समय तथ्यों के चुनाव तथा उनकी व्याख्या में लेखक की वैयक्तिकता का अंश अपरिहार्य है, परन्तु यह गुण अपने सीमित रूप में ही वांछनीय है, जिससे इतिहास की वस्तुनिष्ठता सुरक्षित रहे अथवा ऐतिहासिक सत्य को आँच न आए।

इतिहास तथा कल्पना

कला की भाँति इतिहास में कल्पना के महत्त्व को अस्वीकार नहीं किया जा सकता। मोमेंसन ने कहा था कि फैंटेसी इतिहास की जननी है।[26] क्रोचे तथा कालिंगवुड कल्पना को ऐतिहासिक ज्ञान का स्रोत मानते हैं। यह निश्चित है कि इस सृजन एवं रचनात्मक शक्ति द्वारा इतिहासकार वर्तमान में जीते हुए भूतकालीन जीवन के विस्मृतिगर्भ में छिपे तथ्यों का उद्घाटन करके भावी जीवन का चिन्तन करता है। इसके बिना ऐतिहासिक नैरन्तर्य को समझना भी सम्भव नहीं। इसी शक्ति द्वारा इतिहासकार अपनी रचना को सुरुचिपूर्ण बनाता है। मैकाले के शब्दों में : :एक सम्पन्न इतिहासकार का अपने विवरण को प्रभावात्मक तथा चित्रात्मक बनाने के लिए पर्याप्त शक्तिशाली कल्पना से युक्त होना अनिवार्य है।[27] कल्पना इतिहासलेखन को सौन्दर्य ही प्रदान नहीं करती, ऐतिहासिक रचना के गठन के लिए भी इसकी विशेष आवश्यकता है।

इतिहास में कल्पना के महत्त्वपूर्ण स्थान के आधार पर ही इतिहास को कला मान लेना तर्कसंगत नहीं होगा क्योंकि कलागत तथा साहित्यिक कल्पना एवं ऐतिहासिक कल्पना की प्रकृति में अन्तर है। ऐतिहासिक कल्पना मूलतया गठनात्मक है। कला तथा इतिहास की रचना के लिए कल्पना की गठनात्मक शक्ति की तो समान रूप में आवश्यकता है, परन्तु जहाँ कलाकार स्वेच्छा से कल्पना द्वारा सृजन करता है, वहाँ इतिहासकार की कल्पना स्वेच्छाचालित न होकर ऐतिहासिक साक्षी पर

आधारित होती है। कलाकार स्वानुभूति को कल्पना द्वारा साकार करता है, परन्तु इतिहासकार यथार्थ घटनाओं को ही एकसूत्रता तथा क्रमबद्धता प्रदान करता है। ऐतिहासिक कल्पना स्वच्छन्द नहीं है, वह ऐतिहासिक जगत के तथ्यों से आबद्ध है अथवा वह तथ्य केन्द्रित है। कलाकार की सौन्दर्यबोधयुक्त कल्पना यथार्थ को यथातथ्य रूप में ग्रहण न करके उसे संशोधित तथा नवीन रूप में प्रस्तुत करती है परन्तु ऐतिहासिक कल्पना की सार्थकता यथार्थ की यथातथ्यात्मकता को अविकृत रूप में चित्रित करने में ही है। इसलिए रेनियर ने ऐतिहासिक कल्पना को केवल स्मृति की वस्तु को गतिशीलता देने वाली शक्ति माना है तथा इतिहासकार को कल्पना द्वारा भटकाए जाने के प्रति सावधान किया है।[28] अतः कल्पना के गुण के आधार पर इतिहास को कला घोषित करना उचित नहीं है।

इतिहासलेखन तथा कलात्मक शैली

कई इतिहासकार इतिहासलेखन के लिए कलात्मक शैली का प्रयोग आवश्यक मानते हैं। साहित्यिक शैली में लिखित ऐतिहासिक ग्रन्थों की विशाल परम्परा है। आज भी इतिहासकार का एक शैलीकार होना विशेष गुण माना जाता है। इतिहासकार अपने ज्ञान को लिखित रूप देते समय कलाकार के कर्त्तव्य को भी निभाता है। वह सुंदर भाषा-शैली के प्रयोग के द्वारा अपनी कृति में ऐतिहासिक तथ्यों की व्याख्या को सुरुचिपूर्ण तथा सरस बनाता है। इस दृष्टि से इतिहासलेखन में साहित्यिकता का तत्त्व स्वाभाविक रूप में आ जाता है। रेनियर के मतानुसार : 'यदि कला का इतिहास से कोई सम्बन्ध है तो उस स्थिति में है जब इतिहासकार अपने परिणामों का संप्रेषण करता है।'[29]

इतिहासलेखन में साहित्यिक शैली का महत्त्व होते हुए भी उसका उचित प्रयोग ही समीचीन है। ऐतिहासिक कृति में भाषा के लालित्य तथा आलंकारिक सौन्दर्य का इतना महत्त्व नहीं, जितना भाषा की स्पष्टता का है। कला और साहित्य में अब भी भावात्मकता के लिए विशेष स्थान है, परन्तु इतिहास में तार्किक एवं विश्लेषणात्मक शैली का प्रयोग उपयुक्त माना जाता है। शैलीगत विशेषताओं की समानता के कारण इतिहास अन्य साहित्यिक विधाओं की अपेक्षा उपन्यास के निकट कहा जा सकता है। वी.वी. जोशी के अनुसार : 'उपन्यासकार की भाँति इतिहासकार अपनी रचना में घटनाओं का वर्णन करता है, स्थितियों का चित्रण करता है, उद्देश्यों को प्रकट करता है तथा चरित्र का विश्लेषण करता है'[30] परन्तु उपन्यासलेखक की भाँति इतिहासकार स्वतंत्र प्राणी नहीं है। इतिहासकार को तिथिक्रम, देश-काल तथा ऐतिहासिक तथ्यों की सीमा में बँध कर लिखना पड़ता है। इस दृष्टि से इतिहासकार ऐतिहासिक उपन्यासकार से भी कम स्वतंत्र है। दोनों के कथ्य तथा कथन में समानता होते हुए भी विशेष अन्तर है, जिसके परिणामस्वरूप साहित्यिक शैली में

लिखित कोई भी इतिहासग्रंथ उपन्यास नहीं बन जाता। इतिहासलेखन के 'जनक' हिरौदोतस'[31] को ऐसे इतिहासकार से चिढ़ थी, जो सत्यकथन की अपेक्षा कर्णरस प्रदान करने के लिए कहानी लिखता था।

उपर्युक्त विवेचन से स्पष्ट हो जाता है कि इतिहास अथवा इतिहासलेखन में कला के तत्वों का अस्तित्व उसे कलासिद्ध नहीं कर देता। इन तत्वों का प्रयोग इतिहास तथा कला में भिन्न-भिन्न प्रकार से होता है तथा इनकी प्रकृति में भी अन्तर आ जाता है। इसके अतिरिक्त इतिहास में विज्ञान के तत्व भी निहित हैं। अतः उक्त तत्वों के आधार पर इतिहास को कला कहना भ्रामक होगा।

इतिहास तथा विज्ञान

वैज्ञानिक युग से बहुत पहले ग्रीक इतिहासकार हिरौदोतस (484-425 ई.पू.) ने इतिहास को वैज्ञानिक रूप में ग्रहण करने का यत्न किया था, परन्तु उसकी परम्परा का निर्वाह ग्रीक में भी सम्भव नहीं हुआ तथा मध्ययुग तक इतिहास कलात्मक, नैतिक अथवा धार्मिक दृष्टिकोण से लिखा जाता रहा। इतिहासलेखन में ऐतिहासिक तथ्यों की अपेक्षा इतिहासकार का पूर्वग्रह प्रधान रहा।

अठारहवीं शताब्दी के अन्त में तथा 19वीं शताब्दी के आरम्भ में विज्ञान की अभूतपूर्व उन्नति के परिणामस्वरूप मानवेतिहास को भी वैज्ञानिक दृष्टि से समझने का यत्न हुआ। प्रकृतिजगत के अध्ययन सम्बन्धी वैज्ञानिक विधाओं का प्रयोग मानव-व्यापारों एवं क्रियाकलापों के अध्ययन के लिए किया जाने लगा। न्यूटन द्वारा सृष्टि की यंत्र रचना सम्बन्धी धारणा ने 19वीं शताब्दी के दार्शनिकों तथा इतिहासकारों को अत्यधिक प्रभावित किया। उन्होंने मानवसृष्टि का अध्ययन भी यंत्र-रचना के सिद्धान्तों के अनुरूप किया। बर्टेंड रसल के अनुसार, 'निकट भविष्य में यंत्र-गणित जैसा संक्षिप्त मानवव्यवहार गणित भी सम्भव हो सकेगा।'[32] इस तरह इतिहास को नियमित करने वाले सिद्धान्तों का अनुसन्धान होने लगा।

इतिहास तथा विज्ञान के अन्तराल को पूरा करने का श्रेय डार्विन के विकासवाद को दिया जाना अधिक उचित है, जिसने विज्ञान क्षेत्र में क्रान्ति द्वारा नवीन विचारपद्धति को जन्म दिया। उन्होंने इतिहास को विज्ञान में समाविष्ट करके विज्ञान का सम्बन्ध गतिशील वस्तु से स्थापित किया। नवीन वैज्ञानिक अनुसंधानों के फलस्वरूप इतिहास जगत में आमूलचूल परिवर्तन हुआ तथा इतिहास को विज्ञान घोषित किया गया। इतिहासकार बरी ने 1903 ई. में अपने एक भाषण में कहा था : 'इतिहास विज्ञान है, न उससे कम और न उससे अधिक।'[33] इस प्रकार बीसवीं शताब्दी में यदि किसी विचारक ने इतिहास को मानव के भूतकाल का विज्ञान कहा है, तो किसी ने इसे मानव मस्तिष्क का विज्ञान माना है। मेयर ब्लोक के कथनानुसारः 'इतिहास काल में रह रहे मनुष्यों का विज्ञान है।'[34] आज का

इतिहासकार केवल यह जानने के लिए उत्सुक नहीं होता कि 'कब क्या हुआ?' इसके साथ यह भी जानना चाहता है कि 'यह क्यों हुआ?' प्रसिद्ध इतिहासकार तथा विचारक ई. एच. कार वैज्ञानिक तथा इतिहासकार के उद्देश्य की एकता स्थापित करते हुए लिखते हैं : 'इतिहासकार वैज्ञानिक की भाँति एक ऐसा जीव है, जो यह प्रश्न बार-बार पूछता है–ऐसा क्यों हुआ?'[35]

यदि विज्ञान को 'व्यवस्थित ज्ञान' के रूप में स्वीकार किया जाए तब तो इतिहास को विज्ञान मानने में किसी को कोई आपत्ति नहीं है, परन्तु विज्ञान व्यवस्थित ज्ञान के अतिरिक्त 'प्रयोगात्मक ज्ञान' भी है अथवा विज्ञान प्रकृतिजगत को संचालित करने वाले नियमों का अध्ययन है। इसलिए यदि इतिहास को विज्ञान स्वीकृत किया जाए तो यह मानना होगा कि मानव की गतिविधियाँ, उसके क्रियाकलाप आरम्भ से नियमाधीन हैं तथा इतिहास का सम्बन्ध उन नियमों के अध्ययन से है। इस दृष्टि से इतिहास को विज्ञान मानने की आधुनिक धारणा का विरोध भी कम नहीं हुआ। बीसवीं शताब्दी के क्रोचे, कालिंगवुड तथा वाल्श जैसे इतिहासदार्शनिकों ने वैज्ञानिक चिंतन तथा वैज्ञानिक विधा को ऐतिहासिक चिन्तन एवं ऐतिहासिक विधा से भिन्न मानते हुए दोनों के भेद को स्पष्ट करने का यत्न किया है। वे इतिहास में वस्तुनिष्ठता, सामान्यीकरण, भविष्यकथन इत्यादि विज्ञान की विशेषताओं का अस्तित्व स्वीकार नहीं करते तथा उसका सम्बन्ध नीतिशास्त्र से स्थापित करते हैं।

किसी निष्कर्ष पर पहुँचने से पूर्व यह विचार कर लेना अनिवार्य है कि विज्ञान की प्रमुख विशेषताओं के आधार पर इतिहास को विज्ञान कहना कहाँ तक उचित है? क्योंकि इतिहास को विज्ञान से भिन्न मानने वाले विचारकों ने इन्हीं को अपने तर्कों का आधार बनाया है। निम्नलिखित तर्कों के आधार पर वे दोनों को भिन्न प्रकार का ज्ञान प्रमाणित करते हैं :

1. इतिहास का सम्बन्ध विशेष से है तथा विज्ञान का सामान्य से। अतः इतिहास में विज्ञान की भाँति सामान्यीकरण के नियमों का अन्वेषण सम्भव नहीं है।
2. इतिहास विज्ञान की भाँति सिद्धान्तों के आधार पर भविष्य की परिकल्पना नहीं कर सकता।
3. इतिहास आत्मनिष्ठ है तथा विज्ञान वस्तुनिष्ठ। ऐतिहासिक वस्तुनिष्ठता को प्राप्त करना किसी भी स्थिति में सम्भव नहीं है।
4. इतिहास का सम्बन्ध नैतिकता एवं धर्म से है तथा इसमें मूल्यनिर्णय का तत्त्व सदैव वर्तमान रहता है, जबकि विज्ञान मूल्य निरपेक्ष ज्ञान है।

उपर्युक्त तर्क काफी ठोस है, परन्तु ये विज्ञान एवं इतिहास सम्बन्धी प्राचीन मान्यताओं पर आधारित हैं। आधुनिक सन्दर्भ में इनके आधार पर इतिहास को

विज्ञान से भिन्न नहीं माना जा सकता। अतः इनकी क्रमानुसार परीक्षा करने के उपरान्त ही तर्कसंगत परिणाम को प्राप्त करना सम्भव होगा।

इतिहास तथा सामान्यीकरण

इतिहास को विज्ञान मानने के विरुद्ध प्रथम तर्क के औचित्य पर सूक्ष्मता से विचार करने पर यह विचार मान्य नहीं हो सकता कि इतिहास का सम्बन्ध विशेष से है तथा उसमें सामान्य नियमों का विधान सम्भव नहीं है। कार्ल आर.पापर की यह धारणा भ्रामक है कि 'इतिहास की विशेषता उसकी वास्तविक, एकनिष्ठ अथवा विशेष घटनाओं में रुचि है, न कि सामान्यीकरण अथवा नियमों में।'[36] इसमें सन्देह नहीं है कि प्रत्येक ऐतिहासिक घटना अनन्य एवं विशिष्ट होती है तथा दो घटनाएँ समरूप नहीं होतीं, परन्तु निष्कर्ष स्वरूप यह मान लेना कि इतिहास में सामान्यीकरण सम्भव नहीं है, समस्या का अत्यधिक सरलीकरण है। सूक्ष्म दृष्टि से देखा जाए, तो विज्ञान के अध्ययन सम्बन्धी कोई दो वस्तुएँ भी समरूप नहीं होतीं। जैसे दो भूगर्भीय रचनाएँ, एक जाति के दो जीव, दो अणु समरूप नहीं हैं वैसे ही दो ऐतिहासिक घटनाएँ भी समरूप नहीं हैं। अतः यदि वैज्ञानिक सामान्य सिद्धान्तों का निर्माण करने में समर्थ है, तो इतिहासकार क्यों नहीं हो सकता। तथ्यसंग्रह के बाद जैसे वैज्ञानिक सामान्यीकरण के नियमों को रचता है, वैसे ही इतिहासकार भी मानव क्रियाकलापों के अध्ययन द्वारा तत्सम्बन्धी सामान्य नियम प्राप्त करता है।

हर महान इतिहासकार तथ्यसंग्रह तक सीमित नहीं रहता। तथ्यों का अनुसंधान तो उसके लिए साधन मात्र है। एल्टन 'कैम्ब्रिज माडर्न हिस्टरी' की भूमिका में लिखते हैं : 'इतिहासकार को तथ्य संग्रहकर्ता से सामान्यीकरण ही अलग करता है।'[37] इतिहास में घटनाओं का वर्णन ही नहीं किया जाता, उनकी व्याख्या भी की जाती है। व्याख्यार्थ इतिहासकार किसी न किसी सामान्य सिद्धान्त को आधार बनाता है। इसके अभाव में व्याख्या सम्भव नहीं है। अतः ई.एच. कार के ये शब्द अत्यन्त सार्थक हैं कि 'भाषा का प्रयोग ही इतिहासकार को वैज्ञानिक की भाँति सामान्यीकरण के लिए प्रतिबद्ध बना देता है। ''''इतिहासकार वास्तव में अनन्य अथवा विशेष नहीं, प्रत्युत उस अनन्य के अन्तर्गत सामान्य में रुचि लेता है।'[38]

विज्ञान तथा इतिहास सम्बन्धी सामान्य नियम शाश्वत नहीं कहे जा सकते। उनका पुनर्परीक्षण होता रहता है। नये-नये तथ्य एवं अनुसंधान समय के साथ-साथ उनके स्वरूप को परिवर्धित एवं परिवर्तित करते रहते हैं। न्यूटन के गति सम्बन्धी नियम उन्नीसवीं शताब्दी में शाश्वत समझे जाते थे, परन्तु बीसवीं शताब्दी में वे उस रूप में मान्य नहीं रहे। वस्तुतः सिद्धान्त तथा तथ्य का अन्योन्य सम्बन्ध है। तथ्यों के आधार पर ही नियमों का निर्माण होता है तथा नियमों द्वारा तथ्यों की व्याख्या होती है। इतिहास और विज्ञान दोनों क्षेत्रों में यह प्रक्रिया चलती रहती है। अतः

इतिहास में सामान्यीकरण को अस्वीकार करना युक्तियुक्त नहीं है।

इतिहास तथा भविष्यकथन

इतिहास एवं विज्ञान में भिन्नता मानने वाले विद्वानों के अनुसार इतिहास में विज्ञान की भाँति प्रागुक्ति सम्भव नहीं है। कार्ल पापर[39] इत्यादि विद्वान इतिहासवादी धारणा के विरुद्ध अपना मत प्रकट करते हुए कहते हैं कि इतिहास की भावी दिशा का पूर्वनिर्धारण असम्भव है, क्योंकि इसका सम्बन्ध क्षण-क्षण परिवर्तनशील मानव जीवन से है। अतः इतिहासधारा के भावी लक्ष्य की परिकल्पना व्यर्थ ही नहीं, असंगत भी है।

इसमें सन्देह नहीं कि इतिहासकार भविष्यवक्ता नहीं है तथा इतिहास सम्बन्धी भविष्यकथन भविष्यवाणी नहीं है, परन्तु इसका यह तात्पर्य नहीं है कि इतिहास में मानवभविष्य की सम्भावना पर विचार ही नहीं हो सकता अथवा प्रागुक्ति की कोई सार्थकता नहीं है। जैसे विज्ञान के क्षेत्र में भी पूर्व कथन तभी सत्य सिद्ध होता है यदि प्रयोगशाला के जैसा वातावरण हो, वैसे ही ऐतिहासिक प्रागुक्ति तभी सत्य बनती है, यदि परिकल्पित ऐतिहासिक स्थिति में विशेष परिवर्तन न आये। ऐतिहासिक प्रागुक्ति अन्तिम सत्य नहीं होती, सम्भावित सत्य होती है। संयोग के लिए भी इतिहास में स्थान है चाहे वह कितना ही गौण क्यों न हो। इसी प्रकार वैज्ञानिक भविष्य कथन भी अन्तिम सत्य न होकर व्यवहार में सम्भावित सत्य बन जाते हैं।

वैज्ञानिक तथा ऐतिहासिक सामान्य सिद्धान्तों का प्रयोग जब विशेष के भविष्यार्थ होता है, तब कई बार वे पूरी तरह सत्य सिद्ध नहीं होते तथा न ही विशेष वस्तु अथवा घटना भविष्य में उनके अनुसार परिचालित होती है। उदाहरण द्वारा यह स्पष्ट हो जाएगा। गुरुत्वाकर्षण के नियम द्वारा यह तो निश्चित है कि फल पककर पृथ्वी पर गिरते हैं तथा भविष्य में भी गिरेंगे, परन्तु प्रत्येक फल इस नियम द्वारा निर्धारित नहीं है। कोई विशेष फल हाथ द्वारा भी तोड़ा जा सकता है। उक्त नियम द्वारा यह भी नियत नहीं कि कोई फल किस क्षण धरती पर गिरेगा। इसी प्रकार इतिहास के सामान्य नियमों द्वारा भावी जीवन के सामान्य रूप एवं सामान्य क्रियाकलापों के विषय में पूर्व कथन सम्भव है, परन्तु किसी विशेष ऐतिहासिक गतिविधि का भविष्यनिर्धारण असम्भवप्राय है। उदाहरणतः मार्क्स के वर्गसंघर्ष के सामान्य नियम द्वारा वर्गप्रधान समाज में क्रान्ति की पूर्वोक्ति की सार्थकता है, परन्तु क्रान्ति की तिथि तथा घटनास्थल का निर्धारण सम्भव नहीं है।

उपर्युक्त विवेचन से यह स्पष्ट हो जाता है कि इतिहास में विज्ञान की भाँति सामान्य नियमों द्वारा भविष्य कथन सम्भव है, चाहे यह सर्वदा अटल नहीं होता। अनिश्चय का तत्व तो विज्ञान सम्बन्धी सिद्धान्त में भी रहता है। अतः 'आज विज्ञान

का अधिक झुकाव यह स्मरण रखना है कि आगमन सिद्धान्त तर्क द्वारा सम्भावनाओं अथवा तर्कयुक्त विश्वास की ओर ले जा सकता है।[40] जब विज्ञान के क्षेत्र में ही भविष्य कथन शत-प्रतिशत निश्चित सत्य नहीं होता तो इतिहास सम्बन्धी पूर्वोक्ति का निश्चित न होकर सम्भावनायुक्त होना अधिक तर्कसंगत प्रतीत होता है। यह भी सत्य है कि ऐतिहासिक प्रागुक्ति की प्रामाणिकता अनुकूल स्थिति सापेक्ष है, परन्तु इस आधार पर ऐतिहासिक भविष्यकथन को अप्रमाणिक मानकर इतिहास की वैज्ञानिकता को नकारना समीचीन नहीं है।

इतिहास तथा वस्तुनिष्ठता

इतिहास एवं विज्ञान में विरोध मानने वाले इतिहासकारों तथा विचारकों के तृतीय तर्क के अनुसार विज्ञान वस्तुनिष्ठ है तथा इतिहास व्यक्तिनिष्ठ है। अतएव दोनों में साम्य स्थापित करना उचित नहीं है। यह तर्क बाह्यत : अत्यन्त ठोस प्रतीत होता है। यह परिचित सत्य है कि मानव व्यवहार अत्यन्त संकुल तथा अनिश्चित है एवं उसका इतिहासकार द्वारा तटस्थ अवलोकन एवं परीक्षण अत्यन्त कठिन कार्य है। इतिहास इच्छाशक्ति सम्पन्न मनुष्य के क्रियाकलाप का मनुष्य द्वारा अध्ययन है। अतः इतिहास में वैज्ञानिक वस्तुनिष्ठता को प्राप्त करना दुस्साध्य है। रेनियर के अनुसार : 'इतिहासकार अपने सम्पूर्ण व्यक्तित्व, अपनी प्रकृति, अपनी वर्गचेतना एवं अपनी बुद्धि सहित अपनी रचना में विद्यमान होता है।'[41] तटस्थ इतिहासलेखन कल्पनातीत माना गया है। वाल्श के मतानुसार : 'पक्षपात रहित इतिहास एक आदर्श ही है, परन्तु एकदम असम्भावना है।'[42] इतिहास की व्याख्या पर ही नहीं, इतिहासलेखन के शिल्प पर भी ऐतिहासंकार के व्यक्तित्व का प्रभाव पड़ता है।

उपर्युक्त तर्क भी विज्ञान सम्बन्धी न्यूटन युग की मान्यताओं पर आधारित है, जब वैज्ञानिक नियमों को सापेक्ष रूप में नहीं, परम सत्य रूप में स्वीकार किया जाता था। पिछले पचास-साठ वर्षों में वैज्ञानिक निष्कर्षों में भी अनिश्चय के तत्त्व को स्वीकार करने के उपरान्त इतिहास तथा विज्ञान का सम्बन्ध अधिक पुष्ट हुआ है। इसके अतिरिक्त आज के विचारक वैज्ञानिक ज्ञानप्रक्रिया में भी निरीक्षक तथा निरीक्षणाधीन वस्तु को पहले की तरह एक-दूसरे से एकदम अलग करके नहीं देखते। इसके विपरीत वे दोनों में न्यूनाधिक अन्योन्य सम्बन्ध को स्वीकार करते हैं। अतः ई.एच. कार के मत से सहमति प्रकट करते हुए कहा जा सकता है कि आज कई भौतिक शास्त्री जिस रूप में विज्ञान को ग्रहण करते हैं, उससे विज्ञानजगत तथा इतिहासकार की दुनिया में आश्चर्यजनक साम्य स्थापित हुआ है। अब उनके निष्कर्षों में भी अनिश्चितता अथवा अनिर्णय के सिद्धान्त की सत्ता के विषय में कहा जाने लगा है।[43]

अन्त में, ऐतिहासिक वस्तुनिष्ठता के विषय में इतना कहना ही पर्याप्त होगा

कि विज्ञान के विकास तथा प्रभाव के परिणामस्वरूप इतिहास धीरे-धीरे वस्तुनिष्ठ होता गया है तथा आधुनिक युग में इतिहासकार वैज्ञानिक वस्तुनिष्ठता के बहुत निकट आ गया है। वस्तुनिष्ठता की प्राप्ति तभी सम्भव है, यदि इतिहासकार की मान्यताएँ एवं विश्वास तथा निष्कर्ष ऐतिहासिक साक्षी पर आधारित हों जैसा कि आर.वी.सैम्पसन का विचार है। हाँ, वस्तुनिष्ठता अपने अन्तिम अर्थों में तो विज्ञान में भी सम्भव नहीं है, तथा इतिहास लेखन में उसकी मात्रा में कमी आ जाने की अत्यधिक सम्भावना है, परन्तु यह स्वीकार नहीं किया जा सकता कि इतिहास केवल व्यक्तिनिष्ठ है, वस्तुनिष्ठ नहीं है। पूर्वग्रह रहित इतिहासलेखन इतिहासकार का उद्देश्य है, जिसकी प्राप्ति वैज्ञानिक तटस्थता द्वारा ही सम्भव है।

इतिहास तथा मूल्यनिर्णय

इतिहास की वैज्ञानिकता में शंका करने वाले विद्वान इतिहासकारों का अन्तिम तर्क भी कुछ सारयुक्त प्रतीत होता है। वे इतिहास को नैतिकतायुक्त मानते हैं तथा विज्ञान को उससे विमुक्त समझते हैं। इस दृष्टि से वे इतिहास को केवल विज्ञान से ही नहीं अन्य समाजशास्त्रीय विधाओं से भी भिन्न समझते हैं।

यह सत्य है कि इतिहास की व्याख्या में नैतिकता एवं मूल्यनिर्णय निहित हैं। इतिहासकार ऐतिहासिक व्यक्तियों, संस्थानों, घटनाओं तथा आन्दोलनों का विश्लेषण करता हुआ तत्सम्बन्धी मूल्यांकन भी प्रस्तुत करता है। कई बार तो उसे नेपोलियन, हिटलर और स्टालिन इत्यादि उल्लेखनीय ऐतिहासिक व्यक्तियों के नैतिक मूल्यों पर भी विचार प्रकट करना पड़ता है। उसे अपने विवरण में मनुष्य की धार्मिक गतिविधियों का भी लेखा-जोखा करना पड़ता है। परन्तु इस आधार पर भी इतिहास का विज्ञान से सम्बन्धविच्छेद करना उचित नहीं है क्योंकि नीतिशास्त्रीय मूल्यनिर्णय तथा ऐतिहासिक मूल्यनिर्णय में विशेष अन्तर है।

इतिहास का सम्बन्ध नीति तथा धर्म से होते हुए भी इतिहास नीतिशास्त्र एवं धर्मशास्त्र नहीं बन जाता। इतिहासकार नैतिकता एवं धर्म के आधार पर मानवीय क्रियाकलापों का मूल्यांकन नहीं करता। उसका विश्लेषण प्रधान मूल्यांकन एवं मूल्यनिर्णय ऐतिहासिक तथ्यों पर आधारित होते हैं। वह धर्म-दार्शनिक की भाँति न तो मानवेतिहास में ईश्वरीय हस्तक्षेप में विश्वास रखता है तथा न ही नीतिवादी की तरह इतिहास में शुभ-अशुभ को विशेष महत्व देता है। वह विकास-ह्रास तथा प्रगति-प्रतिक्रिया के सम्बन्ध में अपना निर्णय अवश्य देता है। अतः क्रोचे[45] की इस उक्ति को चाहे स्वीकार न किया जाए कि—'इतिहासकार निर्णायक नहीं है, परन्तु कथन का दूसरा अंश सत्य है कि वह 'शूली पर चढ़ाने वाला न्यायाधीश बिल्कुल नहीं है।' ऐतिहासिक मूल्यनिर्णय तथ्याधारित होने के कारण अवैज्ञानिक नहीं कहा जा सकता। इस सन्दर्भ में कोहेन के ये शब्द अत्यन्त सार्थक हैं कि 'तथ्यों के

मूल्यांकन तथा उनकी महत्ता एवं विशेषता विषयक निर्णय के फलस्वरूप इतिहास की वैज्ञानिकता नष्ट नहीं होती।[46] अतः उक्त तर्क के आधार पर इतिहास की वैज्ञानिकता को अमान्य ठहराना भ्रामक है।

उपर्युक्त विवेचन का उद्देश्य यह स्थापित करता है कि आधुनिक युग में विज्ञान तथा इतिहास एक-दूसरे से भिन्न न होकर परस्पर सुसम्बद्ध हैं। 'दोनों का पारस्परिक अन्तर उस युग की देन है, जब मानव विद्याएँ (ह्यूमेनीटीज) उपभोक्ता एवं शासक वर्ग की संस्कृति का प्रतिनिधित्व करती थीं तथा विज्ञान एवं तकनीकी हुनर भृत्यसंस्कृति से सम्बन्धित थे।'[47] आज के सन्दर्भ में यह अन्तर स्वीकार नहीं किया जा सकता, क्योंकि आज वैज्ञानिक, समाजशास्त्री तथा इतिहासकार मानव तथा उसके वातावरण सम्बन्धी ज्ञान की विभिन्न शाखाओं के अध्ययन में रत हैं। यह ठीक है कि प्रत्येक शाखा की ज्ञान सम्बन्धी कार्यपद्धति अपनी होती है। इस दृष्टि से तो विज्ञान की विभिन्न शाखाओं में भी न्यूनाधिक अन्तर रहता है। एक इतिहासकार के लिए वैज्ञानिक की कार्य पद्धति का अनुकरण भी अनिवार्य नहीं है, परन्तु उसके लिए यह परम आवश्यक है कि वह इतिहास तथा विज्ञान को परस्पर विरोधी न मानकर दोनों में सामीप्य लाने का यत्न करे। अतः इतिहास चाहे भौतिकी तथा रसायन की कोटि का विज्ञान न हो, परन्तु तथ्याधारित एवं तर्कप्रधान ज्ञान होने के कारण उसका वैज्ञानिक होना अपेक्षित है।

इतिहास की वैज्ञानिकता में विश्वास द्वारा यह निष्कर्ष निकाल लेना भी भ्रम है कि इतिहास का कला से कोई सम्बन्ध नहीं है। वास्तविक इतिहास जब इतिहासलेखन में परिणित होता है तो उसमें कला के गुणों का समावेश होना स्वाभाविक है, क्योंकि भूतकाल का पुनर्निर्माण कल्पना इत्यादि के बिना सम्भव नहीं है। कला के विकास के साथ इतिहास का विकास संपृक्त रहा है। जेमज शाट्वेल का कथन है, 'इतिहास एक कला के रूप में कलाओं के साथ पनपता है। यह प्रमुखतया कल्पना तथा साहित्यिक शैली की उपज है।'[48] आज भी इतिहासलेखन में साहित्यिक शैली की उपयोगिता को स्वीकार किया जाता है। अतः इतिहास तथा कला को परस्पर विरोधी मानना भी उचित नहीं है।

इतिहास में कला तथा विज्ञान दोनों के गुणों का महत्त्व होने के कारण कुछ मध्यमार्गीय इतिहासकारों तथा विचारकों ने इतिहास को कला एवं विज्ञान दोनों रूपों में मान्यता दी है। ट्रेवेलियन का मत है : 'इतिहास कला तथा विज्ञान दोनों है। ऐतिहासिक तथ्यों का अनुसंधान वैज्ञानिक रीति से होना चाहिए तथा पाठक के लिए उनका प्रतिपादन कलात्मक प्रकृति को प्राप्त होना चाहिए।'[49] इतिहासकार अपनी रचना में दोनों की विशेषताओं को समन्वित करने का यत्न करता है। कोहेन आदर्श इतिहास लेखन के लिए दोनों के गुणों का महत्त्व स्वीकार करते हुए लिखते हैं : 'भूतकाल का काल्पनिक पुनर्निर्माण जो अपने ध्येय में वैज्ञानिक हो तथा अपनी

रचना में कलात्मक हो, एक ऐसा आदर्श है जिसके लिए महान इतिहासकार सदा ललायित रहे हैं।'[50] अतः इतिहास को कला तथा विज्ञान की विशेषताओं से युक्त मानना उचित ही है।

अन्तिम निष्कर्षस्वरूप यह कहा जा सकता है कि इतिहास को कला तथा विज्ञान में से एक घोषित करना निरर्थक है। यह कथन भी इतना सारगर्भित नहीं कि इतिहास कला भी है तथा विज्ञान भी। वस्तुतः यह स्थापना ही उचित होगी कि इतिहास, इतिहास है तथा उसका वैज्ञानिक तथा कलात्मक होना अपेक्षित है। इतिहासकार के लिए न तो तथ्यों का नीरस विवरण प्रस्तुत करना उचित है तथा न ही उसे कला अथवा साहित्यिक शैली के मोह में पड़कर वैज्ञानिकता को भूल जाने का अधिकार है। इतिहास की सरस कहानी ऐतिहासिक साक्षी पर आधारित होती है, उसकी गति एवं लक्ष्य तथ्याधीन होते हैं तथा उसका विज्ञान तुल्य कार्य-कारण के सम्बन्ध द्वारा अनुस्यूत होना परमावश्यक है। साहित्यिक शैली में होते हुए भी ऐतिहासिक रचना का अधिक से अधिक वैज्ञानिक होना अत्यन्त अभीप्सित है।

इतिहास में कारण (काजेलिटी)

'इतिहास के सम्यक् एवं वैज्ञानिक अध्ययन के लिए ऐतिहासिक कार्यकलाप तथा विकास में निहित कार्य-करण के सम्बन्ध का अध्ययन अनिवार्य हो जाता है। वस्तुतः इतिहास का अध्ययन कारणों का अध्ययन है।'[51] कारण रहित कुछ घटित नहीं होता। उस कारण को समझे बिना घटना अथवा कार्य की व्याख्या नहीं की जा सकती। कारण एक ऐसा तत्व है जिससे अन्य तत्व अथवा कार्य की उत्पत्ति होती है। अतः कार्यकारण के अन्तःसम्बन्ध को जानना इतिहास की गत्यात्मकता को जानने के लिए जरूरी शर्त है।

कारण तथा कार्य का सम्बन्ध अन्योन्यक्रियात्मक है। एक कारण जिस कार्य को जन्म देता है, वह कार्य अन्य कार्य का कारण बन जाता है। अतः 'एक ही वस्तु अथवा प्रक्रिया एक साथ कारण एवं कार्य दोनों है।'[52] कहने का तात्पर्य यह है कि एक कारण भी किसी कार्य की उपज होता है तथा अन्य कार्य का जनक होता है। जो एक स्थान पर कारण प्रतीत होता है, वही दूसरे स्थान पर कार्य के रूप में लक्षित होता है। दोनों का सम्बन्ध द्वन्द्वात्मक है। ऐतिहासिक व्यापार अपने आप में कारणात्मक सम्बन्धों की श्रृंखला है। इस श्रृंखला का अध्ययन इतिहास का अध्ययन है और इसका निर्माण इतिहासलेखन का मुख्य अंग है।

'इतिहास बहु आयामीय है।'[53] इतिहास के किसी पक्ष तथा घटना पर विचार करते हुए इतिहासकार कई कारणों का अनुसंधान कर लेता है। उसके पास अनेक आर्थिक, राजनीतिक , सामाजिक तथा मनोवैज्ञानिक आदि कारणों की सूची तैयार हो जाती है परन्तु सभी कारण कार्य को समान रूप से प्रभावित नहीं करते। अतः

उसका प्राथमिक कारण अथवा 'कारणों का कारण' निश्चित करना पड़ता है। इस मूल कारण पर इतिहासकार की इतिहास सम्बन्धी व्याख्या आधारित होती है। प्रमुख कारण ही घटना का नियामक है और उसकी दिशा निर्धारित करता है। अतः इतिहासकार के लिए 'निर्णायक कारण' की खोज करना अत्यन्त आवश्यक है, क्योंकि यही चर्चित कार्य पर निर्णायक प्रभाव को सम्भव बनाता है।'[54] प्रमुख कारण ही ऐतिहासिक वितरण को एक सूत्र में आबद्ध करता है।

कई इतिहासज्ञों का मत है कि जीवन और इतिहास में संयोग महत्त्वपूर्ण भूमिका निभाता है। उनके अनुसार, इतिहास सम्बन्धी परिणाम कारणों का प्रतिफल न होकर, संयोगवश है। वे इतिहास में कारणता अथवा उसके किसी नियम में विश्वास नहीं करते। आधुनिक युग में जे.बी.बरी, एच.ए.एल. फिशर तथा पापर आदि ने इतिहास सम्बन्धी इतिहासवादी धारणा का विरोध करते हुए संयोगवादी धारणा को पुष्ट किया है। इनका विश्वास है कि एक आकस्मिक घटना इतिहास की दिशा बदल देती है। जर्मन इतिहासकार मेयर के अनुसार : 'संयोग तथा स्वतंत्र इच्छा निर्णायक कारण हैं जिन्हें इतिहास के मूल सार को मिटाए बिना इतिहास से बहिष्कृत नहीं किया जा सकता है।'[55] फ्रांस के अस्तित्ववादियों ने भी इस धारणा को पुष्ट किया है। वस्तुतः इतिहास सम्बन्धी कारणता तथा विकास सम्बन्धी नियतित्व में अविश्वास उन देशों अथवा वर्गों में फैलता है जो विभ्रम एवं संकटग्रस्त होते हैं।[56] हमारे विचार में संयोग पर अधिक बल देकर इतिहास की व्याख्या करना इतिहासकार के उत्तरदायित्व से पलायन है।

इतिहासवादी विचारकों ने संयोग तथा आकस्मिक घटना को इतिहास में विशेष महत्त्व नहीं दिया। तोल्स्तोय ने संयोग को भी अंतिम कारण के अन्तर्गत ही माना है। उनके कथनानुसार, संयोग शब्द अन्तिम कारण के अज्ञान सम्बन्धी मनुष्य की असमर्थता का परिचायक है।[57] इस सम्बन्ध में कार्लमार्क्स का कथन अधिक सार्थक है। उनका कहना है : 'संयोग स्वाभाविक रूप से विकास की सामान्य धारा का अंग बन जाता है तथा अन्य प्रकार के संयोग उसके प्रभाव की क्षतिपूर्ति कर देते हैं।'[58] इस प्रकार संयोग इतिहास के निर्माण में कोई महत्त्वपूर्ण भूमिका नहीं निभाता। इतिहास के प्रवाह की दिशा को कोई भी संयोग परिवर्तित नहीं कर सकता। एंजिल के अनुसार : 'संयोग आवश्यकता की अभिव्यक्ति का रूप है, यह उसकी पूर्ति में सहायक है।'[59] हम यह भी कह सकते हैं कि कारण ही दो प्रकार के होते हैं : अनिवार्य तथा संयोगात्मक। अनिवार्य कारणों का परिणाम निश्चित होता है और संयोगात्मक कारणों का अनिश्चित। संयोगपरक कारण मूल कारणों के परिणाम को बदलने में असमर्थ रहते हैं। मूल कारण ही क्रिया को जन्म देता है तथा उसकी दिशा निर्धारित करता है। संयोग का क्रिया से आन्तरिक सम्बन्ध नहीं है। अतः संयोग को इतिहास की व्याख्या में महत्त्व प्रदान करने की आवश्यकता नहीं है।

इतिहासकार का उद्देश्य तथ्यों के अनुसंधान तक ही सीमित नहीं है, उनके मूल में निहित कारणों का ज्ञान प्राप्त करके उनको व्याख्यायित करना भी है। आर. जी. कालिंगवुड का कथन है : "इतिहासकार द्वारा तथ्यों को अभिनिश्चित करने के उपरान्त उनके कारणों के अनुसंधान की अगली प्रक्रिया शुरू होती है। जब वह यह जान लेता है कि क्या हुआ? वह यह भी जानता है–'ऐसा क्यों हुआ?"[60] वस्तुतः तथ्यों का अभिनिश्चय तथा उनकी व्याख्या कारणों पर ही निर्भर है।

जब हम कहते हैं कि कारणता का सम्बन्ध इतिहास की व्याख्या से है, तब उसका सम्बन्ध इतिहासकार के दृष्टिकोण से स्थापित हो जाता है। प्रत्येक इतिहासकार जहाँ अपनी दृष्टि के अनुसार इतिहास के अगाध और व्यापक समुद्र से वरित तथ्यों एवं घटनाओं का चुनाव करता है, वहाँ अपने विवरण के लिए अनेक कारणों में से कुछेक को ही अपनी रुचि के अनुरूप चुनता है। डॉ. कार का यह मत सही है कि कारण ऐतिहासिक प्रक्रिया की व्याख्या को निश्चित करते हैं तथा व्याख्या कारणों के वरण एवं विन्यास को निर्धारित करती है।[61] किसी युद्ध के कारणों पर विचार करते हुए एक आदर्शवादी इतिहासकार मनुष्य की हिंसा को प्रमुख कारण मानकर उसकी विवेचना करेगा, एक समाजवादी इतिहासकार उसकी व्याख्या वर्गसंघर्ष के आधार पर करेगा और एक धर्मदार्शनिक उसे ईश्वर का कोप मानकर उसकी व्याख्या देगा। इसमें कोई सन्देह नहीं कि 'कारणता व्याख्या से सुसम्बद्ध है।'[62] व्याख्या का आधारभूत कारण इतिहासकार के इतिहासदर्शन द्वारा चुना जाता है। इस चुनाव पर ही इतिहासलेखन का वैज्ञानिक अथवा अवैज्ञानिक होना निर्भर करता है।

इतिहास की व्याख्या का सम्बन्ध घटनाओं तथा मानवीय कार्यकलापों के मूल्यांकन से भी है। इतिहासकार व्याख्याकार होने के साथ-साथ निर्णायक भी होता है। उसके मूल्यनिर्णय का आधार कारणता भी बनती है। एक बीज को देखकर उसके भविष्य और फल सम्बन्धी निर्णय सम्भव हो जाता है। इसके अतिरिक्त यह भी सही है : 'मूल्यों के सन्दर्भ के बिना इतिहास में कारणों की गवेषणा असम्भव है।...कारणों के अनुसंधान के पीछे प्रत्यक्ष या अप्रत्यक्ष रूप में मूल्यों का अनुसंधान सदा निहित रहता है।'[63] अतः यह कहा जा सकता है कि इतिहास की व्याख्या, कारणता तथा मूल्यनिर्णय एक-दूसरे के साथ पूरी तरह सम्बन्धित हैं।

ऐतिहासिक विकास एवं प्रगति

परिवर्तन एक सार्वभौमिक नियम है। इसलिए इतिहास को एक निरन्तर परिवर्तनशील तथा गतिशील प्रक्रिया के रूप में स्वीकार करना स्वाभाविक है। परिवर्तन नवीनता तथा निरन्तरता का द्योतक है। विरोधी तत्त्वों के द्वन्द्व अथवा आन्तरिक विक्षोभ द्वारा घटित परिवर्तन द्विरूपात्मक है। यह मात्रामूलक भी है और गुणमूलक भी। परिमाणात्मक परिवर्तन जब समय के साथ गुणात्मक परिवर्तन में परिणित होता है,

तो वस्तु तथा विषय नितान्त नये रूप को प्राप्त करते हैं। इसका यह आशय नहीं कि 'परिमाणात्मक परिवर्तन ही गुणात्मक परिवर्तन पैदा करता है, विलोमतः गुणात्मक परिवर्तन भी परिमाणात्मक परिवर्तन को जन्म देता है।'[64] यह नैसर्गिक प्रक्रिया निरन्तर होती रहती है।

कई विद्वानों ने परिवर्तन तथा विकास में अन्तर किया है। विकास परिवर्तन भी है और परिवर्तन की दिशा को समझने की कुंजी भी है। मैकाइवर के अनुसार, "जब हम परिवर्तन की निरन्तरता को ही नही, उसकी दिशा को भी अभिव्यक्त करते हैं तो हमें इस उद्देश्य के लिए अन्य शब्दों में सर्वाधिक महत्त्वपूर्ण शब्द 'विकास' की आवश्यकता पड़ती है।"[65] विकास एक ऐसी नैसर्गिक प्रक्रिया है जिसके द्वारा वस्तु निरन्तर परिवर्तित ही नहीं होती, प्रत्युत उसका रूप एवं गठन क्रमशः अधिक जटिल तथा विस्तृत होता जाता है। विकासवादी सिद्धान्त के अनुसार वस्तु का परवर्ती रूप पूर्ववर्ती रूप से केवल नवीन ही नहीं होता, उससे अधिक विकसित, जटिल तथा परिवर्धित होता है।

विकास की द्वन्द्वात्मक प्रक्रिया

विकास की नैसर्गिक प्रक्रिया के सम्यक् बोध के लिए उसके द्वन्द्वात्मक रूप को समझना अत्यन्त आवश्यक है, क्योंकि विकास द्वन्द्वात्मक प्रक्रिया द्वारा ही सम्भव होता है। समस्त ऐतिहासिक विकास द्वन्द्वात्मक है। साहित्यिक विकास भी अपवाद नहीं है। इसलिए द्वन्द्वात्मक प्रक्रिया के नियमों को समझना सामान्य इतिहास तथा साहित्येतिहास की प्रकृति को जानने के लिए सार्थक सिद्ध होगा।

परस्पर सम्बद्धता का सिद्धान्त

'द्वन्द्वात्मक प्रक्रिया की पहली अवधारणा यह है कि वस्तु जगत के तत्वों का अध्ययन पृथक इकाई के रूप में नहीं किया जा सकता। उसका सम्यक् अध्ययन तभी सम्भव है , जब हम अन्य उपकरणों तथा तत्वों की सापेक्षता में उसे रखें। मार्क्स का विचार है कि वस्तु जगत की कार्यप्रक्रिया में एक निश्चित क्रम के दर्शन होते हैं जिसका मूल कारण कार्यकरण सम्बन्ध है।'[66] ऐतिहासिक विकास की कोई व्याख्या इस नियम की उपेक्षा के कारण इतनी सार्थक नहीं हो सकती। नामवर सिंह ने हिन्दी साहित्य के इतिहासकारों, विशेषतया आचार्य शुक्ल तथा उनके अनुयायियों की आलोचना करते हुए लिखा है : 'प्रत्येक साहित्यिक प्रवृत्ति के साथ राजनीतिक, सामाजिक और धार्मिक परिस्थितियों का उल्लेख करते हुए भी पूर्ववर्ती इतिहासकारों ने परिस्थितियों तथा साहित्यिक प्रवृत्तियों का सजीव सम्बन्ध नहीं दिखलाया। ये सभी मूलें आध्यात्मिक प्रणाली के कारण हुई।'[67] इतिहास की व्याख्या के लिए घटनाओं का पूर्वापर तथा पारस्परिक सम्बन्ध स्थापित करना आवश्यक हो जाता है।

अन्तर्विरोध का सिद्धान्त

विकास वस्तु में निहित असंगति तथा अन्तर्विरोध पर आधारित है। इतिहास में भी विरोधी तत्वों के संघर्ष से ही परिवर्तन और विकास उपस्थित होता है। साहित्यिक विकास में भी यह नियम अत्यन्त महत्वपूर्ण है। नामवर सिंह ने इस नियम के सन्दर्भ में हिन्दी साहित्य के इतिहास पर विचार करते हुए लिखा है : 'भक्ति काव्य के लोकोन्मुखी यथार्थ और अलौकिकता में आश्रय लेने वाले आदर्श में अन्तर्विरोध था। इस अन्तर्विरोध के समझने पर ही स्पष्ट हो सकता है कि किस प्रकार उनके अलौकिक तत्वों को लेकर पीछे सम्प्रदाय और मठ खड़े हो गये और लोकोन्मुखी यथार्थ ने 19वीं सदी के सांस्कृतिक पुनर्जागरण को बल दिया। इसी प्रकार नायिका भेदपरक रीतिकाव्य का उद्गम समझने के लिए कृष्ण काव्य के अंतर्विरोधों का ज्ञान आवश्यक है।'[68] इतिहास की प्रत्येक घटना, विकास की प्रत्येक स्थिति तथा जीवन की प्रत्येक क्रिया अन्तर्विरोधयुक्त होती है।

गतिशीलता का नियम

गतिशीलता के बिना विकास की कल्पना नहीं की जा सकती। यह नियम वस्तुजगत में सदैव विद्यमान है। मार्क्स के अनुसार, पदार्थ और गति परस्पर सापेक्ष हैं।[69] गतिशीलता की कल्पना उद्भव और विनाश की प्रक्रिया से सम्बन्धित है। वस्तुतः गति का अर्थ है उद्भव और नाश की शृंखला। जो वस्तु उत्पन्न होती है वह सर्वदा उसी रूप में वर्तमान नहीं रहती।'[70] साहित्य के इतिहास में भी एक परम्परा के विनाश के गर्भ में दूसरी परम्परा जन्म लेती है। यह क्रम निरन्तर चलता रहता है।

विकास तथा ऐतिहासिक प्रगति

विकास शब्द का प्रयोग प्रायः प्रगति अथवा उन्नति के अर्थ में भी होता है। डार्विन ने दोनों को प्रायः अभिन्न माना है, परन्तु कुछ इतिहासज्ञों ने प्राकृतिक परिवर्तन की प्रक्रिया के लिए विकास तथा ऐतिहासिक परिवर्तनप्रक्रिया के लिए प्रगति शब्द का प्रयोग अधिक उपयुक्त माना है। आर॰ जी॰ कालिंगवुड ने इतिहास के क्षेत्र में विकास के स्थान पर 'ऐतिहासिक प्रगति' के प्रयोग को उचित ठहराया है।[71] उन्होंने ऐतिहासिक प्रक्रिया को प्राकृतिक विकास की प्रक्रिया से भिन्न माना है। 20वीं शताब्दी के अनेक समाजशास्त्री भी विकास और प्रगति में अन्तर करना आवश्यक मानते हैं। मैकाइवर और पेज के अनुसार : 'हमें विकास सम्बन्धी विभावना को प्रगति सम्बन्धी विभावना से उलझाने के प्रति सावधान रहना चाहिए।'[72] प्रगति में परिवर्तन तथा गतिशीलता के साथ-साथ स्वीकृत मूल्य भी निहित रहते हैं। ग्रीब्ज तथा मूर के अनुसार : 'प्रगति स्वीकृत मूल्यों के आधार पर एक वांछित लक्ष्य की

ओर गति को कहते हैं।'[73]

यदि प्रगति का सम्बन्ध मूल्यों से स्थापित हुआ मान लिया जाए तो विकास तथा प्रगति समानधर्मी होते हुए भी अभिन्न नहीं माने जा सकते। मूल्यभेद होने के कारण एक प्रकार का विकास अथवा परिवर्तन यदि, एक के लिए प्रगति अथवा उन्नति का द्योतक होगा, तो अन्य के लिए ह्रास एवं अवनति का सूचक होगा। यदि विकासशील परिवर्तन हमें मनोवांछित मूल्यों की पूरी अनुभूति करा देता है, तब हमारे लिए वह प्रगति भी है'[74] तो क्या प्रगति को आत्मनिष्ठ रूप में स्वीकार करना ही समीचीन है? जैसा कि कुछ विचारकों का मत है। वस्तुतः जब प्रगति की व्याख्या नैतिक मूल्यों के आधार पर की जाती है तभी विकास और प्रगति में भेद उत्पन्न होता है। हालाँकि विकास में प्रगति निहित है। इसलिए यदि प्रगति की व्याख्या वैज्ञानिक मूल्यों पर आधारित हो तो विकास और प्रगति में भेद समाप्त हो जाता है। प्रगति को उतरोत्तर विकास के रूप में स्वीकार किया जाना अधिक तर्कसंगत प्रतीत होता है।

ऐतिहासिक प्रगति को एक सिद्धान्त के रूप में स्वीकार करने वाले विचारकों ने इसे ऐतिहासिक प्रक्रिया का अभिन्न अंग माना है। उन्होंने इतिहास को विभिन्न युगों में विभाजित करके परवर्ती युग को पूर्ववर्ती युग से विकसित माना है। ऐतिहासिक प्रगति को एक सिद्धान्त के रूप में मान्यता वैज्ञानिक उन्नति द्वारा ही प्राप्त हुई। विज्ञान की अभूतपूर्व उन्नति ने अनेक इतिहासकारों का मानवप्रगति में विश्वास पुष्ट किया। सर्वप्रथम वीको (1668-1744) तथा तुर्गात (1727-1781) ने सांकेतिक रूप में तथा कंडोरसेट (1743-94) ने स्पष्ट रूप में इस सिद्धान्त की पुष्टि की। कंडोरसेट ने भूतकाल की प्रगति का मूल्यांकन करने का विशेष यत्न किया, अपने युग की उपलब्धियों पर आशावादी विचार अभिव्यक्त किया तथा भावी जीवन की उन्नति का चित्र रेखांकित करते हुए भविष्य में अभूतपूर्व प्रगति की परिकल्पना की।[75] उन्होंने इतिहास की प्रगति को एकरेखीय रूप में ही ग्रहण किया है, जिसे विज्ञानसम्मत नहीं माना जा सकता।

19वीं शताब्दी में ही ऐतिहासिक प्रगति पर अधिक वैज्ञानिक रीति से विचार सम्भव हो सका। डार्विन की क्रान्ति ने विकास तथा प्रगति को एक मानकर अस्पष्टता दूर करने का उपक्रम किया।[76] डार्विन का विकासवादी सिद्धान्त कई विचारकों, इतिहासज्ञों तथा समाजशास्त्रियों के लिए प्रेरणास्रोत बन गया। हर्बर्ट स्पेंसर तथा कामते ने सामाजिक तथा सांस्कृतिक प्रक्रिया को विकासवादी अर्थों में ही समझा है। उन्नीसवीं शताब्दी के पाश्चात्य इतिहासकारों ने इतिहास की प्रगतिशीलता में दृढ़ आस्था प्रकट की है। लार्ड एक्टन के अनुसार 'इतिहास प्रगतिशील विज्ञान है।'[77] वह यह भी मानते हैं : 'मानवीय कार्यकलापों की प्रगति ही ऐसी प्राक्कल्पना है जिसके आधार पर इतिहास लिखा जाना अपेक्षित है।'[78] परन्तु

सर्वप्रथम कार्ल मार्क्स ने ही ऐतिहासिक प्रगति के अध्ययन को वैज्ञानिक रूप प्रदान किया।

मार्क्स ने ऐतिहासिक भौतिकवादी दृष्टिकोण से तथा द्वन्द्वात्मक पद्धति के आधार पर ऐतिहासिक प्रगति का विश्लेषणात्मक अध्ययन प्रस्तुत किया है। उन्होंने मानवेतिहास को आर्थिक व्यवस्था के आधार पर विभिन्न युगों में विभाजित करके ऐतिहासिक प्रगति तथा सामाजिक परिवर्तन का सम्बन्ध उत्पादन के साधनों के परितर्वन और विकास से स्थापित किया है। उन्होंने इतिहास को केवल विकासशील प्रक्रिया के रूप में स्वीकार नहीं किया, उस विकास से उद्भूत क्रान्तिकारी परिवर्तन के रहस्य का भी उद्घाटन किया है। उन्होंने ऐतिहासिक प्रगति को सोद्देश्य और सुनिश्चित रूप में व्याख्यायित करके भावी प्रगति के रेखापथ को निर्धारित करने का यत्न किया। मार्क्स से पूर्व ऐतिहासिक प्रगति की व्याख्या इतने व्यापक, वैज्ञानिक तथा निर्णायक रूप में नहीं हो सकी थी।

बीसवीं शताब्दी में पूँजीवादी देशों में ह्रासोन्मुखी संस्कृति तथा मानवीय मूल्यों के विघटन को देखते हुए कुछ आदर्शवादी इतिहासज्ञों ने ऐतिहासिक प्रगति के सिद्धान्त के प्रति सन्देह प्रकट किया है। स्पेंगलर, टायनबी तथा कालिंगवुड जैसे महान इतिहासदार्शनिकों ने ऐतिहासिक गतिशीलता एवं विकास को मान्यता देते हुए भी उसकी अजस्रता में अविश्वास प्रकट किया है। इसके अतिरिक्त स्पेंगलर आदि ने ऐतिहासिक प्रगति सम्बन्धी अपने चाक्रिक सिद्धान्त के आधार पर इतिहास और सभ्यता के अन्त की भी कल्पना की है। श्रीअरविंद ने भी उत्तरोत्तर प्रगति के विरोध में लिखा है : 'यदि प्रगति होती रही है तो, अधिक से अधिक एक चक्र के रूप में, सम्भवतः एक विस्तृत चक्र के रूप में।'[79] 'वस्तुतः प्रगति सम्बन्धी चाक्रिक सिद्धान्त विकास के आरम्भ और अन्त की पूर्वधारणा को लेकर चलता है। इस सिद्धान्त का खंडन करते हुए ई.एच.कार ने लिखा है : 'इतिहास को परिमित आरम्भ और अन्तयुक्त मानना उचित नहीं, क्योंकि ऐतिहासिक प्रगति सहज रूप में हो रहा अपरिमित विकास है, जिसमें समय-समय पर छलांगें दृष्टिगोचर होती रहती हैं।'[80] ऐतिहासिक प्रगति इतिहास का यथार्थ है तथा 'प्रगति एवं प्रतिक्रिया की अवधारणाएँ निरर्थक नहीं हैं। चाहे ये शब्द कितने ही दूषित क्यों न किए गए हों।'[81]

ऐतिहासिक प्रगति के सिद्धान्त के सत्य को अमान्य ठहराने वाले तथा ऐतिहासिक गति को लक्ष्यहीन मानने वाले विचारक प्रायः उस वर्ग अथवा उस सभ्यता से सम्बन्धित हैं जिसका विश्व में प्रभुत्व था, परन्तु आधुनिक युग में नहीं रहा। एक वर्ग के प्रभुत्व तथा उसकी रचनाशक्ति के क्षय से इतिहास की प्रगति अवरुद्ध नहीं होती। उत्तरोत्तर प्रगति से यह तात्पर्य नहीं है कि प्रगति बिना व्यतिक्रम के होती रहती है। ऐतिहासिक धारा में प्रगति के साथ कभी प्रतिगमन की स्थितियाँ भी पैदा होती रहती हैं, परन्तु इतना निश्चित है कि प्रतिगमन के बाद इतिहास का

प्रवाह पुनः प्रगति की ओर अग्रसर होता है। अतः ऐतिहासिक प्रगति सम्बन्धी एकरेखीय सिद्धान्त उतना ही भ्रामक है जितना चाक्रिक सिद्धान्त। ऐतिहासिक गतिशीलता कुंडलाकार है जिसकी वास्तविक व्याख्या मार्क्स का ऐतिहासिक भौतिकवाद करता है।

इतिहासदर्शन अर्थमीमांसा एवं स्वरूप

इतिहासदर्शन नामक पद जितना बहुचर्चित है, उतना ही अधिक अस्पष्ट है। इससे अधिक अस्पष्टताग्रस्त तथा विभिन्न व्याख्याओंयुक्त सम्भवतः कोई शब्द न हो।[82] अतः इस अनेकार्थक शब्द का विश्लेषण करके एक सारगर्भित तथा निश्चित अर्थ को प्राप्त करना आवश्यक प्रतीत होता है।

इतिहासदर्शन का सर्वप्रथम प्रयोग वाल्टेयर ने किया था, परन्तु हीगेल को इसका जनक माना जाता है, क्योंकि उन्होंने ही इतिहास के सम्बन्ध में दर्शन का प्रयोग किया। उनके अनुसार, 'इतिहास दर्शन का अर्थ इतिहास सम्बन्धी चिंतनयुक्त विचारों के अतिरिक्त कुछ नहीं है।[83] हीगेल के पश्चात् इसके अर्थ में न्यूनाधिक अन्तर आता गया है। कालिंगवुड ने इसके अर्थविकास की चर्चा करते हुए लिखा है कि इतिहास दर्शन की संज्ञा अठारहवीं शताब्दी में सर्वप्रथम वाल्टेयर ने इतिहास को वैज्ञानिक तथा आलोचनात्मक अर्थ प्रदान करने के लिए अन्वेषित की थी। इसी शताब्दी के अन्त में हीगेल ने भिन्न अर्थ में प्रयुक्त करते हुए इसे समग्र विश्वेतिहास सम्बन्धी परिकल्पित चिन्तन के रूप में ग्रहण किया। 19वीं शताब्दी के वस्तुनिष्ठावादियों ने इसका प्रयोग इतिहास सम्बन्धी सामान्य नियमों के ज्ञान के अर्थ में किया। 20वीं शताब्दी में यह शब्द प्रमुख रूप से एक विशिष्ट दर्शन अथवा इतिहाससम्मत दर्शन के अर्थ में ग्रहण किया गया है।[84] क्रोचे तथा कालिंगवुड इत्यादि कई विचारकों ने इसे ऐतिहासिक ज्ञान के रीति-विधान के अर्थ में भी स्वीकार किया है।

वस्तुतः आज भी इसका प्रयोग व्यापक एवं सीमित दोनों अर्थों में किया जाता है। मारिस मेंडलबाम के अनुसार : 'व्यापक अर्थ में इतिहासदर्शन के अंतर्गत ऐतिहासिक ज्ञान सम्बन्धी दार्शनिकों का प्रत्येक विचार अंतर्भुक्त है। अपने संकुचित अर्थ में इसका सम्बन्ध ऐतिहासिक प्रक्रिया की समग्रता विषयक महत्त्व तथा लक्ष्य से है।'[85] यह ठीक है कि इसे सामान्यतः इतिहास सम्बन्धी परिकल्पना के अर्थ में भी प्रयुक्त कर लिया जाता है परन्तु इसको केवल परिकल्पनामूलक दर्शन अथवा इतिहास सम्बन्धी तात्विक ज्ञान के अर्थ में ग्रहण करना भ्रामक है। तत्त्वदर्शन का मानवेतिहास पर आरोपण इतिहास दर्शन नहीं है। मारीटेन का यह कथन सार्थक है कि 'इतिहासदर्शन तत्व दर्शन का अंग नहीं है जैसा कि हीगेल का विचार था।'[86] अतः इतिहास सम्बन्धी प्रत्येक दृष्टिकोण को तब तक इतिहासदर्शन का नाम देते हुए संकोच होता है जब तक उक्त दृष्टिकोण ऐतिहासिक तथ्यों से पुष्ट न हो।

पारिभाषिक शब्द होने के कारण इसका अर्थ शाब्दिक अर्थ पर ही निर्भर नहीं है। इस संदर्भ में 'दर्शन' का अर्थ 'ज्ञान' तथा इतिहासदर्शन का अर्थ 'इतिहासज्ञान' मात्र न होकर सुव्यवस्थित एवं इतिहासपुष्ट चिन्तन से है। इसे इतिहाससम्बन्धित ही नहीं, बल्कि इतिहासाधारित विचारधारा के अर्थ में अंगीकार करना ही युक्तियुक्त होगा।

वैज्ञानिक युग से पूर्व मनुष्य के दार्शनिक चिन्तन का इतिहास अत्यन्त विस्तृत है जिसे धर्मदर्शन, अध्यात्मदर्शन तथा तत्वदर्शन के नामों से अभिहित किया जाता है। दर्शनशास्त्र की इन शाखाओं में भी मानवेतिहास तथा विश्वेतिहास की समग्रता पर तात्त्विक दृष्टि से विस्तारपूर्वक विचार -विमर्श हुआ है। धर्मशास्त्रियों एवं तत्वज्ञानियों ने सृष्टि की उत्पत्ति, विकास तथा अन्त की अनेक व्याख्याएँ दी हैं। अतः कई विचारकों ने इस चिन्तन को भी इतिहासदर्शन का नाम दिया है तथा इतिहासदर्शन को मानव जीवन के समग्रतापरक ज्ञान के रूप में स्वीकार किया है, परन्तु जैसा कि इस शब्द की अर्थमीमांसा द्वारा यह स्पष्ट हो गया है कि यह विशिष्ट दर्शन वैज्ञानिक युग की देन है तथा यह दर्शनशास्त्र का ऐसा विशिष्ट रूप है जिसका पोषण वास्तविक इतिहास द्वारा होता है। अतः इसे जीवन की समग्रता विषयक तत्व दर्शन के रूप में स्वीकार करना तर्कसंगत नहीं है।

कुछ विचारक इसे पारम्परिक तत्वदर्शन का अंग तो नहीं मानते, परन्तु वे इसे एक नैतिक दर्शन अवश्य समझते हैं। मारीटेन के कथनानुसार : 'इतिहास दर्शन व्यक्तियों के व्यवहार पर नहीं, प्रत्युत मानवता के समग्र संचालन पर दार्शनिक सत्यों का अन्तिम प्रयोग है। अतः यह एक नैतिक दर्शन है।'[87] ऐसे विचारकों ने इतिहासदर्शन को इतिहासाधारित दर्शन के रूप में मान्यता न देकर इसे सामान्य दर्शन शास्त्र के अंतर्गत स्थान दिया है तथा इसका उद्देश्य दर्शनशास्त्र द्वारा पुष्ट सत्यों की सोदारहण व्याख्या माना है। ऐसे चिन्तकों का विचार है कि इतिहासदर्शन दो प्रकार के प्रश्नों का उत्तर अवश्य देता है। प्रथम, मानवता का अन्तिम लक्ष्य क्या है? तथा द्वितीय, लोग किन साधनों द्वारा उस लक्ष्य की प्राप्ति के लिए प्रेरित होते हैं?[88] इस प्रकार ये विचारक इस दार्शनिक ज्ञान को सामाजिक जीवन के लक्ष्य तथा मूल्यों से सम्बन्धित मानते हुए इसे नीतिज्ञान अथवा नैतिकदर्शन का पर्यायवाची समझना उपयुक्त मानते हैं। इसमें सन्देह नहीं कि इतिहासदर्शन भी दर्शनशास्त्र का ही अंग है तथा इसका उद्देश्य मानव समाज के ऐतिहासिक मूल्य एवं लक्ष्यों का ज्ञान प्राप्त करना भी है, परन्तु इस आधार पर इसे नीतिदर्शन का नाम देना युक्तियुक्त प्रतीत नहीं होता क्योंकि इतिहासदर्शन वस्तुतः नैतिक आदर्शों, मूल्यों तथा उद्देश्यों से सम्बन्धित न होकर इतिहासधारा की गति एवं लक्ष्य को समझने का प्रयास करता है। इस प्रकार इसका स्वरूप नीतिपरक न होकर विज्ञानात्मक है तथा यह एक वैज्ञानिक दर्शन है।

कई दार्शनिकों ने ज्ञानमीमांसा सम्बन्धी दार्शनिक विधा का इतिहास की

गतिविधि को समझने के लिए प्रयोग किया है। वे दर्शनशास्त्र को भी प्रकृति तथा विश्व सम्बन्धी सामान्य सिद्धान्तों के ज्ञान के रूप में स्वीकार करते हैं। उनके अनुसार इतिहासदर्शन का उद्देश्य भी मानवेतिहास सम्बन्धी ऐसे सामान्य नियमों को प्राप्त करना है जो मानव समाज के क्रियाकलापों को नियमित करते हैं। इस दृष्टि से यदि 'दर्शनशास्त्र प्रकृति, समाज तथा विचार के विकास से सम्बद्ध विज्ञान है'[89] तो इतिहास दर्शन मानवीय इतिहास एवं संस्कृति के विकास सम्बन्धी सामान्य नियमों का विज्ञान माना जा सकता है। इस रूप में इतिहासदर्शन, इतिहासवाद का नाम धारण करता है। आधुनिक युग के कई इतिहासज्ञों ने इतिहासदर्शन को इतिहास तथा इतिहासलेखन से सुसम्बद्ध मानते हुए इसे ऐतिहासिक प्रक्रिया तथा इतिहास के रचना विधान सम्बन्धी चिन्तन के रूप में मान्यता प्रदान की है तथा इसको पारम्परिक दर्शनशास्त्र से भिन्न रूप में स्वीकार करते हुए इसे नवीन तथा विशिष्ट दर्शन माना है। कालिंगवुड के अनुसार, इतिहास दर्शन के अन्तर्गत उन नवीन दार्शनिक समस्याओं का अध्ययन होता है, जो वैज्ञानिक युग में सुव्यवस्थित तथा योजनाबद्ध ऐतिहासिक गवेषणा के फलस्वरूप उत्पन्न हुई हैं।[90] इस रूप में इतिहासदर्शन इतिहास तथा उसकी समस्याओं की विशद गवेषणा है।[91] इसीलिए इतिहासदर्शन को इतिहास का विज्ञान भी कहा जाता है।

उपर्युक्त विवेचन से यह सुस्पष्ट हो जाता है कि इतिहासदर्शन को विभिन्न दार्शनिकों तथा इतिहासज्ञों ने भिन्न-भिन्न रूपों में समझकर उसकी विवेचना की है। प्रमुखतः 'इतिहासदर्शन से तीन विशिष्ट प्रकार के बौद्धिक प्रयत्नों तथा अभिस्थापनाओं का बोध होता है।'[92] मानवेतिहास सम्बन्धी तीन प्रकार के चिन्तन को इतिहासदर्शन की संज्ञा प्राप्त होती रही है। इस विशेष चिन्तन का विशेष उद्देश्य या तो ऐतिहासिक विकास के कारण तथा लक्ष्य का अध्ययन करना रहा है या इसका सम्बन्ध संस्कृति के रचनाविधान, विश्लेषण एवं तत्संबंधी सिद्धान्तों से रहा है तथा या इसे इतिहासपरक ज्ञान मीमांसा के रूप में स्वीकार किया गया है। मेंडलबाम इतिहासज्ञान सम्बन्धी दार्शनिक दृष्टिकोण का तीन रूपों में से एक को धारण करना आवश्यक मानते हैं।[93] अतः यह निश्चित है कि इतिहासदर्शन का रूप चाहे जो हो परन्तु इसका सम्बन्ध वास्तविक इतिहास तथा उसकी समस्याओं से है। संक्षेप में, इतिहासदर्शन अपने वास्तविक रूप में इस प्रश्न के विभिन्न पक्षों का उत्तर है कि, 'इतिहास क्या है?'

इतिहासदर्शन के स्वरूप का विवेचन-विश्लेषण करने के बाद यह कहा जा सकता है कि जैसे प्रत्येक विचार दार्शनिक विचार की मान्यता प्राप्त नहीं करता, वैसे ही इतिहास सम्बन्धी प्रत्येक परिकल्पना एवं दृष्टिकोण इतिहासदर्शन की उपाधि को प्राप्त नहीं हो सकता। इस परिकल्पना का ऐतिहासिक तथ्यों द्वारा निगमित तथा पुष्ट होना परमावश्यक है। धर्मेन्द्र गोयल के शब्दों में, 'इतिहासदर्शन का अभिप्राय उस प्रकार की परिकल्पना से है जो प्रामाणिक, इतिहास द्वारा पुष्ट तथ्यात्मक घटनाओं

की नींव पर आधारित हो।'[94] इतिहास दर्शन संक्षेपतः इतिहास की ऐतिहासिक तथ्यों पर आधारित दार्शनिक व्याख्या है। अतः इसकी परिभाषा यों दी जा सकती है कि यह इतिहास की गति, विकास तथा लक्ष्य सम्बन्धी तथ्य आधारित एवं वैज्ञानिक परिकल्पना है।

इतिहासदर्शन तथा इतिहास का अन्योन्य सम्बन्ध

इतिहास दर्शन तथा इतिहास के पारस्परिक अन्तःसम्बन्ध के स्पष्टीकरण की इसलिए विशेष आवश्यकता है कि कुछ दार्शनिकों ने इतिहासदर्शन को वस्तुजगत के वास्तविक इतिहास से विच्छिन्न करके इसका सम्बन्ध अध्यात्मक एवं लोकोत्तर सत्य से स्थापित करने का यत्न किया है। उनके विचारानुसार इस विषय का सम्बन्ध दर्शन से है, इतिहास से नहीं। पाइपर लिखते हैं : 'इतिहासदर्शन के अध्ययन की विषय-सामग्री इतिहास की विषय-सामग्री से भिन्न है।'[95] ऐसे धर्मदार्शनिकों तथा परम्परावादी दार्शनिकों ने दो तर्कों के आधार पर दोनों विषयों में अन्तर माना है। प्रथमतः यह कि इतिहासदर्शन का सम्बन्ध ऐतिहासिक यथार्थ से न होकर जीवन की समग्रता तथा उसके उद्देश्य एवं मूल्यों से है। द्वितीय यह है कि इतिहासदर्शन का महत्त्वपूर्ण अंग दार्शनिक की दृष्टि एवं परिकल्पना है जबकि ऐतिहासिक घटनाएँ तथा तथ्य इतिहास के लिए विशेष महत्त्वपूर्ण हैं। इसलिए एल्बन विजेरी के कथनानुसार : 'इतिहासदर्शन का विषय इतिहासकार की तुलना में दार्शनिकों के लिए महत्त्व रखता है।'[96]

उक्त धारणा को पुष्ट करने वाले विचारक इतिहासदर्शन को परिकल्पित ज्ञान मानते हैं तथा इसे धर्मदर्शन का रूप देते हैं। वे जीवन का अन्तिम लक्ष्य इतिहास से मुक्ति मानते हैं अथवा इतिहास एवं समय के अन्त में विश्वास करते हैं।[97] इन विचारों का इतिहासदर्शन के लिए कोई मूल्य नहीं है। इतिहासदर्शन को वास्तविक इतिहास से विच्छिन्न करने की धारणा अनैतिहासिक ही नहीं, वास्तविकता से कोसों दूर है क्योंकि इतिहासदर्शन ऐसा ज्ञान है जिसकी उपलब्धि वस्तुजगत के ऐतिहासिक तथ्यों तथा घटनाओं से ही सम्भव है। इस संदर्भ में यह कथन अत्यन्त सार्थक है कि इतिहासदर्शन जो इतिहास की आत्मा अथवा सार तत्त्व है, ऐतिहासिक घटनाओं द्वारा निगमित होना चाहिए।[98] अतः ऐतिहासिक ज्ञान से उद्भूत इस दर्शन को इतिहास से अलग करने की धारणा अत्यन्त भ्रामक है। इसे इतिहास सम्बन्धी दार्शनिक की व्यक्तिनिष्ठ परिकल्पना मानना भी युक्तियुक्त नहीं है। वस्तुतः इतिहासदर्शन वास्तविक इतिहास से जन्मा है।[99] इसका अस्तित्व इतिहास पर आधारित है तथा इसका निश्चित रूप मानवेतिहास की वैज्ञानिक गवेषणा से स्पष्ट होता है। इतिहास, इतिहास दर्शन का पूरक ही नहीं, उसका मूलस्रोत है।

जिस प्रकार कुछ दार्शनिकों ने इतिहासदर्शन का वास्तविक इतिहास के लिए

महत्त्व स्वीकार नहीं किया, उसी प्रकार कुछ महान इतिहासकारों ने भी इतिहास को दर्शन से मुक्त रखने पर बल दिया है। इतिहासलेखन के सम्राट वान रान्के इतिहासकार का कर्त्तव्य ऐतिहासिक तथ्यों का अनुसंधान करना तथा उन्हें प्रामाणिक सिद्ध करना मानते थे। यह उनका विशेष गुण माना जाता है कि उन्होंने इतिहास को दर्शन से मुक्त किया तथा बड़े स्वाभिमान से यह घोषणा की कि इतिहास आत्मनिर्भर हो सकता है।[100] प्रसिद्ध अंग्रेजी इतिहासकार सर चार्ल्स ओमन इस विचार से ही घृणा करते थे कि इतिहास का भी दर्शन हो सकता है। वे दार्शनिकों को इतिहास का शत्रु मानते थे, जो विचित्र तथा जटिल ऐतिहासिक क्रियाकलाप में कोई पूर्व निर्धारित तथा तर्कसंगत लक्ष्य एवं उद्देश्य में विश्वास करते हैं।'[101] ये तथाकथित शुद्ध इतिहासकार अतीत की घटनाओं को उनके यथातथ्य रूप में चित्रित करने के पक्ष में हैं तथा उनकी दार्शनिक व्याख्या को इतिहास के यथार्थ के लिए घातक मानते हैं। इसमें सन्देह नहीं कि इतिहास की मनमानी व्याख्या इतिहास के लिए हानिकारक सिद्ध होती है परन्तु साथ ही यह भी निश्चित है कि इतिहास की तथ्याधारित व्याख्या ही उसे गम्भीर तथा उत्कृष्ट रूप प्रदान करती है। दार्शनिक व्याख्या के अभाव में उन्नत इतिहासलेखन सम्भव ही नहीं है। इतिहास सम्बन्धी दृष्टिकोण के बिना इतिहासलेखन तथ्यों के संकलन तक सीमित हो जाता है। इतिहासदर्शन द्वारा ही इतिहास सुसम्बद्ध रूप को प्राप्त होता है। निर्जीव भूतकालीन तथ्यों के ढाँचे को इतिहासकार का इतिहासदर्शन ही सजीव तथा साकार बनाता है।

आधुनिक युग में जब दर्शन इतिहासमूलक माना जाता है तथा इतिहास सुसंगत व्याख्या के अभाव में निरर्थक समझा जाता है, तो यह निश्चयपूर्वक कहा जा सकता है कि इतिहास तथा इतिहास दर्शन का एक-दूसरे से पारस्परिक सम्बन्ध अत्यन्त घनिष्ठ है। दोनों का अस्तित्व एक-दूसरे पर आधारित है। इतिहाससम्मत तथ्यों के बिना इतिहासदर्शन कोरी कल्पना मात्र है तथा इससे रहित इतिहासलेखन बच्चों द्वारा निर्मित काष्ठ के टुकड़ों से निर्मित एक बेडौल घर है। लुइस गाटस्चाक का यह मत अत्यन्त युक्तियुक्त है : 'जिस इतिहासकार के पास दार्शनिक सिद्धान्त नहीं है, उसके पास ऐतिहासिक परिवर्तन अथवा निरन्तरता को मापने की कोई कसौटी नहीं है। इसलिए वह विकास, ह्रास, उतार-चढ़ाव, अभिवृद्धि-गतिरोध, अपक्षय तथा सुफलता एवं निष्फलता का मूल्यांकन नहीं कर सकता।'[102] कोई महान इतिहासकार दार्शनिक संदृष्टि से मुक्त नहीं हो सकता। इतिहासलेखन की एकसूत्रता तथा सार्थकता इतिहासदर्शन पर निर्भर है। संक्षेप में, इतना कहना पर्याप्त है कि दोनों का अन्तःसम्बन्ध इतना अटूट है कि दोनों के सम्बन्ध-विच्छेद का विचार ही हास्यास्पद है।

इतिहासदर्शन एवं इतिहासवाद

इतिहासदर्शन की भाँति इसका बहुचर्चित एवं प्रसिद्ध रूप इतिहासवाद (हिस्टारिसिज़्म) भी विभिन्न अर्थों में प्रयुक्त होता रहा है। इसका सर्वप्रथम प्रयोग 1879 ई. में वीको की विचारधारा को लक्षित करने के लिए किया गया था।[103] उस समय इससे इतिहास सम्बन्धी उस दृष्टिकोण का बोध होता था, जिसके अनुसार मानव के विचार, मूल्य एवं आदर्श तथा संस्थान ऐतिहासिक बिकास की उपज हैं। 19वीं शताब्दी के अन्त तक यह शब्द जर्मन में ही नहीं, बल्कि सारे पाश्चात्य जगत में प्रचलित हुआ तथा इसे प्रायः 'इतिहास का विज्ञान' स्वीकार किया गया। बीसवीं शताब्दी के प्रसिद्ध इतिहासज्ञ क्रोचे ने भी इसे इतिहासविज्ञान का पर्यायवाची मानते हुए ऐसा तार्किक सिद्धान्त कहा है जिसके अनुसार जीवन एवं वास्तविकता ही इतिहास है तथा वह सिद्धान्त अमान्य है जो 'सत्य' को 'परम इतिहास' तथा 'इतिहास' में विभाजित करता है।[104] अर्थात् इस दृष्टिकोण ने वास्तविक इतिहास के अतिरिक्त 'परम इतिहास' को विश्वसनीय नहीं माना।

पिछले कुछ वर्षों से इसका प्रयोग 'इतिहास विज्ञान' के अर्थ के साथ-साथ ऐतिहासिक निर्णयवादी सिद्धान्त के लिए भी हुआ है। पापर ने इसको हीगल तथा मार्क्स के इतिहासदर्शन के साथ सम्बद्ध करके इसे ऐसी निर्णयवादी विचारधारा माना है जिसका प्रधान लक्ष्य भविष्य-कथन है। उनके अनुसार, 'यह समाजविज्ञान के प्रति एक दृष्टिकोण है, जो ऐतिहासिक प्रागुक्ति को अपना प्रधान उद्देश्य समझता है।[105] उनके इतिहासवाद सम्बन्धी अत्यन्त विरोधी दृष्टिकोण के कारण उनकी तत्सम्बन्धी व्याख्या अत्यन्त भ्रामक है। उन्होंने इसे नियतिवाद अथवा भाग्यवाद का समकक्ष माना है तथा इसका सम्बन्ध प्राचीन भाग्यवादी विचारधारा से जोड़ने का यत्न किया है। वे आधुनिक इतिहासवादी विचारकों पर व्यंग्य करते हुए लिखते हैं : 'आधुनिक इतिहासवादी सम्भवतः अपने सिद्धान्त की प्राचीनता के प्रति जागरुक नहीं हैं।'[106] ऐतिहासिक निर्णयवाद के सिद्धान्त को नियतिवाद का नाम देना न्यायसंगत नहीं है, जबकि दोनों सिद्धान्त परस्पर विरोधी विचारधाराओं की उपज हैं। निर्णयवाद ऐतिहासिक यथार्थ के वैज्ञानिक अध्ययन का परिणाम है तथा आशावादी दृष्टिकोण है। इसके विपरीत नियतिवाद हताशाजनक परिकल्पना है। पापर ने दोनों का सम्बन्ध स्थापित करके इतिहासवाद के प्रति अपनी व्यक्तिगत घृणा को ही अभिव्यक्त किया है तथा कोई तर्कसंगत बात नहीं कही। इस सन्दर्भ में ई॰ एच॰ कार ने ठीक ही लिखा है कि प्रो॰ पापर इतिहासवाद का प्रयोग उन सभी मतों के लिए करते हैं, जिन्हें वे पसंद नहीं करते।[107] अतः पापर भी इतिहासवाद को स्पष्ट करने में असमर्थ रहे हैं।

कुछ विचारकों ने इतिहासवाद को व्यापक अर्थों में ग्रहण करके इसे इतिहास

दर्शन का समानार्थक माना है।[108] परन्तु इसको इस रूप में भी स्वीकार नहीं किया जा सकता क्योंकि इतिहासदर्शन इससे अधिक व्यापक अर्थ का बोधक माना जाता रहा है। दोनों को पर्यायवाची मान लेना इस विषय की पूर्ववर्ती अस्पष्टता में अभिवृद्धि करना ही होगा। वस्तुतः इतिहासवाद का प्रयोग इतिहासदर्शन के वैज्ञानिक रूप के लिए ही अधिक हुआ है। अस्पष्टता से बचने के लिए इसे वैज्ञानिक इतिहासदर्शन के निर्णयवादी रूप में स्वीकार कर लेना समीचीन होगा। इस दृष्टिकोण के अनुसार, मानवीय इतिहास कारण-कार्य के सम्बन्ध द्वारा संचालित है तथा एक निश्चित दिशा एवं लक्ष्य की ओर अग्रसर है। इसकी मान्यता है कि इतिहास के कारणात्मक सम्बन्ध को समझकर इतिहास की गति को नियमित करने वाले सामान्य सिद्धान्तों के अध्ययन द्वारा इतिहास की भावी दिशा तथा उसके उद्देश्य का ज्ञान सम्भव है।

इसमें कोई सन्देह नहीं है कि इतिहासवाद का स्वर निश्चयात्मक है तथा यह एक निर्णयवादी सिद्धान्त है।

इतिहासदर्शन के पक्ष में

आधुनिक युग में एक ओर इतिहासदर्शन को दर्शनशास्त्र की परमोपलब्धि मानते हुए उत्कृष्ट इतिहासलेखन के लिए इसकी महत्ता को मुक्त कंठ से स्वीकार किया गया है तथा दूसरी ओर कुछ इतिहासज्ञों एवं विचारकों ने इसकी मान्यताओं में अविश्वास प्रकट किया है। इसका विरोध अनेकमुखी है तथा कई बार इसके विरोध में दिये गये तर्क भी परस्पर विरोधी हो गये हैं।

कुछ विचारकों ने इसकी सार्थकता एवं औचित्य में शंका प्रकट की है, क्योंकि वे मानव समाज के क्रियाकलाप के वैज्ञानिक अध्ययन को ही असंभव मानते हैं। जी॰एम॰ यंग के अनुसार : 'इतिहासदर्शन अनेक हैं तथा सभी इस सत्य के आधार पर ढह जाते हैं कि मानववृत्त के अन्तर्गत स्पष्ट अध्याय अत्यन्त संक्षिप्त एवं अनुपलब्ध हैं तथा इसके अतिरिक्त उनका अधिक भाग इतना अर्ध परिचित है कि हमारे पास किसी प्रामाणिक आगमन सिद्धान्त के लिए विशेष सामग्री नहीं रहती।'[109] इस प्रकार इन विचारकों की इतिहासदर्शन के प्रति अनास्था का कारण यह धारणा है कि ऐतिहासिक नियम अनुभवाश्रित तथ्यों से परिपुष्ट नहीं हो सकते। अतः इतिहासदर्शन केवल परिकल्पनात्मक विचारधारा बनकर रह जाती है। यह धारणा निर्मूल ही नहीं भ्रामक भी है। यदि इसे स्वीकार कर लिया जाए, तब तो किसी भी विषय का वैज्ञानिक अध्ययन हो ही नहीं सकता, क्योंकि वैज्ञानिक क्षेत्र में भी अध्ययन की सामग्री सीमित ही होती है तथा तत्सम्बन्धी ज्ञान भी कभी अन्तिम रूप को प्राप्त नहीं होता। जब वैज्ञानिक उपलब्ध सामग्री एवं तथ्यों के आधार पर अपने विषय सम्बन्धी निष्कर्ष प्राप्त करता है, सामान्य नियमों का अनुसंधान करने में समर्थ होता है, तब यह कैसे कहा जा सकता है कि उपलब्ध ऐतिहासिक तथ्यों के

आधार पर वैज्ञानिक इतिहासदर्शन को प्राप्त नहीं किया जा सकता। अतः ऐतिहासिक जानकारी की पूर्णता के अभाव में इतिहासदर्शन को अमान्य ठहराना उचित नहीं क्योंकि अन्तिम अर्थों में बात करना ही अवैज्ञानिक है तथा आज के दर्शनशास्त्र का उद्देश्य नहीं है।

इतिहासदर्शन के निर्णयवादी रूप अथवा इतिहासवाद का विरोध सर्वाधिक हुआ है। निर्णयवाद इतिहास की सभी घटनाओं को कारण अथवा कारणों की उपज मानता है। 'इस धारणा के अनुसार जो कुछ हुआ है, वह एक कारण अथवा अनेक कारणोंवश हुआ है तथा उससे भिन्न कुछ नहीं हो सकता था जब तक उसके कारण अथवा कारणों में कोई अन्तर नहीं आ जाता।'[110] इसलिए निर्णयवाद का विश्वास है कि मानव समाज में जो हो रहा है, तथा जो होगा , वह भी कारणबद्ध है। इतिहास की कुशलता में इस दृढ़ विश्वास का विरोध करने वालों में फिशर, इसीया बर्लिन तथा पापर के नाम उल्लेखनीय हैं।

एच.एच.एल. फिशर की प्रसिद्ध उक्ति है कि वह उन भाग्यशाली इतिहासज्ञों में से नहीं हैं जो इतिहास में किसी सुनिश्चित योजना का ज्ञान प्राप्त कर लेते हैं।[111] वे मानवेतिहास में कारणात्मक सम्बन्ध को स्थापित करके किसी निश्चित नियम को प्राप्त करने का प्रयास ही निरर्थक मानते हैं, क्योंकि उनकी दृष्टि में ऐतिहासिक घटनाओं का ऐसा कोई क्रम नहीं है। इससे यह निष्कर्ष निकलता है कि सारा क्रियाकलाप अदृश्य की क्रीड़ा मात्र है। इस विचार को मानकर संतुष्टि प्राप्त कर लेना आदिम युग के लिए तो सम्भव था, परन्तु आज का विचारशील मनुष्य मानवकार्यों का कारण जाने बिना संतुष्ट नहीं होता। इसके अतिरिक्त किसी सुनिश्चित योजना अथवा नियम के बिना किसी भी विषय का चिन्तन एवं सुव्यवस्थित अध्ययन नहीं हो सकता। टायनबी का यह मत ठोस ज्ञानमीमांसीय आधार लिये हुए है कि मानव मस्तिष्क की रचना ऐसी है जिससे नियमों, व्यवस्थाओं एवं तारतम्य इत्यादि के अभाव में चिन्तन हो नहीं सकता।'[112] अतः ऐतिहासिक गतिविधियों के मूलभूत कारण अथवा कारणों की गवेषणा सार्थक ही नहीं मानव चिन्तन का अनिवार्य फल है।

यह निश्चित है कि इतिहासदर्शन द्वारा मानवेतिहास में निहित ऐसे सामान्य नियमों का अन्वेषण होता है जो ऐतिहासिक मनुष्य के कार्यकलाप के नियामक हैं। इसलिए इसीया बर्लिन तथा पापर इत्यादि इतिहासज्ञों ने इस पर यह आरोप लगाया है कि यह इतिहास में व्यक्तिस्वातंत्र्य की महत्ता की उपेक्षा करता है। इनके अनुसार मनुष्य ऐतिहासिक नियमों की कठपुतली नहीं है, वह चिन्तनशील प्राणी होने के नाते स्वतंत्र इच्छाशक्ति-सम्पन्न प्राणी है तथा अपनी इच्छानुसार कुछ भी कर सकता है। इसमें सन्देह नहीं कि मनुष्य चेतनायुक्त है तथा मार्क्स जैसे इतिहासवादी भी मानव को जड़ वस्तु नहीं मानते, परन्तु इस आधार पर पापर का यह कथन असत्य है कि

मानवीय कार्य-व्यापार में सब कुछ सम्भव है।[113] इसके विपरीत यह एक व्यावहारिक सत्य है कि बिना कारण के कुछ भी सम्भव नहीं है। ये विचारक इतिहासवाद तथा मार्क्सवाद के प्रति आवेशपूर्ण विरोध के कारण यह सर्वसाधारण सत्य भी भूल जाते हैं कि व्यक्ति सामाजिक तथा ऐतिहासिक प्राणी होने के नाते अपने आप में स्वतन्त्र होता हुआ भी नियमाधीन है। व्यक्तिस्वातंत्र्य के नाम पर ऐतिहासिक नियमों के सत्य को झुठलाना उचित नहीं क्योंकि 'स्वतन्त्रता के वरण का अर्थ दुर्व्यवस्था तथा अव्यवस्था उत्पन्न करने की सनक नहीं है। इतिहास में एक प्रकार की व्यवस्था अथवा योजना अवश्य वर्तमान है।'[114] ऐतिहासिक नियम काफी लचीले अवश्य हैं तथा उनकी यांत्रिकता में विश्वास उचित नहीं, परन्तु उन्हें अमान्य ठहराने की धारणा एकदम अनुचित तथा निराधार है, क्योंकि उनके बिना मानवीय इतिहास का ज्ञान असम्भव है।

इतिहासदर्शन ऐतिहासिक एवं सांस्कृतिक विविधता में एकता के अनुसंधान का प्रयास करता है। इस प्रयत्न के विरोध में कुछ विचारकों का मत है कि समस्त मानवेतिहास की व्याख्या किसी एक सूत्र के आधार पर करना युक्तियुक्त नहीं है। एफ.आर.कोवेल के मतानुसार : 'समग्र इतिहास की व्याख्या आर्थिक, धार्मिक अथवा तकनीकी आधार पर करने का प्रयत्न विफल होता है क्योंकि सभी क्षेत्रों का सांस्कृतिक व्यापार इनमें से किसी एक द्वारा नियमित नहीं है।[115] इस आरोप के उत्तर में इतना कहना पर्याप्त होगा कि एक इतिहासदार्शनिक के लिए इतिहास तथा संस्कृति की व्याख्या सभी दृष्टियों से करना न तो सम्भव है और न ही वांछनीय। तर्कसंगत एवं स्पष्ट व्याख्या के लिए विशिष्ट दृष्टिकोण की परमावश्यकता होती है। एक प्रमुख आधार द्वारा भी इतिहास की विविधता तथा अनन्तता दर्शायी जा सकती है। वस्तुतः इतिहासदार्शनिक अनेकता के माध्यम से ही एकता को प्राप्त करता है। अतः उक्त आरोप स्वीकार नहीं किया जा सकता तथा इतिहासदर्शन एवं इतिहासवाद के प्रति सन्देहवादी दृष्टिकोण निर्मूल है।

इतिहासदर्शन का पक्ष ग्रहण करते हुए एक बात की पुष्टि करना विशेष रूप से आवश्यक है कि इसका महत्त्व एवं मूल्य तभी है, यदि यह वैज्ञानिक तथा तथ्यात्मक आधार पर आधारित हो। सोरोकिन का यह मत अत्यन्त समीचीन है कि 'सफलतम इतिहास दर्शन वह है जो अधिकतम तथ्यों की व्याख्या के लिए तर्कपूर्ण योजना प्रदान करे तथा विशृंखल विचारों की सामग्री को सुव्यवस्थित रूप दे सके।'[116] किसी भी प्रकार का पूर्वग्रह इसके यथार्थ स्वरूप एवं वास्तविक मूल्य को आघात पहुँचाता है। इतिहासकार की निजी आशाओं, जातीय मोह, व्यक्तिगत आदर्शों तथा नैतिकता सम्बन्धी दृष्टिकोण द्वारा इतिहासदर्शन केवल परिकल्पनात्मक एवं अनैतिहासिक बनकर रह जाता है क्योंकि इसका प्रागानुभव ज्ञान पर आधारित होकर तथ्यात्मक ज्ञान द्वारा निगमित होना अत्यन्त आवश्यक है। इसका यह आशय नहीं

कि इतिहासदर्शन का जीवन के मूल्यों से कोई सम्बन्ध नहीं है। मूल्यों से सम्बन्ध होते हुए भी ऐतिहासिक तथ्यों की उपेक्षा नहीं की जा सकती। इस सम्बन्ध में यह कथन सारयुक्त है : 'मूल्य इतिहास के आकार में प्रविष्ट हो ही जाते हैं। वे वस्तुनिष्ठ कारण हैं, परन्तु वे व्यक्तिनिष्ठ कारक भी हैं, क्योंकि वे इतिहासकार द्वारा तथ्यों के वरण को निर्धारित करते हैं। इतिहासकार को विशेष सावधान रहना चाहिए ताकि वह अपने पूर्वाग्रह को ऐतिहासिक कारणों से उलझा न दे।'[117]

इस सत्य को अस्वीकार नहीं किया जा सकता कि 'तथ्य आधारित इतिहासदर्शन' इतिहास एवं ऐतिहासिक प्रक्रिया को समझने के लिए विशेष रूप से महत्त्वपूर्ण है। इस आधार के बिना इतिहास एवं संस्कृति का सम्यक् विवेचन सम्भव नहीं है। इसी के आलोक में इतिहास की वास्तविकता को पहचाना जा सकता है। इतिहासदर्शन, विशेषतया इतिहासवाद का विरोध करने वाले विचारक प्रत्यक्ष अथवा परोक्ष रूप में उस व्यवस्था के पोषक हैं जो यथास्थिति के पक्ष में हैं। वास्तविकता यह है कि क्रान्तिकारी दर्शन द्वारा ही दर्शनशास्त्र का सम्बन्ध जीवन के ठोस यथार्थ तथा वास्तविक मानवीय इतिहास से स्थापित हुआ है। इतिहास दर्शन द्वारा ही इतिहास एवं इतिहासलेखन को नये आयाम प्राप्त हुए हैं। आज इतिहास दर्शन के बिना इतिहास एवं इतिहासलेखन की चर्चा ही असंगत प्रतीत होती है।

सन्दर्भ

1. ओस्वाल्ड स्पेंगलर : 'दि डेक्लाइन ऑफ दि वैस्ट', (अनु॰ चार्ल्स फ्रांसिस), 1954, पृ॰ 8.
2. डब्ल्यू॰ एच॰ वाल्श : 'ऐन इंट्रोडक्शन टु दि फिलासफी ऑफ हिस्टरी', जिल्द I, 1950 पृ॰ 7.
3. जेम्स टी॰ शाटवैल : 'दि हिस्ट्री ऑफ हिस्टरी', जिल्द I, न्यूयार्क, 1950 पृ॰ 7.
4. रेमण्ड ऐरन : 'इंट्रोडक्शन टु दि फिलॉसफी ऑफ हिस्टरी' बोस्टन, 1962, पृ.15.
5. आर॰ जी॰ कालिंगवुड : 'दि आइडिया ऑफ हिस्टरी', लंदन, 1946, पृ. 9.
6. 'इंसाइक्लोपीडिया ब्रिटेनिका', जिल्द II , पृ. 594.
7. ई॰ एच॰ कार : 'व्हाट इज हिस्टरी', 1961 पृ॰ 9.
8. जी॰ एल॰ रेनियर : 'हिस्टरी, इट्स पर्पज एंड मैथड', 1950, पृ. 32.
9. प्रो॰ गाल्ब्रेथ : 'व्हाई वी रीड हिस्टरी', 1944 पृ॰ 131.
10. बी॰ क्रोचे : 'हिस्टरी ऐज दि स्टोरी ऑफ लिबर्टी' (सिलोविया स्प्रिगे का अंग्रेजी अनुवाद), 1949, पृ॰ 19.
11. डॉ॰ बुधप्रकाश : 'दि मॉडर्न अप्रोच टु हिस्टरी', 1961, पृ॰ 75.
12. वही, पृ॰ 75.
13. ई॰ एच॰ कार : 'व्हाट इज हिस्टरी', 1964, पृ.30.

14. कार्ल एल. बेकर : 'एवरी मैन हिज ओन हिस्टोरियन', 1955, पृ. 233.
15. 'दि डेक्लाइन ऑफ दि वेस्ट', (संक्षिप्त अंग्रेजी संस्करणः आर्थी हैल्पस), 1961, पृ. 230.
16. डॉ. गणपतिचन्द्र गुप्त : 'हिन्दी साहित्य का वैज्ञानिक इतिहास', 1965, पृ. 241.
17. जेम्स डब्ल्यु. थाम्पसन : 'ए हिस्टरी ऑफ हिस्टोरिकल राइटिंग', 1942, पृ. 3.
18. आर. वी. सैंपसन : 'प्रोग्रेस इन दि एज ऑफ रीजन', 1956, पृ. 6.
19. जेम्स टी. शाट्वैल : 'दि हिस्टरी ऑफ हिस्टरी' जिल्द I, पृ. 17.
20. एफ. पाविक : 'मॉडर्न हिस्टोरिअंस एंड दि स्टडी ऑफ हिस्टरी', 1955, पृ. 174.
21. वी. वी. जोशी : 'दि प्रॉब्लम्स ऑफ हिस्टरी एंड हिस्टोरिओग्राफी' 1946, पृ. 13.
22. आर. जी. कालिंगवुड द्वारा 'दि आइडिया ऑफ हिस्टरी' ,में उद्धृत, पृ. 192.
23. डब्ल्यु. एच. वाल्श : 'एन इंट्रोडक्शन टु फिलॉसफी ऑफ हिस्टरी', 1951, पृ. 21.
24. 'दि आइडिया ऑफ हिस्टरी', 192.
25. लुइस गाटस्चाक : 'अंडरस्टैंडिंग ऑफ हिस्टरी', 1958, पृ. 8.
26. रेनिअर द्वारा 'हिस्टरी, इट्स पर्पज एंड मैथड', पृ. 162
27. आर. जी कालिंगवुड द्वारा 'दि आइडिया ऑफ हिस्टरी',में उद्धृत, पृ. 240.
28. जी. जे. रेनिअर : 'हिस्टरी, इट्स पर्पज एंड मैथड' पृ. 162.
29. वही, पृ. 245
30. वी. वी. जोशी : 'दि प्रॉब्लेम्स ऑफ हिस्टरी एंड हिस्टोरिओग्राफी', पृ. 16
31. 'इंसाइक्लोपीडिया ब्रिटेनिका' जिल्द II, पृ.. 594-95.
32. बर्ट्रेंड रसल : 'पोर्ट्रेट्स फ्राम मेमरी' 1958, पृ. 20.
33. आर. जी. कालिंगवुड द्वारा, 'दि आइडिया ऑफ हिस्टरी',में उद्धृत, पृ. 249.
34. मेयर ब्लाक : 'हिस्टोरिअन्स क्रेफ्ट' (पीटर पटनम द्वारा फ्रेंच से अनूदित), 1954, पृ. 58.
35. 'व्हाट इज हिस्टरी', 1961, पृ. 63.
36. कार्ल आर. पापर : 'दि पावर्टी ऑफ हिस्टोरिसिज़्म' 1957, पृ. 143.
37. एल्टन : 'कैम्ब्रिज मॉडर्न हिस्टरी', जिल्द , 1958, पृ. 20.
38. 'व्हाज इज हिस्ट्री', 1961, पृ. 63.
39. 'दि पावर्टी ऑफ हिस्टोरिसिज़्म', 1957, प्रिफेस.
40. 'व्हाट इज हिस्टरी', 1961, पृ. 68.
41. 'हिस्टरी, इट्स पर्पज एंड मैथड', 1950, पृ. 250.
42. 'एन इंट्रोडक्शन टु फिलॉसफी ऑफ हिस्टरी', 1951, पृ. 20.
43. 'व्हाट इज हिस्टरी', 1961, पृ. 71.
44. आर. वी. सैम्पसन : 'प्रोग्रेस इन दि एज ऑफ रीजन', 1955, पृ. 6.
45. बी. क्रोचे : 'हिस्टरी ऐज दि स्टोरी ऑफ लिबर्टी' (सिलोविया स्प्रिगे का अंग्रेजी अनुवाद), 1949, पृ. 19.

46. मारिस आर. कोहेन : 'दि मीनिंग ऑफ ह्यूमन हिस्टरी', 1947, पृ. 80.
47. 'व्हाट इज हिस्टरी', 1961, पृ. 84-85.
48. 'हिस्ट्री ऑफ हिस्टरी', 1950, पृ. 9.
49. 'एवरी मैन्स एंसाइक्लोपीडिया', जिल्दी, पृ. 50.
50. 'दि मीनिंग ऑफ ह्यूमन हिस्टरी', 1947, पृ. 34.
51. 'व्हाट इज हिस्टरी', 1961, पृ. 89.
52. ओ. याक्हाट : 'व्हाट इज डाइलेक्टिकल मैटीरियलिज़्म', 1965, पृ. 134.
53. 'दि मीनिंग ऑफ ह्यूमन हिस्टरी', 1967, पृ. 226.
54. 'व्हाट इज डाइलेक्टिकल मैटीरियलिज़्म', पृ. 134.
55. दे. 'दि आइडिया ऑफ हिस्टरी', 1946, पृ. 178.
56. 'व्हाट इज हिस्टरी', 1961, पृ. 101.
57. तोलस्तोय : 'वार एंड पीस', एपिलाग.
58. मार्क्स एंड एंगेल्स : 'वर्क्सXXVI ', पृ. 108.
59. 'व्हाट इज डाइलेक्टिकल मैटीरियलिज़्म', 1965 पृ. 145.
60. 'दि आइडिया ऑफ हिस्टरी', 1946, पृ. 214.
61. 'व्हाट इज हिस्टरी', 1961, पृ. 103.
62. वही, पृ. 107.
63. देखिए, वही.
64. 'व्हाट इज डाइलेक्टिकल मैटीरियलिज़्म', पृ. 84.
65. आर. एम. मैकाइवर और चार्ल्स एच. पेज : 'सोसाइटी', 1953, पृ. 522.
66. डॉ. सुमनराजे, 'साहित्यिक इतिहासः संरचना और स्वरूप', 1975, पृ. 14.
67. डॉ. नामवर सिंह : 'आलोचना', इतिहास-विशेषांक, अक्तूबर 1952, पृ. 14.
68. वही, पृ. 15.
69. दे. 'साहित्यिक इतिहासः संरचना और स्वरूप', पृ. 131.
70. वहीं, पृ. 132
71. 'दि आइडिया ऑफ हिस्टरी', 1946, पृ. 321
72. 'सोसाइटी', 1953, पृ. 522.
73. डॉ. रामनाथ द्वारा, 'सामाजिक नियंत्रण और परिवर्तन', 1964 में उद्धृत, पृ. 321.
74. 'सोसाइटी', पृ. 522.
75. हावर्ड बेकर तथा हैरी एल्मरः 'सोशल थाट फ्राम लोर टू साइंस', जिल्द II, तीसरा संस्करण, 1961, पृ. 474.
76. 'व्हाट इज हिस्टरी', 1961, पृ. 113.
77. ई. एच. कार द्वारा 'व्हाट इज हिस्टरी' में उद्धृत, पृ. 111.
78. लार्ड ऐक्टन : 'कैम्ब्रिज मॉडर्न हिस्टरी', जिल्द I, 1902, प्रिफेस, पृ. 4
79. श्रीअरविन्द : 'दि लाइफ हिस्टरी' जिल्द II, पृ. 658.

80. 'व्हाट इज हिस्टरी', 1961, पृ. 325.
81. हसीया बर्लिन, 'फारेन एफेअर्स, नं. 3 (जून 1950), पृ. 352.
82. प्रोग्रेस इन दिन एज ऑफ रीजन', 1956, पृ.1.
83. हीगेल : 'दि फिलासफी ऑफ हिस्टरी', (सिब्री द्वारा अनुवाद), न्यूयार्क, 1956, पृ. 8.
84. 'दि आइडिया ऑफ हिस्टरी', 1946, पृ. 1-7.
85. मारिस मेंडलबाम : 'दि प्राब्लेम ऑफ हिस्टारिकल नालेज', प्रथम संस्करण, पृ. 305-6.
86. मारीटेनः 'ऑन दि फिलासफी ऑफ हिस्टरी', 1957, पृ. 17.
87. 'ऑन दि फिलासफी ऑफ हिस्टरी', 1957, पृ. 17.
88. वही, पृ. 163.
89. 'व्हाट इज डाइलेक्टिकल मैटीरियलिज़्म', 1965, पृ. 134.
90. 'दि आइडिया ऑफ हिस्टरी', 1946, पृ. 6.
91. हिस्टरी, इट्स पर्पज एंड मैथड', 1950, पृ. 84.
92. वी. पी. वर्माः 'इंट्रोक्शन टु ए न्यु फिलासफी ऑफ हिस्टरी', 'दि विश्वभारती', त्रैमासिक, शरद, 1956.
93. 'दि प्राब्लेम ऑफ हिस्टारिकल नालेज', 1983, पृ. 321.
94. धर्मेन्द्र गोयल : फिलासफी ऑफ हिस्टरी', प्रथम संस्करण, 1957, पृ. 1.
95. जोसेफ पाइपर : 'दि ऐंड ऑफ टाइम', (माइकेल बुलोक द्वारा अनु.) प्रथम सं., पृ. 13.
96. एल्बन जी. विजेरी : 'इंटरप्रेटेशन ऑफ हिस्टरी' 1961, पृ. 231.
97. 'दि ऐंड ऑफ टाइम्स', 1961, पृ. 65.
98. फ्रेडरिक वान श्लेगेल : 'फिलासफी ऑफ हिस्टरी', (जर्मन के अनवाद : जेम्स राबर्टसन), द्वितीय संस्करण, प्रिफेंस.
99. धर्मेन्द्र गोयल : फिलासफी ऑफ हिस्टरी', प्रथम संस्करण, 1967, पृ. 37.
100. 'हिस्ट्री ऐज दि स्टोरी ऑफ लिबर्टी', (अनु. सिल्विया स्प्रिगे), 1949, में क्रोचे के अनुसार, पृ. 86.
101. हिस्ट्री, इट्स पर्पज एंड मैथड', 1950 में रेनियर के अनुसार, पृ. 206.
102. लुइस गाटस्काच : अंडरस्टैंडिंग हिस्टरी', 1958, पृ. 10.
103. कालिअरस इंसाइक्लोपीडिया, जिल्द 10, 1957, पृ. 10.
104. 'हिस्ट्री ऐज दि स्टोरी ऑफ लिबर्टी', 1946, पृ. 65.
105. कार्लआर. पापर : 'दि पावर्टी ऑफ हिस्टारिसिज़्म', इंट्रोक्शन, बास्टन, 1957.
106. वही, पृ. 160
107. 'व्हाट इज हिस्टरी', 1961, पृ. 92.
108. 'दि सेंस ऑफ हिस्ट्री : सेक्युलर ऐंड सेकरेड' 1959, भाग II.
109. जी. एम. यंगः 'विक्टोरिया इंग्लेंड' : पोर्टेट ऑफ ऐन एज', 1944, पृ. 184.
110. 'व्हाट इज हिस्टरी', 1961, पृ. 93.
111. प्रोग्रेस इन दिन एज ऑफ रीजन', 1956, प..1.

112. आर्नल्ड जे॰ टायनबी : 'अ स्टडी ऑफ हिस्टरी', जिल्द IX, पृ॰ 201.

113. के॰ आर॰ कपूर : 'दि एनेमीज ऑफ दि ओपेन सोसाइटी', द्वितीय संस्करण, पृ॰ 197.

114. धर्मेन्द्र गोयल : फिलासफी ऑफ हिस्टरी', प्रथम संस्करण, 1967, पृ॰ 37.

115. एफ॰ आर॰ कोवेलः 'हिस्टरी सिविलाइजेशन ऐंड कल्चर', लंदन, 1952, पृ॰ 10.

116. पी॰ ए॰ सोरोकिन : 'कल्चरल ऐंड सोशल डाइनामिक्स', जिल्द I पृ॰ XI-XII .

117. जे॰ ई॰ बूदिन : 'ट्वेंटिअथ सेंचुरी फिलासफी', पृ॰ 95 (धर्मेन्द्र गोयल : फिलासफी ऑफ हिस्टरी', 1967 में उद्धृत, पृ॰ 49).

इतिहासलेखन की परम्परा

इतिहास लेखन की परम्परा का आरम्भ

इतिहास के निर्माण में संलग्न मनुष्य अपने इतिहास को सुरक्षित रखने का प्रयत्न आरम्भ से ही करता रहा है। इतिहासलेखन की परम्परा भी अपने आरम्भिक रूप में अत्यन्त प्राचीन है। विंकलर के अनुसार : 'इतिहासलेखन का आरम्भ लेखन परम्परा के आरम्भ के साथ हुआ है।'[1] विश्व में इसका आरम्भ लिपि के आविष्कार के साथ सम्बन्धित है। उससे पूर्व इतिहास को मौखिक रूप में सुरक्षित रखा जाता था। वैदिककालीन भारत में इतिहास की मौखिक परम्परा विद्यमान थी। 'सामवेद शाखा के वंश ब्राह्मण' में वैश्रव से लेकर लगातार साठ आचार्यों की परम्परा का उल्लेख मिलता है।[2] इसी प्रकार मिस्र, मेसोपोटामिया, यूनान और सीरिया आदि देशों में ईसा से सहस्रों वर्ष पूर्व इतिहास से सम्बन्धित सामग्री मिलती है। शिलालेखों के रूप में इतिहासलेखन का प्रयत्न भी मानव सभ्यता की आरम्भिक अवस्था से चला आ रहा है। "बेबीलोनियन सभ्यता के प्राचीनतम ऐतिहासिक लेख 'वोटिव' शिलालेखों के रूप में तीन हजार ईस्वी पूर्व के हैं, जिन पर राजाओं के नाम, उनके वंशवृक्ष तथा उनके भवन निर्माण का कार्य अंकित है।"[3] पुरातात्विक अनुसंधान द्वारा प्राप्त अन्य देशों के प्राचीन शिलालेख, ताम्र-प्लेटें इत्यादि इस बात को पुष्ट करती हैं कि इतिहास को किसी न किसी रूप में स्मरण रखने की स्वाभाविक प्रवृत्ति मानव समाज में प्राचीनतम काल से रही है।

आरम्भ से लेकर आज तक प्रत्येक समाज की अपनी इतिहासपरम्परा रही है। इसमें सन्देह नहीं कि इतिहासलेखन का जो रूप आज हमारे सामने है, वह पश्चिमी देशों में ही सर्वप्रथम निर्मित हुआ है, परन्तु पाश्चात्य प्रभाव से पूर्व भी हम अपने इतिहास को अपने विशिष्ट दृष्टिकोण से समझते तथा संभालते रहे हैं। नामवर सिंह के शब्दों में, 'ऐतिहासिक अध्ययन की हमारी अपनी परम्परा है। जब तक हम उस परम्परा का विश्लेषण नहीं कर लेते, हमारा नया प्रयत्न अपूर्ण होगा।'[4] इसलिए इतिहासलेखन की भारतीय परम्परा का विश्लेषण उतना ही आवश्यक है जितना

पाश्चात्य इतिहासलेखन परम्परा का ज्ञान आवश्यक है।

भारत में इतिहासलेखन की परम्परा

पाश्चात्य विद्वानों ने उन्नीसवीं शताब्दी में संस्कृत के प्राचीन साहित्य का अनुसंधान एवं अध्ययन करने के बाद यह घोषणा की थी कि प्राचीन भारतीय साहित्य में इतिहासलेखन की परम्परा का नितान्त अभाव है। मैक्समूलर, विंटरनिट्स, व्हूलर तथा कीथ इत्यादि विद्वानों ने एकमत होकर यह सिद्ध किया है कि भारतीय विद्वानों में ऐतिहासिक प्रतिभा का अभाव था तथा भारत में ऐतिहासिक चेतना नहीं थी। उक्त मत को अनेक भारतीय विद्वानों ने भी ज्यों का त्यों स्वीकार किया है। उन्होंने इस परम्परा के अभाव का कारण प्राचीन भारतीय विद्वानों के अध्यात्मवादी दृष्टिकोण तथा उनकी मानवेतिहास में अरुचि को ठहराया है। इसके अतिरिक्त राष्ट्रीय एकता की कमी को भी इतिहासलेखन की उपेक्षा का कारण माना गया है। जैसा कि इस कथन से ध्वनित है, 'इतिहास संगठित जन समाज के बिना असम्भव है तथा भारत में इतिहास को वंशावली तक ही सीमित रखा गया है।'[5] परन्तु कुछ भारतीय विद्वानों ने इस धारणा का विरोध करते हुए यह सिद्ध करने का प्रयत्न किया है कि भारत में इतिहासलेखन पश्चिम से बहुत पहले वैदिक युग में ही आरम्भ हो गया था। वे विदेशी आक्रमणों को ऐतिहासिक ग्रन्थों की अनुपलब्धि एवं विनाश का कारण मानते हैं। पं॰ भगवद्दत के अनुसार : 'भारत में सिकन्दर, शक और इस्लामी आक्रमणों ने यद्यपि अन्य ग्रन्थों के साथ-साथ इतिहासग्रन्थों का पर्याप्त नाश किया तथापि पुराण, अर्थशास्त्र, काव्य, नाटक, व्याकरण, ज्योतिष, आयुर्वेद, ब्राह्मणग्रन्थ, कल्पसूत्र, उपनिषद् और महात्म्यादि बहुविध ग्रन्थों के बचे रहने से इन ग्रन्थों में प्रयुक्त इतिहास सामग्री का एक विपुल भाग बचा रहा है।'[6]

भारतीय इतिहासलेखन सम्बन्धी उक्त दोनों धारणाएँ अतिवादी हैं। 'यह तो एक प्रसिद्ध तथ्य है कि राजतरंगिणी के एक मात्र अपवाद के अतिरिक्त संस्कृत में समस्त भारत अथवा उसके किसी भाग सम्बन्धी कोई ऐतिहासिक रचना नहीं है परन्तु इतिहास सम्बन्धी विचार तथा ऐतिहासिक साहित्य का एकदम अभाव नहीं था।'[7] अतः यह कहना कि भारत में इतिहास सम्बन्धी दृष्टि ही नहीं थी, एकांगी धारणा है। इसके विपरीत यह कथन भी युक्तियुक्त नहीं है कि भारत की इतिहास परम्परा अत्यन्त विकसित रही है तथा ऐतिहासिक रचनाएँ विदेशी आक्रमणों के फलस्वरूप नष्ट हो गयीं। यह अनुमान तथ्य पर आधारित नहीं है। जब पुराणादि ग्रन्थ तथा साहित्य ग्रन्थ पर्याप्त मात्रा में सुरक्षित रहे तो केवल ऐतिहासिक ग्रन्थों का सर्वनाश क्यों हो गया? इस तथ्य को स्वीकार कर लेना ही उचित प्रतीत होता है कि प्राचीन भारत में इतिहासलेखन की अपनी अलग परम्परा थी तथा भारतीय साहित्य में इतिहास सम्बन्धी विचारधारा की अभिव्यक्ति अवश्य हुई है। प्राचीन

भारत में ऐतिहासिक सामग्री को सुरक्षित रखने के प्रयत्न भी होते रहे हैं। ये प्रयत्न आधुनिक ऐतिहासिक दृष्टि से इतने महत्त्वपूर्ण नहीं कहे जा सकते, परन्तु भारत में इतिहासलेखन की परम्परा के विकास को समझने के लिए उनका उल्लेख आवश्यक हो जाता है। अतः इस परम्परा के बीज वैदिक साहित्य में ढूँढ़ना व्यर्थ का प्रयन्त नहीं कहा जा सकता।

प्राचीन भारत में इतिहास लेखन

भारत में वैदिक साहित्य अत्यन्त विशाल एवं विविधतापूर्ण है। वेदों से लेकर अरण्यकों तक की व्यापक साहित्य सामग्री में इतिहासविषयक सामग्री को भी सुरक्षित रखने का प्रयत्न किया गया है। यू.के. घोषल[8] का मत है कि प्राचीन ऋषियों ने तीन प्रकार से ऐतिहासिक सामग्री को सुरक्षित रखा :

1. वंशवृक्षों तथा गोत्रों एवं प्रवरों की सूचियों के रूप में।
2. नायकों की गाथाओं के रूप में तथा
3. समकालीन ऐतिहासिक घटनाओं के रूप में

ये इतिहास परम्पराएँ विस्तृत वैदिक साहित्य में गुँथी हुई हैं। उपर्युक्त ऐतिहासिक सामग्री के आधार पर ही इतिहासकारों ने भारत के प्राचीन इतिहास का निर्माण करने का यत्न किया है परन्तु इस तथ्य को निस्संकोच स्वीकार कर लेना चाहिए कि इस साहित्य में इतिहास सम्बन्धी सामग्री का चयन न तो सुव्यवस्थित विधि से हुआ है और न ही कालक्रम का कोई ध्यान रखा गया है। ऐतिहासिक तथ्यों को पौराणिक रंग में रंजित करके, ऐतिहासिक व्यक्तियों को दैवी परिधान पहनाकर तथा ऐतिहासिक घटनाओं को कल्पना द्वारा गाथा का रूप देकर प्रस्तुत किया गया है। इस साहित्य में पौराणिकता तथा ऐतिहासिकता, यथार्थ तथा कल्पना, लौकिक तथा अलौकिक को एक-दूसरे से अलग करके समझना अत्यन्त कठिन है।

वैदिक युग में इतिहास की मौखिक परम्परा– प्राचीन वैदिक युग में इतिहास की मौखिक परम्परा का प्रचलन था तथा इसी मौखिक परम्परा का परवर्ती काल में विकास होता है। इसमें सन्देह नहीं कि ऋग्वेद में राजकीय स्तुतियों का अभाव है तथा ऋषि एवं दैवी प्रशस्तियों का प्राचुर्य है, परन्तु इसमें भी नारांशसी तथा गाथा सूक्त ऐतिहासिक प्रकृति के हैं। निरुक्त[9] ने इतिहास एवं आख्यान का सम्बन्ध ऋग्वेद से स्थापित किया है। शाकटायन ने ऋग्वेद की एक पूरी ऋचा (10, 192) को इतिहास सूक्त माना है।[10] धार्मिक कर्मकांड की प्रधानता के कारण धार्मिक एवं दैवी प्रकृति के सूक्तों को ही ऋग्वेद में प्रमुख स्थान दिया गया तथा ऐतिहासिक प्रकृति की रचनाओं को उसमें विशेष स्थान प्राप्त नहीं हुआ। उनका सम्बन्ध स्थूल सत्य से होने के कारण उनकी उपेक्षा की गयी। 'कथक संहिता'[11] तथा तैत्तिरीय ब्राह्मण में गाथा एवं नाराशंसी को निंद्य माना गया है परन्तु इतिहास परम्परा धार्मिक

एवं कर्मकांडप्रधान साहित्य के साथ-साथ अवश्य चलती रही। विश्वंभर शरन पाठक इस सम्बन्ध में लिखते हैं : 'ऐसा प्रतीत होता है कि प्रारंभ में ऐतिहासिक परम्परा जिसके राजकीय प्रशस्तियाँ, गाथा तथा नाराशंसी अंग हैं, कर्मकांडी परम्परा से भिन्न नहीं थी। दोनों को पुरोहित वर्ग के सदस्यों ने विकसित किया।'[12] वसिष्ठों तथा भृग्वांगिरसों द्वारा दोनों परम्पराओं का समुचित विकास हुआ। परवर्ती काल में दोनों में भेद मानकर समस्त साहित्य में से धार्मिक ऋचाओं को ऋग्वेद के लिए छाँट लिया गया, परन्तु समय-समय पर ऐतिहासिक रचनाओं को धर्म में आवेष्टित करने का यत्न होता रहा। ब्राह्मणग्रंथों तथा उपनिषदों में ऐसी रचनाओं को 'इतिहास वेद' कहा गया है।'[13]

उत्तर वैदिक युग में मौखिक इतिहासपरम्परा का समुचित विकास हुआ तथा गाथा, नाराशंसी, आख्यान, इतिहास तथा पुराण साहित्य की पर्याप्त मात्रा में रचना हुई। लेखन के अभाव में इनका स्वरूप निरन्तर बदलता गया। कभी तो गाथा एवं नाराशंसी को परस्पर संयुक्त करके एक बना दिया गया और कभी गाथाओं को इतिहास पुराण में मिला दिया गया।[14] महाभारत तथा रामायण भारतीय इतिहास परम्परा के उत्कृष्ट उदाहरण माने जाते हैं। इनमें भी अनेकानेक गाथाएँ भरी पड़ी हैं जो समय समय पर परिवर्तित होती रही हैं। इसी प्रकार आख्यानों का भी इतिहास पुराणों में सम्मिश्रण हुआ है चाहे शतपथ ब्राह्मण आदि ग्रन्थों में आख्यान तथा इतिहास पुराण में पार्थक्य किया गया है।[15] वस्तुतः गाथा तथा आख्यान आरम्भ से ही इतिहास पुराण के अभिन्न अंग रहे हैं। सम्भवतः इसलिए कई अंग्रेजी विद्वानों ने वैदिक साहित्य में प्रयुक्त 'इतिहास' शब्द का अर्थ 'लीजेंड' किया है।[16] यह अर्थ इतना संगत नहीं है, क्योंकि भारत के प्राचीन ऐतिहासिक साहित्य में समाविष्ट गाथाएँ तथा आख्यान ऐतिहासिक प्रकृति के हैं, लीजेंड की भाँति काल्पनिक नहीं हैं।

'वैदिक काल' में कई वंशों के ऋषियों तथा पुरोहितों ने ऐतिहासिक परम्परा को विकसित किया। वसिष्ठ तथा विश्वामित्र कुल के पुरोहितों का सम्बन्ध भरतवंश के राजाओं से था तथा उन्होंने तत्सम्बन्धी आख्यानों की रचना की। कण्वों का सम्बन्ध यदुवंश के राजाओं से था। भारद्वाज गोत्र के ऋषि यदुओं से तथा भृगु पुरोहित मानव वंशी राजाओं से सम्बन्धित थे।[17] उत्तर वैदिक काल में आंगिरस, अथर्वण तथा भृगुकुल के पुरोहितों ने भारतीय ऐतिहासिक परम्पराओं को अत्यन्त समृद्ध किया। इन तीनों के सायुज्य के फलस्वरूप भृग्वांगिरस वर्ग के आख्यानकारों एवं इतिहासकारों ने पौराणिक युग में इतिहासपरम्परा को महत्त्वपूर्ण देन दी है।[18] इसलिए 'छान्दोग्य उपनिषद्' में कहा गया है कि अथर्वांगिरस मधुमक्खियाँ हैं तथा इतिहास पुराण पुष्प हैं।[19] इसके अतिरिक्त आंगिरस वंश के ऋषियों ने महाभारत तथा रामायण युग में भी ऐतिहासिक परम्परा के विकास में महत्त्वपूर्ण योगदान दिया है। वी॰एस॰ पाठक

के अनुसार महाभारत निश्चित रूप से भृग्वांगिरस वंशी ऋषियों की ही रचना है।[20] रामायण का आख्यान भी इन्हीं के द्वारा विकसित हुआ तथा च्यवन के उत्तराधिकारी वाल्मीकि भी भार्गव थे, जिसने प्रचलित आख्यान के आधार पर रामायण जैसे महाकाव्य की रचना की।[21] निष्कर्षतः कहा जा सकता है कि भृग्वांगिरस समुदाय के पुरोहितों ने पूर्व तथा विशेषतया उत्तर वैदिक एवं पौराणिक युग में इतिहास, पुराण, आख्यान सम्बन्धी रचनाओं द्वारा भारत में एक विशिष्ट इतिहास परम्परा को निरन्तर गतिशील बनाये रखा।

इतिहास परम्परा का परिनिष्ठित रूप (400 ई॰ पू॰ 400 ई.) : इतिहास की जो मौखिक परम्परा पूर्ववैदिक काल से आरम्भ होकर उत्तर वैदिक काल में विकसित हुई उसे 400 ई. पू. से 400 ई. तक निश्चित तथा परिनिष्ठित रूप प्राप्त हुआ। सम्भवतः इसी समय मौखिक इतिहासपरम्परा ने लिखित रूप धारण किया। इन शताब्दियों में मौर्य तथा गुप्त राजाओं की छत्र-छाया में एक ओर संस्कृत साहित्य अपने उत्कर्ष को प्राप्त होता है और दूसरी ओर इतिहास लेखन का भी विकास होता है। अशोक के शिलालेख इस बात का प्रमाण हैं कि इस युग में ऐतिहासिक चेतना का प्रचुर विकास हुआ। यह काल ग्रीकों तथा शक-हूणों के आक्रमणों का युग था, जब भारतीय संस्कृति को बहुत बड़ी चुनौती का सामना करना पड़ा तथा उसका प्रत्युत्तर सफलतापूर्वक दिया गया था। ऐसी स्थिति में संस्कृति एवं सभ्यता अपनी अदम्य शक्ति को प्रकट करती है तथा उसका समुचित विकास होता है। जैसा कि टाएनवी ने अपने 'चुनौती तथा प्रत्युत्तर'[22] नामक सभ्यता के विकास सम्बन्धी सिद्धान्त में स्वीकार किया है। आत्मरक्षा की भावना के फलस्वरूप ऐतिहासिक परम्परा एवं इतिहासलेखन का प्रसार होना भी स्वाभाविक ही है।

ईसा पूर्व 500 वर्षों में बुद्धमत के उत्कर्ष काल में कर्मकांडी विचारधारा का पर्याप्त ह्रास होता है। नन्द तथा मौर्यवंशी नरेश या तो कट्टर ब्राह्मण धर्मीनहीं थे या बुद्ध मत के अनुयायी थे। अतः इस युग में इतिहासलेखन की परम्परा कर्मकाण्ड प्रधान ब्राह्मण धर्म के घेरे को तोड़ती हुई अग्रसर होती है। महात्मा बुद्ध एक महान ऐतिहासिक व्यक्ति थे। पाली तथा संस्कृत साहित्य में उनके जीवन के इतिहास सम्बन्धी सामग्री प्रचुर मात्रा में उपलब्ध है। उनके अनुयायियों ने उनके जन्म, उनके त्याग, उनके महान कार्यों तथा उनके निर्वाण के इतिहास के साथ-साथ उनके सम्पर्क में आये राजाओं तथा अन्य महान व्यक्तियों के प्रसंग भी लिखे हैं। इसमें सन्देह नहीं कि 'बुद्धमत सम्बन्धी पाली साहित्य की इतिहास परम्परा पौराणिक परम्परा से अधिक विश्वसनीय है।[23] परन्तु इसे पूर्ववर्ती ऐतिहासिक परम्परा से भिन्न मानना उचित नहीं होगा। यह परम्परा भी वंशों, गाथाओं, आख्यानों एवं आख्यायिकाओं को समाविष्ट करके विकसित हुई है। इसमें भी अलौकिकता का अंश प्रचुर मात्रा में विद्यमान है।

नव चेतना के बौद्ध युग में इतिहास के अन्तर्गत वंशपरम्परा सम्बन्धी साहित्य भी प्रचुर मात्रा में लिखा गया, जिसका आरम्भ तथा विकास पूर्ववर्ती वैदिक परम्परा में हो चुका था। बौद्ध ऐतिहासिक वंशपरम्परा में 'महावस्तु का राजवंश', 'बुद्धवंश', 'दीपवंश' तथा 'महावंश' इत्यादि रचनाएँ इसी युग में लिखी गयीं। जैन धर्मानुयायियों ने भी अपने मत के प्रचार के लिए वंशसाहित्य के भंडार को भरा। विंटरनिट्स के अनुसार, हरिवंश तथा जैन रामायण तथा तीर्थंकरों की वंशावलियों का लेखन जैन इतिहास परम्परा के अन्तर्गत आता है।[24] वंश साहित्य की तीसरी परम्परा का विकास राजदरबारों में हुआ। मौर्य समय में राजकीय अभिलेख व्यवस्थित तथा सुरक्षित रखने का प्रयत्न हुआ, जो रीतियों, व्यवसायों, देशों के लेन-देन, ग्रामों, परिवारों तथा नगरपालिकाओं के इतिहास से सम्बन्धित हैं।[25] परन्तु ये अभिलेख हमें अपने मौलिक तथा पूर्ण रूप में प्राप्त नहीं हो सके।

वंशपरम्परा का पूर्ण परिपाक शास्त्रीय संस्कृत साहित्य में दृष्टिगोचर होता है। यहाँ आकर यह ऐतिहासिक परम्परा साहित्यिक रूप धारण कर लेती है। 'रघुवंश' तथा 'हरिवंश' इस परम्परा के सुविकसित उदाहरण हैं। इनके अतिरिक्त वंशसाहित्य के कई ग्रन्थों की रचना हुई जिनका उल्लेख यत्र-तत्र मिल जाता है, परन्तु रचनाएँ उपलब्ध नहीं हैं। क्षेमेन्द्र द्वारा रचित शशिवंश तथा नृपावली, हेलराजा की पार्थिवावली तथा अश्नकवंश इत्यादि रचनाएँ काल का ग्रास बन गयीं, परन्तु इनके नाम का उल्लेख इस बात को प्रमाणित करता है कि शास्त्रीय संस्कृत में वंशसाहित्य की रचना प्रचुर मात्रा में हुई। रुद्र का राष्ट्रौढ़वंश तथा अतुल का मूषिकवंश आज भी सुरक्षित हैं। कल्हण की राजतरंगिणी भी इसी परम्परा से सम्बन्धित है।[26]

पूर्व मध्यकाल में इतिहासलेखन की आख्यान परम्परा

पूर्व मध्यकालीन भारत में इतिहासलेखन का द्वितीय उत्थान ऐतिहासिक काव्यों के प्रचलन से हुआ, जिन्हें प्रायः चरितकाव्य की संज्ञा दी जाती है। चरितकाव्य का मूल स्रोत 'बुद्ध चरित', रामायण तथा महाभारत के आख्यानों में मिल जाता है, परन्तु पूर्व मध्यकाल से पूर्व सुपरिचित एवं समसामयिक राजा का चरित लिखने का प्रचलन नहीं था। 'ऐसा प्रतीत होता है कि सातवीं शताब्दी के प्रथम चरण में बाणभट्ट ने हर्ष चरित लिखकर ऐसे चरितों की परम्परा का सूत्रपात किया।'[27] इसके बाद संस्कृत में कई महत्त्वपूर्ण चरितकाव्य लिखे गये। पद्मगुप्त का 'नवसहसांक चरित' (1005 ई.), बिल्हण द्वारा रचित 'विक्रमांकदेव चरित' (1080-88 ई.) कल्हण की 'राजतरंगिणी' तथा जयानक द्वारा रचित 'पृथ्वीराज विजय' (12वीं शताब्दी) इत्यादि इसी परम्परा के उपलब्ध ऐतिहासिक आख्यान हैं। इसी परम्परा का प्राकृत तथा अपभ्रंश तथा परवर्ती काल में हिन्दी भाषा और अन्य भारतीय भाषाओं के ऐतिहासिक काव्यों पर पर्याप्त प्रभाव पड़ा।

बाणभट्ट ने 'हर्षचरित' को आख्यान की संज्ञा दी है तथा 'कादम्बरी' को कथा माना है। 'आख्यान तथा कथा में एक महत्त्वपूर्ण अन्तर यह है कि प्रथम वास्तविक वृत्त पर आधारित होता है जबकि द्वितीय काल्पनिक कहानी ही है।'[28] आख्यान का पौराणिक-ऐतिहासिक परम्परा से सम्बन्ध है, महाकाव्य और प्रेमकाव्य परम्परा से नहीं। बाण ने स्वयं आख्यान को इतिहास और पुराण की श्रेणी में स्थान दिया है।[29] उपर्युक्त काव्यग्रन्थों में काव्य कला का वैभव दिखलाना ही लेखकों का प्रमुख उद्देश्य नहीं था, अपने आश्रयदाताओं का वृत्त लिखना भी उनका लक्ष्य था। अतः इन रचनाओं को केवल काव्य ही नहीं समझना चाहिए। ये भारतीय इतिहासलेखन परम्परा के अन्तर्गत आती हैं तथा इनके द्वारा भारतीय इतिहासलेखन में एक नया मोड़ उपस्थित होता है।

आख्यान परम्परा की मूल प्रेरणा : कई विद्वानों ने उक्त परम्परा को विदेशी प्रभाव का प्रतिफल माना है। हजारी प्रसाद द्विवेदी के शब्दों में 'सातवीं-आठवीं शताब्दी में इस देश में ऐतिहासिक व्यक्तियों के नाम पर काव्य लिखने की प्रथा खूब चली। इन्हीं दिनों ईरान के साहित्य में भी इस प्रथा का प्रवेश हुआ। इस काल में उत्तर-पश्चिमी सीमांत से बहुत-सी जातियों का प्रवेश इस देश में होता रहा। वे राज्य स्थापना करने में भी समर्थ हुईं। पता नहीं कि उन जातियों की स्वदेशी प्रथा की क्या-क्या बातें इस देश में चलीं। साहित्य में नये-नये काव्य रूपों का प्रवेश इस काल में हुआ अवश्य। सम्भवतः ऐतिहासिक पुरुषों के नाम पर काव्य लिखने या लिखाने का चलन भी उनके संसर्ग का फल हो।'[30] यह मत अनुमानाश्रित ही है। अधिक से अधिक यह कहा जा सकता है कि विदेशी जातियों के भारत प्रवेश से ऐतिहासिक चरित काव्य को प्रोत्साहन मिला। भारतीय इतिहासलेखन में इस नये मोड़ के लिए तत्कालीन परिस्थितियाँ ही उत्तरदायी हैं। इस परम्परा का उत्स उनमें ढूँढ़ना ही उचित प्रतीत होता है।

पूर्व मध्यकाल में भारतीय आर्थिक व्यवस्था में एक महत्त्वपूर्ण अन्तर उपस्थित हुआ। वैदिक युग में जो राजनीतिक सत्ता कबीलों एवं उपकुलों की आर्थिक व्यवस्था पर आधारित थी, पूर्व मध्यकाल में वह सामन्ती आर्थिक व्यवस्था पर आधारित हो गयी। सारी सत्ता राजा और सामंत के हाथ में सिमट गयी। भृग्वांगिरस जो प्राचीन काल में ग्रामीण आर्थिक व्यवस्था पर निर्भर थे तथा वंशों का इतिहास लिखते थे, मध्यकाल में राज्याश्रित होकर राजाओं का चरित लिखने लगे। वी॰एस॰पाठक का यह मत अत्यन्त सार्थक है कि 'पूर्व मध्ययुग में इतिहासलेखन पहली बार राजा, कवि, दरबारी तथा आलेखक की एकता को प्राप्त कर दरबारी व्यवस्था पर आश्रित हुआ। स्वभावतः इतिहासपरम्परा एक नये स्वरूप को प्राप्त हुई।'[31] सामंती वातावरण में पालित-पोषित इस इतिहासपरम्परा का लक्ष्य पूर्ववर्ती इतिहासपरम्परा की भाँति मानव के नैतिक एवं आध्यात्मिक जीवन का सोदाहरण निर्देशन न होकर राजा के

यशगान तक सीमित होता गया। आगामी युग में यह प्रगत्ति बढ़ती ही गयी तथा इतिहासलेखन दरबारी सभ्यता की अभिव्यक्ति का तथा राजसत्ता के पक्ष में प्रचार का साधन बनकर रह गया। इन कवि इतिहासकारों ने राजा के हर कृत्य को, अमानवीय कार्य को भी प्रशंसनीय रूप में चित्रित किया। 'विक्रमांकदेव चरित' में विक्रमादित्य षष्ठ द्वारा सोमेश्वर द्वितीय की अन्यायपूर्ण हत्या को भी बिल्हण ने नियति, शिव की आज्ञा तथा सोमेश्वर द्वितीय की क्रूरता के आधार पर न्यायसंगत सिद्ध किया। अपने आश्रयदाता को आदर्श रूप में चित्रित करने के लिए ऐतिहासिक काव्यकारों ने ऐतिहासिक तथ्यों की अवहेलना भी की है तथाउन्हें मनमाने ढंग से व्याख्यायित किया है। इस प्रकार पूर्व मध्यकाल में भी इतिहास लेखन ऐतिहासिक यथार्थ की धुरी से विच्छिन्न होकर राजा तथा सामन्त की प्रशस्ति से जुड़ जाता है।

भारत का पूर्व-मध्यकाल सांस्कृतिक, राजनीतिक तथा सामाजिक दृष्टि से विघटन का युग था। हिन्दू साम्राज्य के स्थान पर छोटे-छोटे राज्यों का निर्माण हो चुका था। इन राज्यों के छोटे-छोटे दम्भी राजा विलासी प्रवृत्ति, पारस्परिक वैमनस्य तथा सीमित सैन्य बल के फलस्वरूप अपने राज्य को सुरक्षित रखने में असमर्थ थे तथा आत्महीनता की ग्रन्थि से जकड़े हुए थे। वे चक्रवर्ती नहीं थे, परन्तु अपनी हीनता की तुष्टि के लिए अपने को चक्रवर्ती अवश्य कहलाना चाहते थे। उनके दरबारी कवि इतिहासकारों ने उनकी इस मनोवृत्ति को जीभर कर संतुष्ट किया। उन्हें चक्रवर्ती ही नहीं कहा, प्रत्युत उनमें उन सभी गुणों का आरोपण भी किया, जिनके कारण प्राचीन राजा तथा आख्यानों के नायक जनमानस में ऊँचे आसन पर विराजमान थे। ऐतिहासिक काव्यों के नायकों की समता प्राचीन नायकों से की गयी है। विक्रमादित्य षष्ठ का सोमेश्वर प्रथम के रूप में चित्रण तथा जयानक के 'पृथ्वीराज विजय' में पृथ्वीराज का राम के रूप में वर्णन इसी प्रवृत्ति का द्योतक है। निराशा की भावना पलायन की प्रवृत्ति को जन्म देती है तथा पलायन अतीत के प्रति अतिरिक्त मोह उत्पन्न करता है। इन राजाओं में अतीत के प्रति अत्यधिक मोह सर्वत्र विद्यमान है। ऐतिहासिक पात्रों का पौराणीकरण किया गया है तथा समसमायिक घटनाओं का वर्णन प्राचीन कथाओं के परिप्रेक्ष्य में किया गया है। 'पृथ्वीराज विजय' में जयानक ने चौहानों के इतिहास को पौराणिक तथा रहस्यपूर्ण कथाओं के विविध तत्वों से संयुक्त कर दिया है।[32]

कल्हण की 'राजतरंगिणी' (1149-50 ई.) : एक अपवाद: विद्वानों ने इसके ऐतिहासिक मूल्य की विस्तारपूर्वक विवेचना की है। कल्हण ने जिस रूप में काश्मीर के प्राचीन तथा तत्कालीन राजनीतिक इतिहास को लिपिबद्ध किया है, उसकी प्रशंसा देश-विदेश के इतिहासकारों ने एक स्वर से की है। कल्हण से पूर्व भारत में इतिहास एवं काव्य का सुन्दर समन्वय सम्भव नहीं हो सका। कविवर बाण द्वारा रचित 'हर्ष

चरित' भी ऐतिहासिक काव्य है परन्तु बाण में ऐतिहासिक तटस्थता का नितान्त अभाव है। यू.एन. घोषाल बाण तथा कल्हण की तुलना करते हुए लिखते हैं : 'दोनों की दृष्टि में मूलभूत अन्तर है। एक ने अपनी सामग्री का चयन व्यक्तिगत निरीक्षण के आधार पर किया है परन्तु दूसरे ने अपनी रचना को प्राचीन आख्यानों के आलोचनात्मक अध्ययन, शिलालेखों, सिक्कों तथा स्मारकों के परीक्षण पर आधारित किया है।'[33] 'राजतरंगिणी' का लेखक नियति तथा कर्म जैसे अनैतिहासिक सिद्धान्तों में विश्वास रखता हुआ भी काफी हद तथा ऐतिहासिक तटस्थता से सम्पन्न है। कल्हण ने इतिहास सम्बन्धी सामान्यीकरण भी प्रायः ऐतिहासिक साक्षी के आधार पर करने का यत्न किया है। 'राजतरंगिणी' में कालक्रम का भी विशेष ध्यान रखा गया है। इस दृष्टि से इस रचना में ऐतिहासिक विधा के प्रयोग का आदि रूप लक्षित किया जा सकता है।

सी.एच.फिलिप आदि विद्वानों का मत है कि कल्हण की ऐतिहासिक जागरुकता विदेशी प्रभाव का प्रतिफल है। उनके शब्दों में, 'भारत में अनुपलब्ध अधिक ऐतिहासिक चेतना सम्पन्न—उदाहरणतः इस्लामी, मध्य एशियाई तथा चीनी लोगों के साथ सम्बन्ध ने सम्भवतः काश्मीर में इतिहास लेखन की अभिवृद्धि में प्रेरणा दी होगी।'[34] काश्मीर के काव्यमय एवं कलात्मक इतिहासलेखन का श्रेय कल्हण के साथ-साथ बाह्य प्रभाव को देना किसी ऐतिहासिक साक्षी पर आधारित न होकर अनुमानाश्रित है। बाह्य प्रभाव के फलस्वरूप भारत में ऐतिहासिक चेतना का विकास कल्हण से पूर्व भी सम्भव था तथा देश के अन्य भागों में भी दृष्टिगोचर हो सकता था। ऐतिहासिक सत्य केवल यह है कि कल्हण की प्रतिभा द्वारा प्रसूत 'राजतरंगिणी' प्राचीन भारत की इतिहासलेखन परम्परा का विकसित एवं स्वस्थ रूप है, जिसमें ऐतिहासिक चरितकाव्यों की ऐतिहासिक असंगतियाँ नहीं हैं। इसके साथ यह कहना भी आवश्यक है कि कल्हण प्रमुखतः एक कवि था, इतिहासकार नहीं था, उसकी रचना भी प्रमुखतः काव्य है।'[35] 'राजतंरगिणी' को इतिहास ग्रन्थ की अपेक्षा ऐतिहासिक काव्य की संज्ञा देना ही अधिक समीचीन होगा।

निष्कर्षस्वरूप यह कहना ही पर्याप्त होगा कि प्राचीन तथा पूर्व मध्यकालीन भारत में इतिहास सम्बन्धी आध्यात्मिक एवं व्यक्तिवादी दृष्टिकोण की प्रधानता के फलस्वरूप राजनीतिक, सामाजिक तथा आर्थिक गतिविधियों का इतिहासलेखन सम्भव नहीं हो सका। हमारे देश के प्राचीन विद्वानों ने यथार्थ जगत के तथ्यों को निस्सार समझते हुए मानवेतिहास का अन्तिम सत्य प्राप्त करने की ओर ही अधिक ध्यान दिया है। यहाँ भौतिक जगत के इतिहास को माया मानकर तिरस्कृत किया गया है। इसके अतिरिक्त प्राचीन भारत में 'इतिहास को केवल विद्वानों का विषय न रखकर जनसाधारण के उपयोग की वस्तु बनाने के लिए पुराणादि के रूप में रोचक बनाने का प्रयत्न किया गया है।'[36] परन्तु प्राचीन भारत के विशाल साहित्य में

ऐतिहासिक सामग्री यत्र-तत्र बिखरी पड़ी है, जिसके आधार पर प्राचीन भारत का इतिहास लिखा जा सका है। यह ऐतिहासिक सामग्री अपने आप में इतिहासलेखन का उदाहरण नहीं कही जा सकती, परन्तु इतिहासलेखन का आधार अवश्य बन सकती है।

मध्ययुगीन इतिहासलेखन की आख्यान परम्परा

भारत में इतिहासलेखन की जिस परम्परा का उदय प्राचीन युग में हुआ तथा जिसका कुछ परिवर्तित एवं परिवर्द्धित रूप पूर्व-मध्यकालीन संस्कृत, प्राकृत तथा अपभ्रंश के ऐतिहासिक चरितकाव्यों में दृष्टिगोचर होता है, वह मध्यकाल तथा उत्तर मध्यकाल में भी बनी रही। इस युग में भी आख्यान साहित्य की परम्परा के अन्तर्गत कुछ ऐसे ग्रन्थ अवश्य हैं जिनका ऐतिहासिक मूल्य भी कम नहीं है। हेमचन्द्र द्वारा रचित 'कुमारपाल चरित' ऐसी ही काव्यकृति है। इसके ऐतिहासिक मूल्य के सम्बन्ध में आचार्य हजारी प्रसाद लिखते हैं, 'इस काव्य में कुमारपाल के पूर्व पुरुषों का वृत्तान्त भी है। अनहिलवाड़े के इन चालुक्यों के बारे में जो कुछ लिखा गया है, वह इतिहाससम्मत माना जाता है...गुजरात के चालुक्यों के इतिहास की दृष्टि से पुस्तक बहुत ही महत्त्वपूर्ण है।[37] इसी प्रकार सोमेश्वर का 'कीर्तिकौमुदी', जयचन्द्र सूरी का 'हम्मीरकाव्य' तथा जयसिंह का 'हम्मीर मदमर्दन' साहित्य की दृष्टि से ही नहीं इतिहास की दृष्टि से भी महत्त्वपूर्ण ग्रन्थ है।

कीर्तिलता का ऐतिहासिक महत्त्व : विद्यापति द्वारा रचित अपभ्रंश के इस आख्यानकाव्य का ऐतिहासिक महत्त्व अत्यधिक है। इसमें सन्देह नहीं है कि कवि ने अपने आश्रयदाता राजा कीर्तिसिंह की कीर्ति का विस्तार करने के उद्देश्य से ही इसकी रचना की है, परन्तु इसमें ऐतिहासिक तथ्यों को इतना तोड़ा-मरोड़ नहीं गया। आचार्य द्विवेदी के शब्दों में, 'इसमें ऐतिहासिक तथ्य, कल्पित घटनाओं तथा सम्भावनाओं के द्वारा धूमिल नहीं हो गया है। उस काल के मुसलमानों का, हिन्दुओं का, सामन्तों का, शहरों का, लड़ाइयों का, सेना के सिपाहियों का इतना जीवंत और यथार्थ वर्णन अन्यत्र मिलना कठिन है।[38] इसमें ऐतिहासिक विवरण काव्यात्मक तथा अलंकृत होते हुए भी स्पष्ट है।

'कीर्तिलता' में आख्यान काव्य की रूढ़ियों का प्रयोग तो हुआ है परन्तु उन कथा रूढ़ियों से बचने का प्रयास भी है जिनसे ऐतिहासिक काव्य प्रायः काल्पनिक आख्यान बनकर रह जाता है। इसमें कोई सुन्दरी कीर्तिसिंह और नवाब असलान के युद्ध का कारण नहीं बनी जैसा कि देश-विदेश के कई वीर काव्यों में कल्पित किया गया है। इसके अतिरिक्त इसमें ऐतिहासिक नायक के आदर्श रूप को सुरक्षित रखते हुए भी उसे पौराणिक बनाने का प्रयत्न नहीं किया गया जैसा कि भारतीय ऐतिहासिक काव्या में प्रायः हुआ है। 'सब मिलाकर कीर्तिलता अपने समय का बहुत

ही सुन्दर चित्र उपस्थित करती है।'[39] इसलिए इस प्रबन्ध काव्य को उच्च कोटि के भारतीय ऐतिहासिक काव्यों में स्थान दिया जा सकता है।

हिन्दी के आख्यान साहित्य का ऐतिहासिक मूल्य– मध्यकाल में हिन्दी भाषा का जो आख्यान साहित्य रचा गया उसका अध्ययन 'वीर काव्य', 'चरित काव्य' तथा 'ऐतिहासिक काव्य' आदि शीर्षकों के अन्तर्गत किया जाता रहा है। हिन्दी काव्य की यह परम्परा किसी न किसी रूप में इतिहास को भी सुरक्षित रखती रही है। ऐतिहासिक चरित काव्यों में अनेक ग्रन्थ ऐसे हैं जिनमें ऐतिहासिक विवरण विश्वसनीय नहीं है। 'खुमाण रासौ', 'हम्मरी रासौ', 'पृथ्वीराज रासौ' एवं 'वीसलदेव रासौ' आदि को शुद्ध ऐतिहासिक काव्य मानना भ्रामिक होगा क्योंकि इनमें कई ऐतिहासिक घटनाओं नामों तथा तिथियों से मनमानी की गयी है। इसलिए इन ग्रन्थों का ऐतिहासिक मूल्य अत्यन्त गौण हो जाता है परन्तु हिन्दी में ऐसे वीर काव्यों तथा चरित काव्यों का भी अभाव नहीं है जिनमें ऐतिहासिक तथ्यों की रक्षा की गयी है। ऐसे काव्यों को अवश्य ऐतिहासिक काव्य परम्परा के अन्तर्गत रखा जा सकता है। इन ग्रन्थों में कवियों की कवि प्रतिभा के साथ ऐतिहासिक चेतना का भी किचिंत उन्मेष हुआ है।

1. डिंगल के ऐतिहासिक काव्य : कालक्रम की दृष्टि से डिंगल के ऐतिहासिक काव्यों की परम्परा का आरम्भ पहले होता है। प्रमाणिक रचनाओं में श्रीधर कृत 'रणमल्ल छन्द' (1400 ई॰) इस परम्परा की प्रथम रचना है, जिसमें ईडर के राजा रणमल्ल तथा पाटण के सूबेदारे जफ़रखाँ के युद्ध का वर्णन किया गया है। इस परम्परा की दूसरी रचना 'वीरमायण' है, जिसके रचयिता कवि इतिहासकार बादर ढाढ़ी हैं। डॉ. हीरालाल ने इसका रचनाकाल 1450 ई. माना है तथा इसके ऐतिहासिक महत्त्व पर प्रकाश डालते हुए लिखा है : 'इसमें इतिहास की मूल्यवान सामग्री सुरक्षित है। ओझा, रेड़ तथा आसोपा प्रभृति विद्धानों के इतिहास ग्रन्थों से यह बात स्पष्ट है। इसमें रावल मल्लीनाथ जी और उसके ज्येष्ठ पुत्र जगमल के वीरकृत्यों, राव वीरमजी का इतिहास और अन्त में उनके पुत्र गोगादेव का अपने पिता की मृत्यु का बदला लेते हुए युद्ध में वीरगति को प्राप्त करना सविस्तार वर्णित है ···। सबसे बड़ी बात यह है कि कवि अपने चरित-नायक का यथातथ्य वर्णन करता है।'[40] विद्धानों ने पद्मनाभ कृत 'कान्हड दे प्रबन्ध'(1455 ई॰), वीरसूजा कृत 'रावजैतसी रो पाधड़ी छन्द' (1535-1545 ई॰) तथा करणीदीन के 'सूरज प्रकाश' (1745 ई॰) के ऐतिहासिक महत्त्व को भी विशेष रूप से स्वीकार किया है।

संक्षेप में कहा जा सकता है कि राजस्थान के चारण कवियों ने अपने आश्रयदाताओं तथा अपने युग के प्रसिद्ध योद्धाओं की प्रशस्तियाँ लिखने के साथ-साथ अपने समय के क्षेत्रीय इतिहास को भी काव्य भाषा में लिपिबद्ध करने का यत्न किया है।[41]

2. पिंगल की ऐतिहासिक काव्यपरम्परा : ब्रजभाषा में ऐतिहासिक आख्यानों की परम्परा का प्रचलन बहुत बाद में हुआ क्योंकि इस प्रकार के हिन्दी साहित्य के लिए मध्यदेश में जिस सामन्ती वातावरण की आवश्यकता थी, वह हिन्दू चारण कवियों से छिन गया था। इसके अतिरिक्त 15वीं शताब्दी से मध्यदेश में साहित्य की मूल प्रेरणाशक्ति ईश्वरभक्ति हो गयी थी, राजा की भक्ति नहीं रही थी।

उपर्युक्त कारणों के फलस्वरूप ब्रजभाषा में ऐतिहासिक चरितकाव्य परम्परा का आरम्भ सत्रहवीं शताब्दी के आरम्भ में ही सम्भव हुआ। केशवदास के 'वीरसिंह' देवचरित' को प्रथम महत्त्वपूर्ण ऐतिहासिक काव्य माना जा सकता है। वीरसिंह देवचरित में 'बुन्देलवंशोत्पत्ति, वीरसिंह देव की प्रारम्भिक विजय, मुराद की मृत्यु, सलीम का मेवाड़ से लौटकर विद्रोह, वीरसिंह और सलीम की भेंट, अबुलफजल की हत्या, वीरसिंह देव और अकबर में युद्ध, मरियम मकानी की मृत्यु, अकबर का मरण और जहाँगीर का राज्याभिषेक, जहाँगीर द्वारा वीरसिंह देव का सम्मान··· आदि घटनाओं का वर्णन है। इतिहास की दृष्टि से यह एक महत्त्वपूर्ण कृति है।'[42] इसमें कवि ने काव्य रूढ़ियों का प्रयोग करते हुए भी, आश्रयदाता का अतिश्योक्तिपूर्ण यशगान करते हुए भी ऐतिहासिक तथ्यों की रक्षा की है। इस रचना में 'केशव का ध्यान कथानक को रोचक बनाने की ओर इतना नहीं गया है, जितना कि ऐतिहासिक घटनावली के क्रमानुसार वर्णन की ओर।'[43] केशव ने वीरसिंह के जीवन पर ही अपनी दृष्टि केन्द्रित नहीं की बल्कि तत्युगीन राजनीतिक अवस्था का भी अवलोकन करते हुए रचना को व्यापक धरातल प्रदान किया है, जो बहुत थोड़े ऐतिहासिक काव्यों में सम्भव हो सका है।

उपरोक्त रचना के अतिरिक्त 17वीं शताब्दी में छोटे-बड़े कई ऐतिहासिक काव्यों की रचना हुई। यदि डॉ॰ मोतीलाल मेनारिया के मत को स्वीकार किया जाए तो 'पृथ्वीराज रासो' भी इसी शती की रचना है। इसके अतिरिक्त हरिदास की 'अमर बत्तीसी' (1644 ई॰), दलपति मिश्र कृत 'जसवंतउद्योत' (1648 ई॰), राम कवि का 'जयसिंहचरित' (1653 ई॰), डूंगरसी का 'छत्रसाल रासो' (अनुमानतः 1653 ई॰), जानकवि कृत 'कायम रासो' (1654 ई॰), मानकवि का 'राजविलास' (1677) तथा दयालदास कृत 'राणा रासो' (1680 ई॰) इत्यादि इसी शताब्दी के ऐतिहासिक काव्य हैं।'[44]

18वीं शताब्दी के कवि इतिहासकारों में वृन्द-जोधराम, नन्दराम, सूदन, गोरेलाल, मुरलीधर, पद्माकर भट्ट आदि कई लेखकों ने विभिन्न राजाओं के जीवन से सम्बन्धित ऐतिहासिक काव्यों की रचना द्वारा पूर्ववर्ती परम्परा को बनाये रखा। यहाँ पर इन सब ग्रन्थों की चर्चा करना व्यर्थ का विस्तार होगा। हमारा उद्देश्य भारतीय इतिहासलेखन की परम्परा की निरन्तरता को दिखाना ही है। इसलिए एक दो उदाहरण ही पर्याप्त होंगे।

ऐतिहासिक दृष्टि से इस शती के दो ग्रन्थ विशेष तौर पर उल्लेखनीय हैं : 'छत्रप्रकाश' तथा 'सुजान चरित'। गोरेलाल अथवा लाल कवि द्वारा रचित 'छत्रप्रकाश' (1710 ई०) में इतिहासप्रसिद्ध वीर पुरुष छत्रसाल की वंश परम्परा का भी स्पष्ट निर्देश किया गया है। भारतीय इतिहासलेखन की परम्परा के अनुसार, इसमें पौराणिकता और कल्पना का समावेश अवश्य हुआ है, परन्तु इसमें सन्देह नहीं कि इसमें कई ऐतिहासिक घटनाओं का वर्णन सत्यनिष्ठ होकर किया गया है।

सूदन के 'सुजान चरित' (1753 ई०) को भी विद्वानों ने 'छत्रप्रकाश' की टक्कर का ग्रन्थ माना है। सूदन ने इस ग्रन्थ के आरम्भ में 175 पूर्ववर्ती एवं समकालीन कवियों के नामों का उल्लेख किया है, तत्पश्चात् सूरजमल के वंश का वर्णन करके उनके द्वारा लड़ी गयी लड़ाइयों का उल्लेख किया है। ...ऐतिहासिक घटनाओं का तथ्यपूर्ण तथा विस्तृत वर्णन जितना इस ग्रन्थ में मिलता है, उतना अन्यत्र नहीं।[45] इस रचना का आधारफलक अत्यन्त विस्तृत है तथा इसमें 18वीं शती के मध्य की अशान्तिपूर्ण तथा विघटनयुक्त राजनीतिक अवस्था की झाँकी देखी जा सकती है, जिसके परिणामस्वरूप अंग्रेजों के पैर भारत भूमि पर जमने लगे थे। इस शताब्दी में पद्माकर की रचना 'हिम्मत बहादुर विरुदावली' (1792 ई०) मुख्यतः प्रशस्ति काव्य है परन्तु इसमें युद्धों का वर्णन तथ्यात्मक है।' 'इसमें हिम्मतबहादुर के तीन युद्धों का वर्णन हुआ है। अन्तिम युद्ध का विस्तारपूर्वक वर्णन हुआ है। यह युद्ध हिम्मतबहादुर और नौने अर्जुन के बीच हुआ था... उस समय पद्माकर हिम्मतबहादुर के साथ थे और उन्होंने आँखों देखा वर्णन किया है।'[46] इसलिए इस ग्रन्थ का भी ऐतिहासिक महत्त्व अस्वीकृत नहीं किया जा सकता।

19वीं शताब्दी में भी ऐतिहासिक चरितकाव्यों की परम्परा प्रचलित रही। सूर्यमल कृत 'वंश भास्कर' (1840 ई०) जैसा उत्कृष्ट ऐतिहासिक काव्य इस शती में लिखा गया। बीसवीं शताब्दी में भी यह परम्परा लुप्त नहीं हुई, परन्तु अंग्रेजी साम्राज्य की स्थापना के पश्चात् इतिहासलेखन की दृष्टि से इसका महत्त्व जाता रहा, क्योंकि आधुनिक युग में भारतीय इतिहास चिन्तन में आमूलचूल परिवर्तन होता है तथा हिन्दी में भी इतिहासलेखन पूववर्ती परम्परा से कटकर स्वतन्त्र रूप को प्राप्त करता है।

भारत में मध्यकालीन मुस्लिम इतिहास लेखन : भारत में राज्याश्रित मुस्लिम इतिहासकारों ने राजाओं के जीवन सम्बन्धी जो इतिहास लिखे हैं, वे भी वास्तविक इतिहासलेखन का उदाहरण प्रस्तुत नहीं करते। पी. हार्डी का यह मत सही है कि 'पूर्व-मुगलकाल में भारत के मुस्लिम इतिहासकारों ने भूतकाल को वैयक्तिक दृष्टि से देखा है तथा इतिहास को जीवनीपरक बना दिया है। व्यक्ति का यथार्थ व्यक्तित्व भी उपेक्षित रहा है और उसे एक आदर्श साँचे में ढाल दिया गया है।'[47] यह इतिहासलेखन व्यक्ति केन्द्रित है तथा इतिहासकारों की दृष्टि धर्मदर्शन से बँधी है।

मुगलकाल अथवा उत्तर मध्यकाल की इतिहासलेखन परम्परा भी उक्त परम्परा का ही विकसित रूप है। अबुलफजल का 'अकबरनामा', मुतामद खाँ का 'इकबालनामा जहाँगीरी' तथा मुहम्मद काज़िम का 'आलमगीरनामा' जैसे महत्त्वपूर्ण ग्रन्थ भी जीवनीपरक होकर रह गये हैं तथा लेखकों का धार्मिक दृष्टिकोण इतिहास के यथार्थ में बाधक बना है। वस्तुतः 'कुछ इतिहासकारों ने कट्टर साम्प्रदायिक दृष्टिकोण से मुस्लिम शासन का इतिहास लिखते हुए अनेक ऐतिहासिक तथ्यों की हत्या और अनर्गल कल्पना की सृष्टि की है।'[48]

संक्षेप में कहा जा सकता है कि यह इतिहासलेखन भी मानव केन्द्रित न बन सका तथा धार्मिक कट्टरता के कारण ऐतिहासिक दृष्टि संकीर्ण बनी रही। इन इतिहासकारों ने राजाओं के जीवन का उज्ज्वल पक्ष ही प्रस्तुत किया है। उनके शोषण, उनकी विलासिता और कामुकता को भी उनके ऐश्वर्य तथा उनकी सामर्थ्य के रूप में चित्रित किया है। यह इतिहासलेखन भी ऐतिहासिक यथार्थ से कटा हुआ है।

मध्यकालीन भारतीय इतिहासलेखन–एक मूल्याकन : संस्कृत, अपभ्रंश तथा हिन्दी के ऐतिहासिक आख्यान काव्यों की परम्परा का विवेचन करने के उपरान्त, संक्षेप में उसका ऐतिहासिक मूल्यांकन करना आवश्यक प्रतीत होता है, क्योंकि इस सम्बन्ध में विद्वानों में विचारभेद रहा है। कुछ विद्वान ऐतिहासिक काव्यों की ऐतिहासिकता को असंदिग्ध भी मानते रहे हैं तथा कुछ ने इन्हें एकदम अनैतिहासिक एवं काल्पनिक घोषित किया है। कर्नल जेम्स टाड ने 'एनल्स ऐंड एंटिक्विटीज ऑफ राजस्थान' (1829 ई॰) में इनमें से कुछ की चर्चा इन्हें इतिहाससम्मत मानकर की थी। 'पृथ्वीराज रासौ' को उन्होंने इतिहास का उत्कृष्ट एवं अमूल्य प्रामाणिक ग्रन्थ स्वीकार किया था। उनके शब्दों में : 'चंद का यह ग्रन्थ अपने समय का एक विश्वमुखीन इतिहास है···पृथ्वीराज के युद्धों, उनकी संधियों, उनके पार्श्ववर्ती अनेक शक्तिशाली राजाओं, उनके निवासस्थानों तथा वंशावलियों ने चंद के इस काव्य को इतिहास एवं भूतत्व का एक अमूल्य ज्ञापन (मैमोरेंडम) बना दिया है तथा देवगाथाओं, रीति-व्यवहारों व मनुष्य के मन के इतिहासों का भी वह एक कोषागार है।'[49] इन काव्यों को एकदम ऐतिहासिक मानने का भ्रम 19वीं शती के अन्त तक आते-आते टूट गया तथा प्रतिक्रिया के फलस्वरूप इन्हें इतिहास की दृष्टि से व्यर्थ मान लिया गया। इसमें कोई सन्देह नहीं कि ये रचनाएँ आधुनिक इतिहासलेखन तथा नवीन ऐतिहासिक दृष्टि की कसौटी पर ठीक नहीं उतरीं, जिसकी प्रकृति को पुरातत्त्व सम्बन्धी अनुसंधानों तथा वस्तुनिष्ठ दर्शन ने प्रभावित किया है।[50] परन्तु इन्हें अनैतिहासिक न कहकर भारत की मध्यकालीन इतिहासपरम्परा से सम्बन्धित रचनाएँ मानना अधिक उचित होगा, जिस इतिहास परम्परा का सम्बन्ध आधुनिक अथवा पाश्चात्य इतिहासपरम्परा से बिल्कुल नहीं है। इनमें भिन्न दृष्टि, भिन्न उद्देश्य तथा भिन्न विधि द्वारा अतीत एवं वर्तमान को लिपिबद्ध करने का यत्न किया गया

है, चाहे आधुनिक ऐतिहासिक दृष्टि से यह प्रयास सफल नहीं कहा जा सकता।

भारत में मध्यकालीन इतिहास लेखन की परम्परा चारण अथवा दरबारी कवियों द्वारा पालित-पोषित हुई। चारण कवि राजाओं तथा सामन्तों के कवि ही नहीं थे, इतिहासकार भी थे जिनमें से अनेक का सम्बन्ध भृग्वांगिरस समूह के प्राचीन भारतीय इतिहासकारों के वंश से था। चारण का दरबार में विशेष स्थान था तथा वह राजा के वंश के इतिहास का ज्ञाता समझा जाता था। वह राजा का परामर्शदाता भी था।'[51] इन कवि इतिहासकारों ने 'इतिहास के लिए इतिहास' नहीं लिखा, राजा के स्तवन तथा राजसत्ता के प्रचार के लिए लिखा है। यदि ऐतिहासिक तथ्य राजा के पक्ष में थे तो उनका विवेचन काव्य की आलंकारिक भाषा में कर दिया गया और यदि न हुए तो उन्हें ऐसा ढाल लिया गया जिससे राजा की ख्याति में अन्तर न आये तथा प्रजा में वह पूज्य बना रहे। अतः इन ऐतिहासिक काव्यों की ऐतिहासिकता संदिग्ध है तथा बिना जाँच-पड़ताल के उसे स्वीकार नहीं किया जा सकता। यह भी निश्चित है कि इन ग्रन्थों में इतिहास की बहुमूल्य सामग्री भरी पड़ी है तथा इनके बिना मध्यकालीन इतिहास तथा सामन्ती संस्कृति को समझना कठिन है। इसीलिए इनका विवेचन अन्य काव्यों से अलग ऐतिहासिक काव्यों के अन्तर्गत होता रहा है।

हिन्दी के कवि इतिहासकारों ने पूर्ववर्ती परम्परा के अनुरूप अपने युग को अतीत द्वारा व्याख्यायित करने का प्रयत्न किया है। अपने आश्रयदाताओं के चरित को अवतारों अथवा पूर्वजों के आदर्शों से विभूषित करने की प्रवृत्ति तथा समसामयिक घटनाओं एवं युद्धों को पौराणिक घटनाओं एवं युद्धों के परिप्रेक्ष्य में देखने की प्रवृत्ति, उनके इतिहास सम्बन्धी पारम्परिक तथा आदर्शवादी दृष्टिकोण का परिणाम है। इसके अतिरिक्त उस काल में हिन्दू राजाओं की आत्महीनतापूर्ण ऐतिहासिक स्थिति की कटुता ने भी ऐतिहासिक यथार्थ को कल्पना तथा आदर्श द्वारा आवरणित करने की प्रवृत्ति को प्रश्रय दिया। अतः ऐतिहासिक काव्यों में इतिहास का पौराणिकीकरण किया जाना स्वाभाविक ही था।

संक्षेप में यह कहा जा सकता है : 'इस देश में इतिहास को ठीक आधुनिक अर्थ में कभी नहीं लिया गया।'[52] इसलिए प्राचीन एवं मध्यकालीन ऐतिहासिक प्रकृति की कृतियों द्वारा इतिहास का अध्ययन एक विकट समस्या है। इतिहास सम्बन्धी पौराणिक दृष्टि, काव्य का माध्यम तथा राज्याश्रित कवियों की ऐतिहासिक विवशता के फलस्वरूप ऐतिहासिक काव्यों में इतिहास कई आवरणों में निहित होकर रह गया है। अतः इन रचनाओं द्वारा वास्तविक इतिहास को प्राप्त करने के लिए कवि इतिहासकारों की इतिहास सम्बन्धी दृष्टि, रचनाओं सम्बन्धी निर्दिष्ट उद्देश्यों तथा इतिहासलेखन की काव्यात्मक एवं प्रतीकात्मक शैली के आवरणों में झाँकना अनिवार्य है, तभी इतिहास पर पड़े हुए आवरण को पारदर्शी बनाया जा सकता है। यह कार्य अत्यन्त जटिल है, परन्तु इतिहास की दृष्टि से इन्हें अनैतिहासिक कहकर

उपेक्षित करना वांछनीय नहीं है, क्योंकि ये ग्रन्थ मध्यकालीन भारत के इतिहास एवं सस्कृति को समझने के लिए तथा उस युग के इतिहासलेखन के लिए सहायक हैं। इसलिए इतिहास एवं इतिहासलेखन की दृष्टि से इनके महत्त्व को अस्वीकृत नहीं किया जा सकता।

आधुनिक युग में इतिहासलेखन

भारत में अंग्रेजी साम्राज्य की स्थापना से पूर्व ही यूरोप में 19वीं शताब्दी के आरम्भ में इतिहासलेखन ने वैज्ञानिक तथा तर्कसंगत रूप धारण कर लिया था। पश्चिम में इतिहास का अध्ययन एवं लेखन स्वतंत्र एवं विशिष्ट रूप में वैज्ञानिक पद्धति के आधार पर किया जाने लगा था। वहाँ इतिहास काफी हद तक आदर्शवादिता तथा धर्मदर्शन से मुक्ति प्राप्त कर चुका था। इतिहासलेखन के लिए वैज्ञानिक तटस्थता के मूल्य को मान्यता प्राप्त हो चुकी थी तथा मानवेतिहास के विभिन्न पक्षों पर इतिहास लिखने की ओर कदम उठ चुके थे। भारत में इतिहासलेखन की यह पद्धति तब तक अपरिचित थी। इस शताब्दी के मध्य में भारतीयों ने अंग्रेजी शिक्षा के प्रभाव के परिणामस्वरूप अन्य आधुनिक विचारों के साथ-साथ ऐतिहासिक ज्ञान के महत्त्व को भी समझा।[53] इस प्रकार अंग्रेजी शासन काल में भारतीय इतिहासलेखन परम्परा में एकदम नया मोड़ उपस्थित होता है।

वारेन हैस्टिंगज के शासनकाल में कलकत्ता में एशियाटिक सोसायटी की स्थापना के पश्चात् प्राचीन भारतीय साहित्य तथा इतिहास का अन्वेषण आरम्भ हुआ। विलियम जोंस, विल्किन तथा कोलबुक इत्यादि विद्वानों के महान प्रयत्नों, जेम्स प्रिंसैप[54] द्वारा ब्राह्मी लिपि के आविष्कार (1837 ई॰) मैक्समूलर, लेसन, ओल्डनबर्ग, व्हूलर, ग्रिफथ इत्यादि पाश्चात्य विद्वानों तथा भगवान लाल इन्द्र, आर. एल॰ मित्रा, आर॰जी॰ भण्डारकर इत्यादि विद्वानों के गहन अध्ययन एवं अनुसंधान के परिणामस्वरूप भारत से सम्बन्धित आधुनिक ढंग से इतिहासलेखन के लिए मार्ग खुल गया। ऐतिहासिक तथ्यों के संकलन के बाद 19वीं शताब्दी के अन्तिम तथा 20वीं शताब्दी के प्रथम चरण में भारतीय जीवन के विविध पक्षों का सुव्यवस्थित तथा यथार्थपूर्ण इतिहास लेखन सम्भव हुआ।

उक्त विवेचन से यह तात्पर्य नहीं कि इस काल में सभी ऐतिहासिक रचनाएँ वैज्ञानिक दृष्टिकोण से लिखी हुई हैं। वस्तुतः इस युग में भारत सम्बन्धी इतिहास लेखन की तीन धाराएँ प्रवाहित होती हैं :

1. भारतीयता विरोधी इतिहासलेखन।
2. राष्ट्रवादी इतिहासलेखन।
3. वैज्ञानिक इतिहासलेखन।

प्रथम प्रकार के इतिहास लेखन में ऐसी रचनाएँ आती हैं, जो पूर्वग्रहयुक्त हैं

तथा भारतीय इतिहास एवं संस्कृति तथा धर्म को हीन सिद्ध करने तथा ईसाई धर्म एवं पाश्चात्य संस्कृति की श्रेष्ठता प्रकाशित करने के लिए लिखी गई हैं। अंग्रेजी विद्वानों में से अनेक ने इस अनैतिहासिक दृष्टि से भारत का इतिहास लिखा है। इस प्रकार के इतिहासलेखन का सूत्रपात करने वाले जेम्स मिल (1773-1836 ई०) थे। उन्होंने इंग्लैंड में रहकर 1806 ई० में 'हिस्ट्री ऑफ इंडिया' का लेखन आरम्भ किया जो 1818 ई० में छः भागों में प्रकाशित हुई। यह भारत का सर्वप्रथम विस्तृत इतिहास माना जाता है, परन्तु यह अनेक अनर्गल तथ्यों एवं भ्रान्तियों से भरा पड़ा है।' इसका प्रमुख महत्त्व यह है कि इसने परवर्ती काल में भारत सम्बन्धी ब्रिटिश लेखन तथा चिन्तन को अत्यन्त प्रभावित किया है।'[55] प्राचीन भारतीय सभ्यता सम्बन्धी जेम्स मिल का दृष्टिकोण अत्यन्त अनुदार तथा संकीर्ण था। उनके अनुसार, प्राचीन भारत की स्थिति अत्यन्त पिछड़ी हुई थी तथा वह असभ्य था।[56] तब से लेकर आज तक इस दृष्टिकोण के अनुसार प्राचीन भारत सम्बन्धी इतिहास ग्रन्थ लिखे जाते रहे हैं। पाँच भागों में प्रकाशित 'कैम्ब्रिज हिस्ट्री ऑफ इंडिया' (1922-1937 ई०) भी इसी परम्परा के अन्तर्गत आता है। जातीय तथा राजनीतिक दृष्टि से लिखित ये इतिहास ग्रन्थ अत्यन्त भ्रामक हैं तथा अंग्रेजी साम्राज्य को न्यायोचित ठहराने के लिए लिखे जान पड़ते हैं। सामान्यतः यूरोपियन लेखकों में से कुछ प्रतिष्ठित लेखकों को छोड़कर सभी इस पक्षपातपूर्ण राष्ट्रीय भावना के दोषी हैं तथा प्रायः हिन्दू संस्कृति की यूरोपीय संस्कृति से तुलना करते समय पहली के कुरूपतम पक्षों तथा दूसरी के सुंदरतम पक्षों को समक्ष रखकर दोनों का अन्तर स्पष्ट करते हैं।[57]

उक्त संकीर्ण दृष्टिकोण की प्रतिक्रिया के फलस्वरूप तथा राष्ट्रीय चेतना से अनुप्राणित होकर कई भारतीय विद्वानों ने भारतीय इतिहास के उज्ज्वल पक्ष के विवेचन को ही अपना उद्देश्य बनाया तथा उन्हीं तथ्यों का उद्घाटन किया जो भारतीय संस्कृति को विश्व इतिहास में सर्वोच्च आसन पर प्रतिष्ठित कर सकें। ऐसे इतिहासग्रन्थ प्रमुखतः भारत की आधुनिक भाषाओं में लिखे गये हैं। इन इतिहासों का राष्ट्रीय भावना को विकसित करने में विशेष योगदान रहा है, परन्तु ऐतिहासिक दृष्टि से इनमें से अनेक महत्त्वहीन हैं। राष्ट्रीयता की गरिमा से ओतप्रोत कुछ ऐतिहासिक रचनाओं में ही ऐतिहासिक यथार्थ एवं प्रामाणिकता का ध्यान रखा गया है।

तीसरी धारा में ऐसे इतिहासग्रन्थ आते हैं, जो ऐतिहासिक तथ्यों पर आधारित हैं तथा ऐतिहासिक निष्पक्षता से रचित हैं। एलफिंसटोन ने सर्वप्रथम उदारवादी दृष्टि से 'हिस्टरी ऑफ इंडिया' 1841 ई० में प्रकाशित की थी परन्तु तथ्यों के अभाव में यह रचना इतनी महत्त्वपूर्ण एवं प्रामाणिक नहीं बन सकी। मैक्समूलर ने भी प्राचीन वैदिक साहित्य का अध्ययन निष्पक्ष होकर किया तथा उन्होंने प्राचीन संस्कृत साहित्य का इतिहास लिखकर सर्वप्रथम साहित्येतिहासलेखन परम्परा का श्रीगणेश

किया, परन्तु 19वीं शताब्दी के अन्त तक भारत का सुव्यवस्थित, प्रामाणिक तथा कालक्रमानुसार इतिहास नहीं लिखा जा सका। इस शताब्दी में अनुसंधान तथा तथ्यसंग्रह ही अधिक हुआ जिसके परिणामस्वरूप बीसवीं शताब्दी के प्रारम्भ में भारत में भारत सम्बन्धी प्रामाणिक इतिहासलेखन सम्भव हो सका। 1904 ई. में स्मिथ ने 'प्राचीन भारत का इतिहास'[58] लिखकर एक बहुत बड़े अभाव की पूर्ति की। यह रचना प्राचीन भारत के इतिहास का सर्वप्रथम प्रामाणिक इतिहास माना जाता है, जिसमें ऐतिहासिक निष्पक्षता का पूरा ध्यान रखा गया है।

बीसवीं शताब्दी में अनेक देशी-विदेशी विद्वानों ने भारत में अनेक भाषाओं में अनेकानेक एवं अनेकमुखी इतिहास लिखे हैं, जिनका उल्लेख असम्भव भी है तथा अनावश्यक भी। केवल इतना कहना पर्याप्त होगा कि अंग्रेजी शासनकाल में इतिहास लेखन की जो परम्पराएँ विकसित हुई थीं, वे स्वतंत्र भारत में भी किसी न किसी रूप में प्रचलित हैं। पिछले साठ वर्षों में भारत के विभिन्न युगों, विभिन्न पक्षों तथा विभिन्न क्षेत्रों पर इतिहास लिखे गये हैं। इस काल में अनेक साहित्यतिहास, सामाजिक इतिहास, राजनीतिक तथा आर्थिक इतिहास रचे गए हैं तथा इतिहास लेखन का क्षेत्र काफी विकसित एवं सम्पन्न हुआ है। विचारशील इतिहासज्ञ इतिहासलेखन को वैज्ञानिक आधार प्रदान करने की ओर अग्रसर हैं। धीरे-धीरे यह अनुभव दृढ़ हो रहा है कि भाववादी दृष्टिकोण के त्याग तथा ऐतिहासिक भौतिकवाद को अंगीकार करके ही इतिहासलेखन को सही दिशा दी जा सकती है।

हिन्दी में आधुनिक इतिहास लेखन की परम्परा

हिन्दी में आधुनिक इतिहासलेखन की परम्परा का आरम्भ नई ऐतिहासिक चेतना का परिणाम है। 19वीं शताब्दी तक हिन्दी भाषा में इतिहासलेखन का आधुनिक रूप स्पष्ट नहीं हो सका। 'कथासार' (सं. 1896 वि.), भारतवर्ष का इतिहास' (1846 ई.) तथा 'इतिहास चन्द्रिका' (1847 ई.) अनूदित पुस्तकें हैं तथा ये स्कूल के विद्यार्थियों को ध्यान में रखकर लिखी गई हैं। राजा शिवप्रसाद सितारे हिन्द द्वारा रचित 'इतिहास तिमिर नाशक' (1864 ई.) अपेक्षाकृत महत्त्वपूर्ण ग्रन्थ है, क्योंकि यह हिन्दी का प्रथम मौलिक इतिहासग्रन्थ है। 'इसमें अन्य पाठ्य-पुस्तकों के विपरीत कई स्थलों पर स्वतंत्र विचार भी प्रकट हुए हैं।'[59] पर इसमें भी ऐतिहासिक विधि तथा ऐतिहासिक दृष्टि की प्रौढ़ता दृष्टिगोचर नहीं होती। यह ग्रन्थ भी इतिहास के मूलस्रोतों पर आधारित नहीं है। वस्तुतः उन्नीसवीं शती के अन्त तक हिन्दी में कोई महत्त्वपूर्ण और उच्चस्तरीय इतिहास ग्रन्थ नहीं लिखा गया, क्योंकि प्रौढ़ ऐतिहासिक दृष्टि से सम्पन्न इतिहासकार अंग्रेजी में ही भारतीय इतिहास के विभिन्न पक्षों पर लिख रहे थे। उच्च शिक्षा का माध्यम अंग्रेजी ही थी। इसके अतिरिक्त इतिहास लेखन के लिए जिस राष्ट्रीय चेतना तथा ऐतिहासिक बोध की आवश्यकता होती है,

वे भी पूरी तरह विकसित नहीं हो सके थे।

बीसवीं शताब्दी की राष्ट्रीय एवं सांस्कृतिक चेतना, इतिहास सम्बन्धी चिन्तन तथा खड़ी बोली के गद्य के परिनिष्ठित एवं विकसित रूप के फलस्वरूप अनेक बाधाओं के होते हुए भी हिन्दी में आधुनिक प्रकृति के इतिहासलेखन को प्रोत्साहन मिला। परिणामस्वरूप बीसवीं शताब्दी के प्रथम दो दशकों में कई इतिहास ग्रन्थों की रचना हुई। इनमें से हनुमन्तसिंह कृत 'मेवाड़ का इतिहास' (1904 ई॰) , रामदेव रचित 'वैदिक भारत' (1911 ई॰), रघुवीर शरण का 'भारत का सच्चा इतिहास' (1913 ई॰) तथा मिश्र बन्धुओं का 'प्राचीन भारत का इतिहास' (2 भाग) उल्लेखनीय रचनाएँ हैं। इन रचनाओं द्वारा ही हिन्दी में इतिहासलेखन का मार्ग प्रशस्त होता है। विद्वानों ने इतिहास को स्वतंत्र विद्या के रूप में ग्रहण कर पहली बार अपने विवरण को ऐतिहासिक साक्ष्यों पर आधारित करने का यत्न किया है।

1920 ई. से हिन्दी की इतिहासलेखन परम्परा में विशेष गुणात्मक एवं संख्यात्मक वृद्धि दृष्टिगोचर होती है।[60] विश्वेश्वरनाथ राव का तीन भागों में 'भारत का इतिहास' (1920-1925 ई॰) गौरीशंकर हीराचंद ओझा का पाँच भागों में 'राजपूतों का इतिहास (1925-1941 ई॰) तथा जयचन्द्र विद्यालंकार का 'भारतीय इतिहास की रूपरेखा (1933 ई॰) जैसे विद्वतापूर्ण इतिहासग्रन्थ इस बात को सिद्ध करते हैं कि जैसे-जैसे भारत में सांस्कृतिक जागरण तथा स्वतंत्रता की भावना में विकास होता गया वैसे-वैसे लोक भाषाओं में इतिहास को समझने तथा लिखने की प्रवृत्ति बढ़ती गयी। यह ठीक है कि अतीत के अतिरिक्त मोह, राष्ट्रीयता तथा संस्कृति प्रेम के कारण लेखकों की ऐतिहासिक तटस्थता में बाधा अवश्य पड़ी है, परन्तु विदेशी इतिहासकारों द्वारा भारतीय अतीत को हीन समझकर लिखे गये इतिहासग्रन्थों की तुलना में इनकी तटस्थता कम नहीं है।

सन् 1920 ई॰ से हिन्दी में इतिहास लेखन की जो परम्परा विकसित रूप को प्राप्त होने लगती है, उसकी परवर्ती काल में विभिन्न दिशाओं में प्रगति सम्भव होती है। हिन्दी में राजनीतिक इतिहासों के अतिरिक्त समाज, संस्कृति, साहित्य और कला आदि के अनेक इतिहास प्रकाशन में आये। इसके बाद हर विषय के इतिहासलेखन का अपना अलग इतिहास है। उसका सर्वेक्षण प्रस्तुत करना न तो सम्भव है और न अपेक्षित। यहाँ केवल इस परम्परा का संक्षेप में मूल्यांकन करना आवश्यक प्रतीत होता है।

हिन्दी में सृजनात्मक साहित्य जितना व्यापक तथा प्रौढ़ बन सका है, उतना ज्ञान एवं विज्ञान सम्बन्धी साहित्य नहीं। इतिहास एवं इतिहासशास्त्र भी इसका अपवाद नहीं हैं। इसका क्या कारण है? स्वतंत्रता के बाद भी उच्च शिक्षा पर अंग्रेजी का प्रभुत्व बना रहा है। आज भी अनेक विश्वविद्यालयों में हिन्दी स्नातकोत्तर स्तर की शिक्षा और परीक्षा का माध्यम नहीं है। इसलिए उच्च कोटि के इतिहासकारों ने

हिन्दी में इतिहासलेखन की ओर विशेष ध्यान नहीं दिया। अतः हिन्दी में मौलिक तथा उत्कृष्ट इतिहासलेखन की गति अत्यन्त धीमी रही है। इसके अतिरिक्त इतिहास विरोधी तथा भाववादी दृष्टिकोण के परिणामस्वरूप भी इतिहासलेखन का समुचित विकास सम्भव नहीं हो सका।

उपर्युक्त बाधाओं के निराकरण द्वारा ही उच्चकोटि का इतिहासलेखन सम्भव नहीं हो सकता, इसके लिए हिन्दी के इतिहासकारों की ऐतिहासिक दृष्टि का व्यापक, वैज्ञानिक एवं आधुनिक होना अनिवार्य है। यह निश्चित है कि अपनी भाषा में अपने राष्ट्र का इतिहास जितनी सहजता एवं उत्कृष्टता से लिखा जा सकता है, उतना विदेशी इतिहासकार तथा देशी इतिहासकार विदेशी भाषा में नहीं लिख सकते। यदुनाथ सरकार के ये शब्द अत्यन्त सारगर्भित हैं : 'किसी राष्ट्र के अतीत के इतिहास के पुर्ग्रन्थन में उस राष्ट्र की सन्तानों को ऐसी सुविधाएँ प्राप्त होती हैं जिन्हें कोई भी विदेशी नहीं पा सकता... । हम (अपने) ऐतिहासिक अतीत के जीवित अवतार हैं, वह अतीत हमारे खून और हमारी हड्डियों में, हमारे विचार और विश्वास में व्याप्त है।'[61] यह तभी सम्भव है यदि अतीत को लिपिबद्ध करते हुए अतीतवादी होने से बचा जाए तथा इतिहासकार के कर्म को पूरे दायित्व से निभाया जाए। अपने इतिहास को समग्र मानवेतिहास का अंग मानकर उसे वस्तुवादी दृष्टि से देखने और लिखने की परमावश्यकता है क्योंकि इतिहास की यह वस्तुवादी दृष्टि ही सांस्कृतिक विरासत का सही मूल्यांकन कर सकती है।'[62] हिन्दी में इस दृष्टि से इतिहासलेखन सम्भव नहीं हो सका है। हिन्दी में कोई महत्त्वपूर्ण इतिहास ग्रन्थ ऐतिहासिक भौतिकवादी दृष्टि से नहीं लिखा गया। रांगेय राघव ने 'प्राचीन भारतीय परम्परा तथा इतिहास' में प्रयत्न किया है, परन्तु उन्हें विशेष सफलता प्राप्त नहीं हुई।[63] यह दोष हिन्दी के इतिहास लेखन में ही नहीं, समस्त भारतीय इतिहासलेखन में लक्षित होता है। सम्भवतः इसलिए कि भारत में अभी तक आधुनिक इतिहास परम्परा पश्चिम की उस इतिहासपरम्परा से प्रेरित रही है, जिसमें इस दृष्टि का अभाव ही नहीं, विरोध भी होता रहा है।

हिन्दी में इतिहास के अध्ययन का क्षेत्र प्रमुखतः भारत के प्राचीन युग तथा क्षेत्रीय इतिहासों तक सीमित रहा है।[64] निस्संदेह प्राचीन भारत का इतिहास विशेष महत्त्व रखता है। स्वर्णिम अतीत सम्बन्धी अनुसंधान तथा उसकी सुरक्षा इतिहासकारों का कर्त्तव्य है, परन्तु यह कार्य अन्य युगों एवं समसामयिक इतिहासलेखन के साथ-साथ होना चाहिए। इतिहासलेखन अतीत की सुरक्षा तक ही सीमित नहीं है तथा अतीतप्रेम की कीमत पर अपने युग की उपेक्षा किसी भी 'राष्ट्र के पिछड़ेपन की द्योतक होती है।' एक आधुनिक राष्ट्र बनने के लिए इतिहास का बोध होना—समय के आयाम में जीना—आवश्यक और अनिवार्य है और समय में जीना सबसे पहले अपने समय में जीना है।[65] हिन्दी में वर्तमान युग सम्बन्धी इतिहास

लेखन अपेक्षाकृत कम हुआ है। इसके अतिरिक्त प्राचीन इतिहास को आधुनिक वातायन से देखने की आवश्यकता को भी कम अनुभव किया गया है। वर्तमान की उपेक्षा करने से प्राचीन इतिहास सम्बन्धी लेखन निर्जीव तथा व्यर्थ बनकर रह जाता है।

अन्त में इतना कहना पर्याप्त होगा कि हिन्दी में विपरीत ऐतिहासिक परिस्थितियों के होते हुए भी आधुनिक इतिहास लेखन का उत्तरोत्तर विकास हुआ है, परन्तु अभी तक यह अनेक सीमाओं से बँधा है। इतिहासकारों की दृश्यता इतना विस्तार नहीं पा सकी। जब तक इतिहास लेखकों की दृष्टि व्यक्तिपूजा, जातिप्रेम, क्षेत्रप्रेम तथा अतीतमोह इत्यादि की सीमाएँ लाँघकर वैज्ञानिक एवं विश्वमुखीन नहीं बनती तब तक हिन्दी में इतिहासलेखन का कार्य उच्चतम स्तर को प्राप्त नहीं हो सकता चाहे उसके लिए आधुनिक शिल्प का प्रयोग भी क्यों न किया जाए।

पाश्चात्य इतिहासलेखन की परम्परा

वास्तविक इतिहास लेखन की परम्परा का प्राचीन रूप सर्वप्रथम ग्रीक साहित्य में दृष्टिगोचर होता है। थांपसन ने लिखा है, 'हमारा समस्त इतिहास लेखन ग्रीकों द्वारा निर्मित मूलाधारों पर प्रतिष्ठित है।...ग्रीक इतिहासकारों ने सभी विशेषताओं तथा वृत्तोंयुक्त इतिहास की रचना की। उन्होंने व्यक्तियों एवं वस्तुओं, महान राष्ट्रों तथा लघु नगरों, विश्व के इतिवृत्तों तथा स्थानीय अभिलेखों, राजनीतिक, साहित्यिक एवं सामाजिक संस्मरणों के इतिहास को लिपिबद्ध किया।[66] अतः ग्रीक की ऐतिहासिक परम्परा पर विचार करके ही इतिहास लेखन के विभिन्न आयामों को समझा जा सकता है।

ग्रीक-रोमन इतिहास लेखन

प्राचीन ग्रीक में मानवकेन्द्रित एवं तथ्यात्मक इतिहासलेखन का प्रचलन एक महत्त्वपूर्ण घटना है। यह संयोगवश नहीं, देश की तत्कालीन परिस्थितियों के परिणामस्वरूप हुआ है। भारत, चीन तथा मिस्र की भाँति उनकी दृष्टि भी शाश्वतवादी थी, परन्तु जीवन की परिवर्तनशीलता के प्रति भी उन्हें सचेत होना पड़ा। वे उस देशकाल में रहते थे जहाँ इतिहास असाधारण तेजी से गतिशील था तथा भूकम्प के विस्फोटों ने विकट क्रूरता से उनकी धरती के चेहरे को बदल दिया था। ऐसा अन्यत्र दिखाई नहीं देता। '...मानव के कार्यकलापों के परिवर्तन की अनिवार्यता की मान्यता ने ग्रीकवासियों को इतिहास सम्बन्धी विशिष्ट चेतना प्रदान की।'[67] इस संवेदना के कारण उनकी भौतिक जीवन तथा उसके इतिहास में रुचि रही है।

ग्रीक में मानवेतिहास विषयक जिज्ञासा उनके प्राचीन महाकाव्यों में भी मिलती है, परन्तु 'इतिहास के जनक' हिरोदोतस ने इतिहास लेखन को जो गरिमा तथा

सुरुचि प्रदान की, वह उससे पहले नहीं थी।[68] महान प्रतिभा सम्पन्न हिरोदोतस (484-425 ई॰पू॰) ने ही सर्वप्रथम युद्धों के विवरण, रीति-रिवाजों, संस्थाओं, मानवजीवन तथा समाज के विविध पक्षों के इतिहास को सुव्यवस्थित तथा अनुसंधानात्मक दृष्टि से लिपिबद्ध करके इतिहासलेखन को महत्त्वपूर्ण दिशा दी। उनकी ऐतिहासिक दृष्टि जितनी विकसित है उतनी थयूसीदाइदस (451-400 ई॰) तथा पोलीबियस (204-122 ई॰) आदि परवर्ती इतिहासकारों की नहीं है। इसलिए कालिंगवुड ने लिखा है कि प्राचीनकाल में हिरोदोतस सर्वप्रथम एवं सर्वश्रेष्ठ ग्रीक इतिहासकार हैं तथा उनका कोई उत्तराधिकारी नहीं है।[69] इसमें सन्देह नहीं कि युग की सीमाएँ उनकी भी सीमाएँ हैं। 'वे भी मानवेतिहास में ईश्वरीय शक्ति के हस्तक्षेप में विश्वास करते हैं। वे कहीं-कहीं नियतिवादी धारणा में भी आस्था रखते प्रतीत होते हैं[70] परन्तु उनके युग तथा परवर्ती युग को देखते हुए कहा जा सकता है कि उनका इतिहासलेखन पर्याप्त विकसित तथा तथ्याधारित है। ग्रीस में उनके बाद इस परम्परा का ह्रास होता है, विकास नहीं।

रोमन इतिहासलेखन की परम्परा भी ग्रीक परम्परा का ही अंग है। इसे स्वतंत्र इतिहासलेखन की परम्परा के रूप में मान्यता देना भ्रामक है। रोम में कातो द एलडर (234-149 ई॰पू॰) द्वारा इतिहासलेखन को जो दिशा प्राप्त हुई तथा लिवी (59 ई॰पू॰) और तेसीतस (55 ई॰पू॰) के महत्त्वपूर्ण लेखन द्वारा जिस ऐतिहासिक परम्परा का विकास हुआ, वह ग्रीक की ऐतिहासिक परम्परा का परिणाम है।[71]

रोम के इतिहास लेखन में ऐतिहासिक तथ्यों को काफी तोड़ा-मरोड़ा गया है। वास्तव में 'रोमन साम्राज्य का युग गम्भीर तथा प्रगतिशील चिन्तन का युग नहीं था। इसने उच्च ज्ञान को ग्रीकों की तरह उन्मुक्त रास्तों पर अग्रसर करने का यत्न नहीं किया।'[72] ऐतिहासिक ज्ञान को इस युग में विशेष प्रोत्साहन नहीं मिला तथा इतिहास लेखन पूर्वग्रह युक्त होकर रह गया। रोमन इतिहासकारों ने भारतीय चारणों की तरह साम्राज्य की सेवार्थ ही इतिहास को ढालने का यत्न किया है। इसलिए ऐतिहासिक महत्त्व की दृष्टि से रोमन इतिहासलेखन पूर्ववर्ती ग्रीक इतिहासलेखन से पिछड़ा हुआ है।

ग्रीक इतिहासलेखन पाँचवीं शताब्दी ई॰पू॰ में जिस वैज्ञानिक सम्भावना को लेकर आरम्भ हुआ था, वह धर्मदार्शनिक चिन्तन तथा साम्राज्यवादी प्रभाव के कारण विकसित नहीं हो सका। इतिहास का सम्बन्ध भौतिक जगत के कार्यकलापों से स्थापित करना इस ऐतिहासिक परम्परा की सबसे बड़ी उपलब्धि है तथा ऐतिहासिक तथ्यों एवं घटनाओं की अवैज्ञानिक व्याख्या इसका सबसे बड़ा दोष है।

मध्यकालीन ईसाई इतिहासलेखन

रोमन साम्राज्य के विघटन के बाद पूर्व मध्यकाल में सामन्तवादी व्यवस्था के युग में

ईसाई मत के व्यापक प्रभाव के परिणामस्वरूप पाश्चात्य इतिहासलेखन मानवजीवन के यथार्थ से कटा रहा। कैथोलिक चर्च की स्थापना के बाद ईसाई पादरियों द्वारा इतिहास को धर्मदर्शन के आलोक में देखा गया। संत आगस्टाइन (354-450 ई॰) इस परम्परा के प्रमुख विचारक हैं। आगस्टाइन के अनुसार, इतिहास का सम्बन्ध चिरंतन तथा क्षणिक दोनों से है। ईश्वर चिरंतन है और काल का जन्मदाता है।'[73] इस परम्परा के इतिहासकारों ने एक पूर्वनिश्चित आस्था को धारण करके इतिहास लिखा है। इस विश्वास के अनुसार उनकी मान्यता है कि इतिहास में ईश्वर की एक योजना कार्यरत है, जिसका संदेश ईसा के आगमन द्वारा प्राप्त हुआ। धार्मिक विश्वासजनित मान्यताओं की प्रेरणा से रचित इतिहासलेखन का ऐतिहासिक वास्तविकता से कोसों दूर होना स्वाभाविक ही है।

इतिहासलेखन की यह परम्परा भी ग्रीक की इतिहासलेखन परम्परा से पिछड़ी हुई है। इसकी प्रवृत्ति वास्तविक जगत की ऐतिहासिक घटनाओं के विवरण की ओर इतनी नहीं है जितनी उनकी धर्मनिर्धारित व्याख्या की ओर है। वस्तुतः यह इतिहासलेखन आधुनिक इतिहासलेखन से नितान्त भिन्न है। इतिहासलेखन की यह धर्मदार्शनिक परम्परा 15वीं शताब्दी तक प्रचलित रही। ऐतिहासिक दृष्टि से इसका विशेष महत्त्व नहीं है।

पुनरुत्थानकालीन इतिहास परम्परा

16वीं शताब्दी को पश्चिम में चिन्तन की दृष्टि से पुनरुत्थान काल कहा जाता है। इस युग में मध्यकालीन धार्मिक रूढ़िवादिता का विरोध आरम्भ हो गया था। इटली में आरम्भ हुए पुनरुत्थानवादी चिन्तन का प्रभाव धीरे-धीरे सारे यूरोप में व्याप्त हो गया। इस युग में पश्चिम की इतिहास परम्परा भी नयी दिशा धारण करती है तथा धार्मिकता एवं अलौकिकता से मुक्ति प्राप्त करती है। मैकाइवली (1469-1530 ई॰) ने अपनी प्रसिद्ध पुस्तक 'प्रिंस' (1513 ई॰) में चर्च के नेताओं की धारणाओं की आलोचना करते हुए शासकों को चर्च की धर्मसत्ता से स्वतंत्र घोषित किया। उन्होंने पोलीवियस की तरह इतिहास के राजनीतिक तथ्यों को प्राकृतिक प्रक्रिया के रूप में स्वीकार किया।[74] उन्हें ईश्वरप्रेरित नहीं माना। क्रूजीन वोदिन ने इस शती के मध्य में धर्मदर्शन से मुक्त होकर ऐतिहासिक अतीत के इतिवृत्तात्मक विवरण की ओर ध्यान दिया। 'पोलीदार वरजिल ने ब्रिटेन के इतिहास को निजंधरी कथाओं से मुक्त करने का यत्न किया तथा उसके आलोचनात्मक इतिहासलेखन का शिलान्यास किया।'[75] इतिहासलेखन पुनः मानवीय कार्यकलापों तथा ऐहिक संसार की घटनाओं से सम्बन्धित हुआ। इतिहास परम्परा पुनः मावनकेन्द्रित बनी क्योंकि 'मध्यकालीन इतिहासकारों की तरह इस युग के इतिहासकार इस संसार को निकृष्ट और अस्थाई नहीं समझते थे। वे इसे सत्य और यथार्थ मानते थे और मानव कार्यकलाप में भगवान

की इच्छा को अधिक महत्त्व नहीं देते थे।'[76] इस युग में इतिवृत्तात्मक, व्यक्तिमूलक, क्षेत्रीय तथा राजनीतिक इतिहासलेखन का कार्य सम्पन्न हुआ।

फ्रांसिस बेकन (1561-1626 ई॰) इस युग के अत्यन्त प्रभावशाली चिन्तक तथा इतिहासज्ञ हैं, जिन्होंने इतिहास परम्परा को तथ्यात्मक रूप देने में महत्त्वपूर्ण भूमिका निभायी है। उन्होंने मानवेतिहास सम्बन्धी कल्पित एवं अलौकिक धारणाओं पर कठोर प्रहार किया तथा उसे ठोस वास्तविक धरातल पर प्रतिष्ठित करने का यत्न किया। 'वे भौतिक जगत की घटनाओं में ईश्वरीय सत्ता के हस्तक्षेप में विश्वास नहीं रखते थे। ऐतिहासिक प्रक्रिया को समझने के लिए उन्होंने बौद्धिक विश्लेषण को महत्त्व दिया। दर्शन के क्षेत्र में बेकन ने प्रयोग को अधिक महत्ता प्रदान की···उन्होंने यथार्थ के अध्ययन के लिए आनुभविक (प्रायोगिक) विधि का स्पष्टीकरण किया जो परवर्ती दार्शनिक एवं वैज्ञानिक चिन्तन के विकास में अत्यन्त महत्त्वपूर्ण सिद्ध हुई।'[77] उन्होंने आलोचनात्मक दृष्टि से हेनरी अष्टम का इतिहास सन् 1611 ई॰ में लिखकर इतिहासलेखन को मध्यकालीन रूढ़िवादिता से मुक्त करने में सहयोग दिया।

इस युग के इतिहासज्ञों की इतिहासपरम्परा को उचित सन्दर्भ में ग्रहण करने की आवश्यकता है। कालिंगवुड के कथनानुसार इसने अपने को मध्यकालीन चिन्तन के दोषों से अवश्य मुक्त कर लिया, परन्तु अभी इसे समुचित कार्य विधि की तलाश थी। इसके समक्ष अतीत के अनुसंधान का कार्यक्रम था परन्तु इस कार्यक्रम को सम्पन्न करने के लिए इसके पास साधन तथा सिद्धान्त नहीं थे।[78] कई इतिहासकारों तथा विचारकों ने तो इसे वैज्ञानिक इतिहासलेखन तथा इतिहासदर्शन की ओर प्रथम चरण मानने से भी इन्कार किया है। थार्नडाइक लिखते हैं, 'यह समझ लेना चाहिए कि आधुनिक विज्ञान का पुनरुत्थान से उतना ही दूर का सम्बन्ध है जितना मध्यकाल से।'[78] इसमें सन्देह नहीं कि यह युग वैज्ञानिक चिन्तन का युग नहीं है तथा यह इतिहासपरम्परा वैज्ञानिक नहीं है, परन्तु यह वैज्ञानिकता की ओर उन्मुख अवश्य है। अतः इस युग के चिन्तन को मध्यकालीन चिन्तन के समान नितान्त अवैज्ञानिक मानने की धारणा अतिवादी एवं अनैतिहासिक है तथा वैज्ञानिक इतिहास परम्परा को समझने में बाधक है। यह इतिहासपरम्परा उत्तरोत्तर तथ्यात्मक एवं तर्कसंगत रूप धारण करती दृष्टिगोचर होती है। पुनरुत्थान युग को आधुनिक युग का प्रभात नहीं तो उषाकाल अवश्यक कहा जा सकता है।[80]

पुनरुत्थान काल के उत्तर भाग में अथवा 17वीं शताब्दी के अन्तिम चरण में पाश्चात्य इतिहासलेखन डेस्कार्तेस (1556-1650 ई॰) के इतिहास सम्बन्धी 'सन्देहवाही दृष्टिकोण'[81] की चेतावनी को स्वीकारते हुए तथा थाम्स हॉब्स (1588-1679 ई॰) और स्पिनोजा (1633-77 ई॰) के यांत्रिक भौतिकवाद के प्रभाव को ग्रहण करके तर्कसंगत एवं आलोचनात्मक रूप को प्राप्त हुआ। डेस्कार्तेस का मत था कि इतिहास

वास्तविक रूप में लिखा ही नहीं जा सकता तथा श्रेष्ठ इतिहासलेखन भी रोमांस बनकर रह जाता है।[82] इतिहासकारों ने उनकी धारणा को अस्वीकार करते हुए, परन्तु उनकी आलोचनात्मक कार्यविधि को अपनाते हुए इतिहासलेखन को यथातथ्य रूप में प्रस्तुत करने का यत्न किया। अभी तक भी अतीत के इतिहासलेखन के लिए प्राचीन ऐतिहासिक ग्रन्थ ही मूल स्रोत थे, परन्तु इतिहासकारों ने उनकी सामग्री को उसी रूप में स्वीकार नहीं किया। उनकी ऐतिहासिकता को आलोचनात्मक दृष्टि, व्यावहारिक ज्ञान, तुलनात्मक अध्ययन तथा अन्य ऐतिहासिक प्रमाणों की कसौटी पर कसा जाने लगा। इस दृष्टि से टिलमांट, बोलेंडिस्ट तथा जान हार्स्ले का इतिहासलेखन अत्यन्त महत्त्वपूर्ण है। 17वीं शती के उपर्युक्त चिन्तकों तथा इतिहासकारों ने परवर्ती जागरणकाल की इतिहासपरम्परा के लिए अनुकूल वातावरण तैयार किया तथा 18वीं शताब्दी में इतिहासलेखन अधिक प्रौढ़ एवं वैज्ञानिक रूप को प्राप्त हुआ।

जागरण युग की इतिहासपरम्परा

पश्चिम में 18वीं शताब्दी मशीनी युग के आरम्भ तथा औद्योगिक विकास का समय है। उत्पादन के साधनों में घोर परिवर्तन के साथ-साथ पाश्चात्य चिन्तन भी बौद्धिक जागरण की ओर तीव्रता से अग्रसर हुआ है। इस प्रबुद्ध काल में ऐतिहासिक चिन्तन तथा इतिहासलेखन में एक नया अध्याय जुड़ता है। इतिहासलेखन परम्परा से मुक्त होकर बौद्धिक आधार पर प्रतिष्ठित होता है। इतिहास में ईश्वरीय योजना के स्थान पर तर्कसंगत योजना की तलाश आरम्भ हुई।

वीको (1668-1744 ई॰) इस युग के प्रमुख इतिहा चिन्तक हैं। उन्होंने सर्वप्रथम मानवेतिहास के विज्ञान का प्रश्न उठाया।[83] उनका इतिहास विषयक चाक्रिक सिद्धान्त वैज्ञानिक नहीं है, परन्तु उनकी पुस्तक 'दि न्यू साइंस' (1725 ई॰) का ऐतिहासिक विधा के विकास में महत्त्वपूर्ण योगदान है। उनके अपने युग में इस पुस्तक का इतना प्रभाव नहीं पड़ा, परन्तु उन्नीसवीं शताब्दी के इतिहासज्ञों ने इसके महत्त्व को स्वीकार किया। वे इतिहासदार्शनिक थे, इतिहासलेखक नहीं। उनके इतिहास दर्शन का प्रभाव इस युग के इतिहासकारों पर भी देखा जा सकता है, परन्तु वे इनके चाक्रिक सिद्धान्त को अस्वीकार करते दृष्टिगोचर होते हैं।

इस युग की इतिहासपरम्परा के प्रवर्तक वाल्टेयर (1694-1778 ई॰) कहे जाते हैं। वे इस युग के प्रतिनिधि इतिहासकार भी हैं। वे आस्तिक होते हुए भी इतिहास सम्बन्धी धार्मिक अवधारणा के सबसे बड़े विरोधी थे। वे अत्यन्त शक्तिशाली लेखक तथा प्रभावशाली विचारक थे, जिन्होंने धार्मिक कट्टरता का दृढ़ता से विरोध किया। उनकी रचना 'विश्व इतिहास की रूपरेखा' संसार का सर्वप्रथम विश्व इतिहास कहा जा सकता है, चाहे इसमें पूर्व के देशों के इतिहास का अत्यन्त संक्षिप्त विवरण दिया

गया है। डेविड ह्यूम (1711-76 ई॰) तथा गिब्बन (1737-94 ई॰) इस इतिहासपरम्परा के अन्य आधार स्तम्भ हैं। प्रथम लेखक का 'इंग्लैंड का इतिहास' तथा द्वितीय का 'रोमन साम्राज्य का ह्रास और पतन' महत्त्वपूर्ण इतिहास ग्रन्थ हैं। यह ठीक है कि इस परम्परा के लेखकों ने 'ऐतिहासिक विधा के विकास में विशेष रुचि नहीं ली तथा पूर्ववर्ती विधि का ही प्रयोग किया है।[84] परन्तु ऐतिहासिक विवरण को बौद्धिक गरिमा तथा तार्किकता प्रदान करने का श्रेय इन्हें अवश्य जाता है।

रोमांटिक इतिहासपरम्परा

जागरण युग की बुद्धिवादी ऐतिहासिक चेतना की प्रतिक्रिया रोमांटिक ऐतिहासिक चेतना के रूप में होती है। अतः 18वीं शती के अन्त में तथा 19वीं शती के आरम्भ में रोमांटिक इतिहासपरम्परा प्रबल वेग से प्रसारित हुई। इस परम्परा को विशेष रूप से विकसित करने वालों में हर्डर (1744-1803 ई॰) के॰ सी॰एफ॰ क्रूजे (1781-1832 ई॰) जी॰ एल॰ फीत्शे (1762-1814 ई॰), जे॰ शेलिंग (1775-1854 ई॰) तथा हीगेल (1770-1831 ई॰) प्रभृति रोमांटिक तथा आदर्शवादी इतिहासज्ञों का नाम उल्लेखनीय है। इन्होंने मानवेतिहास को समग्र रूप में ग्रहण करते हुए ऐतिहासिक विकासप्रक्रिया में मनुष्य की स्वतंत्र इच्छाशक्ति अथवा आत्म तत्व या विचार तत्व को मूलभूत कारण माना है। रोमांटिक मतवाद के अनुसार ऐतिहासिक प्रक्रिया अपनी स्वतन्त्र प्रवृत्ति के अनुकूल, अपने आन्तरिक नियमों की प्रेरणा से विकासशील है।'[85] इस इतिहासपरम्परा में इतिहास की यांत्रिक व्याख्या का विरोध हुआ है।

इस धारा के इतिहासज्ञों ने जागरण काल के इतिहासकारों के विपरीत अतीत को सहानुभूतिशील तथा प्रशंसनीय दृष्टि से देखा है। मानवेतिहास के सम्बन्ध में हीगेल ने भूतकालीन प्रगति को अधिक सराहा है। वे समझते थे कि जनवर्गों पर आधारित प्रशिया का वैधानिक राजतंत्र सामाजिक विकास की चरम सीमा था।[86] इसका यह तात्पर्य नहीं कि इस धारा के इतिहासकारों ने अपने युग की अवहेलना की है। शेलर तथा फीत्शे ने अपने युग को स्वर्णयुग कहा है तथा कांट ने भविष्य में स्वर्णयुग की परिकल्पना की है। फीत्शे के अनुसार, इतिहासकार का मूलभूत कर्त्तव्य उस युग का अध्ययन करना है जिसमें वह रहता है।[87] वस्तुतः इस युग के रोमांटिक इतिहासज्ञों का अतीत प्रेम असंयमित होने से तथा अतिरेक के दोष से काफी हद तक बचा रहा है क्योंकि इन्होंने ऐतिहासिक गतिशीलता के सिद्धान्त को भी स्वीकार किया है। अतः उन्हें निरे अतीतवादी कहना भ्रामक है।

इस युग के इतिहासज्ञों ने मानव प्रकृति की एकता एवं समरसता सम्बन्धी पूर्ववर्ती धारणा को अमान्य ठहराया है। समाज में मानव प्रकृति में परिवर्तन सदैव तथा सब जगह एक जैसा नहीं होता। इसलिए विभिन्न जातियों तथा राष्ट्रों का इतिहास भी समान नहीं होता। हर समाज तथा सभ्यता के इतिहास की अपनी

विशिष्टता होती है। 'हर्डर का समस्त इतिहासचिन्तन इस धारणा से प्रेरित है कि विभिन्न जातियों द्वारा प्रदर्शित विविधता एवं वैयक्तिकता इतिहास की अद्वितीय विशेषता है।'[88] उनके अनुसार, यह विविधता भौगोलिक वातावरण, समाजों की भौतिक एवं मानसिक विभिन्नताओं का परिणाम है। वे प्रकृति तथा मानव के उत्तरोत्तर विकास में भी अवस्था रखते हैं, परन्तु उनकी विकासवादी धारणा काल्पनिक है। इस धारणा के अनुसार उन्होंने मानव को प्रकृति का श्रेष्ठतम जीव माना है तथा यूरोप को श्रेष्ठतम मानव क्षेत्र स्वीकार किया है।[89]

इस परम्परा के इतिहासकारों की ऐतिहासिक दृष्टि इतिहास के यथार्थ को पहचानने में असमर्थ रही है, परन्तु इतिहासलेखन के क्षेत्र को विस्तार देने में सहायक सिद्ध हुई है। इन्होंने अतीतकालीन इतिहास एवं सभ्यता के गौरव को प्रतिष्ठित करते हुए इतिहासकारों को उसके अनुसंधान की प्रेरणा अवश्य दी है।

आधुनिककालीन पाश्चात्य इतिहासलेखन की दिशाएँ

यूरोप में फ्रांसीसी क्रान्ति तथा औद्योगिक क्रान्ति के बाद सामन्तयुगीन ध्वंसावशेषों पर आधारित पूँजीवादी आर्थिक व्यवस्था आधुनिक युग को जन्म देती है। 'वस्तुतः औद्योगिक क्रान्ति मानव समाज के इतिहास में भूतपूर्व परिवर्तनों की तुलना में कहीं बड़ा सामाजिक संकट था, जिसने पाश्चात्य जगत के सामाजिक जीवन के ताने-बाने को तार-तार कर दिया।'[90] इस युग में जीवन की जटिलता और तज्जनित विचारों की संकुलता के परिणामस्वरूप इतिहास का अध्ययन एवं लेखन भी विभिन्न एवं परस्पर विरोधी दृष्टियों से हुआ है। इसके अतिरिक्त 19वीं शती के मध्य तक पुरातात्त्विक एवं नरतात्विक अनुसंधान कार्यों की समपन्नता के कारण इतिहासविज्ञान में क्रान्ति उपस्थित हुई।[91] इतिहास को समाजविज्ञान मानने की धारणा अधिक परिपुष्ट हुई। इससे पूर्व इतिहास रचनात्मक साहित्य का ही अविभाज्य अंग समझा जाता था। डॉ॰ बुद्ध प्रकाश के अनुसार, '1800 ई॰ के लगभग इंग्लैंड में इतिहासचेतना विशेष विकसित नहीं थी। मध्यकाल के प्रति एक गम्भीर उदासीनता फैली हुई थी। इतिहास साहित्य का ही अंग समझा जाता था। कैम्ब्रिज तथा ऑक्सफोर्ड जैसे विश्वविद्यालयों में इतिहास के लिए कोई स्थान नहीं था।'[92] आधुनिक काल में वह स्वतंत्र ज्ञान के रूप में अध्ययन का विषय बना। ऐतिहासिक चेतना तथा इतिहासलेखन का जितना अधिक विकास एवं प्रसार इस युग में होता है, उतना इससे पूर्व शताब्दियों तक सम्भव नहीं हुआ था।

इस युग में इतिहास तथा इतिहासदर्शन सम्बन्धी लेखन विभिन्न दृष्टियों से हुआ है। अध्ययन की सुगमता के लिए इसे दो प्रमुख भागों में विभाजित किया जा सकता है। जैसा कि डॉ. बुद्धप्रकाश लिखते हैं, 'वैज्ञानिक विचारधारा की उन्नति के फलस्वरूप इतिहासलेखन दो दिशाओं में अग्रसर हुआ : (1) इतिवृत्तात्मक दिशा,

जिसका मुख्य लक्ष्य तथ्यों का अनुसंधान और निरूपण मात्र था और (2) प्रवृत्तिमूलक दिशा, जिसका मुख्य लक्ष्य तथ्यों के सम्बन्ध और उनमें निहित नियमों की गवेषणा थी।'[93]

इतिवृत्तात्मक इतिहासलेखन : 19वीं शती के प्रसिद्ध जर्मन इतिहासकार वान रांके (1795-1886 ई॰) ने प्रवृत्तिमूलक इतिहासलेखन का विरोध करते हुए ऐतिहासिक तथ्यों के अनुसंधान तथा वैज्ञानिक इतिवृत्त को ही इतिहासकार का प्रमुख उद्देश्य माना था। उनका कहना था, 'मैं पहले इतिहासकार हूँ और बाद में ईसाई।'[94] वह इतिहास की परिकल्पनात्मक व्याख्या के विरोधी थे। उनके समान आज भी कई इतिहासज्ञ—विशेषतः व्यावसायिक इतिहासकार—गवेषणा द्वारा प्राप्त ऐतिहासिक तथ्यों के विस्तृत विवेचन को ही अपना एकमात्र उद्देश्य मानते हैं। ऐतिहासिक तथ्यों की छानबीन, उनके आलोचन-पर्यालोचन द्वारा उन्होंने ऐतिहासिक विवरण को विज्ञान सम्मत बनाने का प्रयत्न किया है। अनुसंधान कार्यों से एकत्र विपुल ऐतिहासिक सामग्री ने इस ऐतिहासिक परम्परा को अधिक प्रोत्साहन दिया। 19वीं शती के अन्त में इस प्रकार के इतिहासकारों की 'ऐतिहासिक चेतना ने हर प्रकार के तथ्य से तादात्म्य स्थापित किया। विश्वेतिहास का विचार एक व्यर्थ स्वप्न समझकर परे धकेल दिया गया। 'मोनोग्राफ' ही ऐतिहासिक साहित्य का आदर्श बन गया।'[95] इस शती के महान इतिहासकारों—मोमेसन तथा मेटलैंड इत्यादि, के ऐतिहासिक ग्रन्थ छोटे-बड़े ऐतिहासिक तथ्यों के लम्बे-चौड़े विस्तार के उद्देश्य से लिखे गये हैं। ऐसे इतिहासों को ऐतिहासिक तथ्यों का विवरणात्मक कोष कहा जा सकता है। तथ्यों को प्रामाणिक अथवा अप्रामाणिक सिद्ध करना तथा तथ्यों में कार्य-कारण का सम्बन्ध स्थापित करना उनका मूलभूत लक्ष्य रहा है।

इस परम्परा के इतिहासकारों ने आरम्भ में राजनीति से सम्बन्धित इतिहास लिखे, परन्तु जैसे-जैसे समाज की जटिल एवं व्यापक प्रकृति का बोध बढ़ता गया, वैसे-वैसे इतिवृत्तात्मक इतिहासलेखन में विभिन्न रुचियों का समावेश होता गया। 'रुचियों के इस विस्तार ने विशेषज्ञता में वृद्धि की।'[96] विशेष युग, विषय क्षेत्र इत्यादि से सम्बन्धित इतिहास के विशेषज्ञों ने पर्याप्त में तथ्यबहुल इतिवृत्तात्मक इतिहासों की रचना की है। इस विशेषज्ञता ने इतिहासलेखन सम्बन्धी सामूहिक पयत्नों को भी प्रश्रय दिया। 'कैम्ब्रिज मॉडर्न हिस्टरी' इत्यादि विशाल इतिहास ग्रन्थों के निर्माण में विभिन्न युगों तथा विषयों के विशेषज्ञों ने योगदान दिया है। इस विशेषज्ञता की प्रतिक्रिया भी हुई तथा कई इतिहासकारों ने एक राष्ट्र, एक सभ्यता, एक द्वीप तथा विश्व के इतिवृत्तात्मक इतिहासों की भी रचना की है। विनवुड रीड (1838-1875 ई॰) की रचना 'डार्केस्ट अफ्रीका', गिजोट (1787-1874 ई॰) का 'यूरोपीय सभ्यता का इतिहास' तथा एच॰जी॰ वेल्स (1866-1947 ई॰) का 'विश्वेतिहास की रूपरेखा' इत्यादि इस दिशा में महत्त्वपूर्ण कदम थे।

इस इतिहासधारा के इतिहासकारों ने निस्संदेह ऐतिहासिक इतिवृत्त को ही अपना लक्ष्य माना है, परन्तु वे भी इतिहासदर्शन के प्रभाव से बच नहीं सके हैं। वस्तुतः कोई उत्कृष्ट ऐतिहासिक इतिवृत्त भी तथ्यों की व्याख्या के बिना नहीं लिखा जा सकता। इसलिए कोई उत्कृष्ट इतिहासकार इतिवृत्त तक सीमित नहीं रह सकता। प्रमुख आधुनिक इतिहासकार लार्ड एक्टन (1834-1902 ई॰), जे.वी. बरी (1861-1927 ई॰), इतिहासवाद के कट्टर विरोधी फिशर (1865-1940 ई॰) इत्यादि के इतिहास लेखन में कोई न कोई इतिहास सम्बन्धी अवधारणा अवश्य ही निहित है। 'एक्टन का दृष्टिकोण नैतिक था। वह ईसाई धर्मनीति के प्रबल समर्थक थे ···। एक्टन इतिहास की आर्थिक और राजनीतिक दोनों व्याख्याओं के विरुद्ध थे।'[97] रांके भी इसका अपवाद नहीं थे। वस्तुतः 'वह भी हीगेल से प्रभावित थे। उनका दृष्टिकोण मूलतः नैतिक था तथा उन्होंने यह स्थापित किया, कि नैतिक प्रभाव ही राष्ट्रों की उन्नति तथा अवनति को निर्धारित करता है।'[98] अतः यह इतिहासधारा प्रमुखतः इतिवृत्तात्मक है, सम्पूर्णतः नहीं।

प्रवृत्त्यात्मक अथवा दार्शनिक इतिहासलेखन : आधुनिक युग में इतिहास सम्बन्धी चिन्तन ने विभिन्न दिशाएँ ग्रहण की हैं। प्रवृत्त्यात्मक इतिहासलेखन के क्षेत्र में इतिहास की समग्रता को समक्ष रखते हुए उनकी अनेक व्याख्याएँ की गयी हैं। किसी ने यांत्रिक भौतिकवाद से प्रभावित होकर इतिहास की यांत्रिक व्याख्या की है तो किसी ने जीव-शास्त्र से प्रभावित होकर इतिहास को तदनुरूप दृष्टि से व्याख्यायित किया है। इसी प्रकार ऐतिहासिक विवरण को आदर्शवादी, ऐतिहासिक भौतिकवादी, जातीय एवं राष्ट्रीय आधार पर प्रतिष्ठित करने के भी प्रयत्न हुए हैं।[99] अध्ययन की सुविधा के लिए चिन्तनप्रधान इतिहासपरम्परा पर तीन शीर्षकों के अन्तर्गत विचार किया जा सकता है—(क) आदर्शवादी इतिहासपरम्परा

(ख) यथार्थवादी तथा ऐतिहासिक भौतिकवादी इतिहासपरम्परा

(ग) विश्लेषणात्मक इतिहासपरम्परा

आधुनिक युग में वैज्ञानिक चिन्तन की प्रतिक्रिया के फलस्वरूप परम्परावादी धर्मदार्शनिक चिन्तन ने आदर्शवादी इतिहासदर्शन का रूप धारण किया। आदर्शवादी इतिहासकारों का इतिहासलेखन व्याख्या की दृष्टि से ईसाई इतिहासपरम्परा का ही विकसित एवं समसामयिक रूप है। आलोचनात्मक तथा अनुसंधानात्मक ऐतिहासिक विधाओं का प्रयोग करते हुए भी इन इतिहासज्ञों ने इतिहास को व्याख्यायित करते समय ऐतिहासिक एवं भौतिक शक्तियों की उपेक्षा करते हुए उसे व्यक्तिनिष्ठ, आध्यात्मिक तथा रहस्यात्मक रूप दे दिया है। डिल्थे, आरी बर्गसां, ब्रेडले इत्यादि दार्शनिकों तथा कालिंगवुड, टाएनबी और क्रोचे जैसे इतिहासज्ञों ने भिन्न-भिन्न कोटि के आदर्शवाद को इतिहास की व्याख्या का आधार बनाया है। इतिहासचिन्तन तथा इतिहासलेखन के क्षेत्र में समय-समय पर आदर्शवादी आन्दोलन चले। 'इन

आदर्शवादी आन्दोलनों की आधारभूत समानता सत्य की आध्यात्मिक प्रकृति को मान्यता प्रदान करने की है।'[100] टाएनबी जैसे महान इतिहासकार अनुभववाद को लेकर इतिहास क्षेत्र में प्रविष्ट हुए, परन्तु इतिहास के व्याख्याता के रूप में वे आध्यात्मिक हो जाते हैं। यह परम्परा वैज्ञानिक युग की प्रतिनिधि इतिहासपरम्परा नहीं है क्योंकि अन्त में इसका पर्यवसान रहस्यात्मकता में हो जाता है।

आधुनिक युग की प्रतिनिधि इतिहासपरम्परा वैज्ञानिक एवं यथार्थवादी इतिहास परम्परा है। इस परम्परा के अधीन ही इतिहास को विज्ञान की पूर्ण प्रतिष्ठा प्राप्त हुई। इस धारा के इतिहासज्ञ यह स्वीकार करते हैं कि : 'इतिहास के लिए अन्य विज्ञान पूर्वकल्पित हैं। यह काल तथा देश के सम्बन्ध में भौतिकी की पूर्व कल्पना करता है तथा भौतिक सिद्धान्त के सत्य को धारण करता है।[101] इसके अतिरिक्त प्रकृतिविज्ञान तथा जीवशास्त्र से भी ऐतिहासिक सिद्धान्तों के निर्माण में सहायता मिली है। इस परम्परा के अन्तर्गत आने वाले इतिहास दार्शनिकों तथा इतिहासकारों में भी पर्याप्त मतभेद हैं परन्तु इन सबने इतिहास को उसके यथार्थ रूप में ग्रहण करते हुए उसकी वैज्ञानिक सिद्धान्तों के अनुसार व्याख्या की है। इनके अनुसार प्रकृति विज्ञान के समान समाज का विज्ञान भी सम्भव है। वैज्ञानिक इतिहासलेखन एवं चिन्तन को विकसित करने में आगस्त काम्ते, कार्ल मार्क्स, प्लेखानोव, जेकोव बुर्कहार्द, बुकनिन, क्रोपोत्किन, बकल आदि का नाम विशेष उल्लेखनीय है।[102] पश्चिम के इतिहासकारों पर काम्ते के 'वस्तुनिष्ठतावाद'[103] तथा मार्क्स के 'ऐतिहासिक भौतिकवाद' का सर्वाधिक प्रभाव पड़ा। मार्क्स के क्रान्तिकारी इतिहासदर्शन 'ऐतिहासिक भौतिकवाद' ने तो इतिहासचिन्तन के संसार में ही नहीं, मानव संसार में भी क्रान्ति उत्पन्न कर दी।

ऐतिहासिक भौतिकवाद ने सर्वप्रथम हमें प्राकृतिक विज्ञान की सूक्ष्मता के साथ-साथ उन सामाजिक परिस्थितियों का अन्वेषण करने का सामर्थ्य प्रदान किया है, जो जनता के जीवन को प्रभावित करती हैं और उसके परिवर्तनों का नियमन करती हैं।'[104] यथार्थवादी इतिहासपरम्परा को वैज्ञानिक इतिहासवादी रूप देने का श्रेय मार्क्स को जाता है जिसके अनुसार समाज के समस्त इतिहास को समझने की कुंजी श्रम के ऐतिहासिक विकास में निहित है।'[105] इतिहास की व्याख्या का यह आर्थिक अथवा ऐतिहासिक भौतिकवादी आधार अन्य यथार्थवादी एवं वस्तुनिष्ठ आधारों (यांत्रिक, आनुभविक, जीवशास्त्रीय, जनसंख्यात्मक, सामरिक इत्यादि) से अधिक व्यापक है। संक्षेप में कहा जा सकता है कि यथार्थवादी तथा विशेषतः ऐतिहासिक भौतिकवादी इतिहासपरम्परा ने इतिहास विषयक परिकल्पना को वैज्ञानिक रूप देने का महान कार्य किया है।

वर्तमान युग में उक्त विज्ञानसम्मत परिकल्पनात्मक इतिहासपरम्परा के अतिरिक्त इतिहास विज्ञान के सैद्धान्तिक तथा व्यावहारिक पक्ष का विश्लेषणात्मक

विवेचन भी पर्याप्त मात्रा में हुआ है। बीसवीं शती के अनेक यूरोपीय तथा अमरीकी इतिहासज्ञों ने इतिहास विद्या एवं इतिहास लेखन सम्बन्धी जटिल समस्याओं–ऐतिहासिक प्रक्रिया, ऐतिहासिक वस्तुनिष्ठता तथा वैज्ञानिकता, इतिहास में सामान्यीकरण, ऐतिहासिक विद्या तथा रीतिविधान पर विश्लेषात्मक दृष्टि से विचार किया है। इजिया बर्लिन, के॰आर॰ पापर, क्रिस्टोफर ब्लैक, कार्ल॰जी॰हैंपल, मार्टन व्हाइट, अरनेस्ट नजील, विलियम ड्रे, चार्ल्स फ्रैंकनेल इत्यादि इतिहासज्ञों ने इतिहास, इतिहासदर्शन तथा इतिहासलेखन की जटिल समस्याओं पर महत्त्वपूर्ण कार्य किया है।[106] इन इतिहासज्ञों का ऐतिहासिक समस्याओं के विषय में मतैक्य नहीं है। पापर, इजिया बर्लिन आदि ऐतिहासिक निर्णयवाद के विरोधी हैं परन्तु मार्टन व्हाइट तथा हैंपल ने इतिहास के क्षेत्र में वैज्ञानिक सिद्धान्तों तथा सामान्यीकरण को सम्भव माना है। इतिहास सम्बन्धी कोरी परिकल्पना को झुठलाने में इस इतिहासपरम्परा का विशेष महत्त्व है।

पाश्चात्य इतिहासलेखन की परम्परा के विवेचन से स्पष्ट हो जाता है कि पश्चिम में जो ग्रीक इतिहासलेखन की परम्परा तथ्यात्मक दृष्टि को लेकर आरम्भ हुई थी, वह प्राचीन युग में विशेष विकसित नहीं हो सकी। मध्यकाल में पाश्चात्य इतिहासपरम्परा, भारतीय इतिहासपरम्परा की तरह ह्रासोन्मुखी ही रही। वह धर्मदर्शन के प्रभाव के कारण सामाजिक जीवन के यथार्थ से कटकर रह गयी। आधुनिक काल में ही इस परम्परा का समुचित विकास सम्भव होता है। इस युग में ही मानवकेन्द्रित इतिहासलेखन का वैज्ञानिक दर्शनशास्त्र निर्मित होता है। पश्चिम में पूँजीवादी देशों के अनेक विचारकों के इतिहास विरोधी चिन्तन तथा अनेक इतिहासज्ञों के व्यक्तिवादी दृष्टिकोण के होते हुए भी ऐसे इतिहासकारों की कमी नहीं है, जो इतिहासलेखन को विज्ञानसम्मत एवं समाजकेन्द्रित बनाने की ओर दत्तचित्त हैं।

सन्दर्भ–

1. ह्यूगो विंकलर : 'हिस्टरी ऑफ बेबीलोनिया एंड असीरिया' (अनुवाद॰ जे॰ ए॰ क्रैश द्वारा) न्यूयार्क, 1907, पृ॰ 10.
2. डॉ॰ बुद्धप्रकाश : 'इतिहास-दर्शन' : प्रयाग, 1962, पृ॰ 17.
3. दि एंसाइक्लोपीडिया अमेरिकन जिल्द 14, पृ॰ 206.
4. आलोचना अक्टूबर 1952 में डॉ॰ नामवरसिंह का लेख इतिहास का नया दृष्टिकोण पृ॰ 9.
5. हेनरी बेर्रः 'एंशियंट इंडिया एंड सिविलाइजेशन', (सं॰ सी॰ के॰ ओग्डेन), 1967, पृ॰ 22.
6. पं॰ भगवतदत्त भारतवर्ष का वृहद् इतिहास प्रथम भाग इतिहास प्रकाशन मंडल, 1951, पृ॰ 19.

7. आर.सी. मजूमदार आइडियाज ऑफ हिस्टरी इन संस्कृत लिटरेचर शीर्षक निबन्ध हिस्टोरिअंस ऑफ इंडिया, पाकिस्तान ऐंड सीलोन में संकलित सं. सी.एच. फिलिप्स लंदन, 1961, पृ. 13.
8. देखिए यू.एन. घोषाल स्टडीज इन इंडियन हिस्टरी ऐंड कल्चर, आरिएंट लांगमैन, 1965, पृ. 1-27.
9. निरुक्त' II, 10, 24, X, 26; XII , 10.
10. वृहद्देवता', VIII, II .
11. कथकसंहिता', XI, 5.
12. विश्वम्भर शरन पाठक : 'एंशियंट हिस्टोरिअंस ऑफ इंडिया', मद्रास, 1966, पृ. 3.
13. देखिए, वही.
14. देखिए, वही, पृ. 7-8.
15. 'शतपथ ब्राह्मण' XI, 1, 6, 9.
16. जूलियस एगलिंग ने शतपथ ब्राह्मण के अंग्रेजी अनुवाद में इतिहास का अनुवाद, 'लीजेंड' किया है : दे. 'भारतवर्ष का वृहद् इतिहास', प्रथम भाग, पाद टिप्पणी, पृ. 3.
17. दे. 'एंशियंट हिस्टोरिअंस ऑफ इंडिया', 1966, पृ. 10.
18. वही, पृ. 12.
19. 'छान्दोग्य उपनिषद्', 111, 3, 4.
20. 'एंशियंट हिस्टोरिअंस ऑफ इंडिया', 1966, पृ. 13.
21. वही.
22. आर्नल्ड जे. टाएनबी : 'अ स्टडी ऑफ हिस्ट्री'(I-VI खंडों का संक्षिप्तीकरण), लंदन, 1956 में 'चैलेंज ऐंड रेस्पांस' पृ.60-67.
23. सी. एच. फिलिप्स : 'हिस्टोरिअंस ऑफ इंडिया, पोकिस्तान ऐंड सीलोन', लंदन, 1961, इंट्रोडक्शन, पृ. 4.
24. विंटरनिट्ज : 'हिस्ट्री ऑफ इंडियन लिट्रेचर', कलकत्ता, 1933, पृ. 486-88.
25. दे. 'अर्थशास्त्र' ,II, 25, (अनु. आर. शाम शास्त्री) बंगलौर, 1915.
26. 'हिस्टोरिअंस ऑफ इंडिया, 1966, पृ. 21.
27. वही.
28. वही, पृ. 36.
29. वही.
30. डॉ. हजारी प्रसाद द्विवेदी : 'हिन्दी साहित्य', 1955, पृ. 68.
31. 'एशिएंट हिस्टोरिअंस ऑफ इंडिया, 1936, पृ. 26.
32. वही, पृ. 99.
33. 'स्टडीज इन इंडियन हिस्टी ऐंड कल्चर', 1965, पृ. 161.
34. 'हिस्टोरिअंस ऑफ इंडिया, पाकिस्तान एंड सीलोन' (सं. सी. एच. फिलिफ) पृ. 5.

35. ए॰ एल॰ वाशम : 'दि काश्मीर क्रानिकल' (हिस्टोरिअंस ऑफ इंडिया, पाकिस्तान एंड सीलोन में संकलित) पृ॰ 61.
36. गुरुदत्त : 'इतिहास में भारतीय परम्पराएँ', 1963, भूमिक, पृ॰ग.
37. डॉ॰ हजारी प्रसाद : 'हिन्दी साहित्य का आदिकाल', 1961, भूमिका, पृ॰ 79.
38. वही, पृ॰ 79.
39. वही, पृ॰ 80.
40. डॉ॰ हीरालाल माहेश्वरी, 'राजस्थानी भाषा और साहित्य', प्रथम संस्करण, पृ॰ 76.
41. दे॰ डॉ॰ गणपतिचन्द्र गुप्त : 'हिन्दी साहित्य का वैज्ञानिक इतिहास', 1958पृ॰ 11.
42. टीकमसिंह तोमर : 'वीरकाव्य', (हिन्दी साहित्य, द्वितीय खंड) भारतीय हिन्दी परिषद् इलाहाबाद, 1959, पृ॰ 164.
43. वही, पृ॰ 144.
44. वही, पृ॰ 177-78.
45. दे॰ डॉ॰ मोतीलाल मेनारिया, 'राजस्थान का पिंगल साहित्य', पृ॰ 80, 1958.
46. डॉ॰ टीकमसिंह तोमर : 'वीरकाव्य' (हिन्दी साहित्य, द्वितीय खंड) 1959, पृ॰ 175.
47. पी॰ हार्डी : 'सम स्टडीज इन प्री-मुगल मुस्लिम हिस्टोरिओग्राफी' ('हिस्टोरिअंस ऑफ इंडिया, पाकिस्तान एंड सीलोन' में संकलित लेख) 1961, पृ॰ 126.
48. 'आलोचना', जुलाई 1954, सम्पादकीय, 'इतिहास का पुनर्नवीकरण, पृ॰ 4.
49. जेम्स टाड : 'एनल्स ऐंड एंटिक्विटीज़ ऑफ राजस्थान', प्रथम संस्करण, पृ॰ 254.
50. 'एशिएंट हिस्टोरिअंस ऑफ इंडिया', 1963, पृ॰ 137-38.
51. विद्याधर महाजन : 'एशिएंट इंडिया', 1965, पृ॰ 518.
52. डॉ॰ हजारीप्रसाद द्विवेदी : 'हिन्दी साहित्य का इतिहास', तृतीय संस्करण, पृ॰77
53. 'हिस्टोरिअंस ऑफ इंडिया, पाकिस्तान एंड सीलोन', 1961 में आर॰ सी॰ मजूमदार का लेख, पृ॰ 417.
54. के॰ एन॰ नीलकंठ : 'हिस्टारिकल मैथड्स', मद्रास, 1956, पृ॰ 159.
55. 'हिस्टोरिअंस ऑफ इंडिया, पाकिस्तान एंड सीलोन', 1961, पृ॰ 219.
56. जेम्स मिलः 'हिस्ट्री ऑफ ब्रिटिश इंडिया', जिल्द II, लंदन, 1858, पाँचवां संस्करण, पृ॰ 115.
57. 'हिस्टोरिअंस ऑफ इंडिया, पाकिस्तान एंड सीलोन', में आर॰ सी॰ मजूमदार का लेख, पृ॰ 420.
58. नीलकंठ शास्त्री : ''हिस्टोरिकल मैथड', 1956, पृ॰ 160.
59. एच॰ आर॰ सिंह : 'हिस्टारिकल राइटिंग इन हिन्दी', ('हिस्टोरिअंस ऑफ इंडिया, पाकिस्तान एंड सीलोन में लेख'), 1961, पृ॰ 462.
60. वही, पृ॰ 465.
61. यदुनाथ सरकार, बिहार प्रादेशिक हिन्दी साहित्य सम्मेलन की इतिहास परिषद् के सभापति पद से अभिभाषण, 25-12-1937, (दे॰ जयचन्द्र विद्यालंकार, 'इतिहास

प्रवेश', पाँचवां संस्करण, प्रस्तावना).

62. शिवदानसिंह चौहान : 'आलोचना', इतिहास विशेषांक, अक्तूबर 1952, सम्पादकीय, पृ. 8.
63. एच. एल. सिंह : 'हिस्टारकल राइटिंग इन हिन्दी', ('हिस्टोरिअंस ऑफ इंडिया, पाकिस्तान ऐंड सीलोन; 1961 में लेख, पृ. 469).
64. वही, पृ. 472.
65. अज्ञेय : 'समकालीन इतिहास', 'दिनमान', अंक 40, 7 अक्तूबर 1966, सम्पादकीय.
66. जेम्स थांपसन : 'ए हिस्ट्री ऑफ हिस्टारिकल राइटिंग' जिल्द 1, न्यूयार्क, 1942, पृ. 3.
67. कालिंगवुड : 'दि आइडिया ऑफ हिस्टरी, 1948, पृ. 22.
68. 'ए हिस्ट्री ऑफ हिस्टारिकल राइटिंग' जिल्द 1', पृ. 25.
69. 'आइडिया ऑफ हिस्टरी, 1961, पृ. 69.
70. 'इंटरप्रेटेशंस ऑफ हिस्टरी', 1961, पृ. 69.
71. 'ए हिस्टरी ऑफ हिस्टारिकल राइटिंग', जिल्द 1, 1942, पृ. 63.
72. 'आइडिया ऑफ हिस्टरी', 1948, पृ. 38.
73. 'इंटरप्रेटेशंस ऑफ हिस्टरी', 1961, पृ. 118.
74. वही, पृ. 144.
75. 'आइडिया ऑफ हिस्टरी', 1948, पृ. 58.
76. 'इतिहासदर्शन' 1962, पृ. 121.
77. ओ याक्होट : 'व्हाट इज डाइलेक्टिकल मैटीरियलिज़्म', 1965, पृ. 24.
78. 'आइडिया ऑफ हिस्टरी, 1948, पृ. 58.
79. 'इन दि मेकिंग ऑफ इंगलिश हिस्टरी' न्यूयार्क, 1952 में एल. थार्नडाइक, रागर बेकन का एन एक्सेपेरिमेंटल मैथड इन दि मिडिल एजेस' लेख, पृ. 98.
80. 'प्रोग्रेस इन दि एज ऑफ रीजन', 1965, पृ.15.
81. डेस्कार्तेस ने इतिहासलेखन की वैज्ञानिक सम्भावना पर सन्देह प्रकट करते हुए यह तर्क दिए हैं। दे. 'आइडिया ऑफ हिस्टरी', 1948, पृ. 60.
82. 'प्रोग्रेस इन दि एज ऑफ रीजन' में हाल्देन ऐंड रोज द्वारा संकलित 'डेस्क्रेट्स डिस्कोर्स दि मैथड' का उद्धरण, पृ. 23.
83. एंसाइक्लोपीडिया ब्रिटेनिका', भाग II, जिल्द II, पृ. 597.
84. दे. 'आइडिया ऑफ हिस्टरी', 1948, पृ. 77.
85. 'इतिहासदर्शन', 1962, पृ. 163.
86. 'व्हाट इज डाइलेक्टिकल मैटीरियलिज़्म' 1965, पृ. 3.
87. 'आइडिया ऑफ हिस्टरी', 1948, पृ. 106.
88. 'थ्योरीज ऑफ हिस्टरी', : (सं. पेट्रिक गार्डिनर) फ्री प्रेस, लंदन, 1959, पृ. 34.
89. 'आइडिया ऑफ हिस्टरी', 1948, पृ. 90.

90. हावर्ड बेकर ऐंड एल्मर बर्नेज : 'सोशल थाट फ्राम लोर टु सांइस, 'जिल्द II, पृ. 598.
91. इंसाइक्लोपीडिया ब्रिटेनिका', (जिल्द II), पृ. 597.
92. 'इतिहासदर्शन', 1962, पृ. 198.
93. वही, पृ. 214.
94. 'इंटरप्रेटेशंस ऑफ हिस्टरी', 1961 में रांके का उद्धरण, पृ. 235.
95. 'आइडिया ऑफ हिस्टरी', 1948, पृ. 127.
96. एंसाइक्लोपीडिया ब्रिटेनिका', भाग II, (जिल्द II), पृ. 597.
97. 'इतिहासदर्शन', 1962, पृ. 205-06.
98. 'इंटरप्रेटेशन ऑफ हिस्टरी', 1961, पृ. 234-235.
99. विस्तार के लिए देखिए, 'इतिहासदर्शन', 1962, पृ. 231-79.
100. 'इंटरप्रेटेशन ऑफ हिस्टरी', 1961, पृ. 203.
101. 'थियोरीज ऑफ हिस्टरी', 1959 में पेट्रिक गार्डिनर मार्टन व्हाइट उद्धृत, पृ. 368.
102. विस्तार के लिए देखिए, 'इंटरप्रेटेशन ऑफ हिस्टरी', पृ. 203-30.
103. 'थियोरीज ऑफ हिस्टरी, 1959, पृ. 74.
104. वी. आई. लेनिन : 'मैटीरियलिस्ट कंसेप्शन ऑफ हिस्टरी', लेबर' मंथली, 4 (1923), पृ. 265.
105. 'इंटरप्रेटेशन ऑफ हिस्टरी', 1961, पृ. 376.
106. विस्तार के लिए देखिए, 'थियोरीज ऑफ हिस्टरी' भाग-II मैं 'रीसेंट व्यूज कंसर्निंग हिस्टारिकल नॉलेज ऐंड एक्सप्लेनेशन' शीर्षक अंश.

साहित्येतिहास का दर्शनशास्त्र एवं शिल्पबंध

साहित्य-इतिहास का दर्शनशास्त्र

साहित्येतिहासदर्शन का स्वरूप

साहित्येतिहासदर्शन साहित्य के इतिहास से सम्बन्धित सैद्धान्तिक तथा विश्लेषणात्मक चिन्तन है। यदि इतिहासदर्शन अनेकरूपी मानवेतिहास एवं मानव संस्कृति के मूलभूत सत्य, उसके विकास, उसके लक्ष्य तथा उसके रचनाविधान को समझने का तथ्याधारित ज्ञान है तो साहित्येतिहासदर्शन अथवा साहित्येतिहास लेखन का दर्शनशास्त्र साहित्यिक इतिहास के मूल स्वरूप, उसकी प्रेरक शक्तियों, उसकी विकास प्रक्रिया, उसकी गतिशीलता सम्बन्धी सामान्य सिद्धान्तों तथा उसके लेखन से सम्बन्धित दार्शनिक चिन्तन है। यह साहित्य के इतिहास की कारणता (काजेलिटी) एवं क्रम को जानने का परिकल्पनात्मक एवं विश्लेषणात्मक ज्ञान है। इसकी सार्थकता विज्ञानसम्मत ऐतिहासिक विधि द्वारा साहित्येतिहास की दिशा को कार्यकारण का सम्बन्ध स्थापित करते हुए स्पष्ट करने में है। साहित्य के इतिहास से तात्पर्य देशकाल के आयाम में विकसित साहित्य की समग्रता से भी है तथा भाषा द्वारा उसके व्याख्यात्मक विवरण से भी। साहित्येतिहासदर्शन उसके दोनों पक्षों पर विचार करता है। इसलिए इसके भी दो प्रमुख पक्ष हैं—(1) सैद्धान्तिक तथा (2) व्यावहारिक।

अपने सैद्धान्तिक रूप में यह चिन्तन साहित्य क्षेत्र तक ही सीमित नहीं रहता। यह इतिहासदर्शन और समाजशास्त्र से जुड़ जाता है। यह उनके सिद्धान्तों को आत्मसात करके साहित्येतिहास का विवेचन और विश्लेषण उपस्थित करता है। इतिहासदर्शन सम्बन्धी संदृष्टियाँ कई हैं, इसलिए साहित्य के इतिहास से सम्बन्धित अलग-अलग संदृष्टियों का होना लाजिमी है। विद्वान साहित्येतिहासदर्शन के सिद्धान्तों और साहित्येतिहासपरक सामान्य परिकल्पनाओं की स्थापना में एकमत

नहीं हैं। इस कारण साहित्येतिहासदर्शन के कई भेद दृष्टिगोचर होते हैं। इनमें प्रमुख हैं—जीवशास्त्रीय, यांत्रिक भौतिकवादी, नव आदर्शवादी, समाजशास्त्रीय तथा ऐतिहासिक भौतिकवादी। अब तक इन विभिन्न इतिहास के दर्शनशास्त्रों द्वारा साहित्येतिहास के स्वरूप, उसकी संरचना तथा उसकी विकास प्रक्रिया को स्पष्ट करने का यत्न किया गया है। इसमें सन्देह नहीं कि साहित्येतिहासदर्शन का किसी न किसी साहित्येत्तर बौद्धिक अनुशासन पर आधारित होना निश्चित है पर साहित्येतिहास के क्षेत्र में उसका प्रयोग बड़ी सावधानी से करने की आवश्यकता है। जिस प्रकार प्राकृतिक विज्ञान के सिद्धान्तों का मानवेतिहास पर अन्धारोपण युक्तियुक्त नहीं है। उसी प्रकार इतिहास दर्शन के सिद्धान्तों का साहित्येतिहास पर आरोपण संगत नहीं है। ऐसा आरोपण साहित्य के इतिहास को कला के सत्य से दूर ही नहीं ले जाता, उसकी विशिष्टता को समझने में भी बाधा उपस्थित करता है जबकि साहित्येतिहासदर्शन का उद्देश्य उसे ऐतिहासिक सन्दर्भ में अधिक से अधिक स्पष्ट करना है। इसलिए साहित्येतिहासदर्शन के सिद्धान्तों का इतिहासदर्शन की वैज्ञानिकता पर ही नहीं, साहित्य कला के अपने यथार्थ तथा उसकी विशिष्टता पर आधारित होना अत्यन्त आवश्यक है।

व्यावहारिक साहित्येतिहासदर्शन साहित्य के इतिहासलेखन की ज्वलंत समस्याओं के साक्षात्कार करता हैं तथा उन्हें सुलझाने का यत्न भी करता हैं। इसके द्वारा यह स्पष्ट होता है कि साहित्य का इतिहास अपने लिखित रूप में कैसा होना चाहिए। यह चिन्तन साहित्य के इतिहास में सामग्री के चयन, उसे सुव्यवस्थित रूप देने, उसे कालक्रमानुसार प्रस्तुत करते हुए युगों में विभाजित करने, साहित्यिक आन्दोलनों की ऐतिहासिक समीक्षा करने, साहित्यकारों तथा उनकी रचनाओं को योग्य स्थान देने जैसी जटिल समस्याओं से सम्बन्धित है। यहाँ आकर यह इतना परिकल्पनात्मक नहीं रहता जितना विश्लेषणात्मक हो जाता है। यह साहित्येतिहास के रचनाविधान का विश्लेषण करता है तथा लेखन की समस्याओं का समाधान प्रस्तुत करने का यत्न करता है।

जब हम साहित्य की विकासशीलता पर इतिहासदर्शन के आलोक में विचार करते हैं तो हमारा चिन्तन साहित्यशास्त्रीय चिन्तन से भिन्न हो जाता है। इसलिए साहित्येतिहासदर्शन के स्वरूप के स्पष्टीकरण के लिए उसका साहित्यालोचन एवं साहित्यशास्त्र से सम्बन्ध और भेद जान लेना चाहिए। यह ज्ञान साहित्य समालोचना से भिन्न है। इसे सिद्धान्त और समालोचना की स्थैतिकी से भिन्न साहित्य का गतिविज्ञान भी कहा जा सकता है।[1] यह दर्शनशास्त्र यह मानकर चलता है कि साहित्यिक सृजन ऐतिहासिक प्रक्रिया का ही एक अंग है जो निरन्तर विकासशील है। साहित्यशास्त्र मुख्यतः साहित्य के स्थिर रूप को सामने रखकर उसके सिद्धान्तों, उसके विविध रूपों और भेदों की मीमांसा करता है। हाँ, साहित्य की इतिहासवादी

समालोचना साहित्येतिहासदर्शन से पर्याप्त समानता रखती है क्योंकि वह भी साहित्य को, साहित्यिक कृति अथवा साहित्यिक युग को इतिहास सापेक्ष मानती है। भेद होते हुए भी साहित्यशास्त्र साहित्यिक इतिहासदर्शन का पूरक है, क्योंकि साहित्येतिहास की व्याख्या के लिए कृतियों का साहित्यिक परम्परा में स्थान निर्धारित करने के लिए ऐतिहासिक बोध की तो आवश्यकता है ही, कला बोध की भी आवश्यकता है। साहित्येतिहास सम्बन्धी चिन्तन में कृतियों, साहित्यिक आन्दोलनों, प्रवृत्तियों और युगों के साहित्यिक मूल्यांकन के लिए साहित्यशास्त्र अत्यन्त सहायक सिद्ध होता है।

साहित्येतिहासदर्शन किसी भी विचारधारा पर प्रतिष्ठित हो, उसकी एक साझी धुरी है—वह है साहित्येतिहास की गत्यात्मकता में विश्वास। इसलिए इसका विरोध उन धारणाओं से है जो साहित्य की विकासशीलता में विश्वास को मान्यता नहीं देतीं। कुछ ऐसे दार्शनिक और साहित्यशास्त्री हैं जो साहित्य के इतिहास में ही सन्देह प्रकट करते हैं। उदाहरण के लिए डब्ल्यू॰ पी॰ केर का मत है : 'साहित्येतिहास की कोई आवश्यकता नहीं है क्योंकि इसके विषय सदैव विद्यमान और सार्वकालिक हैं। इसलिए इसका कोई सम्यक् इतिहास नहीं होता।'[2] इसी प्रकार शापनहावर का कथन है, 'कला सदैव अपने लक्ष्य को प्राप्त हुई होती है। इसकी कभी उन्नति नहीं होती, यह पीछे नहीं छोड़ी जा सकती और न इसकी पुनरावृत्ति ही सम्भव है।'[3] निस्सन्देह महान साहित्य का सार्वभौमिक तथा सार्वकालिक पक्ष भी होता है, परन्तु उसका समसामयिक पक्ष भी उतना ही प्रबल होता है। उसकी विकासशीलता और परिवर्तनशीलता में अविश्वास ऐतिहासिक बोध से शून्य चिन्तन का परिणाम है। वस्तुस्थिति यह है कि साहित्य का इतिहास वस्तु, शिल्प, चेतना तथा लक्ष्य की दृष्टि से कई मोड़ लेता हुआ गतिशील रहता है। इसके अतिरिक्त अतीत के साहित्य का भी नवीन युग में पुनर्मूल्यांकन तथा पुनर्परिशंसन होता रहता है। रैने वैलेक के मतानुसार : 'साहित्य की संरचना गत्यात्मक है तथा यह पाठकों, आलोचकों और साथी कलाकारों के मस्तिष्क से गुजरती हुई इतिहास की प्रक्रिया में सदैव बदलती रहती है।[4] इसलिए साहित्य को इतिहास निरपेक्ष मानना भ्रामक है। साहित्य की गतिशीलता का अनुमान पिछले पचास वर्षों के साहित्य का अध्ययन करने से ही हो जाता है। यदि हम सामाजिक और सांस्कृतिक इतिहास के सत्य को पहचानते हैं तो साहित्य के इतिहास एवं विकास में आस्था दृढ़ हो जाती है। साहित्य की वस्तु तथा शिल्प ही नहीं उसके शाश्वत मूल्यों के स्वरूप में भी युगानुरूप रूप परिवर्तन होता रहता है। साहित्येतिहासदर्शन इस परिवर्तन को स्पष्ट करते हुए यह उत्तर देता है कि ऐसा कब और क्यों होता है।

साहित्येतिहासदर्शन यदि साहित्य की गत्यात्मकता सम्बन्धी वैज्ञानिक चिन्तन है तो इसका वस्तुनिष्ठ होना अपेक्षित है, किन्तु क्या यह सम्भव है? क्या

साहित्येतिहास की विभिन्न दार्शनिक व्याख्याएँ तथा संदृष्टियाँ इस बात का प्रमाण नहीं हैं कि यह दर्शन वैज्ञानिक नहीं हो सकता? क्या चिन्तक के अपने सांस्कृतिक संस्कार तथा अपनी विचारधारा सम्बन्धी पूर्वग्रह, उसकी अपनी मानसिकता और वर्गचेतना उसका सौन्दर्यबोध इस चिन्तन की वस्तुनिष्ठता एवं वैज्ञानिकता को बचाए रख सकते हैं? इसका स्पष्ट उत्तर यह है कि यदि हम वस्तुनिष्ठता को उसके अन्तिम रूप में ग्रहण करते हैं तो कोई भी दार्शनिक चिन्तन वस्तुनिष्ठ नहीं हो सकता। पूर्ण वस्तुनिष्ठता दर्शन, इतिहास, समाजशास्त्र और साहित्य के क्षेत्र में सम्भव नहीं है। इसलिए यहाँ वस्तुनिष्ठता से तात्पर्य है कि साहित्येतिहास दर्शन इतिहास और साहित्य के तथ्यों पर आधारित हो, साहित्येतिहास की व्याख्या तथा उसका विश्लेषण प्रामाणिक हो, वह व्यक्तिगत पूर्वग्रहों से मुक्त हो तथा साहित्येतिहास का ईमानदारी से अध्ययन किया जाए। इस रूप में साहित्येतिहासदर्शन वस्तुनिष्ठ एवं वैज्ञानिक है। इसकी वैज्ञानिकता वैज्ञानिक इतिहासवादी विचारधारा द्वारा ही सुरक्षित रह सकती है।

साहित्येतिहासदर्शन तथा साहित्यिक विकास की समस्या

साहित्य के इतिहास में हो रहे परिवर्तन तथा विकास की समस्या से प्रत्येक इतिहासकार को जूझना पड़ता है, परन्तु यह समस्या इतनी जटिल है कि इसका अभी तक भी पूरी तरह समाधान नहीं हो सका। रैने वैलेक के शब्दों में : 'किसी एक का। के इतिहास लिखने की समस्या पहले वर्णन की समस्या होगी। हमें किसी एक रूढ़ि के ह्रास और दूसरी के उत्थान को ध्यान से देखना होगा। किसी रूढ़ि में किसी विशे क्षण में ही परिवर्तन क्यों आया, यह एक ऐसी समस्या है, जो सामान्यतः समाधान से परे है।'[5] फिर भी परिवर्तन के कारण को जाने बिना साहित्य का इतिहास नहीं लिखा जा सकता।

कुछ विचारकों ने साहित्य की विकासशीलता की समस्या का अति सरलीकरण कर दिया है। 'इसका एक समाधान यह दिया जाता है कि साहित्य के विकास में एक ऐसी अवस्था आती है, जब सब कुछ चुक जाता है। यहाँ एक नई संहिता के उत्थान की आवश्यकता उत्पन्न हो जाती है अर्थात् जो कविकौशल अपने समय में प्रभावशाली रहते हैं, वे इतने सामान्य और रूढ़ हो जाते हैं कि नये पाठक उनके आदी हो जाने पर इस बात की लालसा करने लगते हैं कि इससे कोई भिन्न चीज आये, कोई ऐसी चीज जो पिछली चीज से बिल्कुल विपरीत हो। विकास की योजना परिवर्तनचक्र की तरह चलती है, यह क्रान्तियों की एक शृंखला होती है जो शब्दचयन, विषयों और अन्य साधनों के नये यथार्थीकरण या प्रयोगों की ओर निरन्तर बढ़ती रहती है।'[6] यहाँ पाठकों की नवीनता की लालसा को साहित्यिक परिवर्तन का प्राथमिक कारण मान लिया गया है। साहित्य के इतिहास में ऐसा भी देखा गया है

कि पाठक परिवर्तन के लिए तैयार नहीं होते, परन्तु परिवर्तन हो जाता है। हिन्दी साहित्य के इतिहास में छायावादी काव्य ने ऐसा परिवर्तन उपस्थित किया था जिसका सुपठित आलोचकों तक ने तुरन्त स्वागत नहीं किया।

समस्या का समाधान पीढ़ियों के परिवर्तन में ढूँढ़ना भी युक्तिसंगत नहीं है, जैसा कि कुछ पाश्चात्य इतिहासकारों ने प्रयास किया है। इस सिद्धान्त के प्रमुख पोषक कूनों हैं। कूनों जैसे कुछ विचारकों का कथन है कि पीढ़ी को बौद्धिक विकास के इतिहास में एक कालात्मक इकाई (टाइम यूनिट) मानना आवश्यक है। प्रत्येक पीढ़ी के साथ नये साहित्यिक परिवर्तन होते हैं।[7] यह धारणा भी आंशिक रूप में ही सत्य है। 'यह सत्य है कि साहित्यिक इतिहास के समयविशेष में प्रायः समान वय के युवकों का समूह साहित्यिक परिवर्तन लाने में समर्थ हो जाया करता है। उदाहरण के लिए अंग्रेजी में रोमांटिसिज़्म या हिन्दी में छायावाद। किन्तु दूसरी ओर, यह भी सत्य है कि अधिक वय के लेखकों की प्रौढ़ कृतियों ने साहित्यिक परिवर्तन को अत्यधिक प्रभावित किया है।'[8]

साहित्य के विकास की उपर्युक्त सरल व्याख्याओं के अतिरिक्त ऐसी व्याख्याएँ भी हैं, जो किसी न किसी विशिष्ट इतिहासदर्शन पर आधारित हैं। किसी निष्कर्ष पर पहुँचने से पूर्व कुछ महत्त्वपूर्ण संदृष्टियों पर विचार कर लेना आवश्यक होगा।

जैविकीय साहित्येतिहासदर्शन

संस्कृति और साहित्य के कई दार्शनिकों तथा इतिहासकारों ने जैविक विकास के नियमों का संस्कृति के विकास पर आरोपण करके उनके इतिहास की व्याख्या प्रस्तुत की है। ऐसे विचारकों के अनुसार, साहित्यिक परम्पराएँ भी प्राणियों की तरह जन्मती हैं, यौवन को प्राप्त होती हैं तथा अन्त में नई जटिल एवं उत्कृष्ट परम्पराओं को जन्म देकर स्वयं नष्ट हो जाती हैं। फर्डिनैंड ब्रुनेतियर[9] तथा जान एडिंगटन[10] की परिकल्पना है कि प्राकृतिक जीव जातियों के साम्य पर साहित्यिक रूपों पर भी विचार हो सकता है। ब्रुनेतियर का विचार था कि साहित्यिक रूप परिपूर्णता की एक विशेष सीमा पर पहुँचकर अनिवार्यतः सूख जाते हैं, कुम्हलाते हैं तथा अन्त में विलुप्त हो जाते हैं। इसके अतिरिक्त ये रूप उच्चतर तथा अधिक पृथग्भूत रूपों में उसी प्रकार रूपान्तरित हो जाते हैं, जिस प्रकार डार्विन की विकास सम्बन्धी अवधारणा के अनुसार प्राणि जातियाँ।[11] इसी सिद्धान्त के अनुसार उन्होंने वाल्टेयर युग की त्रासदी को विकास की चरमावस्था मानकर तत्पश्चात् उसके अन्त की परिकल्पना की है। रैने वैलेक ने इस धारणा का यह कहकर खंडन किया है कि वाल्टेयर के बाद 'त्रासदी इस अर्थ में ही मृत्यु को प्राप्त हुई क्योंकि ब्रुनेतियार के आदर्श के अनुसार वाल्टेयर के पश्चात् कोई महत्त्वपूर्ण त्रासदी लिखी नहीं गई, किन्तु इसकी तो सम्भावना है कि

भविष्य में फ्रांसीसी भाषा में कोई महत्त्वपूर्ण त्रासदी लिखी जा सकेगी।…यह विचार और भी युक्तिहीन है कि साहित्यिक रूप अन्य साहित्यिक रूपों में रूपान्तरित हो जाते हैं।'[12] यह रूपान्तरण सदैव सम्भव नहीं होता।

जैविक विकास तथा ऐतिहासिक विकास में कुछ साम्य होते हुए भी महान अन्तर है। इस तथ्य को जीवविज्ञान के विद्वान भी स्वीकार करते हैं। जूलियन हक्सले ने लिखा है : 'मानवीय पक्ष में विकास की मुख्य इकाई जैविक जाति न होकर संस्कृति की धारा है और सांस्कृतिक उन्नति की संचरणशील तकनीकों, कलाओं और कुशलताओं, आचार-संहिताओं और धार्मिक विश्वासों और इन सब के ऊपर ज्ञान और विचारों में होने वाले परिवर्तनों की तुलना में जननिक विकास गौण हो गया है।'[13] ऐतिहासिक विकास की गति तथा जैविक विकास की गति में भी अत्यधिक अन्तर है। 'मानवीय विकास में केवल ज्यादा तेज गति ही न आकर उसमें एक नई प्रकार की गति आई है…खुद-रूपांतरण की प्रक्रिया में अब प्रयोजन का प्रवेश हो गया है, जो एक तरह से बहुत महत्त्वपूर्ण है, मनोसामाजिक विकास और उसके परिणाम दोनों की कार्यविधि सप्रयोजन है और इस खंड में विकास आगे की ओर सचेतन तरीके से होता है और पीछे से अंधशक्तियों द्वारा प्रेरित होता है।'[14]

साहित्यिक विकास भी मानवीय विकास की तरह जैविक विकास से नितान्त भिन्न है। जीवविज्ञान संबंधी विकास की अवधारणा साहित्यिक विकास के सन्दर्भ में इसलिए भी अपूर्ण एवं असंगत है, क्योंकि यह विकास को एक प्राकृतिक क्रिया के रूप में स्वीकार करती है तथा यह स्पष्ट नहीं करती कि साहित्य का विकास कैसे और क्यों संभव होता है?

नव आदर्शवादी साहित्येतिहासदर्शन

जैविक विकास के सिद्धान्तों से प्रभावित होकर कई आदर्शवादी इतिहासज्ञों तथा संस्कृति के आचार्यों ने संस्कृति एवं साहित्य की गत्यात्मकता की व्याख्या भाववादी दृष्टिकोण से की है। इन विद्वानों में से स्पेंगलर, टाएनबी तथा सोरोकिन के नाम उल्लेखनीय हैं। ये तीनों इतिहास सम्बन्धी आदर्शवादी दृष्टिकोण को मान्यता देने, जीवविज्ञान द्वारा प्रभावित होने तथा विकास के चाक्रिक सिद्धान्त में विश्वास रखने के कारण एक स्थान पर एकत्र हो जाते हैं। इनके दृष्टिकोण के अनुसार प्रत्येक सांस्कृतिक अभिव्यक्ति का मूल कारण चेतन तत्व की अभिव्यक्ति है तथा संस्कृति एवं साहित्य चाक्रिक रूप में गतिशील होकर अन्त को प्राप्त हो जाते हैं।

स्पेंगलर का विकास सम्बन्धी दृष्टिकोण– 'ओस्वाल्ड स्पेंगलर के आदर्शवादी इतिहासदर्शन पर जीवविज्ञान का पर्याप्त प्रभाव है। उन्होंने अपनी प्रसिद्ध पुस्तक 'डेक्लाइन ऑफ दि वेस्ट' में संस्कृति के विकास की व्याख्या जैविक सिद्धान्त के आधार पर की है। उन्होंने लिखा है : 'संस्कृति का जीवन मनुष्य के जीवन के समान

है। उसके जीवन में बाल्यकाल, यौवन और प्रौढ़ता वार्धक्य आते हैं। इन अवस्थाओं को हम ऋतुओं के क्रम में भी अभिव्यक्त कर सकते हैं।'[15] उन्होंने संस्कृति के बाल्यकाल की तुलना वसन्त ऋतु से की है जिसमें कलाओं आदि का स्वरूप अनिश्चित होता है। संस्कृति का यौवन काल ग्रीष्म ऋतु के समान होता है, जिसमें सर्जनशक्ति के विकसित होने के परिणामस्वरूप कलाएँ भी अपने निश्चित, प्रौढ़ तथा दृढ़ रूप को ग्रहण करती हैं। प्रौढ़ावस्था रूपी वर्षा ऋतु में संस्कृति एवं कला अपने विकास के चरम शिखर पर पहुँचती है। संस्कृति की वृद्धावस्था शरदकाल के समान है जिसमें सांस्कृतिक चेतना सिमटने लगती है। 'किन्तु इसमें संस्कृति अपनी समस्त शक्तियों को समेटकर नूतन सर्जन क्रिया में संलग्न हो जाती है, जिसके लक्षण शीतलता, संतुलन और कृत्रिमता होते हैं। इस सर्जन क्रिया को रीतिवाद कहते हैं। इस अवस्था के बाद जीर्णता का युग आता है, जो हेमन्त ऋतु के समान है। इसमें संस्कृति व्याकुल होकर अपने बाल्यकाल को दोहराने की चेष्टा करती है, परन्तु असफल रहती है क्योंकि जीवनक्रम लौटाया नहीं जा सकता। इसके बाद शैथिल्य और क्षय की अवस्था आती है, जो शिशिर के समान है। इसमें संस्कृति श्रांत, क्लांत, निश्चित और निष्क्रिय हो जाती है। उसकी जीवित रहने की इच्छा और शक्ति क्षीण हो जाती है। इस अवस्था में वह 'द्वितीय धार्मिकता' के कफन में लिपटकर शवयात्रा के लिए तैयार होती है।'[16]

स्पेंगलर ने संस्कृति के जीवन क्रम की तरह कलाओं के आरम्भ और अन्त की कल्पना की है। उनका कथन है–'किसी ने गम्भीरतापूर्वक इस सम्भावना पर विचार नहीं किया कि कलाओं की भी निश्चित जीवन रेखा हो सकती है। इसलिए कला का समस्त इतिहास विशिष्ट कलाओं के विभिन्न उत्थानों का सम्पादकीय संकलनमात्र बन जाता है जिसमें नामों तथा शिल्प के विवरण के अतिरिक्त एकता का कोई सम्बन्ध नहीं होता।'[17] वह कला के सम्यक् इतिहास लेखन के लिए उसमें एकसूत्रता लाने के लिए जैविक विकास के सिद्धान्त का आधार आवश्यक समझते हैं।

वस्तुतः स्पेंगलर एक आदर्शवादी इतिहासकार तथा चिन्तक हैं। उनकी मूल स्थापना है : "दृश्य इतिहास में निश्चित एवं निर्णायक तत्त्व 'आत्म' की अभिव्यक्ति अथवा उसका बिम्ब तथा आदर्श है।"[18] इतिहास और संस्कृति के मूल एवं निर्णायक तत्व को 'आदर्श' अथवा 'अध्यात्म' की संज्ञा देते हुए उन्होंने उसकी नियतिवादी व्याख्या की है। उसके लिए उन्होंने जीवविज्ञान के विकासवादी सिद्धान्त का आश्रय लिया है।

टाएनबी का दृष्टिकोण : टाएनबी ने अपने विशाल ग्रन्थ 'ए स्टडी ऑफ हिस्ट्री' में ऐतिहासिक विकासशीलता की व्याख्या के लिए दो सिद्धान्तों का निर्माण किया है–1 चुनौती तथा प्रत्युत्तर 2. सर्जनात्मक व्यक्तियों का प्रत्याहरण (विदड्राल) तथा

प्रत्यागमन (रिटर्न)। पहले सिद्धान्त के अनुसार मनुष्य और सभ्यता बाहरी दबाव और आघात की चुनौतियों का उत्तर देते हुए विकास करते हैं। दूसरे सिद्धान्त के अनुसार सभ्यता का विकास सर्जनात्मक प्रतिभाओं का कार्य है तथा वे प्रत्याहरण-प्रत्यागमन की प्रक्रिया द्वारा विकास को सम्भव बनाते हैं।

उन्होंने यह मानने से इन्कार किया है कि उनका विकास सिद्धान्त जीव विज्ञान से प्रभावित है। उन्होंने लिखा है : 'मैंने हर्बर्ट स्पेंसर तथा ओस्वाल्ड स्पेंगलर के इस दृष्टिकोण का विरोध किया है कि मानव समाज प्राणियों जैसा होता है।'[19] किन्तु आर॰ पेयर्स[20], कुहुन[21] और बुर्केनोव इत्यादि विद्वानों ने उनके विकास सिद्धान्त को जीवशास्त्रीय ही माना है। टाएनवी ने विस्तार से यह स्पष्ट किया है कि उनका 'चेतावनी और प्रत्युत्तर' का सिद्धान्त बाइबिल के मूलस्रोत के आधार पर निर्मित हुआ है।[22] परन्तु इसमें सन्देह नहीं कि इसका प्रयोग करते हुए वे जीवविज्ञान के विकासवादी सिद्धान्त से अत्यधिक प्रभावित हुए हैं, इसलिए उनके अनुसार एक सभ्यता के विकास के पश्चात् उनका ह्रास और अन्त में लोप हो जाता है।

साहित्य के विकास के स्पष्टीकरण के लिए टाएनवी का इतिहासदर्शन भी सहायक सिद्ध नहीं होता क्योंकि साहित्य न तो सदा बाहरी अथवा आन्तरिक चेतावनी के उत्तर के परिणामस्वरूप विकसित होता है और न ही किसी प्राचीन सभ्यता के आरम्भ और अन्त के आधार पर साहित्यिक विकास के अन्त की परिकल्पना की जा सकती है। टाएनवी की इस धारणा से भी सहमत नहीं हुआ जा सकता कि सांस्कृतिक और साहित्यिक विकास का कार्य महान व्यक्तियों अथवा 'सृजनशील अल्पसंख्यक वर्ग' के माध्यम से सम्पन्न होता है। वस्तुतः ऐतिहासिक और भौतिक शक्तियों को नकार कर संस्कृति तथा साहित्य के विकास की जैविक तथा आदर्शवादी व्याख्या वस्तुस्थिति को स्पष्ट करने में सहायक नहीं होती।

सोरोकिन का दृष्टिकोण : सोरोकिन ने अपने प्रसिद्ध ग्रन्थ 'सोशल ऐंड कल्चरल डाइनेमिक्स' में मुख्यतः समाज एवं संस्कृति को ही अपने अध्ययन का विषय बनाया है, किन्तु उन्होंने संस्कृति की गत्यात्मकता सम्बन्धी सिद्धान्तों को साहित्य के इतिहास के लिए भी मान्य ठहराया है। उन्होंने 'स्वाभाविक परिवर्तन के सिद्धान्त' को मान्यता देते हुए कहा है कि परिवर्तन के वास्तविक स्रोत का अन्वेषण सामाजिक तथा सांस्कृतिक व्यवस्था की प्रकृति के अन्तर्गत ही किया जाना चाहिए। उनके अनुसार परिवर्तन लाने वाली शक्ति बाहरी नहीं, बल्कि स्वयं संस्कृति की अपनी प्रकृति में ही अन्तर्निहित है। सामाजिक परिवर्तन एक बहुत ही स्वाभाविक प्रक्रिया है, जो समाज के अन्दर ही क्रियाशील शक्तियों का परिणाम होता है।[23] वह संस्कृति और साहित्य के विकास के लिए बाह्य प्रभावों को विशेष महत्त्व नहीं देते क्योंकि 'बाह्य प्रभाव विशेष परिस्थितियों तथा सीमाओं में किंचित प्रभाव डालते हैं।'[24] उनकी धारणा है कि एक विशिष्ट संस्कृति तथा साहित्य की गत्यात्मकता उसकी आन्तरिक

प्रकृति द्वारा निर्धारित होती है। उन्होंने लिखा है : 'आर्थिकता संस्कृति की समग्रता की व्याख्या नहीं करती, बल्कि एक संस्कृति के अन्तर्गत स्वयं संस्कृति का स्वरूप एवं उसकी प्रकृति सामाजिक जीवन की आर्थिक व्यवस्था को निर्धारित करते हैं।'[25] इस प्रकार सामाजिक विकास सम्बन्धी यह धारणा ऐतिहासिक भौतिकवादी दृष्टिकोण की एकदम विरोधी है और समस्त परिवर्तन एवं विकास को संस्कृति की आन्तरिक प्रवृत्ति का प्रतिफल मानती है।

सोरोकिन के विचारानुसार आरम्भ से लेकर वर्तमान युग तक विश्व में तीन प्रमुख मानवीय संस्कृतियाँ विकसित हुई हैं। उनके मिश्रण से ही अन्य गौण संस्कृतियों का अभ्युदय हुआ है। उन्होंने इन तीन प्रमुख संस्कृतियों को तीन प्रमुख 'सामजिक-सांस्कृतिक अधिव्यवस्थाएँ (सोशिओ-कल्चरल सुपर सिस्टम्ज) कहा है, जो अपनी प्रकृति में एक-दूसरे से नितान्त भिन्न होती हैं। इन्हें उन्होंने भावात्मक संस्कृति (आइडेशनल कल्चर) ऐन्द्रीय संस्कृति (सेंसेट कल्चर) तथा आदर्शात्मिक संस्कृति के नाम दिए हैं। भावात्मक संस्कृति की धुरी विश्वास और श्रद्धा है, ऐन्द्रीय संस्कृति तर्क और विज्ञान पर आधारित होती है तथा आदर्शात्मक संस्कृति दोनों का समन्वित रूप है। 'आदर्श प्रधान संस्कृति इन दोनों विपरीत अवस्थाओं का संगम होती है। इसमें दोनों के प्रमुख तत्वों का मिश्रण होता है यद्यपि इस युग में आध्यात्मिक और भौतिक मूल्यों का सुन्दर सामंजस्य हो जाता है, फिर भी आध्यात्मिक प्रेरणा की प्रबलता रहती है।'[26]

उपर्युक्त तीन प्रकार के सांस्कृतिक युगों के अनुरूप ही उन्होंने साहित्य के इतिहास के अन्तर्गत भी तीन प्रकार के साहित्यिक युगो की परिकल्पना की है। सांस्कृतिक अवस्था के अनुसार साहित्य भी भावात्मक, ऐन्द्रीय तथा आदर्शात्मक रूप को ग्रहण करता है। वह यह स्वीकार करते हैं कि प्रत्येक साहित्यिक युग की अपनी विशेष और महान उपलब्धियाँ होती हैं, परन्तु वह यह भी प्रमाणित करते हैं कि सृजन के सर्वश्रेष्ठ युग आदर्श प्रधान सांस्कृतिक युगों के अन्तर्गत ही आते हैं।[27] उनके अनुसार सांस्कृतिक और साहित्यिक युगों का क्रम निश्चित नहीं है। 'यह आवश्यक नहीं है कि भावात्मक साहित्य के पश्चात् आदर्शात्मक साहित्य का युग ही प्रारम्भ हो। उसके पश्चात ऐन्द्रीय अथवा प्रत्यक्षवादी साहित्य के युग का भी आरम्भ हो सकता है। इसका कोई कठोर नियम नहीं है।'[28]

सोरोकिन ने 'अपने ग्रन्थ में ऐतिहासिक विकास के प्रसिद्ध चाक्रिक सिद्धान्त को प्रतिष्ठित करने तथा न्यायसंगत ठहराने का दृढ़ यत्न किया है।'[29] उनके अनुसार प्रत्येक प्रकार की सांस्कृतिक व्यवस्था अपनी चरम स्थिति को प्राप्त करके विपरीत दिशा की ओर मुड़ जाती है। संस्कृति के इतिहास में यह क्रम बार-बार दोहराया जाता है। इस नियम के आधार पर उन्होंने यूरोपीय संस्कृति के तीन प्रमुख रूपों के आवर्तन की परिकल्पना की है और वर्तमान संस्कृति को ऐन्द्रीय अथवा गोचरताप्रधान मानकर

यह भविष्य कथन किया है कि 'सुदूर क्षितिज में भावनाप्रधान सांस्कृतिक अवस्था के अरुणोदय की किरणें फूट रही हैं और गोचरताप्रधान व्यवस्था के ढलते तिमिर से संघर्ष करती हुई विश्व को उद्भासित कर रही हैं।'[30] संस्कृति के परिवर्तन के इस चाक्रिक सिद्धान्त को उन्होंने साहित्य के इतिहास पर भी आरोपित किया है तथा साहित्यिक विकास की चक्रवादी व्याख्या प्रस्तुत की है जिसके अनुसार साहित्येतिहास में भी भावात्मक, आदर्शवादी तथा ऐन्द्रीय अथवा प्रत्यक्षवादी साहित्य के युग आते हैं तथा अपना वृत्त पूरा करके समाप्त हो जाते हैं।

सोरोकिन के विकास सिद्धान्त में भी वही त्रुटि है, जो आदर्शवादी दृष्टिकोण में प्रायः होती ही है। वे ऐतिहासिक विकास का प्रमुख कारण संस्कृति की आन्तरिक गतिशीलता मानते हैं तथा भौतिक शक्तियों को प्रेरक तत्व के रूप में मान्यता नहीं देते। यदि यथार्थ दृष्टि से विचार किया जाए, तो स्पष्ट हो जाता है कि उन्होंने सांस्कृतिक तथा साहित्यिक विकास की प्रक्रिया को उलटकर प्रस्तुत किया है। वस्तुतः संस्कृति और साहित्य का विकास ऐतिहासिक विकास का अभिन्न अंग है। ऐतिहासिक विकास केवल प्रकृति का नियम नहीं है, वह ऐतिहासिक एवं भौतिक शक्तियों द्वारा प्रेरित भी है। उसकी दिशा का निर्धारण संस्कृति की अपनी निजी प्रकृति द्वारा नहीं होता वह उस वातावरण एवं ऐतिहासिक परिस्थितियों द्वारा होता है, जिनमें संस्कृति तथा साहित्य विकसित होते हैं।

तेन का भौतिकवादी (विधेयवादी) साहित्येतिहासदर्शन

भौतिक विज्ञान के सिद्धान्तों के प्रभाव के परिणामस्वरूप भी कुछ विद्वानों ने साहित्येतिहास की गति को व्याख्यायित करने का यत्न किया है। इनमें से 19वीं शती ई. के विख्यात फ्रांसीसी इतिहासकार, साहित्येतिहासकार तथा मनोविज्ञानी हिप्पोलाइत तेन (1823 ई. से 1893 ई॰) का साहित्य के विकास सम्बन्धी मत पर्याप्त वाद-विवाद का विषय रहा है। 'वह साहित्य एवं कलाओं के अध्ययन के लिए ऐतिहासिक विधा को स्थापित करनेवालों में से एक थे। जाति, वातावरण तथा परिस्थितियों पर आधारित वैज्ञानिक धारणा पर उनका विश्वास था।'[31] हिस्टरी ऑफ इंगलिश लिटरेचर' (1864 ई॰) में उन्होंने अंग्रेजी साहित्य के इतिहास का उपर्युक्त धारणा पर अध्ययन प्रस्तुत किया है। उनके मतानुसार साहित्य का विकास तीन तत्वों—जाति, वातावरण तथा क्षण अथवा युग विशेष की ऐतिहासिक परिस्थितियों के वशीभूत होता है। इस प्रसिद्ध सूत्र के आधार पर कहा जा सकता है कि साहित्य जाति की मनोदशा के अनुसार विकसित होता है तथा युग की भौतिक एवं ऐतिहासिक परिस्थितियाँ उसकी दिशा को नियंत्रित करती हैं।

कई साहित्येतिहासकारों ने उनकी इस निर्णयवादी धारणा का विरोध करते हुए उसे यांत्रिक एवं अपूर्ण माना है। लुइस कज़ामियाँ के मतानुसार 'साहित्य के इतिहास

में ऐसी कठोर निर्णयात्मक योजना अकल्पित है।'[32] इसलिए उन्होंने अपनी पुस्तक 'अंग्रेजी साहित्य का इतिहास' में साहित्यिक आन्दोलनों तथा युगों की व्याख्या के लिए धार्मिक, राजनीतिक, सामाजिक तथा दार्शनिक प्रभावों को मान्यता तो दी है, किन्तु उन्हें साहित्य की गत्यात्मकता का निर्णायक तत्व स्वीकार नहीं किया। साहित्य के विकास दर्शन के लिए उन्होंने राष्ट्रीय प्रज्ञा के विकास को ही समक्ष रखा है। वह लिखते हैं : 'अब समय आ गया है, जबकि साहित्येतिहास के प्रमुख तथ्य केवल भौतिक एवं सामाजिक तत्वों से नहीं प्रत्युत राष्ट्रीय प्रज्ञा के विकास नामक नैतिक तत्व के साथ सम्बन्धित किये जा सकते हैं।'[33] कज़ामिया ने अपने विकास सिद्धान्त को 'लयात्मक परिवर्तन'[34] का नाम दिया है। कज़ामिया ने यह स्पष्ट नहीं किया कि राष्ट्रीय चेतना के विकास का कारण क्या है तथा साहित्येतिहास में राष्ट्रीय प्रज्ञा के अनुसार लयात्मक परिवर्तन क्यों होता है। वह केवल यही कहकर मूक हो जाते हैं कि साहित्य का विकास राष्ट्र के मस्तिष्क के विकास का अनुगामी है। इससे तो तेन की व्याख्या ही अधिक पूर्ण प्रतीत होती है।

वास्तव में, तेन की साहित्य की विकास सम्बन्धी अवधारणा यांत्रिक होने से इतनी त्रुटिपूर्ण नहीं है, जितनी परस्पर विरोधी विचारों के कारण हो गयी है। उन्होंने दृढ़तापूर्वक यह तो स्वीकार किया कि 'मनुष्य की स्थिति में प्रत्येक परिवर्तन द्वारा उसके मनोविज्ञान में भी परिवर्तन होता है।'[35] इस प्रकार जाति का मनोविज्ञान भी वातावरण की परिस्थितियों के अनुसार परिवर्तित होता है। साहित्य जातीय मनोदशा को अभिव्यक्त करता है। अतः 'मानवीय चेतना की कृतियों की व्याख्या प्राकृतिक घटनाओं की भाँति उनके वातावरण द्वारा ही सम्भव हो सकती है।'[36] उनका यह विचार अत्यन्त सारगर्भित है कि किसी देश के साहित्य एवं कला के इतिहास को समझने के लिए उन परिवर्तनों का ज्ञान आवश्यक हो जाता है, जो सामाजिक वातावरण में होते हैं किन्तु वे आदर्शवाद के प्रभाव से मुक्त नहीं हो सके। इसलिए उनकी यह मान्यता असंगत है कि मनुष्य का मनोविज्ञान उसकी परिस्थितियों द्वारा निर्धारित होता है और उसकी परिस्थिति का निर्धारण उसके मनोविज्ञान द्वारा होता है।'[37] इसलिए वह इटली के पुनर्जागरण का कारण उस जाति की प्रकृति में खोजते हैं।[38] उनकी व्याख्या अन्ततः जातिवादी बन जाती है, वैज्ञानिक नहीं रहती।

समन्वयात्मक व्याख्या की असंगति

साहित्य के विकास की प्रक्रिया को विभिन्न दृष्टियों से विवेचित करने का प्रयत्न हुआ है, किन्तु उक्त व्याख्याएँ उसकी जटिलता को पूर्णतः सुलझा नहीं सकी। डॉ॰ गणपतिचन्द्र गुप्त ने जीव-विज्ञान, भौतिकविज्ञान, मनोविज्ञान तथा समाजशास्त्र सम्बन्धी व्याख्याओं को एकांगी मानकर उनके आधार पर विकास के समन्वयात्मक सामान्य सिद्धान्तों की स्थापना की है तथा साहित्य के विकास की पाँच सूत्री व्याख्या

की है। वह लिखते हैं : वे पाँच सूत्र हैं : 1. प्राकृतिक सर्जन शक्ति 2. परम्परा 3. वातावरण 4. द्वन्द्व या आकर्षण विकर्षण 5. संतुलन।'[39] इनका साहित्य के इतिहास पर आरोपण करते हुए वे लिखते हैं : 'वस्तुतः साहित्य के क्षेत्र में भी प्राकृतिक सर्जनशक्ति (साहित्यकार की नैसर्गिक प्रतिभा) ही परम्परा (सांस्कृतिक परम्पराएँ) और वातावरण (युगीन चेतना) के द्वन्द्व (क्रिया-प्रतिक्रिया) से प्रेरित होकर गतिशील होती है, जिसका चरम लक्ष्य द्वन्द के दोनों पक्षों में संतुलन स्थापित करना होता है।'[40] उन्होंने 'विनम्रतापूर्वक' यह भी दावा किया है कि 'विकास के ये सूत्र हिन्दी इतिहास लेखन क्षेत्र के लिए ही नहीं, विश्व के इतिहास लेखन के क्षेत्र के लिए भी नवीन है।'[41]

इन पाँच सूत्रों युक्त व्याख्या के विषय में इतना कहना ही पर्याप्त होगा कि यह किसी विशेष समन्वयवादी साहित्यकार की सृजनप्रक्रिया को तो किसी हद तक स्पष्ट कर सकती है, साहित्य के विकास की समस्या का इससे समाधान नहीं होता। इसके अतिरिक्त लेखक महोदय ने आदर्शवादी दृष्टि के अनुरूप सामाजिक शक्तियों के स्थान पर लेखक की मानसिकता को ही साहित्य के विकास का मूल कारण माना है। उनके अनुसार : 'साहित्यकार की अन्तश्चेतना या उसकी मानसिकता ही विकास की इन समस्त गतिविधियों का मूल केन्द्र या आधारभूत कारण है।'[42] साहित्यकार की मानसिकता के अध्ययन द्वारा उस विशिष्ट साहित्यकार के साहित्य का तो एकपक्षीय अध्ययन हो सकता है, समग्र साहित्य के विकास का नहीं। अतः व्यक्ति की अन्तश्चेतना को ऐतिहासिक विकास का मूल कारण मानना कोई मौलिक धारणा तो नहीं है, अवैज्ञानिक तथा असंगत अवश्य है। इसी प्रकार 'सन्तुलन' विकास का चरम लक्ष्य नहीं होता, विकासप्रक्रिया की ही एक स्थिति होती है। सन्तुलन के पश्चात् सर्जनशक्ति की निष्क्रियता की परिकल्पना भी अवैज्ञानिक है क्योंकि प्रकृति तथा मानव के इतिहास में निष्क्रियता की स्थिति कभी पैदा नहीं होती। ह्रास की अवस्था आ सकती है, निष्क्रियता की नहीं। वस्तुतः लेखक ने सभी विकासवादी धारणाओं को एकांगी स्वीकार करते हुए उनमें जो सामंजस्य स्थापित करने का यत्न किया है, वह स्वयं एकांगी ही नहीं, असंगत एवं अस्पष्ट हो गया है।

ऐतिहासिक भौतिकतावादी साहित्येतिहासदर्शन

साहित्य के इतिहास सम्बन्धी शुद्ध साहित्यवादी धारणा की अनैतिहासिकता, जैविक भाववादी और यांत्रिक भौतिकवादी साहित्येतिहासदर्शन की सीमितता तथा विभिन्न धारणाओं में समन्वय की असंगति को समझ लेने के बाद यह जरूरी हो जाता है कि साहित्य के इतिहास की व्याख्या के लिए किसी व्यापक और प्रामाणिक साहित्येतिहासदर्शन का आश्रय लिया जाए। यह भी निश्चित है कि साहित्येतिहासदर्शन सामान्य अथवा मानवेतिहासदर्शन का ही एक विशिष्ट अंग है। इसलिए इसके

सिद्धान्त वैज्ञानिक इतिहासदर्शन से निस्सृत और पुष्ट होने चाहिए। हमारे विचार में ऐतिहासिक भौतिकतावादी दर्शन मानव के इतिहास की समग्रता और विविधता को समझने की एक व्यापक एवं वैज्ञानिक संदृष्टि है। सर्वप्रथम जी. प्लेखानोव ने संस्कृति और कला के इतिहास की व्याख्या इस वैज्ञानिक इतिहासदर्शन के आधार पर करने का प्रशंसनीय यत्न किया था परन्तु अभी तक भी इस इतिहास दर्शन एवं समाजशास्त्र के सिद्धान्तों से निर्मित साहित्य-इतिहासदर्शन अपनी आरंभावस्था में ही है और विभिन्न भाषाओं के इतिहासलेखन में इन सिद्धान्तों का प्रयोग सीमित अर्थों में ही हुआ है। हालाँकि साहित्य की उत्पत्ति और विकास की समस्या को यह वैज्ञानिक साहित्येतिहासदर्शन अधिक गहराई और सच्चाई से सुलझा सकता है। इस साहित्यिक दर्शन के आधार पर कहा जा सकता है कि साहित्य का विकास समाज की गत्यात्मकता से जुड़ा हुआ है। साहित्यिक गतिविधियाँ ऐतिहासिक एवं वर्गसंघर्ष युक्त सामाजिक वातावरण में घटित होती हैं। साहित्यिक रचनाएँ साहित्य के इतिहास की घटनाएँ मात्र हैं। इन घटनाओं को ऐतिहासिक सन्दर्भ में रखकर ही व्याख्यायित किया जा सकता है। व्याख्या का आधार सामाजिक यथार्थ के जितना निकट होगा उतना ही साहित्येतिहासदर्शन वैज्ञानिक बन सकेगा। यहाँ यह स्मरण रखना आवश्यक है कि साहित्य के इतिहास का क्रम चाहे सामाजिक विकास क्रम से जुड़ा हुआ है, परन्तु साहित्य का इतिहास मानवीय भावना एवं चेतना का इतिहास है। इसलिए साहित्यिक इतिहास के क्षेत्र में समाजशास्त्रीय तथा ऐतिहासिक भौतिकवादी सिद्धान्तों का अन्धारोपण उचित नहीं है।

प्लेखानोव ने विचारों के इतिहास को आर्थिक प्रभाव के प्रत्यक्ष परिणाम के रूप में समझने के हर रुझान के खिलाफ प्रहार किया है।'[43] इसमें सन्देह नहीं कि उत्पादन के साधनों में परिवर्तन के फलस्वरूप आर्थिक व्यवस्था के परिवर्तन का प्रभाव मानवीय सम्बन्धों पर भी पड़ता है। परन्तु यह सरलीकरण भ्रान्तिपूर्ण है कि आर्थिक, सामाजिक तथा राजनीतिक परिवर्तन उसी समय ज्यों का त्यों साहित्य के इतिहास में परिलक्षित होने लगता है। साहित्य के क्षेत्र में परिवर्तन और साहित्येतिहास में नये युग के प्रारम्भ के लिए मानवीय सम्बन्धों में परिवर्तन जरूरी शर्त है। इसके अतिरिक्त 'समृद्ध संस्कृति में कला की प्रगति प्रचलित सामाजिक रुचियों, परम्पराओं और मूल्यों के अनुरूप कई स्तरों और सतहों पर तथा कई दिशाओं में होती है।[44] अतः साहित्य के विकास की व्याख्या के लिए समाजशास्त्रीय एवं ऐतिहासिक भौतिकवादी सिद्धान्तों का प्रयोग सतही ढंग से करना साहित्येतिहास की व्याख्या को कलात्मक यथार्थ से दूर भी ले जा सकता है। इन सिद्धान्तों को बड़ी सूझबूझ से व्यवहार में लाने की आवश्यकता है। साहित्य के इतिहास की दार्शनिक व्याख्या के लिए तथा उसे वैज्ञानिक विधि से लिपिबद्ध करने के लिए वैज्ञानिक साहित्येतिहासदर्शन के निम्नलिखित सिद्धान्त सूत्र अत्यन्त उपयोगी सिद्ध हो सकते हैं, यदि इनका

सावधानी से प्रयोग किया जाए।

सामान्य सिद्धान्त : साहित्य के इतिहास को मानवेतिहास तथा सामाजिक यथार्थ से अलग करके नहीं समझा जा सकता। साहित्य का विकास सामजिक एवं सांस्कृतिक विकास से प्रत्यक्ष अथवा अप्रत्यक्ष रूप से संपृक्त है। साहित्य के इतिहास में कारणता के प्रश्न का उत्तर साहित्य क्षेत्र के बाहर ऐतिहासिक और सामाजिक शक्तियों के अध्ययन और विश्लेषण द्वारा ही सम्भव है।

साहित्य की अथवा साहित्य के किसी विशेष रूप की प्रगति न तो एकरेखीय है और न ही चक्रवत है। उसकी निरन्तरता में उतार-चढ़ाव आता रहता है। प्रत्येक मानवीय प्रगति की तरह साहित्येतिहास की गति भी सर्पाकार है।

साहित्य का विकास प्राकृतिक एवं जैविक विकास की तरह केवल नैसर्गिक नहीं है। यह सप्रयोजन और सचेतन भी है तथा इसकी गति अपेक्षतया बहुत तीव्र होती है। इसके अतिरिक्त साहित्य का विकास स्वयं सामाजिक विकास द्वारा प्रभावित ही नहीं होता, सुसंस्कृत समाज में यह सामाजिक विकास को प्रभावित भी करता है।

साहित्य के इतिहास में भाषा एवं शिल्प के विकास को समझना अत्यन्त आवश्यक है क्योंकि वस्तु और शिल्प को अलगाना भ्रामक है। सामान्यतः अन्तर्वस्तु और शिल्प का विकास एक-दूसरे से जुड़ा रहता है। यह सम्बन्ध तब टूटता है जब साहित्यकारों का एक वर्ग नये सामाजिक यथार्थ से पलायन करके अथवा उसकी अवहेलना करके नये शिल्प का आश्रय लेता है।

साहित्य के इतिहास में किसी विशेष साहित्यिक धारा का प्रवर्तक किसी एक साहित्यकार को मानना भ्रान्तिपूर्ण है क्योंकि नयी साहित्यिक धारा का मूल स्रोत किसी एक महान साहित्यकार की प्रतिभा न होकर, समाज चेतना है जो एक साथ कई साहित्यकारों की कृतियों में प्रतिबिम्बित होती है। क्रोबर के मतानुसार 'कला, साहित्य, दर्शन, धर्म आदि के क्षेत्रों में प्रतिभाओं का उद्‌भव प्रायः इक्का-दुक्का नहीं, बल्कि झुण्डों के रूप में होता है।[45]

वर्ग विभाजित समाज में साहित्य के विकास को काल के सन्दर्भ में ही नहीं, वर्ग संघर्ष के सन्दर्भ में देखना भी अत्यन्त आवश्यक है क्योंकि प्रत्येक युग में हर पीढ़ी के साहित्यकारों की अभिव्यक्ति अपने वर्ग की मानसिकता के अनुरूप होती है। एक युग के साहित्य को तीन भावधाराओं में प्रवाहित देखा जा सकता है : (1) समृद्ध वर्ग की विचारधारा एवं मानसिकता से सम्बन्धित साहित्य (2) जनमानस का प्रतिनिधि साहित्य (3) मिश्रित साहित्यः ऐसा साहित्य जिसे पूरी तरह किसी एक खेमे में रखना कठिन हो जाता है।

यहाँ यह स्पष्ट करना बहुत आवश्यक है कि एक साहित्यकार का भावबोध भी बदलता रहता है। इसलिए यह आवश्यक नहीं कि उसकी सभी कृतियाँ एक ही

खेमे की ही हों।

सामाजिक और सांस्कृतिक मूल्यों की तरह साहित्यिक मूल्य भी परिवर्तनशील हैं। इस परिवर्तनशीलता की खोज साहित्येतिहास लेखन के लिए अत्यन्त आवश्यक है। साहित्यिक मूल्यों में परिवर्तन का कारण परिवर्तित संवेदना है जो स्वयं बदले हुए भौतिक तथा सामाजिक वातावरण का परिणाम होती है।

विकास के विशिष्ट नियम : साहित्येतिहास के उपर्युक्त सामान्य सिद्धान्तों के अतिरिक्त साहित्य की विकासशीलता के अपने विशिष्ट नियम भी हैं। एलेमर हंकिस[16] ने साहित्यिक विकास के ऐसे सात नियमों की खोज की है जिनका सार इस प्रकार है :

1. साहित्यिक विकास का यह स्वीकृत सिद्धान्त है कि रचनाकार नया सृजन करके स्थापित परम्परा में परिवर्तन करता है। नवीनता या मौलिकता रचनाशीलता की एक अनिवार्य विशेषता है, जिससे साहित्य की परम्परा में परिवर्तन और विकास की प्रक्रिया चलती है। इसी को नवोन्मेष का नियम कहा जाता है।
2. साहित्य के इतिहास में नवीनता और निरन्तरता में द्वन्द्वात्मक सम्बन्ध होता है।...परम्परा और वैयक्तिक प्रज्ञा के संयोग से उत्पन्न नवीनता में एक प्रकार की निरन्तरता होती है।
3. विकास के दौरान कभी एक प्रवृत्ति घटती है, तो दूसरी बढ़ती है। घटाव-बढ़ाव का क्रम चलता रहता है।
4. आवयविक सिद्धान्त के विवादास्पद होने के बावजूद इससे साहित्यिक प्रवृत्तियों, आन्दोलनों, विधाओं और शैलियों के उद्भव, विकास और ह्रास की प्रक्रिया को समझने में मदद मिलती है।
5. कलाकार की अभिव्यक्ति की परिपूर्णता की आकांक्षा के कारण अभिव्यंजना के रूपों का विकास होता है।
6. साहित्य के विकास में यह एक सामान्य प्रवृत्ति है कि एक रचनारूप के विकसित होने के बाद रचनाकार नये अनुभवों की अभिव्यक्ति के लिए उस रूप में परिवर्तन करता है।...कभी-कभी नये अनुभवों की व्यंजना के लिए पृथक्कीकरण और संश्लेषीकरण के माध्यम से उसका रूपान्तरण किया जाता है।
7. लिखित साहित्य में विभिन्न कारणों और तरीकों से पुराने का संचयन और संरक्षण सम्भव होता है और परवर्ती रचनाकार उनका सर्जनात्मक उपयोग करता है।

साहित्यिक विकास के विशेष नियमों तथा साहित्येतिहास के सामान्य सिद्धान्तों के योग से ही साहित्यिक विकास की जटिलता को समझा जा सकता है। संक्षेप में

यह कहना युक्तियुक्त होगा कि साहित्य के इतिहास में आस्था हमें साहित्येतिहासदर्शन का ठोस आधार अपनाने के लिए प्रेरित करती है। यह भी निश्चित करती है कि कला या साहित्य का साहित्यिकदर्शन अपनी विशिष्टता सहित यदि ऐतिहासिक भौतिकवादी विचारधारा के आधार पर प्रतिष्ठित हो तभी साहित्यिक विकास की जटिलता को स्पष्ट किया जा सकता है। साहित्येतिहासदर्शन की सार्थकता इसी में है कि वह सामाजिक यथार्थ तथा साहित्येतिहास के वैचारिक, भावात्मक तथा कलात्मक तथ्यों पर आधारित हो।

साहित्येतिहास का स्वरूप

साहित्य का इतिहास साहित्य के विकास की जटिलता की तर्कसंगत व्याख्या है। इस व्याख्या के अभाव में साहित्येतिहास लेखन साहित्यकारों की जीवनियों और कृतियों का विवरण बनकर रह जाता है। मैनेजर पाण्डेय के शब्दों में :

'साहित्य का इतिहास अतीत की विलुप्त रचनाओं और रचनाकारों के उद्धार का केवल साधन नहीं है, वह कालप्रवाह में अपनी कलात्मक अक्षमता के कारण अपने अस्तित्व की रक्षा में असमर्थ रचनाओं और रचनाकारों का अजायबघर नहीं है। ···वह केवल महान प्रतिभाओं और महान रचनाओं का स्तुतिगायन भी नहीं है। वह रचनाओं और रचनाकारों का ऐसा जंगल भी नहीं है, जिसमें रचना और रचनाकार की अद्वितीयता खो जाए। साहित्य का इतिहास न तो रचनाओं की केवल अंतर्वस्तु का इतिहास है और न केवल रूपों का।···साहित्य के इतिहास का आधार है, साहित्य के विकासशील स्वरूप की धारणा। साहित्य की प्रगति, निरन्तरता और विकासशीलता में आस्था के बिना साहित्य का इतिहास असम्भव है।[47]

यह निश्चित है कि साहित्य की गत्यात्मकता को समझे बिना साहित्येतिहास का निर्माण नहीं हो सकता।

साहित्य का इतिहास बनाम साहित्यिक इतिहास

साहित्य की गतिशीलता में विश्वास करने वाले इतिहासकारों में मतैक्य नहीं है। एक वर्ग के इतिहासकारों ने साहित्य के इतिहास के अत्यन्त व्यापक रूप को मान्यता दी है। ग्रीनलैंड साहित्य के इतिहास की सार्थकता संस्कृति के इतिहास के स्पष्टीकरण के लिए ही समझते हैं। उनके अनुसार, 'सभ्यता के इतिहास में कुछ भी ऐसा नहीं है जो हमारे क्षेत्र से बाहर हो।'[48] रैने वैलेक ने इस धारणा का विरोध करते हुए लिखा है : 'साहित्य तथा सभ्यता के इतिहास में तादात्म्य साहित्यिक अध्ययन के विशिष्ट क्षेत्र तथा विशिष्ट विधियों को नकारना है।'[49] इसमें कोई सन्देह नहीं कि प्रत्येक बौद्धिक अनुसंधान की अपनी विशिष्टता होती है, परन्तु उसका अन्य बौद्धिक अनुशासनों से सम्बन्ध भी होता है। इस वास्तविकता को भुलाकर साहित्येतिहास

की धारणा भ्रामक हो जाती है।

साहित्येतिहास के स्वरूप सम्बन्धी मतभेद साहित्य को एक स्वतन्त्र संस्था के रूप में स्वीकृति देने अथवा न देने के कारण है। मैनेजर पाण्डेय के शब्दों में : साहित्य को गतिशील प्रक्रिया मानने वाले चिन्तन के दो रूप हैं :

(क) कुछ विचारक साहित्य को पूर्ण स्वायत्त प्रक्रिया मानते हैं। वे साहित्य की रूप और वस्तु सम्बन्धी रचनात्मक प्रवृत्तियों और अभिव्यक्तियों की विकासशीलता साहित्य में खोजते हैं।

(ख) कुछ दूसरे विचारक साहित्य की सापेक्ष स्वतंत्रता को स्वीकार करते हुए उसकी गतिशील प्रक्रिया का अनुशीलन सामाजिक जीवन और यथार्थ की विकासशीलता की प्रक्रिया से सम्बद्ध रूप में देखते हैं। साहित्यिक प्रक्रिया का यह सन्दर्भसापेक्ष अध्ययन ऐतिहासिक यथार्थ से साहित्य की सम्बद्धता को महत्त्वपूर्ण मानता है।[50] पहले वर्ग के विचारकों का साहित्य और उसके इतिहास सम्बन्धी दृष्टिकोण रूपवादी है और दूसरे वर्ग का दृष्टिकोण वस्तुवादी।

रूपवादी साहित्येतिहासकार साहित्येतिहास के प्रति अपने कलावादी दृष्टिकोण के कारण उसे साहित्यिक रूपों का इतिहास मानते हैं। वे रूप को स्वायत्त पूर्ववर्ती रूपों से उत्पन्न मानते हैं न कि अन्तर्वस्तु से विकसित। "'उनके अनुसार इतिहास में विवेच्य वस्तु 'साहित्यिकता' है, जो रूप में निहित होती है। इस प्रकार रूपवादी साहित्येतिहास साहित्य का ही नहीं साहित्यिकता का इतिहास बन जाता है।"[51] शैली-विज्ञानियों तथा संरचनावादियों का दृष्टिकोण भी कलावादी ही है, क्योंकि एक के अनुसार साहित्य का इतिहास भाषा-शैली अथवा शब्दों का इतिहास है और दूसरे उसे स्वायत्त संरचनाओं का इतिहास समझते हैं। वस्तुतः साहित्य सम्बन्धी यह चिन्तन इतिहासविरोधी है।[52]

साहित्येतिहास सम्बन्धी वस्तुवादी धारणा उपर्युक्त धारणा की विरोधी है। इस धारणा के अनुसार साहित्येतिहास में साहित्यिक विकास को विचारों तथा सभ्यता के सन्दर्भ में व्याख्यायित किया जाता है। इसमें प्राथमिकता वस्तु को दी जाती है और उसकी परिवर्तनशीलता की व्याख्या मुख्य हो जाती है। इस प्रकार वस्तुवादी साहित्येतिहास की एक धारा साहित्येतिहास को विचारों का इतिहास मानती है और दूसरी उसे सभ्यता का इतिहास समझती है।[53] साहित्य की विशिष्टता तथा उसके विकास की जटिलता को समझते हुए यदि वस्तुवादी दृष्टि अपनाई जाए तो साहित्य के इतिहास को अधिक प्रामाणिक रूप दिया जा सकता है। कलावादी और रूपवादी दृष्टि सीमित है क्योंकि इसके द्वारा साहित्य की अंतर्वस्तु की गतिशीलता की व्याख्या नहीं की जा सकती जबकि साहित्यिक वस्तु ही साहित्यिक रूप की नियामक होती है तथा उसके परिवर्तन से ही रूप परिवर्तन होता है।

साहित्य के इतिहास की साहित्यिकता पर विचार करते हुए नलिन विलोचन

शर्मा ने लिखा है : 'साहित्य का इतिहास, अधिक व्यंजक होगा साहित्यिक इतिहास, जरूरी है कि साहित्यिक भी हो और इतिहास भी, किन्तु क्या यह सम्भव है? क्या ऐसा होता है? ...होता तो यही है कि साहित्य का इतिहास सामाजिक इतिहास अथवा साहित्य में व्यक्त तथा उदाहृत विचारों का इतिहास अथवा कालक्रम से उल्लिखित विशिष्ट कृतियों के सम्बन्ध में भावनाओं तथा निर्णयों का इतिहासमात्र होता है। पश्चिम के उन्नीसवीं शताब्दी के और हिन्दी के वर्तमान साहित्यिक इतिहासशास्त्र को सरसरी निगाह से देखने पर इस कथन का पूर्ण समर्थन हो जाता है।'[54] इसलिए साहित्यिक इतिहास पर विचार करने वाले कुछ विद्वानों ने यह स्वीकार किया है कि साहित्य जैसी कला का इतिहास लिखना असम्भव है। इस असम्भावना के प्रायः तीन कारण माने जाते हैं। 'एक तो यह कि कलात्मक कृतियों का प्रारम्भिक विवेचन क्रमिक तथा शृंखलाबद्ध रूप में नहीं हुआ है...दूसरा कारण यह पूर्वग्रह है कि साहित्य का इतिहास लिखना सम्भव ही नहीं है जब तक किसी अवांतर मानवीय क्रिया के माध्यम से हेतु की व्याख्या न की जाए। तीसरी कठिनाई है साहित्य कला के विकास के सम्पूर्ण अवधान को लेकर।'[55] साहित्यिक इतिहास लिखने की असमर्थता को अंग्रेजी के प्रसिद्ध साहित्येतिहासकार ओलिवर एल्टन ने भी परोक्ष रूप से प्रकट किया है। वह अपने अंग्रेजी साहित्य के इतिहास के विषय में लिखते हैं कि 'यह वस्तुतः एक समीक्षा है, एक प्रत्यक्ष आलोचना, न कि एक इतिहास।'[56]

रैने वैलेक ने लेस्ली स्टीफन[57], कोरथोप और एडमंड गूज[58] आदि साहित्येतिहाकारों को साहित्यिक इतिहास के रचयिता इसलिए नहीं माना, क्योंकि इनके ग्रन्थ सामाजिक अथवा साहित्य में प्रकट विचारों के इतिहास हैं।[59] साहित्येतिहास लेखन की एक और भी कठिनाई है। इसका सम्बन्ध साहित्यिक इतिहास में सामान्यीकरण की समस्या से है। यह निश्चित है कि जब भी हम साहित्य के इतिहास को बुद्धि से समझने और लिपिबद्ध करने का यत्न करेंगे, तो हमें साहित्य के विकास सम्बन्धी कोई सामान्य नियम मानकर चलना पड़ेगा, परन्तु देखा गया है कि क्रिया-प्रतिक्रिया, परम्परा और विद्रोह, पीढ़ियों का संघर्ष आदि नियम साहित्य के इतिहास को समझने में विशेष सहायक नहीं होते। इसके अतिरिक्त साहित्य के विकास की समस्या इतनी जटिल है कि इतिहास लेखन में उसे रेखांकित करना दुष्कर कार्य है।

यह भी देखा जाता है कि 'साहित्यिक विकास किसी एक शाश्वत आदर्श की ओर समान रूप में अग्रसर नहीं होता।'[60] एक ही साहित्यिक युग में भिन्न प्रवृत्तियों तथा आदर्शों का साहित्य रचा जाता है। शिल्प की दृष्टि से भी विविध प्रकार की रचनाएँ दृष्टिगोचर होती हैं। इसलिए साहित्येतिहास में समस्त विविधता का विश्लेषण दुस्साध्य कार्य प्रतीत होता है। तो क्या साहित्येतिहास लिखा ही नहीं जा सकता? क्या इसकी कोई आवश्यकता ही नहीं जैसा कि डब्ल्यू.पी.केर इत्यादि का

मत है। नलिन विलोचन शर्मा ने इस जटिल समस्या का रैने वैलेक के विचारों के आधार पर समाधान प्रस्तुत करने का यत्न किया है।[61] वह साहित्य के इतिहास को साहित्यिक इतिहास कहना अधिक उचित समझते हैं। साहित्यिक इतिहास साहित्येतिहास के सामान्य नियमों तथा साहित्य की विशिष्टता के समन्वय के आधार पर लिखा जाना चाहिए। साहित्यिक इतिहास लेखन का स्वरूप साहित्यिक रहे, इसके लिए उन्होंने जो सुझाव दिये हैं उनका सारांश इस प्रकार है :

1. ऐतिहासिक प्रक्रिया को किसी मूल्य या आदर्श से सम्बद्ध किया जाए। केवल तभी घटनाओं की ऊपर से निरर्थक लगने वाली श्रेणी अपने तत्त्वभूत उपकरणों में विभक्त हो सकती है। ऐसी स्थिति में ही हम ऐसे ऐतिहासिक विकास की बात कर सकते हैं, जो घटना विशेष की वैयक्तिकता को अक्षुण्ण रहने दे।
2. साहित्येतिहास में भिन्न प्रकार की कृतियों के परस्पर सम्बन्ध स्पष्ट किये जाएँ और उनके प्रेरणा स्रोतों का विवेचन किया जाए।
3. युगविशेष की रचनाओं की समानताओं का विश्लेषण किया जाए।
4. लेखकों के साहित्यिक सम्बन्धों पर प्रकाश डाला जाए अर्थात् यह स्पष्ट किया जाए कि किस लेखक ने किस अन्य लेखक से प्रेरणा ली है।
5. परम्पराविशेष में प्रत्येक कृति का सही-सही स्थान निर्धारित किया जाए।
6. साहित्यिक इतिहास में साहित्यालोचन और ऐतिहासिक बोध का सम्यक् समन्वय परमावश्यक है। ऐतिहासिक बोध साहित्य के विकास से सम्बन्धित होना चाहिए।
7. साहित्येतिहास में प्रत्येक प्रमुख कृति की विशिष्टता और मौलिकता साहित्यिक इतिहास के प्रवाह में विलीन नहीं होनी चाहिए, उसकी अलग संज्ञा बनी रहनी चाहिए।
8. साहित्य के इतिहासकार को दर्शनशास्त्र, समाजशास्त्र आदि के क्षेत्र में दखल नहीं देना चाहिए क्योंकि साहित्य का इतिहास लेखन एक विशिष्ट ज्ञान है और उसकी अपनी विशिष्ट पद्धति है।[62]

साहित्यिक इतिहास की समस्या का उपर्युक्त समाधान और उसके स्वरूप को साहित्यिक विशिष्टता प्रदान करने के ये सुझाव मूल्यवान होते हुए भी एकांगी है, क्योंकि उसका अन्य बौद्धिक अनुशासनों से सम्बन्ध अस्वीकार करना यह भ्रम पैदा करता है कि साहित्य के इतिहासकार का रचनासंसार बिल्कुल अलग है। साहित्य के इतिहासलेखक की विशेषता का यह अर्थ नहीं लिया जा सकता कि वह मानवीय इतिहास की अनदेखी कर दे। साहित्य की विकासशीलता का युक्तियुक्त विवेचन समाज के विकासक्रम को समझते हुए दोनों का अन्तःसम्बन्ध स्थापित किए बिना सम्भव नहीं है। वस्तुतः साहित्य का इतिहासलेखक साहित्य की विकासयात्रा का

विवरण ही प्रस्तुत नहीं करता, वह साहित्यिक कृतियों के माध्यम से उपलब्ध मानवजीवन के इतिहास को अपना मूलभूत लक्ष्य मानता है जबकि अन्य क्षेत्रों के इतिहासकार अपनी विशिष्ट विषय परिधि—चित्रकला, मूर्तिकला, वाणिज्य, अर्थशास्त्र, समाजशास्त्र, राजनीतिशास्त्र इत्यादि में अभिव्यक्त मानवजीवन के विकास को अपना आधार मानते हैं। यही कारण है कि साहित्य का इतिहासलेखक भी अन्य इतिहासकारों की भाँति पहले इतिहासकार है और बाद में साहित्य का आलोचक, भाषाविद् अथवा पाठालोचक।'[63] यदि साहित्येतिहास साहित्यिक रूपों के विकास से ही सम्बन्धित नहीं है, वह साहित्य की अन्तर्वस्तु की विकासशीलता का विश्लेषण भी प्रस्तुत करता है, तो उसकी साहित्यिकता पर अत्यधिक बल अनावश्यक सिद्ध होता है।

साहित्येतिहास की ऐतिहासिक पीठिका

साहित्य के इतिहास को केवल साहित्यिक क्षेत्र तक सीमित नहीं रखा जा सकता क्योंकि साहित्य अपने आप में युगजीवन की समग्रता से सम्बन्धित है। उसका सामाजिक, राजनीतिक तथा सांस्कृतिक गतिविधियों से सम्बन्ध-विच्छेद नहीं किया जा सकता, जबकि 'महान युगों की प्रतिनिधि कला सदा राजनीतिक तथा पक्षधर होती है।'[64] इसलिए साहित्येतिहासलेखन में साहित्यिक गतिविधियों, साहित्यिक आन्दोलनों, साहित्यिक कृतियों तथा साहित्यिक प्रवृत्तियों को व्याख्यायित करने के लिए तत्कालीन राजनीतिक, सामाजिक तथा सांस्कृतिक वातावरण का अध्ययन आवश्यक हो जाता है। साहित्य के इतिहासकार को यह नहीं भूलना चाहिए कि साहित्य सृजन एक सामाजिक व्यवहार है···। साहित्येतिहास की पहली शर्त यह है कि रचना में निहित ऐतिहासिक यथार्थ की प्रामाणिक व्याख्या हो..। कलाकृति जीवनकृति का अंग होती है। साहित्य सृजन एक कर्म है, रचना कर्म के परिवेश तथा परिस्थितियों का विवेचन साहित्येतिहास की दूसरी शर्त है।''[65] साहित्यिक रचनाओं तथा प्रवृत्तियों के ऐतिहासिक यथार्थ का उद्घाटन तथा विवेचन ऐतिहासिक पृष्ठभूमि के आधार पर ही सम्भव हो सकता है।

साहित्य के इतिहासकार का उद्देश्य एक ओर साहित्य के अनेकमुखी विकास को बोधगम्य रूप में प्रस्तुत करना है और दूसरी ओर साहित्य में अभिव्यक्त मानव जीवन की जटिलता को स्पष्ट करना है। इसलिए अगर इतिहासकार साहित्येत्तर विषयों की ओर मुड़ता है तो मात्र इसलिए कि वह उस मनुष्य को उसकी पूर्णता में समझ सके जिसके जटिल एवं संश्लिष्ट रूप को मात्र साहित्यिक रचनाओं द्वारा समझना प्रायः उसे असम्भव-सा प्रतीत होता है।'[66] अतः समग्र इतिहास की उपेक्षा करके साहित्येतिहास पूर्णता को प्राप्त नहीं कर सकता। इतिहास और साहित्यिक इतिहास दोनों एक-दूसरे के पूरक हैं। 'ऐतिहासिक तथ्यों की खोज, उनके सम्यक् अनुशीलन तथा साहित्य और अन्य कलाकृतियों के साथ उन्हें सम्बद्ध करके

तत्कालीन जीवन के पुनर्निर्माण के बिना न तो वास्तव में सामान्य इतिहास की रचना हो सकती है और न साहित्य के इतिहास की। साहित्य और इतिहास में अभिन्नता और अन्योन्य सम्बन्ध है।'[67]

ऐतिहासिक पीठिका के आलोक में साहित्यिक विकास का विश्लेषण सावधानी से करने की आवश्यकता है। साहित्येतिहासलेखन के लिए जहाँ मानवीय इतिहास की समग्रता का बोध आवश्यक है वहाँ यह समझना भी अत्यन्त आवश्यक है कि साहित्य एक स्वायत्त संस्था है। प्रायः देखा जाता है कि साहित्य के इतिहास ग्रन्थों में ऐतिहासिक पीठिका साहित्येतिहास का अविभाज्य अंग नहीं बन पाती। ऐतिहासिक परिस्थितियों का अलग-अलग विवेचन कोई संगति नहीं रखता। यदि उसकी विवेचना साहित्य के विकासक्रम के विश्लेषण में सहायक नहीं होती, तो उसकी सार्थकता समाप्त हो जाती है। इसलिए इतिहास तथा साहित्य के अन्तःसम्बन्ध के निरूपण और विश्लेषण द्वारा ही साहित्येतिहास को प्रौढ़ रूप दिया जा सकता है।

साहित्येतिहासलेखन तथा इतिहासदर्शन का अन्तःसम्बन्ध

साहित्येतिहास को विश्लेषणात्मक, प्रामाणिक तथा परिपक्व रूप देने के लिए साहित्येतिहासलेखन एवं इतिहासदर्शन का अन्तःसम्बन्ध अत्यन्त आवश्यक है क्योंकि साहित्य का इतिहास लेखकों और उनकी कृतियों का कालक्रमानुसार विवेचन न होकर साहित्य की विकासशीलता की सुसंगत व्याख्या है। मैनेजर पाण्डेय के मतानुसार, 'साहित्येतिहास साहित्य के विकास क्रम के अन्तर्गत होने वाले परिवर्तनों की व्याख्या है और हर तरह की व्याख्या के लिए सुसंगत दृष्टिकोण की आवश्यकता होती है। एक व्यापक विचारप्रक्रिया ही इतिहास को सुसंगति प्रदान करती है।'[68]

साहित्यिक कृतियाँ तथा अन्य ऐतिहासिक तथ्य तो केवल कच्चा माल है जिससे साहित्य का इतिहासकार सुव्यवस्थित रचना तैयार करता है। यह तभी सम्भव है यदि वह ऊपर से परस्पर असम्बन्धित लगने वाली प्रत्येक ऐतिहासिक युग की कृतियों को एकसूत्र में पिरोकर प्रस्तुत करे। एकसूत्रता का ठोस आधार इतिहास दर्शन ही हो सकता है। डॉ. बच्चन सिंह के शब्दों में, 'वस्तुतः अवधारणा ही वे उपकरण (टूल्स) हैं, जिनके आधार पर कला साहित्य और संस्कृति का अपेक्षाकृत प्रामाणिक ऐतिहासिक अध्ययन प्रस्तुत किया जा सकता है।'[69] एक सुनिश्चित ऐतिहासिक दृष्टिकोण के आधार पर सामाजिक व्यवस्था और सांस्कृतिक परिवेश को समझे बिना साहित्येतिहासलेखन प्रामाणिक नहीं बन सकता। कहने का अभिप्राय यह है कि साहित्य के इतिहास में साहित्य की गत्यात्मकता को, साहित्य के कथ्य और शिल्प के युगानुरूप परिवर्तन को, एक युग में साहित्य की परस्पर विरोधी प्रवृत्तियों को, एक लेखक के रचनात्मक विकास को तथा साहित्य के सामाजिक यथार्थ के साथ जटिल सम्बन्ध को स्पष्ट करने के लिए आवश्यक हो जाता है कि

इतिहासकार साहित्य सम्बन्धी ऐतिहासिक दृष्टि से सम्पन्न हो। वास्तव में साहित्य का इतिहासकार अपने ऐतिहासिक दृष्टिकोण के आधार पर अपने ग्रन्थ के लिए विषय सामग्री का चयन करता है, उसे सुव्यवस्थित रूप देता है। उसे युगों में विभाजित करता है तथा उसमें कार्य-कारण का सम्बन्ध स्थापित करते हुए उसकी व्याख्या करता है।

साहित्येतिहास में साहित्य की व्याख्या आलोचनात्मक तथा शास्त्रीय पद्धति के अनुरूप ही नहीं होती वह देशकाल के जीवन की समग्रता के सन्दर्भ में भी होती है। काम्प्टन रिकेट लिखते हैं : 'साहित्य के इतिहास में साहित्य एक शास्त्रीय वस्तु के रूप में ग्रहण नहीं किया जाता बल्कि जातीय विकास की अनेक पक्षीय गतिविधियों की अभिव्यक्ति के रूप में देखा जाता है।'[70] साहित्य को समाज के सन्दर्भ में देखना और उसे सामाजिक इतिहास का एक महत्त्वपूर्ण अंग स्वीकार करना ही पर्याप्त नहीं, साहित्य के इतिहास की धारा पर वैज्ञानिक दृष्टि से विचार करना भी आवश्यक है। यह तभी सम्भव हो सकता है यदि इतिहास लेखक अपने ऐतिहासिक बोध को किसी विचारधारा से जोड़ता है। विचारधाराएँ अनेक हैं, इसलिए साहित्य के इतिहास सम्बन्धी दृष्टिकोण भी अनेक हैं। यदि साहित्यदर्शन एकांगी होगा तो इतिहासलेखन भी एकांगिता के दोष से नहीं बच सकता। शिवदान सिंह चौहान के शब्दों में, 'सामान्य इतिहास सम्बन्धी धारणाएँ और दृष्टिकोण साहित्य, कला, संस्कृति, दर्शन एवं विज्ञान आदि सभी क्षेत्रों के विशिष्ट इतिहासों के अध्ययन को भी प्रभावित करते हैं और यदि प्रचलित दृष्टिकोण एकांगी हो तो उस दृष्टि से लिखा गया साहित्य का इतिहास भी एकांगी होगा।'[71] साहित्येतिहासलेखन में साहित्य की एकांगी व्याख्या से मुक्ति के लिए यह आवश्यक है कि लेखक की ऐतिहासिक विचारधारा साहित्य तथा इतिहास के तथ्यों द्वारा पुष्टि हो।

साहित्येतिहासलेखन में सबसे जटिल समस्या साहित्य के विकास सम्बन्धी कारणत्व की है। यह तो निश्चित है कि सामान्य इतिहास की भाँति साहित्येतिहास का सम्बन्ध 'क्या' और 'कब' से ही नहीं है, 'क्यों' से भी है। किसी युग में कब क्या रचा गया, इसका विवेचन ही पर्याप्त नहीं होता, जैसा रचा गया वैसा ही क्यों रचा गया, यह दिग्दर्शन भी अत्यन्त आवश्यक होता है। इस प्रश्न का उत्तर देने के लिए विचारधारा का आश्रय लेना पड़ता है या यह कहना अधिक समीचीन होगा कि इतिहासकार इस समस्या का समाधान अपने दृष्टिकोण से करता है। साहित्येतिहास दर्शन ही इस गुत्थी को सुलझाता है। इतिहासकार ऐतिहासिक दृष्टि से साहित्यिक विकास पर विचार करता हुआ जब कारणता को तलाशता है तो विकास के अनेक कारणों में से निर्णायक कारण का चुनाव लेखक की दृष्टि ही निर्धारित करती है। इतिहासकार अपनी दृष्टि के अनुसार जिसे निर्णायक कारण अथवा कारणों का कारण मानकर चलता है उसके अनुरूप साहित्येतिहास की व्याख्या का स्वरूप होता है।

साहित्येतिहासलेखन में एक साहित्यकार के साहित्य पर मुख्यतः साहित्य की तत्कालीन धारा के सन्दर्भ में ही विचार होता है। साहित्यधारा का विश्लेषण भी युग के सन्दर्भ में ही होता है। इसलिए साहित्य के इतिहासकार के लिए साहित्यधारा और साहित्यिक प्रवृत्तियों के प्रेरक ऐतिहासिक तथा सामाजिक कारणों का अध्ययन परमावश्यक हो जाता है। यह तभी सम्भव है यदि उसका सामान्य इतिहास सम्बन्धी दृष्टिकोण व्यापक और वैज्ञानिक हो, क्योंकि साहित्य के इतिहासलेखन का इतिहास और इतिहासदर्शन से अभिन्न सम्बन्ध है।

साहित्यिक इतिहासः कुछ अन्य महत्त्वपूर्ण पक्ष

साहित्येतिहासलेखन तथा समाजशास्त्र

साहित्य के इतिहासलेखन के लिए जिन साहित्येत्तर विषयों का यथोचित ज्ञान आवश्यक है उनमें समाजशास्त्र का विशेष महत्त्व है। इतिहासकार की समाजशास्त्र तथा समाजशास्त्रीय पद्धति में पैठ उसके लेखन को प्रौढ़ रूप प्रदान करती है। आर्नल्ड हाऊजर ने लिखा है : 'कला के इतिहासलेखन के लिए समाजशास्त्रीय पद्धति उतनी ही अपरिहार्य है जितनी मानव समाज के अन्य भावात्मक सृजन के लिए।[72] इस पद्धति की सीमाओं की भी उन्होंने चर्चा की है। उनके अनुसार, कला के इतिहास में जब कलाकृति पर समाजशास्त्रीय दृष्टि से विचार होगा, तो उसका मनोवैज्ञानिक तथा शिल्प सम्बन्धी पक्ष उपेक्षित रह जाता है, जबकि कलाकृति कई जटिल सामाजिक, मनोवैज्ञानिक तथा कलात्मक स्थितियों की उपज होती है। दूसरे यह कि समाजशास्त्रीय पद्धति के अनुसार मुख्यतः कला के इतिहास सम्बन्धी सामाजिक कारणत्व पर विचार होगा, जिसके परिणामस्वरूप साहित्य के विविध पक्षों की व्याख्या अपूर्ण रह जाएगी। इसके अतिरिक्त समाजशास्त्र की भाषा और साहित्य की भाषा में इतना अन्तर है कि इसके माध्यम से साहित्य को समझने का प्रयास हमें साहित्यिकता से दूर ले जाता है।[73] सीमाएँ समाजशास्त्रीय पद्धति की यांत्रिकता की हैं, अन्यथा समाजशास्त्र की उचित सहायता के बिना साहित्य का इतिहास सामाजिक जीवन से विच्छिन्न हो जाएगा।

साहित्य के कतिपय इतिहासकारों ने समाजशास्त्रीय पद्धति के उपयोग को इसलिए कोई महत्त्व नहीं दिया, क्योंकि वे साहित्यिक सृजन को एक सामाजिक प्रक्रिया के रूप में मान्यता नहीं देते। जार्ज सेम्पसन अपने अंग्रेजी साहित्य के इतिहास की प्रस्तावना में लिखते हैं : 'सृजन निजी तथा वैयक्तिक होता है। साहित्य ऐसा उत्पादन नहीं है, जो यांत्रिक रूप में किन्हीं स्रोतों, प्रभावों तथा युग चेतना से उत्पन्न होता हो, यह कुछ ऐसा है जो मनुष्य के मन से बाहर आता है··· । इसलिए यह जैसा हो उसे उसी रूप में स्वीकार किया जाना चाहिए··· । साहित्य का इतिहास

सृजनात्मक घटनाओं की अपनी दीर्घ परम्परा से मस्तिष्क को खोलता है तथा उसे ग्रहण करने के लिए तैयार करता है।[74] यह सही है कि साहित्य युग और समाज का यांत्रिक उत्पादन नहीं है तथा उसका साहित्यकार की प्रतिभा से घनिष्ठ सम्बन्ध है परन्तु यह भी उतना ही सही है कि साहित्येतिहास में साहित्य की व्याख्या युगचेतना तथा सामाजिक परिवेश के सन्दर्भ में ही होती है। इस सत्य को समझे बिना जो साहित्य का इतिहास लिखा जाएगा वह या तो इतिवृत्तात्मक बन जाएगा अथवा इतिहास बन ही नहीं सकेगा। साहित्य की अन्तर्वस्तु के विकास का ही नहीं, साहित्य के शिल्प के विकास का अध्ययन करने के लिए भी समाजशास्त्रीय दृष्टिकोण सहायक होता है। आर्नल्ड हाऊजर के अनुसार : 'शैली का इतिहास न तो मनोवैज्ञानिक और न ही सामाजिक कारणता की उपेक्षा कर सकता है।'[75]

सामाजिक कारणता युग के इतिहास को समझने के लिए मनोवैज्ञानिक कारणता से अधिक सहायक होती है, क्योंकि इतिहासकार की मानसिकता का निर्णय भी मुख्यतः पारिवारिक और सामाजिक वातावरण के प्रभावों से ही होता है। डॉ. विश्वम्भर नाथ उपाध्याय ने ठीक ही लिखा है : 'साहित्य और कला मानव सन्दर्भ की उपज है—यह अवधारणा अधिकांश विद्वत्वर्ग द्वारा स्वीकृत है। कारण यह है कि जीवमात्र की सर्जना वातावरण, परिवेश या सन्दर्भ से निरपेक्ष नहीं हो सकती। जैविक अथवा शरीरशास्त्रीय मनोविज्ञान की दृष्टि से सृजन मात्र अपने अनुकूल प्रतिवर्तन की प्रक्रिया है। इसी से सन्दर्भ और व्यक्ति में क्रिया, प्रतिक्रिया, अनुकूलीकरण-प्रतिकूलीकरण की निरन्तरता पायी जाती है, जिसे मानवविकास के इतिहास में स्पष्ट देखा जा सकता है। सम्पूर्ण मानव इतिहास प्रदत्त परिस्थितियों को व्यक्ति और समूह के अनुकूल बनाने का प्रयत्न है।'[76] साहित्य के इतिहासकार के लिए इन परिस्थितियों में झाँकना आवश्यक हो जाता है, ताकि वह साहित्यिक विकास की वास्तविक व्याख्या कर सके तथा भाववाद के खतरे से बच सके।

इस सत्य के स्पष्टीकरण की विशेष आवश्यश्कता नहीं कि साहित्य सामाजिक वातावरण में विकसित होता है। समाज और साहित्य का सम्बन्ध सर्वमान्य है। साहित्यिक कृति उस साहित्यकार की सृजनात्मक प्रतिभा की देन है, जो सामाजिक मनुष्य है। उसकी अनुभूति और अभिव्यक्ति एक सामाजिक क्रिया है, चाहे ऊपर से वे कितनी भी व्यक्तिगत क्यों न लगें। कृति पर उसकी प्रतिभाविशेष की छाप से इनकार नहीं किया जा सकता, परन्तु साहित्य की केवल मनोवैज्ञानिक व्याख्या एकांगी है। यदि हर समाज का साहित्य उसमें रहने वाले लोगों की सम्पत्ति है, उसमें लोकचित्त की अभिव्यक्ति होती है, वह समाज की विशिष्ट संस्कृति के अनुसार विशिष्ट प्रकृति धारण करता है, तब उसका इतिहास समाज के इतिहास से किस प्रकार विच्छिन्न हो सकता है? आर.के. स्काट[77] तथा एमाइल लिगुइस तथा लुइस कज़ामिया[78] साहित्य को समाज के मस्तिष्क और स्वभाव की अभिव्यक्ति मानते हैं।

अतः विशुद्ध कलावादी दृष्टिकोण से साहित्य का न तो अध्ययन ही और न इतिहासलेखन ही सार्थक सिद्ध हो सकता है। साहित्येतिहासलेखन के लिए समाज शास्त्र तथा समाजशास्त्रीय पद्धति का ज्ञान उतना ही आवश्यक है जितना इतिहास और संस्कृति का ज्ञान आवश्यक है। अंग्रेजी साहित्येतिहासकार सैंट्सबरी[79] ने विशुद्ध साहित्यिक दृष्टिकोण से साहित्येतिहासलेखन पर बल दिया है और साहित्य सम्बन्धी अति व्यापक सामान्य नियमों से बचने का आग्रह किया है। साहित्येतिहासलेखन की समाजशास्त्र तथा इतिहास के सामान्य नियमों की यांत्रिक जकड़न से मुक्ति की आकांक्षा श्लाघ्य है परन्तु समाजशास्त्र से साहित्येतिहास का सम्बन्ध-विच्छेद सम्भव नहीं है और न ही वांछनीय।

साहित्येतिहास और साहित्यालोचन

साहित्येतिहासलेखन सामान्य साहित्यिक अध्ययन तथा साहित्य के समीक्षाशास्त्र एवं साहित्य की व्यावहारिक आलोचना से भिन्न कार्य है। इसका क्षेत्र व्यापक है। रैने वैलेक ने इस अन्तर को स्पष्ट करते हुए लिखा है : 'हमारे सम्यक् अध्ययन के अन्तर्गत साहित्यिक सिद्धान्त, समीक्षा तथा इतिहास में अन्तर अत्यन्त महत्त्वपूर्ण है।[80] आलोचना में मुख्यतः साहित्य का मूल्यात्मक विवेचन होता है और साहित्येतिहास में साहित्य के विकास का विश्लेषण होता है। दोनों के अंतर से यह निष्कर्ष निकालना कि दोनों एक दूसरे से नितान्त भिन्न हैं, उचित और तर्कसंगत नहीं है जैसा कि कुछ विद्वानों का मत है। उदाहरणतः एफ॰ डब्ल्यू॰ बैटसन तर्क देते हैं कि साहित्यिक इतिहास 'ए' का 'बी' से उत्पन्न होना दिखाना है जबकि आलोचना यह घोषणा करती है कि 'ए', 'बी' की तुलना में अधिक अच्छा है।[81] इस विचार के अनुसार साहित्येतिहास का सम्बन्ध परिवर्तनशील तथ्यों से है और आलोचना का सम्बन्ध दृष्टिकोण और विश्वास की स्थिरता से है। यह धारणा सत्य से बहुत दूर है, क्योंकि साहित्य का इतिहासकार परिवर्तनशील साहित्यिक गतिविधियों का विवेचन ही नहीं करता, साहित्य का विकास के विवेचन के अन्तर्गत साहित्यिक कृतियों का भी करता है। साहित्य का इतिहासकार एक उत्कृष्ट आलोचक भी होता है या उससे यह अपेक्षा की जाती है कि वह साहित्यिक विकास के विवेचन के अन्तर्गत साहित्यिक कृतियों का मूल्यांकन भी प्रस्तुत करे। कुछ विद्वान, विशेषकर पुनर्निर्माणवादी यह तो स्वीकार करते हैं कि मूल्यांकन होता है, परन्तु वे इस मूल्यांकन को आलोचनापरक मूल्यांकन से भिन्न मानते थे। उनका तर्क है कि 'साहित्येतिहास के मूल्यांकन सम्बन्धी अपने विशिष्ट प्रतिमान और निष्कर्ष होते हैं जिनका सम्बन्ध दूसरे युगों से होता है। वे दलील देते हैं कि हमें (इतिहासकारों को) प्राचीन युगों की आत्मा और प्रवृत्तियों में प्रवेश करके उनके प्रतिमानों को स्वीकार करना चाहिए और अपनी पूर्वधारणाओं के अनाधिकार प्रवेश का बहिष्कार करना चाहिए।[82] वह

आलोचक द्वारा किये गये मूल्यांकन को उसकी अपनी धारणाओं का प्रतिफल समझते हैं और साहित्यिक इतिहास द्वारा किए गए मूल्यांकन को उनसे मुक्त मानते हैं। आलोचना तथा साहित्येतिहास को इस आधार पर अलगाने का यत्न भी असंगत है, क्योंकि कोई भी इतिहासकार अपनी ऐतिहासिक दृष्टि तथा युगदृष्टि से मुक्त होकर साहित्येतिहास की समीक्षा और मूल्यांकन नहीं कर सकता। न तो साहित्येतिहासकार साहित्य सम्बन्धी अपनी धारणाओं से स्वतन्त्र होकर लिखता है, और न आलोचक। इसलिए यह कहना निराधार है, कि आलोचक का भी अपना मत, दृष्टिकोण, सम्मति तथा चिन्तन होता है, जिससे वह अपने को विमुक्त नहीं रख सकता और वही उसकी सबसे बड़ी सीमा है। उसकी ईमानदारी और सच्चाई में भी उस तटस्थता का अभाव मिलेगा जो साहित्येतिहासकार के लिए स्वाभाविक है।'[83] ऐतिहासिक तटस्थता का यह अभिप्राय नहीं है कि इतिहासकार का विवेचन उसकी ऐतिहासिक दृष्टि तथा साहित्य सम्बन्धी उसकी धारणाओं से युक्त नहीं होता। साहित्य सम्बन्धी अवधारणाओं का समसामयिक साहित्यिक चिन्तन से सम्बन्धित होना भी आवश्यक है। इसलिए आलोचना और साहित्येतिहास को एकदम अलग करना भ्रामक है। ऐतिहासिक आलोचना तथा साहित्येतिहास में तो विभाजक रेखा दिखाई ही नहीं देती। दोनों की प्रकृति एक हो जाती है। लूनाचर्सकी लिखते हैं : 'कभी-कभी साहित्य के इतिहासकार और साहित्य के आलोचक के कार्यों में भेद किया जाता है। यह भेद वर्तमान और भूतकाल के विश्लेषण पर इतना आधारित नहीं है जितना इस बात पर कि साहित्येतिहासकार कृति के स्रोतों, सामाजिक ढाँचे में उसके स्थान तथा सामाजिक जीवन पर उसके प्रभाव का वस्तुपरक विश्लेषण करता है जबकि आलोचक का मूल्यांकन कृति के शुद्ध कलात्मक पक्ष तथा सामाजिक गुण-दोषों पर आधारित होता है, परन्तु मार्क्सवादी आलोचना के लिए यह भेद प्रायः अपनी सारी प्रामाणिकता खो देता है'[84] साहित्येतिहास में कृतियों का विवेचन केवल समाजशास्त्रीय और ऐतिहासिक ही नहीं होता, आलोचनात्मक भी होता है। साहित्य के इतिहासकार को एक आलोचक का कर्त्तव्य भी निभाना पड़ता है। वस्तुतः साहित्येतिहासलेखन का साहित्य के आलोचनाशास्त्र तथा व्यावहारिक आलोचना से उतना ही घनिष्ठ सम्बन्ध है जितना इतिहास तथा इतिहासदर्शन से है।

साहित्येतिहास में साहित्यिक नेता का स्थान

इतिहास में नेता का स्थान क्या है? इस प्रश्न पर विचार करने वाले विद्वानों तथा इतिहासज्ञों में गहरा मतभेद है। एक ओर कारलायल जैसे आदर्शवादी विद्वान इतिहास को 'महान व्यक्तियों की जीवनी' तक सीमित कर देते हैं और दूसरी ओर इतिहासवादी विचारक महान व्यक्तियों को ऐतिहासिक परिस्थितियों की स्वाभाविक उपज के रूप में स्वीकार करते हैं। युगनेता को इतिहास का नियामक मानना उतना

ही भ्रामक है, जितना उसे परिस्थितियों के हाथ की कठपुतली मात्र समझना। क्रिस्टोफर काडवेल का कथन है : 'नायक की एक ऐसे मनुष्य के रूप में अवधारणा जो परिस्थितियों को अपनी इच्छाशक्ति के अनुसार ढाल लेता है, उन पर हावी होता है, उतनी ही भ्रामक है जितनी यह कि वह समुद्र की लहर के साथ ऊपर उठता है।'[85]

निस्सन्देह कोई भी महान नेता इतिहास के वस्तुनिष्ठ प्रवाह को अपनी इच्छानुसार परिवर्तित नहीं कर सकता, परन्तु इसका यह तात्पर्य नहीं है कि वह इतिहास के निर्माण में एक साधारण व्यक्ति जितना ही योगदान देता है। लेनिन ने इस समस्या का समाधान प्रस्तुत करते हुए लिखा है : 'ऐतिहासिक अनिवार्यता की अवधारणा इतिहास में व्यक्ति के योगदान को महत्त्वहीन नहीं बनाती। समस्त इतिहास उन व्यक्तियों के कार्यकलापों द्वारा ही विनिर्मित है, जो निस्सन्देह कर्मठ व्यक्ति होते हैं।'[86] ऐतिहासिक अनिवार्यता को भाग्यवादी निर्णयवाद (फैटैलिस्टिक डिटर्मिनिज़्म) के रूप में व्याख्यायित करना इतिहास की मार्क्सवादी व्याख्या के विपरीत है। नेता सम्बन्धी मार्क्सवादी धारणा इतिहास के गहन अध्ययन का प्रतिफल है। इसलिए अधिक संतुलित है। इसके अनुसार : महान नेता का अवतरण तब होता है, जब संकटकालीन परिस्थितियों में उसकी आवश्यकता होती है। वह इसलिए महान होता है क्योंकि वह ऐतिहासिक प्रक्रिया की वस्तुस्थिति को समझता है, वह सामाजिक विकास की आवश्यकताओं को पहचानता है और यह भी जानता है कि ये आवश्यकताएँ कैसे पूरी हो सकती हैं?'[87] कोई भी नेता जन्मजात नहीं होता। वह इसलिए नेता है, क्योंकि परिस्थितियों की माँग थी कि वह नेता बने। यदि वह न होता तो भी उन परिस्थितियों में कोई न कोई उस स्थान पर अवश्य प्रतिष्ठित होता, क्योंकि नेता का स्थान कभी रिक्त नहीं रहता। सामान्य इतिहास की तरह साहित्य के इतिहास में भी कोई न कोई तो युगप्रवर्तक बनेगा ही, क्योंकि यह नहीं हो सकता कि युग की संवेदना और बदले हुए भावबोध को कोई साहित्यकार अभिव्यक्ति ही न दे। तो क्या इतिहास में व्यक्ति की प्रतिभा का कोई महत्त्व नहीं है? क्यों नहीं। एक महान प्रतिभासम्पन्न महानेता अपने युग की माँग को पूरा करने में शीघ्र सफल होता है, परन्तु कोई भी प्रतिभासम्पन्न व्यक्ति युग को नकार कर महान नहीं बन सकता। यह भी वास्तविकता है कि एक महान व्यक्ति की प्रतिभा के पीछे कई छोटी-बड़ी प्रतिभाएँ कार्यरत होती हैं।

साहित्य और कला के इतिहास में प्रत्येक युग में महान प्रतिभाएँ अवतरित होती हैं। साहित्येतिहासलेखन की एक ऐसी परम्परा रही है जो साहित्येतिहास को महान साहित्यकारों के सृजन तक सीमित मानकर चलती रही। यह परम्परा अब भी किसी न किसी रूप में विद्यमान है। साहित्येतिहास सम्बन्धी यह दृष्टिकोण तथा साहित्येतिहासलेखन की उक्त परम्परा साहित्येतिहास की जटिलता को समझने तथा उसकी वास्तविकता को स्पष्ट करने में असमर्थ रहे हैं। महान साहित्यकारों का सृजन

साहित्य के इतिहास का महत्त्वपूर्ण अंश अवश्य है, वह अपने आप में साहित्य का इतिहास नहीं बन जाता। सिडनी हुक की यह धारणा उचित नहीं है कि विशेषतया विज्ञान और कला के क्षेत्र में महान व्यक्ति ही मौलिक आदर्शों एवं प्रतिरूपों को जन्म देते हैं तथा सामान्य प्रतिभासम्पन्न व्यक्ति उनकी नकल करते हैं।'[88] साहित्यिक आदर्श, मूल्य और अन्तर्वस्तु युग की प्रवृत्ति द्वारा निर्धारित होते हैं, इसलिए यह कहना अधिक प्रामाणिक और संगत है कि कला के इतिहास में महान व्यक्ति भी अपनी प्रतिभा को इतिहास के महत्वपूर्ण मोड़ों पर प्रदर्शित करते हैं। महान व्यक्ति तभी प्रतिभाशाली कहलाता है, जब उसकी योग्यताएँ, चरित्र और बुद्धि विकास के विशेष स्तर को प्राप्त समाज के लिए आवश्यक होते हैं।[89] इसलिए साहित्य के इतिहास में महान साहित्यकारों तथा उनकी रचनाओं की चर्चा साहित्यिक युग, युगीन प्रवृत्तियों तथा साहित्यिक परम्परा एवं सृजन की समग्रता के सन्दर्भ में ही होनी चाहिए ताकि महान साहित्यकार के कृतित्व को साहित्यिक परम्परा तथा युग विशेष के सन्दर्भ में आँका जा सके।

साहित्यिक इतिहास में भी महान नेता का आगमन कोई संयोग नहीं होता। कई सामान्य प्रतिभाओं की परोक्ष साधना के बाद ही उसका अवतरण होता है। इसलिए नलिनविलोचन शर्मा ने साहित्यिक इतिहास में गौण प्रतिभाओं के महत्त्व को प्रदर्शित करते हुए लिखा है–'साहित्यिक इतिहास का विषय भी यदि विस्तार है तो महान लेखकों से अधिक महत्त्व उन गौणों (माइनज) का है जिनसे विस्तार निर्मित होता है।[90] सामान्य साहित्यकार ही उस भूमि को तैयार करते हैं जिसमें महान व्यक्ति अपनी प्रतिभा का बीज बोते हैं और साहित्य की अच्छी फसल उगाते हैं जैसा कि आचार्य हजारी प्रसार द्विवेदी ने चंडीगढ़ के एक भाषण में कहा था कि सामान्य साहित्यकारों का साहित्यिक सृजन ऐसी खाद का काम देता है जिससे महान साहित्य पल्लवित होता है। कबीर से पूर्व यदि नाथ योगियों का साहित्य न होता तो कबीर की वाणी इतनी सशक्त न होती और उसका स्वरूप भी कुछ और ही होता। सूर का काव्य भी पूर्ववर्ती गीत काव्य परम्परा का विकसित रूप है जैसा कि आचार्य शुक्ल स्वीकार करते हैं। तुलसी के महान काव्य का आधार उनकी असाधारण प्रतिभा ही नहीं है उनसे पूर्व की रामकाव्य परम्परा भी है जिसका उन्होंने युगानुरूप विकास किया। इसलिए साहित्य के इतिहास में महान व्यक्तियों के साहित्य का अध्ययन साहित्यिक परम्परा के अभिन्न अंग के रूप में होना ही अपेक्षित है।

अब प्रश्न उठता है कि क्या ऐसा साहित्यिक इतिहास लिखा जाना चाहिए जिसमें साहित्यिक परम्पराओं तथा प्रवृत्तियों का ही विवेचन और विश्लेषण हो तथा व्यक्ति साहित्यकारों के सृजन को महत्त्व न दिया जाए? वाल्फिन ने नामहीन अथवा बिना व्यक्तियों के नाम के इतिहास को अधिक प्रौढ़ माना है तथा उसके औचित्य पर बल दिया है। उनका तर्क है कि साहित्यिक उद्देश्य एवं मूल्य तथा शैल्पिक

प्रवृत्तियाँ युग की देन हैं। व्यक्तियों का लेखन युग की प्रवृत्तियों से ही प्रेरित होता है। वह युग की सीमाओं में बँधा होता है, इसलिए उनका अपना सिद्धान्त है कि हर समय सब कुछ सम्भव नहीं होता।[91] कितना भी महान साहित्यकार क्यों न हो, वह युग की सीमाओं को पूरी तरह लाँघ नहीं सकता। तुलसीदास जैसे महान कवियों का चिन्तन, बोध, संवेदना और काव्यशिल्प भी युग की चेतना तथा युगीन प्रवृत्तियों के अनुरूप हैं, परन्तु क्या हिन्दी साहित्य का कोई इतिहास उनके नाम की उपेक्षा करके लिखा जा सकता है? इसका स्पष्ट उत्तर है कि न तो यह सम्भव है और न ही वांछनीय, क्योंकि साहित्यकारों की कृतियाँ ही तो वे घटनाएँ हैं, जिनके आधार पर साहित्य के इतिहास का निर्माण होता है। रचनाओं के माध्यम से हम साहित्यिक युग की प्रवृत्तियों को समझते भी हैं और इतिहास लेखन को ठोस तथा प्रामाणिक रूप भी देते हैं। इसलिए आर्नल्ड हाऊजर का यह कथन अत्यन्त सार्थक है : 'कला का इतिहास मुख्यतः कलाक्षेत्र की प्रवृत्तियों तथा आन्दोलनों से सम्बन्धित है फिर भी कलाकृति ही एकमात्र कलात्मक यथार्थ है।[92] इसलिए कला का इतिहास कलाकारों की कृतियों की उपेक्षा करके नहीं लिखा जा सकता है। इसी प्रकार साहित्य का इतिहास न तो महान लेखकों तथा उनकी रचनाओं का विवरण है और न ही उनके बिना उसके अस्तित्व की कल्पना की जा सकती है। अतः नामहीन इतिहास की धारणा इतनी संगत नहीं कही जा सकती। निष्कर्ष स्वरूप कहा जा सकता है :

1. महान साहित्यिक नेताओं का कृतित्व साहित्येतिहास का अंग मात्र है। इसलिए उसकी व्याख्या साहित्यिक प्रवृत्ति के प्रमाण के रूप में होनी चाहिए।
2. कोई भी साहित्यिक युग किसी महान लेखक की प्रतिभा का परिणाम नहीं होता, वह ऐतिहासिक प्रक्रिया की देन होता है।
3. साहित्येतिहास में साहित्यिक नेता वही होता है जो तत्कालीन सांस्कृतिक, मानसिक तथा कलात्मक आवश्यकताओं की पूर्ति में सर्वाधिक योगदान देता है।
4. ऐतिहासिक अनिवार्यता के सिद्धान्त को मान्यता देने का यह तात्पर्य नहीं है कि महान साहित्यकारों की साहित्यिक देनों की उपेक्षा की जाए।
5. साहित्यिक इतिहास मुख्यतः साहित्यिक प्रवृत्तियों के ऐतिहासिक विश्लेषण से सम्बन्धित है, परन्तु विश्लेषण की प्रामाणिकता के लिए यह आवश्यक है, कि वह साहित्यिक रचनाओं और विशेषतया महान साहित्यकारों की रचनाओं पर आधारित हो क्योंकि रचनाएँ ही एकमात्र साहित्यिक यथार्थ हैं।
6. साहित्येतिहास को महान लेखकों के लेखन तक सीमित करना एकांगी दृष्टिकोण है।

साहित्येतिहासलेखन : शिल्पबन्ध एवं उसके प्रमुख आयाम

साहित्येतिहासलेखन सामान्य इतिहासलेखन की भाँति तीन प्रमुख कार्यों से सम्बन्धित है, क्योंकि किसी भी लिखित ऐतिहासिक कृति के निर्माण में तीन महत्त्वपूर्ण चरण होते हैं : सामग्री संकलन, सामग्री की परीक्षा एवं समीक्षा तथा पठनीय रूप में तथ्यों का प्रस्तुतीकरण, व्याख्या तथा उनके निष्कर्ष।[92] इन तीन कार्यों में से यदि एक भी अपूर्ण है, तो किसी भी इतिहासग्रन्थ को पूर्ण नहीं माना जा सकता। साहित्येतिहासलेखन की प्रक्रिया को डॉ. सुमनराजे ने छः भागों में विभाजित किया है : (1) सामग्री संकलन सम्बन्धी प्रक्रिया, (2) प्रामाणिकता निर्धारण सम्बन्धी प्रक्रिया, (3) सम्बन्ध निर्धारण सम्बन्धी प्रक्रिया, (4) कार्य-कारण निर्धारण सम्बन्धी प्रक्रिया, (5) मूल्यांकन सम्बन्धी प्रक्रिया, (6) प्रस्तुतीकरण सम्बन्धी प्रक्रिया।[94]

वस्तुतः अन्तिम चार का सम्बन्ध सामग्री के प्रस्तुतीकरण एवं व्याख्या से ही है। अतः इतिहासलेखन के लिए मुख्यतः तीन प्रक्रियाओं में से गुजरना पड़ता है।

सामग्री का संकलन एवं तथ्यों का चुनाव

इतिहासलेखन के लिए उपयुक्त और पर्याप्त तथ्यों का चुनाव एक अनिवार्य शर्त है। तथ्य क्या है? 'यह किसी कार्य का घटित होना, किसी घटना का घटित होना, अवश्य ही घटित या सही मानने वाली बात, अनुभव की हुई बात, एक स्थिति की वास्तविकताएँ, किसी निष्कर्ष का आधार मानी जाने वाली वस्तु, सही या विद्यमान वास्तविकता है।'[95] इससे तात्पर्य यह हुआ कि तथ्य अवश्य घटित हो चुका है और सिद्धान्त तथा व्याख्या का आधार बनता है। तथ्य और घटना में अन्तर है। घटना एक प्रक्रिया है और तथ्य उसका अंग मात्र। एक घटना में कई तथ्यों का योग रहता है। अतः थोमस और जिनेन के आधार पर डॉ॰ सुमनराजे का कथन सही है : 'एक तथ्य किसी घटना या प्रक्रिया की पूर्ण व्याख्या नहीं करता, प्रायः वह तो उसके मात्र एक भाग के अस्तित्व को ही प्रकट करता है।'[96]

ऐतिहासिक तथ्य अपने आप में निर्जीव होते हैं। उनका महत्त्व इतिहास की व्याख्या तथा सिद्धान्त निर्माण के कारण है, परन्तु यह भी सही है कि उपयुक्त तथ्यों के अभाव में इतिहासलेखन सम्भव ही नहीं है। अतः तथ्यों का संग्रह तथा चुनाव करते समय अत्यन्त सावधान होने की आवश्यकता है। भ्रामक तथ्यों के परिणामस्वरूप तथा उनके आधार पर इतिहास की व्याख्या भी भ्रामक सिद्ध होती है। यह भी सही है कि नवीन तथ्यों के प्रकाश में साहित्य के इतिहास की व्याख्या में भी अन्तर आ जाता है। यही कारण है कि हिन्दी साहित्य के आरम्भिक युग की व्याख्या परिवर्तित होती रही है।

साहित्य के इतिहासलेखन के लिए कई प्रकार के तथ्यों की आवश्यकता होती है। उन्हें सुविधा के लिए निम्नलिखित भागों में विभाजित किया जा सकता है : (1) साहित्यिक, (2) ऐतिहासिक, (3) समाजशास्त्रीय, (4) सांस्कृतिक एवं दार्शनिक, (5) आलोचनाशास्त्रीय। यह ठीक है कि साहित्य के इतिहास के लिए साहित्यिक तथ्य ही प्राथमिक हैं, जो साहित्यिक कृति के रूप में रूपायित हो चुके हैं।'[97] अन्य तथ्यों का महत्त्व भी कम नहीं है क्योंकि वे इतिहास की व्याख्या के लिए अत्यन्त आवश्यक है। ऐतिहासिक तथा समाजशास्त्रीय सामग्री के बिना साहित्य के इतिहास में कार्य कारण का सम्बन्ध स्थापित करना सम्भव ही नहीं है। इसी प्रकार दार्शनिक तथा आलोचनात्मक सामग्री कृतियों, साहित्यिक आन्दोलनों तथा साहित्यिक युगों के मूल्यांकन के लिए परमावश्यक है।

सामग्री का संचयन एक द्विमुखी प्रक्रिया है। यह अनुसंधानात्मक भी है तथा सैद्धान्तिक भी। सर्वप्रथम हम अनुसंधानात्मक प्रक्रिया को लेते हैं। साहित्येतिहासलेखन के लिए विपुल सामग्री की आवश्यकता होती है, जिसे इतिहासकार वर्षों की खोज के बाद एकत्र करता है। उसे इसके लिए दूसरे विद्वानों के अनुसंधान पर भी आश्रित होना पड़ता है, क्योंकि समस्त सामग्री की मौलिक खोज तथा उसकी प्रामाणिकता का परीक्षण एक विद्वान के वश की बात नहीं है। इसलिए डॉ॰ सुमनराजे ने इस खोज को द्वैतियक स्तर का ही माना है। सम्यक् साहित्येतिहासलेखन के लिए आवश्यक है कि पूववर्ती विद्वानों द्वारा कवि वृत्त संग्रहों आदि का कार्य सम्पन्न हो चुका हो। इसके अतिरिक्त श्री नलिन विलोचन शर्मा के शब्दों में यह भी कहा जा सकता है : 'साहित्यिक इतिहासकार के लिए यह तो आवश्यक है ही कि उसे प्रभावी साहित्य का पाठ सुलभ हो, क्योंकि साहित्यिक इतिहास तब तक लिखा ही नहीं जा सकता, जब तक समृद्ध पुस्तकालय और सुव्यवस्थित सूची-पत्र न हों।'[98]

तथ्यों तथा सामग्री के संकलन के साथ सामग्री के वर्गीकरण की समस्या भी जुड़ी हुई है, क्योंकि 'बिखरी तथा फैली हुई तथ्यसामग्री को व्यवस्थित रूप प्रदान करने, उसके तत्त्वों की समानता और असमानता को स्पष्ट करने, उसकी परस्पर तुलना करने, सामग्री को शीघ्र ग्राह्य और स्थाई रूप से स्मरणीय बनाने के लिए वर्गीकरण आवश्यक होता है। इससे सबसे बड़ा लाभ यह होता है कि वर्गीकरण के द्वारा महत्त्वपूर्ण तथ्य विशेष रूप से प्रकाश में आ जाते हैं तथा व्यक्तिगत इकाइयाँ सामूहिक इकाइयों की शरण में आकर अपनी पृथक सत्ता समाप्त कर देती हैं।'[99] इतिहासलेखक वर्गीकरण अपनी योजना के अनुसार करता है। इसलिए एक प्रकार का वर्गीकरण सभी के लिए उपयोगी नहीं होता। हाँ, इतना अवश्य कहा जा सकता है कि वर्गीकरण करते समय कालक्रम, साहित्यिक युग, साहित्यिक विधा तथा साहित्यिक प्रवृत्ति का ध्यान अवश्य रखना पड़ता है।

जैसा कि पहले कहा जा चुका है कि तथ्यों के चुनाव की प्रक्रिया सैद्धान्तिक

भी है। इसका तात्पर्य यह है कि तथ्यों की खोज तथा चुनाव को इतिहासकार का दृष्टिकोण प्रभावित करता है। ऊपर से प्रतीत हो सकता है कि इतिहासकार तटस्थ होकर सामग्री का चयन करता है, परन्तु वास्तव में ऐसा नहीं है। तथ्यों के जमघट में हमारी दृष्टि उन्हीं तथ्यों पर टिकती है, जो हमारे दृष्टिकोण को पुष्ट करने में सहायक होते हैं।

ऐतिहासिक दृष्टि से सुसंगत चुनाव करना, काल के अन्तर्गत कलात्मक सर्जना में महत्त्वपूर्ण तथा अनावश्यक में भेद करना तथा महत्त्वपूर्ण समझी जाने वाली कृतियों को एक साथ रखना, चिन्तन का सहज एवं सृजनात्मक कार्य है तथा दृष्टिकोण का परिणाम है। यह दृष्टिकोण उपलब्ध सामग्री द्वारा निर्धारित नहीं होता, इसे हम इसके अनुसंधान के समय साथ लाते हैं।...यह विचार ही भ्रामक है कि हम सामग्री के संकलन तथा परीक्षण से आरम्भ करते हैं। यह बात पहले चुनने और फिर व्याख्या करने तथा मूल्यांकन करने की नहीं है। वास्तविकता यह है कि हम उन्हीं तथ्यों को रजिस्टर्ड करते हैं, जिन्हें हमने पहले ही ऐतिहासिक दृष्टि से सार्थक समझ कर व्यवस्थित रूप दे दिया है।[100]

यह तो निश्चित है कि एक सुविकसित तथा सभ्य समाज में साहित्य सृजन की एक सुदीर्घ परम्परा होती है। प्रत्येक युग में साहित्य का सृजन विपुल मात्रा में होता है तथा अनेक कृतियों का रचना एवं प्रकाशन होता है। इसके अतिरिक्त एक ही युग में विभिन्न प्रवृत्तियों और साहित्यिक रूपों युक्त साहित्यसाधना सम्भव है, क्योंकि ज्यों-ज्यों साहित्यिक विकास जटिल होता जाता है त्यों-त्यों प्रवृत्तियों की विविधता, साहित्यिक आन्दोलनों की प्रचुरता, साहित्यिक विधाओं तथा शिल्प की अनेकरूपता परिलक्षित होने लगती है। समस्त सामग्री को साहित्य के इतिहास में स्थान देना असम्भव हो जाता है। ऐसी अवस्था में इतिहासकार का दृष्टिकोण ही सामग्री के संकलन में निर्णयात्मक भूमिका निभाता है। आर्नल्ड हाऊजर ने लिखा है : 'वास्तव में कला का विकास हर समय अनेकरेखीय तथा अनेक प्रवृत्तियों युक्त होता है। कला का इतिहासकार गतिविधियों की ऐसी जटिल अवस्था में सारतत्त्व निकाल लेता है और उसे ऐसा करना ही चाहिए ताकि तथ्यों का संतुलित एवं सार्थक सिंहावलोकन हो सके।'[101] किन-किन तथ्यों को सार के रूप में ग्रहण करना है और किन्हें सारहीन समझकर त्यागना है? किन कृतियों को साहित्येतिहास में महत्त्वपूर्ण स्थान देना है? किसी प्रवृत्ति की व्याख्या के लिए कारण रूप में किन तथ्यों को चुनना है? कई ऐसे प्रश्न हैं जिनका उत्तर साहित्येतिहासलेखन का कोई नियम या सिद्धान्त नहीं दे सकता। लेखक का दृष्टिकोण ही इस समस्या का समाधान करता है।

साहित्य के इतिहासकार की भाषा तथा साहित्य सम्बन्धी दृष्टिकोण भी तथ्यों के चुनाव पर प्रभाव डालता है। हिन्दी साहित्य के जो इतिहासकार अपभ्रंश को हिन्दी से अलग भाषा मानते हैं, उन्होंने अपभ्रंश साहित्य सम्बन्धी सामग्री को संक्षेप में

हिन्दी साहित्य के इतिहास की पृष्ठभूमि के रूप में ही प्रस्तुत किया है, जबकि राहुल सांकृत्यायन अपभ्रंश काव्य को 'हिन्दी काव्यधारा' में स्थान देते हैं, क्योंकि उनके अनुसार 'वह उससे भी कहीं अधिक हिन्दी भाषा है जितनी कि आज की मालवी, मारवाड़ी मल्ली (भोजपुरी) और मैथिली।'[102] इसके विपरीत यदि शिवदानसिंह चौहान का मत लें तो हिन्दी साहित्य के इतिहास की सामग्री खड़ी बोली के साहित्य तक सीमित हो जाती है। वह लिखते हैं : 'हमारी दृष्टि में हिन्दी साहित्य के इतिहास में केवल खड़ी बोली में रचा गया हिन्दी साहित्य ही परिगणित होना चाहिए, हिन्दी भाषा समूह की अन्य भाषाओं का साहित्य नहीं।'[103]

साहित्य के इतिहास में सामग्री संकलन के समय जिस प्रकार लेखक का भाषा सम्बन्धी दृष्टिकोण उपस्थित रहता हैं, उसी प्रकार साहित्य सम्बन्धी दृष्टिकोण भी अपनी भूमिका निभाता है। यह दृष्टिकोण ही कृतियों के साहित्यिक अथवा असाहित्यिक होने का निर्णय करता है तथा उन्हें इतिहास में महत्त्वपूर्ण अथवा उपेक्षणीय ठहराता है। उदाहरणस्वरूप हम सिद्धों और नाथ योगियों के साहित्य को ले सकते हैं। पं. रामचन्द्र शुक्ल के मतानुसार, 'यह सामग्री साहित्यिक दृष्टि से उपेक्षणीय है क्योंकि नाथयोगियों की रचनाएँ शुद्ध साहित्य के अन्तर्गत नहीं आतीं। उनको उसी रूप में ग्रहण करना चाहिए जिस रूप में ज्योतिष, आयुर्वेद आदि के ग्रन्थ।'[104] इस दृष्टिकोण के विपरीत डॉ. राजकुमार वर्मा इत्यादि इतिहासकारों ने इस साहित्य को रसपूर्ण माना है। डॉ. वर्मा के अनुसार, 'उसमें जो अलौकिक आनन्द और आत्मसंतोष का प्रवाह है उससे उसे अलौकिक रस की संज्ञा दी जा सकती है. ..यह रस अपनी पूर्णता में किसी काव्य लक्षण की अपेक्षा नहीं रखता।'[105] इस दृष्टि से सिद्धों आदि का साहित्य साहित्यिक इतिहास के लिए उतना ही महत्त्वपूर्ण हो जाता है जितना कि कबीर आदि संतों का साहित्य।

उपर्युक्त विवेचन से यह स्पष्ट हो जाता है कि सामग्री के संकलन तथा तथ्यों के चुनाव के समय इतिहासकार का दृष्टिकोण सामग्री में काँट-छाँट करने, प्राथमिक तथा द्वैतियक तथ्यों के सम्बन्ध में निर्णय लेने, महत्त्वपूर्ण तथा उपेक्षणीय सामग्री में विभाजक रेखा खींचने के लिए अवश्य साथ रहता है परन्तु इससे निष्कर्ष निकालना भ्रामक होगा कि इतिहासकार महत्त्वपूर्ण तथ्यों की उपेक्षा भी कर सकता है। साहित्यिक इतिहास सम्बन्धी सामग्री का चयन करते समय ऐसी कृतियों की उपेक्षा नहीं की जा सकती जो चिरकाल से लोकमानस को प्रभावित करती रही हैं। अतः यह कहना अधिक उचित है कि इतिहासकार का दृष्टिकोण तथ्यों के चुनाव में हस्तक्षेप अवश्य करता है, परन्तु महत्त्वपूर्ण तथ्यों की उपेक्षा नहीं की जा सकती। अतः साहित्येतिहासलेखन के लिए महत्त्वपूर्ण रचनाओं, साहित्यिक आन्दोलनों सम्बन्धी तथा साहित्येत्तर सामग्री का संकलन अत्यन्त सावधानी से करने की आवश्यकता है ताकि इतिहास सम्बन्धी वस्तुनिष्ठता बनी रहे।

सामग्री का परीक्षण

साहित्य के इतिहासलेखन के लिए जिस सामग्री का चुनाव किया जाता है, उसकी प्रामाणिकता की परीक्षा विश्वसनीय तथा प्रामाणिक इतिहास निर्माण के लिए अत्यन्त आवश्यक है। पूर्ववर्ती इतिहासकारों द्वारा प्रयुक्त सामग्री को बिना परीक्षा के स्वीकार नहीं किया जा सकता, क्योंकि नवीन अनुसंधान के फलस्वरूप तथ्यों का चेहरा-मोहरा बदल जाता है और कई वक्तव्य झूठे पड़ जाते हैं। कई प्रामाणिक समझे जाने वाले तथ्य अप्रामाणिक सिद्ध होते हैं। उदाहरण के रूप में ऐसे वीर-काव्य ग्रन्थों को लिया जा सकता है, जिनका उल्लेख हिन्दी साहित्य के इतिहास ग्रन्थों में प्रारम्भिक युग के अन्तर्गत होता रहा है तथा जो ग्रन्थ परवर्ती युग के सिद्ध हो चुके हैं। इसलिए सामग्री के प्रस्तुतीकरण से पूर्व उसकी प्रामाणिकता की परीक्षा अत्यन्त आवश्यक है, क्योंकि उसी पर इतिहास की व्याख्या, मूल्यांकन तथा सामान्यीकरण निर्भर करता है।

डॉ॰ सुमनराजे के अनुसार, ' साहित्येतिहास के सम्बन्ध में प्रामाणिकता का एक निश्चित अर्थ होता है :

1. जिन रचनाओं का काल निश्चित नहीं है, उनका काल निश्चित करना और उन्हें उनका उचित स्थान देना।
2. जिन रचनाओं का कृतित्व निश्चित नहीं हैं, उनके कर्ता की खोज करना।
3. जो रचनाएँ दीर्घकाल तक मौखिक रूप से प्रचलित रही हैं, उनके मूल रूप का अनुमान करना।'[106]

उपर्युक्त समस्याओं को सुलझाने के लिए दो प्रकार का परीक्षण आवश्यक हैः

(1) बाह्य परीक्षण (2) आन्तरिक परीक्षण। बाह्य परीक्षण एक प्रकार का भौतिक परीक्षण है, जिसके आधार पर यह निश्चित किया जाता है कि कोई कृति कब और कहाँ लिखी गई तथा उसका लेखक कौन है? कागज, स्याही, लिपि के आधार पर यह पता लगाया जाता है, कि कोई रचना अपने मूल रूप में है अथवा मूल रचना की प्रति है। यदि प्रति है, तो वह कितनी पुरानी है? आन्तरिक परीक्षण से पूर्व रचना की बाह्य परीक्षा अनिवार्य समझी जाती है। 'जब यह निश्चित हो जाता है कि ग्रन्थ प्रामाणिक है तो इतिहासकार आन्तरिक परीक्षण के लिए तैयार होता है। अब अनुसंधान दस्तावेज से वक्तव्य की ओर अग्रसर होता है। अनुसंधान के कर्ता का यह कर्त्तव्य हो जाता है कि वह प्रत्येक वक्तव्य को समझने के प्रति आश्वस्त हो, जिसका वह प्रयोग करना चाहता है।'[107] इस परीक्षण का सम्बन्ध मुख्यतः रचना की अन्तर्वस्तु से है। 'आन्तरिक परीक्षण में रचना की वस्तु एवं अभिव्यंजना के आधार पर उसकी स्थिति स्पष्ट होती है।'[108] इसके द्वारा ही रचना के पाठ की प्रामाणिकता एवं शुद्धि का निर्णय लिया जाता है। इसका सम्बन्ध मुख्यतः पाठानुसंधान से है।

पाठानुसंधान अपने आप में एक विशिष्ट विद्या है। इसके चार महत्त्वपूर्ण पक्ष हैं : (1) सामग्री संकलन, (2) पाठ चयन, (3) पाठ सुधार, (4) उच्चतर आलोचना।

साहित्येतिहास के लिए पाठानुसंधान की अत्यन्त उपयोगिता है। डॉ॰ सुमनराजे ने लिखा है : (1) पाठानुसंधान के द्वारा किसी काव्यधारा के विभिन्न स्रोतों का ज्ञान होता है और परम्परा के निर्माण में उनके सापेक्ष महत्त्व का पता चलता है। (2) पाठानुसंधान के द्वारा उन कवियों की भाषा के निर्णय में भी सहायता मिल सकती है जिनका भौगोलिक क्षेत्र काफी विस्तृत रहा है। (3) पाठानुसंधान द्वारा किसी काव्यपरम्परा के लुप्त अंश को पुनः गठित किया जा सकता है।[109]

अन्त में यह स्पष्ट कर देना अत्यन्त आवश्यक है, कि इतिहासलेखक को समस्त सामग्री के परीक्षण और रचनाओं के पाठानुसंधान का कार्य स्वयं करना पड़े तो इतिहासलेखन का कार्य असम्भव हो जाएगा। अतः उसे अन्य विद्वानों द्वारा किये गये अनुसंधान कार्य पर भी आश्रित होना पड़ता है।

सामग्री का प्रस्तुतीकरण

सामग्री के संकलन तथा उसके परीक्षण के पश्चात् कालक्रमानुसार प्रस्तुतीकरण इतिहास लेखन की प्रमुख समस्या है। प्रस्तुतीकरण को व्यवस्थित तथा तर्कसंगत रूप देने के लिए यह आवश्यक है, कि साहित्यिक सामग्री को एक शृंखलाबद्ध रूप दिया जाए तथा विवरण में कार्य-कारण का सम्बन्ध स्थापित किया जाए। साहित्य का इतिहासकार अलग-अलग प्रतीत होने वाली कलाकृतियों को एक सूत्र में आबद्ध करने का यत्न करता है तथा उन्हें साहित्यिक विकास के सन्दर्भ में देखता है। वह विभिन्न लेखकों के सृजन में ऐतिहासिक निरन्तरता के दर्शन करता है, जो ऐतिहासिक दृष्टिकोण के बिना दृष्टिगोचर नहीं होती। जो वैचारिक दृष्टिकोण तथ्यों के चुनाव के समय परोक्ष रूप में रहता है, वह प्रस्तुतीकरण के समय स्पष्ट हो जाता है तथा साहित्यिक विकास की व्याख्या का मूलाधार बनता है।

वास्तविक तथा विश्लेषणात्मक इतिहासलेखन में सामग्री का प्रस्तुतीकरण कालक्रमानुसार होना ही अपेक्षित नहीं है, उसमें कार्य-कारण का सम्बन्ध स्थापित करना भी अत्यन्त आवश्यक है। अतः समाजशास्त्रीय आधार को अपनाना आवश्यक हो जाता है। साहित्य की समाजशास्त्रीय अवधारणा तथा प्रस्तुतीकरण की समाजशास्त्रीय पद्धति के बिना साहित्य के इतिहास की तर्कसंगत व्याख्या सम्भव नहीं है। इस आधार के महत्त्व को स्पष्ट करते हुए स्टार्क महोदय ने लिखा है :

इसका अन्तिम उद्देश्य सिद्धान्त और पद्धति दोनों ही है। एक सिद्धान्त जो यह यथार्थ व्याख्या करेगा कि सामाजिक अतिसंरचना और बौद्धिक अतिसंरचना में क्या अन्तःसम्बन्ध है, वे घनिष्ठ हैं या ढीले हैं, एकपक्षीय हैं या पारस्परिक आदि-आदि, और एक पद्धति या व्यवस्थित विधि जो किसी यथार्थ बौद्धिक संरचना

अथवा कलात्मक उपलब्धि के सामाजिक अस्तित्व सम्बन्धी आधार को स्पष्ट करने और उसके फलस्वरूप उसकी उत्पत्ति, उसके अर्थ, उसके सार और अस्तित्व का अधिक ज्ञान प्राप्त करने में हमें सामर्थ्य प्रदान करेगी।[110]

इसी पद्धति के द्वारा इतिहासलेखन को विज्ञान की गरिमा प्रदान की जा सकती है। साहित्येतिहासलेखन के क्षेत्र में इस पद्धति का विरोध भी कम नहीं हुआ है, यह भी ठीक है कि इसकी भी सीमाएँ हैं, क्योंकि समस्त कला सामाजिक तौर पर अनुकूलित (कंडीशंड) होते हुए भी कला में सभी कुछ परिभाषित नहीं हो सकता।'[111] परन्तु यह भी निश्चित है कि इसके बिना इतिहास की कार्यकारण परक व्याख्या सम्भव नहीं हो सकती। जैसा कि पहले स्पष्ट हो चुका है कि साहित्येतिहास का कलावादी दृष्टिकोण साहित्यिक विकास तथा साहित्यिक इतिहास में युग परिवर्तन की समस्या का उचित समाधान प्रस्तुत नहीं करता। इसलिए तथ्यों की समाजशास्त्रीय व्याख्या परमावश्यक है।

प्रस्तुतीकरण की समस्याएँ

प्रस्तुतीकरण की कई व्यावहारिक समस्याएँ हैं, जिनका अभी भी पूरी तरह समाधान नहीं हो सका है। डॉ॰ सुमनराजे ने उनकी ओर ध्यान आकृष्ट करते हुए लिखा है–

1. इतिहासलेखन का केन्द्र क्या हो? कृतिकार अथवा कृति? अर्थात् विवरणिका कृतिकार की बनाई जाए अथवा कृतियों की? वैसे तो समग्र मूल्यांकन के लिए दोनों की ही आवश्यकता है, परन्तु इतिहास में काव्यधाराओं के विभाजन के लिए कृतियाँ ही मुख्य विषय सामग्री हैं।···कृतिकारों को केन्द्र बनाने से साहित्येतिहास व्यक्तियों का इतिहास हो जाएगा, विषय का नहीं।
2. स्थान का अनुपात किस प्रकार निर्धारित किया जाए? इतिहासकार सामान्य विशेषताओं पर अधिक ध्यान देगा या कृतित्व निरूपण पर? इतिहासकार का मुख्य उद्देश्य कार्य-कारण की शृंखला का निर्माण करते हुए उसका दिशानिर्धारण करना है। इस दृष्टि से काल की धारा में कृतियों का स्वतंत्र अस्तित्व बहुत कम होता है। इतिहास में उनका वही अंश विवेच्य होता है, जो परम्परा के निर्माण अथवा विच्छेदन में सहायक होता है। किसी कवि या लेखक की सम्पूर्ण आलोचना न तो सम्भव है, न उचित ही।
3. साहित्येतिहास में रचयिता के जीवनवृत्त का समावेश किया जाए अथवा नहीं? किया जाए, तो किस मात्रा में? इस सम्बन्ध में व्यावहारिक यही प्रतीत होता है कि जहाँ कवि का अस्तित्वकाल संदिग्ध है, वहीं इस विवेचन की आवश्यकता होगी और वह भी स्थूल रेखाओं में। व्यक्तित्व के केवल उन्हीं पक्षों का उल्लेख आवश्यक होगा, जिन्होंने उसकी रचना प्रक्रिया को प्रभावित किया है।

4. अन्तिम समस्या आलोचना के मान, स्वरूप एवं सापेक्षिता की है।...ये समस्याएँ ऐसी हैं, जिन्हें सुलझाना आवश्यक होता है और प्रत्येक इतिहासकार उन्हें अपने अनुकूल हल करता है। इसलिए प्रत्येक इतिहासकार विशिष्ट होता है।[112]

आरम्भिक अवस्था में इतिहासलेखन व्यक्तिकेन्द्रित रहा है। हिन्दी साहित्य के प्रारम्भिक इतिहास ग्रन्थों में भी साहित्यकारों को केन्द्र में रखा गया है। कवियों के जीवन का परिचय देते हुए उनकी जाति और गोत्र की जानकारी देने के लिए कई पन्ने भरे गये हैं। इस जानकारी का सम्बन्ध उनकी रचनाधर्मिता से जोड़ने का भी प्रयत्न नहीं किया गया। हिन्दी के प्रौढ़ इतिहासलेखन में भी कविवृत्तवर्णन की परम्परा आंशिक रूप से बनी रही है।

साहित्येतिहास में सामग्री के प्रस्तुतीकरण की समस्या का सम्बन्ध साहित्यिक मूल्यांकन से भी है। मूल्यांकन के समय इतिहासकार की ऐतिहासिक और आलोचनात्मक दृष्टि साहित्यधारा तथा कृतियों के कलात्मक महत्त्व का निर्णय करती है। इसलिए प्रत्येक इतिहास ग्रन्थ में साहित्यिक मूल्यांकन विशिष्ट होता है। जैसे कबीर के ऐतिहासिक महत्त्व को सभी इतिहासकारों ने स्वीकार किया है, परन्तु साहित्यिक उपलब्धियों के सम्बन्ध में वे एकमत नहीं हैं। इसी प्रकार रीतिकालीन शृंगारिक काव्यधारा तथा छायावादी काव्यधारा के मूल्यांकन में भी इतिहासकारों में पर्याप्त मतभेद रहा है।

दृष्टिभेद के कारण साहित्यधाराओं, साहित्यिक युगों तथा कृतियों का मूल्यांकन व्यक्तिनिष्ठ हो सकता है, परन्तु सामान्यतः इतिहासकारों ने कृतियों तथा लेखकों का मूल्यांकन करते समय निम्नलिखित आधारों तथा तथ्यों को सामने रखा है :

1. कवि की ख्याति तथा समाज पर उसका प्रभाव।
2. कृति का सामाजिक और ऐतिहासिक महत्त्व।
3. कृति का भाषाई महत्त्व।
4. कृति जिससे किसी काव्यधारा का प्रवर्त्तन अथवा किसी विधा का आरम्भ माना जाए।
5. वह रचना जिसने परवर्ती साहित्य को प्रभावित किया हो।
6. लोकमंगल की दृष्टि से महत्त्वपूर्ण रचना।
7. साहित्यिक सौष्ठव की दृष्टि से मूल्यवान रचना।

साहित्य के इतिहास में सामान्य इतिहास की तरह प्रस्तुतीकरण को अधिक व्यस्थित, स्पष्ट तथा वैज्ञानिक बनाने के लिए डॉ॰ सुमनराजे ने तालिकाओं, ग्राफ, रेखाचित्र, समयरेखा, भौगोलिक चित्र तथा वंशवृक्ष आदि की सहायता लेने का सुझाव दिया है। ऐतिहासिक विवेचन के लिए समयरेखा अत्यन्त उपयोगी सिद्ध हो सकती है।[113] समयरेखा द्वारा इतिहास का विकास स्पष्ट रूप में प्रदर्शित किया जा सकता

है। समयरेखा अमूर्त समय का मूर्त प्रतीक है, जिसका उद्देश्य पूर्वापर सम्बन्ध निर्धारण करना है। यह रेखा वर्तमान से अतीत की ओर भी हो सकती है और अतीत से वर्तमान की ओर भी। इसमें सन्देह नहीं कि समयरेखा आदि की सहायता से इतिहासलेखन को अधिक मूर्त रूप दिया जा सकता है।

एक व्यावहारिक योजना

हिन्दी साहित्येतिहासलेखन को व्यवस्थित तथा तर्कसंगत रूप प्रदान करने के लिए आचार्य शुक्ल ने सामग्री के प्रस्तुतीकरण की जो योजना बनाई थी, वह इतनी प्रभावशाली सिद्ध हुई कि अन्य इतिहासकारों ने भी उसी को मान्यता प्रदान की। यह योजना इस प्रकार है :

1. साहित्यिक सामग्री का वर्गीकरण तथा कालविभाजन।
2. युग का सामान्य परिचय तथा युगीन परिस्थितियों का विवेचन।
3. युग की प्रमुख साहित्यधाराओं का वर्णन तथा विश्लेषण।
4. प्रत्येक धारा के प्रवर्तक तथा प्रतिनिधि लेखकों का साहित्यिक परिचय।
5. लेखकों की प्रमुख कृतियों का संक्षेप में मूल्यांकन तथा अन्य कृतियों की सूचना।
6. गौण लेखकों तथा उनकी रचनाओं की सूची।
7. प्रसिद्ध रचनाओं के उदाहरण।

उपर्युक्त योजना के अनुसार हिन्दी साहित्येतिहासलेखन में समाजशास्त्रीय पद्धति को पर्याप्त प्रश्रय मिला है। प्रमुख साहित्यधाराओं की ऐतिहासिक तथा सामाजिक परिवेश के सन्दर्भ में व्याख्या करने का यत्न किया गया है। साहित्यिक परम्पराओं के स्रोत को खोजने तथा उनके विकास-क्रम को स्पष्ट करने का भी प्रयास हुआ है, परन्तु कवि परिचय, नाम परिगणन की प्रवृत्ति तथा अधिक से अधिक तथ्यों की जानकारी देने के मोह के कारण इतिहास लेखन के विश्लेषणात्मक स्वरूप को ठेस पहुँची है।

प्रस्तुतीकरण की सामान्य शैलियाँ

इतिहासलेखन के आरम्भिक युग से लेकर आज तक प्रस्तुतीकरण की तीन शैलियाँ विनिर्मित हुई हैं। हिन्दी साहित्य का इतिहास भी इन शैलियों में प्रस्तुत हुआ है। ये शैलियाँ हैं : 1. इतिवृत्तात्मक 2. विवरणात्मक 3. व्याख्यात्मक अथवा विश्लेषणात्मक।

1. साहित्येतिहास के आरम्भिक युग में इतिवृत्तात्मक शैली में कवियों के जीवनवृत्त का विवरण प्रस्तुत किया गया है। इस शैली का प्रयोग परवर्ती युग के इतिहासलेखन में भी आंशिक रूप से हुआ है। उदाहरण में रूप में 'शिवसिंह सरोज' तथा आचार्य शुक्ल के 'हिन्दी साहित्य का इतिहास' में दिया गया पृथ्वीराज रासो

के रचयिता का जीवनवृत्त लिया जा सकता है। 'शिवसिंह सरोज' में विवरण इस प्रकार है–

: चन्द कवि प्राचीन बन्दीजन (1) संभल निवासी, सं 1098 उ॰ यह चन्दकवि महाराज बीसलदेव चौहान रनथम्भौर वाले के प्राचीन कवीश्वर की औलाद में थे। संवत् 1120 में राजा पृथ्वीराज चौहान के पास आकर मन्त्री और कवीश्वर दोनों पद को प्राप्त हुए पृथ्वीराज रासो नामक एक ग्रन्थ में एक लक्ष श्लोक भाषा में रचे। इसमें 69 खंड हैं और पुरानी बोली हिन्दुओं की है। इस ग्रन्थ में चन्द कवि ने संवत् 1110 से संवत् 1149 तक पृथ्वीराज का जीवन चरित्र महाकविता के साथ बहुत छन्दों में वर्णन किया है। छप्पै छन्द तो मानो इसी कवि के हिस्से था, जैसे चौपाई छन्द श्री गोसाई तुलसीदास के हिस्से में पड़ा...[114]

आचार्य रामचन्द शुक्ल ने चन्द का साहित्यिक परिचय इस प्रकार दिया है :

: चन्दरबाई (संवत् 1225-1249) : यह हिन्दी के प्रथम महाकवि माने जाते हैं और इनका पृथ्वीराज रासो हिन्दी का प्रथम महाकाव्य है। चन्द दिल्ली के अन्तिम हिन्दू सम्राट महाराज पृथ्वीराज के सामंत और राजकवि प्रसिद्ध हैं। इससे इनके नाम में भावुक हिन्दुओं के लिए एक विशेष प्रकार का आकर्षण है। रासो के अनुसार ये भट्ट जाति के जगात नामक गोत्र के थे...[115]

इतिहासलेखन की इस शैली के द्वारा साहित्यकार तथा उसकी रचनाओं के सम्बन्ध में कुछ महत्त्वपूर्ण सूचनाएँ दे दी जाती हैं तथा कुछ शब्दों में साहित्यकार का महत्त्व प्रकट कर दिया जाता है।

2. विवरणात्मक शैली में साहित्येतिहासलेखन साहित्यिक सामग्री को कालक्रमानुसार प्रस्तुत करने का ऐसा प्रयास है, जिसमें न तो ऐतिहासिक विश्लेषण पर विशेष ध्यान दिया जाता है और न ही कार्य-कारण का सम्बन्ध निर्धारित करने का यत्न ही किया जाता है। यह शैली भी कृतिकार केन्द्रित है, परन्तु इसमें साहित्यधाराओं का भी विवरण प्रस्तुत किया जाता है। 'मिश्रबन्धु विनोद' इस शैली में लिखित इतिहास ग्रन्थ है। इसमें सामग्री को युगों में विभाजित अवश्य किया गया है, परन्तु इस प्रश्न का उत्तर नहीं दिया गया कि युगान्तर क्यों उपस्थित हुआ? इस प्रकार के इतिहासलेखन में साहित्यिक विकास के कारणत्व की समस्या का समाधान खोजने का प्रयास नहीं हुआ।

3. विश्लेषणात्मक शैली वैज्ञानिक युग की उपलब्धि है। प्रौढ़, युक्तियुक्त तथा विचारपूर्ण साहित्येतिहासलेखन के लिए यह शैली ही उपयुक्त है। साहित्य का इतिहासलेखन अपने पूर्ण और परिपक्व रूप को प्राप्त नहीं होता, जब तक साहित्यिक विकास, साहित्यिक प्रवृत्तियों तथा साहित्यिक धाराओं की तर्कसंगत व्याख्या उपस्थित नहीं की जाती। हिन्दी साहित्येइतिहासलेखन के क्षेत्र में सर्वप्रथम पं॰ रामचन्द्र शुक्ल ने विश्लेषणात्मक शैली का सफलतापूर्वक प्रयोग किया, परन्तु

इसका यह तात्पर्य नहीं है कि उनका इतिहास ग्रन्थ समग्र रूप में विश्लेषणात्मक है। उन्होंने तथा परवर्ती इतिहासकारों ने विश्लेषणात्मक शैली के साथ-साथ अन्य दो शैलियों का भी प्रचुरता से प्रयोग किया है। इसलिए हिन्दी साहित्येतिहासलेखन अभी तक भी पूरी तरह विश्लेषणात्मक नहीं हो सका। इतिहासकारों ने युगीनप्रवृत्तियों के लिए विश्लेषणात्मक शैली, साहित्य धाराओं के विवेचन के लिए विवरणात्मक शैली तथा साहित्यकारों के साहित्यिक परिचय के लिए इतिवृत्तात्मक शैली के प्रयोग को समीचीन समझा है।

साहित्येतिहासलेखन तथा युगव्यवस्थापन (कालविभाजन)

युगव्यवस्थापन का महत्त्व

ऐतिहासिक काल एक अखंड प्रवाह है, परन्तु इसे भिन्न-भिन्न खंडों में व्यवस्थित एवं विभाजित करके ही बोधगम्य बनाया जाता है। ऐतिहासिक समय एक ठोस और जीवन्त यथार्थ है।[116] समय के इस यथार्थ को समझने के लिए काल के विभिन्न भागों का एक-दूसरे से सम्बन्ध स्थापित करके तथा उन्हें एक-दूसरे से अलग करके उनकी विशिष्टताएँ पहचानने की आवश्यकता होती है। अतः युग की अवधारणा अनिवार्य हो जाती है। कालविभाजन सभ्य मानव के इतिहास को समझने का महत्त्वपूर्ण प्रयत्न है। कालिंगवुड के अनुसार : 'इतिहास में युगव्यवस्थापन का प्रयास, उन्नत तथा परिपक्व ऐतिहासिक चिन्तन का चिह्न है।'[117] मानवेतिहास को युगों में विभाजित करके उसके आदि और अन्त की पौराणिक परिकल्पना अत्यन्त प्राचीन है, परन्तु मानव समाज के इतिहास की वैज्ञानिक व्याख्या तथा उसकी विकासयात्रा के महत्त्वपूर्ण पड़ावों के आधार पर युग व्यवस्थापन आधुनिक मनुष्य के वैज्ञानिक चिन्तन का परिणाम है। साहित्य के इतिहासलेखन में भी कालविभाजन तब सम्भव हुआ, जब हमने साहित्य के विकास को कालसापेक्ष मान कर युग की अवधारणा को स्वीकृति दी। ऐसा 19वीं शताब्दी में हो सका। 19वीं शताब्दी में ही साहित्येतिहास को युगीन इतिहास से जोड़ने के प्रयास तीव्र हो गये थे'''साहित्येतिहास के क्षेत्र में युग सम्बन्धी अवधारणा का उद्‌भव भी तभी हुआ। युग से सम्बन्धित अन्य शब्द हैं : धारा, परम्परा तथा प्रवृत्तियाँ और प्रयोग। साहित्यिक इतिहास के सन्दर्भ में इन शब्दों में विशिष्ट अर्थ समायोजित किये गये हैं।'[118]

धारा परम्परा और प्रवृत्ति तथा युग एक-दूसरे सम्बन्धित शब्द हैं, एक-दूसरे के पर्यायवाची नहीं हैं। युग तथा धारा के अन्तर को स्पष्ट करते हुए डॉ॰ सुमनराजे ने लिखा है : (1) साहित्यिक धारा अतीत से वर्तमान की प्रगति-प्रक्रिया का पुनर्निर्माण करती है जबकि युग विशिष्ट मूल्यों के आधार पर उस विशिष्ट काल का पुनर्विचार करते हैं। (2) धारा ऐतिहासिक है। (3) युग समकालिक है।

इसके अतिरिक्त युग काल का लम्बवत् विभाजन है, इसके विपरीत धारा समानान्तर विभाजन है।[119] धारा में निरन्तर गतिशीलता का भाव निहित है, परन्तु गतिशीलता युगसापेक्ष है। यह ऐसी निरन्तरता नहीं है, जिसका अंत ही न हो। एक युग की विभिन्न साहित्यधाराओं में युग की प्रवृत्तियाँ अवश्य प्रतिबिम्बित होती हैं। कोई काव्यधारा युग निरपेक्ष नहीं हो सकती। यहाँ कहा जा सकता है कि हिन्दी साहित्य के रीतिकाल में भी भक्तिधारा प्रवाहमान रही और आधुनिक युग में भी इसका अस्तित्व बना रहा है। इसलिए धारा एक युग के अन्त के साथ ही समाप्त नहीं हो जाती, तो धारा युगसापेक्ष कैसे हुई? इसके उत्तर में यही कहा जा सकता है कि रीतिकालीन भक्तिकाव्य कला की दृष्टि से रीतिकालीन काव्यादर्शों से अप्रभावित नहीं रहा। अतः धारा युगसापेक्ष ही होती है।

रैने वैलेक ने युग सम्बन्धी दो परस्परविरोधी अवधारणाओं को भ्रामक ठहराते हुए लिखा है कि न तो इस सम्बन्ध में पराभौतिकीय दृष्टिकोण से सहमत हुआ जा सकता है, जिसके अनुसार युग एक ऐसी सत्ता है, जिस की प्रकृति का बोध प्राप्त करना पड़ता है और न ही उस दृष्टिकोण से, जिसके अनुसार युग वर्णन के उद्देश्य के विचार से केवल भाषायी ठप्पा मात्र है।[120] युग केवल परिकल्पना ही नहीं है, अपने आप में ऐतिहासिक यथार्थ है और ऐतिहासिक प्रक्रिया का परिणाम है। जब युग को व्यक्तिनिष्ठ परिकल्पना मात्र समझ लिया जाता है और उसके वस्तुनिष्ठ यथार्थ को नहीं समझा जाता तो कालविभाजन और उसका नामकरण मनमाने ढंग का हो जाता है, युग की प्रकृति के अनुरूप नहीं होता। साहित्य के इतिहास तथा विकास में आस्था साहित्यिक युगों के अस्तित्व को स्वीकृति देती है और उनके वस्तुनिष्ठ यथार्थ को मान्यता देती है। साहित्य के इतिहास में गुणात्मक परिवर्तन नये युग को जन्म देता है, इस तथ्य से इनकार नहीं किया जा सकता। इस परिवर्तन को समझकर ही इतिहासकार तद्‌युगीन साहित्यिक प्रवृत्तियों, धाराओं तथा कृतियों का सुव्यवस्थित विवेचन प्रस्तुत करता है। साहित्येतिहासलेखन में साहित्यिक मूल्य, आदर्श तथा प्रवृत्तियाँ साहित्यिक युग का अंग बनकर ही व्याख्यायित होते हैं। इसलिए काल विभाजन साहित्येइतिहासलेखन का एक अनिवार्य अंग है।

युग व्यवस्थापन की समस्या तथा समाधान

इतिहासलेखन के लिए युग व्यवस्थापन जितना महत्त्वपूर्ण है, उतना ही समस्यापूर्ण भी है। इन समस्याओं पर विचार करते हुए डॉ॰ सुमनराजे लिखती हैं : 'एक ही युग में विभिन्न प्रकार की प्रवृत्तियाँ एवं रचनाएँ वर्तमान रहती हैं। अतः केवल ऐतिहासिक-सामाजिक आधार पर उनकी व्याख्या नहीं की जा सकती।'[121] वे आगे लिखती हैं : 'कठिनाई केवल साहित्य को इतिहास से सम्बन्धित करने में नहीं है, या घटनाओं से ढाँचा निर्माण करने में नहीं है, बल्कि वास्तविक कठिनाई साहित्य

के ढाँचे का अध्ययन प्रस्तुत करना है, विशेषतः जब वह सामूहिक साहित्य हो और जिसमें रचनाओं की पूरी पीढ़ी घटनाओं के रूप में भाग लेती आयी हो।'[122] इस सम्बन्ध में रैने वैलेक के विचारों के आधार पर नलिनविलोचन शर्मा का मत है : 'व्यवहार में साहित्य के प्रायः सभी इतिहास यह मानते हैं कि युग निर्धारित किये जा सकते हैं, किन्तु साधारणतः साहित्यिक इतिहास का युग विभाजन मानवीय कार्य व्यापार के दूसरे ही क्षेत्रों पर अवलम्बित रहता है। उदाहरण के लिए, अंग्रेजी साहित्य का सम्प्रति प्रचलित विभाजन ऐसे युगों की खिचड़ी है, जो साहित्य से सर्वथा भिन्न क्षेत्रों से गृहीत हुए हैं।'[123] युगविभाजन की समस्या पर विवाद उसके आधार को लेकर है। अन्यथा इतिहास लेखन में इसकी अनिवार्यता को वे सभी विद्वान स्वीकार करते हैं, जो साहित्य के ऐतिहासिक अध्ययन में विश्वास करते हैं और उसे महत्त्वपूर्ण मानते हैं।

साहित्य के इतिहास में युगविभाजन का कौन-सा आधार हो? इस प्रश्न का एक ही उत्तर नहीं है। परन्तु इसमें सन्देह नहीं हो सकता कि जहाँ तक सम्भव हो साहित्येतिहासलेखन में युगविभाजन का आधार साहित्यिक प्रवृत्ति अथवा साहित्यिक आदर्श होना चाहिए। नलिनविलोचन के शब्दों में : 'यदि हम मानते हैं कि मनुष्य के राजनीतिक, सामाजिक, बौद्धिक या भाषावैज्ञानिक विकास से संपृक्त रहते हुए भी साहित्य का स्वतंत्र विकास होता है, और दूसरा पहले का निष्क्रिय प्रतिबिम्ब नहीं है, तो हम अनिवार्यतः इस निष्कर्ष पर पहुँचते हैं कि साहित्यिक युग विशुद्ध साहित्यिक मानदंड के सहारे निर्धारित होने चाहिए। जब हम साहित्यिक युगों की ऐसी शृंखला निर्णीत कर लेते हैं, तभी यह प्रश्न उठ सकता है कि ये युग दूसरे मानदंडों से निर्धारित युगों से किस हद तक मेल खाते हैं।'[124] यह एक आदर्श आधार है तथा इतिहासलेखक को इसका आश्रय अवश्य लेना चाहिए, परन्तु इसका निर्वाह सदा सम्भव नहीं होता। इसलिए साहित्येत्तर आधारों का आश्रय लेना पड़ता है। डॉ॰ विश्वनाथ मिश्र ने साहित्येतिहास के व्यावहारिक कालविभाजन के सम्बन्ध में लिखा है : 'साहित्य का कालविभाजन प्रायः कृत, कर्ता, विषय और पद्धति को दृष्टिपथ में रखकर किया जाता है। जब कोई काल विभाजन का स्पष्ट मार्ग नहीं दिखाई पड़ता, तब विवेच्य काल का कोई विशिष्ट कवि या लेखक सामने किया जाता है अथवा राजनीतिक या सामाजिक इतिहास की शरण ली जाती है।' इससे स्पष्ट होता है कि कई बार सामाजिक इतिहास के कालविभाजन का आश्रय लेना साहित्येतिहासलेखन के लिए आवश्यक हो जाता है और साहित्यिक आधार की अपनी सीमाएँ हैं। शुद्ध साहित्यिक दृष्टिकोण जब सहायक नहीं होता तो सामान्य इतिहास के कालखंडों तथा उनके नाम के अनुरूप साहित्येतिहास में कालविभाजन तथा नामकरण करने के लिए विवश होना पड़ता है। भावी साहित्येतिहासलेखन के लिए हम आदर्श प्रस्तुत कर सकते हैं कि 'साहित्य के इतिहास का प्रत्येक युग स्पष्ट साहित्यिक आदर्शों की

प्रधानता से अभिज्ञात होगा। साहित्यिक युग न्यायशास्त्रीय वर्ग के समान नहीं होता। कोई साहित्यिक कृति ऐसे किसी वर्ग का दृष्टान्त न होकर, वह अंश है जो दूसरी कृतियों के साथ-साथ युग की धारणा का आधार बनती है। इस प्रकार युगविशेष के इतिहास में साहित्यिक आदर्शों की एक प्रणाली के दूसरे में परिवर्तन क्रम का रूपांकन ही प्रधान होगा।'[126] परन्तु अभी तक इस आदर्श काल विभाजन की दूसरी पद्धतियों को भी अप्रामाणिक नहीं माना जा सकता। रैने वैलेक ने स्वयं उपर्युक्त आदर्श का पक्ष लेते हुए भी कालविभाजन के अन्य आधारों को अमान्य और अप्रामाणिक नहीं ठहराया।[127]

इसमें सन्देह नहीं कि प्रत्येक साहित्यिक युग की एक मूल चेतना तथा साहित्यिक मूल्यों की एक योजना होती है, जो उसे पूर्ववर्ती एवं परवर्ती युग से विशिष्ट रूप प्रदान करती है। यह मूल चेतना उस युग की प्रमुख कृतियों में मूर्तिमान होती है। ये कृतियाँ एक ओर तद्युगीन साहित्यधाराओं और साहित्यिक प्रवृत्तियों का स्वरूप निर्मित करती हैं, दूसरी ओर स्वयं उस युग की सामाजिक चेतना से प्रभावित होती हैं। इस प्रकार कहा जा सकता है कि युगविशेष की साहित्यिक सृष्टि, साहित्य आदर्शों की परिपाटी, शैली और भाषा की उपलब्धियाँ तद्युगीन सामाजिक चेतना से संपृक्त होती हैं। अतः युगविभाजन के आधार का निर्णय तथा उस युग की साहित्यधारा का विवेचन सामाजिक चेतना के परिप्रेक्ष्य में आवश्यक हो जाता है। इसलिए साहित्य के इतिहास का ऐसा कालविभाजन अधिक संगत प्रतीत होता है, जो सामाजिक चेतना तथा साहित्यिक विशिष्टता के आधारों को समक्ष रखकर किया गया हो। सामाजिक इतिहास का आधार तभी त्याज्य समझा जाना चाहिए, यदि साहित्यिक विशिष्टता के आधार से मेल न खाता हो। उदाहरण के रूप में, यदि हिन्दी साहित्य के भक्तियुग को जागरणकाल का नाम दिया जाए और भारतेन्दु युग को पुनर्जागरणयुग कहा जाए, जैसा कि डॉ. बच्चन सिंह ने माना है,[128] तो यह नाम भारत के सामाजिक इतिहास और हिन्दी साहित्य के इतिहास दोनों की तद्युगीन विशिष्टताओं का उद्बोधक हो जाता है। इसलिए इसका औचित्य सिद्ध होता है।

निष्कर्षस्वरूप कहा जा सकता है कि साहित्य के इतिहास में : (1) कालविभाजन साहित्यिक विकास, साहित्य की परम्पराओं के आरम्भ, विकास और ह्रास तथा साहित्यिक चेतना, शैली और भाषा के परिवर्तनों को समझने के लिए अत्यन्त आवश्यक है। (2) जहाँ तक सम्भव हो सके काल विभाजन का आधार साहित्य के इतिहास में से खोजने का प्रयास होना चाहिए, परन्तु साहित्यिक युग सामान्य ऐतिहासिक युग से अलग करके नहीं समझा जा सकता। (3) कालविभाजन करते समय साहित्यिक वैशिष्ट्य को ही नहीं, सामाजिक चेतना को भी मान्यता दी जानी चाहिए, जो साहित्यिक विशिष्टता का एक महत्त्वपूर्ण कारण बनती है।

युगनिर्धारण के बाद इतिहासकार को युग तथा साहित्यधाराओं का अध्ययन

प्रस्तुत करना पड़ता है। अध्ययन की पद्धति क्या हो? इस प्रश्न पर विचार करते हुए डॉ॰ सुमनराजे[129] ने कुछ सुझाव दिये हैं। उनमें से विशेष महत्त्वपूर्ण ये हैं :

1. प्रत्येक युग में धाराओं की द्वन्द्वात्मक स्थिति होती है। एक धारा ह्रासमान होती है, दूसरी विकासमान। जो चेतना आगे चलकर विकसित होती है, वही युग की मूल चेतना है। इतिहास के निर्माण में इसी का योग होता है।
2. युग के प्रमुख कवियों ने अपने काव्यादर्श को किस रूप में परिभाषित किया है, इससे भी युग की मूल चेतना को समझने में सहायता मिलती है।
3. उस युग के आदर्श और अनुकरणीय कवि कौन-कौन से हैं?
4. उन आचार्यों का परिचय प्राप्त करना होगा, जिनके बताये कायदे कानून, विधि-निषेध और आदर्श इस काल में स्वीकार किये गये।
5. भाषा के परिवर्तन का अध्ययन।
6. वस्तु और शिल्प दोनों में परिवर्तन का अध्ययन।
7. सबसे महत्त्वपूर्ण है युग की प्रमुख कृतियों पर आधारित तथा ऐतिहासिक दृष्टि से सम्पन्न युगीन साहित्यिक प्रवृत्तियों का अध्ययन।
8. युगव्यवस्थापन का सम्बन्ध साहित्येतिहासलेखन के शिल्प से ही नहीं है, युगबोध तथा दृष्टिकोण से भी है। इसलिए युगीन साहित्य की व्याख्या विशिष्ट ऐतिहासिक दृष्टिकोण के आधार पर होनी चाहिए।

साहित्येतिहास में युगों के निर्धारण के पश्चात् उनके नाम की समस्या का समाधान करना पड़ता है। इसके लिए कभी प्रमुख साहित्यिक प्रवृत्ति को आधार बनाया जाता है और कभी साहित्यकार को, कभी पद्धति का आश्रय लिया जाता है और कभी विषय का। प्रश्न पैदा होता है कि नामकरण का संगत आधार क्या होना चाहिए? इसके उत्तर में डॉ॰ वासुदेव सिंह का मत अत्यन्त युक्तियुक्त प्रतीत होता है। उनके शब्दों में : 'कृति, कर्ता, विषय अथवा पद्धति में से किसी एक को नामकरण का आधार बनाने से अव्याप्ति का भय बना रहता है। यदि किसी युग में एक प्रधान प्रवृत्ति हो, तो उसको आधार बनाया जा सकता है, किन्तु इस पर भी ध्यान देना आवश्यक होता है कि नाम ऐसा हो जिससे पूरे युग की साहित्यिक मान्यताओं का बोध हो सके तथा अन्तर्विभाजन की भी सुविधा हो। वस्तुतः कालविभाजन तथा नामकरण का प्रयोजक साहित्यिक चेतना का क्रमिक विकास, प्रवृत्तिबोध, प्रेरक तत्वों की जानकारी तथा अनुकूल-प्रतिकूल परिस्थितियों का संकेत होता है।[130]

अतः साहित्येतिहास के विभिन्न युगों के नाम ऐसे होने चाहिए कि उनका स्पष्ट बिम्ब उभर सके तथा अव्याप्ति का द्रोष न आने पाये।

सन्दर्भ

1. 'थियरी ऑफ लिट्रेचर', तृतीय संस्करण 1963, पृ॰ 254.

2. 'साहित्य का इतिहासदर्शन', 1960 में नलिन विलोचन शर्मा द्वारा उद्धृत, पृ. 35.
3. वही.
4. 'थियरी ऑफ लिट्रेचर', 1963, पृ. 254.
5. रैने वैलेक : 'साहित्य सिद्धान्त' (हिन्दी अनुवाद), प्रथम संस्करण, पृ. 353.
6. वही.
7. डॉ. सुमनराजे : 'साहित्यिक इतिहास : संरचना और स्वरूप', 1975, पृ. 108.
8. 'साहित्य का इतिहासदर्शन', 1960, पृ. 47.
9-12. रैने वैलेक द्वारा बुनेतियार तथा एडिंगटन के 'जैविकीय सिद्धान्त का विवेचन', 'थियरी ऑफ लिट्रेचर', पृ. 256.
13. जूलियन हक्सले : 'विकास की प्रक्रिया', (अनु. मधुकर) 1960, पृ. 7.
14. वही.,
15. डॉ. सुमनराजे द्वारा उद्धृतः 'साहित्येतिहास : 'संरचना और स्वरूप', 1975, पृ. 110.
16. वही, पृ. 110-11.
17. ओस्वाल्ड स्पेंगलर : 'दि डेक्लाइन ऑफ दि वैस्ट' (अनु. चार्ल्स फ्रेंसिस) वन वॉल्यूम एडीशन, इंट्रोडक्शन, पृ. 6.
18. वही, पृ. 20.
19. टाएनवी : 'ए स्टडी ऑफ हिस्ट्री', जिल्द XII (रिकंसिडरेशंस), पृ. 256.
20. आर. पेयर्स : इंगलिश हिस्टारिकल रिव्यू' नं. 279, पृ. 271.
21. 'दि जर्नल ऑफ फिलासफी', अगस्त, 1947, पृ. 496.
22. 'अ स्टडी ऑफ हिस्टरी', जिल्द XII, पृ. 254-55.
23. 'साहित्यिक इतिहास : संरचना और स्वरूप', 1975, पृ. 115.
24. एफ. आर. कावेल : 'हिस्ट्री सिविलाइजेशन ऐंड कल्चर', लन्दन, 1952 में सोरोकिन के दृष्टिकोण का लेखक द्वारा विश्लेषण, पृ. 233.
25. वही, पृ. 10.
26. 'साहित्येतिहास : संरचना और स्वरूप', पृ. 115.
27. 'हिस्ट्री सिविलाइजेशन ऐंड कल्चर', 1952, पृ. 92.
28. वही, प.. 84.
29. वही, पृ. 130.
30. 'साहित्येतिहास : 'संरचना और स्वरूप', पृ. 115.
31. जी. वी. प्लेखानोव : 'आर्ट ऐंड सोशल लाइफ', 1953, पाद टिप्पणी, पृ. 39.
32. एमाइल लेगुइस ऐंड लुइस कजामियाँ : 'ए हिस्टरी ऑफ इंगलिश लिट्रेचर' (अनु. हेलन दोगलस इर्वाइन) इंट्रोडक्शन पार्ट II पृ. XX .
33. वही, पृ. XX-XXI.
34. वही, पृ. XXXI.
35. 'आर्ट ऐंड सोशल लाइफ' में प्लोखानोव द्वारा तेन का उद्धरण, पृ-57.

36. वही.
37. वही.
38. तेन : 'वायेज एन इतेलिए, 1872, जिल्द, पृ. 273.
39. डॉ. गणपतिचन्द्र गुप्त : 'हिन्दी साहित्य का वैज्ञानिक इतिहास', 1965, पृ.70.
40. वही, पृ. 71.
41. वही, पृ. 6.
42. वही, पृ. 73.
43. जी. प्लेखानोव : 'मार्क्सवाद की मूल समस्याएँ', (अनुवादक गिरीश मिश्र), 1966, पृ. 13.
44. आर्नल्ड हाऊजर : 'दि फिलास्फी ऑफ आर्ट हिस्टरी', 1959, पृ. 158.
45. 'आलोचना', नबम्बर 1955, पृ. 18.
46. मैनेजर पाण्डेय द्वारा एलेमर हंकिस के साहित्यिक विकास सम्बन्धी सात नियमों का विवेचन। प्रस्तुत विवरण उस विवेचन का सार है : 'आलोचना' नवांक 36, जनवरी-मार्च 1976.
47. वही, पृ. 5.
48. देखिए, 'थ्योरी ऑफ लिट्रेचर', 1963, पृ. 20.
49. वही, पृ. 20.
50. मैनेजर पाण्डेय, 'आलोचना' नवांक 36, जनवरी-मार्च, 1976, पृ. 6.
51. वही, पृ. 12.
52. विस्तार के लिए देखिए : मैनेजर पाण्डेय के दो लेखः 'समकालीन इतिहास विरोधी साहित्य चिन्तन' तथा 'संरचनावाद और साहित्य का इतिहास', 'आलोचना' नवांक 37 (अप्रैल-जून) 1976 तथा नवांक 38 (जुलाई-सितम्बर) 1976.
53. 'आलोचना', नवांक 36 (जनवरी-मार्च) 1955, पृ. 6.
54. 'साहित्य का इतिहासदर्शन', 1960, पृ. 34.
55. 'थियोरी ऑफ लिट्रेचर', 1963, पृ. 252.
56. ओलिवर एल्टन : 'सर्वे ऑफ इंगलिश लिट्रेचर', जिल्द I, पृ VII.
57. लेसाइल स्टीफन : 'इंगलिश लिट्रेचर ऐंड सोसाइटी इन दि एट्टींथ सेंचुरी' लंदन, 1904.
58. डब्ल्यू. जे. कोरथोप : 'ए हिस्टरी ऑफ इंगलिश पोइट्री' लंदन, 1895.
59. एडमंड गूज : 'ए शार्ट हिस्ट्री ऑफ मार्डन इंगलिश', 1897.
60. 'थ्योरी ऑफ लिट्रेचर', 1963, पृ. 252.
61. 'साहित्य का इतिहासदर्शन', पृ. 38.
62. वही, पृ. 38-48.
63. रवीन्द्र श्रीवास्तव का लेख, 'शान्तिनिकेतन से शिवालिक', 1967, पृ. 57.
64. एन्नेते टी. रुबिंसटेन : 'दि ग्रेट ट्रेडिशन इन इंगलिश लिट्रेचर', न्यूयार्क, 1953,

पृ. VII.

65. मैनेजर पाण्डेय, 'आलोचना' नवांक 36, जनवरी-मार्च, 1976, पृ. 17.
66. रवीन्द्र श्रीवास्तव का लेख, 'शान्तिनिकेतन से शिवालिक', 1967, पृ. 62.
67. 'आलोचना' सम्पादकीय, वर्ष 3, अंक 2, जनवरी 1954.
68. मैनेजर पाण्डेय, 'आलोचना' नवांक 36, जनवरी-मार्च, 1976, पृ. 13-14.
69. डॉ. बच्चन सिंह : 'हिमप्रस्थ' मार्च' अप्रैल 1945, पृ. 9.
70. क्रांप्टन रिकेट : 'सर्वे ऑफ इंगलिश लिट्रेचर', लंदन, 1946, इंट्रोडक्शन, पृ. 1.
71. 'आलोचना', इतिहास विशेषांक, अक्तूबर 1952.
72. 'दि फिलासफी ऑफ आर्ट हिस्टरी', 1950, प्रीफेस, पृ. VI.
73. वही, पृ. 8-9 तथा 12-13.
74. जार्ज सेम्पसन : 'दि कांसाइज कैम्ब्रिज हिस्ट्री ऑफ इंगलिश लिट्रेचर', प्रिफेस, पृ. XIII.
75. 'दि फिलासफी ऑफ आर्ट हिस्टरी', 1959, प्रीफेस, पृ.13.
76. डॉ. विश्वम्भरनाथ उपाध्याय : 'परिवेश' (सं. डॉ. नगेन्द्र, हिन्दी वाङ्.मयः बीसवीं सदी), 1972, पृ. 28.
77. आर. ए. स्काट : 'फिफ्टी ईयर्स ऑफ इंगलिश लिट्रेचर, लंदन, 1958, प्रीफेस, VII.
78. एमाइल लेगुइस ऐंड लुइस कजामियाँ : 'ए हिस्टरी ऑफ इंगलिश लिट्रेचर', इंट्रोडक्शन पार्ट II पृ. XX .
79. सैंट्सबरी : 'अ हिस्ट्री ऑफ इंगलिश लिट्रेचर', प्रीफेस.
80. 'थ्योरी ऑफ लिट्रेचर', 1963, पृ. 39.
81. एफ. डब्ल्यू : 'कारेस्पांडेंस, स्क्रुटिनी', IV, 1935, 181-85 ('थ्योरी ऑफ लिट्रेवर' में पृ. 40 पर उद्धृत).
82. दे. 'थियोरी ऑफ लिट्रेचर', 1963, पृ. 40.
83. डॉ. रूपचन्द पारीक : 'हिन्दी साहित्य के इतिहास ग्रन्थों का आलोचनात्मक अध्ययन', 1972, पृ. 6.
84. ए. लूना चर्सकी : 'ऑन लिटरेचर ऐंड आर्ट', प्रोग्रेस पब्लिशर्स, मास्को, 1965, पृ. 12-13.
85. क्रिस्टोफर काडवेल : 'हिस्टरी इन डाइंग कल्चर', 1949, पृ. 22.
86. वी. अफानास्येव : 'मार्क्सिस्ट फिलासफी' (अनु. सेंपटी), प्रथम संस्करण, पृ. 248-49.
87. सिडनी हुक : 'दि हीरो इन हिस्ट्री', 1955, 28-29.
88. वही.
89. 'मार्क्सिस्ट फिलासफी', प्रथम संस्करण, पृ. 248-139.
90. 'साहित्य का इतिहासदर्शन', पृ. 139.
91. आर्नल्ड हाऊजर : 'दि फिलास्फी ऑफ आर्ट हिस्टरी', 1959 में पृ. 120-21 पर वाल्फिन उद्धृत.

92. 'दि फिलासफी ऑफ आर्ट हिस्टरी', पृ॰ 121.
93. होमर कैरी हाकेट : 'दि क्रिटिकल मैथड इन हिस्टारिकल राइटिंग', 1961, पृ॰ 9.
94. 'साहित्येतिहास : संरचना और स्वरूप', 1975, पृ॰ 220.
95. 'दि कांसाइज आक्सफोर्ड डिक्शनरी', पृ॰ 220.
96. 'साहित्येतिहासः संरचना और स्वरूप', 1975, पृ॰ 221.
97. वही.
98. 'साहित्य का इतिहासदर्शन', 1960, पृ॰ 33.
99. 'साहित्येतिहासः संरचना और स्वरूप', 1975, पृ॰ 226-27.
100. 'दि फिलासफी ऑफ आर्ट हिस्टरी', 1959, प्रीफेस, पृ॰151-52.
101. वही, पृ॰ 158.
102. राहुल सांकृत्यायन : 'हिन्दी 'काव्य धारा' 1940, पृ॰ 4.
103. शिवदान सिंह चौहान : 'हिन्दी साहित्य के अस्सी वर्ष', 1961, पृ॰ 18.
104. रामचन्द्र शुक्ल : हिन्दी साहित्य का इतिहास', 13वां संस्करण, पृ॰ 22.
105. डॉ॰ रामकुमार वर्मा : 'हिन्दी साहित्य का आलोचनात्मक इतिहास', पंचम संस्करण, पृ॰ 68.
106. 'साहित्येतिहास : संरचना और स्वरूप', 1975, पृ॰ 234.
107. होमर कैरी हाकेट : 'दि क्रिटिकल मैथड इन हिस्टारिकल राइटिंग', 1961, पृ॰ 41.
108. 'साहित्येतिहास : संरचना और स्वरूप', 1975, पृ॰ 234.
109. वही, पृ॰ 236.
110. स्टार्क, वर्नर : 'दि सोशोलॉजी ऑफ नालेज', पृ॰ 12 (डॉ. सुमनराजे द्वारा, 'साहित्येतिहास') में उद्धृत, पृ॰ 247.
111. 'दि फिलासफी ऑफ हिस्टरी', 1959, पृ॰ 4.
112. 'साहित्येतिहासः संरचना और स्वरूप', पृ॰ 260-61.
113. वही, पृ॰ 262.
114. शिवसिंह सेंगर : 'शिवसिंह सरोज', 1971, पृ॰ 411.
115. रामचन्द्र शुक्ल : हिन्दी साहित्य का इतिहास', 13वां पुनर्मुद्रण, पृ॰ 41-42.
116. मेयर ब्लाक : 'दि हिस्टोरिअंस क्राफ्ट', 1954, पृ॰ 27.
117. 'आइडिआ ऑफ हिस्टरी', पृ॰ 53.
118. 'साहित्येतिहासः संरचना और स्वरूप', 1975, पृ॰ 146.
119. वही, पृ॰ 151.
120. 'थियोरी ऑफ लिट्रेचर', 1963, पृ॰ 262.
121. 'साहित्येतिहासः संरचना और स्वरूप', 1975, पृ॰ 152.
122. वही.
123. 'साहित्य का इतिहासदर्शन', पृ. 56 तथा 'थियोरी ऑफ लिट्रेचर', पृ॰ 262-63.
124. 'साहित्य का इतिहासदर्शन', पृ॰ 57.

125. ‘साहित्य संदेश’ अंक 41, डॉ॰ विश्वनाथ मिश्र का लेख : ‘हिन्दी साहित्य का काल विभाजन’.

126. ‘साहित्य का इतिहासदर्शन’, 1960, पृ॰ 57.

127. देखिए, ‘थियोरी ऑफ लिट्रेचर’, पृ॰ 268.

128. देखिए, ‘हिमप्रस्थ’, मार्च-अप्रैल, 1975, डॉ॰ बच्चनसिंह का लेख : ‘आधुनिक हिन्दी साहित्यिक इतिहास की समस्या.

129. ‘साहित्यिक इतिहास : संरचना और स्वरूप’, के अध्याय साहित्येतिहास के युग एवं धाराओं पर आधारित, पृ॰ 157-58.

130. ‘उपलब्धि’ अंक 7, हिन्दी विभाग, काशी विद्यापीठ में डॉ॰ वासुदेवसिंह का लेख, पृ॰ 63.

हिन्दी साहित्येतिहास : कालनिर्धारण तथा नामकरण

हिन्दी साहित्येतिहास में कालनिर्धारण की समस्या

साहित्येतिहासलेखन की प्रक्रिया अपने आप ही में जटिल है, पर कालविभाजन और वर्गीकरण की समस्या कहीं अधिक विवादास्पद एवं जटिल है। जिस प्रकार इतिहास के काल को तीन खंडों में बाँटने की परम्परा है, उसी प्रकार समस्त साहित्येतिहास को भी आदिकाल, मध्यकाल और आधुनिक काल में विभाजित करने की पद्धति अब भी प्रचलित है। यहाँ भी इतिहासकार को तीनों कालखंडों के कालनिर्धारण की समस्या से जूझना पड़ता है। एक युग की कालावधि कब से कब तक मानी जाए और क्यों मानी जाए? इस प्रश्न का उत्तर सरल कार्य नहीं है। इसके अतिरिक्त एक काल के अन्तर्गत युगविभाजन तथा प्रत्येक युग के नामकरण की समस्या का समाधान और भी कठिन है। हिन्दी साहित्येतिहास के कालविभाजन की समस्या अपेक्षतया अधिक कठिन है। आदिकाल का विचार करते हुए डॉ॰ वासुदेव सिंह इन समस्याओं पर प्रकाश डालते हैं :

1. सम्पूर्ण प्राचीन साहित्य का, जो या तो लुप्त हो चुका है या शेष है, वह ग्रन्थ भंडारों में दबा पड़ा है, पूर्ण ज्ञान न होना।
2. विभिन्न भंडारगारों, मन्दिरों तथा अन्य स्थानों में हस्तलिखित रूप में सुरक्षित साहित्य का समय-समय पर अन्वेषकों द्वारा प्रकाश में लाया जाना।
3. उपलब्ध अथवा ज्ञात साहित्य की प्रामाणिकता का अभाव।
4. साहित्य की कसौटी के निर्धारण में अनिश्चितता। हिन्दी भाषा के आदि रूप के निश्चित स्वरूप सम्बन्धी मान्यता का अभाव।[1]

उपर्युक्त कठिनाइयों के होते हुए भी हिन्दी साहित्येतिहास के प्रमुख रचयिताओं ने कालविभाजन करते समय पर्याप्त सूझ-बूझ का परिचय दिया है। अनेक अपूर्णताओं के होते हुए भी हिन्दी साहित्येतिहासलेखन की परम्परा के अन्तर्गत इधर

पर्याप्त ध्यान दिया गया है। यह दूसरी बात है कि अभी तक भी यह गुत्थी उलझी हुई है।

कालविभाजन की पद्धतियाँ

इस समस्या के समाधान के लिए हिन्दी साहित्येतिहासलेखन में चार पद्धतियों का अवलम्ब लिया गया है जिनकी ओर डॉ॰ गणपतिचन्द्र गुप्त ने संकेत किया है। पहली पद्धति के अनुसार, सम्पूर्ण इतिहास का विभाजन चार युगों अथवा कालखंडों में किया गया है : (1) आदिकाल, (2) भक्तिकाल, (3) रीतिकाल, (4) आधुनिक काल। ...दूसरे क्रम के अनुसार केवल तीन युगों की कल्पना ही विवेकसम्मत है : (1) आदिकाल, (2) मध्यकाल और (3) आधुनिक काल...। तीसरी पद्धति साहित्य का विभाजन विधाक्रम से करती है। इसका आधार यह है कि समस्त साहित्यराशि का एकत्र अध्ययन करने की अपेक्षा कविता तथा गद्यसाहित्य की विविध विधाओं के इतिहास का वर्गीकृत अध्ययन साहित्यशास्त्र के अधिक अनुकूल है। ...इनके अतिरिक्त एक और ऋजु पद्धति है, जो शुद्ध कालक्रम के अनुसार वस्तुगत विभाजन को ही अधिक यथार्थ मानती है। इसके प्रवक्ताओं का तर्क है कि किसी विचारधारा अथवा साहित्यिक दृष्टिकोण का आरोपण करने से परिदृश्य विकृत हो जाता है और यथार्थदर्शन में बाधा पड़ती है। इस पद्धति का अवलम्बन आरम्भ में विदेशी विद्वानों द्वारा प्रस्तुत कुछेक इतिहासों में ही आंशिक रूप से किया गया है।[2] उन्होंने समन्वयात्मक पद्धति को ही श्रेयस्कर माना है। हमारी दृष्टि में साहित्येतिहास के समस्त काल को खंडों में विभाजित करने के लिए कालक्रम का आधार तो अपनाया ही जाता है, समस्या यह रहती है कि उसे कितने भागों में विभाजित किया जाए। हिन्दी साहित्य के इतिहास को चार युगों में विभाजित करने की परम्परा ही प्रचलित रही है। यदि किसी इतिहासकार ने मध्यकाल को एक ही साहित्यिक युग माना है, तो उसने भी उसके अन्तर्गत पूर्वमध्यकाल तथा उत्तरमध्यकाल की स्थिति मानी है, अथवा उसने रीतिकाल काव्य की विवेचना अलग की है।

हिन्दी साहित्येतिहास का प्रथम युग

कालनिर्धारण तथा नामकरण की समस्या

साहित्येतिहास के प्रथम युग का कालनिर्धारण तथा नामकरण एक अत्यन्त विवादास्पद तथा जटिल प्रश्न है। भाषा के विद्वानों तथा इतिहासकारों ने जितना इस समस्या पर विचार किया है उतना ही उलझाव पैदा हुआ है। कुछ विद्वानों ने अपभ्रंश साहित्य को पुरानी हिन्दी का साहित्य मानकर साहित्येतिहास के प्रथम युग का आरम्भ सातवीं अथवा आठवीं शताब्दी से मान लिया है। दूसरे वर्ग के विद्वान 1000 ई॰ के लगभग

इस युग का आरम्भ मानने के पक्ष में है। तीसरा वर्ग उन विद्वानों का है जो खड़ी बोली को ही हिन्दी के नाम से अभिहित करना चाहते हैं, और ब्रजभाषा आदि के साहित्य को हिन्दी साहित्येतिहास का स्थान देने के औचित्य की कटु आलोचना करते है। शिवदानसिंह चौहान ने विस्तार से इस समस्या पर विचार करते हुए सिद्ध करना चाहा है कि हिन्दी (संस्कृतनिष्ठ खड़ी बोली) साहित्य का इतिहास भारतेन्दु हरीशचन्द्र के पहले मौलिक प्रहसन 'वैदिकी हिंसा हिंसा न भवति' से आरम्भ होता है। वे लिखते हैं : इस दृष्टि से देखें तो समूचे हिन्दी (खड़ी बोली) साहित्य का इतिहास अभी तक एक शताब्दी भी नहीं पार कर पाया।' इस प्रकार हिन्दी के स्वरूप विस्तार का प्रश्न काफी टेढ़ा हो गया है। डॉ॰ नगेन्द्र ने ब्रज, अवधि आदि भाषाओं को हिन्दी मानते हुए हिन्दी साहित्येतिहास के व्यापक रूप में विश्वास प्रकट किया है। उनके विचारानुसार : 'हिन्दी के विद्वान और अन्य भाषाविद् आरम्भ से ही यह स्वीकार करते हुए आये हैं कि भारतवर्ष के जितने भूभाग में वर्तमान हिन्दी या खड़ी बोली हिन्दी सामाजिक व्यवहार अर्थात् पत्राचार, शिक्षा-दीक्षा, सार्वजनिक आयोजन विचार-विनिमय तथा साहित्यिक अभिव्यक्ति आदि की माध्यमभाषा है, वह सबके सब हिन्दी प्रदेश है और उसके अन्तर्गत बोली जाने वाली सभी भाषाएँ हिन्दी की उपभाषाएँ हैं।'[3]

यदि हम हिन्दी के व्यापक अर्थ को स्वीकार कर लेते हैं जैसी कि परम्परा रही है तो दूसरा प्रश्न साहित्य के स्वरूप से सम्बन्धित है। साहित्येतिहास के अन्तर्गत किस प्रकार के साहित्य को स्थान मिलना चाहिए? डॉ॰ नगेन्द्र के अनुसार : 'इस विषय में भी हमारा दृष्टिकोण व्यापक ही होना चाहिए और रस के साहित्य के अतिरिक्त ज्ञान के साहित्य का भी अन्तर्भाव करना चाहिए। यह ठीक है कि साहित्य का अर्थ मूलतः यहाँ भी सर्जनात्मक साहित्य ही है और एक सीमा से आगे सम्पूर्ण वाङ्.मय को उसके साथ समेटना सम्भव नहीं है।'[4] इस दृष्टिकोण से देखा जाए तो साम्प्रदायिक तथा दार्शनिक साहित्य को साहित्येतिहास में समेटा जा सकता है। इसलिए कालविभाजन तथा नामकरण करते समय उसकी उपेक्षा नहीं होनी चाहिए। किसी निष्कर्ष पर पहुँचने से पूर्व उचित है कि हिन्दी साहित्य के इतिहासग्रन्थों में प्रथम युग सम्बन्धी कालनिर्णय और नामकरण पर विचार कर लिया जाये।[5]

हिन्दी साहित्य के इतिहास ग्रन्थों में प्रथम युग

प्रथम प्रयास : हिन्दी साहित्येतिहासलेखन परम्परा में सर्वप्रथम डॉ॰ अब्राहम जार्ज ग्रियर्सन ने ही कालविभाजन की ओर ध्यान दिया। उन्होंने 700 ई॰ से प्रथम युग का आरम्भ माना है और 1300 ई॰ तक इसका विस्तार माना है। इस युग को उन्होंने चारणकाल का नाम दिया है। उन्होंने सरोज के आधार पर पुष्य को प्राचीनतम भाषाकवि मानने में सन्देह अवश्य प्रकट किया है। 'शिवसिंह सरोज' का कथन है

कि यह 713 ई॰ में उपस्थित था और भाषा की जड़ यही कवि है। इस विवरण से स्पष्ट होता है कि इसका नाम पुष्य था अथवा पुंड था··· यदि भाषा से अभिप्राय प्राकृत के पश्चात्कालीन भाषा रूप से है, तब तो यह पूर्णरूपेण अस्वाभाविक वक्तव्य प्रतीत होता है। मुझे तो टाड में सरोज के इस कथन का कोई प्रमाण नहीं मिलता।[6] सन्देह होते हुए भी प्रथम युग का आरम्भ 700 ई॰ से मान लेना निराधार प्रतीत होता है। इस युग का नाम उन्होंने चारणकाल के अन्तर्गत नौ चारण कवियों का संक्षिप्त विवरण दिया है। उन्होंने सारंगधर कवि को 1363 ई॰ में उपस्थित माना है। इसलिए प्रथम युग का अन्त 1300 ई॰ में मानने की बात भी संगत प्रतीत नहीं होती।

'मिश्रबन्धु विनोद' में भाषा के आधार पर हिन्दी साहित्य के प्रथम युग की स्थिति संवत् 700 (643 ई॰) से 1560 संवत् तक मानी है। यह कालनिर्धारण भी अनुमान पर आधारित है। उन्होंने इस युग को आरम्भिक काल कहा है। उन्होंने भी पुष्य या पुंड को हिन्दी का प्रथम कवि माना है। उन्होंने ग्रियर्सन के ई॰ सन् को विक्रमी संवत् में बदल भर दिया है। उन्होंने प्रथम युग को आदि प्रकरण भी कहा है और उसके अन्तर्गत निम्नलिखित वर्गीकरण किया है।

1. हिन्दी की उत्पत्ति और काव्य लक्षण–(वैदिक समय से सं॰ 700)।
2. पूर्व प्रारम्भिक हिन्दी–चन्दपूर्व (सं॰ 700–1200)।
3. पूर्व प्रारम्भिक हिन्दी–रासो काल (सं॰ 1201–1344)।
4. उत्तर प्रारम्भिक हिन्दी–(सं॰ 1348–1444)।
5. पूर्व माध्यमिक हिन्दी–(सं॰ 1445–1560)।

उपर्युक्त कालविभाजन भाषाविषयक है, न कि साहित्यविषयक। इसके अतिरिक्त उन्होंने नामकरण का भी कोई पुष्ट आधार स्थापित नहीं किया। अनुपलब्ध तथा संदिग्ध सामग्री के आधार पर कालविभाजन तथा नामकरण न्यायसंगत नहीं कहा जा सकता।

'मिश्रबन्धु विनोद' के पश्चात् दो लघुकाय इतिहासग्रन्थों की रचना हुई। सं॰ 1976 में एडविन ग्रीव्स का 'ए स्कैच ऑफ हिन्दी लिटरेचर' प्रकाश में आया और तीन वर्ष बाद के॰ महोदय का 'ए हिस्टरी ऑफ हिन्दी लिटरेचर' प्रकाशित हुआ। काल विभाजन की दृष्टि से इनका विशेष महत्त्व नहीं है। के॰ महोदय ने हिन्दी साहित्य का आरम्भ 12वीं शती से माना है तथा इसे 'प्राचीन चारण काव्य' नाम दिया है। 'स्पष्ट है कि उन्होंने यह नाम ग्रियर्सन के आधार पर रखा है। अतः इसमें कोई नवीनता नहीं है।'[7]

आचार्य शुक्ल का मत : पं॰ रामचन्द्र शुक्ल ने साहित्यिक प्रवृत्ति, रचनाओं की प्रचुरता तथा प्रसिद्धि के आधार पर हिन्दी साहित्य के इतिहास का कालविभाजन और नामकरण करने का पहली बार सम्यक् प्रयत्न किया। इस आधार पर उन्होंने हिन्दी साहित्य के इतिहास के प्रथम युग की कालावधि सं॰ 1050 सं॰ से 1375 तक

मानी है। उनके शब्दों में : मुंज और भोज के समय (सं॰ 1050 के लगभग) में तो ऐसी अपभ्रंश या पुरानी हिन्दी का पूरा प्रचार शुद्ध साहित्य या काव्य रचनाओं में भी पाया जाता है। अतः हिन्दी साहित्य का आदिकाल संवत् 1050 से लेकर संवत् 1375 तक अर्थात् महाराज भोज के समय से लेकर हम्मीरदेव के समय के कुछ पीछे तक माना जा सकता है। यद्यपि जनश्रुति इस काल का आरम्भ और पीछे ले जाती है और सम्वत् 770 ई॰ में भोज के पूर्व पुरुष राजा मान के सभासद पुष्य नामक किसी बंदीजन का दोहों में एक अलंकार ग्रन्थ लिखना बताती है। (दे॰ 'शिवसिंह सरोज') पर इसका कहीं कोई प्रमाण उपलब्ध नहीं है।[8] कालनिर्धारण के बाद उन्होंने संदिग्ध वीरगाथात्मक रचनाओं के आधार पर इस युग को वीरगाथा काल कहना उचित समझा। यहाँ प्रश्न उठता है कि शुक्लजी ने कौन-सी कृतियों के आधार पर इस युग का आरम्भ सं॰ 1050 से माना है? इस समय की नाथयोगियों तथा सिद्धों की रचनाएँ तो मिलती हैं, वीरगाथात्मक नहीं। ऐसा प्रतीत होता है कि शुक्लजी ने इस युग के आरम्भ को महमूद गजनवी के आक्रमणकाल से जोड़ने का यत्न किया है। युग का आरम्भ और अन्त अनुमानित अधिक है, तथ्य आधारित कम। वीरगाथाकाल नाम भी अप्रामाणिक तथा अनुपलब्ध रचनाओं के आधार पर रखा गया है, जो युक्तियुक्त प्रतीत नहीं होता। इसके अतिरिक्त 1455 वि॰सं॰ में रचित श्रीधर की रचना : 'रणमल्ल छन्द' वीरकाव्य धारा के अन्तर्गत समाविष्ट करके भी वीरगाथा काल का अन्त संवत् 1375 में मानना उचित नहीं कहा जा सकता।

अन्य प्रयास : रामचन्द्र शुक्ल के इतिहास के पश्चात् बाबू श्यामसुन्दर दास ने 'हिन्दी भाषा और साहित्य' में कालविभाजन और नामकरण की दृष्टि से कोई विशेष परिवर्तन नहीं किया। उन्होंने भी आदि युग को वीरगाथा का युग कहा है तथा उसकी सीमा सं॰ 1050 से 1400 तक निर्धारित की है। उसके मतानुसार : 'प्रारम्भिक काल में वीरगाथाओं तथा अन्य प्रकार की वीरोल्लासिनी कविताओं की प्रधानता दिखाई देती है। यद्यपि उस काल की कविता में शृंगार अथवा प्रेम की भी झलक पाई जाती है तथापि वे वीरता की पुष्टि के लिए आये हैं, स्वतंत्र रूप में नहीं।[9] उन्होंने प्रथम युग की कालावधि 25 वर्ष बढ़ा दी है, अन्यथा उन्होंने शुक्ल द्वारा इतिहास के कालविभाजन का ही अनुसरण किया है। इसलिए इसमें भी वही दोष रह गया है। डॉ॰ वासुदेव सिंह ने एक अन्य दोष की ओर भी संकेत किया है। वे लिखते हैं : 'यद्यपि बाबू श्यामसुन्दर दास ने 'वीरगाथा युग' का समय सं॰ 1400 तक ही माना है, किन्तु उसी के अन्तर्गत द्वितीय उत्थान लिखते हुए, रीतिकाल के भूषण, लाल और सूदन के अतिरिक्त आधुनिक काल के माखनलाल चतुर्वेदी, बालकृष्ण शर्मा, गयाप्रसाद शुक्ल, अनूप, वियोगी हरि, माधव शुक्ल आदि का भी नाम गिना दिया है।'[10]

नामकरण की दृष्टि से डॉ॰ रमाशंकर शुक्ल 'रसाल' का 'हिन्दी साहित्य का

इतिहास' उल्लेखनीय है क्योंकि इसमें साहित्यिक विकास की जीवशास्त्रीय पद्धति को अपनाया गया है। उन्होंने आदिकाल की अवधि सं॰ 1000 से सं॰ 1400 तक मानी है तथा उसे हिन्दी साहित्येतिहास की बाल्यावस्था की संज्ञा दी है।[11] इस नामकरण में नवीनता अवश्य है परन्तु यह नवीनता तर्कसंगत नहीं है। प्रथम युग को साहित्य की बाल्यावस्था, मध्ययुग को किशोरावस्था और आधुनिक युग को युवावस्था की संज्ञा देना अत्यन्त अतर्कयुक्त परिकल्पना है, क्योंकि इस आधार पर साहित्य की जरावस्था और मृत्यु की भी कल्पना की जा सकती है, जो अपने आप में उपहासास्पद है। इसलिए यह कहने की आवश्यकता नहीं है कि इस प्रकार का नामकरण अत्यन्त बचकाना तथा अतर्कपूर्ण है।[12]

डॉ॰ रामकुमार वर्मा ने 'हिन्दी साहित्य का आलोचनात्मक इतिहास' में हिन्दी साहित्यिक इतिहास के प्रथम युग का आरम्भ सं॰ 750 से माना है तथा अन्त सं॰ 1375 निश्चित किया है। इस प्रकार उन्होंने आरम्भिक युग के काल निर्धारण मे ग्रियर्सन तथा शुक्ल के मतों का समन्वय कर दिया है। उन्होंने इस युग को दो भागों में विभाजित किया है :

1. सन्धि काल (सं॰ 750 से1000) और, 2. चारण काल (सं॰ 1000–1375)।, सन्धिकाल के अन्तर्गत उन्होंने अपभ्रंश साहित्य–सिद्ध साहित्य, जैन साहित्य और नाथ साहित्य का विवेचन किया है तथा चारण काल में डिंगल काव्य का विवरण दिया है। उन्होंने 1375 के बाद के काव्य ग्रन्थों को भी इस युग के अन्तर्गत स्थान दिया है। उनके अनुसार : यहाँ पर खोज में प्राप्त हुए कुछ डिंगल ग्रन्थों पर विचार किया जाएगा, यद्यपि वे चारणकाल (सं॰ 1000–1375) से बहुत बाद के हैं, इसलिए कि वे चारणकाल की परम्परा में हैं। अतः उनका विवरण करना यहाँ आवश्यक है।[13] इस आधार पर उन्होंने 'महाराजा रतनसिंहजी की कविता बीठू भोमौरी कहीं'। (रचनाकाल–सं॰ 1895) की चर्चा भी इस युग में की है।

राहुल सांकृत्यायन ने अपने ग्रन्थ 'हिन्दी काव्यधारा' में ऐतिहासिक स्थिति तथा 47 कवियों की वाणी के आधार पर इस युग को सिद्ध-सामन्त युग माना है।[14] उन्होंने इसकी कालावधि 760 ई॰ से 1300 ई॰ तक मानी है। उन्होंने अपभ्रंश को प्राचीन हिन्दी से अभिन्न माना है और साहित्य के प्रभाव तथा उसकी प्रेरणा के आधार पर इस युग का नाम 'सिद्ध-सामन्त युग' रखा है। हमें अपभ्रंश भाषा को पुरानी हिन्दी कहना संगत नहीं लगता। इसे सिद्ध-सामन्त युग कहने से उस समय में रचित जैनकाव्य तथा लोकप्रेरणा से रचित काव्य की उपेक्षा हो जाती है। इसलिए यह नाम भी उतना संगत प्रतीत नहीं होता।

डॉ॰ हजारीप्रसाद द्विवेदी ने प्रथम युग को आदिकाल कहना उचित समझा है। इसका प्रारम्भ 1000 ई॰ माना है और अन्त 1400 ई॰ निश्चित किया है। वह लिखते हैं : 'दसवीं शताब्दी की भाषा के गद्य में तत्सम शब्दों का व्यवहार बढ़ने लगा था।

चौदहवीं शताब्दी तक के साहित्य में इसी प्रवृत्ति की प्रधानता मिलती है। वस्तुतः छन्द, काव्यरूप, काव्यगत रूढ़ियों और वक्तव्य वस्तु की दृष्टि से दसवीं से चौदहवीं शताब्दी तक का लोक भाषा का साहित्य परिनिष्ठित अपभ्रंश में प्राप्त साहित्य का ही बढ़ाव है।'[15] उन्होंने यह भी स्पष्ट कर दिया है कि इस युग की प्रामाणिक रचनाएँ परिनिष्ठित साहित्यिक अपभ्रंश की हैं और लोक भाषा की रचनाएँ अप्रामाणिक अथवा अर्द्धप्रामाणिक हैं। आचार्य हजारीप्रसाद द्विवेदी ने खुमान रासो, बीसलदेव रासो और विजयपाल रासो को संदिग्ध ही नहीं, बल्कि परवर्ती युग की रचनाएँ माना है। खुमान रासो के विषय में मोतीलाल मोनारिया का मत है : 'वास्तव में इसका रचनाकाल सं॰ 1730 से लेकर 1760 के मध्य तक है।' इसलिए हजारीप्रसाद द्विवेदी के अनुसार : 'इस ग्रन्थ की चर्चा हिन्दी साहित्य के आदिकाल में नहीं होनी चाहिए।'[16] परन्तु उन्होंने स्वयं उपर्युक्त वीरगाथात्मक ग्रन्थों की चर्चा आदिकाल में की है। इसलिए यह अपने आप में एक असंगति है।

काल निर्धारण की दृष्टि से डॉ॰ गणपतिचन्द्र के 'हिन्दी साहित्य का वैज्ञानिक इतिहास' में नवीनता है। उन्होंने शालिभद्र सूरी कृत 'भरतेश्वर बाहुबली रास' को हिन्दी की प्रथम रचना मानाकर प्रथम युग का आरम्भ 1184 ई॰ से माना है तथा इस युग की स्थिति 1350 ई॰ तक मानी है। यह कालनिर्धारण नवीन कहा जा सकता है, परन्तु वैज्ञानिक नहीं। नामकरण में भी कोई मौलिकता नहीं है। डॉ॰ वासुदेव सिंह के शब्दों में, 'पारम्भिक काल नामकरण नया भी नहीं है। मिश्र बन्धुओं ने बहुत पहले इस युग को आरम्भिक काल कहकर उसे दो खंडों में विभक्त किया था। ···उनके इतिहास में दूसरी त्रुटि यह दिखाई पड़ती है कि उन्होंने शालिभद्र सूरी कृत 'भरतेश्वर बाहुबली रास' को हिन्दी की प्रथम रचना मानते हुए, हिन्दी का आविर्भावकाल सन् 1184 ई॰ से माना है। इसकी पूर्ववर्ती रचनाओं को अपभ्रंश भाषा की कृतियाँ मानकर छोड़ दिया है।[17] अपभ्रंश का प्रभाव तो राजस्थानी की इस रचना पर भी स्पष्ट है। इसे परवर्ती अपभ्रंश की रचना कहना उचित होगा। इस रचना से हिन्दी साहित्य का आरम्भ मानना उतना ही उचित अथवा अनुचित है जितना सिद्धों की पूर्ववर्ती रचनाओं से है।

कालनिर्धारण तथा नामकरण की दृष्टि से डॉ॰ रामखेलावन पाण्डेय द्वारा रचित 'हिन्दी साहित्य का नया इतिहास' एक नया प्रयास कहा जा सकता है। उन्होंने हिन्दी साहित्येतिहास के प्रथम युग को आदिकाल या वीरगाथा काल कहने की अपेक्षा संक्रमण काल कहना अधिक समीचीन समझा है। डॉ॰ हजारीप्रसाद द्विवेदी का अनुसरण करते हुए उन्होंने इस युग की कालावधि 1000 ई॰–1400 ई॰ तक मानी है। उन्होंने इस युग को 'अपभ्रंश भाषा से हिन्दी का संक्रमण' होने के कारण संक्रमणकाल माना है। भाषा को नामकरण का आधार माना गया है, साहित्यिक प्रवृत्ति को नहीं। 'इस प्रकार की शब्दावली किसी विशिष्ट साहित्यिक प्रवृत्ति को स्पष्ट

करने में असमर्थ है और न ही सम्पूर्ण प्रवृत्तियों का प्रतिनिधित्व करती है, जिसका लेखक को विशेष आग्रह है।'[18]

हिन्दी साहित्य के इतिहासकारों के अतिरिक्त कुछ दूसरे विद्वानों ने कालविभाजन की समस्या पर विचार किया है तथा हिन्दी साहित्य के आदि युग का नव नामकरण संस्कार करने का प्रयत्न किया है। इनमें से स्नातक सत्यकाम वर्मा तथा डॉ॰ शम्भूनाथ के प्रयत्न उल्लेखनीय हैं। स्नातक सत्यकाम के मतानुसार, 'अधिक उचित तो यह होगा कि हम कवि (अथवा उसके काव्य) की जनमानस व जनजीवन के प्रति दृष्टि को ही उस वर्गीकरण एवं नामकरण का एकमात्र आधार स्वीकार करें। ऐसा करने में सभी समस्याएँ सुलझ सकेंगी।[19] इस आधार पर उन्होंने देश भाषा साहित्य के 1400 ई॰ तक के युग को 'लोकोन्मुखी साहित्य का युग' कहा है। इस नाम की सार्थकता को सिद्ध करते हुए वे लिखते हैं : 'इस युग के सम्पूर्ण देश भाषा साहित्य की पृष्ठभूमि में एकमात्र भावना थी, जनता तक अपनी बात पहुँचाना····। कवि चेतना ने किसी बंधन को भी स्वीकार नहीं किया और जनजीवन की सामान्य अनुभूतियों से ही काव्य मर्यादाएँ पूरी की गयीं।[20] हमारे विचार में 1400 ई॰ तक का साहित्य इतना लोकोन्मुखी नहीं था जितना कि परवर्ती युग का साहित्य। अतः यह नाम संगत प्रतीत नहीं होता।

डॉ॰ शम्भूनाथ सिंह ने हिन्दी साहित्य का समाजशास्त्रीय तथा राजनीतिक इतिहास से तालमेल बिठाने का यत्न किया है।[21] उन्होंने प्राचीन युग का कालविभाजन पृ॰ 138 पर दी गयी तालिका खंड 1 : (प्राचीन युग) के अनुसार किया है।

हिन्दी साहित्य की सामाजिक भूमिका के परिप्रेक्ष्य में इस प्रकार के कालविभाजन की संगति हो सकती है, परन्तु साहित्येतिहास में इसका कोई महत्त्व नहीं है। सामाजिक सन्दर्भ में भी 1200–1400 ई॰ के युग को विकास काल कहना उचित नहीं।

खंड 1 : प्राचीन युग

नाम	समाजशास्त्रीय युग	ऐतिहासिक युग	काल
उद्भवकाल	सामन्ती वीरयुग	राजपूत काल	700–1200 ई॰
	पतनोन्मुख वीरयुग	सल्तनत काल	1200–1400 ई॰
विकासकाल	विकासोन्मुख	पूर्ववर्ती मुगलकाल	1400–1650 ई॰
उत्कर्षकाल	साम्राज्य युग		
	पतनोन्मुख		
ह्रासकाल	साम्राज्य युग	परवर्ती मुगलकाल	1650-1850 ई.

डॉ॰ वासुदेव सिंह ने सं॰ 750–1450 तक हिन्दी साहित्य के इतिहास का प्रथम युग माना है।[22] उन्होंने अपभ्रंश भाषा के साहित्य को पुरानी हिन्दी का मानकर

इस युग का आरम्भ सं. 750 से माना है। काव्यरूपों की दृष्टि से उन्होंने इसे प्रयोगों का युग कहा है और भाषा की दृष्टि से संक्रांति काल। उनके शब्दों में : 'भाषा की दृष्टि से यह संक्रांति काल और काव्य रूपों की दृष्टि से प्रयोग काल है। किन्तु समग्रता के बोध की दृष्टि से इसे उद्‌भवकाल कहना अधिक समीचीन प्रतीत होता है।'[23] उन्होंने उद्‌भवकालीन साहित्य का निम्नांकित वर्गीकरण किया है :

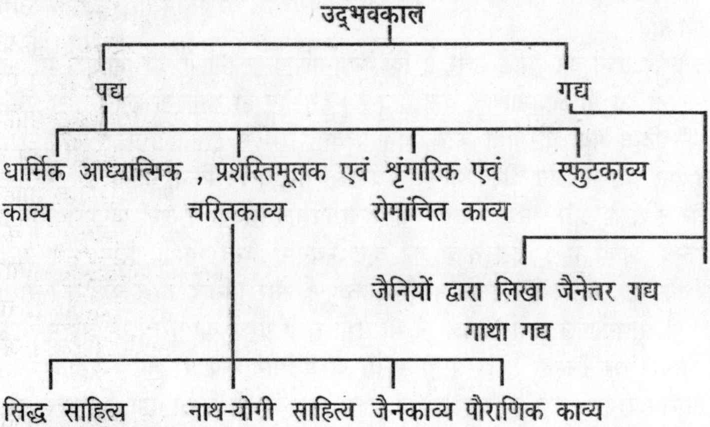

कुछ प्रश्न-चिह्न

हिन्दी साहित्येतिहास के प्रथम युग सम्बन्धी कालनिर्णय एवं नामकरण की उपर्युक्त धारणाओं की विभिन्नता इस बात का संकेत करती है कि 1400 ई॰ से पहले का हिन्दी साहित्य न तो प्रचुर मात्रा में उपलब्ध है और न ही स्पष्ट रूप को प्राप्त हुआ था, इसलिए इतिहासकारों ने तथ्यों का आधार कम लिया है तथा अनुमान का आश्रय अधिक लिया है। इस कारण उनमें इतना मतभेद है। हिन्दी भाषा सम्बन्धी दृष्टिकोण में मतभेद होने के कारण भी प्रथम युग के कालनिर्धारण में इतना अन्तर आ गया है। किसी निष्कर्ष पर पहुँचने से पूर्व निम्नलिखित प्रश्नों का उत्तर आवश्यक है :

1. क्या अपभ्रंश भाषा को पुरानी हिन्दी से अभिन्न माना जा सकता है?
2. क्या अप्रामाणिक तथा अर्द्ध प्रामाणिक रचनाओं के आधार पर साहित्यिक युग की स्थिति मानी जा सकती है?
3. क्या भाषा की उत्पत्ति के साथ ही साहित्यिक युग का प्रारम्भ हो जाता है?

पहले प्रश्न के उत्तर में इतना कहना पर्याप्त है कि यदि प्राकृत अपभ्रंश से अलग भाषा है, तो अपभ्रंश को हिन्दी से अभिन्न नहीं मानना चाहिए। हिन्दी साहित्य के प्रमुख इतिहासकारों ने भी दोनों भाषाओं को अलग मानकर दोनों के साहित्य की चर्चा को अलग-अलग स्थान दिया है। अतः हिन्दी के प्रथम युग का

700 ई॰ अथवा 760 ई॰ के आरम्भ मानना उचित नहीं है। डॉ॰ हजारी प्रसाद द्विवेदी के अनुसार : अपभ्रंश को अब कोई भी पुरानी हिन्दी नहीं कहता। निस्सन्देह हिन्दी का परवर्ती साहित्य अपभ्रंश साहित्य से क्रमशः विकसित हुआ है।[24] अतः अपभ्रंश साहित्य का हिन्दी साहित्येतिहास की काव्य परम्पराओं को समझने के लिए महत्त्व अवश्य है, परन्तु उसके आधार पर प्रथम युग का काल निर्धारण तथा नामकरण नहीं हो सकता।

दूसरे प्रश्न का स्पष्ट उत्तर है कि अप्रामाणिक रचनाओं का आधार युग की परिकल्पना को भी अप्रामाणिक बना देता है। इसलिए ही रामचन्द्र शुक्ल द्वारा प्रथम युग को दिया गया वीरगाथा काल नाम परवर्ती युग में इतना प्रचलित नहीं रहा। परन्तु इस युग में जिन वीरगाथात्मक रचनाओं का वर्णन किया जाता है, उनमें से 'पृथ्वीराज रासो' और 'परमाल रासो' को हजारीप्रसाद द्विवेदी ने अर्द्ध प्रामाणिक माना है। उनके शब्दों में : 'इस काल की कुछ रचनाएँ ऐसी भी हैं, जिन्हें हम अर्द्ध प्रामाणिक कह सकते हैं। इनमें सबसे महत्त्वपूर्ण और प्रसिद्ध ग्रन्थ पृथ्वीराज रासो है।'[25] डॉ॰ रामगोपाल शर्मा 'दिनेश' ने भी सभी रासो ग्रन्थों को पूरी तरह अप्रामाणिक नहीं माना। वह लिखते हैं : "रासो ग्रन्थों के वर्तमान रूप पर हम अप्रामाणिकता का आरोप लगा सकते हैं, यह आरोप प्रायः लगाया भी जाता रहा है, किन्तु यह स्वीकार करना भी अनुचित नहीं कि ये सभी 'रासो' ग्रन्थ सर्वांश में न तो उत्तरकालीन रचनाएँ हैं और न अप्रामाणिक ही। निश्चय ही इन सबकी रचना आदिकाल में हुई थी। धीरे-धीरे इनके आकार और रूप में परिवर्तन होता गया। किन्तु इस परिवर्तन के कारण आदिकाल में इनके अस्तित्व को अस्वीकार नहीं किया जा सकता।"[26] यहाँ पर डॉ॰ रामविलास शर्मा का मत देना अत्यन्त सार्थक है, क्योंकि उन्होंने रामचन्द्र शुक्ल द्वारा प्रथम युग के नामकरण (वीरगाथा काल) को असंगत नहीं माना। वह लिखते हैं : 'वीरगाथाकाव्य हिन्दी की एक विशेष धारा है। इस धारा के प्रतिनिधि ग्रन्थ अधिकतर अप्रामाणिक हैं, लेकिन उनसे एक वीरगाथा काव्य की परम्परा का अस्तित्व सिद्ध होता है।[27]

उपर्युक्त उद्धरणों से यह स्पष्ट होता है कि 1400 ई॰ से पूर्व वीरकाव्यों की परम्परा थी, परन्तु ये रचनाएँ उस समय हिन्दी में लिखी गयी थीं अथवा अपभ्रंश में? पृथ्वीराज रासो के विषय में डॉ॰ हजारीप्रसाद द्विवेदी लिखते हैं : 'इधर हाल में मुनि जिनविजय जी ने पुरातन प्रबन्ध संग्रह में 'जयचन्द्र प्रबन्ध' नामक एक प्रबन्ध प्रकाशित किया, जिसमें चन्द के नाम से 4 छप्पय दिए हैं। इसकी भाषा परिनिष्ठित साहित्यिक अपभ्रंश के निकट की भाषा है। यद्यपि उनमें कुछ चिह्न ऐसे भी मिलते हैं, जिनसे हम अनुमान कर सकते हैं कि 'संदेश रासक' की भाषा के सदृश यह भाषा भी कुछ आगे बढ़ी हुई भाषा है।"[28] इससे स्पष्ट हो जाता है कि पृथ्वीराज रासो आदि वीरकाव्यों का सृजन मूलतः परवर्ती अपभ्रंश में हुआ था और धीरे-धीरे उनका

हिन्दीकरण होता रहा। ऐसी स्थिति मे इन्हें उस युग की हिन्दी रचनाएँ मानना युक्तियुक्त प्रतीत नहीं होता। इसलिए इनके आधार पर युग का कालनिर्धारण तथा नामकरण भी उपयुक्त नहीं है। यदि इन रचनाओं को हिन्दी साहित्येतिहास के प्रथम युग में स्थान नहीं दिया जाता तो हिन्दी की कौन-सी प्रामाणिक रचनाएँ हैं, जिनके आधार पर हम हिन्दी साहित्येतिहास के एक युग की परिकल्पना कर सकें? 'भरतेश्वर बाहुबली रास' आदि अपभ्रंश मिश्रित राजस्थानी की दो-चार रचनाएँ अवश्य हैं, परन्तु उनके आधार पर 300 अथवा 400 वर्षों के साहित्यिक युग का अस्तित्व मानना उचित नहीं होगा।

अब तीसरे प्रश्न को लिया जाए। भाषा के विद्वानों का मतभेद हिन्दी भाषा के आरम्भ और उसमें रचित आरम्भिक साहित्य के प्रश्न को अत्यन्त जटिल बना देता है। डॉ॰ सुनीति कुमार चाटुर्ज्या के मतानुसार, '13वीं व 14वीं शती ई. तक हमें हिन्दी या हिन्दुस्तानी का दर्शन नहीं होता।'[29] डॉ. उदयनारायण तिवारी भी हेमचन्द्र के पश्चात् 13वीं से 15वीं शती के मध्य हिन्दी की आरम्भिक स्थिति मानते हैं।[30] यदि इस मत को स्वीकार कर लिया जाए, तो हिन्दी साहित्य का प्रारम्भ तेरहवीं-चौदहवीं शती से पूर्व नहीं माना जा सकता। किन्तु डॉ॰ भोलानाथ तिवारी आदि विद्वान हिन्दी का उद्भव 1000 ई॰ के आसपास मानते हैं। इन्होंने लिखा है : 'यों तो हिन्दी भाषा के कुछ व्याकरणिक रूप पाली में ही मिलने लगते हैं, प्राकृतकाल में उनकी संख्या और भी बढ़ गयी है तथा अपभ्रंश काल में ये रूप प्रायः चालीस प्रतिशत से भी ऊपर हो गये हैं, किन्तु हिन्दी भाषा का वास्तविक आरम्भ 1000 ई॰ से माना जाता है। यद्यपि, जैसा कि स्वाभाविक है साहित्य में उसका प्रयोग काफी बाद में शुरू हुआ है।'[31] डॉ॰ सुमनराजे ने अनेक उदाहरण देकर यह सिद्ध किया है कि 'ईसा की आठवीं शताब्दी से अपभ्रंश के देशभेद की प्रवृत्ति विशेष रूप में उभरती दिखाई देती है। प्रवृत्ति पहले की भी हो सकती है, परन्तु लक्षित इसी समय की गयी है।'[32] यदि देशभाषा की प्रवृत्ति 8वीं व उससे पूर्व मान भी ली जाए, तो भी प्रधानता अपभ्रंश की ही रहती है। यदि हम हिन्दी भाषा का वास्तविक आरम्भ दशवीं शती के अन्त में व 11वीं शती के आरम्भ में मान लेते हैं, तो यह प्रश्न उठता है कि क्या तब से ही हिन्दी साहित्य के प्रथम युग का आरम्भ मान लेना चाहिए? साहित्य के इतिहास के युग का अस्तित्व तभी स्वीकार किया जा सकता है, यदि उस काल की उल्लेखनीय रचनाएँ उपलब्ध हों। वे रचनाएँ पूर्ववर्ती भाषा की न होकर असंदिग्ध रूप में उस भाषा की होनी चाहिए, जिसका साहित्येतिहास लिखा जाना है। 15वीं शती से पूर्व हिन्दी की ऐसी रचनाओं का नितान्त अभाव है। इसलिए डॉ॰ हजारीप्रसाद द्विवेदी को कहना पड़ा है : 'भक्तिकाल से ही वास्तविक हिन्दी साहित्य का आरम्भ होता है तथा 14वीं शताब्दी तक हिन्दीभाषी प्रदेशों में देशी भाषा का साहित्य कैसा था, इस बात की धारणा बहुत अस्पष्ट रूप में ही होती है।'[33]

अन्त में कहा जा सकता है कि 14वीं शताब्दी तक के अपभ्रंश साहित्य तथा अपभ्रंश प्रभावित कुछेक हिन्दी रचनाओं की चर्चा हिन्दी साहित्यिक इतिहास की पूर्व पीठिका के रूप में होनी चाहिए ताकि हिन्दी साहित्य के उद्भव तथा उसकी काव्य परम्पराओं पर ऐतिहासिक दृष्टि से विचार सम्भव हो सकें। किन्तु इस काल को हिन्दी साहित्येतिहास के एक स्वतंत्र युग के रूप में मान्यता देना तर्कसंगत दिखाई नहीं देता। हिन्दी साहित्य के इतिहासग्रन्थों में जिस युग को हिन्दी साहित्य का आदिकाल अथवा वीरगाथाकाल अथवा चारणकाल माना गया है, वह वस्तुतः अपभ्रंश भाषा के साहित्य का युग है। जनभाषा हिन्दी (संस्कृतनिष्ठ हिन्दी की बोलियाँ) में साहित्यलेखन के छिटपुट प्रयत्न अवश्य होने लगे थे। इस युग में हिन्दी साहित्येतिहास की भूमिका तैयार हो रही थी। अतः यह युग हिन्दी साहित्येतिहास की पूर्वपीठिका है, न कि अपने आप में हिन्दी साहित्य का एक दीर्घ युग। इसलिए इसको किसी नाम से सम्बोधित करने का प्रश्न ही पैदा नहीं होता। यदि फिर भी कुछ विद्वान इन चार शताब्दियों के साहित्य को हिन्दी का साहित्य मानना चाहें, तो भी उन्हें इसे 'पुरानी हिन्दी का साहित्य' मानने में कोई आपत्ति नहीं होनी चाहिए। उस दृष्टि से भी इस काल के साहित्य का विवेचन 'पुरानी हिन्दी का साहित्य' नामक शीर्षक के अन्तर्गत हिन्दी साहित्य के इतिहास की भूमिका के रूप में ही होना चाहिए।

भक्तिकाल

कालनिर्धारण

ग्रियर्सन ने 15वीं शती से धार्मिक पुनर्जागरण के युग का आरम्भ माना है। उन्होंने पाँच अध्यायों में तुलसीदास के समय तक के सन्त कवियों, सूफी कवियों, कृष्णभक्त तथा रामभक्त कवियों का विवरण दिया है। इससे स्पष्ट होता है कि वे हिन्दी के साहित्येतिहास में इस युग की कालाब्धि रामानन्द तथा कबीर के समय से तुलसीदास के समय तक मानते हैं, तथा इस युग को धार्मिक पुनर्जागरण का नाम देना उचित समझते हैं, परन्तु उन्होंने इस मत को स्पष्ट नहीं किया।

हिन्दी साहित्येतिहास लेखन में भक्तिकाल सम्बन्धी शुक्लजी के कालनिर्धारण को विशेष स्वीकृति मिली है तथा उनके द्वारा किया गया अन्तर्विभाजन प्रायः सभी इतिहासकारों द्वारा अपना लिया गया है। उन्होंने ही सर्वप्रथम हिन्दी साहित्येतिहास के पूर्व मध्यकाल को भक्तिकाल का नाम दिया तथा इसकी कालाब्धि सं1375 से सं 1700 तक मानी है। इसके अन्तर्गत उन्होंने चार भक्ति काव्यधाराओं की स्थिति मानी है। वे हैं :

1. निर्गुण धारा : ज्ञानाश्रयी शाखा।
2. निर्गुण धारा : प्रेमाश्रयी शाखा (सूफी शाखा)।

3. सगुण धारा : रामभक्ति शाखा।
4. सगुण धारा: कृष्णभक्ति शाखा।

रामचन्द्र शुक्ल ने सं॰ 1375 से इस युग का आरम्भ इसलिए मान लिया है, क्योंकि उन्होंने वीरगाथा काल का अन्त 1375 माना है। हालाँकि वह स्वयं स्वीकारते हैं कि भक्ति काव्यधारा विक्रम की 15वीं शती के अन्तिम भाग में आरम्भ होती है। उनके शब्दों में : 'इस प्रकार देश में सगुण और निर्गुण के नाम से भक्तिकाव्य की दो धाराएँ विक्रम की 15वीं शताब्दी के अन्तिम भाग से लेकर 17वीं शताब्दी के अन्त तक समानान्तर चलती रहीं।'[34] इस आधार पर तो 15वीं शती से ही भक्तियुग का आरम्भ मानना उचित है। इसी प्रकार भक्तिकाल को सं॰ 1700 तक खींचना भी उचित प्रतीत नहीं होता। गोस्वामी तुलसीदास के बाद भक्तिकाव्य की धारा हिन्दी काव्य की प्रमुख धारा नहीं रहती। इसके अतिरिक्त रीतिकालीन कवियों में से चिन्तामणि का जन्मकाल सं. 1666 तथा बिहारी का जन्मकाल सं॰ 1660 है। निश्चित ही उन्होंने सं॰ 1700 से पूर्व ही लिखना आरम्भ कर दिया होगा तथा ख्याति प्राप्त की होगी। अतः तुलसीदास के मृत्यु सं॰ 1680 वि॰ के आसपास ही भक्तियुग का अन्त माना जा सकता है। डॉ॰ सत्यकाम इस आधार पर सन् 1620 को इस युग की काल सीमा मानते हैं।

डॉ॰ रामकुमार वर्मा ने रामचन्द्र शुक्ल का अनुसरण किया है तथा इस युग की सीमा 1700 वि.सं॰ निर्धारित की है। डॉ. गणपतिचन्द्र गुप्त ने इस युग का आरम्भ 1350 ई॰ से माना तथा इसका दो भागों में विभाजन करते हुए (1350–1500 ई॰ तथा 1500–1600 ई॰) इन्हें पूर्वमध्यकाल या उत्कर्षकाल तथा मध्यकाल या चरमोत्कर्षकाल की संज्ञा दी है। डॉ॰ रामखेलावन पाण्डेय ने इसका प्रसार सन् 1401 ई॰ से 1600 ई॰ तक माना है। डॉ॰ शम्भूनाथ सिंह इसे उत्कर्ष काल का नाम देते हैं तथा इसका सम्बन्ध विकासोन्मुख साम्राज्ययुग से स्थापित करते हुए इसकी अवधि 1400–1650 ई॰ मानते हैं। आचार्य हजारीप्रसाद द्विवेदी इसे 15वीं से 17वीं शती का साहित्यिक युग मानते हुए लिखते हैं : 'इस प्रकार भक्तिकाल के प्रथम उन्मेष के समय अध्यात्म भाव और रस की ऐसी बाढ़ आयी कि कुछ सौ वर्षों के लिए भाषा के साहित्य में और कुछ उल्लेखयोग्य बाकी ही नहीं रह गया। 15वीं से 17वीं शताब्दी तक का साहित्य भक्ति का उमड़ता हुआ पारावार है।[35] हमारे विचारानुसार इस युग का आरम्भ कबीर के जन्म तथा रामानन्द के प्रचार समय के आसपास निश्चित करना अधिक संगत है तथा तुलसीदास की मृत्यु के उपरान्त इसका अन्त निश्चित किया जा सकता है। इसे 1400 ई॰ से 1625 ई॰ का साहित्यिक युग कहा जा सकता है, क्योंकि इससे पूर्व और पश्चात् भक्तिकाय धारा हिन्दी साहित्येतिहास की प्रधान धारा के रूप में दिखाई नहीं देती।

नाम का औचित्य

इस युग को भक्तिकाल कहना कहाँ तक उचित है? डॉ॰ सुमनराजे के अनुसार शुक्लजी ने 'साधना के एक अंग के आधार पर' भक्तिकाल का नाम दिया है।[36] परन्तु कई विद्वानों ने भक्ति को भी रस माना है। फिर भी 'भक्ति' धार्मिक क्षेत्र का शब्द है। इसमें कोई सन्देह नहीं कि इस युग के सभी प्रमुख कवि संत और भक्त हुए हैं तथा काव्य में भक्तिभावना का स्वर ही मुखरित हुआ है। इसलिए यह नाम सार्थक है। सामाजिक दृष्टि से यह युग जागरण का युग था। ग्रियर्सन ने इसे (15वीं शती) धार्मिक पुनर्जागरण का युग माना है।[37] स्नातक सत्यकाम 1400–1620 ई॰ के साहित्यिक युग को 'सांस्कृतिक पुनरुत्थान का युग' कहते हैं। उनके अनुसार, 'भक्ति व प्रेम की धाराओं का सम्पूर्ण साहित्य ही संस्कृति के पुनःमूल्यांकन एवं पुनरुद्धार से सम्बन्ध रखता है। कवि का व्यक्तित्व उस भावना में घुलमिल कर एक हो गया है।[38] सांस्कृतिक पुनरुत्थान से पुनर्जागरण शब्द अधिक संगत है। डॉ॰ बच्चन सिंह इस युग की तुलना यूरोप के पुनर्जागरण काल से करते हुए लिखते हैं : 'यूरोप मे पुनर्जागरण काल मध्य और आधुनिक युग के बीच पड़ता है–14वीं से 17वीं शताब्दी तक पश्चिम में मध्यकाल को अन्धकार युग कहा जाता है। इसके बाद ही पुनर्जागरण काल आता है, पर हमारे यहाँ मध्यकाल का पूर्वार्ध जागरणकाल और उत्तरार्ध ह्रासोन्मुखी काल कहा जाता है। 14वीं से 17वीं शताब्दी के उत्तरार्ध तक फैले हुए भक्तिकाल को भी क्या पुनर्जागरण काल नहीं कहा जा सकता?[39] भक्तियुग को पुनर्जागरण युग का नाम अवश्य दिया जा सकता था, यदि यह जागरण धर्मनिरपेक्ष होता। साहित्यिक प्रवृत्ति की दृष्टि से भी इस युग का साहित्य भक्ति का साहित्य है।

हमारे देश में इस युग के नवजागरण की प्रकृति धार्मिक है तथा तत्कालीन हिन्दी साहित्य भक्त कवियों की देन है। वे पहले भक्त थे और बाद में कवि। इसलिए इस युग के काव्य में भक्ति का स्वर प्रधान रहा है। युग के अन्तर्विभाजन की दृष्टि से भी इस युग को भक्तिकाल कहना अधिक उचित है।

उत्तर मध्यकाल (रीतिकाल)

कालनिर्धारण

भक्तिकाल का सीमांकन करते समय यह निश्चित हो गया है कि 1625 ई॰ के पश्चात् हिन्दी साहित्य के नवीन युग का आरम्भ मानना अधिक उचित है, क्योंकि तुलसीदास के निधन के बाद हिन्दी कविता के आन्तरिक और बाह्य पक्ष में स्पष्ट अन्तर दृष्टिगोचर होता है। तुलसीदास के समय में ही हिन्दी कविता दरबारों में भी

पलने लगी थी, किन्तु उस समय तक कुटियाओं में लिखी जाने वाली कविता का स्वर कहीं अधिक ऊँचा और मोहक था। इसलिए केशव जैसे महान कवि का कर्तृत्व भी भक्तिकाव्य के सामने टिक नहीं सका। 17वीं शती के तीसरे दशक में दरबारी कविता हावी होती दृष्टिगोचर होती है। अतः उत्तर मध्यकालीन हिन्दी कविता के युग का आरम्भ 1643 ई॰ (1700 वि॰सं॰) की अपेक्षा 1625 में मानना अधिक उचित है। इसलिए शुक्ल जी द्वारा किये गये काल निर्धारण में थोड़े से परिवर्तन की गुंजाइश है। इस युग का आरम्भ 1600 ई॰ अथवा 1601 ई॰ से मानना भी उचित नहीं, जैसा कि डॉ॰ गणपतिचन्द्र गुप्त तथा रामखेलावन पांडे ने माना है। 1600 ई॰ में तो तुलसीदास जैसे भक्त कवियों का स्वर गूँज रहा था और राजनीति के क्षेत्र में अकबर भी जीवित था।

अब प्रश्न इस युग के अन्त के निर्धारण का है। शुक्लजी ने इस युग की सीमा 1843 ई॰ मानी है। डॉ॰ रामकुमार वर्मा ने भी इसकी पुष्टि की है। आचार्य हजारीप्रसाद द्विवेदी 19वीं शताब्दी के मध्य अर्थात् 1850 ई॰ तक तथा गणपतिचन्द्र गुप्त 1857 ई॰ तक इस युग का प्रसार मानते हैं। डॉ॰ गुप्त ने राष्ट्रीय चेतना तथा राजनीतिक क्रान्ति को इस युग के अन्त तथा नये युग के आरम्भ का कारण माना है। उनके शब्दों में : '19वीं शती के मध्य में भारत के इतिहास में एक बहुत बड़ी घटना घटी, और वह थी सन् 1857 की क्रान्ति। राष्ट्रीय चेतना और राजनीतिक जागरण का यह आन्दोलन वास्तव में मध्य युग की समाप्ति और आधुनिक युग के आरम्भ का पहला उद्घोष था।'[40] इसमें तो सन्देह नहीं कि 1857 ई॰ के बाद भारतीय सामन्तवाद पर अंगरेजी पूँजीवाद ने विजय प्राप्त की और इस देश के मध्यकालीन जीवनमूल्यों के ह्रास की प्रक्रिया आरम्भ हुई। हिन्दी साहित्य के इतिहास में मध्यकालीन परम्पराओं का अन्त भारतेन्दु के साहित्यिक क्षेत्र में प्रवेश से होता है, किन्तु 1857 ई॰ के बाद सामन्तों के दरबारों में पोषित कविता का अन्त अवश्य हो गया। अतः इस महत्त्वपूर्ण वर्ष को रीतिकाल का अन्तिम वर्ष मानना उचित ही है।

नामकरण

रामचन्द्र शुक्ल से पूर्व ग्रियर्सन ने सर्वप्रथम केशव और चिन्तामणि आदि की काव्यपरम्परा को रीतिकाव्य का नाम दिया था। उन्होंने लिखा है : 'केशव और चिन्तामणि काव्यशास्त्र लिखने वाले उस कविसम्प्रदाय के सर्वाधिक महत्त्वपूर्ण प्रतिनिधि हैं जिसकी स्थापना केशव ने की और जो काव्य कला के शास्त्रीय पक्ष का ही निरन्तर विवेचन करता रहा है।'[41] मिश्रबन्धुओं ने इस युग को अलंकृतकाल नाम दिया तथा रामचन्द्र शुक्ल ने इसे रीतिकाल कहना ही उचित समझा। उन्होंने इस युग के लिए शृंगारकाल का नाम भी उचित ठहराया है। उनके अनुसार : 'वास्तव में शृंगार और वीर इन्हीं दो रसों की कविता इस काल में हुई। प्रधानता शृंगार की

ही रही। इससे इस काल को रस के विचार से कोई शृंगारकाल कहे तो कह सकता है।'[42] सांस्कृतिक दृष्टि से यह ह्रासोन्मुखी युग है। इसलिए इसे यह नाम भी दिया गया है। डॉ॰ गणपतिचन्द्र गुप्त ने इसे अपकर्षकाल कहना भी उचित माना है। स्नातक सत्यकाम वर्मा के लिए यह काव्य विलास का युग है तथा रामखेलावन पांडे ने इसको संवर्धनकाल कहा है।

उपर्युक्त नामों में से तीन नाम अधिक संगत हैं : रीतिकाल, शृंगारकाल और अलंकृत काल। इनमें से भी रीतिकाल और शृंगारकाल का प्रचलन अधिक हुआ है। अब प्रश्न पैदा होता है कि इस युग के लिए कौन-सा नाम अधिक संगत है? डॉ॰ भगीरथ मिश्र ने इस प्रश्न पर विस्तारपूर्वक विचार करते हुए लिखा है : 'इस युग के लिए अलंकृत विशेषण अधिक समीचीन प्रतीत नहीं होता। कारण, मिश्र महोदयों ने इसके समर्थन में जो यह तर्क दिया है कि इस युग की कविता को अलंकृत करने की परिपाटी अधिक थी, यह इसलिए मान्य नहीं हो सकता क्योंकि यह कविता केवल अलंकृत ही नहीं है, इतर काव्यांगों को भी इसमें यथोचित स्थान प्राप्त रहा है। कवियों की प्रवृत्ति भी केवल अलंकारयुक्त रचनाएँ करने की नहीं थी– उन्होंने इसकी अपेक्षा रस पर अधिक बल दिया है।'[43] तो क्या इसे शृंगारकाल का नाम देना चाहिए। डॉ॰ विश्वनाथप्रसाद मिश्र ने इस ओर तद्‌युगीन परिस्थिति के आधार पर इस युग को रीतिकाल की अपेक्षा शृंगारकाल कहना समीचीन समझा है। उन्होंने लिखा है : 'विचार करने पर रीतिग्रन्थ प्रणेता अधिकतर आचार्य नहीं सिद्ध होते। उन्होंने रीति का पल्ला सहारे के लिए पकड़ा, कहना वे चाहते थे शृंगार ही।'''यदि तत्कालीन परिस्थिति पर विचार करते हैं, तो भी इनका प्रतिपाद्य शृंगार ही ठहरता है।'[44] उन्होंने रीतिकाल नाम की अपूर्णता पर विचार प्रकट करते हुए लिखा है : ''रीतिकाल नाम ग्रहण करने का दुष्परिणाम यह हुआ कि उस काल के अच्छे-अच्छे शृंगारी कवियों को छाँटकर पृथक करना पड़ा'''। इस प्रकार चाहे जिस दृष्टि से देखें, अलंकृतकाल और रीतिकाल नाम व्याप्ति के बेधक प्रतीत नहीं होते। उन्हें हटाने की आवश्यकता है और उनके स्थान पर 'शृंगारकाल' की स्पष्ट अपेक्षा जान पड़ती है।''[45] यहाँ आपत्ति की जा सकती है कि यदि रीतिकाल नाम देने से घनानन्द आदि कवियों की उपेक्षा हो जाती है, तो क्या शृंगार काल कहने से भूषण आदि कवियों को फुटकर खाते में नहीं डालना पड़ेगा? इसके अतिरिक्त शृंगार की कविता तो किसी-न-किसी रूप में सदा होती रही है। अतः शृंगारकाल नाम द्वारा इस युग की विशिष्टता पूरी तरह स्पष्ट नहीं होती। रीतिकाल नाम की सीमाएँ होते हुए भी इससे अधिक उचित दूसरा नाम नहीं है। वस्तुतः इस युग में कवि काव्यांग चर्चा में उसी प्रकार गौरव का अनुभव करते थे, जिस प्रकार कि ब्रह्मज्ञान विषयक चर्चा भक्तिकाल में जनसामान्य के लिए गौरव की बात होती थी।

इस युग की प्रमुख प्रवृत्ति 'रीतिबद्धता' ही है। अतः इसे ही स्वीकृति मिलनी

चाहिए और इसके अन्तर्गत रीतिमुक्त काव्यधारा का विवेचन अलग से होना चाहिए। रामचन्द्र शुक्ल से लेकर हजारीप्रसाद द्विवेदी आदि प्रमुख साहित्येतिहासकारों ने भी इसे ही मान्यता दी है। इस मान्यता में परिवर्तन की आवश्यकता नहीं है।

आधुनिक काल

उपविभाजन तथा युगों का नामकरण

हिन्दी साहित्य का आधुनिक काल अन्य साहित्यिक युगों से कालावधि की दृष्टि से जितना सीमित है, उतना ही साहित्यिक विविधता तथा विस्तार के कारण अत्यन्त जटिल है। अतः आधुनिक साहित्य को, जो अपेक्षाकृत जटिल, दुर्बोध, संशयग्रस्त, समाधानहीन जीवन को अंकित करता है, इतिहास की सीमाओं में बाँध पाना एक कठिन कर्म है।[46] फिर भी हिन्दी साहित्य के इतिहासकारों ने इस युग के अनेकरूपी साहित्य का व्यवस्थित रूप में वर्गीकरण करने का यत्न किया है। तेजी से बदलते हुए इस काल के साहित्य को भिन्न-भिन्न युगों में विभाजित करके उन युगों का नामकरण किया है।

जार्ज ग्रियर्सन ने 1857 ई॰ से आधुनिक काल का आरम्भ मानने का संकेत दिया है। उन्होंने 1857–1887 के युग को 'महारानी विक्टोरिया के शासन में हिन्दुस्तान' का शीर्षक दिया है। वह लिखते हैं : 'जिस युग की समीक्षा हम कर रहे हैं, भाषा प्रेसों का प्रादुर्भाव उसकी प्रमुख विशेषता है।'[47] उन्होंने 1887 ई॰ तक के इने-गिने लेखकों का ही विवरण दिया है और स्वीकार किया है कि 'मैंने कुछ ऐसे नाम चुन लिये हैं जो मुझे चुनने के योग्य समझ पड़े, और इस चयन को भी मैं बहुत संतोषजनक नहीं समझता।'[48] इतना निश्चित है कि उन्होंने 'विक्टोरिया के शासन में हिन्दुस्तान' को 'कम्पनी के शासन में हिन्दुस्तान' से अलगाया है, जिससे स्पष्ट होता है कि उन्होंने इस युग में मुद्रण कला के प्रसार के कारण साहित्यिक बदलाव का अनुभव किया था, परन्तु सामग्री के अभाव के कारण वह इस युग का सम्यक् अध्ययन प्रस्तुत नहीं कर सके। मिश्रबन्धु महोदयों ने भी इस ओर विशेष ध्यान नहीं दिया। हाँ, उन्होंने आधुनिक काल के इतिहास में 'पूर्व हरीश चन्द्र काल' आदि नाम अवश्य सुझाए हैं। परवर्ती इतिहास लेखन में युगों का नामकरण 'भारतेन्दु' आदि महान लेखकोंके नाम के आधार पर प्रचलित रहा है।

समसामयिक युग में कहा जा सकता है कि रामचन्द्र शुक्ल द्वारा रचित 'हिन्दी साहित्य का इतिहास' में आधुनिक काल आश्चर्यजनक रूप से कमजोर और तारतम्यहीन है।'[49] किन्तु इसमें कोई सन्देह नहीं कि सर्वप्रथम उन्होंने ही आधुनिक काल के साहित्य का सुव्यवस्थित वर्गीकरण तथा उपविभाजन करने का प्रशंसनीय यत्न किया। उन्होंने आधुनिक काल को दो खंडों में विभाजित करके गद्य और पद्य

के विकास का निम्नलिखित रूप में उपविभाजन किया है[50]:

1. आधुनिक काल : गद्य खंड (सं॰ 1900-1980)
   (1) प्रकरण 1: गद्य का विकास
   (2) प्रकरण 2 : गद्य साहित्य का आविर्भाव
   (3) आधुनिक गद्य साहित्य : परम्परा का प्रवर्त्तन-प्रथम उत्थान (स॰. 1925-1950)
   (4) गद्य साहित्य का प्रसार : द्वितीय उत्थान (सं॰ 1950-75)
   (5) गद्य साहित्य की वर्तमान गति : तृतीय उत्थान (सं॰ 1975 से)
2. आधुनिक काल : काव्य खंड (सं॰ 1900 से)
   (1) पुरानी धारा (सं॰ 1900-25)
   (2) नयी धारा : प्रथम उत्थान (सं॰ 1925-50)
   (3) नयी धारा : द्वितीय उत्थान (सं॰ 1950-75)
   (4) नयी धारा : तृतीय उत्थान (सं॰ 1975 से)

रामचन्द्र शुक्ल आधुनिक काल के साहित्य की गत्यात्मकता से भली-भाँति परिचित थे, किन्तु उसके विभिन्न पड़ावों का नामकरण करने के बजाय उन्होंने 'प्रथम उत्थान' आदि शब्दों से ही काम चलाया है। डॉ॰ बच्चनसिंह ने उनके इतिहास में गद्यखंड और पद्यखंड में असामंजस्य का भी दोष देखा है। 'ये दोनों खंड इस तरह असामंजस्य पूर्ण और विछिन्न हैं मानो गद्य की रचनाएँ एक काल में लिखी गयी हैं और काव्य साहित्य किसी अन्य काल में लिखा गया है।'[51]

रामचन्द्र शुक्ल के पश्चात् हिन्दी साहित्येतिहास में जो प्रमुख प्रयास हुए हैं, उनमें आधुनिक युग के उपविभाजन तथा नामकरण में कुछ परिवर्तन लाने का यत्न किया गया है। शुक्लजी के 'प्रथम उत्थान' इत्यादि के स्थान पर महान प्रतिभाओं के अभ्युदय के आधार पर उपविभाजन तथा युगों का नामकरण किया गया। 'प्रथम उत्थान' 'भारतेन्दु युग' के नाम से विभूषित हुआ, 'द्वितीय उत्थान' का 'द्विवेदी युग' तथा तृतीय उत्थान का 'प्रेमचन्द-प्रसाद युग' नाम रखा गया। कई साहित्यिक इतिहासों में प्रवृत्ति तथा साहित्यिक नेता दोनों के आधार पर एक युग के दो नाम रखे गये। डॉ॰ नगेन्द्र द्वारा सम्पादित इतिहास में भी यही पद्धति अपनाई गयी है। 'भारतेन्दु युग' को 'पुनर्जागरण काल' तथा द्विवेदी युग को 'जागरण-सुधार काल' का नाम भी दिया गया है।[52]

आचार्य हजारीप्रसाद द्विवेदी ने 1920 ई॰ तक के आधुनिक कालीन साहित्यिक युगों को कोई नाम नहीं दिया। 'भारतेन्दु का उदय और प्रभाव' शीर्षक के अन्तर्गत 1900 ई॰ तक की साहित्यिक उपलब्धियों का अवश्य वर्णन किया है। उन्होंने 1920 ई॰ से 1935 ई॰ तथा 1936 ई॰ से 1952 ई॰ तक क्रमशः 'छायावाद'[53] तथा 'प्रगतिवाद'[54] की स्थिति मानी है। इस प्रकार हम देखते हैं कि वह भी आधुनिक

युग के उपविभाजन की समस्या का संतोषजनक समाधान उपस्थित नहीं कर सके।

डॉ० गणपतिचन्द्र गुप्त ने आधुनिक काल के उपविभाजन तथा नामकरण के लिए साहित्यिक नेता तथा युग प्रवृत्ति के दोहरे आधार स्वीकार किये हैं। उन्होंने भारतेन्दुयुग (1857-1900 ई०) तथा द्विवेदीयुग (1900-1920 ई०) की परिकल्पना प्रथम आधार पर की है तथा छायावादयुग (1920-1937 ई०) प्रगतिवाद युग (1937-45) तथा प्रयोगयुग (1945-65) का नामकरण द्वितीय आधार को समक्ष रखकर किया है। प्रयोगयुग को 1945 से लेकर 1965 ई० तक ले जाना भी उचित प्रतीत नहीं होता, क्योंकि यह साहित्यिक प्रवृत्ति 1953 ई० में द्वितीय तारसप्तक के प्रकाशन के बाद ही प्रभावहीन हो जाती है।

आधुनिक काल के साहित्यिक युगों के लिए नये नाम तलाशने का भी प्रयत्न हुआ है। डॉ० रामखेलावन पांडे ने आधुनिक युग का आरम्भ 1801 ई० से मानकर इसे तीन युगों में विभाजित किया है :

1. संचयन काल (1801-1900 ई०)
2. संबोधित काल (1901-1947 ई०)
3. संचरण काल (सन् 1947 से)।[55]

ये नाम किसी भी साहित्यिक प्रवृत्ति को स्पष्ट नहीं करते वरन लेखक के अनुप्रास मोह को ही प्रकट करते हैं। इसी प्रकार स्नातक सत्यकाम वर्मा का विभाजन लीक से हटकर तो है किन्तु किसी पुष्ट आधार पर अवलम्बित नहीं है। आधुनिक काल का आरम्भ इंशाअल्ला खाँ की 'रानी केतकी की कहानी' से माना गया है तथा 1803 ई० से सन् 1890 ई. तक के युग को 'उत्क्रान्ति युग' का नाम दिया गया है। वह लिखते हैं : '19वीं शती के आरम्भ में इंशाअल्ला खां और मुंशी सदासुखलाल के साहित्य के साथ जनजीवन से सम्पर्क की एक नई चेतना, जन भाषा के साथ निकटतम सम्पर्क, जनहित व जनरंजन की भावना ने हिन्दी साहित्य में एक नई प्राण चेतना का संचार कर दिया।'[56] 1903 ई. से आधुनिक युग का आरम्भ मानना उतना ही भ्रमपूर्ण है जितना सदासुखलाल और इंशाअल्ला खाँ के साहित्य के आधार पर इस युग को 'उत्क्रान्ति युग' की संज्ञा देना है। उनके द्वारा की गयी भावनात्मक विद्रोह का युग (1935 ई० तक) तथा यथार्थ युग (1955 ई० से अब तक) की परिकल्पनाएँ भी हिन्दी साहित्य के आधुनिक इतिहास के तथ्यों पर आधारित न होकर अनुमानित है।

उपर्युक्त विवेचन से एक बात स्पष्ट हो जाती है कि हिन्दी साहित्य के प्रमुख इतिहास ग्रन्थों में भी आधुनिक काल के उपविभाजन तथा विभिन्न युगों के नामकरण की समस्या का ऐसा समाधान नहीं मिलता जो तर्कसंगत एवं संतोषप्रद हो। डॉ० बच्चनसिंह ने इस समस्या की जटिलता समझते हुए यह स्थापना की है : 'आधुनिक हिन्दी साहित्य में छायावाद युग सर्वमान्य हो गया है। इसको केन्द्रवर्ती बिन्दु

मानकर इस काल का उप-विभाजन करना अधिक सुविधाजनक होगा।'[57] वह भारतेन्दुकाल और द्विवेदीकाल को क्रमशः पुनर्जागरण काल तथा जागरण सुधार काल कहना अधिक उचित मानते हैं। उनका यह मत अत्यन्त सार्थक है कि 'व्यक्ति के नाम से किसी युग का बिम्ब नहीं उभरता। आचार्य शुक्ल ने सम्भवतः इसीलिए भारतेन्दु युग की परिकल्पना नहीं की है। व्यक्ति के नाम पर उपविभाजन की यह व्यवस्था स्वयं अनाधुनिक है।'[58] उन्होंने आधुनिक साहित्य को भौतिक परिवेश के सन्दर्भ में विचारते हुए उसकी गत्यात्मकता के विभिन्न चरणों को निम्नलिखित युगों में विभाजित किया है[59] :

1. पुनर्जागरण काल (भारतेन्दु काल)	1857-1900 ई॰
2. जागरण-सुधार काल (द्विवेदी काल)	1900-1918 ई॰
3. छायावाद काल	1918-1938 ई॰
4. छायावादोत्तर काल :	
(क) प्रगति प्रयोग काल	1938-1953 ई॰
(ख) नवलेखन काल	1953 ई॰ से।

डॉ॰ बच्चनसिंह ने अपने परवर्ती लेख में उपर्युक्त विभाजन में संशोधन तथा विस्तार किया है। वह 'जागरण-सुधार काल' के नाम को असाहित्यिक मानकर उसे पूर्व स्वच्छन्दतावाद युग कहना अधिक संगत मानते हैं। नवलेखन काल को आधुनिकता काल (1955 से 1965 ई॰) तथा उसके पश्चात् के युग को 'नववाम काल' नाम देते हैं।[60]

डॉ॰ बच्चन सिंह द्वारा किया गया आधुनिककालीन उपविभाजन तथा नामकरण अधिक तर्कसंगत, युगानुकूल तथा प्रवृत्तिबोधक है। इसमें एक परिवर्तन किया जा सकता है। यह परिवर्तन छायावाद से पूर्व के युग के सम्बन्ध में है। यह युग साहित्यिक प्रवृत्तियों तथा साहित्यकारों के जीवन बोध की दृष्टि से पुनर्जागरण का ही विकसित रूप है। इसलिए इसे पूर्व स्वच्छन्तावादी युग कहने की अपेक्षा पुनर्जागरण काल के अन्तर्गत समेटा जा सकता है। पुनर्जागरण युग के दो भाग माने जा सकते हैं : (1) प्रारम्भिक काल और (2) विकास काल।

इस प्रकार के कतिपय परिवर्तन के साथ डॉ॰ बच्चनसिंह के विभाजन को आधुनिककाल के इतिहासलेखन के लिए स्वीकार किया जा सकता है। उनके मत के आधार पर ही समस्या का समाधान प्रस्तुत किया जा सकता है।

हिन्दी साहित्येतिहास सम्बन्धी कालविभाजन एवं नामकरण की समस्या के विवेचन तथा विश्लेषण के बाद कहा जा सकता है कि हिन्दीसाहित्य के इतिहास ग्रन्थों में जिस रूप में इस समस्या का समाधान किया गया है, उसमें संशोधन की आवश्यकता है। निम्नांकित विभाजन अपेक्षतः अधिक संगत प्रतीत होता है :

हिन्दी साहित्य का इतिहास

1. हिन्दी साहित्य की पूर्व पीठिका : 11वीं शती से 14वीं शती।
2. भक्तिकाल : 1401 से 1625 ई॰

(क) निराकार भक्ति काव्य	(ख) साकार भक्ति काव्य
(i) संतकाव्य धारा	(i) रामकाव्य धारा
(ii) सूफीकाव्य धारा	(ii) कृष्ण काव्य धारा

3. रीतिकाल : 1626 से 1857 ई॰

(क) रीतिकाव्य	(ख) रीतिमुक्त काव्य
(i) शृंगार काव्य	(i) शृंगार काव्य
(ii) वीर काव्य	(ii) नीति काव्य

4. आधुनिक काल : 1857 ई॰ से···

(क) पुनर्जागरण युग : 1857-1918 ई॰

(i) प्रारम्भिक युग : 1900 ई॰ तक

(ii) विकास युग : 1918 तक

(ख) स्वच्छन्तावाद युग : 1919-1939 ई॰

(ग) उत्तर स्वच्छन्तावाद युग : 1940-1954 ई॰

(i) प्रगतिवादी साहित्य

(ii) प्रयोगशील साहित्य

(घ) आधुनिकतावादी युग : 1955-65 ई.

(ड.) नवलेखन युग : 1966 ई. से···

(i) प्रतिबद्ध साहित्य

(ii) व्यक्तिवादी साहित्य

सन्दर्भ

1. 'उपलब्धि', अंक–7 में शोध लेखः निर्धारण तथा नामकरण', सं. 2028, पृ. 50.
2. 'हिन्दी साहित्य का इतिहास' (सं. डॉ. नगेन्द्र) डॉ. गणपतिचन्द्र गुप्त का लेख, 'पूर्वपीठिका', 1973, पृ. 25-26.
3. शिवदानसिंह चौहान : 'हिन्दी साहित्य के अस्सी वर्ष', 1954, पृ. 22.
4. डॉ. नगेन्द्र (सं.) : 'हिन्दी साहित्य का इतिहास', भूमिका, पृ. XX.
5. वही, पृ. XXI.
6. डॉ. अब्राहम जार्ज ग्रियर्सनः 'हिन्दी साहित्य का प्रथम इतिहास', द्वितीय संस्करण, (अनु. किशोरीलाल गुप्त), पृ. 61.
7. 'उपलब्धि', अंक 7, डॉ. वासुदेव सिंह का लेख–'आदिकाल' : काल निर्धारण तथा नामकरण' पृ. 54.

8. रामचन्द्र शुक्ल : 'हिन्दी साहित्य का इतिहास', संशोधित संस्करण, पृ0 13.
9. बाबू श्यामसुन्दर दास : 'हिन्दी भाषा का साहित्य', पृ. 191.
10. 'उपलब्धि', अंक 7, पृ. 57.
11. डॉ. रमाशंकर शुक्ल 'रसाल', 'हिन्दी साहित्य का इतिहास', 1931, पृ. 22.
12. 'उपलब्धि', अंक 7, पृ. 58.
13. डॉ. रामकुमार वर्मा : 'हिन्दी साहित्य का आलोचनात्मक इतिहास', पंचम संस्करण, पृ. 178.
14. राहुल सांकृत्यायन : 'हिन्दी काव्य-धारा', 1945, पृ. 43.
15. डॉ. हजारी प्रसाद द्विवेदी, 'हिन्दी साहित्य', पृ. 13.
16. वही, पृ. 50.
17. 'उपलब्धि', अंक 7, पृ. 50.
18. विश्लेषण के लिए द्रष्टव्य, 'डॉ. सुमनराजे का साहित्यिक इतिहास : संरचना और स्वरूप', 1975, पृ. 178.
19. स्नातक सत्यकाम वर्माः 'हिन्दी साहित्यिक अनुशीलन', पृ. 53.
20. वही, पृ. 53.
21. डॉ. शम्भूनाथ सिंह : 'हिन्दी काव्य की सामाजिक भूमिका', पृ. 30.
22. देखिए, 'उपलब्धि', अंक 7, पृ. 63-64.
23. वही.
24. डॉ. हजारी प्रसाद द्विवेदी, 'हिन्दी साहित्य', 1955, पृ. 17.
25. वही, पृ. 56.
26. डॉ. नगेन्द्र (सं.) : 'हिन्दी साहित्य का इतिहास', पृ. 43.
27. डॉ. रामविलास शर्मा : 'आचार्य रामचन्द्र शुक्ल और हिन्दी आलोचना', 1973, पृ. 192.
28. 'हिन्दी साहित्य', पृ. 61.
29. डॉ. सुनीतिकुमार चाटुर्ज्या : 'भारतीय आर्यभाषा और हिन्दी', पृ. 14.
30. डॉ. उदयनारायण तिवारी : 'हिन्दी भाषा का उद्‌गम और विकास', पृ. 57.
31. डॉ. भोलानाथ तिवारीः 'हिन्दी भाषा : उद्‌भव, विकास और स्वरूप' (डॉ. नगेन्द्र द्वारा सम्पादित, हिन्दी साहित्य का इतिहास' में लेख) पृ. XXII.
32. 'साहित्यिक इतिहासः संरचना और स्वरूप', पृ. 30.
33. 'हिन्दी साहित्य', पृ. 87.
34. रामचन्द्र शुक्ल : 'हिन्दी साहित्य का इतिहास', 13वां पुनर्मद्रुण, पृ. 72.
35. 'हिन्दी साहित्य'
36. 'साहित्यिक इतिहास : संरचना और स्वरूप' 1975, पृ. 171.
37. डॉ गियर्सन, 'हिन्दी साहित्य का प्रथम इतिहास' (अनु. किशोरीलाल गुप्त), पृ. 81.
38. स्नातक सत्यकाम वर्माः 'साहित्यानुशीलन' पृ. 53.

39. 'हिमप्रस्थ', मार्च-अप्रैल 1975 में लेख, पृ. 12.
40. डॉ. नगेन्द्र द्वारा सम्पादित 'हिन्दी साहित्य का इतिहास' में डॉ. गणपतिचन्द्र गुप्त का लेख, पृ. 25.
41. जार्ज ग्रियर्सन : 'हिन्दी साहित्य का प्रथम इतिहास', पृ. 163.
42. रामचन्द्र शुक्ल : 'हिन्दी साहित्य का इतिहास', 13वां संस्करण, पृ. 233.
43. डॉ. भगीरथ मिश्रः 'रीतिकाल', (डॉ. नगेन्द्र द्वारा सम्पादित 'हिन्दी साहित्य का इतिहास' में अध्याय 7) पृ. 273.
44. विश्वनाथ प्रसाद मिश्र : 'हिन्दी साहित्य का अतीत दूसरा भाग', पृ. 381-82.
45. वही, पृ. 296.
46. डॉ. बच्चनसिंह : 'हिमप्रस्थ' पत्रिका, मार्च-अप्रैल अंक में लेख, पृ. 9.
47. अब्राहम ग्रियर्सन कृत 'हिन्दी साहित्य का प्रथम इतिहास', पृ. 296.
48. वही. पृ. 296.
49. 'हिमप्रस्थ', मार्च-अप्रैल 1975 में लेख 'आधुनिक हिन्दी साहित्यिक इतिहास की समस्या', पृ. 10.
50. देखिए रामचन्द्र शुक्ल : 'हिन्दी साहित्य का इतिहास', 13वां पुनर्मुद्रण, पृ. 383 से 610.
51. 'हिमप्रस्थ', मार्च-अप्रैल 1975, पृ. 10.
52. डॉ. नगेन्द्र द्वारा सम्पादित 'हिन्दी साहित्य का इतिहास', 1969, पृ. 452 तथा 493.
53. 'हिन्दी साहित्य', पृ. 449.
54. वही, पृ. 493.
55. डॉ. रामखिलावन पांडे : 'हिन्दी साहित्य का इतिहास', 1969, पृ. 30-32.
56. स्नातक सत्यकाम वर्माः 'साहित्यानुशीलन' पृ. 53.
57. डॉ. बच्चनसिंह : 'आधुनिक काल : पूर्वपीठिका' (डॉ. नगेन्द्र द्वारा सम्पादित, 'हिन्दी साहित्य का इतिहास), पृ. 433.
58. 'हिमप्रस्थ', मार्च-अप्रैल, पृ. 11.
59. नगेन्द्र द्वारा सम्पादित 'हिन्दी साहित्य का इतिहास', पृ. 433.
60. 'हिमप्रस्थ' मार्च-अप्रैल, पृ. 14.

हिन्दी साहित्येतिहासलेखन की परम्परा

आरम्भ एवं विकास

हिन्दी साहित्य का इतिहास तो अत्यन्त विस्तृत एवं कई शताब्दियों पुराना है, किन्तु उसे शब्दबद्ध करने के प्रयास बहुत बाद में हुए। आधुनिक ढंग का इतिहासलेखन सम्भव भी कैसे हो सकता था। हिन्दी साहित्य का इतिहासलेखन तो दूर रहा साहित्य की सामग्री का संग्रह भी आधुनिक काल से पूर्व नाममात्र ही हुआ। यदि 'भक्तमाल' आदि ग्रन्थों में भक्त कवियों का विवरण दिया भी गया तो धार्मिक दृष्टिकोण तथा श्रद्धातिरेक के कारण वह ऐतिहासिक दृष्टि से प्रामाणिक न बन पाया। डॉ॰ राजकुमार वर्मा ने ठीक ही लिखा है कि विक्रम की 19वीं शताब्दी के अन्त तक हिन्दी साहित्य का इतिहास बिखरी हुई रत्नराशि के समान पड़ा रहा, उसके संग्रह करने का प्रयास किसी के द्वारा नहीं हुआ। किसी कालविशेष के कवि द्वारा किये गये अपने पूर्ववर्ती कवि अथवा भक्त के विषय में उल्लेख अवश्य मिलते हैं, पर वे व्यष्टि रूप से हैं, समष्टि रूप से नहीं। जायसी द्वारा अपने पूर्ववर्ती प्रेमकाव्य के कवियों का उल्लेख, नाभादास द्वारा 'भक्तमाल' में भक्तों और कवियों का विवरण, गोकुलनाथ द्वारा 'चौरासी वैष्णवन की वार्ता' में पुष्टिमार्ग में दीक्षित वैष्णवों का जीवनचरित्र, कुछ लेखकों द्वारा अनेक कवियों की नामावली और काव्यसंग्रह आदि हमें अवश्य प्राप्त होते हैं, पर उन्हें हम इतिहास नहीं कह सकते। फिर इन कवियों का निर्देश धर्म की भावना को लेकर किया गया है, व्यक्तित्व अथवा कवित्व को ध्यान में रखकर नहीं। इनके साहित्य की प्रगति और विचारों की प्रवृत्ति का भी विवरण नहीं है।'[1] इन ग्रन्थों को आधुनिक युग के कविवृत्तसंग्रहों का पूर्वाभास अवश्य कहा जा सकता है, क्योंकि शिवसिंह सेंगर को 'सरोज' की रचना के लिए इनसे पर्याप्त सहायता मिली है। साहित्येतिहासलेखन में इनके योगदान को अस्वीकार नहीं किया जा सकता। वस्तुतः विधिवत् इतिहासलेखन के लिये कवियों की रचनाओं के संग्रह, कवियों की नामावलियाँ तथा कविवृत्त संग्रह आदि ग्रन्थों की आवश्यकता होती है। साहित्येतिहासलेखन के प्रारम्भिक युग से पूर्व इस प्रकार के संग्रह इतिहासलेखन की

पूर्वपीठिका तैयार करते हैं।

पूर्व पीठिका

आधुनिक युग से पूर्व हिन्दी में उल्लेखनीय काव्यसंग्रहों में 'कविमाला', 'कालिदास हजारा', 'अलंकार रत्नाकर' और 'सार संग्रह', विद्वन्मोद तरंगिणी, 'राग कल्पद्रुम' तथा शृंगार संग्रह' गिनाये जा सकते हैं। आधुनिक युग के 'रस-चन्द्रोदय', 'दिग्विजय भूषण', 'सुन्दरी तिलक' तथा 'भाषा काव्य-संग्रह' शिवसिंह सेंगर के 'सरोज' से पूर्व रचित ग्रन्थ हैं। इनमें से कुछ गौण रूप में तथा कुछ प्रमुख रूप में 'सरोज' के सहायक गन्थ रहे हैं। शिवसिंह सेंगर ने 'सरोज' की भूमिका में उक्त ग्रन्थों के बारे में विवरण भी दिया है।[2] इसमें सन्देह नहीं कि इन ग्रन्थों में ऐतिहासिक दृष्टि का उन्मेष नहीं हुआ, किन्तु ये ग्रन्थ 'सरोज' की परम्परा के पूर्वरूप हैं। अतः वृत्त संग्रह की परम्परा को समझने के लिए इनका संक्षिप्त विवरण सहायक होगा।

कविमाला (1655 ई.) : इसमें 75 कवियों की रचनाओं का संकलन हुआ है। संकलनकर्ता यदुराम के पुत्र तुलसी हैं 'सरोज' में इसका उल्लेख हुआ है[3] किन्तु अब यह संग्रह अनुपलब्ध है।

कालिदास हजारा : 1719 ई. में हिन्दी के कवि कालिदास ने यह संग्रह तैयार किया था। परवर्ती संकलनकर्ताओं एवं इतिहासकारों को सामग्री चयन के लिए इससे पर्याप्त सहायता मिली है। इसमें 212 कवियों को स्थान मिला है।

अलंकार रत्नाकार और सार संग्रह (1735 ई. और 1743 ई.) : इनका उल्लेख 'मिश्रबन्धु विनोद' में हुआ है। पहला संग्रह दलपतिराय कृत है और द्वितीय प्रवीण कवि का प्रयास है।

सत्कविगिरा-विलास (1746 ई.) : बघेलखंड के निवासी बलदेव कवि का यह ग्रन्थ 17 कवियों की रचनाओं के उदाहरणों का संग्रह है। इसका उल्लेख 'सरोज'[4] तथा 'मिश्रबन्धु विनोद'[5] में हुआ है। इसके अतिरिक्त 'विद्वन्मोद तरंगिणी' (1817 ई०) का उल्लेख भी शिवसिंह सेंगर, ग्रियर्सन और मिश्रबन्धुओं के ग्रन्थों की भूमिका में हुआ है। इस संकलन में 44 कवियों की रचनाएँ ली गयी हैं। संकलनकर्ता का नाम सुब्बासिंह है।

राग कल्पद्रुम (1843 ई.) : कृष्णानन्द व्यासदेव रामसागर कृत यह संग्रह कुछ विस्तृत है। 'सरोज' की भूमिका के अनुसार , इसमें 200 महात्माओं के पद लिखे हैं।[6]

रस-चन्द्रोदय (1863 ई.) : ठाकुर प्रसाद तिवारी का यह ग्रन्थ 242 कवियों की रचनाओं का संग्रह है। 'शिवसिंह सेंगर'[7] और 'ग्रियर्सन'[8] दोनों ने इसका उपयोग किया है।

दिग्विजय भूषण (1868 ई.) : इस संग्रह का सम्पादन लाला गोकुल प्रसाद 'ब्रज'

ने किया। शिवसिंह सेंगर[9] तथा ग्रियर्सन[10] ने अपने ग्रन्थों की भूमिका में इस ग्रन्थ का उल्लेख किया है। इसमें 192 कवियों की रचनाओं के नमूने संगृहीत हैं।

सुन्दरी तिलक (1869 ई.) : भारतेन्दु हरिशचन्द्र के इस संग्रह में 69 छोटे-बड़े कवियों की रचनाएँ संकलित हैं।

भाषा-काव्य-संग्रह (1873 ई.) : त्रिलोकी नारायण दीक्षित के अनुसार, 'सरोज की रचना का प्रेरक ग्रन्थ 'भाषा-काव्य-संग्रह' है। इस ग्रन्थ की विशेषता यह है कि इसमें कवियों का परिचय भी दिया गया है।'[11] इसके सम्पादक महेशदत्त शुक्ल है तथा इसमें 51 कवियों की रचनाएँ संकलित हैं।

लघु आकार के होते हुए भी 'भाषा-काव्य-संग्रह' को विद्वानों ने अत्यधिक महत्त्व दिया है। अन्य संग्रह ग्रन्थों की तुलना में इस ग्रन्थ का महत्त्व आँकते हुए डॉ. रूपचन्द्र पारीक लिखते हैं : 'ग्रन्थ रचना की प्रणाली शिवसिंह सेंगर ने निश्चित रूप से महेशदत्त से ली है। यदि संग्रह और परिचय के कारण ही 'सरोज' को किसी भारतीय द्वारा लिखित हिन्दी साहित्य का प्रथम इतिहास अथवा कविवृत्त संग्रह होने का महत्त्व और गौरव प्राप्त है तो वह महत्त्व और गौरव पं॰ महेशदत्त शुक्ल को मिलना चाहिए, शिवसिंह सेंगर को नहीं। 'भाषा-काव्य-संग्रह' के मुख्य पृष्ठ पर जो कुछ प्रकाशित है, उससे कहीं यह संकेत नहीं मिलता है कि महेशदत्त शुक्ल के मस्तिष्क में कहीं इतिहास लेखन की रूपरेखा प्रत्यक्ष अथवा प्रच्छन्न रूप में विद्यमान थी। वह तो केवल भाषा काव्य का संग्रह कर रहे थे, परन्तु अनजाने ही उनके द्वारा एक ऐसा कार्य सम्पन्न हो गया, जिसका पूरा-पूरा उपयोग 'सरोज' के रचयिता ने किया और 'भाषा-काव्य-संग्रह' से अपरिचित होने के कारण हम आज तक 'सरोज' को प्रथम संग्रह का गौरवपूर्ण पद देते आये हैं। इतिहास लेखन का उद्देश्य शिवसिंह सेंगर का भी नहीं था।'[12] शिवसिंह सेंगर ने दावा किया था कि, 'मुझको इस बात को प्रकट करने में कुछ सन्देह नहीं कि ऐसा संग्रह आज तक नहीं रचा गया।'[12] उनके दावे को झुठलाते हुए डॉ॰ पारीक ने लिखा है : 'सरोज से पहले 'भाषा-काव्य-संग्रह' उस प्रकार का ही संग्रह था। यदि कवियों की संख्या को ही ग्रन्थ की उत्तमता की कसौटी न माना जाए, तो 'भाषा-काव्य-संग्रह' में वह सब कुछ मिल जाता है, जिसके आधार पर 'सरोज' को प्रथम साहित्येतिहास ग्रन्थ होने का गौरव प्राप्त है।'[14] डॉ॰ पारीक की यह स्थापना आंशिक रूप में ही ठीक मानी जा सकती है, क्योंकि 'भाषा-काव्य-संग्रह' कलेवर में ही सीमित नहीं है, उसमें ऐतिहासिक तथ्यान्वेषण की दृष्टि का भी नितान्त अभाव है जबकि 'सरोज'कार का उद्देश्य ऐतिहासिक सामग्री का संचयन है। शिवसिंह सेंगर के ग्रन्थ की भूमिका पढ़कर इतना अवश्य कहा जा सकता है कि वह भाषा साहित्य के आरम्भ सम्बन्धी ऐतिहासिक समस्या से जूझे थे तथा उन्होंने अपने ज्ञान के अनुसार उसका समाधान भी ढूँढ़ा था। इसके अतिरिक्त परवर्ती साहित्येतिहासकारों ने 'सरोज' को इतिहासलेखन का आधार ग्रन्थ स्वीकार किया।

अतः 'सरोज' के स्थान पर 'भाषा-काव्य-संग्रह' को प्रतिष्ठित करना समीचीन नहीं कहा जा सकता।

प्रारम्भिक युग

प्रथम प्रयास

19वीं शती में ही हिन्दी भाषा और साहित्य को इतिहास के परिप्रेक्ष्य में समझने का प्रयत्न प्रारम्भ हुआ। 'छोटे-छोटे निबन्धों में भाषा और साहित्य, दोनों के विकास की रूपरेखा स्पष्ट करने का प्रयत्न किया गया। सर्वप्रथम राजा शिवप्रसाद सितारेहिन्द ने भाषा के इतिहास पर निबन्ध लिखा।'[15] परन्तु अभी साहिय के इतिहासलेखन का सूत्रपात होना शेष था। यह कार्य सर्वप्रथम फ्रांसीसी भाषा में तासी के ग्रन्थ द्वारा हुआ पर क्या इसे हिन्दी साहित्य का प्रथम इतिहास कहा जा सकता है? डॉ॰ पारीक के अनुसार : 'हिन्दी साहित्य का प्रथम इतिहास गार्सां-द-तासी द्वारा लिखा गया यह मत प्रायः सर्वमान्य और सर्वसमर्थित है।'[16] इसी मत की पुष्टि डॉ॰ सुमनराजे ने भी की है। उन्होंने लिखा है : 'हिन्दी साहित्य का पहला इतिहास लेखक गार्सां-द-तासी है इसमें सन्देह नहीं है।'[17] इस मत के विरोध में किशोरीलाल गुप्त का मत उल्लेखनीय है। उनके अनुसार : 'तासी ने अपने ग्रन्थ को हिन्दुई और हिन्दोस्तानी साहित्य का इतिहास' कहा है। इसके हिन्दी से सम्बन्धित अंश का अनुवाद डॉ॰ लक्ष्मीसागर वार्ष्णेय ने 'हिन्दुई साहित्य का इतिहास' नाम से प्रस्तुत किया है···तासी ने यद्यपि अपने ग्रन्थ को इतिहास कहा है, पर यह इतिहास नहीं है, क्योंकि इसमें न तो कवियों का विवरण कालक्रमानुसार दिया गया है, न कालविभाग किया गया है और जब काल विभाग ही नहीं है, तब कालप्रवृत्ति निरूपण की आशा कैसे की जा सकती है··· जिन लोगों ने तासी एवं सरोज को नहीं देखा है, प्रमादवश वे इन्हें हिन्दी का प्रथम अथवा द्वितीय इतिहास समझ बैठे हैं। तासी और शिवसिंह दोनों को इतिहासपद्धति का ज्ञान था, इसमें सन्देह नहीं। यह स्वयं उनके ग्रन्थों की भूमिकाओं से स्पष्ट है, पर अनिवार्य कारणों से वे अपने ग्रन्थों को इतिहास का रूप नहीं दे सके। ग्रियर्सन का (द मॉडर्न वर्नक्युलर लिट्रेचर ऑफ हिन्दुस्तान) हिन्दी साहित्य का प्रथम इतिहास है।'[18]

इस तथ्य को तो स्वीकार करना ही पड़ता है कि गार्सां-द-तासी का ग्रन्थ मुख्यतः हिन्दी और उर्दू के कवियों के वृत्तों का संग्रह है तथा इसके निर्माण का एक उद्देश्य यूरोप के विद्वानों के लिए अज्ञात साहित्य का विवरण प्रस्तुत करना है।[19] यह भी निश्चित है कि यह विवरण कालक्रमानुसारी नहीं है, जो इतिहासलेखन की अनिवार्य शर्त है, परन्तु इतना होते हुए भी यह ग्रन्थ पूर्व चर्चित काव्यसंग्रहों से भिन्न रचना है। इसमें तासी का दृष्टिकोण अनुसंधानात्मक है, जिसके कारण इसे

इतिहासग्रन्थ कहना अतिशयोक्ति नहीं है। इस सम्बन्ध में रामकुमार वर्मा का मत अधिक संतुलित प्रतीत होता है। उनके अनुसार : 'कवियों के नामों का सबसे पहला संग्रह, जो इतिहास के रूप का आभास मात्र है, फ्रेंच साहित्य में गार्सां-द-तासी लिखित—'इस्त्वार द ला लेतरात्यूर ऐंदुई ऐं ऐंदुस्तानी' है।'[20] ऐतिहासिक दृष्टिसम्पन्न तासी अपने ग्रन्थ को साहित्य का इतिहास नहीं बना पाये किन्तु इसमें सन्देह नहीं कि यह हिन्दी साहित्य के इतिहास सम्बन्धी प्रथम अनुसंधानात्मक कविवृत्तसंग्रह है। तासी के इतिहासग्रन्थ की विस्तृत भूमिका उनके हिन्दोस्तानी साहित्य सम्बन्धी इतिहासदर्शन को भी स्पष्ट करती है। इसमें हिन्दी भाषा और हिन्दी साहित्य की गत्यात्मकता को समझने का प्रयास अवश्य किया गया है। इसलिए इसे 'हिन्दुई' साहित्य के इतिहास से सम्बन्धित एक महत्त्वपूर्ण ग्रन्थ समझा जाता है। इसका प्रथम भाग 1839 ई॰ में प्रकाशित हुआ था तथा द्वितीय 1847 में। पुस्तक का परिवर्धित संस्करण 1871 ई॰ में प्रकाशित हुआ। अतः कहा जा सकता है कि हिन्दी साहित्य के इतिहास के प्रथम अनुसंधानकर्ता गार्सां-द-तासी हैं तथा उन्होंने फ्रेंच भाषा के माध्यम से पहली बार हिन्दी और उर्दू के कवियों के जीवनचरित्र, उनकी जाति तथा निवासस्थान आदि का अनुसंधान करने का प्रशंसनीय यत्न किया।

'सरोज' का महत्त्व

हिन्दी भाषा में साहित्येतिहास सम्बन्धी अनुसंधान कार्य तथा साहित्येतिहासलेखन पुनर्जागरण युग के अन्तिम चरण में ही सम्भव हो सका। शिवसिंह सेंगर ने पहली बार ऐतिहासिक दृष्टि से हिन्दी के कवियों के जीवनवृत्त का तथा उनकी रचनाओं का अनुसंधान करने का प्रयास किया। इस प्रयास का परिणाम उनका 'सरोज' 1878 ई॰ में प्रकाशित हुआ। 'सरोज का महत्त्व प्राचीनता तथा परिमाण दोनों दृष्टियों से है।'[21] शिवसिंह सेंगर तासी के इतिहास ग्रन्थ का उपयोग नहीं कर सके क्योंकि भाषा की बाधा रही होगी। फिर भी दोनों ग्रन्थों में अकारादि का क्रम अपनाया गया है। सरोजकार की दृष्टि की सीमाएँ भी हैं, जिसके कारण इस वृत्त संग्रह में कई कवियों की जानकारी प्रामाणिक नहीं कही जा सकती। इसलिए नलिनविलोचन शर्मा का मत है : 'जहाँ तक साहित्येतिहास के रूप में सरोज के महत्त्व का प्रश्न है, यह ग्रन्थ सही अर्थ में कविवृत्त संग्रह भी नहीं कहा जा सकता, साहित्यिक इतिहास तो दूर की बात है, क्योंकि कवियों के जन्मकाल आदि के सम्बन्ध में जो विवरण हैं वे भी अत्यन्त संक्षिप्त और बहुधा अनुमान पर आश्रित हैं।'[22] इतना होते हुए भी इसके महत्त्व से इनकार नहीं किया जा सकता, क्योंकि परवर्ती साहित्येतिहासलेखन में यह अत्यन्त सहायक सिद्ध हुआ है। ग्रियर्सन ने इसके महत्त्व को स्वीकार करते हुए लिखा है : 'एक देशी ग्रन्थ जिस पर मैं अधिकांश में निर्भर रहा हूँ और प्रायः सभी छोटे कवियों और अनेक प्रसिद्ध कवियों के भी सम्बन्ध में प्राप्त सूचनाओं के लिए

जिसका मैं ऋणी हूँ, शिवसिंह सेंगर द्वारा विरचित और मुंशी नवलकिशोर, लखनऊ द्वारा प्रकाशित (द्वितीय संस्करण, 1883 ई॰) अत्यन्त लाभदायक 'शिवसिंह सरोज है'।'[23] 'सरोज' में लगभग एक सहस्र कवियों का परिचय दिया गया है। परवर्ती इतिहासकारों ने इसमें दी गयी सामग्री का पूरा-पूरा उपयोग किया है। परन्तु इसमें भी इतिहासलेखन की अनिवार्य शर्त (सामग्री को कालक्रमानुसार प्रस्तुत करने की कोशिश) पूरी नहीं की गयी। अतः यह भी साहित्येतिहासलेखन के लिए सहायक ग्रन्थ बन कर रह गया, स्वयं इतिहास नहीं बन सका।

ग्रियर्सन का प्रथम इतिहास

20वीं शताब्दी के आरम्भ से पूर्व हिन्दी साहित्येतिहासलेखन के क्षेत्र में जार्ज अब्राहम ग्रियर्सन का कार्य अद्वितीय है। गार्सां-द-तासी तथा शिवसिंह सेंगर के ग्रन्थों में जो अभाव खटकता है, उसकी पूर्ति ग्रियर्सन महोदय ने की। उन्होंने तासी और शिवसिंह सेंगर के ग्रन्थों के आधार पर 'मॉडर्न वरनाक्यूलर लिट्रेचर ऑफ हिन्दोस्तान' लिखा तथा हिन्दी साहित्य के इतिहास की सामग्री को प्रथम बार कालक्रमानुसार प्रस्तुत किया। उन्होंने कविवृत्तसंग्रह की परम्परा का अनुसरण करते हुए भी साहित्येतिहास के प्रवृत्यात्मक अध्ययन का प्रयास किया, चाहे यह प्रयास पूरी तरह सफल नहीं हो सका। वह साहित्येतिहास के कालविभाग की ओर भी प्रवृत्त हुए। डॉ॰ सुमनराजे के अनुसार : 'ग्रियर्सन ने केवल कालों का वर्गीकरण ही नहीं किया वरन, उन्हें उपयुक्त नामों से भी विभूषित किया। शुक्लजी ने आगे चलकर उससे सहायता ली। इसके साथ ही कालों की प्रवृत्तियों को स्पष्ट करने का प्रयास उन्होंने किया है।'[24] नलिनविलोचन शर्मा ने ग्रियर्सन के इतिहास को युग विभाजन, परिस्थिति निर्देश, प्रवृत्ति निर्देश तथा तुलनात्मक आलोचना के कारण हिन्दी का प्रथम साहित्येतिहास माना है।[25] यहाँ यह स्पष्ट हो जाना चाहिए कि ग्रियर्सन का साहित्येतिहास भी मुख्यतः वृत्तसंग्रह है और इसमें कालविभाजन, प्रवृत्ति-निर्देश तथा तुलनात्मक आलोचना का प्रयास सांकेतिकता की सीमा को पार नहीं कर सका। इसमें भी संग्रह की प्रवृत्ति ही प्रधान रही है। इसलिए कहा जा सकता है कि 19वीं सदी के प्रायः सभी इतिहासग्रन्थ संग्रह हैं।[26] इस युग में इतिहास का अर्थ था व्यक्तियों की सूची और उनका उपयोग था कोरी जानकारी प्राप्त करना अथवा अधिक-से-अधिक काव्य के उदाहरणों का रसास्वादन करना।[27] इतना होते हुए भी ग्रियर्सन के इतिहास के भावी हिन्दी सहित्येतिहासलेखन में सभी चिह्न विद्यमान हैं।

'मिश्रबन्धु विनोद'

आधुनिक काल में जैसे-जैसे ऐतिहासिक दृष्टिकोण का विकास होता गया तथा राष्ट्रीयता की भावना व्यापक तथा परिपक्व होती गयी, वैसे-वैसे राष्ट्र के सामान्य

इतिहास तथा साहित्येतिहास के अन्वेषण के कार्य में भी वृद्धि होती गयी। डॉ॰ नामवरसिंह के अनुसार : 'सांस्कृतिक पुनरुत्थान की लहर ने हमारे देश में नयी चेतना ला दी। अंगरेजी साम्राज्य के विरुद्ध राष्ट्रीयता की भावना उमड़ी।...स्वतंत्रता के संग्राम में इतिहास का उपयोग पहली बार करने की चेष्टा की गयी। इस प्रवृत्ति ने एक ओर अतीत के छिपे रत्नों को खोजने के लिए प्रेरित किया तो दूसरी ओर उन रत्नों को पुराने-से-पुराना सिद्ध करने तथा विदेशी प्रतिभाओं की तुलना में गौरवशाली दिखाने को प्रोत्साहन दिया।...नागरी प्रचारिणी सभा ने व्यापक रूप से (1900-1911 ई॰) कवियों की खोज का काम शुरू किया और उसके द्वारा आठ जिल्दों में प्रकाशित रिपोर्टों के आधार पर मिश्रबन्धुओं ने लगभग 5000 कवियों का विशाल वृत्तसंग्रह 'मिश्रबन्धु विनोद' तीन भाग (1913 ई॰) लिख डाले।'[28] इक्कीस वर्ष बाद इस ग्रन्थ का चौथा भाग प्रकाशित हुआ जिसमें वर्तमान युग के साहित्यकारों का विवरण दिया गया है।

'मिश्रबन्धु विनोद' द्वारा हिन्दी साहित्य के इतिहास विषयक सामग्री के संकलन की परम्परा का तो समुचित विकास हुआ, किन्तु इसने हिन्दी साहित्येतिहासलेखन को कोई नया मोड़ नहीं दिया। लेखक स्वयं इस तथ्य से भली-भाँति परिचित थे कि उनका ग्रन्थ साहित्य का इतिहास नहीं है। उनमें साहित्य का इतिहास लिखने की तीव्र आकांक्षा अवश्य थी। वे लिखते हैं : 'पहले तो हमारा विचार था कि प्रायः 100 कवियों की रचनाओं पर समालोचनाएँ लिखकर उन्हीं के सहारे इतिहासग्रन्थ लिखें।'[29] वे अपनी आकांक्षा पूरी न कर सके, क्योंकि उन्होंने साहित्येतिहासलेखन के लिए जिस प्रकार की सामग्री चाहिए, उसके अभाव का अनुभव किया था। उन्होंने लिखा है : 'हमारे यहाँ अभी कुछ दिन तक ऐसे उन्नत इतिहासग्रन्थों का बनना कठिन है।...हमारे यहाँ दोष है कि कपड़ा बनाने के लिए उसी व्यक्ति को खेत जोतने, बोने, सींचने, रखवाली करने, काटने, रूई निकालने, ओटने, कातने, अच्छा सूत बनाने और कपड़ा बुनने के काम करने पड़ते हैं।'[30] यह उक्ति एक ओर उनकी साहित्येतिहास न लिख पाने की विवशता एवं आकुलता तथा दूसरी ओर इतिहास लिखने की आकांक्षा की सूचना देती है। वे भी तासी और ग्रियर्सन की भाँति इतिहासलेखन की पद्धति तथा साहित्येतिहास के स्वरूप से परिचित थे, परन्तु वे भी अपने पूर्ववर्ती लेखकों की तरह हिन्दी साहित्य का सुव्यवस्थित तथा प्रवृत्ति निरूपक इतिहास नहीं लिख सके। इसलिए रमाशंकर शुक्ल 'रसाल' का यह कथन अत्यन्त अतिशयोक्तिपूर्ण है कि 'वास्तव' में हिन्दी साहित्य के इतिहास का जन्म श्रद्धेय मिश्रबंधुओं के द्वारा ही हुआ है और इसके लिए हिन्दी संसार तथा हिन्दी साहित्य उनका शाश्वत ऋणी तथा आभारी है। मिश्र बंधुओं ने ही साहित्य के इतिहास का नया मार्ग दिखलाया है।'[31] 'विनोद' का महत्त्व एक विस्तृत संग्रह ग्रन्थ के रूप में ही सदैव बना रहेगा, इसके अतिरिक्त यह भी स्वीकार

करना चाहिए कि जिस प्रकार अंगरेजी में हिन्दी साहित्येतिहास का कालविभाजन करने का प्रयास जार्ज अब्राहम ग्रियर्सन ने किया, उसी प्रकार मिश्र बन्धुओं ने पहली बार हिन्दी में हिन्दी साहित्येतिहास की सामग्री को कालक्रमानुसार संकलित करके उसके वर्गीकरण का प्रयास किया। इस प्रकार उन्होंने विकसित एवं प्रौढ़ साहित्येतिहासलेखन के लिए द्वार खोल दिया। स्वयं रामचन्द्र शुक्ल ने उनका आभार प्रकट करते हुए लिखा है : "मिश्रबन्धुओं के प्रकांड कविवृत्त संग्रह 'मिश्रबन्धु विनोद' का उल्लेख हो चुका है। रीतिकाल का परिचय लिखने में मैंने प्रायः इस ग्रन्थ से ही विवरण लिये हैं। अतः आधुनिक शिष्टता के अनुसार उसके उत्साही और परिश्रमी संकलनकर्ताओं को धन्यवाद देना मैं बहुत जरूरी समझता हूँ।[32]

अन्य प्रयत्न

हिन्दी साहित्येतिहासलेखन के प्रारम्भिक युग में अंगरेजी में ही क्रमबद्ध इतिहासलेखन का प्रयास किया गया, किन्तु ये इतिहास परिचयात्मक हैं। इनमें से एक 1918 ई० में एडविन ग्रीव्ज ने 'ए स्केच ऑफ हिन्दी लिट्रेचर' नाम से लिखा और दूसरा एफ०ई०के० ने 'ए हिस्टरी ऑफ हिन्दी लिटरेचर' नाम से 1920 ई० में। एडविन ग्रीब्ज के इतिहास के बारे में रामकुमार वर्मा का मत है : 'पुस्तक बहुत ही संक्षिप्त है। इसमें साहित्य की गतिविधि का परिचय मात्र है।'[33] पुस्तक पाँच भागों में विभाजित है तथा 'भक्तिकाल' को धार्मिक काल का नाम दिया गया है।

एफ०ई०के० का ग्रन्थ भी अत्यन्त संक्षिप्त आकार का है, किन्तु इसमें साहित्य की प्रगतियों के दृष्टिकोण से इतिहास की रूपरेखा निर्धारित की गयी है। यह ग्रीव्ज महोदय की पुस्तक से अधिक वैज्ञानिक ढंग की पुस्तक है, किन्तु इसमें भी साहित्य का परिचयमात्र है।'[34] इसमें कालविभाजन का प्रयास अवश्य किया गया है परन्तु यह विभाजन ग्रियर्सन के कालविभाजन का ही अनुकरण है। अन्तर है तो इतना कि इन्होंने 700 ई० के बजाय 1150 ई० से चारणी साहित्य का आरम्भ माना है। साहित्येतिहास सम्बन्धी दृष्टिकोण तथा कालविभाजन की दृष्टि से 116 पृष्ठों का यह ग्रन्थ ग्रियर्सन के ग्रन्थ के आगे नहीं बढ़ सका। इसमें हिन्दी साहित्येतिहास के अंतर्गत तीन मुख्य परिवर्तनों पर विचार किया गया है। उन्होंने पुस्तक के आरम्भ में लिखा है : 'इस पुस्तक में साहित्य को कालों में बाँटने का जो सिद्धान्त अपनाया गया है, वह इस प्रकार है। सबसे पहले चारणी गीतों की अपरिपक्वता जो चारणी कथाओं से सम्बन्धित है, वर्णित की गयी है और तदुपरान्त एक नये काल को उस बिन्दु पर निश्चित किया गया है, जहाँ एक नये महत्त्वपूर्ण प्रभाव ने साहित्य में परिवर्तन किया है। ये काल प्रारम्भ होते हैं :

1. 1400 ई० के लगभग जब वैष्णव आन्दोलन के धार्मिक प्रभाव ने हिन्दी साहित्य को प्रभावित करना शुरू किया।

2. 1500 ई॰ के लगभग जब एक नये कलात्मक प्रभाव ने अपनी उपस्थिति को सूचित किया।
3. 1800 ई॰ के लगभग जब साहित्य वर्तमान प्रभाव से प्रभावित होने लगा जो पाश्चात्य सम्पर्क का परिणाम था।'[35]

स्पष्ट है कि उन्होंने काल विभाजन तथा वर्गीकरण के लिए ग्रियर्सन के मॉडर्न वर्नाक्यूलर लिट्रेचर ऑफ हिन्दोस्तान' को ही अपने सामने रखा है। इसमें वृत्तसंग्रह की प्रवृत्ति अवश्य कम हुई है, किन्तु आकार में उतना ही संक्षिप्त हो गया है। इसमें साहित्यिक प्रवृत्तियों का विश्लेषण भी सम्भव नहीं हो सका। इसलिए 'ए हिस्टरी ऑफ हिन्दी लिट्रेचर' इतिहास न होकर उसकी पूर्वपीठिका प्रस्तुत करती है।'[36]

विवेच्य युग के हिन्दी साहित्य सम्बन्धी इतिहास ग्रन्थों की परम्परा का विवेचन करने के बाद यही निष्कर्ष निकलता है कि हिन्दी साहित्येतिहास लेखन के आरम्भिक युग की इतिहास सम्बन्धी रचनाओं को वास्तविक अर्थ में साहित्य का इतिहास नहीं माना जा सकता, किन्तु इसका महत्त्व साहित्येतिहासलेखन के लिए सामग्री जुटाने तथा रूपरेखा तैयार करने के कारण अत्यधिक है।

विकास काल

आचार्य शुक्ल का इतिहासलेखन

हिन्दी सहित्येतिहासलेखन का परिपक्व एवं प्रौढ़ रूप आचार्य रामचन्द्र शुक्ल के 'हिन्दी साहित्य का इतिहास' में प्रथम बार दृष्टिगोचर हुआ। उनका इतिहास ग्रन्थ युग प्रर्वत्तक तो है ही उसने परवर्ती साहित्येतिहासलेखन को भी पर्याप्त मात्रा में प्रभावित किया है। उनके साहित्येतिहास का इतना अधिक महत्त्व है कि डॉ॰ सुमनराजे[37] तथा दूसरे विद्वानों ने साहित्येतिहासलेखन के इस युग को 'शुक्ल युग' का नाम दिया है। यह ग्रन्थ सन् 1929 में प्रकाशित हुआ और तब से यह हिन्दी साहित्येतिहासलेखन के क्षेत्र में प्रकाश स्तम्भ का काम देता रहा है।

पुनर्जागरण की भावना तथा सामाजिक एवं ऐतिहासिक चेतना, जिसका अभ्युदय पहले हो चुका था, वह अपने विकसित तथा व्यापक रूप में शुक्ल जी के साहित्येतिहास में प्रतिफलित हुई। डॉ॰ नामवर सिंह साहित्येतिहासलेखन का सम्बन्ध युग की चेतना से जोड़ते हुए लिखते हैं : 'शीघ्र ही पुनर्जागरण की भावना वैयक्तिक धरातल से आगे बढ़ कर व्यापक सामाजिक क्षेत्र में उत्तरी''''साहित्येतिहास जो अलग-अलग कवियों की समीक्षाओं का संग्रह था, भिन्न-भिन्न युगों की राजनीतिक, सामाजिक परिस्थितियों के वर्णन से भी संवलित हो उठा।'[38] शुक्लजी ने पहली बार हिन्दी साहित्येतिहास की कारणता पर वैज्ञानिक दृष्टि से विचार किया। उनसे पूर्व के इतिहासकारों ने साहित्येतिहास के 'क्या' पक्ष के अन्वेषण पर

ही अपना अध्ययन केन्द्रित किया था किन्तु आचार्य शुक्ल ने उसके 'क्यों' पक्ष का भी अन्वेषण किया। उन्होंने साहित्यिक आंदोलनों और प्रवृत्तियों के आरंभ और विकास तथा उनके ह्रास के कारण ऐतिहासिक परिवेश में खोजने का प्रयास किया। साहित्यिक प्रवृत्तियों की छानबीन उनके साहित्येतिहास की सबसे बड़ी विशेषता है तथा हिन्दी साहित्यिक इतिहास लेखन को सबसे बड़ी देन है।

आचार्य रामचन्द्र शुक्ल साहित्येतिहास को समझने की वैज्ञानिक दृष्टि से सम्पन्न थे तथा वे साहित्येतिहासलेखन के शिल्प से भी भली-भाँति परिचित थे। उन्होंने साहित्य के इतिहास को लोकचित्त में पढ़ने का यत्न किया। जनता की चित्तवृत्ति के परिवर्तन को साहित्यिक परिवर्तन का कारण माना।' उन्होंने चित्तवृत्ति के परिवर्तन को देश-काल की परिस्थितियों के सन्दर्भ में स्पष्ट करने की चेष्टा की।[39] यह कार्य वास्तविक साहित्येतिहासलेखन के लिए परमावश्यक था, जिसे शुक्लजी ने पूरा किया। शुक्लजी ने हिन्दी साहित्येतिहास के विवेचन को अधिक-से-अधिक तर्कसंगत एवं युक्तियुक्त बनाने की ओर ध्यान दिया। कुछ विद्वानों ने उनके तर्कयुक्त विवेचन को आवश्यकता से अधिक गम्भीर बतलाया है। डॉ॰ पारीक ने लिखा है : 'आचार्य अपने मतों का समर्थन इतनी दृढ़ता और युक्तियुक्तता से करते हैं कि उनसे सर्वत्र सहमत होना बड़ा कठिन है⋯।'[40] अपने मत की पुष्टि के लिए उन्होने आचार्य हजारीप्रसाद द्विवेदी के वक्तव्य का आश्रय लिया है, जिसमें उन्होंने कहा है : 'पं॰ रामचन्द्र शुक्ल से सर्वत्र सहमत होना सम्भव नहीं। वे इतने गम्भीर और कठोर थे कि उनके वक्तव्यों की सरसता उनकी बुद्धि की आँच से सूख जाती थी और उनके मतों का लचीला जाता रहता था।'[41] हमारी दृष्टि में साहित्यिक इतिहास के विश्लेषण के लिए तार्किकता तथा तथ्याधारित युक्तियुक्तता एक गुण है, दोष नहीं। वास्तव में उनके साहित्येतिहास दर्शन की सीमाएँ उनकी युक्तियुक्तता के कारण नहीं हैं, युक्ति की सीमाओं के कारण हैं। उन्होंने ही हिन्दी साहित्य के इतिहासलेखन को वैज्ञानिक दिशा की ओर उन्मुख किया।

जिस प्रकार पं॰ रामचन्द्र शुक्ल का इतिहास साहित्यिक विकास की तर्कसंगत व्याख्या के कारण अत्यन्त प्रौढ़ है, इसी प्रकार शिल्प की दृष्टि से भी अत्यन्त उत्कृष्ट है। उनके द्वारा किया गया हिन्दी साहित्येतिहास का कालविभाजन अभी तक भी कुछ परिवर्तनों के साथ मान्यता प्राप्त है। डॉ॰ सुमनराजे ने लिखा है : 'शुक्लजी का वर्गीकरण कालजयी सिद्ध हुआ है। सर्वप्रथम उन्होंने किसी पुष्ट आधार पर विभाजन किया है एवं उसके कारण भी प्रस्तुत किये हैं।'[42] प्रवृत्तिबोधक कालविभाजन एवं युगों के नामकरण तथा सामग्री के सुव्यवस्थित वर्गीकरण ने शुक्लजी के इतिहास को परवर्ती इतिहासकारों के लिए अनुकरणीय बना दिया। यह ठीक है कि वे साहित्येतिहास की सामग्री के लिए मुख्यतः पूर्ववर्ती संग्रहकर्ताओं पर निर्भर रहे हैं, परन्तु उन्होंने नीर-क्षीर विवेक से सामग्री को चुनकर उसे अत्यन्त सुव्यवस्थित ढंग

से प्रस्तुत किया है। सामग्री का चयन करते समय भी वे जागरुक रहे हैं। उन्होंने 'सरोज' तथा 'विनोद' की उस सामग्री को ही चुना है, जो साहित्य के इतिहास के लिए उपयुक्त हो सकती है।

शुक्लजी का इतिहास सभी दृष्टियों से अत्यन्त उत्कृष्ट और मौलिक रचना है। इसका यह तात्पर्य नहीं है कि उन्होंने पूर्ववर्ती साहित्येतिहासलेखन परम्परा का कोई प्रभाव ग्रहण नहीं किया। उनके 'हिन्दी साहित्य का इतिहास' में कविवृत्त संग्रह की पूर्ववर्ती प्रवृत्ति के अंश स्पष्ट दिखाई देते हैं। कवियों की रचनाओं के नमूने देने की परम्परा का भी निर्वाह किया गया है। प्रवृत्ति निरूपण के लिए उन्होंने ग्रियर्सन से संकेत प्राप्त किये हैं, किन्तु उन्होंने साहित्येतिहासलेखन की परम्परा को जो विकसित रूप प्रदान किया, वह अभूतपूर्व था। डॉ॰ नामवरसिंह ने शुक्लजी के साहित्येतिहास का मूल्यांकन करते हुए लिखा है : 'उनका मन तथ्यों की छानबीन की ओर उतना नहीं रमा। उनकी रस दृष्टि तथा विवेचनशील प्रतिभा कवियों के मूल्यांकन में अधिक खुली। कवियों के जीवन-वृत्त, ग्रन्थ सूची आदि से आगे बढ़कर उन्होंने कवियों के साहित्यिक सामर्थ्य का उद्घाटन किया। सब की रचना का नमूना देने का ढंग तो ज्यों-का-त्यों रहने दिया, परन्तु नमूनों को अधिक प्रतिनिधि तथा उत्कृष्ट बनाने की चेष्टा की। कवियों के नाम के पहले क्रम संख्या देने का ढंग भी वही रहने दिया, परन्तु प्रवृत्ति साम्य और युग के अनुसार कवियों को समुदाय में रखकर उन्होंने सामूहिक प्रभाव डालने की ओर ध्यान रखा।··· इस तरह इतिहास के आदि, मध्य, आधुनिक जैसे कोरे कालपरक विभाजन को उन्होंने वीरगाथा, भक्ति, रीति और गद्यकाल की भावपरक क्यारियों में पुनः रोपने का उद्योग किया। साथ ही इन सबका सामान्य परिचय देकर एक ऐतिहासिक प्रवाह दिखाना चाहा।'[43] शुक्लजी ने वस्तुवादी एवं समाजशास्त्रीय दृष्टिकोण के आधार पर ऐतिहासिक प्रवाह की जो व्याख्या की है वह अत्यन्त युक्तियुक्त है। जहाँ तक उनके दृष्टिकोण से कोई मतभेद रखता है, वहाँ पर भी उनके विवेचन को असंगत कहना कठिन हो जाता है। तर्कसंगत ऐतिहासिक दृष्टिकोण तथा इतिहासलेखन के उत्कृष्ट शिल्प के कारण शुक्लजी का 'हिन्दी साहित्य का इतिहास' चिरस्मरणीय रहेगा।

प्रत्येक युग की ऐतिहासिक दृष्टि की सीमाएँ होती हैं और शुक्लजी के युग की भी थीं, किन्तु उन सीमाओं के होते हुए भी शुक्लजी का इतिहास अत्यन्त विस्तृत एवं पुष्ट आधार पर रचा गया है। इसलिए वर्तमान युग में भी इस इतिहास का महत्त्व कम नहीं हुआ। डॉ॰ पारीक के शब्दों में कहा जा सकता है : 'साहित्येतिहासलेखन क्षेत्र में उन्होंने एक नयी परम्परा का श्रीगणेश किया जिसका प्रभाव आज तक लुप्त नहीं हुआ है और न उसके लुप्त होने की सम्भावना है।'[44]

अन्य प्रयास

हिन्दी साहित्येतिहासलेखन के विकास काल में पं॰ रामचन्द्र शुक्ल के अतिरिक्त कई विद्वानों ने हिन्दी साहित्य का इतिहास लिखने का प्रयत्न किया जिससे इस युग की विकसित ऐतिहासिक चेतना का प्रमाण मिलता है। इसमें सन्देह नहीं कि इस युग के अन्य विद्वान शुक्लजी के ऐतिहासिक बोध तथा साहित्यिक विकास सम्बन्धी मान्यताओं को धारण करके इस क्षेत्र में अग्रसर हुए हैं। इस युग के अन्य साहित्यिक इतिहासों में निम्नलिखित उल्लेखनीय हैं :

1. डॉ॰ श्यामसुन्दर कृत 'हिन्दी भाषा और साहित्य' (1930 ई॰),
2. पं॰ रमाशंकर शुक्ल 'रसाल' का 'हिन्दी साहित्य का इतिहास' (1931 ई.),
3. श्री सूर्यकान्त शास्त्री का 'हिन्दी साहित्य का विवेचनात्मक इतिहास' (1932 ई॰)।
4. पं॰ अयोध्यासिंह उपाध्याय का 'हिन्दी भाषा और उसके साहित्य का विकास' (1934 ई॰)।
5. डॉ॰ रामकुमार वर्मा का 'हिन्दी साहित्य का आलोचनात्मक इतिहास' (1938 ई॰)।

उपुर्यक्त साहित्यिक इतिहास ग्रन्थों में शुक्लजी के साहित्येतिहास दर्शन तथा इतिहासलेखन की रचना पद्धति एवं शिल्प का ही अनुसरण हुआ है। यदि किसी ग्रन्थ में मौलिकता लाने का प्रयास किया गया है तो इतिहासकार को साहित्येतिहासलेखन की परम्परा को शुक्लजी से अधिक विकसित रूप देने में सफलता नहीं मिली। यदि श्यामसुन्दर दास ने साहित्य के ऐतिहासिक प्रवाह को रामचन्द्र शुक्ल की अपेक्षा अधिक अविच्छिन्न रूप में दिखाना चाहा है, तो उनका ऐतिहासिक बोध शुक्लजी से पिछड़ गया है। उदाहरण के रूप में रामभक्ति शाखा सम्बन्धी अध्याय के अन्तर्गत मैथिलीशरण गुप्त का उल्लेख परम्परा की अखंडता की ओर संकेत अवश्य करता है किन्तु इससे युग चेतना की उपेक्षा भी हुई है। डॉ॰ नामवरसिंह ने ठीक ही लिखा है : 'बाबू साहब वह गहराई और बारीकी तो नहीं निभा सके, लेकिन उन्होंने शुक्लजी के इतिहास के विच्छिन्न प्रवाह को क्रम संख्या, रचनाओं का नमूना आदि बातें घटा कर अविच्छिन्न-सा दिखाना चाहा। हाँ, उन्होंने शुक्लजी की अपेक्षा राजनीतिक, सामाजिक, सांस्कृतिक परिस्थितियों का खाता और लम्बा कर दिया।'[45] ये ऐतिहासिक परिस्थितियाँ साहित्य के इतिहास का अभिन्न अंग बनकर चित्रित नहीं हुईं।

रमाशंकर शुक्ल 'रसाल' ने यदि शुक्लजी से हटकर हिन्दी के साहित्यिक युगों का नामकरण किया है, तो वह उपहासास्पद बन गया है।

साहित्य के इतिहास की एक जीव के रूप में परिकल्पना करके उसका 'बाल्यावस्था', 'किशोरावस्था' तथा 'युवावस्था' के रूप में युगविभाजन कोई ऐतिहासिक दृष्टिसम्पन्न व्यक्ति स्वीकार नहीं कर सकता। इस ग्रन्थ की एकमात्र विशेषता

लेखक के भूमिका में दिये गये साहित्य इतिहास सम्बन्धी विचार हैं। उन पर भी पं॰ रामचन्द्र शुक्ल के विचारों की छाप स्पष्ट दृष्टिगोचर होती है। डॉ॰ पारीक के मतानुसार : 'रसालजी का इतिहास आचार्य रामचन्द्र शुक्ल के इतिहास से अत्यधिक प्रभावित है। यदि उसे आचार्य के इतिहास की आवृत्ति (अनुकृति) मात्र कह दिया जाए, तब भी कुछ हर्ज नहीं होगा। उन्होंने भी प्रत्येक काल की राजनीतिक, सामाजिक, धार्मिक आदि परिस्थितियों की विस्तार से चर्चा की है, परन्तु साहित्य से उनका अन्तःसम्बन्ध निर्धारित नहीं किया गया।'[46]

अन्य साहित्यिक इतिहासकारों में सूर्यकान्त शास्त्री का ग्रन्थ तुलनात्मक आलोचना की दृष्टि से महत्त्वपूर्ण हो सकता है, किन्तु साहित्येतिहास दर्शन तथा विषय प्रतिपादन की दृष्टि से यह शुक्लजी के इतिहास का समकक्ष नहीं कहा जा सकता। हरिऔधजी की पुस्तक में भी न तो ऐतिहासिक दृष्टिकोण स्पष्ट हुआ है और न ही इसमें शुक्लजी के इतिहास जैसी सुव्यवस्था है। गद्यसाहित्य के विवेचन में उन्होंने विज्ञान और अर्थशास्त्र आदि ज्ञान के साहित्य का समावेश करके विषय का अनावश्यक विस्तार किया है। भाषा और शिल्प की दृष्टि से भी यह ग्रन्थ इतना उत्कृष्ट नहीं है।

डॉ॰ रामकुमार वर्मा की साहित्यिक इतिहासलेखन की योजना विस्तृत थी परन्तु वे उसे पूर्ण नहीं कर सके। उनका ग्रन्थ भक्तियुग के इतिहासलेखन तक सीमित है। डॉ॰ सुमनराजे ने इसके महत्त्व और सीमा पर विचार करते हुए लिखा है : 'डॉ. वर्मा के इतिहास की सबसे बड़ी देन विपुल सामग्री का संचयन एवं संयोजन है। इस ग्रन्थ के रचनाकाल तक जितनी सामग्री शोध के द्वारा प्रकाश में आयी थी, उस सबका उपयोग डॉ॰ वर्मा ने किया है। विभिन्न सम्प्रदायों के दार्शनिक सिद्धान्तों को बड़े ही सुलझे ढंग से प्रस्तुत किया है। जैन साहित्य को पहली बार उसका उचित स्थान प्राप्त हुआ है। भाषा की सुगठित सहजता एवं सिंहावलोकन पद्धति ने इसे छात्रोपयोगी भले ही बनाया हो, परन्तु वह लक्ष्य की प्राप्ति में साधक ही बनी है। सामग्री संकलन, जो इसका सबसे बड़ा गुण है, वही इसका सबसे बड़ा दोष भी सिद्ध हुआ कि जिस रूप में यह लिखा गया है, उस रूप में कभी पूरा नहीं हुआ। यह केवल भक्तिकाल तक का ही वर्णन प्रस्तुत करता है। दूसरी बात यह हुई कि एक ही स्थान पर अधिक सामग्री देने के प्रयास में रचना में कालदोष आ गया। चारण काल की समाप्ति 14वीं शताब्दी मानी गयी है, परन्तु जिन रचनाओं का विवरण दिया गया है, वे 18वीं शताब्दी तक की है। आलोचनात्मक दृष्टि प्रधान होने के कारण विवरण में संतुलन का अभाव हो गया है। कालविभाजन की दृष्टि से उसमें कोई नवीनता नहीं है।'[47] इसलिए वर्माजी के साहित्येतिहास के द्वारा हिन्दी साहित्येतिहासलेखन के क्षेत्र में कोई परिवर्तन उपस्थित नहीं हुआ। वह भी शुक्ल जी की साहित्यिक इतिहासलेखन परम्परा का अंग बनकर रह गया।

उपर्युक्त विवेचन के आधार पर कहा जा सकता है कि हिन्दी साहित्येतिहासलेखन के विकासकाल में शुक्ल जी ने ही साहित्येतिहासलेखन को नवीन मोड़ दिया। अन्य इतिहासकारों ने मुख्यतः उनकी परम्परा का ही अनुसरण किया। यदि किसी ने काल विभाजन अथवा वर्गीकरण सम्बन्धी कोई परिवर्तन किया तो वह अपरिपक्व सिद्ध हुआ। इस युग में ऐतिहासिक एवं सामाजिक परिवेश के सन्दर्भ में हिन्दी साहित्य के विकास की जैसी व्याख्या शुक्ल जी ने की है उससे अधिक उचित एवं परिपक्व व्याख्या कोई अन्य लेखक नहीं कर सका। 1940 ई. तक हिन्दी साहित्येतिहासलेखन परम्परा में शुक्लजी का साहित्येतिहास अद्वितीय है।

वर्तमान युग

आचार्य द्विवेदी का साहित्येतिहासलेखन

साहित्येतिहासदर्शन एवं साहित्येतिहासलेखन के रचनाविधान की दृष्टि से आचार्य हजारीप्रसाद द्विवेदी का प्रयास वर्तमान युग में उतना ही महत्त्वपूर्ण माना जाता है, जितना कि इससे पूर्व विकासयुग में शुक्लजी का तत्सम्बन्धी प्रयास समझा जाता था। उन्होंने हिन्दी साहित्य की भूमिका लिखकर साहित्येतिहासलेखन की एक नवीन पद्धति का सूत्रपात किया। इस नवीनता की आवश्यकता क्यों अनुभव की गयी? इस विषय में डॉ॰ सुमनराजे का मत है : 'शुक्ल युग के इतिहासलेखन की कमियों को आचार्य हजारीप्रसाद द्विवेदी ने अच्छी तरह अनुभव कर लिया था। पहली बार उन्होंने इतिहास को सांस्कृतिक तथा सामाजिक पीठिका पर स्थापित किया। उन्होंने किसी वृहत् इतिहास ग्रन्थ की रचना नहीं की, परन्तु उनकी विभिन्न कृतियों में इतिहासदर्शन एवं हिन्दी साहित्य के इतिहास से सम्बन्धित उनके दो विचार मिलते हैं, वे एक नये युग का प्रारम्भ करने में समर्थ हैं।'[48] नये युग का आरम्भ 1940 ई. से माना जाता है, क्योंकि 'हिन्दी साहित्य की भूमिका' का प्रकाशन इसी सन में हुआ।

आचार्य हजारीप्रसाद द्विवेदी द्वारा शुक्ल जी से हटकर साहित्येतिहासलेखन में जो उपलब्धि हुई उसके बारे में डॉ॰ नामवर सिंह का विचार है, 'पूर्ववर्ती व्यक्तिवादी इतिहास प्रणाली के स्थान पर सामाजिक अथवा जातीय ऐतिहासिक प्रणाली का आरम्भ करने वाली यह पहली हिन्दी पुस्तक है। अनेक साहित्यकारों का वैयक्तिक परिचय देने का मोह छोड़कर इस पुस्तक में हिन्दी साहित्य के विराट पुरुष और उसके सामूहिक प्रभाव तथा साहित्येतिहास के माध्यम से युग-युगान्तर से आती हुई अबाध हिन्दी जाति की विचार-सरणि और भाव-परम्परा का दर्शन कराया।'[49] आचार्यजी के समय में ऐतिहासिक दृष्टि में और अधिक व्यापकता आ गयी थी। उसे मानवतावाद का आधार भी मिल गया था। इसलिए साहित्येतिहासलेखन उदार और उदात्त दृष्टि

से चालित हो सका।

'हिन्दी साहित्य की भूमिका' लिखकर द्विवेदी जी ने एक नवीन साहित्येतिहासलेखन पद्धति का सूत्रपात किया तथा यह सिद्ध कर दिया कि आचार्य रामचन्द्र शुक्ल द्वारा निर्दिष्ट पथ ही एकमात्र पथ नहीं है, उससे भिन्न पथ का अवलम्बन करके भी इतिहास लिखा जा सकता है। हिन्दी साहित्य की भूमिका वास्तव में साहित्येतिहासलेखन क्षेत्र में एक नये युग की भूमिका है, जो अपने विचार विस्तार के लिए किसी अन्य साहित्यिक इतिहासकार की प्रतीक्षा कर रही है।'[50] इस परम्परा का अनुसरण करके किसी ने इसका आगे विस्तार नहीं किया। अपनी परम्परा का यह अकेला ग्रन्थ है। उन्होंने दो अन्य रचनाएँ, 'हिन्दी साहित्य' तथा 'हिन्दी साहित्य का आदिकाल' लिखकर अपनी साहित्येतिहासलेखन परम्परा को अवश्य विस्तार दिया है।

आचार्य हजारीप्रसाद द्विवेदी की जातीय एवं सांस्कृतिक साहित्येतिहासलेखन की प्रणाली की भी सीमाएँ हैं। उनका दृष्टिकोण तथा इतिहास लेखन पद्धति मूलतः आदर्शवादी है। इस विषय में डॉ॰ नामवर सिंह का मत है : 'असंगतियाँ तो यहाँ भी हैं जैसे सामाजिक ढाँचे में आर्य-अनार्य मूलक जातिगत (रेशल) सिद्धान्तों का सहारा ·· इन कारणों से नवीन इतिहास की पृष्ठभूमि के रूप में इसे स्वीकार करते हुए भी हम इसके आदर्शवादी दृष्टिकोण तथा प्रणाली को स्वीकार करने में असमर्थ हैं।'[51] उनके ऐतिहासिक दृष्टिकोण से पूरी तरह सहमत न होते हुए भी यह निस्संदेह कहा जा सकता है कि उन्होंने हिन्दी साहित्येतिहास को भारतीय संस्कृति के सन्दर्भ में व्याख्यायित करके तथा हिन्दी के मध्यकालीन साहित्य की परम्पराओं एवं प्रवृत्तियों के मूल उत्सों का अन्वेषण करके एक महान कार्य सम्पन्न किया है। यह भी निश्चित है कि शुक्ल जी की इतिहास लेखन परम्परा को नयी दिशा देने में जैसी सफलता उन्हें मिली है वैसी किसी अन्य इतिहासकार को अभी तक नहीं मिली।

वर्तमान युग में आचार्य द्विवेदी के अतिरिक्त साहित्येतिहासलेखन के जो अन्य व्यक्तिगत प्रयास हुए हैं, उनके द्वारा किसी नयी इतिहासलेखन पद्धति का विकास नहीं हुआ। नवीन अनुसंधानों के परिणामस्वरूप विपुल सामग्री का संचयन हुआ है, और उसका कतिपय प्रयोग भी साहित्य के इतिहासकारों ने किया है, किन्तु दृष्टि तथा लेखन शिल्प में कोई उल्लेखनीय परिवर्तन नहीं आया। परीक्षोपयोगी साहित्य के इतिहास लिखने की ओर विद्वानों का ध्यान केन्द्रित रहा। ऐसे इतिहास ग्रन्थों की बाढ़ आ गयी किन्तु गम्भीर और मौलिक साहित्येतिहासलेखन की परम्परा का विकास अवरुद्ध हो गया। फिर भी डॉ॰ सुमनराजे[52] ने डॉ॰ गणपतिचन्द्र गुप्त का 'हिन्दी साहित्य का वैज्ञानिक इतिहास, डॉ॰ शम्भूनाथ सिंह का 'हिन्दी काव्य की सामाजिक भूमिका' तथा डॉ॰ रामखिलावन पांडे का 'हिन्दी साहित्य का नया इतिहास' को उल्लेखनीय माना है, क्योंकि इनमें दृष्टिकोण अथवा कालविभाजन

सम्बन्धी नवीनता लाने का प्रयत्न किया गया है।

हिन्दी साहित्येतिहासलेखन में द्विवेदीजी के पश्चात् मौलिकता के अभाव के कारणों पर विचार करते हुए डॉ॰ सुमनराजे ने लिखा है :[53]

1. विशेषीकरण की प्रवृत्ति से विश्लेषण की सूक्ष्मता के लिए सम्पूर्ण काल को खंड-खंड करके अध्ययन की प्रवृत्ति बढ़ी। विभिन्न विश्वविद्यालयों में जो शोधकार्य हुए हैं वे इसी प्रकार के हैं। इससे पृथक-पृथक क्षेत्र तो प्रकाशित हुए हैं परन्तु समग्र चित्र रूपायित नहीं हुआ है।
2. रूपात्मक अध्ययन की इकाई, साहित्य के विधागत अध्ययन ने विधाओं के पृथक इतिहास शृंखला की खोज की है। इस दृष्टि से काव्य एवं गद्य की पृथक-पृथक विधाओं के ऐतिहासिक अध्ययन प्रस्तुत किए हैं।
3. तीसरा प्रमुख कारण है, 'सहयोगी इतिहास लेखन' प्रथा का आरम्भ। अधिकाधिक सामग्री एवं विभिन्न विषय के विशेषज्ञों का सहयोग पाने के लिए इस प्रकार की आयोजनाएँ की गयी हैं।

अन्य प्रयास

वर्तमान युग में काल खंडों के जो साहित्येतिहास लिखे गये हैं, उनमें से कालक्रमानुसार निम्नलिखित महत्त्वपूर्ण हैं :

1. 'आधुनिक हिन्दी साहित्य' (1850-1950 ई॰) (डॉ॰ लक्ष्मीसागर वार्ष्णेय)।
2. 'आधुनिक हिन्दी साहित्य का विकास' (1900-1925 ई॰) (डॉ॰ कृष्णलाल)।
3. 'आधुनिक हिन्दी साहित्य की भूमिका (1857-1957 ई॰) (डॉ॰ लक्ष्मीसागर वार्ष्णेय)।
4. 'हिन्दी साहित्य' (1926-1947 ई॰) (डॉ॰ भोलानाथ) ।

उपर्युक्त ग्रन्थों में आधुनिककालीन हिन्दी साहित्य की विविध विधाओं का विशद विवेचन हुआ है तथा इनके द्वारा विभिन्न कालखंडों से सम्बन्धित साहित्यिक सामग्री का व्यापक रूप में आकलन हो सका। ये सभी इतिहास ग्रन्थ शोधप्रबन्ध है तथा इनके लेखन का उद्देश्य उपाधि प्राप्त करना भी है। वहुत कम समय में कार्य को पूरा करने का प्रयत्न किया गया है, जिसके फलस्वरूप विषय के विश्लेषण में कमी रह गयी है। हाँ, डॉ॰ लक्ष्मीसागर वार्ष्णेय तथा डॉ॰ कृष्णलाल के प्रयत्न अधिक प्रौढ़ कहे जा सकते हैं। इन्होंने भी शुक्लजी की वस्तुवादी ऐतिहासिक दृष्टि के अनुरूप राजनीतिक तथा सामाजिक आदि परिस्थितियों के सन्दर्भ में साहित्यिक प्रवृत्तियों का विवेचन किया है। रचनाकारों तथा उनकी रचनाओं का उल्लेखमात्र करने की प्रवृत्ति इन ग्रन्थों में भी बनी रहती है। उक्त चारों ग्रन्थों में आधुनिक काल के हिन्दी साहित्य का विस्तृत विवेचन तो हुआ है, किन्तु साहित्येतिहास दर्शन, प्रवृत्तिनिरूपण तथा लेखनपद्धति की दृष्टि से कोई महत्त्वपूर्ण परिवर्तन दिखाई नहीं

देता।

सामूहिक प्रयत्न

वर्तमान युग में हिन्दी साहित्येतिहासलेखन की एक अन्य परम्परा का प्रचलन हुआ। यह है साहित्य के इतिहासलेखन का सामूहिक प्रयत्न। यह प्रयत्न संस्थाओं की ओर से भी हुए हैं और व्यक्तियों की ओर से भी वृहत् साहित्येतिहासलेखन की ये योजनाएँ साहित्य की समस्त उपलब्ध सामग्री को समेटने का तथा उसे सुव्यवस्थित रूप में प्रस्तुत करने की महत्त्वाकांक्षा का परिणाम है। सामूहिक प्रयत्नों से जो हिन्दी साहित्य के इतिहास लिखे गये हैं, उनमें से नागरी प्रचारिणी सभा द्वारा प्रकाशित हिन्दी साहित्य के इतिहास (16 भाग की योजना), भारतीय हिन्दी परिषद् द्वारा मुद्रित 'हिन्दी साहित्य' (3 भागों की योजना) तथा डॉ॰ नगेन्द्र द्वारा सम्पादित, 'हिन्दी साहित्य का इतिहास' उल्लेखनीय हैं।

इसमें किसी को सन्देह नहीं हो सकता कि सामूहिक प्रयत्न द्वारा प्रत्येक क्षेत्र के अलग-अलग विद्वानों द्वारा हिन्दी साहित्य के प्रत्येक युग का इतिहास अधिक विस्तृत एवं प्रामाणिक रूप में प्रस्तुत किया जा सकता है। उपर्युक्त इतिहास ग्रन्थों में अनेक सूत्रों से उपलब्ध तथा अनेकमुखी अनुसंधान कार्य से पोषित हिन्दी साहित्य की सामग्री का सन्निवेश अवश्य हुआ है, परन्तु इन प्रयत्नों से साहित्येतिहासलेखन में मौलिक सूझबूझ कहीं-कहीं ही दिखाई देती है। विवरणों में विस्तार अवश्य आया है, किन्तु ऐतिहासिक दृष्टि की गहराई नहीं आ सकी है। अनेक सम्पादकीय दावों के रहते हुए भी हिन्दी साहित्य के वृहत् इतिहास का लेखन अव्यवस्थित हो गया है। इसके अतिरिक्त साहित्य के अतिरिक्त अन्य विषयों की अनावश्यक सामग्री का भी सन्निवेश हो गया है। सम्पादकों द्वारा पथप्रदर्शन के होते हुए भी इतिहासकारों की राहें अलग-अलग हो गयी हैं। जब एक युग का साहित्येतिहासलेखन ही एक दृष्टिकोण के आधार पर सम्भव नहीं हो सका तो समस्त इतिहासलेखन में एक ऐतिहासिक दृष्टि कैसे रह सकती थी। डा॰ सुमनराजे का यह मत अत्यन्त सार्थक है, 'इस प्रकार के आयोजन से इतिहास का कलेवर तो वृद्धि को प्राप्त हुआ है, परन्तु उस विशिष्ट इतिहासदर्शन का अभाव हो गया है, जो किसी संग्रह को इतिहास बनाने में समर्थ हैं। जैसे एक चित्र सैंकड़ों चित्रकार मिलकर बनाएँ, उसमें समतौल, संतुलन और समंजन का अभाव हो।'[54]

फिर भी इस तथ्य को स्वीकार करना पड़ेगा कि साहित्येतिहासलेखन के ये विश्वकोशीय प्रयत्न अधिकाधिक सामग्री को समेटने के कारण तथा विस्तृत विवरण के कारण महत्त्वपूर्ण हैं। इन ग्रन्थों का महत्त्व कहीं अधिक होता, यदि सभी लेखक ठोस ऐतिहासिक दृष्टि को अपनाकर गम्भीरतापूर्वक कार्य सम्पन्न करते। विस्तार के साथ-साथ विवेचना की गहराई की ओर ध्यान देने की भी आवश्यकता थी।

अनावश्यक विवरणों से भी बचा जा सकता था, किन्तु नागरी प्रचारिणी सभा के वृहत् इतिहास ग्रन्थों में ऐसा सम्भव नहीं हो सका। इसलिए स्वर्गीय नलिनविलोचन शर्मा ने सभी भागों के प्रकाशन से पूर्व ही कह दिया था कि 'विभिन्न भागों की जो रूपरेखा सुलभ है और अब तो पहला भाग ही देखा जा सकता है, उससे इस निष्कर्ष पर बाध्यतः पहुँचना पड़ता है कि स्थिति का कारण वे अनावश्यक अटकलबाजियाँ और अप्रासंगिक विवेचनाएँ हैं जिसकी ओर सिद्धान्त रूप में आचार्य हजारीप्रसाद द्विवेदी ने अपने हिन्दी साहित्य में इंगित किया है।'[55] इन ग्रन्थों का विचार इतना औचित्यपूर्ण नहीं बन सका, जितना अपेक्षित था।

अन्त में सामूहिक रूप में लिखित हिन्दी साहित्य के इतिहासग्रन्थों के विषय में यह कहना पर्याप्त होगा कि इनके द्वारा एक अभाव की पूर्ति तो अवश्य हुई है। हिन्दी साहित्य के प्रत्येक युग सम्बन्धी विस्तृत विवरण उपलब्ध हो सके हैं, परन्तु अभी इन विवरणों को अधिक विश्लेषणात्मक, वैज्ञानिक तथा औचित्यपूर्ण बनाने की आवश्यकता है। ऐसे विवरणों का महत्त्व बहुत बढ़ सकता है, यदि लेखक समूह में प्रत्येक का इतिहास दर्शन एक हो। उस इतिहास दर्शन का विज्ञानसम्मत होना भी अत्यन्त आवश्यक है। साहित्येतिहासदर्शन की एकता के कारण भाषा-शैली में भिन्नता होते भी समस्त इतिहास का विवेचन एवं विश्लेषण एकसूत्रता में आबद्ध हो सकेगा।

वर्तमान युग में हिन्दी साहित्येतिहासलेखन का पर्याप्त विस्तार एवं प्रसार हुआ है। साहित्य के इतिहासलेखन के अनेक व्यक्तिगत तथा सामूहिक प्रयत्न हुए हैं, परन्तु व्यक्तिगत प्रयत्नों में आचार्य हजारीप्रसाद द्विवेदी के पश्चात् कोई ऐसा प्रतिभासम्पन्न इतिहासकार नहीं उभरा, जो हिन्दी के साहित्येतिहास की अपेक्षतः मौलिक एवं वैज्ञानिक व्याख्या कर सके। उनके बाद साहित्येतिहास सम्बन्धी सैद्धान्तिक एवं शैल्पिक जानकारी में पर्याप्त वृद्धि हुई है। श्री नलिनविलोचन शर्मा की पुस्तक 'साहित्य का इतिहासदर्शन' तथा डॉ. सुमनराजे की पुस्तक 'साहित्येतिहास संरचना और स्वरूप' द्वारा साहित्येतिहास के दर्शनशास्त्र तथा पद्धति पर विस्तार से चर्चा हुई है। डॉ. नामवर सिंह, डॉ. शिवदान सिंह चौहान तथा डॉ. रामविलास शर्मा इत्यादि विद्वानों के कई लेखों द्वारा विषय का स्पष्टीकरण हुआ है, परन्तु व्यावहारिक रूप में हिन्दी साहित्येतिहासलेखन नवीन अनुसंधानों के परिणामस्वरूप तथ्यों की दृष्टि से अधिक सम्पन्न हुआ है, इतिहास दर्शन की दृष्टि से अधिक वैज्ञानिक नहीं हो सका। यह तभी सम्भव हो सकेगा जब साहित्य के इतिहासकार व्यापक वस्तुवादी दृष्टि से साहित्यिक विरासत का विवेचन और विश्लेषण करने में समर्थ होंगे। डॉ. शिवदान सिंह चौहान के शब्दों में : 'इतिहास की यह वस्तुवादी दृष्टि ही सांस्कृतिक विरासत का सही मूल्यांकन कर सकती है।...हमारे राष्ट्रीय और अन्तर्राष्ट्रीय जीवन का संघर्ष जितना तीव्र होता जाता है, सांस्कृतिक विरासत के सही मूल्यांकन का प्रश्न

ही उतना ही महत्त्वपूर्ण होता जाता है और इस समस्या को हल करने के लिए साहित्य के वैज्ञानिक इतिहास की अनिवार्यता भी बढ़ती जाती है।'[56] हिन्दी साहित्येतिहासलेखन की परम्परा धीरे-धीरे वैज्ञानिकता की ओर अग्रसर अवश्य हुई है। इसलिए यह भविष्यकथन निराधार नहीं होगा कि भावी साहित्येतिहासलेखन धर्मनिरपेक्ष तथा शुद्ध वैज्ञानिक दृष्टि को अपनाकर लिखा जाएगा।

सन्दर्भ

1. डॉ. रामकुमार वर्मा : 'हिन्दी साहित्य का आलोचनात्मक इतिहास' इलाहाबाद, 1964, पंचम संस्करण, पृ. 1.
2. 'शिवसिंह सरोज', (सं. त्रिलोकीनारायण दीक्षित), 1956 ई. भूमिका, पृ. 2.
3. वही.
4. वही, पृ. 3.
5. 'मिश्रबंधु विनोद', भूमिका, पंचम संस्करण
6. 'शिवसिंह सरोज', भूमिका, पृ. 3.
7. वही,
8. 'हिन्दी साहित्य का प्रथम इतिहास' द्वितीय संस्करण, 1961, ग्रियर्सन की भूमिका, पृ. 59.
9. 'शिवसिंह सरोज', भूमिका, पृ. 3.
10. ग्रियर्सनः 'हिन्दी साहित्य का प्रथम इतिहास', भूमिका, पृ. 59.
11. 'शिवसिंह सरोज', भूमिका, पृ. 3.
12. डॉ. रूपचन्द पारीक : 'हिन्दी साहित्य के इतिहास ग्रन्थों का आलोचनात्मक अध्ययन', 1972, पृ. 56.
13. 'शिवसिंह सरोज', 1966, भूमिका, पृ. 1.
14. 'हिन्दी साहित्य के इतिहास ग्रन्थों का आलोचनात्मक अध्ययन', 1972, पृ. 56.
15. वही, पृ. 68.
16. वही.
17. 'साहित्यिक इतिहासः संरचना और स्वरूप', 1975, पृ. 302.
18. डॉ. अब्राहम जार्ज ग्रियर्सन कृत : 'हिन्दी साहित्य का प्रथम इतिहास', (सं. किशोरीलाल गुप्त), 1961, वक्तव्य, पृ. 8.
19. देखिए, 'हिन्दुई साहित्य का इतिहास', (अनु. लक्ष्मीसागर वार्ष्णेय), भूमिका, पृ. 8.
20. 'हिन्दी साहित्य का अलोचनात्मक इतिहास', पृ. 2.
21. नलिन विलोचन शर्मा : 'साहित्य का इतिहास दर्शन', 1960, पृ. 77.
22. वही, पृ. 7.
23. 'हिन्दी साहित्य का प्रथम इतिहास' भूमिका, पृ. 4.
24. 'साहित्यिक इतिहासः संरचना और स्वरूप', पृ. 305.

25. 'साहित्य का इतिहास दर्शन', पृ. 79.

26-28. 'आलोचना', इतिहास विशेषांक, अक्टूबर 1952 में डॉ. नामवर सिंह का लेख, 'इतिहास का नया दृष्टिकोण', पृ. 10.

29. 'मिश्रबंधु विनोद', प्रथम संस्करण, भूमिका, पृ. 4.

30. वही.

31. रमाशंकर शुक्ल 'रसाल' : 'हिन्दी साहित्य का इतिहास', भूमिका, पृ. 3.

32. रामचन्द्र शुक्ल : 'हिन्दी साहित्य का इतिहास', वक्तव्य, पृ. 6.

33. डॉ. रामकुमार वर्मा : 'हिन्दी साहित्य का आलोचनात्मक इतिहास', पृ. 5.

34. वही, पृ. 5.

35. एफ. ई. के. : 'ए हिस्ट्री ऑफ लिट्रेचर', 1920, पृ. 11.

36. पारीक : 'हिन्दी साहित्य के इतिहास ग्रन्थों का आलोचनात्मक अध्ययन', 1972, पृ. 127.

37. 'साहित्यिक इतिहासः संरचना और स्वरूप', पृ. 3.

38. डॉ. नामवर सिंह : 'आलोचना' (अक्तूबर 1952), पृ. 11.

39. देखिए, रामचन्द्र शुक्ल : 'हिन्दी साहित्य का इतिहास', भूमिका, पृ. 1.

40. 'हिन्दी साहित्य के इतिहास ग्रन्थों का आलोचनात्मक अध्ययन', 1972, पृ. 143.

41. आचार्य हजारीप्रसाद द्विवेदी : 'हिन्दी साहित्य की भूमिका', 1940, पृ. 147.

42. 'साहित्यिक इतिहास : संरचना और स्वरूप', पृ. 311.

43. डॉ. नामवर सिंह : 'आलोचना', अक्तूबर 1952, पृ. 11.

44. 'हिन्दी साहित्य के इतिहास ग्रन्थों का आलोचनात्मक अध्ययन', 1972, पृ. 145.

45. डॉ. नामवर सिंह : 'आलोचना', इतिहास विशेषांक, 1952, पृ. 27.

46. 'हिन्दी साहित्य के इतिहास ग्रन्थों का आलोचनात्मक अध्ययन', पृ. 150.

47. 'साहित्यिक इतिहास ' संरचना और स्वरूप', 1975, पृ. 321.

48. वही, पृ. 122.

49. डॉ. नामवर सिंह : 'आलोचना', इतिहास विशेषांक, पृ. 12.

50. 'हिन्दी साहित्य के इतिहास ग्रन्थों का आलोचनात्मक अध्ययन', पृ. 174.

51. 'आलोचना', इतिहास विशेषांक, 1952, पृ. 12.

52. देखिए, 'साहित्यिक इतिहास : संरचना और स्वरूप', पृ. 326 से 329.

53. वही, पृ. 325-26.

54. 'साहित्यिक इतिहास : संरचना और स्वरूप', पृ. 326.

55. 'साहित्य का इतिहास दर्शन', पृ. 98.

56. 'आलोचना', इतिहास-विशेषांक, अक्टूबर 1952, पृ. 8.

हिन्दी साहित्येतिहासलेखन का प्रारम्भिक युग

दर्शनशास्त्र एवं शिल्प

हिन्दी साहित्य के इतिहासलेखन के प्रारम्भिक युग में इतिहास सम्बन्धी अवधारणाएँ पूरी तरह स्पष्ट नहीं हो सकीं। इतिहाकारों ने हिन्दी साहित्येतिहास की न तो व्याख्या की और न ही वे इतिहासदर्शन के आलोक में साहित्यिक प्रवाह का विवरण प्रस्तुत करने में समर्थ हो सके। इस युग के विद्वानों ने अपने ग्रन्थों की भूमिकाओं में अवश्य अपने दृष्टिकोण तथा लेखनपद्धति को स्पष्ट करने का यत्न किया है। उन्होंने अपने इतिहासग्रन्थों में जिस रूप में सामग्री को प्रस्तुत किया है उससे भी उनके साहित्येतिहासदर्शन तथा शिल्प को समझने का प्रयास किया जा सकता है।

गार्सां द तासी का साहित्येतिहास

साम्राज्यवादी दृष्टिकोण

तासी महोदय ने लगभग चालीस वर्ष उर्दू और हिन्दी साहित्य के अनुसंधान का कार्य किया। उन्होंने फ्रांसीसी भाषा में यह महत्त्वपूर्ण कार्य क्यों किया और उनकी ऐतिहासिक दृष्टि कैसी थी? इस प्रश्न का उत्तर 'इस्तवार द ला लितरंतूर ऐंदूई ऐंदुस्तानी'' के दो भागों तथा परिवर्धित संस्करण की भूमिकाओं के आधार पर दिया जा सकता है। यह तो निश्चित है कि यह ग्रन्थ एक विदेशी द्वारा विदेशियों को हिन्दोस्तानी साहित्य की जानकारी देने के लिए लिखा गया था। इस समय पाश्चात्य विद्वानों द्वारा भारतीय जीवन, इतिहासदर्शन, धर्म तथा साहित्य के अध्ययन सम्बन्धी अनेक प्रयत्न हुए। यह ग्रन्थ भी उस शृंखला की एक कड़ी है। ये प्रयत्न बौद्धिक जिज्ञासा की तुष्टि के लिए भी हुए तथा राजनीतिक उद्देश्यों की पूर्ति के लिए भी। गार्सां द तासी के ग्रन्थ द्वारा भी दोनों उद्देश्यों की सिद्धि हुई है। उन्होंने हिन्दोस्तानी साहित्य तथा भाषा को एक इतिहासकार की दृष्टि से भी देखा है और प्रशासकीय दृष्टि से भी। ग्रन्थ ग्रेट ब्रिटेन की साम्राज्ञी को समर्पित है। ग्रन्थ के समर्पण में

उन्होंने लिखा है : 'यह नितान्त स्वाभाविक है कि मैं सम्राज्ञी से एक ऐसा ग्रन्थ समर्पित करने का सम्मान प्राप्त करने की प्रार्थना करूँ, जिसका सम्बन्ध भारतवर्ष, आपके राजदंड के अन्तर्गत आये हुए इस विस्तृत और सुन्दर देश और, जो इतना खुशहाल कभी नहीं था जितना कि वह इंग्लैंड के आश्रित होने पर है, साहित्य के एक भाग से है। यह तथ्य सर्वमान्य है और इसके अतिरिक्त, आधुनिक हिन्दोस्तानी लेखक इसका प्रमाण देते हैं, जिस ब्रिटेन शासन के अन्तर्गत न तो लूट का भय है और न देशी सरकारों का अत्याचार है, उसका उनकी रचनाओं में यशगान हुआ है।'[1] भारत की तत्कालीन राजनीतिक स्थिति का उपर्युक्त भव्य चित्रण उनके साम्राज्यवादी दृष्टिकोण का सूचक है।

गार्सां द तासी की हिन्दोस्तानी भाषा, धर्म और जाति सम्बन्धी धारणाएँ भी अंगरेजी साम्राज्यवाद की नीति के अनुकूल पड़ती हैं। अंगरेजी शासकों ने भारत के जातिगत तथा धार्मिक विरोध को सदैव पैदा करके स्वयं सुरक्षित बने रहने का यत्न किया। उन्होंने भाषा के प्रश्न को भी राजनीतिक लाभ के लिए कभी पूरी तरह हल करने का यत्न नहीं किया। तासी के समय अंग्रेजों की नीति मुसलमानों को विशेष रूप से प्रसन्न करने की थी। इसलिए उन्होंने उर्दू भाषा तथा फारसी लिपि का पक्ष लिया। हिन्दी भाषा तथा देवनागरी लिपि के पक्ष में आन्दोलन की काफी देर तक उपेक्षा की।

साम्प्रदायिक पूर्वग्रह

गार्सां द तासी की ऐतिहासिक दृष्टि भी पक्षपातपूर्ण है तथा भाषाई वास्तविकता को नहीं पहचान सकी। उन्होंने लिखा है : इन पिछले वर्षों में भारत में प्राचीन जातियों से सम्बन्धित वही आन्दोलन उठ खड़ा हुआ है, जिसने यूरोप को आन्दोलित कर रखा है। अब मुसलमानों के अधीन न होने के कारण हिन्दुओं में एक प्रतिक्रिया उत्पन्न हो गयी है, अपने हाथ में शक्ति न ले सकने के बाद, वे कम से कम मुसलमानों की दासता के समय की अरुचिकर बातें दूर कर देना और स्वयं उर्दू को ही अवरुद्ध कर देना चाहते हैं...अपनी इस प्रतिक्रियावादी अजीब बात के पक्ष में वे जो तर्क प्रस्तुत करते हैं, वे बिल्कुल स्वीकार करने योग्य नहीं हैं, बिना इस बात की ओर ध्यान दिये हुए कि, जबकि हिन्दी, जिसे वे राष्ट्रीयता की संकीर्ण भावना से प्रेरित हो पुनर्जीवित करना चाहते हैं, अब साहित्यिक दृष्टि से लगभग लिखी ही नहीं जाती, जो हर एक गाँव में वस्तुतः प्रदेश के लोगों की तरह बदल जाती है, जबकि उर्दू का सुन्दर काव्यात्मक रचनाओं द्वारा रूप स्थिर हो चुका है। वे कहते हैं, कि देश की भाषा हिन्दी है, न कि उर्दू। हिन्दुओं को फारसी अक्षरों के सम्बन्ध में आपत्ति है और वे नागरी पसन्द करते हैं, किन्तु बात बिल्कुल उलटी है और वह पक्षपातपूर्ण दृष्टिकोण से स्पष्ट हो ही जानी चाहिए, इसलिए मैं सुन्दर देवनागरी अक्षर नहीं

कहता, किन्तु फारसी अक्षरों, साथ ही शिकस्ता के मुकाबले में भद्दी घसीट नागरी पढ़ना अधिक कठिन है। मुसलमानों ने साहसपूर्वक यह आक्रमण सहन किया है और मेरा विचार है, अपने विरोधियों को सफलतापूर्वक सख्त उत्तर दिया है...यह बहुदेववाद का एकेश्वरवाद के विरुद्ध, वेदों का बाइबिल, जिसके अन्तर्गत मुसलमान आ जाते हैं, के विरुद्ध संघर्ष है। मैं नहीं जानता कि अंगरेजी सरकार हिन्दुओं के सामने झुक जाएगी अथवा जिन मुसलमानों के शासन की वह उत्तराधिकारिणी है, उनकी बोली को सुरक्षित रखेगी।'[2] उन्होंने उर्दू भाषा की जोरदार वकालत ही नहीं की, अपने विशाल ग्रन्थ में प्रमुख स्थान उर्दू के साहित्यकारों को ही दिया है। वह कोमलता, विशुद्धता तथा अभिव्यंजना शक्ति की दृष्टि से भारत की सभी भाषाओं से हिन्दोस्तानी (उर्दू) को उत्तम मानते हैं। यह पूर्वग्रह उनके धार्मिक दृष्टिकोण के कारण है। उनकी धार्मिक कट्टरता के कारण उनका भाषा तथा साहित्य सम्बन्धी इतिहासदर्शन एकांगी ही नहीं, विकृत भी हो गया है।

गार्सां द तासी की धार्मिकता उनकी ऐतिहासिक दृष्टि पर हावी हो गयी है। इस्लाम ईसाई मत के समीप है, इसलिए वे इस्लाम को हिन्दूमत से और उर्दू को हिन्दी से श्रेष्ठ मानते हुए लिखते हैं : 'वास्तव में मुसलमान होना स्पष्टतः उन्नति करना है, क्योंकि ईश्वर की एकता और भविष्य जीवन में विश्वास उसका आधार है।'[3] उन्होंने लेखकों के वर्गविभाजन का आधार तथा साहित्यिक विभिन्नता का कारण भी धर्मगत माना है, जो उनकी धार्मिक दृष्टि की संकीर्णता का परिचायक है। उन्होंने लिखा है : अब हमें इन लेखकों के वर्ग निर्धारित कर लेने चाहिए। सर्वप्रथम स्थापित होने वाली विभिन्नता, जो अत्यन्त स्वाभाविक प्रतीत होती है, उन्हें हिन्दुओं और मुसलमानों में अलग-अलग करना है, तो भी ऐसा करते समय यह देखने को मिलेगा कि किसी भी मुसलमान ने हिन्दुई या हिन्दी बोली में नहीं लिखा, जबकि बहुत से हिन्दुओं ने चाहे उर्दू, चाहे दक्खिनी में लिखा है।'[4] पूर्वग्रह युक्त तथा पक्षपातपूर्ण दृष्टिकोण के कारण ही उन्हें भारतवर्ष में 'हिन्दुई' में लिखने वाले केवल 250 लेखकों का ज्ञान हो सका जबकि 'रेख्ता' में लिखने वालों में उन्होंने लगभग 2550 लेखकों का उल्लेख किया है। उनकी दृष्टि उन मुसलमान कवियों पर नहीं गयी, जिन्होंने हिन्दी साहित्य का भंडार भरा है, क्योंकि उन्होंने पहले ही यह धारणा बना ली थी कि कोई मुसलमान हिन्दी में लिख ही नहीं सकता। भाषाओं का सम्बन्ध धर्म से जोड़ना एक अनैतिहासिक धारणा है।

गार्सां द तासी के धार्मिक पूर्वग्रह के कारण कुछ रचनाओं का विश्लेषण भी अनैतिहासिक हो गया है। लक्ष्मीसागर वार्ष्णेय के अनुसार : 'प्रेमसागर को तासी काफी महत्त्व देते थे और उसका उन्होंने जिस प्रकार विश्लेषण किया है, उससे उनके कट्टर ईसाई होने का प्रमाण मिलता है।'[5] वे प्रेमसागर में चित्रित कृष्ण के चरित्र तथा ईसा के चरित्र में समानता का कारण ईसाई मत के प्रभाव में खोजते हैं। उन्होंने

लिखा है : 'मुझे उसमें जो बात प्रमुख रूप से ज्ञात होती है, वह ईसा मसीह (क्राइस्ट) और कृष्ण के जीवन की बहुत-सी मिलती-जुलती बातें हैं। संयोग से कृष्ण और क्राइस्ट के नाम भी आपस में बहुत कुछ समान हैं और साथ ही धर्म पुस्तक (गास्पल) और प्रेमसागर के सिद्धान्त भी।...यह निश्चित है कि जिस साम्य का मैंने उल्लेख किया है, वह वास्तव में ईसाई मत के प्रारम्भिक वर्षों में भारत में लाई गयी स्वयं ईसा मसीह की कथा का प्रतिबिम्ब है।'[6]

तासी की धार्मिक दृष्टि के फलस्वरूप ग्रन्थ में भक्त कवियों का जीवनवृत्त इतना ऐतिहासिक नहीं बन पड़ा। उन्होंने 'भक्तमाल' के आधार पर कबीर, दादू दयाल, नामदेव, पीपा और तुलसी आदि के जीवन से सम्बन्धित चमत्कारपूर्ण घटनाओं का बड़े विस्तार के साथ वर्णन किया है। भक्त कवियों के जीवन का विवरण भक्तमाल के विवरण की भाँति पौराणिक हो गया है। चमत्कारपूर्ण घटनाओं के विवरण के मोह का एक परिणाम यह भी हुआ है कि 'पीपा'[7] जैसे अपेक्षतया साधारण कवि के वृत्त का विवरण 12 पृष्ठों में किया गया है तथा सूरदास[8] का परिचय केवल 4 पृष्ठ में दिया गया है।

उपर्युक्त त्रुटियों के होते हुए भी तासी की अनुसंधानपरक दृष्टि पर्याप्त विकसित है, जहाँ तक सम्भव हो सका है, वह महत्त्वपूर्ण कृतियों की अधिक-से-अधिक जानकारी देना चाहते हैं। कई रचनाओं के प्रकाशनकाल की जानकारी तथा उनके विविध संस्करणों की जानकारी की दृष्टि से यह रचना अभूतपूर्व है। उन्होंने एक इतिहासकार की भाँति हिन्दी, उर्दू और दक्खिनी साहित्य की परम्परा के आरम्भ तथा विकास पर भी संक्षेप में विचार किया है। उन्होंने लिखा है : 'हिंदुई के लेखकों की परम्परा बारहवीं शताब्दी से प्रारम्भ होकर हम लोगों के समय तक आती है। उत्तर के मुसलमान लेखकों की तेरहवीं शताब्दी के अन्त या चौदहवीं शताब्दी के प्रारम्भ में कुछ कविताएँ मिलती हैं...दक्खिनी लेखकों की परम्परा सोलहवीं शताब्दी से प्रारम्भ होती है और अखंड रूप में हम लोगों के समय तक आती है।[9] इससे स्पष्ट है कि वह हिन्दोस्तानी साहित्य के धाराप्रवाह की जानकारी रखते हुए भी उसे उस रूप में प्रस्तुत करने में असमर्थ रहे।

साहित्य सम्बन्धी दृष्टिकोण

गार्सां द तासी ने अपने ग्रन्थ में साहित्य को व्यापक अर्थ में ग्रहण किया है, इसलिए इसमें शक्ति के साहित्य के साथ-साथ ज्ञान के साहित्य से सम्बन्धित ग्रन्थों का भी उल्लेख किया गया है। एक संग्रहग्रन्थ होने के कारण इसमें साहित्यिक रचनाओं के साथ-साथ संगीत, इतिहासदर्शन, चिकित्साशास्त्र, गणित और विज्ञान सम्बन्धी ग्रन्थों की भी जानकारी दी गयी है। तासी ने हिन्दोस्तानी साहित्य को तीन दृष्टियों से महत्त्वपूर्ण माना है। ऐतिहासिक महत्त्व के लिए उन्होंने चन्द के काव्य का उल्लेख

किया है, दार्शनिक महत्त्व के लिये उन्होंने कबीर, नानक, दादू इत्यादि के साहित्य का प्रमाण दिया है तथा तीसरे महत्त्व के बारे में लिखते हैं : हिन्दोस्तानी साहित्य का एक काव्यात्मक महत्त्व है, जो न तो किसी दूसरी भाषा से हीन है, और न जो वास्तव में कम है। सच तो यह है कि प्रत्येक साहित्य में एक अपनापन रहता है, जो उसे आकर्षणपूर्ण बनाता है, प्रत्येक पुष्प की भाँति जिसमें एक फारसी के कथनानुसार, अलग-अलग रंग और बू रहती है। भारतवर्ष वैसे भी कविता का प्रसिद्ध और प्राचीन देश है। यहाँ सब कुछ पद्य में है : कथाएँ, इतिहास, नैतिक रचनाएँ, कोष, यहाँ तक कि रुपये की गाथा भी···हिन्दोस्तानी कविता धर्म और उच्च दर्शन के सर्वोत्कृष्ट सिद्धान्तों को प्रचलित करने में विशेषतः प्रयुक्त हुई है।'[10] उन्होंने हिन्दोस्तानी साहित्य के इस त्रयसूत्री महत्त्व को भूमिका में ही स्पष्ट किया है, विवरण में इसे पूरी तरह नहीं दिखा सके।

गार्सां द तासी के लिए हिन्दोस्तानी (हिन्दी और उर्दू) भाषा का साहित्य शोध का विषय रहा तथा उन्होंने इसके बहुविध महत्त्व से फ्रांसीसी भाषाभाषियों को परिचित करवाया, किन्तु उनका प्रशासकीय तथा साम्प्रदायिक दृष्टिकोण 'हिन्दुई' भाषा तथा साहित्य, देवनागरी लिपि और भारतीय जीवन की वास्तविकता को नहीं पहचान सका।

तासी की लेखनपद्धति एवं शिल्प

तासी ने भूमिका में अपनी लेखन पद्धति को स्पष्ट किया है तथा ऐतिहासिक ग्रन्थ के लिए इस पद्धति के दोष से भी अवगत करवाया है। उनके शब्दों में : 'मौलिक जीवनियाँ, जो मेरे ग्रन्थ का मूलाधार हैं, सब अकारादि क्रम से रखी गयी हैं। मैंने यही पद्धति ग्रहण की है। यद्यपि शुरू में मेरा विचार कालक्रम ग्रहण करने का था और मैं यह बात छिपाना नहीं चाहता था कि यह क्रम अच्छा रहता या कम-से-कम जो शीर्षक मैंने अपने ग्रन्थ को दिया है उससे अधिक उपयुक्त होता, किन्तु मेरे पास अपूर्ण रचनाएँ होने के कारण उसे ग्रहण करना कठिन ही था। वास्तव में, जब मैं उसके सम्बन्ध में कहना चाहता हूँ, मौलिक जीवनियाँ हमें यह नहीं बतातीं कि उल्लिखित कवियों ने किस काल में लिखा···यदि मैंने काल-क्रम वाली पद्धति ग्रहण की होती तो अनेक विभाग स्थापित करने पड़ते। पहले में मैं उन लेखकों को रखता जिनका काल अच्छी तरह ज्ञात है, दूसरे में उनको जिनका सन्देहात्मक है, अन्त में तीसरे में, उन्हें जिनका काल अज्ञात है। वही विभाजन उन रचनाओं के लिए करना पड़ता, जिन्हें इस ग्रन्थ के प्रधान अंश में स्थान नहीं मिल सका। अपना कार्य सरल बनाने और पाठक की सहूलियत दोनों ही दृष्टियों से मुझे यह पद्धति छोड़ने के लिए बाध्य होना पड़ा।'[11] इससे स्पष्ट है कि उनके इतिहास की सबसे बड़ी विशेषता है, उसका अकारादि क्रम[12]। यह भी स्पष्ट है कि वे यह पद्धति अपनाने के लिए विवश

थे। हालाँकि वह इस तथ्य से परिचित थे, कि ऐतिहासिक ग्रन्थ में कालक्रम का ध्यान अवश्य रखना चाहिए। इसलिए कहा जा सकता है, कि अकारादि ग्रन्थ से सामग्री के प्रस्तुतीकरण के कारण उनका ग्रन्थ पूरी तरह इतिहास ग्रन्थ नहीं बन सका।

अकारादि क्रम से मूल ग्रन्थ में हिन्दी के कुछ कवियों और लेखकों का विस्तार से परिचय दिया गया है और शेष का उल्लेख मात्र है। अनुवादक के अनुसार : 'प्रस्तुत अनुवाद में सम्मिलित कवियों और लेखकों की संख्या तीन सौ अट्ठावन (358) है जिनमें से केवल बहत्तर (72) का उल्लेख प्रथम संस्करण की पहली जिल्द में हुआ है।'[13] इनमें से कुछ कवि उर्दू के हैं। उन्हें अनुवाद में क्यों सम्मिलित किया गया इसके उत्तर में लक्ष्मीसागर ने लिखा है : 'उन्हें इसलिए सम्मिलित किया गया है क्योंकि या तो उनका हिन्दी की कुछ प्रसिद्ध रचनाओं से सम्बन्ध है, जैसे जवां और विला का 'सिंहासन बत्तीसी', 'बैताल पच्चीसी' आदि से अथवा जिनकी किसी रचना का हिन्दी में अनुवाद हुआ बताया गया है अथवा जिनकी कोई रचना हिन्दी और उर्दू दोनों भाषाओं में प्रकाशित हुई, अथवा जिनकी कुछ रचनाओं के लिए तासी ने 'हिन्दी' शब्द का प्रयोग किया है।'[14] अनुवादक ने यह भी स्पष्ट कर दिया है, कि चोकमेल, तुकाराम, मोरोपन्त आदि आदि कुछ मराठी और गुजराती के कवियों को इसलिए सम्मिलित किया है, क्योंकि तासी ने उन्हें 'हिन्दुई' के कवियों के रूप में ग्रहण किया है।'[15]

गार्साँ द तासी को घोर परिश्रम के बाद भी सभी रचनाकारों के समय का पता नहीं चल सका। इसलिए उन्होंने केवल चालीस (40) कवियों और लेखकों की ही जन्म, मृत्यु अथवा उपस्थिति तिथि दी है। इसी तरह वे केवल 66 लेखकों का ही विस्तार से विवरण देने में समर्थ हुए हैं। शेष का या तो उल्लेख मात्र हुआ है या उनके विषय में काम चलाऊ सूचना दी गयी है।[16] जिन कवियों का विस्तार से परिचय दिया गया है, उनमें से मध्यकालीन संत और भक्त कवियों का विवरण 'भक्तमाल' के आधार पर दिया गया है। उन्होंने एक इतिहासकार की भाँति उसकी प्रामाणिकता की छानबीन करने का प्रयास नहीं किया। उन्होंने विभिन्न सूत्रों से उपलब्ध सामग्री का संकलन किया है उसका परीक्षण नहीं किया। इसका परिणाम यह हुआ है कि काल सम्बन्धी कई तथ्यों का निर्धारण नहीं हो सका। तासी ने लेखक तथा उसकी रचनाओं से सम्बन्धित तिथियाँ विभिन्न ग्रन्थों के आधार पर दी हैं, किन्तु उन्होंने शुद्ध-अशुद्ध के प्रश्न को नहीं सुलझाया। उदाहरण के रूप में कबीर के जीवन काल सम्बन्धी विवरण को लिया जा सकता है। उन्होंने लिखा है : 'कबीर के वास्तविक जीवनकाल के सम्बन्ध में कुछ अनिश्चितता है। भक्तमाल और उसकी टीका करने वाले प्रियदास, 'खुलासतुत्तावारीख' और अन्त में अबुलफजल के अनुसार कबीर सिकंदर लोदी जिसका राजस्वकाल 1488 से 1516 ई. तक रहा, के समय

में जीवित थे और इस सुलतान से पहले ही अपने सिद्धान्त विकसित कर लिये थे। दूसरी ओर रामानन्द जिनके शिष्य कबीर थे, चौदहवीं शताब्दी के लगभग अन्त में रहे थे, जिससे कनिंघम द्वारा दी गयी कबीर के उपदेशों की लगभग तिथि 1450 बहुत कुछ सम्भव प्रतीत होती है, किन्तु व्युकेनैन ने 1274 उनकी मृत्यु की निश्चित तिथि दी है– तिथि, जो उन्होंने अत्यन्त बुद्धिमान और विश्वसनीय प्रतीत होने वाले पटना के कबीरपंथी विवेकदास से ली। कबीरपंथियों की परम्परा के अनुसार, उनका जन्म 1205 संवत् 1070 शक सवंत् (1148 ई॰) में हुआ, मृत्यु 1505 संवत्, 1370 शक संवत् (1448 ई॰) में हुई और उनकी आयु तीन सौ वर्ष की होनी चाहिए।'[17] वे विभिन्न सूत्रों के हवाला देने के बाद कोई निष्कर्ष नहीं निकालते। इसलिए पाठक की जिज्ञासा शान्त नहीं होती तथा वह ऐसी स्थिति में यह नहीं जान पाता कि कवि का जीवनकाल तथा रचना काल कौन-सा है? वस्तुतः तासी को लेखकों सम्बन्धी जितनी जानकारी प्राप्त हो सकी, उसे उन्होंने बिना परीक्षण के दे दिया है।

गार्सां द तासी ने अपने इतिहास ग्रन्थ की सामग्री विभिन्न स्रोतों से एकत्र की है। उन्होंने लिखा है : 'यूरोप में लगभग अज्ञात इसी साहित्य का विवरण मैं प्रस्तुत करना चाहता हूँ। मेरी इच्छा उसे समृद्ध बनाने वाले और विद्वानों का ध्यान आकृष्ट करने वाले सभी प्रकार के पद्य और गद्य ग्रन्थों की ओर संकेत करने की है। इसके लिए मैंने अनेक हिन्दोस्तानी ग्रन्थों का अध्ययन किया है और उससे भी अधिक सरसरी निगाह से देखे हैं। जहाँ तक हो सका है, मैंने अधिक-से-अधिक हस्तलिखित ग्रन्थ प्राप्त करने की चेष्टा की है। सार्वजनिक और निजी पुस्तकालयों के हिन्दोस्तानी भंडारों से परिचित होने के लिए मैं दो बार इंग्लैंड गया हूँ। एक परिश्रमी शोधकर्ता की भाँति उन्होंने अधिक से अधिक उपलब्ध सामग्री का उपयोग किया है।' डॉ॰ लक्ष्मीसागर वार्ष्णेय के अनुसार उन्होंने प्रमुखतः निम्नलिखित ग्रन्थों का उपयोग किया है :[18]

1. जनरल हैरियट : 'मेमायर ऑन दि कबीरपंथी'
2. एच॰ एल॰ बिलसन : 'मेमायर ऑन दि रिलीजस सेक्ट्स ऑफ दि हिन्दूज'
   'मैंकेंजी कलेक्शन की भूमिका'
   'हिन्दू थियेटर'
   'एशियाटिक रिसर्चेज' में प्रकाशित उनके लेख'
3. कनिंघम : 'हिस्टरी ऑफ द सिक्ख्स'
4. डब्ल्यू प्राइस : 'हिन्दी ऐंड हिन्दोस्तानी सलेक्शन्स'
5. ब्राउटन : 'पॉपुलर पोयट्री ऑफ दि हिन्दूज'
6. मौंटगोमरी मार्टिन : 'ईस्टर्न इंडिया'
7. जनार्दन रामचन्द : 'कवि चरित्र' (मराठी)।
8. नाभादास : 'भक्त माल'

9. कृष्णानन्द व्यासदेव : 'राग कल्पद्रुम'
10. 'आदिग्रन्थ'
11. रोएबक : 'ऐनल्स ऑफ दि कॉलेज ऑफ फोर्टविलियम'
12. टाड : 'ऐनल्स ऑफ राजस्थान ट्रैवल्स'
13. वार्ड : 'हिस्ट्री (या व्यू) ऑफ दि लिट्रेचर एट्सटरा ऑफ दि हिन्दूज'
14. गिलक्राइस्ट : 'ग्रैमर, अल्टीमेटम, हिन्दी मैनुअल'
15. विलर्ड : 'ए ट्रिटाइज़ ऑन दि म्यूजिक ऑफ हिन्दोस्तान'
16. लैग्लवा : 'मौन्यूमां लित्रेअर द लिंद'
17. लशिंगटनः 'कैलक्टा इन्स्टीट्यूशंस'
18. एच॰एस॰ रीड : 'रिपोर्ट ऑन दि इंडेजेनस एजूकेशन'
19. सेडनः 'ऐडरेस ऑन दि लैंग्वेज ऐंड लिट्रेचर ऑफ एशिया'
20. तासी : 'रूदी मां', भाषण'
21. 'प्रोसीडिंग्स ऑफ दि वर्नाक्यूलर सोसाइटी'
22. 'प्रीमीटी ऑरिएटालिस'।
23. लासरो : 'क्रिस्तोमेती'।
24. लासेन का प्राथमिक संग्रह।
25. 'हिस्टरी ऑफ दि सेक्ट ऑफ दि महाराजाज'।[19]

इन प्रमुख ग्रन्थों के अतिरिक्त उन्होंने कई देशी-विदेशी विद्वानों के लेखों, पत्र-पत्रिकाओं, पुस्तक सूचियों तथा गजट आदि की सहायता ली है, जिनका अनुवादक ने उल्लेख किया है।[20] तासी ने जिन विविध ग्रन्थों के पाद-टिप्पणियों में नाम दिये हैं, उन पर विद्वानों का ध्यान केन्द्रित होना चाहिए ताकि हिन्दोस्तानी साहित्य सम्बन्धी विदेशी विद्वानों की धारणाओं का विस्तार से ज्ञान प्राप्त किया जा सके।

तासी ने ग्रन्थ की भूमिका में हिन्दी और हिन्दोस्तानी रचनाओं को विभिन्न वर्गों में विभाजित करने का प्रयास किया है। उन्होंने हिन्दी रचनाओं को चार भागों में विभाजित किया है। यह विभाजन उन्होंने गोरेसिओ द्वारा संस्कृत साहित्य के वर्गीकरण के आधार पर किया है। उन्होंने लिखा है : यदि हम श्री गोरेसिओ द्वारा 'रामायण' के अपने सुन्दर संस्करण की भूमिका में उल्लिखित संस्कृत विभाजन का अनुगमन करें, तो हिन्दी रचनाएँ चार भागों में विभाजित की जा सकती हैं :[21]

1. आख्यान, कहानी, किस्सा। इनमें वे कविताएँ समझी जानी चाहिए, जिनमें लोकप्रिय परम्पराओं से सम्बन्धित विषय रहते हैं और कथाएँ पद्यात्मक, कभी-कभी फारसी अक्षरों में लिखित, छन्दों में रूप में रहती हैं, यद्यपि लय मसनवियों की भाँति हर एक पद्य में बदलती रहती है।
2. आदिकाव्य अथवा प्राचीन काव्य। उससे विशेषतः रामायण समझा जाता है।
3. इतिहास, गाथा, वर्णन। ऐतिहासिक पौराणिक परम्पराओं में ऐसे अनेक हैं।

जैसेः महाभारत तथा पद्यात्मक इतिहास।

4. अन्त में काव्य, किसी प्रकार की काव्यात्मक रचना। इस वर्गगत नाम से, जो पूर्वी मुसलमानों के नज़्म के समान हिन्दुई की सभी छोटी-छोटी कविताएँ समझी जाती हैं...[22] उन्होंने भाव तथा शैली के आधार पर हिन्दोस्तानी (उर्दू) के काव्य का जो विभाजन किया है, वह अधिक उपयुक्त बन पड़ा है। विभाजन इस प्रकार है :

1. वीर कविता (अल्हमासा)।
2. शोक कविता (अल्मरासी)।
3. नीति और उपदेश की कविताएँ (अलअदब बन् नसीहत)।
4. श्रृंगारिक कविता (अल्नसीब)।
5. प्रशंसा और यशगान की कविताएँ (अल्सना व अल्मदीह)।
6. व्यंग्य (अल्हिजा)।
7. वर्णनात्मक कविताएँ (अब्फिसात)।

उपर्युक्त वर्गीकरण के अतिरिक्त तासी ने काव्य का रूपात्मक वर्गीकरण भी प्रस्तुत किया है, जो साहित्येतिहास में मौलिक वस्तु है। प्रश्न यह नहीं है कि वह वर्गीकरण कहाँ तक तथ्यसंगत है, बात दृष्टिकोण की नवीनता की है।'[23] उन्होंने हिन्दी काव्य को पद्य प्रकारों के आधार पर भी विभाजित किया है। ये हैं : 'अभंग, आल्हा, कड़रवा, कवित्त, कहवी, कुंडल्या, गाली, गीत, गुज्जरी, चतुरंग, चरणकुल, छंद्र, चुटकला, चौपाई, छंद, छप्पै, जगत, वर्णन, पालना, प्रबन्ध, प्रभाती, बधवा, बर्बा, वसन्त, भक्तमाल, भठमाल, भुजंग, मलार, मुक्री, सोठी, रमैनी, रसादिक, राग, रागसागर, रामपद, रास, बेखनस, रोला, छन्द, विष्णुपद, शब्द संगीत, सखी, समय, साद्रा, सोहा, स्तुति, हिंडोल और होरी।'[24] श्री नलिनविलोचन शर्मा ने तासी की सूक्ष्म प्रतिभा तथा वर्गीकरण क्षमता की प्रशंसा करते हुए लिखा है : 'वर्गीकरण के इस प्रयत्न के पीछे फ्रेंच वैदुष्य स्पष्ट ही अनूमेय है। यह दूसरी बात है कि हिन्दी कृतियों के कामचलाऊ विवरण तक के अभाव में वर्गीकरण का कोई सम्यक् प्रयास सम्भव नहीं था और तासी को वर्णक्रमानुसार विवरण से ही सन्तुष्ट होना पड़ा।'[25] युग की सीमाएँ देखते हुए तासी का हिन्दी और उर्दू साहित्य सम्बन्धी इतिहास ग्रन्थ एक अभूतपूर्व रचना है।

शिवसिंह सेंगर का साहित्येतिहास

लेखक का उद्देश्य

शिवसिंह सेंगर ने पूर्ववर्ती भाषाकवियों के जीवनवृत्त सम्बन्धी ग्रन्थों की अपूर्णता तथा भ्राँतियों से क्षुब्ध होकर एक विस्तृत इतिहास ग्रन्थ की रचना का निर्णय लिया था। उन्होंने लिखा है : 'मैंने संवत् 1933 में भाषाकवियों के जीवन चरित्र विषयक एक-दो

ग्रन्थ ऐसे देखे, जिनमें ग्रन्थकर्ता ने मतिराम इत्यादि ब्राह्मणों को लिखा था कि वे असनी के महापात्र भाट हैं। इसी तरह की बहुत-सी बातें देखकर मुझसे चुप न रहा गया। मैंने सोचा अब कोई ऐसा ग्रन्थ बनाना चाहिए, जिसमें प्राचीन और अर्वाचीन कवियों के जीवनचरित्र, सन्-संवत्, जाति, निवास स्थान आदि कविता के ग्रन्थों समेत विस्तारपूर्वक लिखे हों।'[26] वे हिन्दी साहित्य का इतिहास न तो लिखना चाहते थे और न ही सरोज को साहित्येतिहास कहा जा सकता है, किन्तु वे एक इतिहासकार की तरह हिन्दी के कवियों के जीवन और उनकी रचनाओं की इतिहास सम्मत खोज अवश्य करना चाहते थे। क्या वे ऐतिहासिक दृष्टि से ऐसा करने में सफल हो सके? इसके उत्तर में सहज ही कहा जा सकता है, कि उनकी ऐतिहासिक चेतना कहीं-कहीं धार्मिक विश्वासों तथा किंवदन्तियों से रंजित दृष्टिगोचर होती है। उदाहरण के लिए मीराबाई के सम्बन्ध में निम्नलिखित पंक्तियाँ देखी जा सकती हैं :

एक दिन श्यामनाथ मीरा के प्रेमवश होकर चौकी से उतर अंक में लेकर बोले : हे मीरा! केवल इतना ही शब्द राधानाथ के मुँह से सुन मीराबाई प्राण त्यागकर रसिक-बिहारी गिरिधारी के नित्यविहार में जाय मिलीं।[27]

शिवसिंह सेंगर 'कवियों के जीवन-चरित्र, सन्-संवत्, जाति, निवास स्थान आदि कविता के ग्रन्थों समेत' इतिहास ग्रन्थ लिखने में भी सफल नहीं हो सके। काव्यसंग्रह की पूर्ववर्ती परम्परा से वह अधिक प्रभावित हुए हैं और कवियों सम्बन्धी ऐतिहासिक तथ्य एकत्र करने तथा उनका तर्कसंगत परीक्षण करने की ओर उन्होंने कम ध्यान दिया है। इसलिए 'शिवसिंह सरोज' का काव्यसंग्रह सम्बन्धी भाग अधिक विस्तृत है तथा कवियों के जीवन चरित्र सम्बन्धी भाग अत्यन्त संक्षिप्त है। प्रथम भाग के भूमिका सहित 376 पृष्ठ हैं और द्वितीय के 147 पृष्ठ। इसलिए उनका कवियों के जीवन सम्बन्धी विस्तृत जानकारी देने का संकल्प पूरा नहीं हो सका। कबीर जैसे महान कवियों का परिचय चार पंक्तियों में दे दिया गया है। परिचय इस प्रकार है :

कबीर कवि, कबीरदास जोलोहा काशीवासी, सं॰ 1610 में उ॰। इनके दो ग्रन्थ अर्थात् बीजक और रमैनी मेरे पास हैं। इनके चरित्र तो सब मनुष्यों को विदित हैं। कालीदास जू ने हजारे में इनका नाम भी लिखा है। इसलिए मैंने भी लिख दिया 1147 सफा।[28]

ऐसा विवरण ऐतिहासिक दृष्टि से विशेष महत्त्वपूर्ण नहीं कहा जा सकता। हाँ, नाम, जाति, निवास स्थान आदि उपस्थिति काल का अवश्य ज्ञान हो सकता है, किन्तु अधिक संख्या ऐसे कवियों की है, जिनके बारे में इतनी जानकारी भी नहीं मिलती। एक पृष्ठ पर दस-बारह कवियों का परिचय भी दे दिया गया है।

'सरोज' की अशुद्धियाँ : सरोजकार ने हिन्दी के कवियों की अपने विस्तृत ग्रन्थ में जो संक्षिप्त जानकारी दी है, वह भी ऐतिहासिक दृष्टि से पूरी तरह शुद्ध नहीं है।

डॉ॰ किशोरीलाल गुप्त ने 'सरोज' की अनेक अशुद्धियों की विस्तार से चर्चा की है। उनके अनुसार : 'सरोज प्रारम्भिक रचना है। अतः उसमें अनेक प्रकार की अशुद्धियाँ हो गयी हैं। महेशदत्त शुक्ल द्वारा संपादित भाषा काव्य संग्रह में जो अशुद्धियाँ हो गयी थीं, उन्हीं का परिष्कार करने के लिए शिवसिंह सेंगर ने 'सरोज' की रचना की, परन्तु बहुमुखी अशुद्धियों से सरोज भी न बच सका। सरोज की अशुद्धियों का वर्गीकरण निम्नलिखित प्रकार से किया जा सकता है :

1. असावधानी के कारण घटित अशुद्धियाँ।
2. मुद्रण सम्बन्धी अशुद्धियाँ।
3. पाठ सम्बन्धी अशुद्धियाँ।
4. कवियों के व्यक्तित्व सम्बन्धी अशुद्धियाँ।
5. तथ्य सम्बन्धी अशुद्धियाँ।[29]

उपर्युक्त अशुद्धियों में से तथ्य तथा कवियों के व्यक्तित्व सम्बन्धी अशुद्धियाँ अधिक गम्भीर हैं, क्योंकि इनसे ग्रन्थकार के उद्देश्य को आघात पहुँचा है। शिवसिंह सेंगर स्वयं स्वीकारते हैं : 'जिनके ग्रन्थ नहीं मिले उनके सन्-संवत् हमने अटकल से लिख दिए हैं।'[30] यह अटकलबाजी ऐतिहासिकता की शत्रु है। उन्हें यह भी सन्देह था कि सम्भवतः कुछ कवियों के नाम दुबारा लिखे गये हों। उन्होंने भूमिका में लिखा है : 'जो कहीं एक कवि का नाम दोबारा लिखा गया हो अथवा एक कवि का कवित्त दूसरे कवि के नाम से लिखा गया हो तो विद्वज्जन उसे सुधार लें और मेरी भूल-चूक क्षमा करें।[31] डॉ॰ किशोरीलाल गुप्त के अनुसार, इस असावधानी के कारण 'सरोज' में अनेक नये-नये कवियों का आविर्भाव हो गया है। ऐसे कवियों में सुखदेव, सोमनाथ, नेही, अयोध्या प्रसाद हरिऔध, हरिनाथ आदि विशेष रूप से उल्लेखनीय हैं।'[32]

ऐतिहासिक चेतना

उपर्युक्त दोषों के होते हुए भी शिवसिंह सेंगर की ऐतिहासिक दृष्टि अपने युग के सभी हिन्दी लेखकों से अधिक विकसित थी। उन्होंने पहली बार कवियों के जीवन चरित्र सम्बन्धी तथ्यों के शोधकार्य का संकल्प किया और इस ओर प्रयत्न किया। हिन्दी के वे पहले विद्वान हैं, जिन्होंने हिन्दी साहित्य की परम्परा के नैरन्तर्य की ओर संकेत किया है। ऐसा प्रतीत होता है कि ग्रियर्सन ने इन संकेतों के आधार पर अपने इतिहासग्रन्थ में कालविभाजन का यत्न किया। 'शिवसिंह सरोज' की भूमिका में लेखक ने संक्षेप में हिन्दी साहित्य के आरम्भ और विकास पर दृष्टिपात किया है। उन्हीं के शब्दों में : 'भाषाकाव्य का मूल खोजने के लिए मैंने बड़े-बड़े ग्रन्थ यथावत् विधिपूर्वक बहुत उलटे-पुलटे पर कुछ भी पता नहीं चला। मैंने विचारा, कदाचित् भाषा का प्रथम आचार्य चन्द कवीश्वर न हो, जिसने संवत् 1125 में नाना छन्दों में पृथ्वीराज रासो रचा है। जब पृथ्वीराज रासो के पत्र उलटे तो विदित हुआ कि चन्द

कवि से पहले भी बहुतेरे अच्छे-अच्छे कवीश्वर हो गुजरे हैं। तब मैंने टाड साहब की किताब राजस्थान और राजतरंगिणी इत्यादि हिन्दू राजों के प्राचीन इतिहासों को देखना-भालना शुरू किया। किताब राजस्थान में मुझको अवंतीपुरी के एक प्राचीन इतिहास में लिखा मिला कि संवत् सात सौ सत्तर में अवंतीपुरी के राजा भोज के पिता राजा मान काव्यशास्त्र में महानिपुण थे। उन्होंने संस्कृत अलंकार-विद्या पूषी नामक एक बंदीजन को पढ़ाई। पूषी कवि ने संस्कृत अलंकारों, भाषा-दोहरों में वर्णन किया। उसी समय से भाषा-काव्य की जड़ पड़ी।[33] हिन्दी साहित्य के आरम्भ की खोज कितनी भी आधारहीन क्यों न हो, किन्तु इस खोज के लिए प्रयत्नशील होना अपने आप में उनकी ऐतिहासिक जिज्ञासा का प्रमाण है।

भाषाकाव्य के आरम्भ को अपने विचारानुसार जान लेने के पश्चात् उन्होंने हिन्दी साहित्य सृजन की निरन्तरता को दर्शाते हुए वीर काव्यों के नामों का उल्लेख किया है और तत्पश्चात् 15वीं शती के महत्त्व का उल्लेख किया है। उन्होंने लिखा है : 'संवत् 15वीं में भाषा काव्य सारे हिन्दुस्तान में ऐसा फैला कि गाँव-गाँव, घर-घर कवि हो गये। इधर ब्रज भूमि में वल्लभाचार्य, विट्ठल स्वामी और हरिदासजी जैसे महात्माओं के शिष्य ऐसे कविता में निपुण हुए, जैसे कोई न हुए थे और न ही कभी होंगे।'[34] इसी प्रकार उन्होंने तुलसी आदि रामभक्तों की परम्परा का उल्लेख किया है। उन्होंने केशवदास के बाद की काव्यपरम्परा की ओर भी संकेत किया है। उन्होंने लिखा है : 'केशवकृत कविप्रिया ने सब संस्कृत के पंडितों को इस बात पर आरूढ़ कर दिया कि वे सब संस्कृत काव्य को छोड़ भाषाकाव्य करने लगे। इसी कारण संवत् 1700[35] में चिन्तामणि, मतिराम, भूषण, कालिदास, कवीन्द्र, दूलह, देव, करन, सुखदेव, श्रीपति, ठाकुर, निवाज, बिहारीलाल····इत्यादि श्रेष्ठ कवियों ने भाषाकाव्य के बड़े-बड़े अद्भुत ग्रन्थ रचे। संवत् 1800 में जैसे कवि हुए, ऐसे किसी शतक के भीतर नहीं हुए थे। भिखारीदास ने इसी शतक में संस्कृत साहित्य को भाषा में भली-भाँति से प्रकट किया···। संवत् 1900[36] अर्थात् वर्तमान शतक में लाल त्रिपाठी, सरदार बनारसी, गणेश, द्विजदेव, क्षितिपाल···इत्यादि बहुतेरे सतकवि कैलाशवासी हो चुके और बहुतेरे विद्यमान हैं।'[37] इस लम्बे उद्धरण को यहाँ देने का यह तात्पर्य है कि यह स्पष्ट हो सके कि शिवसिंह सेंगर ने हिन्दी साहित्येतिहास के विभिन्न मोड़ों को समझने का प्रयास अवश्य किया था चाहे वे उन मोड़ों को न तो कोई नाम दे सके और न ही विधिवत् कालविभाजन करने में सफल हो सके, परन्तु उन्होंने ऐसे संकेत अवश्य दिए हैं, जिन्होंने गियर्सन और शुक्ल के कालविभाजन को प्रभावित किया।

लेखन पद्धति एवं शिल्प

शिवसिंह सेंगर ने ग्रन्थ में पहले 839 कवियों की कतिवाओं के उद्धरण दिये हैं और

तत्पश्चात् 1003 कवियों के परिचयात्मक विवरण लिखे हैं। इसलिए शिवसिंह सरोज भाषा काव्यसंग्रह भी है और कविवृत्त संग्रह भी। कवियों के विवरण वर्णानुक्रम से उल्लिखित हैं, किन्तु कवियों की रचनाओं के नमूनों तथा परिचयात्मक विवरण का क्रम एक नहीं है। इसका कारण कवियों के विवरणों की संख्या का उद्धरणों की संख्या से अधिक होना है।

उन्होंने वर्णानुक्रम की पद्धति का प्रयोग करते समय सावधानी से काम नहीं लिया। इस पद्धति का प्रयोग करते समय उनसे कुछ अशुद्धियाँ हो गयी हैं, जिनकी ओर डॉ॰ किशोरीलाल गुप्त ने आकर्षित किया है। वे लिखते हैं : 'शिवसिंह सेंगर ने कवियों की रचनाओं के उदाहरण देते समय तथा परिचयात्मक विवरण का उल्लेख करते हुए वर्णानुक्रम की ओर ध्यान नहीं दिया। उदाहरणार्थ : 'अ' के अन्तर्गत ही अ, आ, ओ, औ, से प्रारम्भ होने वाले सभी कवियों का उल्लेख कर दिया है। शिवसिंह सेंगर ने ऋ तथा र, व तथा ब, य तथा ज, ज्ञ तथा ग में भेद नहीं माना है। अतः कवियों के नामों का उचित वर्गीकरण या वर्णानुक्रम के विषय में अनेकानेक अशुद्धियाँ हो गयी हैं।'[38] इसी तरह उन्होंने व्यंजनों के साथ आये स्वरों के क्रम की ओर बिल्कुल ध्यान नहीं दिया। उदाहरणतः कबीर से पहले कामताप्रसाद का विवरण है और कुलपति मिश्र के बाद कारबेग फकीर का वर्णन है। उन्होंने स्वरों के क्रम की एकदम उपेक्षा की है। इसलिए कहा जा सकता है कि वे वर्णानुक्रम पद्धति का वैज्ञानिक रूप में प्रयोग नहीं कर सके।

सरोजकार ने कवियों का संक्षिप्त परिचय देने के साथ-साथ उनका तथा उनकी कृतियों का एक-आध पंक्ति में मूल्यांकन भी किया है। मूल्यांकन के लिए उन्होंने केवल कुछ विशेषणों का प्रयोग किया है। ये विशेषण हैं : 'सुन्दर, महासुन्दर, ललित, महाललित, अच्छा, बहुत अच्छा, सरस, अद्‌भुत, विचित्र, चोखी, सामान्य, महान, चतुर, निपुण, विख्यात, अपूर्व इत्यादि। तुलसी साहित्य का मूल्यांकन साहित्यिक दृष्टि से नहीं श्रद्धाभिभूत होकर किया है। वे लिखते हैं : 'अन्त में विनयपत्रिका महाविचित्र मुक्ति रूप प्रज्ञानन्दसागर ग्रन्थ बनाया है। चौपाई गोस्वामी महाराज की जैसी किसी कवि ने नहीं बना पायी और न विनयपत्रिका के समान अद्‌भुत ग्रन्थ आज तक किसी कवि महात्मा ने रचा। इस काल में जो रामायण न होती तो हम जैसे मूर्खों का बेड़ा पार न लगता।'[39] रचनाकारों तथा रचनाओं का उपर्युक्त मूल्यांकन अत्यन्त साधारण कोटि का है। वस्तुतः 'शिवसिंह सरोज' के युग में मूल्यांकन के इससे अधिक उन्नत स्तर की अपेक्षा भी नहीं की जा सकती थी, क्योंकि उस समय तक हिन्दी साहित्यालोचन का विकास ही नहीं हुआ था।

शिवसिंह सेंगर ने 'सरोज' की सामग्री कई स्रोतों से एकत्र की है। उन्होंने एक विशाल संग्रह तैयार करने के लिए अनेक ग्रन्थों की सहायता ली। उन्होंने भूमिका में लिखा है : मैंने प्रथम संस्कृत, अरबी, फारसी भाषा और अंगरेजी के ग्रन्थों से पूर्ण

अपने पुस्तकालय का छः महीने तक यथावत अवलोकन किया। फिर कवियों का एक सूची-पत्र बनाकर उनके गन्थ, उनके विद्यमान होने के सन्-संवत् और उनके जीवन चरित्र जहाँ तक प्रकट हुए, सब लिखे।'[40] शिवसिंह सेंगर ने जिन ग्रन्थों से सहायता ली है उनका भूमिका में उल्लेख कर दिया है। इनमें से प्रमुख काव्य-संग्रह हैं[41] (1) तुलसी कवि कृत कविमाला, (2) कालिदास हजारा, (3) बलदेव कवि का सत्कविगिरास विलास, (4) सुन्बासिंह कृत विद्वान्मोदतरंगिणी, (5) कृष्णानन्द व्यासदेव स्वामी कृत रागकल्पद्रुम, (6) ठाकुर प्रसाद का रस चन्द्रोदय (7) लाला गोकुल प्रसाद का दिग्विजय भूषण, (8) बाबू हरिश्चन्द्र कृत सुन्दरी तिलक, (9) महेशदत्त कृत भाषा काव्य-संग्रह, (10) मातादीन मिश्र कृत कवित्त रत्नाकार।

उपर्युक्त भाषाकाव्य के संग्रहों की सहायता के अतिरिक्त शिवसिंह सेंगर ने दलसिंह किशोर, ग्वाल, निपट, निरंजन कर्मच इत्यादि के संग्रहीत पाँच संग्रह और इनके सिवा 28 और संग्रह ग्रन्थ जिनमें सन्-संवत् नहीं लिखे हैं, सहायक ग्रन्थों की सूची में गिनाए हैं।[42] उन्होंने भक्तमाला, सुजान चरित्र, काव्य निर्णय और टाड कृत राजस्थान का भी उपयोग किया है। सरोजकार ने सामान्यतः कवियों के विवरण में यह संकेत दे दिया है कि किस कवि की रचनाएँ किस संग्रह में उपलब्ध हैं। परन्तु कई कवियों का उल्लेख मात्र हुआ है। उनके विषय में वे भी मूक रहे हैं। इसलिए कई कवियों के परिचय के स्रोत का पता नहीं चलता। 1003 में से केवल 440 कवियों के काव्य अथवा उनके परिचय के आधार ग्रन्थ का उल्लेख किया गया है।

इतिहास ग्रन्थ के रूप में 'शिवसिंह सेंगर' की बहुत-सी सीमाएँ हैं। यह ग्रन्थ इतिहासदर्शन तथा शिल्प की दृष्टि से भी विशेष महत्त्वपूर्ण नहीं है। शिवसिंह सेंगर की ऐतिहासिक दृष्टि पूरी तरह तथ्यकेन्द्रित भी नहीं रही, इसलिए ग्रन्थ में कई अशुद्धियाँ आ गयी हैं। दृष्टि की सीमाओं तथा शिल्प की कमजोरियों के होते हुए भी शिवसिंह सेंगर पहले व्यक्ति हैं, जिन्होंने एक प्रामाणिक तथा विशाल संग्रह ग्रन्थ लिखने का संकल्प किया। वे विशाल संग्रह ग्रन्थ रचने में सफल हुए, किन्तु उसे इतना प्रामाणिक नहीं बना सके। इसमें भी सन्देह नहीं होना चाहिए कि उन्होंने पहली बार हिन्दी साहित्येतिहास के नैरन्तर्य की एक झलक देखी और उसकी ओर भूमिका में संकेत भी किया। उनका ग्रन्थ हिन्दी का पहला ग्रन्थ है, जो परवर्ती साहित्येतिहासलेखन का प्रमुख आधार बन सका है।

डॉ॰ ग्रियर्सन का साहित्येतिहास

प्रथम साहित्येतिहास

साहित्येतिहासलेखन के प्रारम्भिक युग में डॉ॰ ग्रियर्सन के इतिहास ग्रन्थ 'दि मॉडर्न वर्नाक्यूलर लिट्रेचर ऑफ हिन्दोस्तान' का महत्त्व सर्वाधिक है, क्योंकि उस युग में

यही पहला ग्रन्थ है, जिसे अनेक सीमाओं के होते हुए भी हिन्दी साहित्य के इतिहास की संज्ञा दी जाती है। यही कारण है कि श्री किशोरीलाल गुप्त ने इसका अनुवाद 'हिन्दी साहित्य का प्रथम इतिहास' के नाम से किया है। उन्होंने उचित ही लिखा है : 'ग्रियर्सन का (दि मॉर्डन वर्नाक्युलर लिट्रेचर ऑफ हिन्दोस्तान) हिन्दी का प्रथम इतिहास है।...ग्रन्थ के नाम से यह आभास नहीं होता कि यह हिन्दी साहित्य का इतिहास है। अतः ग्रियर्सन को प्रस्तावना में इसकी पूरी व्याख्या करनी पड़ी है, इसलिए पर्याप्त विचार के पश्चात् मैंने ग्रन्थ का नाम 'हिन्दी साहित्य का प्रथम इतिहास' रखा है, जो मूल नाम का शब्दशः अनुवाद नहीं है।'[43] नलिन विलोचन शर्मा ने इस मत की पुष्टि इन शब्दों में की है : 'ग्रियर्सन की पुस्तक, कियदंश में ही सही, 'युग विभाजन, पृष्ठभूमि निर्देश, सामान्य प्रवृत्ति निर्देश तथा तुलनात्मक आलोचना एवं मूल्यांकन विषयक प्रयासों तथा विवेचना की साहित्यिकता के कारण यदि 'हिन्दी का प्रथम साहित्येतिहास' माना जाए तो यह उचित ही है।'[44] तासी तथा सरोज के ग्रन्थ मात्र वृत्तसंग्रह होने के कारण साहित्य के इतिहास सम्बन्धी ग्रन्थ बनकर ही रह गये, जबकि ग्रियर्सन ने हिन्दी साहित्येतिहास की सामग्री को कालक्रमानुसार प्रस्तुत करने का यत्न ही नहीं किया, उसे युगानुरूप तथा प्रवृत्ति के अनुसार विभाजित करने का भी यत्न किया।

ग्रियर्सन इतिहासलेखन की गम्भीरता से पूरी तरह परिचित थे। इसलिए उन्होंने अपने ग्रन्थ को साहित्य का इतिहास कहने में संकोच किया है। उन्होंने लिखा है : 'मैंने इस ग्रन्थ में प्रारम्भिक काल से लेकर आज तक के हिन्दोस्तान के भाषासाहित्य की सम्पूर्ण रूपरेखा प्रस्तुत करने का प्रयास किया है। भाषासाहित्य के उन समस्त लेखकों की सूची मात्र होने के अतिरिक्त यह ग्रन्थ और कुछ होने का दावा नहीं करता, जिनका नाम मैं एकत्र कर सका हूँ और जो संख्या में 952 हैं तथा जिनमें से कुल 70 का ही उल्लेख गार्सी द तासी ने अपने 'इस्तवायर द ला लितरेत्योर ऐदुई ऐंदोस्तानी' में इसके पहले किया है।'[45]

डॉ॰ ग्रियर्सन एक विद्वान प्रशासक थे। वे भारत में अंग्रेज सरकार की सेवा के लिए यहाँ की विभिन्न भाषाओं और उनके साहित्य का ज्ञान आवश्यक समझते थे। किशोरीलाल गुप्त ने लिखा है : 'इन्होंने समझा कि जो यूरोपियन भारत सरकार की सेवा में आते हैं, वे प्रायः बंगला या हिन्दोस्तानी जानते हैं, पर केवल इन दो भाषाओं से काम नहीं चल सकता।'[46] सम्भवतः उन्होंने भारतीय भाषाओं का सर्वेक्षण इसी उद्देश्य से किया तथा हिन्दी साहित्य का इतिहास भी यूरोपियन लोगों को हिन्दी साहित्य की जानकारी देने के लिए लिखा। परन्तु इसमें सन्देह नहीं, उनके प्रयत्नों से पहली बार भारत की आधुनिक भाषाओं और हिन्दी साहित्य का वैज्ञानिक रूप में अध्ययन आरम्भ हुआ।

ऐतिहासिक दृष्टिकोण

एक अंगरेज प्रशासक होने के नाते उन्होंने तासी की भाँति अंगरेजी साम्राज्य को भारत के राजनीतिक, सांस्कृतिक तथा साहित्यिक जीवन के लिए कल्याणकारी माना है। अपने ग्रन्थ के ग्यारहवें अध्याय में उन्होंने लिखा है : 'यह पूर्णतया 'महारानी का भारत' युग का वर्णन करता है, जो आन्तरिक अशांन्तियों से मुक्त है, ज्ञानप्रसार और ज्ञानप्राप्ति के लिए जिनमें हर प्रकार का प्रोत्साहन दिया गया है। इसका एक परिणाम यह हुआ है कि मुद्रण कला का पूर्ण और विस्तृत प्रसार हुआ है।'[47] हिन्दी साहित्य के इतिहास के सन्दर्भ में 1857 से 1887 ई॰ के युग को 'महारानी विक्टोरिया के शासन में हिन्दोस्तान' का नाम देना भी इस बात को पुष्ट करता है कि उनकी साहित्येतिहास सम्बन्धी दृष्टि को उनके राजनीतिक दृष्टिकोण ने भी प्रभावित किया है। यह बात और भी स्पष्ट हो जाती है, जब वह बंगाली पत्रकारिता में अंग्रेजों के प्रति विरोध के तत्कालीन स्वर की निन्दा करते हुए लिखते हैं : 'यहाँ भारतीय देशी भाषा के समाचार पत्रों के स्वर की ओर संकेत करने का उपयुक्त स्थान नहीं है। मैं यहाँ इसकी ओर ध्यान भर आकर्षित कर दे रहा हूँ और जानबूझ कर इस चर्चा से बच रहा हूँ। यहाँ इतना अवश्य कह देना चाहता हूँ कि बंगला पत्रकारिता को कलंकित करने वाले राजद्रोही और कटुभाषी समसामयिकों की तुलना में, हिन्दी समाचार पत्र नियमतः और सामान्यतः कहीं अधिक अच्छे हैं।'[48] पत्रकारिता में अच्छाई और बुराई का आधार अंग्रेजी शासन को अच्छा या बुरा मानना इस वास्तविकता को उद्घाटित करता है कि ग्रियर्सन ने एक साम्राज्यवादी राजनीतिज्ञ की तरह भारतीय राजनीतिक गतिविधियों की अंग्रेजी साम्राज्य के पक्ष में आलोचना की है।

ग्रियर्सन का साहित्येइतिहासदर्शन उनकी धार्मिकता से भी रंजित हुआ है। भक्ति आंदोलन तथा तुलसीदास के महत्त्व पर विचार करते हुए उन्होंने जो लिखा है, वह उनकी धार्मिक नैतिकता को समझने के लिए पर्याप्त है। उनके ईसाई मत में अगाध विश्वास ने ही उन्हें भक्ति आन्दोलन को ईसाई मत की देन मानने के लिए प्रेरित किया। आचार्य हजारीप्रसाद द्विवेदी उनके मत को अनुमानाधारित बतलाते हुए लिखते हैं : 'ग्रियर्सन का अनुमान है कि वह ईसाइयत की देन है। ईस्वी सन् की दूसरी या तीसरी शताब्दी में नेस्टीरियन ईसाई मद्रास प्रेसीडेंसी के कुछ हिस्सों में आ बसे थे और रामानुजाचार्य को इन्हीं ईसाई भक्तों से भावावेश और प्रेमोल्लास के धर्म का संदेश मिला। यह बात एकदम गलत है। अब इस अटकल के सहारे स्थित किए हुए मत पर कोई विश्वास नहीं करता, इसलिए इसका उत्तर देना बेकार है।'[49] इसी प्रकार वह तुलसीदास को सूरदास से इसलिए महान मानते हैं, क्योंकि उनकी नैतिकता ईसाई मत के अधिक निकट है। उन्होंने लिखा है : 'ईश्वर रूप में अवध के राजकुमार राम की पूजा, पत्नीत्व की पूर्ण प्रतिमा सीता की प्रेममयी पतिभक्ति और

मातृत्व की मूर्ति कौशल्या स्वाभाविक ढंग से क्रिश्चियन चर्च की उपासना पद्धति के सर्वोत्तम रूप में विकसित हो गये हैं। यह एक ऐसा सिद्धान्त है जो सदाशिव स्वरूप के सामने मानव की अनन्त अधमताओं का प्रक्कथन करता है···और शिक्षा देता है कि तुम अपने प्रभु, अपने देवता को सम्पूर्ण हृदय से, सम्पूर्ण आत्मा से, सम्पूर्ण शक्ति से और सम्पूर्ण मन से प्यार करो तथा अपने प्रतिवासी को उतना ही प्यार करो जितना स्वयं अपने को करते हो।'[50] क्योंकि कृष्णभक्ति 'पड़ोसी से प्रेम' के आदर्श को भुला देती है। इसलिए उससे सम्बन्धित साहित्य उदात्त तत्त्वविहीन है।'[51] इस प्रकार का मूल्यांकन एक इतिहासकार का नहीं, एक धार्मिक व्यक्ति का ही हो सकता है।

प्रवृत्तिनिरूपण तथा साहित्यिक विकास का विवेचन

ग्रियर्सन से पूर्व शिवसिंह सेंगर ने हिन्दी साहित्य के इतिहास के आरम्भ तथा विकास की एक झाँकी अवश्य देखी थी, किन्तु उनका उद्देश्य साहित्य का इतिहास लिखना नहीं था। ग्रियर्सन ने ही सर्वप्रथम हिन्दी साहित्य के विकासक्रम को स्पष्ट करने का यत्न किया। उन्होंने वीरकाव्य से हिन्दी साहित्य का आरम्भ माना है तथा पृथ्वीराज रासो आदि चारण काव्यों का विवरण प्रस्तुत किया है। वह इन ग्रन्थों को इतिहास की दृष्टि से भी अत्यन्त महत्त्वपूर्ण मानते हैं। उनके शब्दों में : 'जिस काम को टाड इतनी गौरवपूर्ण शब्दावली में पहले ही कर गये हैं, उसी को पुनः करने की ओर भारतीय साहित्य पर लगाये गये इस आरोप को कि इसमें ऐतिहासिक ग्रन्थ नहीं है, ये राजपूत चारण किस प्रकार पूर्णतया निराधार सिद्ध करते हैं, यह संकेत करने की कोई आवश्यकता यहाँ प्रतीत नहीं होती।···यह सत्य है कि ऐसी अनेक कथाएँ हैं जिनकी प्रामाणिकता सन्देहास्पद है, किन्तु कौन-सा तत्कालीन यूरोपीय इतिहास इनसे बरी है?'[52] उन्होंने टाड का अनुसरण करते हुए चारणकाव्य को ऐतिहासिक काव्य की संज्ञा दी है।

उन्होंने 15वीं शताब्दी के आरम्भ को हिन्दी साहित्य के इतिहास का द्वितीय मोड़ माना है। उन्होंने लिखा है : 'अब हम चारणकाल को पीछे छोड़ते हैं और प्राचीनता के कुहासे से निकलकर पन्द्रहवीं शती के प्रारम्भ में, वैष्णव धर्म के उत्थान के साथ-साथ, साहित्य के महान पुनरुत्थान के युग में प्रवेश करते हैं।'[53] धार्मिक पुनरुत्थान के युग में ग्रियर्सन ने 'मलिक मुहम्मद जायसी की प्रेम कविता', ब्रज का कृष्ण सम्प्रदाय' तथा 'तुलसीदास' पर अलग-अलग अध्याय लिखकर इस युग की तीन प्रमुख काव्यधाराओं : प्रेम काव्यधारा, कृष्णभक्ति काव्यधारा तथा रामभक्ति काव्यधारा का निर्देश दिया है। सन्तकाव्य को एक धारा के रूप में वह नहीं पहचान सके। ग्रियर्सन ने 16वीं तथा 17वीं शताब्दी को, 'हिन्दोस्तानी भाषा साहित्य का श्रेष्ठम युग माना है।[54] इसका आशय यह हुआ कि उनके विचार में रीतिकाव्य भी उतना ही महत्त्वपूर्ण था, जितना कि भक्तिकाव्य।

रीतिकाव्य परम्परा के कवियों को उन्होंने एक अलग अध्याय में रखा है। उनके अनुसार : 'केशव, चिन्तामणि काव्य-शास्त्र लिखने वाले उस कविसम्प्रदाय के सर्वाधिक महत्त्वपूर्ण प्रतिनिधि हैं, जिसकी स्थापना केशव ने की और जो काव्यकाल के शास्त्रीय पक्ष का ही निरन्तर विवेचन करता रहा।'[55] ग्रियर्सन ने इस प्रकार केशवदास को न कि शुक्लजी की तरह चिंतामणि को रीतिकाव्य का प्रवर्तक माना है। वह यह विश्लेषण नहीं कर सके कि केशव तथा चिन्तामणि ने संस्कृत काव्यशास्त्र की दो भिन्न परम्पराओं का अनुसरण किया है।

ग्रियर्सन ने 18वीं शताब्दी को हिन्दी साहित्य का ह्रासोन्मुख युग माना है तथा इसके कारण पर भी विचार किया है। उनके अनुसार, तत्कालीन राजनीतिक अस्थिरता तथा अशान्ति इस ह्रास का कारण है। उन्होंने लिखा है : 'इस अध्याय में वर्णित युग भारतीय इतिहास की दो महत्त्वपूर्ण घटनावलियों को घेरे हुए है : मुगल साम्राज्य का ह्रास और पतन तथा मराठा शक्ति का उत्थान और पतन''' ऐसा समय न तो नये सम्प्रदायों की स्थापना के लिए उपयोगी था, न कलासृष्टि के लिए।'[56] टीकाओं की दृष्टि से इस युग का महत्त्व माना गया है।' यह शती प्रमुख रूप से टीकाकारों के रूप में ही टिमटिमाती रही है। पिछली शती के प्रायः प्रत्येक बड़े कवि ने इस शताब्दी में अच्छे टीकाकार पाए।'[57] वस्तुतः एक प्रशासक की तरह ग्रियर्सन राजनीतिक स्थिरता को साहित्यिक विकास के लिए आवश्यक मानते जान पड़ते हैं। यह एक भ्रामक दृष्टिकोण है। वह कैसे सोच सकते थे कि आधुनिक युग का श्रेष्ठ साहित्य अंग्रेजी साम्राज्य के विरुद्ध संघर्षकाल में रचा गया। व्यवस्थापोषक प्रशासक की दृष्टि की सीमा उनकी भी सीमा थी।

ग्रियर्सन ने 'कम्पनी के शासन में 'हिन्दोस्तान' नामक अध्याय में यह स्थापना की है : 'यह पुनर्जागृति का, उत्तरी भारत में मुद्रणयंत्रों के वास्तविक प्रारम्भ का और अब इतना प्रशंसनीय कार्य करने वाली आधुनिक ढंग की पाठशालाओं के श्रीगणेश का युग था। साथ ही यूरोपीय लोगों को हिन्दी नाम से ज्ञात और उन्हीं द्वारा आविष्कृत अद्‌भुत संकीर्ण भाषा के प्रादुर्भाव का भी युग था।'[58] वह कई भाषाओं के विद्वान होते हुए भी खड़ी बोली हिन्दी के प्रादुर्भाव तथा उसके साहित्य क्षेत्र में आकस्मिक पदार्पण के प्रश्न को अच्छी तरह नहीं समझ सके और उसे नवाविष्कृत भाषा समझ बैठे। इस युग में वह नयी राजनीतिक परिस्थिति की ओर तो हमारा ध्यान आकर्षित करते हैं, किन्तु नयी साहित्यिक प्रवृत्ति को स्पष्ट नहीं कर पाए। यह तभी कर पाते यदि किसी नवीन प्रवृत्ति का विकास हो पाता। साहित्यिक दृष्टि से तो यह समय भी रीतिकाल के ही अन्तर्गत आता है, ग्रियर्सन बदली हुई राजनीतिक स्थितियों को आवश्यकता से अधिक महत्त्व देते हुए प्रतीत होते हैं। इसलिए उन्होंने 'कम्पनी के शासन में हिन्दोस्तान' तथा 'महारानी विक्टोरिया के शासन में हिन्दोस्तान'—ये दो अध्याय अलग-अलग रखे हैं तथा इन्हें जो नाम दिए हैं वे साहित्य के इतिहास

के लिए उपयुक्त नहीं कहे जा सकते।

उपर्युक्त विवेचन से स्पष्ट हो जाता है कि ग्रियर्सन ने अपने ग्रन्थ के विभिन्न अध्यायों में इतिहासलेखन की पूर्ववर्ती परम्परा के अनुसार कवियों और लेखकों का जीवनवृत्त ही नहीं लिखा, प्रत्युत प्रत्येक साहित्यिक युग की प्रवृत्ति का भी उल्लेख करने का यत्न किया है। कहीं-कहीं युगीन परिस्थितियों के सन्दर्भ में भी साहित्यिक गतिविधियों को समझने की चेष्टा की गयी है। डॉ॰ नलिनविलोचन शर्मा के उक्त आधार पर उन्हें हिन्दी साहित्य के इतिहासलेखन के लिए विधेयवादी प्रणाली का प्रवर्त्तक मानना उचित समझा है।[59] हमारे विचारानुसार ऐसा मान लेना उचित नहीं होगा क्योंकि ग्रियर्सन युगीन परिस्थितियों के सन्दर्भ में साहित्यिक प्रवृत्तियों के निरूपण के प्रयास में सफल नहीं हो सके। उनका साहित्येतिहासदर्शन प्रमुखतः व्यक्तिकेन्द्रित रहा है। साहित्य के इतिहास को उन्होंने समाजशास्त्रीय दृष्टि से नहीं देखा, जैसा कि शुक्लजी ने देखा है। हाँ, इसमें कोई सन्देह नहीं कि ग्रियर्सन ने शुक्ल के लिए साहित्येतिहासलेखन की एक स्थूल रूपरेखा अवश्य बना दी थी।

ग्रियर्सन की ऐतिहासिक दृष्टि तथा भक्तकवि

ग्रियर्सन और गार्सां द तासी ने हिन्दी के भक्तकवियों के जीवन का विवरण प्रस्तुत करते हुए विभिन्न दृष्टियों का परिचय दिया है। ग्रियर्सन की ऐतिहासिक दृष्टि ने तासी की तरह कवियों के जीवन से सम्बन्धित चमत्कारों तथा अलौकिक घटनाओं को उसी रूप में चित्रित नहीं किया। उन्होंने ऐसी घटनाओं को या तो कविकल्पना माना है अथवा इन्हें लड़कपन की संज्ञा दी है। तुलसीदास से सम्बन्धित दन्तकथाओं का संक्षेप में वर्णन करने के बाद वह लिखते हैं : 'इन लड़कपन से भरी दंतकथाओं के जाल से तथ्य के कुछ सूत्र निकालना सम्भव हो सकता है, किन्तु जब तक हमें गोसाईंचरित्र की कोई प्रति नहीं मिल जाती, उन तक पहुँचने की कोई आशा नहीं की जा सकती।'[60] उन्हें सम्भवतः गोसाईंचरित्र पढ़कर भी निराशा ही होती क्योंकि उसमें भी तुलसीदास की जीवनी का विवरण श्रद्धा की दृष्टि से ही दिया गया है। ग्रियर्सन ने कबीर, अग्रदास आदि से सम्बन्धित भक्तमाल में वर्णित असाधारण कथाओं की उपेक्षा की है जबकि तासी ने ऐसी घटनाओं को विस्तार से दिया है।

ग्रियर्सन ने साहित्य के इतिहास में महान रचयिताओं के कृतित्व के मूल्यांकन को आवश्यक मानते हुए कुछ मध्यकालीन भक्त कवियों के महत्त्व को प्रकाशित किया है। उन्होंने मूल्यांकन का प्रमुख आधार सामाजिक नैतिकता को बनाया है। साहित्यिक मूल्यों की भी वह उपेक्षा नहीं करते, किन्तु सामाजिक नैतिकता को प्राथमिकता देते हैं। इसलिए उनकी आलोचना दृष्टि को नैतिकतावादी माना जा सकता है। इस तथ्य को उनके द्वारा किये गये तुलसीदास के मूल्यांकन के आधार पर सरलता से स्पष्ट किया जा सकता है। उन्होंने लिखा है : 'भारत के इतिहास

में तुलसीदास का महत्त्व जितना भी आँका जाता है, वह अत्यधिक नहीं है। इनके ग्रन्थ के साहित्यिक महत्त्व को यदि ध्यान में न रखा जाए तो भी भागलपुर से पंजाब और हिमालय से नर्मदा तक के विस्तृत क्षेत्र में इस ग्रन्थ का सभी वर्ग के लोगों में समान रूप से समादर पाना निश्चय ही ध्यान देने योग्य है। ...यह 10 करोड़ जनता का धर्मग्रन्थ है और उनके द्वारा यह उतना ही भगवत्प्रेरित माना जाता है, अंग्रेज पादरियों द्वारा जितनी भगवत्प्रेरित 'बाइबल' मानी जाती है।...अनैतिकता के उस युग में जब हिन्दू समाज के बंधन शिथिल हो रहे थे और मुगल साम्राज्य संगठित हो रहा था इस ग्रन्थ की सबसे विशिष्ट बात इसकी कठोर नैतिकता है...इसी प्रकार उस घोर विलासित के युग में, रामायण से बढ़कर मर्यादापूर्ण और पवित्र कोई दूसरा ग्रन्थ नहीं है।'[61] साहित्यिक दृष्टि से सूरदास को बहुत ऊँचा स्थान देते हुए भी वह तुलसीदास को उनसे अधिक महत्त्वपूर्ण मानते हैं। उनके शब्दों में : 'भारतीय लोग इनको कीर्ति के सर्वोच्च गवाक्ष में स्थान देते हैं, पर मेरा विश्वास है कि यूरोपीय पाठक आगरा के अंधे कवि की अत्यधिक माधुरी की अपेक्षा तुलसीदास के उदार चरित्रों को अधिक पसन्द करेगा।'[62] धार्मिक नैतिकता की दृष्टि से ही उन्होंने हिन्दी के धार्मिक 'काव्य के युग' को 'श्रेष्ठतम युग' की संज्ञा दी है और उसके अन्तर्गत तुलसीदास को सर्वश्रेष्ठ कवि घोषित किया है।

यहाँ यह स्पष्ट हो जाना चाहिए कि ग्रियर्सन ने अपने ग्रन्थ में तुलसीदास की ही विस्तृत आलोचना प्रस्तुत की है। अन्य लेखकों में से केवल सत्रह (तुलसीदास सहित अट्ठारह) का विवरण ही समुचित विस्तार से हुआ है।[63] इनमें से भी साहित्यिक मूल्यांकन की दृष्टि से तुलसी के अतिरिक्त जायसी का अध्ययन महत्त्वपूर्ण है। सूरदास और बिहारी के साहित्यिक महत्त्व पर भी संक्षेप में विचार किया गया है। शेष का मूल्यांकन कामचलाऊ है।

मूल्यांकन के नैतिक आधार को अपनाते हुए भी ग्रियर्सन ने कला पक्ष की उपेक्षा नही की है। इस दृष्टि से उन्हें तुलसी के रामचरित मानस में एक दोष दिखाई देता है। उन्होंने लिखा है : तुलसी भी भारतीय काव्यप्रणाली के परम्परागत घने कुहासे से पूर्णतया ऊपर नहीं उठ सके हैं। मैं स्वीकार करता हूँ कि उनके युद्धवर्णन प्रायः अस्वाभाविक और विकर्षक हैं और कभी-कभी सुखद और उपहासास्पद के बीच की सीमा का भी अतिक्रमण कर जाते हैं।...राम को बार-बार विष्णु के अवतार के रूप में प्रस्तुत करने की आवश्यकता भी उनके मार्ग में बाधक हुई है।'[64] इतना मान लेने पर भी यह कहना पड़ता है कि सामान्यतः ग्रियर्सन ने हिन्दी साहित्य के इतिहास के युगों तथा कवियों का मूल्यांकन नैतिक दृष्टि से किया है।

ग्रियर्सन की लेखनपद्धति एवं शिल्प

ग्रियर्सन साहित्य के इतिहासलेखन की पद्धति से अच्छी तरह परिचित थे तथा

उन्होंने व्यावहारिक रूप में इसका प्रयोग करने का यत्न भी किया, किन्तु वह अपने ग्रन्थ को एक साहित्येतिहास का रूप नहीं दे सके। इसलिए उन्होंने यह स्वीकार किया है : 'विषय अत्यन्त विस्तृत है और हमारे ज्ञान की वर्तमान स्थिति इतनी सीमित है कि ऐसे कार्य का प्रयत्न भी नहीं किया जा सकता। अतः मैं इसको एक ऐसे सामग्रीसंग्रह के रूप में ही भेंट कर रहा हूँ, जो नींव का काम दे सके और जिस पर दूसरे लोग, जो मुझसे अधिक भाग्यशाली हैं और जिनके पास बंगाल के एक जिला कलेक्टर की अपेक्षा अधिक अवकाश है, निर्माण कर सकें।'[65] उनके विचारानुसार उनका ग्रन्थ सामग्री संग्रह है किन्तु ऐतिहासिक बोध तथा साहित्यिक इतिहास लेखन के शिल्प की दृष्टि से यह साहित्यिक इतिहास लेखन की नींव अवश्य है। इसलिए शिल्प की दृष्टि से भी इसे हिन्दी साहित्य का प्रथम इतिहास कहा जा सकता है जैसा कि किशोरीलाल गुप्त ने उनके ग्रन्थ के अनुवाद को नाम दिया है।

सामग्री का संकलन तथा परीक्षण : ग्रियर्सन ने जिन काव्य संग्रहों तथा अन्य ग्रन्थों से सामग्री एकत्र की है, वे प्रायः वही हैं जो सरोज के आधारग्रन्थ थे। उन्होंने 18 सहायक ग्रन्थों की जो सूची[66] दी है उनका शिवसिंह सेंगर द्वारा 'सरोज' में दी गयी सूची[67] से मिलान करने पर स्पष्ट हो जाता है कि 'गोसाईं चरित्र', 'शृंगार संग्रह', 'शिवसिंह सरोज' तथा 'विचित्रोपदेश' के अतिरिक्त शेष ग्रन्थ दोनों सूचियों में समान रूप से उल्लिखित हैं। 'सरोज' के अतिरिक्त जो अन्य दो ग्रन्थ हैं उनमें से 'गोसाईं चरित्र' को आधार ग्रन्थ स्वीकार नहीं किया जा सकता क्योंकि लेखक ने स्वयं लिखा है : मुझे सूचना मिली है कि पसका के रहने वाले बेनी माधवदास ने जो कवि के साथ ही रहते थे, कवि के जीवन का विस्तृत विवरण 'गोसाईं चरित्र' नाम से लिखा है और यह मेरे लिए अत्यधिक अधीरता की बात है। यद्यपि मैंने इस ग्रन्थ की बहुत दिनों तक खोज की है, पर मुझे इसकी कोई प्रति नहीं मिली।'[68] 'विचित्रोपदेश' के विषय में उन्होंने लिखा है : 'ग्रन्थ के अन्तर्गत इस ग्रन्थ का वर्णन नहीं हुआ है, क्योंकि 1883 ई॰ तक ही विवरण प्रस्तुत किया गया है।'[69] 'शृंगार संग्रह' अवश्य ऐसा ग्रन्थ है, जिसका उल्लेख 'सरोज' में नहीं हुआ। इसलिए ग्रियर्सन ने 'सरोज' के आधार ग्रन्थों के अतिरिक्त इसका भी उपयोग किया है।

वस्तुतः ग्रियर्सन सामग्रीसंकलन के लिए 'शिवसिंह सरोज' पर ही अधिक आश्रित रहे हैं। ग्रियर्सन ने अपने ग्रन्थ की भूमिका में स्वयं लिखा है : 'एक देशी ग्रन्थ पर मैं अधिकांशतः निर्भर रहा हूँ और प्रायः सभी छोटे कवियों और अनेक अधिक प्रसिद्ध कवियों के भी सम्बन्ध में प्राप्त सूचनाओं के लिए जिसका मैं ऋणी हूँ, शिवसिंह द्वारा विरचित और मुंशी नवलकिशोर द्वारा प्रकाशित अत्यन्त लाभदायक 'शिवसिंह सरोज' (द्वितीय संस्करण, 1883 ई॰) है।'[70] किशोरीलाल गुप्त के मतानुसार ग्रियर्सन ने अन्य अधिकांश ग्रन्थों की सहायता 'सरोज' के माध्यम से ली

है। उन्होंने लिखा है : 'इनकी सहायता उन्होंने प्रत्यक्ष रूप से नहीं, 'सरोज' द्वारा अप्रत्यक्ष रूप से ली है।[71] इसका परिणाम यह हुआ है कि 'सरोज' की अशुद्धियों का ग्रियर्सन के ग्रन्थ में भी प्रवेश हो गया है, जिनकी ओर किशोरीलाल गुप्त ने ध्यान आकर्षित किया है।[72] हिन्दी के ग्रन्थों के अतिरिक्त ग्रियर्सन ने कुछ पाश्चात्य लेखकों के ग्रन्थों की भी सहायता ली है। जैसे : (1) गार्सां द तासी कृत 'इतिहास ग्रन्थ', (2) विलसन कृत 'रिलिजस सेक्ट्स ऑफ हिन्दूज', (3) टाड का 'राजस्थान', (4) 'जर्नल ऑफ रॉयल एशियाटिक सोसायटी ऑफ बंगाल।'

ग्रियर्सन ने सामग्री का चयन करते समय एक इतिहासकार की भाँति सामग्री की जाँच-पड़ताल भी की है किन्तु वह भी तासी की तरह कई बार कवियों के सम्बन्ध में प्रामाणिक जानकारी प्राप्त करने में अपने को असमर्थ पाते हैं। उन्होंने कवियों का समय निश्चित करने के लिए काफी श्रम किया था। उन्होंने 'सरोज' की तिथियों को या तो परीक्षण के बाद स्वीकार किया है अथवा अन्य सभी द्वार बन्द होने के उपरान्त। उनके अनुसार, 'विभिन्न ग्रन्थकारों की तिथियों के सम्बन्ध में मैंने यथा सम्भव स्वयं जाँच करने का श्रम किया है...जब सभी उपाय असफल सिद्ध हुए, अनेक बार सरोज ही मेरा पथ प्रदर्शक रहा है।'[73] उनके श्रम का यह परिणाम हुआ है कि उन्होंने 'सरोज' की कुछ तिथियों में सुधार करने का भी यत्न किया है। किशोरीलाल गुप्त के अनुसार, 'ग्रियर्सन के प्रथम 11 अध्यायों में सतिथि कवियों का विवरण है। 12वें अध्याय में उन कवियों का उल्लेख हुआ है जिनका सन्-संवत् ग्रियर्सन ने नहीं निर्णय कर पाया है। प्रथम 11 अध्यायों के कुल 739 कवि हैं। इनमें 440 के संवत् (कुल 438 संवत्) ज्यों के त्यों 'सरोज' से लिए गये हैं। अतः ग्रियर्सन के कुल 211 संवत् नये हैं।'[74] इससे यह सिद्ध होता है कि ग्रियर्सन 'सरोज' पर आश्रित होते हुए भी उसके अनुकर्ता नहीं हैं। उन्होंने टाड के 'राजस्थान' को एक प्रामाणिक ग्रन्थ के रूप में स्वीकार किया है तथा चारणों के सम्बन्ध में विवरण के लिए उसकी सहायता ली है, किन्तु इस सामग्री की भी जाँच की गयी है। उसके अनुसार, 'जहाँ तक सम्भव हुआ है, मैंने पूर्ण प्रामाणिक देशी सूत्रों की सहायता से टाड की भी जाँच कर ली है।'[75]

उपर्युक्त विवेचन से एक निष्कर्ष निकलता है कि ग्रियर्सन ने सामग्री का चयन एक इतिहासकार की जागरुकता से किया तथा उसका समुचित परीक्षण किया। उनके ग्रन्थ में तथ्यों की अशुद्धियों का कारण उनकी असावधानी तथा श्रम की कमी नहीं, वरन उनके युग में प्रामाणिक सामग्री का अभाव है।

सामग्री का प्रस्तुतीकरण : ग्रियर्सन ने पहली बार हिन्दी साहित्य की सामग्री को कालक्रमानुसार प्रस्तुत करने का श्रेय प्राप्त किया। उन्होंने पूर्ववर्ती वर्णानुक्रम की पद्धति की तभी सहायता ली है, जब कवियों के काल का पता नहीं चल सका। वह अपने विषयन्यास के सिद्धान्त को स्पष्ट करते हुए लिखते हैं : 'सामग्री को यथा

सम्भव कालक्रमानुसार प्रस्तुत करने का प्रयास किया गया है। यह सर्वत्र सरल नहीं रहा है और कतिपय स्थलों पर तो यह असम्भव सिद्ध हुआ है। अतएव वे कवि, जिनके समय मैं किसी भी प्रकार नहीं स्थिर कर सका अन्तिम अध्याय में वर्णानुक्रम से एक साथ दे दिये गये हैं।'[76] ग्रियर्सन के युग में कालक्रम से कवियों का इतिवृत्त लिखना काफी कठिन कार्य था, जिसे जिन्होंने पूरा किया।

कवियों का विवरण प्रस्तुत करते समय ग्रियर्सन ने जिस विधि को अपनाया है उसे किशोरीलाल गुप्त ने हिन्दी साहित्य का प्रथम इतिहास में स्पष्ट किया है।[77] यह संक्षेप में इस प्रकार है :

1. सर्वप्रथम वह कवि की क्रम संख्या देते हैं। उन्होंने 951 कवियों का इतिवृत्त क्रमसंख्या देकर लिखा है। आगे चलकर 'विनोद' में भी यही पद्धति अपनायी गयी।
2. क्रम संख्या देने के अनन्तर कवि का नाम देवनागरी अक्षरों में दिया गया है। विदेशी लोग नामों का उच्चारण शुद्ध कर सकें इसलिए नाम के पदविभाजन की पद्धति अपनाई गयी है।
3. हिन्दी में नाम देने के अनन्तर उसको रोमन लिपि में भी दिया गया है और यदि नाम के साथ कोई अतिरिक्त अंश भी जुड़ा हुआ है तो उसका अनुवाद कर दिया गया है, जैसे पुष्य कवि को 'दि पोयट पुष्य' लिखा गया है।
4. नाम के साथ-साथ पिता का नाम, स्थान का नाम और समय एक साथ दे दिये गये हैं। यह सब बिना क्रिया का सहारा लिए हुए किया गया है। ग्रियर्सन ने यह पद्धति 'सरोज' से ली है।
5. इसके बाद दूसरे अनुच्छेद में उन संग्रहों का संक्षिप्त नाम दे दिया गया है, जिसमें उस कवि की रचनाएँ संकलित हैं।
6. अन्त में कवि का उपलब्ध इतिवृत्त दिया गया है।
7. किसी कवि के इतिवृत्त में यदि किसी अन्य कवि का उल्लेख आ गया है तो उसकी भी क्रम संख्या कोष्ठक में दी गयी है।
8. जिन कवियों का विवरण विस्तृत है, उनके इतिवृत्त के अन्त में उनके कृतित्व का संक्षिप्त मूल्यांकन भी किया गया है।

काल विभाजन तथा वर्गीकरण : 'सरोज' की भूमिका में हिन्दी साहित्य के इतिहास की विभिन्न शताब्दियों की ओर संकेत भर किया गया था, किन्तु न तो सामग्री को विभिन्न युगों में विभाजित किया गया और न ही अध्यायों में प्रस्तुत किया गया। ग्रियर्सन ने ही सर्वप्रथम हिन्दी साहित्य के इतिहास की विविधता को साहित्यिक युगों तथा शताब्दियों में विभाजित किया। उनके ग्रन्थ में कालविभाजन तथा वर्गीकरण इस प्रकार हुआ है :

1. चारणकाल (700-1300 ई०)।

2. पन्द्रहवीं शताब्दी का धार्मिक पुनरुत्थान।
3. मलिक मुहम्मद जायसी की प्रेम कविता।
4. ब्रज का कृष्ण सम्प्रदाय (1500-1600 ई.)।
5. मुगल दरबार।
6. तुलसीदास।
7. रीतिकाव्य (1580-1692 ई.)।
8. तुलसीदास के अन्य परवर्ती कवि (1600-1700 ई.)।
9. (अ) धार्मिक कवि
   (आ) अन्य कवि
10. अठारहवीं शताब्दी (1700-1800 ई.)।
   (अ) धार्मिक कवि
   (आ) अन्य कवि
11. कंपनी के शासन में हिन्दुस्तान (1800-1857 ई.)।
   (क) बुन्देलखण्ड और बघेलखंड।
   (ख) बनारस।
   (ग) अवध।
   (घ) अन्य।
12. महारानी विक्टोरिया के शासन में हिन्दोस्तान (1857-1887 ई.)।
13. विविध।

उपर्युक्त अध्यायों में ग्रियर्सन महोदय ने हिन्दी साहित्य का वर्गीकरण ही नहीं किया बल्कि हिन्दी साहित्य के इतिहास को आठ खंडों में विभक्त किया है तथा उन कालखंडों का नामकरण भी किया है। रीतिकाव्य आदि नाम साहित्यिक प्रवृत्ति को भी स्पष्ट करते हैं। ये नाम शुक्लजी के लिए भी सहायक हुए हैं। ग्रियर्सन के काल विभाजन तथा नामकरण के कई आधार हैं। उन्होंने प्रवृत्ति, सम्प्रदाय, कवि तथा शासक के विभिन्न आधारों पर अध्यायों का नाम दिया है। उनका कालविभाजन अत्यन्त लचीला है, कठोर नहीं।

ग्रियर्सन ने चारण काल का आरम्भ 'सरोज' के आधार पर 700 ई. से मान तो लिया किन्तु वह स्वयं इस विषय में संदेहशील थे। इसलिए पुष्य के विवरण में उन्होंने लिखा है : 'यह प्राचीनतम भाषा कवि है, जिसका कोई उल्लेख मुझे देशी लेखकों की कृतियों में नहीं मिला है। 'शिवसिंह सरोज' का कथन है कि यह 713 ई. में उपस्थित था...यह पूर्णरूपेण अस्वाभाविक वक्तव्य प्रतीत होता है। मुझे तो टाड में सरोज के इस कथन का कोई प्रमाण नहीं मिलता। टाड (भाग 1, पृ. 229, कलकत्ता संस्करण भाग 1, पृ. 246) में किसी पुष्प का उल्लेख अवश्य है पर यह एक उत्कीर्ण लेख का रचयिता है...पर यह उत्कीर्ण लेख किस भाषा में लिखा गया

था, टाड में मुझे इसका भी कोई उल्लेख नहीं मिला।'[78] इस प्रकार वह इस युग के चार काव्यों की अप्रामाणिकता से भी अनभिज्ञ नहीं थे। हाँ, मूल रूप में उन्हें इसी युग में रचित मानते थे।

कालावधि की दृष्टि से ग्रियर्सन ने रीतिकाव्य का आरम्भ 1580 ई. से माना है क्योंकि वे केशवदास को इस प्रवृत्ति के काव्य का प्रवर्त्तक मानते हैं। इससे यह तो स्पष्ट हो जाता है कि हिन्दी साहित्य के भक्तिकाल में रीतिबद्ध काव्य की धारा भी भक्तिकाव्य के साथ-साथ प्रवाहित होने लगी थी, किन्तु इससे उनका कालविभाजन इतना सुव्यवस्थित रूप ग्रहण नहीं कर सका।

शैली का सौन्दर्य : ग्रियर्सन की इतिहास लेखन की शैली प्रमुखतः इतिवृत्तात्मक है, किन्तु ग्रन्थ की भूमिका में तथा प्रमुख कवियों के विवरण देते हुए उनकी शैली का सौन्दर्य अत्यन्त आकर्षक बन पड़ा है। डॉ॰ सुमनराजे के अनुसार : 'ग्रियर्सन ने कुछ प्रमुख कवियों के व्यक्तित्व का निरूपण किया है। इस क्षेत्र में उनका साहित्यिक पक्ष चेतन हो उठा है। उन्होंने सरस और साहित्यिक शैली में उनकी आलोचना प्रस्तुत की है। जहाँ उन्होंने मूल्यांकनार्थ आलोचना की तुलनात्मक पद्धति का प्रयोग किया है वहाँ उनके लेखन का प्रभाव द्विगुणित हो गया है। तुलसीदास और कालिदास की विनम्रता की तुलना करते हुए उन्होंने लिखा है : 'कालिदास ने राम से खूंटी का काम लिया जिस पर वे अपनी रचना लटका सकें पर तुलसी ने चिर सौरभ की माला गूँथी और जिस देवता की भक्ति वे करते थे, उसके चरणों पर उसे दीनतापूर्वक चढ़ा दी।'[80] वह तुलसी का महत्त्व प्रदर्शित करते हुए लिखते हैं : 'शतियों की तरूराजि वेष्टित आंतरपथ के पीछे दृश्यावलोकन करने पर हमें अपने उज्ज्वल प्रकाश में खड़ी हुई उनकी प्रतिभा हिन्दोस्तान के रक्षक और पथ प्रदर्शक के रूप में दिखाई देती है।'[81] इन उदाहरणों से स्पष्ट हो जाता है कि ग्रियर्सन साहित्येतिहासलेखन को कलात्मक बनाने के महत्त्व को समझते थे। उन्होंने जहाँ भी सम्भव हुआ विवरण को शैली गत सौन्दर्य से परिपूर्ण करने का प्रयत्न किया।

ग्रियर्सन के साहित्येतिहास सम्बन्धी विभिन्न पक्षों के विवेचन के पश्चात् कहा जा सकता है :

1. ग्रियर्सन साहित्येतिहास के मर्म को समझते थे तथा उन्होंने सर्वप्रथम कवियों के विवरण को कालक्रमानुसार प्रस्तुत करने का सराहनीय यत्न किया।
2. उन्होंने विवरण को वैज्ञानिक बनाने के लिए भक्त कवियों से सम्बन्धित अलौकिक घटनाओं को आलोचनात्मक टिप्पणी के साथ उद्धृत किया।
3. वे पहले इतिहासकार हैं, जिन्होंने हिन्दी साहित्य को कालों में विभाजित किया तथा कुछ कालखंडों का (चारणकाल, रीतिकाल) नामकरण भी किया।
4. ग्रियर्सन ने सर्वप्रथम कुछ कालों की प्रवृत्ति का संक्षिप्त निरूपण करने का भी प्रयास किया।

5. उन्होंने युगों तथा प्रमुख कवियों में से तुलसी, जायसी तथा सूर इत्यादि के मूल्यांकन की ओर भी ध्यान दिया।
6. उन्होंने विवरण को सुरुचिपूर्ण तथा कलात्मक बनाने के प्रयास द्वारा साहित्यिक इतिहासलेखन की साहित्यिक शैली का सूत्रपात किया।
7. उन्होंने स्थान-स्थान पर हिन्दी साहित्य की अंगरेजी, संस्कृत तथा बंगला साहित्य के साथ तुलना द्वारा प्रौढ़ तुलनात्मक आलोचना पद्धति का परिचय दिया।
8. उन्होंने मुगल दरबार आदि साहित्यरचना के केन्द्रों की चर्चा की।

ग्रियर्सन के ग्रन्थ की उपर्युक्त विशेषताओं के कारण यदि किशोरीलाल गुप्त ने कहा है : 'यह हिन्दी साहित्य की नींव का वह पत्थर है, जिस पर आचार्य शुक्ल ने अपने सुप्रसिद्ध इतिहास का भव्य निर्माण किया',[82] तो इसमें अतिशयोक्ति नहीं है, जैसा कि नलिन विलोचन शर्मा समझते हैं।[83] हमारे विचारानुसार दृष्टि एवं तथ्यों की भ्राँतियों के होते हुए भी ग्रियर्सन का इतिहासग्रन्थ परवर्ती हिन्दी साहित्य के इतिहासकारों के लिए अत्यन्त महत्त्वपूर्ण सिद्ध हुआ है।

मिश्र बन्धुओं का साहित्येतिहास

साहित्येतिहास सम्बन्धी दृष्टिकोण

साहित्य के इतिहासकार के लिए यह परमावश्यक है कि वह साहित्येतिहास सम्बन्धी अवधारणा तथा उसके स्वरूप से भली-भाँति परिचित हो। मिश्र बंधुओं ने साहित्येतिहास के स्वरूप को समझने का अवश्य प्रयास किया। यह ठीक है कि उनकी साहित्येतिहास सम्बन्धी अवधारणा न तो इतनी विकसित थी और न ही व्यावहारिक रूप में परिणत हो सकी, किन्तु वे ग्रियर्सन की तरह साहित्य के इतिहासलेखन की प्रक्रिया से परिचित थे। इसलिए डॉ. सुमनराजे ने उनके द्वारा 'इतिहास की अवधारणा के भावन' को उनकी महत्त्वपूर्ण उपलब्धि माना है।[84] उन्होंने 'मिश्र बन्धु विनोद' की भूमिका में साहित्येतिहास विषयक जो छिटपुट विचार प्रकट किए हैं, उनके द्वारा यह सिद्ध हो जाता है कि उन्हें साहित्यिक इतिहास दर्शन का आंशिक बोध अवश्य हो गया था। नलिनविलोचन शर्मा के अनुसार, 'मिश्रबन्धुओं ने साहित्येतिहास दर्शन के परिणत रूप को पुर्वाशित कर लिया हो, ऐसी बात नहीं है। वस्तुतः वे साहित्येतिहास पर गम्भीरतापूर्वक विचार कर भी नहीं रहे थे, किन्तु अनजाने ही उन्हें जैसे उसकी एक झलक मिल गयी हो। साहित्येतिहास क्या हो सकता है? इसके विषय में उनका कथन महत्त्वपूर्ण नहीं है, किन्तु विनोद साहित्येतिहास क्यों नहीं है, यह वे समझ पा सके हैं। उन्होंने जो नहीं लिखा, वह नहीं बल्कि उनका यह विवेक विचारणीय है कि वे क्या नहीं कर पा रहे थे।'[85]

मिश्र बन्धु इस बात से पूरी तरह अवगत थे कि उनका सामूहिक प्रयत्न साहित्य के इतिहास का रूप ग्रहण नहीं कर सका। उन्होंने लिखा है : 'पहले हम इस ग्रन्थ का नाम हिन्दी साहित्य का इतिहास रखने वाले थे, परन्तु इतिहास की गम्भीरता पर विचार करने से ज्ञात हुआ कि हममें साहित्य का इतिहास लिखने की पात्रता नहीं है। फिर इतिहासग्रन्थ में सभी छोटे-बड़े कवियों अथवा लेखकों को स्थान नहीं मिल सकता। उसमें भाषा सम्बन्धी गुणों एवं परिवर्तनों पर तो मुख्य रूप से ध्यान देना पड़ेगा, कवियों पर गौण रूप में। इस कारण यह ग्रन्थ इतिहास से इतर बातों का भी कथन करता है। हमने इसमें साहित्य सम्बन्धी सभी विषयों एवं गुणों को लाने का यथासाध्य पूर्ण प्रयत्न किया है, परन्तु जिन बातों का इतिहास में होना आवश्यक है, उन्हें भी ग्रन्थ से नहीं हटाया। हमारे विचार में प्रायः सभी मुख्य एवं अमुख्य कवियों के नाम तथा उनके ग्रन्थों के कथन से एक तो इतिहास में पूर्णता आती है, दूसरे हिन्दी भण्डार का गौरव प्रकट होता है···इन्हीं कारणों से असाधारण कवियों एवं ग्रन्थों के नाम छोड़कर इतिहास का शुद्ध स्वरूप स्थिर रखना हमें अनावश्यक समझ पड़ा है। फिर भी इतिहास का काल समयानुसार लिखा है और ग्रन्थ के आदि में एक संक्षिप्त इतिहास भी दे दिया है। इन कारणों से हमने इसका नाम इतिहास न रखकर 'मिश्र बंधु विनोद' रखा है परन्तु इसमें इतिहास का ही क्रम एवं इतिहास सम्बन्धी सामग्री सन्निविष्ट रहने के कारण हमने उसका उपनाम 'हिन्दी साहित्य का इतिहास तथा कवि-कीर्तन' भी रखा है।' स्पष्ट है कि उन्होंने अपने ग्रन्थ को प्रत्यक्षतः साहित्य का इतिहास कहना उचित नहीं समझा क्योंकि उन्होंने इसमें इतिहास का शुद्ध रूप स्थिर रखने को अनावश्यक समझा तथा कवियों और ग्रन्थों के विवरण को प्रमुखता दी।

मिश्र बन्धु हिन्दी साहित्य का विधिवत् इतिहास लिखने की महत्त्वाकांक्षा अवश्य रखते थे, किन्तु ऐसा कर नहीं पाये। वे क्यों असफल रहे? उन्होंने स्वयं हिन्दी साहित्य के इतिहासलेखन की कठिनाइयों तथा इस अभाव के कारणों पर अपने विचार व्यक्त किए हैं। उन्होंने लिखा है : 'यदि उन्नत भाषाओं के साहित्य के इतिहास वाले ग्रन्थ देखे जाएँ तो प्रकट होगा कि उनके लेखक साधारण कवियों के विषय में दो-चार विशेषण ऐसे चुस्त कर देते हैं, जो उन्हीं रचयिताओं के विषय में लिखे जा सकते हैं औरों के लिए नहीं। हमारे यहाँ अभी कुछ दिन तक ऐसे उन्नत इतिहासग्रन्थों का बनना कठिन है। एक तो वहाँ के उत्कृष्ट गद्यलेखकों की बराबरी हम लोग नहीं कर सकते, दूसरे उनको मसाला बहुत अच्छा मिलता है। वहाँ समालोचना सम्बन्धी हजारों बढ़िया लेख वर्तमान हैं और प्रत्येक कवि के गुण-दोषों का पूरा विवरण उस कविकृत ग्रन्थ का एक पृष्ठ पढ़े बिना भी ज्ञात हो सकता है। ऐसी दशा में अच्छा साहित्य लेखक थोड़े परिश्रम से भी उत्कृष्ट ग्रन्थ लिख सकता है।'[87] उन्होंने इस बात का अच्छी तरह अनुभव किया था कि साहित्यिक इतिहास

लेखन के लिए लेखकों के ग्रन्थों की आलोचना सम्बन्धी प्रचुर सामग्री का होना आवश्यक है। उसके अभाव में उन्हें कवि कीर्तन करके ही संतुष्ट हो जाना पड़ा।

मिश्र बन्धुओं ने विहंगम दृष्टि से एक-दो अंग्रेजी साहित्य के इतिहास ग्रन्थों का भी अवलोकन किया था। उन्होंने शॉ के अंग्रेजी साहित्य के इतिहास का भूमिका में उल्लेख किया है।[88] उन्होंने यह भी लिखा है कि 'अंग्रेजी साहित्य इतिहासकार वर्तमान लेखकों का हाल नहीं लिखते हैं···पर हम बहुत विचार के बाद वर्तमान लेखकों का कथन करना भी आवश्यक समझते हैं।[89] इतना होते हुए भी यह कहा जा सकता है कि वे पश्चिम के इतिहासलेखन की तद्‌युगीन प्रणाली से अच्छी तरह परिचित नहीं थे जिसे विधेयवादी प्रणाली का नाम दिया जाता है।

'मिश्रबन्धु विनोद' के लेखकों की दृष्टि ने साहित्यिक इतिहास तथा राजनीतिक परिस्थितियों के पारस्परिक सम्बन्ध का साक्षात्कार अवश्य कर लिया था। इसलिए विनोद के आरम्भ में आदि प्रकरण के अन्तर्गत भारतीय इतिहास की अत्यन्त संक्षिप्त रूपरेखा दी गयी है, किन्तु वे परिस्थितियों तथा साहित्य में कार्य-कारण का सम्बन्ध स्थापित करने में असमर्थ रहे। इसलिए यह इतिहास चर्चा साहित्यिक गतिविधियों से असम्बद्ध होकर रह गयी है।

एकांगी इतिहासदर्शन

मिश्र बन्धुओं ने भारतीय इतिहास की जो रूपरेखा प्रस्तुत की है, उसे देखते हुए कहा जा सकता है कि उनका इतिहासदर्शन भावानात्मक अधिक है और वैज्ञानिक कम। उन्होंने भारत पर मुस्लिम आधिपत्य का कारण तद्‌युगीन ह्रासोन्मुख भारतीय सामन्तीय व्यवस्था को न मानकर राष्ट्रीयता के अभाव तथा समर कौशल की कमी को माना है। उन्होंने लिखा है : 'युद्धकर्ता प्रस्तुत थे, किन्तु समर कौशल की कमी थी, भारत मौजूद था किन्तु भारतीयता का विचार न था। इन बातों से स्पष्ट था कि हमारे तत्कालीन कविगण तथा समाज ने अपने पूर्ण उत्तरदायित्व को न पहचाना था। धार्मिक साहित्य तो बनता था, किन्तु देशप्रेम का अभाव था।'[90] उन्होंने भारतीय इतिहास के मुस्लिमकाल की धार्मिक व्याख्या पर अधिक बल देते हुए लिखा है : 'इधर मुसलमान न केवल राज्यार्थ, वरन गाजी बनकर हमें धर्म सिखलाने आए, सो भी बलपूर्वक। उन्होंने हमारा राज्य जीतकर संतोष न किया वरन हिन्दू समाज से भी अनंत युद्ध छेड़ दिया।···इसी समय से हमारे समाज का मुसलमानों से धार्मिक युद्ध हुआ जो प्रायः संवत् 1080 से चलकर अकबर के समय (1613-1662) में जाकर समाप्त हुआ। इस लम्बे काल में हमारे समाज ने राजकीय बल खोकर भी अपनी पृथक सत्ता कैसे स्थापित रखी? इस प्रश्न के उत्तर में हमारा समाजशास्त्र तथा तत्कालीन साहित्य बहुत कुछ बतलाता है। संतों तथा सन्त कवियों ने भी इस विषय पर बहुत कुछ प्रयत्न करके समाज संगठन में योग दिया था।···हिन्दुओं ने प्राण, धन,

महत्ता, आदि सभी वस्तुओं को जोखिम में डाला किन्तु बलपूर्वक परमत ग्रहण न किया।...मुसलमानों ने वास्तव में हमारी राजसत्ता को अवश्य जीता किन्तु समाज को जीतने के प्रयत्न में उन्होंने ऐसा धोखा खाया कि वे अपना राज-पाट सब कुछ खो बैठे।'[91] इससे स्पष्ट हो जाता है कि मिश्र बन्धुओं की ऐतिहासिक दृष्टि हिन्दी साहित्य के मध्यकाल को प्रधानतः दो धर्मों के संघर्षकाल के रूप में देखती है। यह एकांगी दृष्टिकोण है।

उपर्युक्त एकांगी इतिहासदर्शन के परिणामस्वरूप उन्होंने सूफी संतों के प्रेम सिद्धान्त को सन्देह की दृष्टि से देखा है तथा उसे इस्लाम के प्रचार का साधनमात्र माना है। उन्होंने लिखा है : 'सूफीवाद भी प्रेमपूर्ण रीति से सही किन्तु भारत में मुसलमानी मत चलाने के प्रयत्न में था अवश्य और यह अवश्य चाहता था कि हिन्दू मुसलमान बनें। प्रेम गर्भित वचनों के भीतर यह भाव बहुत दिनों तक छिपा नहीं रह सकता था। इसी से अन्ततोगत्वा हिन्दुओं ने इससे मुख मोड़ लिया। मुसलमान सहिष्णुता के आधिक्य के कारण इसे पसन्द न कर सके। अब यह थोड़े से विद्वानों में केवल साहित्य के नाते पूज्य दृष्टि से देखा जाता है, धार्मिक शिक्षा के रूप में नहीं।'[92] यह दृष्टि अकबर की धार्मिक नीति को हिन्दू समाज की विजय के रूप में देखती है।[93] वास्तव में मिश्र बन्धुओं की दृष्टि धार्मिक राग-द्वेष से रंजित होकर इतिहास का अध्ययन करती प्रतीत होती है, जिसके कारण वैज्ञानिक तटस्थता को आघात पहुँचा है।

साहित्येतिहासलेखन तथा भाषा का विकासक्रम

मिश्र बन्धुओं ने अपने इतिहासग्रन्थ में हिन्दी भाषा के विकासक्रम के माध्यम से साहित्य के उद्भव और विकास की झाँकी प्रस्तुत करने का यत्न किया है। उनका ध्यान भाषा के विकास और विस्तार पर केन्द्रित रहा है। इस बात से इनकार नहीं किया जा सकता कि भाषा का विकास साहित्य के विकास का पर्यायवाची न होता हुआ भी उससे घनिष्ठ रूप में सम्बन्धित है। मिश्रबन्धुओं ने दोनों को अभिन्न रूप में स्वीकार किया है तथा दोनों का विवरण एक साथ दिया है। निम्नलिखित उदाहरण से यह बात स्पष्ट हो जाती है :

अष्टछाप (1561-1630)

इस समय तक भाषा में कितने ही कवि हो गये, पर चंद बरदाई, अमीर खुसरो, विद्यापति और कबीरदास को छोड़कर कोई ऐसा नहीं हुआ, जो परमोत्तम कवि कहा जा सके। हाँ, जल्हन से लेकर सेन कवि तक हिन्दी उन्नति अवश्य करती गयी, और जैसे जल्हन की भाषा चंदीय भाषा से पृथक न थी, वैसे ही सेन कवि की भाषा और काल की भाषा से भी बहुत पृथक नहीं समझ पड़ती। उन्नति करते-करते हिन्दी ने ब्रजभाषा के सहारे अब वह रूप ग्रहण कर लिया था, जो प्रायः 300 वर्षों पर्यन्त बहुत

करके जैसा का तैसा रहा। इस वृहत् काल के कवियों की भाषाओं में सामार्थ्यानुसार बहुत बड़ा अन्तर भी पाया जाता है, पर वह अन्तर कवियों की योग्यता अनुसार है न कि भाषा सम्बन्धी किसी भारी परिवर्तन के कारण। 1560 के लगभग ब्रजभाषा कुछ-कुछ परिपक्व हो चुकी थी और अच्छा समय था कि शक्ति सम्पन्न कविगण श्रेष्ठ कविता बनाते।[94]

मिश्र बन्धु यह स्पष्ट नहीं कर पाये, कि भाषा में परिवर्तन क्यों होता है। वे भाषा को युग की मनोवृत्ति की अनुगामिनी के रूप में भी नहीं देख सके हैं।

मिश्र बन्धुओं का भाषा सम्बन्धी दृष्टिकोण शुद्धतावादी न होकर प्रगतिशील है। वे हिन्दी को लोकभाषा के रूप में देखते हैं तथा इसके कठोर व्याकरण के पक्ष में नहीं हैं। उन्होंने लिखा है : हिन्दी एक जनसमुदाय की सरल भाषा है और उसे दुर्गम एवं जटिल बना देने का एकमात्र परिणाम यही होगा कि पाँच-सात वर्षों के उत्कृष्ट परिश्रम बिना किसी को अपनी मातृभाषा का भी बोध न हो सकेगा...ऐसी कुदशा में सिवा इसके और हो ही क्या सकता है, कि थोड़े ही दिनों में बेचारी हिन्दी भी संस्कृत की भाँति मृत भाषाओं में परिगणित होकर शान्त हो जाए।'[95] इसलिए वे उन संस्कृत के विद्वानों का विरोध करते हैं, जो हिन्दी पर संस्कृत लादना चाहते हैं। वे हिन्दी के लिए संस्कृत शब्दों के बाहुल्य को घातक मानते हैं तथा उच्चारण एवं अक्षरविन्यास सम्बन्धी भिन्नता स्वाभाविक मानते हुए उसका पोषण करते हैं।

मिश्र बन्धुओं की लेखनप्रणाली एवं शिल्प

'मिश्र बन्धु विनोद' तीन भाइयों के सामूहिक प्रयास का फल है जैसा कि उन्होंने भूमिका में स्वयं उल्लेख किया है। इस ग्रन्थ की यह विशेषता है कि सामूहिक प्रयत्न होते हुए भी इसमें दृष्टि तथा लेखनशैली की भिन्नता दिखाई नहीं देती। सम्भवतः इसलिए कि 'सभी की राय मिलाकर लेख लिखे गये हैं।'[96]

संकलन तथा परीक्षण : मिश्र बंधुओं ने बड़े परिश्रम से 'विनोद' की सामग्री का चयन किया है। जैसा कि, उन्होंने लिखा है, वे सामग्री के लिए निम्नलिखित ग्रन्थों पर निर्भर रहे हैं :[97]

1. स्वयं उन्हीं कवियों की रचनाएँ।
2. अन्य कवियों की रचनाएँ।
3. काशी नागरी प्रचारिणी सभा की खोज।
4. 'शिवसिंह सरोज'।
5. ग्रियर्सनकृत 'द मॉडर्न वर्नाक्यूलर लिट्रेचर ऑफ हिन्दोस्तान ऐंड लिंग्विस्टिक सर्वे ऑफ इंडिया'।
6. अपनी जाँच एवं किंवदंतियाँ।
7. जोधपुर निवासी मुंशी देवीप्रसाद के लेख।

8. अन्य ग्रन्थ आदि।

उपर्युक्त ग्रन्थों के अतिरिक्त उन्होंने कई व्यक्तियों द्वारा भेजी गयी नामावलियों की भी सहायता ली है।

मिश्रबन्धुओं के समक्ष भी कवियों के काल की समस्या प्रमुख रही है, क्योंकि उनका लक्ष्य कवियों और लेखकों का विवरण कालक्रमानुसार प्रस्तुत करना था। इसलिए उन्होंने अपनी समस्त शक्ति से लेखकों के रचनाकाल को निश्चित करने का यत्न किया। समय निश्चित करने के लिए उन्होंने 'सरोज' तथा ग्रियर्सन के ग्रन्थों को आधार ही नहीं माना, उनका परीक्षण भी किया है। उन्होंने ना० प्र० सभा की खोज रिपोर्टों को ही अन्तिम प्रमाण माना है। वे लिखते हैं : 'जहाँ हमें ग्रन्थों से कोई पता नहीं लगा है, वहाँ किसी अन्य उचित कारण के अभाव में हमने खोज का प्रमाण माना है···जहाँ 'सरोज' और खोज में भेद निकला है, वहाँ किसी अन्य कारण के अभाव में हमने खोज का प्रमाण माना है।'[98] उन्होंने मैथिली कवियों के समय की जाँच ग्रियर्सन के ग्रन्थों के आधार पर की है तथा अनेक कवियों का समय निर्धारण लोगों से पूछकर तथा अनुमान के आधार पर भी किया गया है। वे यह भी स्वीकार करते हैं, कि इस ग्रन्थ में बहुत से ऐसे कवियों का वर्णन है, जिनके काल निरूपण में भूल होनी सम्भव है।[99] सभी कवियों का प्रामाणिक काल निर्धारण करने में असमर्थ रहने पर भी यह स्वीकार करना पड़ता है कि मिश्र बन्धुओं ने इस दिशा में श्लाघनीय यत्न किया है।

सामग्री का वर्गीकरण तथा कालविभाजन : डॉ. सुमनराजे के शब्दों में, 'कालविभाजन की दृष्टि से भी 'मिश्र बन्धु विनोद' प्रगति की दिशा में बढ़ता दिखाई देता है।'[100] उन्होंने हिन्दी साहित्य के इतिहास को अनेक खंडों में बाँटने का यत्न किया है। विभाजन इस प्रकार है :

प्रथम भाग

आदि प्रकरण (आदिकाल से सं० 1560 तक)

1. हिन्दी की उत्पत्ति और साहित्य का लक्षण (वैदिक समय से स० 700)
2. पूर्व प्रारम्भिक हिन्दी-चन्दपूर्व (सं० 700-1200)
3. रासोकाल (1201-1347)
4. उत्तर प्रारम्भिक हिन्दी (सं० 1348-1444)
5. पूर्व माध्यमिक हिन्दी (सं० 1445-1560)

प्रौढ़ माध्यमिक प्रकरण (सं० 1561-1680)

6. प्रौढ़ माध्यमिक हिन्दी-अष्टछाप (सं० 1561-1680)
7. सौरकाल (सं० 1561-1630)
8. गोस्वामी तुलसीदास और तुलसीदास की हिन्दी (सं० 1631-1680)
9. पूर्व तुलसीदास (सं० 1631-1645)

10. माध्यमिक तुलसीकाल (सं॰ 1646-1670)
11. अन्तिम तुलसीकाल (सं॰ 1671-1680)

खंड दो

पूर्वालंकृत प्रकरण (सं. 1681-1790)

1. पूर्वालंकृत हिन्दी
2. सेनापति काल (सं॰ 1681-1706)
3. बिहारी काल (सं॰ 1707-1720)
4. भूषण काल (सं॰ 1721-1750)
5. आदि देव काल (सं॰ 1751-1771)
6. माध्यमिक देव काल (सं॰ 1771-1790)

उत्तरालंकृत प्रकरण (सं. 1791-1889)

7. उत्तरालंकृत हिन्दी (सं॰ 1791-1889)
8. दास काल (सं॰ 1791-1810)
9. सूदनकाल (सं॰ 1811-1830)
10. रामचन्द्र काल (सं॰ 1831-1855)
11. वेनीप्रवीन काल (सं॰ 11856-1875)
12. पद्माकर काल (सं॰ 1876-1889)

खंड तीन

(अज्ञात काल)

1. अज्ञात काल—अकारादि क्रम से वर्णन।
2. परिवर्तनकालिक हिन्दी (सं॰ 1890-1925)
3. द्विजदेव काल (सं॰ 1890-1915)
4. दयानन्द काल (सं॰ 1916-1925)
5. वर्तमान हिन्दी पत्र और पत्रिकाएँ (सं॰ 1926-1945)
6. पूर्व हरिशचन्द्र काल (सं॰ 1926-1935)
7. उत्तर हरिशचन्द्र काल (सं॰ 1936-1945)

खंड चार

1. परम प्राचीन कविगण (आदि से सं॰ 1944 तक के शेष कविगण)
2. दूसरा अज्ञातकालिक प्रकरण।
3. पूर्व नूतन परिपाटी (सं॰ 1945-1960)
4. उत्तर नूतन परिपाटी (सं॰ 1961-1975)
5. वर्तमान काल (सं॰ 1976-1990)

सम्पूर्ण विभाजन का सर्वेक्षण इस प्रकार है :

नाम	समय (सं॰)	कितनी कविता मिलती है
पूर्व प्रारम्भिक काल	700-1343	बहुत कम
उत्तर प्रारम्भिक काल	1343-1444	थोड़ी?
पूर्व माध्यमिक काल	1445-1560	कुछ अधिक
प्रौढ़ माध्यमिक काल	1561-1680	अच्छी मात्रा में
पूर्वालंकृत काल	1681-1790	बहुत अच्छी मात्रा में
उत्तरालंकृत काल	1791-1889	वर्धमान मात्रा में
अज्ञात काल		साधारण
परिवर्तन काल	1890-1925	प्रचुरता से
वर्तमान काल	1926 से अब तक	बहुत अधिक

उपर्युक्त कालविभाजन तथा उसके सर्वेक्षण के आधार पर कहा जा सकता है, कि मिश्र बंधुओं ने भाषा के विकास को कालविभाजन के प्रमुख आधार के रूप में प्रतिष्ठित किया है। इसके अतिरिक्त उन्होंने कालचक्र, प्रवृत्ति तथा प्रसिद्ध व्यक्ति के नाम को भी आधार रूप में स्वीकृति दी है। डॉ॰ सुमनराजे ने उनके कालविभाजन का विश्लेषण करते हुए लिखा है : "'विनोद' के विभाजन का आधार 'हिन्दी' है। इसलिए उसे हर स्थान पर दोहराया गया है। दूसरी बात है विभाजन आधारों की विविधता। प्राथमिक विभाजन आदि, मध्य, पूर्व, उत्तर आदि कालवाचक हैं। द्वैतियक विभाजन मुख्य प्रवृत्ति से सम्बन्धित है जैसे, अलंकृत काल, परिवर्तन काल; तृतीय आधार विशिष्ट कवियों का है।'[101] हमारे विचार में यह काल विभाजन मौलिक होते हुए भी संगत नहीं कहा जा सकता। भाषा के इतिहास के लिए इसकी कुछ सार्थकता हो सकती है, साहित्यिक इतिहास के लिए नहीं, क्योंकि इसमें साहित्यिक प्रवृत्ति के आधार की प्रायः उपेक्षा हुई है। परवर्ती काल में डॉ॰ रसाल ने इस विभाजन को मान्यता अवश्य दी है। प्रत्येक युग के अन्तर्गत कालखंडों की परिकल्पना भी बिना किसी ठोस आधार के की गयी है।

मिश्र बन्धुओं ने कवियों का विवरण कालक्रमानुसार दिया है, किन्तु उन्होंने ग्रियर्सन की तरह कवियों के उपस्थितिकाल को समक्ष न रखकर उनके रचनाकाल को क्रम का आधार बनाया है। इस प्रकार उन्होंने कालक्रम निर्धारण में एक विचित्र अन्वेषण किया है।[102] उन्होंने लिखा है : 'कवियों के पूर्वापर क्रम रखने में हमने जन्म सम्वत् का विचार न करके काव्यारम्भ काल के अनुसार क्रम रखा है। साहित्य सेवा की दृष्टि से किसी का जन्म उसी समय से माना जा सकता है, जब से वह रचना आरम्भ करे। इसी कारण कई छोटी अवस्थाओं वाले लेखकों के नाम बड़ी अवस्था वालों से पूर्व आ गये हैं। काल नायकों के कथनों में इस नियम से प्रतिकूलता है। कालनायक केवल काव्योत्कर्ष के विचार से नहीं रखे गये हैं, वरन् इसके साथ उनके वर्णित विषय, उनका तात्कालिक प्रभाव और उनके समयों के विचार भी मिल गये

हैं। सूदनकाल संवत् 1811 से 1830 तक चलता है। इसके नायक बोधा भी हो सकते हैं, परन्तु उनका कविताकाल 1830 से प्रारम्भ होता है सो सबके पीछे होने के कारण समयनायक नहीं बनाए गये। फिर भी उनका वर्णन इसी समय हुआ।'[103] उन्होंने कालक्रम के लिए रचनाकाल का आधार रखा। इसलिए जिन कवियों का रचनाकाल ज्ञात नहीं हो सका, उसका उन्होंने जन्म संवत् के आधार पर अनुमान कर लिया है। वे लिखते हैं : कहीं-कहीं ग्रन्थों या अन्य प्रकार से किसी कवि का जन्मकाल मिल गया, परन्तु उसका रचनाकाल प्रामाणिक रीति पर नहीं मिला। ऐसी दशा में कवि की योग्यतानुसार ज्ञात बातों का ध्यान देकर जन्मकाल में 20 से 30 वर्ष तक जोड़कर हमने कविताकाल निकाला है।'[104]

ऐसा प्रतीत होता है, कि मिश्र बन्धु कालक्रम की पूर्ववर्ती प्रणाली से सन्तुष्ट नहीं थे। इसलिए उन्होंने नई प्रणाली को अपनाया। उनका उपर्युक्त मत साहित्य के इतिहास में कवियों का विवरण देने में अपनी सार्थकता रखता है, क्योंकि साहित्य का इतिहास कवियों के जन्म से नहीं उनके कृतित्व से सम्बन्धित होता है।

श्रेणीविभाग एवं मूल्यांकन : मिश्र बन्धुओं ने 'विनोद' में कवियों के मूल्यांकन को दृष्टि में रखते हुए उन्हें श्रेणियों में विभाजित करने का प्रयास किया है। श्रेणी विभाग के कारण पर विचार करते हुए वे लिखते हैं : 'हमारी सम्मति से 'विनोद' में कथित बहुतेरे कवि कुछ-कुछ उत्कृष्ट हैं। फिर भी अपेक्षित दृष्टि से उनमें जमीन-आसमान का अन्तर पाया जाता है। इस कारण प्रत्येक कवि की विस्तृत आलोचना करने में, कवि संख्या बाहुल्य से, ग्रन्थ बहुत बढ़ जाता, और कुछ भी स्पष्ट अनुमति न देने से कविता से कम परिचित पाठकों को बड़ाई-छोटाई का बहुत कम ध्यान हो सकता ...श्रेणी विभाग स्थिर करने से यह भेद बहुत शीघ्र ही दो शब्दों द्वारा प्रकट हो जाता है, और बिना श्रेणीविभाग के वर्णन बढ़ाने से हर बार पूर्ण अन्तर समझ में आ जाना कठिन है। सरोजकार एवं भाषाओं के अन्य इतिहासकारों ने श्रेणी विभाग स्थिर किए बिना ही कवियों की प्रशंसा की है। इन प्रशंसाओं से अधिकांश दशाओं में कवियों की अपेक्षाकृत गरिमा का भेद ज्ञात नहीं होता। इन्हीं कारणों से हमने किसी प्राचीन प्रमाण के अभाव में भी श्रेणी विभाग चलाने का साहस किया है।'[105] मिश्र बन्धु इतिहास ग्रन्थ में कवियों के मूल्यांकन के लिए श्रेणी विभाग को अत्यन्त उपयोगी मानते हैं।

जहाँ तक श्रेणीविभाग के आधार का प्रश्न है, मिश्रबंधुओं ने इसका उत्तर इस प्रकार दिया है : श्रेणियों में रखने के विचार में हमने केवल काव्यप्रौढ़ता पर ध्यान दिया है एवं कवियों के महात्मा या महाराज आदि होने की कुछ भी परवाह नहीं की।'[106] काव्यप्रौढ़ता की कसौटी क्या होनी चाहिए? इसके लिए उन्होंने आलोचना का कोई निश्चित मान स्थिर नहीं किया। उनके शब्दों में : 'यदि कोई पूछे कि किन गुणों के होने से हम काव्य को गौरवान्वित मानते हैं, तो हमें विवशतः कहना पड़ेगा

कि इन गुणों एवं कारणों का कथन हर एक छन्द के लिए पृथक है।'[107] किसी निश्चित आधार के न होने पर भी उन्होंने रीतिशास्त्र, व्यक्तिगत रुचि तथा प्रभाव को मूल्यांकन के मानदंड के रूप में स्वीकार किया प्रतीत होता है।

विवरण पद्धति : 'विनोद' में साहित्यकारों के विवरण की पूर्ववर्ती पद्धति का अनुसरण किया गया है। प्रसिद्ध साहित्यकारों के विवरण विस्तृत या आलोचनात्मक हैं। कई लेखकों के विवरण अत्यन्त संक्षिप्त हैं और अनेक का उल्लेख मात्र हुआ है। उनके शब्दों में : 'विनोद' में बहुत से कवियों पर समालोचनाएँ लिखी हैं और बहुतेरों को चक्र में स्थान मिला है। इससे यह प्रयोजन नहीं कि चक्रवाले कविगण समालोच्य लेखकों से अवश्य ही न्यून हैं। उनके चक्र में स्थान पाने का कभी-कभी यही कारण है कि हम उनके ग्रन्थ भली-भाँति या कुछ भी देख या प्राप्त न कर सके।'[108] इसमें सन्देह नहीं कि मिश्र बन्धुओं ने पूर्ववर्ती प्रणाली को अपनाते हुए भी पहली बार कई कवियों पर साहित्यिक दृष्टि से आलोचनात्मक टिप्पणियाँ लिखी हैं। यही नहीं, उन्होंने प्रायः प्रत्येक युग के आरम्भ में या अन्त में भाषा और साहित्य के उत्कर्ष की दृष्टि से विभिन्न युगों पर भी आलोचनात्मक विवरण प्रस्तुत किये हैं। युग के प्रतिनिधि कवियों पर आलोचनात्मक टिप्पणियों से परवर्ती युग के साहित्यिक इतिहासलेखन का मार्ग प्रशस्त हुआ है।

हिन्दी साहित्येतिहास के दर्शनशास्त्र तथा शिल्प की दृष्टि से 'मिश्र बन्धु विनोद' एक प्रौढ़ रचना नहीं बन पायी। डॉ॰ सुमनराजे के शब्दों में : 'इसका सबसे बड़ा अभाव सामाजिक ढाँचे से अलगाव है। इसीलिए यह साहित्य की अंतश्चेतना को स्पष्ट करने में सफल नहीं हो सका।'[109] शुक्लजी ने इसे कविवृत्त संग्रह कहकर इसकी कटु आलोचना भी की है।[110] इसमें अनेक भ्राँतियों तथा भूलों की ओर भी विद्वानों का ध्यान गया है, किन्तु इसके ऐतिहासिक महत्त्व से इनकार नहीं किया जा सकता। इसकी उपलब्धियाँ कम नहीं हैं :

1. इसकी सबसे बड़ी उपलब्धि 'विपुल सामग्री का संचयन' है जैसा कि, डॉ॰ सुमनराजे का मत है और पं॰ रामचन्द्र शुक्ल ने भी इसे 'प्रकांड कविवृत्त संग्रह' कहकर इसके ऋण को स्वीकार किया है।
2. हिन्दी का यह पहला ग्रन्थ है, जो कविवृत्त संग्रह होने के साथ-साथ हिन्दी साहित्य के इतिहास की भी झलक देता है।
3. कवियों के विवरण को आलोचनात्मक बनाने का सराहनीय यत्न किया गया है।
4. युगों की भाषाई और साहित्यिक उपलब्धियों के मूल्यांकन की ओर कदम उठाया गया है।

सन्दर्भ

1. 'गार्सां द तासी', 'हिन्दुई साहित्य का इतिहास', (अनु. लक्ष्मीसागर वार्ष्णेय) प्रथम संस्करण का समर्पण, इलाहाबाद, 1953, पृ. 1.
2. वही, भूमिका, पृ. 57-58.
3. वही, पृ. 118.
4. वही. पृ. 113.
5. वही, 'अनुवादक की ओर से', पृ. 5.
6. वही. पृ. 258-59.
7. वही. पृ. 141-153.
8. वही. पृ. 320-324.
9. वही, भूमिका, पृ. 13-14.
10. वही, भूमिका, पृ. 6-7.
11. वही, भूमिका, पृ. 12.
12. 'साहित्यिक इतिहास : संरचना और स्वरूप', पृ. 302.
13. 'हिन्दुई साहित्य का इतिहास', 'अनुवादक की ओर से', पृ. 'च'.
14. वही.
15. वही, पृ. 29.
16. देखिए, 'हिन्दी साहित्य के इतिहास ग्रन्थों का आलोचनात्मक अध्ययन', पृ. 79-81.
17. 'हिन्दुई साहित्य का इतिहास', 'अनुवादक की ओर से', पृ. 'च'.
18. वही, भूमिका, पृ. 6-7.
19. वही, 'अनुवादक की ओर से', पृ. झ-ट.
20. वही, पृ. ट-ड.
21. वही, भूमिका, पृ. 6-7.
22. वही, भूमिका, पृ. 6-7.
23. 'साहित्यिक इतिहास : संरचना और स्वरूप', पृ. 302.
24. 'हिन्दुई साहित्य का इतिहास', 'अनुवादक की ओर से', पृ. 'च'.
25. 'साहित्य का इतिहास दर्शन', पृ. 76.
26. शिवसिंह सेंगर : 'शिवसिंह सरोज', (सं. त्रिलोकीनारायण दीक्षित), लखनऊ, 1966 भूमिका, पृ. 1.
27. वही, पृ. 29.
28. वही, पृ. 29.
29. वही, (सं. डॉ. त्रिलोकीनारायण दीक्षित), पृ. 4.
30. वही, भूमिका.
31. वही.

32. वही, 'दो शब्द', के पश्चात्, पृ. 33.

33. वही, भूमिका, पृ. 9-10.

34. वही, पृ. 10.

35-36. रामचन्द्र शुक्ल ने रीतिकाल और आधुनिक काल का आरम्भ सम्भवतः सरोज के आधार पर क्रमशः 1700 तथा 1900 से माना है।

37. 'शिवसिंह सरोज', भूमिका, 11.

38. वही, 'दो शब्द' पृ. 30.

39. वही, पृ. 427-28

40. वही, भूमिका, पृ. 1.

41. वही, पृ. 2-3.

42. वही, पृ. 4.

43. 'हिन्दी साहित्य का प्रथम इतिहास', (अनुवादक किशोरीलाल गुप्त) वक्तव्य पृ. 8.

44. 'हिन्दी का इतिहास दर्शन', पृ. 79.

45. 'हिन्दी साहित्य का प्रथम इतिहास', (अनुवादक किशोरीलाल गुप्त), द्वितीय संस्करण, वाराणसी, 1961, पृ. 53.

46. 'हिन्दी साहित्य का प्रथम इतिहास', पृ. 19.

47. वही, पृ. 296.

48. वही.

49. 'हिन्दी साहित्य', 1955, पृ. 88.

50. 'हिन्दी साहित्य का प्रथम इतिहास', (अनुवादक किशोरीलाल गुप्त), भूमिका, पृ. 62.

51. वही, पृ. 63.

52. वही, प्रस्तावना, पृ. 61.

53. वही, पृ. 81.

54. वही, पृ. 61.

55. वही, पृ. 163.

56. वही, पृ. 207.

57. वही, पृ. 208.

58. वही, पृ. 241.

59. 'साहित्य का इतिहास दर्शन', 1960, पृ. 81-83.

60. ग्रियर्सन कृत 'हिन्दी साहित्य का प्रथम इतिहास', (अनुवादक किशोरीलाल गुप्त) 1961, पृ. 139.

61. वही, पृ. 136-37.

62. वही, पृ. 107.

63. वही, पृ. 48.

64. वही, पृ. 144.

65. वही, पृ. 54.
66. वही, पृ. 58-59.
67. 'शिवसिंह सरोज', भूमिका, पृ. 2-3.
68. 'हिन्दी साहित्य का प्रथम इतिहास', (अनुवादक किशोरीलाल गुप्त) पृ. 136.
69. वही, पृ. 59.
70. वही, पृ. 57.
71. वही, पृ. 28.
72. वही, पृ. 28-29.
73. वही, पृ. 58.
74. वही, पृ. 38.
75. वही, पृ. 57.
76. वही, पृ. 60.
77. वही, पृ. 30-31.
78. वही, पृ. 71.
79. 'साहित्यिक इतिहास और स्वरूप', 1975, पृ. 305.
80. 'हिन्दी साहित्य का प्रथम इतिहास', पृ. 145.'
81. वही, पृ. 66.
82. वही, पृ. 9.
83. 'साहित्य का इतिहास दर्शन', पृ. 79.
84. 'साहित्यिक इतिहास : संरचना और स्वरूप', पृ. 306.
85. 'साहित्य का इतिहास दर्शन', पृ. 86.
86. 'मिश्रबंधु विनोद', प्रथम खंड, पंचम संस्करण, लखनऊ, सं. 2023, भूमिका पृ. 2.
87. वही, पृ. 21.
88. वही, प्रथम संस्करण, भूमिका, पृ. 27.
89. वही, पृ. 12.
90. वही, पृ. 101.
91. वही, पृ. 105-106.
92. वही, पृ. 176.
93. वही, पृ. 163.
94. वही, पृ. 185.
95. वही, प्रथम भाग, पंचम संस्करण, पृ. 43.
96. वही, पृ. 11.
97. वही, पृ. 12.
98. वही, पृ. 14.
99. वही, पृ. 15.

100. 'साहित्यिक इतिहास : संरचना और स्वरूप', 1975, पृ. 307.
101. वही, पृ. 308.
102. वही, पृ. 309.
103. 'मिश्रबन्धु विनोद', पंचम संस्करण, पृ. 11.
104. वही, पृ. 12.
105. वही, पृ. 16-17.
106. वही, पृ. 17.
107. वही, पृ. 18.
108. वही, भूमिका, पृ. 18.
109. 'साहित्यिक इतिहास : संरचना और स्वरूप', पृ. 306.
110. रामचन्द्र शुक्ल : 'हिन्दी साहित्य का इतिहास', वक्तव्य, पृ. 1-2.
111. वही, पृ. 7.

विकासयुग का साहित्येतिहासलेखन

दर्शनशास्त्र एवं शिल्प

प्रारम्भिक युग के हिन्दी साहित्येतिहासलेखन में इतिहासदर्शन तथा शिल्प की जो सीमाएँ थीं, उन्हें विकास युग में पार करने का यत्न किया गया। इस युग में ही हिन्दी साहित्येतिहासलेखन वास्तविक गरिमा, प्रौढ़ता तथा सुव्यवस्था प्राप्त कर सका। इस युग में ऐतिहासिक विवेक से उपलब्ध साहित्यिक सामग्री का वैज्ञानिक वर्गीकरण सम्भव हुआ तथा ठोस साहित्येतिहासदर्शन के आधार पर साहित्यिक प्रवृत्तियों का निरूपण करते हुए साहित्यधारा के अविच्छिन्न प्रवाह को दिखलाने का यत्न किया गया। यह एक अत्यन्त कठिन तथा महत्त्वपूर्ण कार्य था जिसे सर्वप्रथम आचार्य रामचन्द्र शुक्ल ने सम्पन्न किया। इसलिए हिन्दी साहित्येतिहासलेखन के इतिहास में विद्वानों ने इस युग को शुक्ल युग की संज्ञा दी है। ऐतिहासिक दृष्टि तथा शिल्प के आधार पर शुक्ल जी का 'हिन्दी साहित्य का इतिहास' अपने युग का प्रकाशस्तम्भ है। परवर्ती युग के अनेक इतिहासकारों को भी इस ग्रन्थ ने अत्यधिक प्रभावित किया है।

आचार्य रामचन्द्र शुक्ल का साहित्येतिहास

शुक्ल का साहित्येतिहासदर्शन जीवन तथा जगत सम्बन्धी उनकी धारणाओं से ही विनिर्मित हुआ है। उन्होंने अपने युग के वैज्ञानिक चिन्तन को आत्मसात करके ही अपनी धारणाएँ बनायीं तथा जीवन, जगत, समाज, सभ्यता, धर्म, इतिहास तथा साहित्य को नवीन ज्ञान के आलोक में समझने का यत्न किया। विकासवाद तथा विज्ञान के प्रभाव ने उन्हें वस्तुवादी विचारक बनाया तथा आस्तिक होते हुए भी उन्हें भौतिकवाद की ओर उन्मुख किया। रामकृपाल पांडेय के मतानुसार : 'शुक्लजी की चिन्तन पद्धति द्वन्द्वात्मक और विकासवादी है। उस पर विज्ञान का गहरा प्रभाव है। वे अपने जमाने तक होने वाली वैज्ञानिक प्रगति से भली-भाँति परिचित थे। विज्ञान की जानकारी ने उनकी चिन्तन पद्धति एवं जीवन दृष्टि को निर्मित करने में

महत्त्वपूर्ण योग दिया है। उसने उनके दृष्टिकोण को वस्तुवादी और काफी हद तक भौतिकवादी बना दिया है। द्वन्द्वात्मकता उसकी मुख्य विशेषता है।'[1] उन्होंने साहित्य के इतिहास को भी विकासवादी और वस्तुवादी दृष्टि से व्याख्यायित किया है।

विकासवादी और वस्तुवादी दृष्टि

पंडित रामचन्द्र शुक्ल ने 'हिन्दी साहित्य का इतिहास' लिखने से पूर्व 1920 में जर्मन वैज्ञानिक हैकल की प्रसिद्ध पुस्तक 'रिडल ऑफ दि यूनिवर्स' का 'विश्व प्रपंच' शीर्षक से अनुवाद किया था। इसके आरम्भ में 155 पृष्ठों की भूमिका भी दी गयी है। उससे उद्धरण देकर डॉ॰ रामविलास शर्मा ने उन्हें विकासवाद का पोषक माना है। वे लिखते हैं : 'शुक्ल जी ने तटस्थ होकर डार्विन का मत उद्धृत नहीं कर दिया ...वे उस पर अपनी सम्मति भी देते जाते हैं।...विकासवाद और सृष्टिरचना की पौराणिक कथाओं के द्वंद में शुक्लजी पौराणिक कथाओं के विरोधी हैं और विकासवाद के समर्थक।'[2] इसी आधार पर डॉ॰ रामलाल सिंह शुक्लजी के इतिहासदर्शन को स्पष्ट करते हुए लिखते हैं : 'जीवन तथा साहित्य में विकासवाद के सिद्धान्त को मानने के कारण वे साहित्य के इतिहास की किसी घटना, किसी कवि की विशेषता, किसी साहित्यिकधारा तथा किसी युग के सामान्य एवं विशिष्ट लक्षणों को कारणहीन, आकस्मिक, असम्बद्ध, स्वयंभूत अथवा अदृष्टनिर्मित नहीं मानते, प्रत्युत उसे जीवन की विविध परिस्थितियों की क्रिया-प्रक्रिया, घात-प्रतिघात की उपज मानते हैं। वे सामाजिक जीवन की विविध परिस्थितियों को युग विशेष की साहित्यिक धाराओं, विचारों, धारणाओं का उद्भावक मानने के कारण इतिहास की गतिविधि की नियमन शक्ति को सामाजिक जीवन की विविध परिस्थितियों में देखते हैं। काव्यकला के सम्बन्ध सूत्रों को सामाजिक जीवन में ढूँढ़ते हैं। इस प्रकार वे इतिहास का अध्ययन सामाजिक जीवनसत्य जानने के रूप में तथा उसके विकासशील नियमों के उद्घाटित करने के रूप में कराते हैं। विकासवादी होने के कारण ही वस्तुओं को गतिशील एवं विकासशील दृष्टि से देखते हैं। इसलिए उन्होंने हिन्दी साहित्य के इतिहास को सतत् प्रवाहमान धारा के रूप में देखा है।'[3] उन्होंने ही सर्वप्रथम हिन्दी साहित्य के इतिहास की वस्तुनिष्ठ कारणता का अन्वेषण करके प्रौढ़ चिन्तन का परिचय दिया है।

लोकवादी दृष्टिकोण

शुक्लजी अपनी विकासवादी चिन्तनपद्धति को लोकमंगल के आदर्श से समन्वित करके एक ऐसे मानववादी विचारक तथा इतिहासकार के रूप में दिखाई देते हैं, जिनके हृदय में दलित मानवता के लिए दर्द है। लोकमंगल के सिद्धान्त के आधार पर ही उन्होंने हिन्दी साहित्य की उन धाराओं की कटु आलोचना की है, जो जनकल्याण के आदर्श से प्रेरित नहीं हैं अथवा जो वस्तुनिष्ठ हैं, समाजनिष्ठ नहीं।

रामकृपाल पाण्डेय के शब्दों में : 'उनके सामाजिक चिन्तन का केन्द्रीय तत्व है, लोकवाद। उनके लोकवाद में पूँजीवादी व्यक्तिवाद के लिए कोई जगह नहीं है। वे व्यक्तिहित को लोकहित के अधीन मानते हैं।'[4] शुक्लजी के निबन्धों, साहित्य के इतिहास में कवियों की आलोचनाओं तथा समीक्षा सिद्धान्तों से यह बात सिद्ध हो जाती है कि उनकी दृष्टि में लोकमंगल का आदर्श साहित्य का चरम लक्ष्य है। वे रीतिकालीन दरबारी कवियों पर व्यंग्य करते हुए लिखते हैं : 'हिन्दी के रीतिकाल के कवि तो मानो राजाओं के यहाँ राजाओं की कामवासना उत्तेजित करने के लिए ही रखे जाते थे। एक प्रकार के कविराज तो रईसों के मुँह में मकरध्वज का रस झोंकते थे, दूसरे प्रकार के कविराज कान में मकरध्वज की पिचकारी देते थे। पीछे से तो ग्रीष्मोपचार आदि के नुस्खे भी कवि लोग तैयार करने लगे।'[5]

साहित्येतिहासलेखन तथा समीक्षासिद्धान्तों के सन्दर्भ में डॉ॰ रामपाल सिंह ने उनके लोकवादी दृष्टिकोण का विवेचन इस प्रकार किया है :

1. लोकमंगल की कसौटी पर कवियों की परख।
2. सच्चे कवियों की कसौटी लोकधर्म की पहचान।
3. लोकधर्म के प्रमुख तत्व लोक प्रवृत्तियों के आधार पर विभाजन।
4. स्रोत को लोक चेतना में खोजना।
5. लोक धर्म एवं लोकमंगल के विरुद्ध पड़ने वाले वादों का खंडन।
6. समाजोन्मुख तथा समाज पराङ्.मुख युगों को पृथक करना।
7. साहित्य को समाज की शक्ति मानना।

इन्हीं सिद्धान्तों के कारण उन्होंने तुलसी को सर्वश्रेष्ठ कवि माना, रीतिकाल को हेय माना एवं कविता में प्रबन्ध काव्य को मुक्तक की अपेक्षा श्रेष्ठ माना।'[6] शुक्ल जी की साहित्येतिहास सम्बन्धी अवधारणा का आधार भी उनका लोकबद्ध तथा समाजनिष्ठ दृष्टिकोण है।

शुक्लजी की दृष्टि में साहित्येतिहास

शुक्लजी की विकासवादी दृष्टि ने साहित्य के इतिहास की गत्यात्मकता की पहचान की तथा उनकी समाजनिष्ठ चेतना ने इस गत्यात्मकता की व्याख्या सामाजिक जीवन के परिप्रेक्ष्य में करने का यत्न किया। उनके शब्दों में जबकि प्रत्येक देश का साहित्य वहाँ की जनता की चित्तवृत्ति का संचित प्रतिबिम्ब होता है, तब यह निश्चित है कि जनता की चित्तवृत्ति के परिवर्तन के साथ-साथ साहित्य के स्वरूप में भी परिवर्तन होता चला जाता है। आदि से अंत तक इन्हीं चित्तवृत्तियों की परम्परा को परखते हुए साहित्य परम्परा के साथ उनका सामंजस्य दिखाना ही 'साहित्य का इतिहास' कहलाता है। जनता की चित्तवृत्ति बहुत कुछ राजनीतिक, सामाजिक, साम्प्रदायिक तथा धार्मिक परिस्थिति के अनुसार होती है। अतः कारण स्वरूप इन परिस्थितियों

का किंचित् दिग्दर्शन भी साथ-ही-साथ आवश्यक होता है। इस दृष्टि से हिन्दी साहित्य का विवेचन करने में यह बात ध्यान में रखनी होगी कि किसी विशेष समय में लोगों में रुचिविशेष का संचार और पोषण किधर से और किस प्रकार हुआ।[7]

'हिन्दी साहित्य का इतिहास' में शुक्लजी का वक्तव्य पढ़कर यह शंका भी उठती है कि कहीं वे साहित्य के इतिहास में परिवर्तन का कारण शिक्षित जनता की प्रवृत्तियों में परिवर्तन तो नहीं मानते? उन्होंने लिखा है : 'शिक्षित जनता की जिन-जिन प्रवृत्तियों के अनुसार हमारे साहित्य के स्वरूप में जो परिवर्तन होते आये हैं, जिन-जिन प्रभावों की प्रेरणा से काव्यधारा की भिन्न शाखाएँ फूटती रही हैं, उन सबके सम्यक् निरूपण तथा उनकी दृष्टि से किये हुए सुसंगत कालविभाग के बिना साहित्य के इतिहास का सच्चा अध्ययन कठिन दिखाई पड़ता था।'[8] उनके इस वक्तव्य के आधार पर तथा सन्तकवियों सम्बन्धी कुछ टिप्पणियों का हवाला देते हुए कुछ विद्वानों ने शुक्लजी की ऐतिहासिक दृष्टि को मध्यवर्गीय चेतना से प्रभावित माना है। शिवनाथ के मतानुसार : 'वे प्रायः मध्यगवर्गीय और यत्र-तत्र मध्यकालीन संस्कृति के हिमायती हैं। आचार्य शुक्ल की रुचि भी ऐसी ही संस्कृति पर है।'[9] रांगेयराघव जैसे जागरूक विचारक ने शुक्लजी की दृष्टि को संकीर्ण मानते हुए कहा है—'आचार्य शुक्ल ने इतिहास को शुद्ध ब्राह्मण दृष्टिकोण से देखा है।'[10] जयचन्द्र राय के अनुसार : 'शुक्लजी की शायद यही धारणा थी कि साहित्य के रचयिता और शिक्षित पाठक मिलकर ही उसके इतिहास का निर्माण करते हैं, अतः इतिहासलेखन में उन्हीं की चित्तवृत्तियों का निरूपण होना चाहिए। इतिहास के बीच में भी जहाँ कहीं निर्गुणिये सन्तों का प्रसंग आता है, वहाँ वे संकेत देना नहीं भूलते कि अशिक्षित जनता के ऊपर उनका बहुत अधिक प्रभाव था। इस प्रकार एक ओर तो वे सन्तों के उस प्रभाव की महत्ता को अस्वीकार कर देते हैं, जो आम जनता के ऊपर था और दूसरी ओर साहित्य निर्माण में प्रेरणा देनेवाली अशिक्षित जनता के महत्त्व को।'[11]

हमारे विचारानुसार आचार्य शुक्ल के साहित्य सिद्धान्त का प्रधान सूत्र यह है कि 'प्रत्येक देश का साहित्य वहाँ की जनता की चित्तवृत्ति का संचित प्रतिबिम्ब होता है।' उन्होंने इस सूत्र को सदा सामने रखा है। उनके अनुसार : 'मनुष्य लोकबद्ध प्राणी है। उसका अपनी सत्ता का ज्ञान तक लोकबद्ध है। लोक के भीतर ही कविता क्या किसी कला का प्रयोजन और विकास होता है।'[12] उनका मत है कि 'सच्चा कवि वही है, जिसे लोकहृदय की पहचान हो, जो अनेक विशेषताओं और विचित्रताओं के बीच मनुष्य जाति के सामान्य हृदय को देख सके। इसी लोक-हृदय में हृदय के लीन होने की दशा का नाम रसदशा है।'[13] उन्होंने सामान्यतः साहित्य तथा उसके विकास को समग्र लोकजीवन की गतिशीलता के सन्दर्भ में ही देखा है न कि केवल शिक्षित समाज की मानसिकता के आलोक में। इसलिए उनके एक वाक्य को लेकर उनकी ऐतिहासिक दृष्टि की सीमाएँ निर्धारित करना युक्तियुक्त नहीं प्रतीत होता।

इसमें संदेह भी नहीं कि वे सन्त साहित्य के सामाजिक मूल्य की सहृदयता से पहचान नहीं कर सके, किन्तु इसके कारण उनके ऐतिहासिक दृष्टिकोण को ब्राह्मणवादी कहना उनके साथ अन्याय है। उनकी साहित्य इतिहास विषयक परिकल्पना मूलतः वस्तुवादी और लोकवादी सिद्धान्तों पर आधारित है, इसमें सन्देह के लिए कोई स्थान नहीं।

साहित्य के इतिहास का रसवादी मूल्यांकन

यह तो निश्चित है कि साहित्य का इतिहासकार आलोचक भी होता है और साहित्य के इतिहास में साहित्यिक युगों तथा प्रतिनिधि कवियों के कृतित्व का मूल्यांकन अनिवार्य रूप से होता है। शुक्लजी लोकवादी विचारक और वस्तुवादी दार्शनिक ही नहीं हैं, वे रसवादी आलोचक भी हैं। उन्होंने रस की लौकिक और वस्तुनिष्ठ व्याख्या करके ही अपने मूल्यांकन का आधार बनाया है। डॉ॰ सुमनराजे ने डॉ॰ रामलाल सिंह के विवेचन के आधार पर लिखा है : 'शुक्लजी की विवेचना का आधारभूत सिद्धान्त रस-सिद्धान्त है और उनकी इतिहासगत आलोचना भी रस-सिद्धान्त पर आधारित है। बीच-बीच में उन्होंने इस प्रकार के प्रश्न उठाये हैं। जैसे, यह रचना सूक्ति है या काव्य? यदि काव्य है तो मुक्तक है या प्रबन्ध? यदि मुक्तक है, तो उसमें रस के मधुर छींटे उड़े हैं या नहीं? यदि प्रबन्ध है तो कथा की धारा टूटी है या नहीं? कवि मार्मिक स्थलों को पहचानने में सफल हुआ है या नहीं? बाह्य दृश्य वर्णन और स्वभाव चित्रण स्वाभाविक है या नहीं? रस और अलंकारों का निर्वाह कुशलता से हुआ है या नहीं? उसमें कहाँ तक नाद सौन्दर्य है? भाषा प्रौढ़ और प्रसंगानुकूल है? कवि कहाँ तक राजनीतिक परिस्थितियों से प्रभावित है, या उसने इन परिस्थितियों को कहाँ तक प्रभावित किया है? कवि ने अपनी सामग्री कहाँ से ली है और कहाँ तक उसमें मौलिकता है? जनता के हृदय में कवि ने कहाँ तक घर किया है? एक प्रसिद्ध कवि दूसरे प्रसिद्ध कवि के सामने साहित्यिक दृष्टि से कितना हल्का एवं भारी है?'[14] इस प्रकार शुक्ल जी ने हिन्दी साहित्य के इतिहास में साहित्य और कवियों का रसवादी मूल्यांकन प्रस्तुत किया है। प्रत्येक युग तथा प्रत्येक धारा के प्रतिनिधि कवियों के मूल्यांकन द्वारा भी उन्होंने युगों की श्रेष्ठता और हीनता, उत्कर्ष अथवा अपकर्ष सिद्ध किया है।

साहित्यिक प्रवृत्तियों तथा परिस्थितियों का अन्तःसम्बन्ध

शुक्लजी के इतिहास की सबसे बड़ी विशेषता प्रत्येक साहित्यिक युग की सामान्य प्रवृत्ति को तत्कालीन परिस्थितियों की कोख से जन्मी मानकर निरूपित करना है। इस प्रकार उन्होंने प्रवृत्तियों और परिस्थितियों में कार्य-कारण की शृंखला का निर्माण किया है और हिन्दी साहित्य के इतिहास को सुव्यवस्थित रूप प्रदान किया है। यह

योजना उनके साहित्येतिहास सम्बन्धी समाज शास्त्रीय दृष्टिकोण की परिचायक है। नलिनविलोचन शर्मा ने इसे विधेयवादी प्रणाली का नाम दिया है।

अब यह प्रश्न उठता है कि शुक्लजी के इतिहास में साहित्यिक प्रवृत्तियों तथा परिस्थितियों का कार्य-कारण सम्बन्ध कहाँ तक सार्थक बन पड़ा है। इसका उत्तर देने के पूर्व उनके प्रवृत्ति निरूपण के कुछ उदाहरण सामने रखना अत्यन्त आवश्यक है।

वीरकाव्य तथा परिवेश : वीरकाव्य को वे भारत के पश्चिमी भाग में 'साम्राज्य भावना' के अन्तर्हित होने के बाद राजाओं के पारस्परिक युद्धों के कारण अपने आश्रयदाताओं की वीरता वर्णन के लिए दरबारी कवियों द्वारा रचित काव्य मानते हैं। मुसलमानों के आक्रमण को भी इस प्रवृत्ति का उत्प्रेरक तत्त्व माना गया है। उन्होंने लिखा है : हर्षवर्धन के उपरान्त ही साम्राज्य भावना देश से अन्तर्हित हो गयी थी और खंड-खंड होकर जो गहरवार, चौहान, चन्देल और परिहार आदि राजपूत राज्य पश्चिम की ओर प्रतिष्ठित थे। वे अपने प्रभाव की वृद्धि के लिए लड़ा करते थे। लड़ाई किसी आवश्यकतावश नहीं होती थी, कभी-कभी तो शौर्य प्रदर्शन मात्र के लिए यों ही मोल ली जाती थी। बीच-बीच में मुसलमानों के भी हमले होते रहते थे। सारांश यह है कि जिस समय से हमारे हिन्दी साहित्य का अभ्युदय होता है, वह लड़ाई-भिड़ाई का समय था, वीरता के गौरव का समय था और सब बातें पीछे पड़ गयी थीं।...इस दशा में काव्य या साहित्य के और भिन्न-भिन्न अंगों की पूर्ति और समृद्धि का सामुदायिक प्रयत्न कठिन था। उस समय तो केवल वीरगाथाओं की उन्नति सम्भव थी।'[15] उनके मतानुसार मुसलमानों के साम्राज्य स्थिर होने तक अर्थात् राजा हम्मीर के समय तक यही स्थिति बनी रही। इसलिए वीरगाथा काल को उन्होंने मोटे तौर पर महाराज हम्मीर के समय तक माना है। उसके बाद 'जनता की चित्तवृत्ति बदलने लगी और विचारधारा दूसरी ओर बह चली।'[16] वे यह भी लिखते हैं कि 'मुसलमानों के न जमने तक तो उन्हें हटाकर अपने धर्म की रक्षा का वीर प्रयत्न होता रहा।'[17] इन उदाहरणों से स्पष्ट है कि शुक्लजी वीर काव्य को तत्कालीन सामन्ती वातावरण के अन्तर्विरोध की उपज मानते हुए उसे धर्म की रक्षा के वीर प्रयत्न से उद्भूत भी कहते हैं। दूसरा कारण उचित प्रतीत नहीं होता, क्योंकि इस युग में सामन्त अपने निहित स्वार्थों के लिए लड़ते थे। हिन्दू राजाओं ने मुसलमान राजाओं की सहायता लेकर अपने विरोधियों को मिटाने का भरसक यत्न किया और मुसलमान शासक भी पारस्परिक युद्धों में उलझते रहे। इसलिए उनके द्वारा अन्वेषित पहला कारण ही अधिक संगत प्रतीत होता है।

शुक्ल जी के समक्ष एक प्रश्न यह भी था कि वीर काव्य परवर्ती काल में भी क्यों लिखे गये? इसका उत्तर देते हुए उन्होंने लिखा : 'हिन्दी साहित्य के इतिहास की एक विशेषता यह भी रही है कि एक विशिष्टकाल में किसी रूप की जो काव्य

सरिता वेग से प्रवाहित हुई, वह यद्यपि आगे चलकर मन्द गति से बहने लगी पर 900वर्षों के हिन्दी साहित्य के इतिहास में हम उसे कभी सर्वथा सूखी हुई नहीं पाते।'[18] यहाँ शुक्लजी यह स्वीकार करते हैं, कि साहित्य के इतिहास में नयी प्रवृत्ति सामाजिक परिस्थितियों की उपज होती है, किन्तु परिस्थितियाँ बदल जाने पर भी उस प्रवृत्ति की काव्यधारा का प्रवाह क्षीण हो जाता है, सूखता नहीं।

भक्तिकाव्य तथा परिस्थितियाँ : शुक्लजी ने भक्तिकाव्य को मध्ययुगीन नैराश्यजन्य परिस्थितियों के परिणाम के रूप में स्वीकार किया है, किन्तु भक्ति भावना की प्राचीन परम्परा का भी उल्लेख किया है। उनके शब्दों में : ' देश में मुसलमानों का राज्य प्रतिष्ठित हो जाने पर हिन्दू जनता के हृदय में गौरव, गर्व और उत्साह के लिये वह अवकाश न रह गया।''''आगे चलकर जब मुस्लिम साम्राज्य दूर तक स्थापित हो गया तब परस्पर लड़ने वाले स्वतंत्र राज्य भी न रह गये। इतने भारी राजनीतिक उलट-फेर के पीछे हिन्दू जनसमुदाय पर बहुत दिनों तक उदासी छायी रही। अपने पौरुष से हताश जाति के लिए भगवान की शक्ति और करुणा की ओर ध्यान ले जाने के अतिरिक्त दूसरा मार्ग ही क्या था?'[19] वे आगे लिखते हैं : 'भक्ति का जो सोता दक्षिण की ओर से धीरे-धीरे उत्तर भारत की ओर पहले से ही आ रहा था, उसे राजनीतिक परिवर्तन के कारण शून्य पड़ते हुए जनता के हृदय क्षेत्र में फैलने के लिए पूरा स्थान मिला।'[20]

शुक्लजी के उपर्युक्त मत को निराधार मानकर कई विद्वानों और इतिहासकारों ने इसकी आलोचना की है। आचार्य हजारीप्रसाद द्विवेदी ने लिखा है : 'यह भी बताया गया है कि जब मुसलमान हिन्दुओं पर अत्याचार करने लगे, तो निराश होकर हिन्दू लोग भगवान का भजन करने लगे। यह बात अत्यन्त उपहासास्पद है। जब मुसलमान लोग उत्तर भारत के मन्दिर तोड़ रहे थे, तो उसी समय अपेक्षाकृत निरापद दक्षिण में भक्त लोगों ने भगवान की शरणागति की प्रार्थना की। मुसलमानों के अत्याचार के कारण यदि भक्ति की भावधारा को उमड़ना था, तो पहले उसे सिंध में और फिर उत्तर भारत में प्रकट होना चाहिए था, पर हुई वह दक्षिण में।'[21] तो फिर कारण क्या था? द्विवेदी जी के मतानुसार : 'इसका कारण उस काल की लोकप्रवृत्ति का शास्त्रसिद्ध आचार्यों और पौराणिक ठोस कल्पनाओं से युक्त हो जाना है।'[22] इस लोकप्रवृत्ति के पूर्ववर्ती अस्तित्व से शुक्लजी इनकार नहीं करते। वे लिखते हैं : 'धर्म की भावात्मक अनुभूति या भक्ति जिसका सूत्रपात महाभारत काल में और विस्तृत प्रवर्त्तन पुराणकाल में हुआ था, कभी कहीं दबती, कभी कहीं उभरती, किसी प्रकार चली आ रही थी।'[23] प्रश्न प्रवृत्ति के उभार और प्रसार का है। शुक्लजी ने इसका उत्तर भक्तियुग की निराशाजनक परिस्थितियों में ढूँढ़ा है और द्विवेदीजी ने भक्ति भावना के प्रसार का कारण जनसाधारण की भक्ति भावना का शास्त्र का आश्रय पा जाना माना है। उन्होंने इसे हिन्दी के भक्ति काव्य को प्राचीन भक्तिसाहित्य की

परम्परा के विकास की एक महत्त्वपूर्ण कड़ी के रूप में स्वीकार किया है।

इसमें कोई सन्देह नहीं कि जनता की निराशाजनक स्थिति का कारण इस्लामी प्रभुत्व ही नहीं है, जैसा कि शुक्लीजी समझते हैं, किन्तु शुक्लजी की मनोवैज्ञानिक और वस्तुवादी दृष्टि इस सत्य को उद्‌घाटित अवश्य करती है कि निराश मन और शून्य हृदय भक्ति भावना के लिए अत्यन्त उर्वर है। यह निराशाजनक स्थिति मध्यकाल की निरंकुश राज्यसत्ता तथा शोषणपूर्ण सामंती आर्थिक व्यवस्था के कारण पैदा हुई थी। यह शोषणपूर्ण व्यवस्था दक्षिण में भी थी और उत्तर भारत में भी। इस व्यवस्था की पुष्टि क्षत्रिय वर्ग की तलवार ही नहीं करती थी, पुरोहित वर्ग के शास्त्रों की शक्ति भी उसे बल देती थी। यह राजनीतिक तथा सामाजिक व्यवस्था इस्लामी साम्राज्यवाद के बाद अधिक भयावह हो गयी। इसलिए उस काल में राजसत्ता से निराश होकर ईश्वर सत्ता की ओर उन्मुख होना स्वाभाविक ही था। इसलिए शुक्ल जी की दृष्टि एकदम भ्रामक नहीं है, जैसा कि उन पर आरोप लगाया जाता है। हाँ, उन्होंने निराशा का कारण खोजने में अवश्य गलती की है। उत्तर भारत की राजनीतिक स्थिति ने साधारण जनता के लिए सामान्य भक्तिमार्ग निकालने में महत्त्वपूर्ण भूमिका निभाई है, जैसा कि शुक्लजी का मत है।[24]

रीतिकाव्य और दरबारी वातावरण : शुक्लजी ने रीतिकालीन काव्य का विवेचन भारतीय काव्यशास्त्र की परम्परा के सन्दर्भ में किया है। उन्होंने इस युग की सामाजिक परिस्थितियों की चर्चा नहीं की। इसके दो कारण हो सकते हैं। एक तो वे इस युग के काव्य को जनता की चित्तवृत्ति का प्रतिबिम्ब नहीं मानते, क्योंकि उनका मत है कि इस युग का काव्य दरबारी वातावरण की देन है। उनके शब्दों में : 'शृंगार के वर्णन को बहुतेरे कवियों ने अश्लीलता की सीमा तक पहुँचा दिया था। इसका कारण जनता की रुचि नहीं, आश्रयदाता राजा-महाराजाओं की रुचि थी, जिनके लिए कर्मण्यता और वीरता का जीवन बहुत कम रह गया था।'[25] उन्होंने प्रकारान्तर से यह भी स्पष्ट किया है कि जनसामान्य से कटकर साहित्य का प्रवाह अवरुद्ध हो जाता है तथा उसकी व्यापकता समाप्त हो जाती है। उन्होंने लिखा है : 'रीति ग्रन्थों की इस परम्परा द्वारा साहित्य के विस्तृत विकास में कुछ बाधा पड़ी। ...वाग्धारा बँधी हुई नालियों में ही प्रवाहित होने लगी, जिससे अनुभव के बहुत से गोचर और अगोचर विषय, रससिक्त होकर सामने आने से रह गये।'[26] रीतिकालीन काव्य की स्थूल शृंगारिक प्रवृत्ति का यह मूल्यांकन शुक्लजी के जनवादी दृष्टिकोण को स्पष्ट करता है।

आधुनिककालीन साहित्य तथा परिवेश : शुक्लजी ने आधुनिक युग की साहित्यिक प्रवृत्तियों का प्रेरक परिस्थितियों से सम्बन्ध स्थापित करते हुए अत्यन्त सूझबूझ का परिचय दिया है। खड़ी बोली के विकास के वैज्ञानिक विवेचन के पश्चात् उन्होंने गद्य और पद्य साहित्य की मुख्य विधाओं तथा प्रवृत्तियों का तर्कसंगत विवेचन प्रस्तुत

किया है। उन्होंने आधुनिक काल के साहित्य के प्रेरणस्रोतों की व्याख्या भारतीय परिस्थितियों के परिप्रेक्ष्य में भी की है और उन्हें विदेशी साहित्यिक आन्दोलनों के प्रभाव के रूप में भी यथास्थान स्पष्ट किया है।

द्विवेदीकालीन साहित्यिक प्रवृत्तियों और चेतना को 'हिन्दी साहित्य का इतिहास' में भारतीय राजनीतिक परिस्थिति के परिणाम के रूप में चित्रित किया गया है। उन्होंने तत्कालीन राजनीतिक चेतना के साथ साहित्य का सम्बन्ध स्थापित करते हुए लिखा है : शासन की अव्यवस्था और अशान्ति के उपरान्त अंगरेजों के शान्तिमय और रक्षापूर्ण शासन के प्रति कृतज्ञता का भाव भारतेन्दुकाल में बना हुआ था। इससे उस समय की देशभक्ति सम्बन्धी कविताओं में राजभक्ति का स्वर भी प्रायः मिला पाया जाता है। देश की दुर्दशा का प्रधान कारण राजनीतिक समझते हुए भी उस दुर्दशा से उद्धार के लिए कवि लोग दयामय भगवान को ही पुकारते मिलते हैं।'[27] भारतेन्दु तथा द्विवेदीकालीन साहित्य में राष्ट्रीय चेतना के कच्चेपन का कारण उस समय के अशक्त राजनीतिक आन्दोलन थे। इसलिए शुक्लजी ने ठीक ही लिखा है : 'द्विवेदी काल की देशभक्ति सम्बन्धी रचनाओं में शासन पद्धति के प्रति असंतोष तो व्यंजित होता था , पर कर्म में तत्पर करानेवाला, आत्मत्याग कराने वाला जोश और उत्साह न था। आन्दोलन भी कड़ी याचना के आगे नहीं बढ़े थे।'[28] इस प्रकार उन्होंने साहित्य के मूल स्वर को तत्कालीन राजनीतिक वातावरण से झंकृत माना है और स्वर की कमजोरी को सुधारवादी राजनीतिक आन्दोलन की कमजोरी माना है।

डॉ॰ रामविलास का यह मत अत्यन्त सार्थक है, कि द्विवेदी युग के बाद परिस्थिति कैसे बदल गयी, इस पर शुक्ल जी ने एक बहुत ही सारगर्भित और प्रभावशाली पैरा लिखा है। साहित्य के सामाजिक आधार का विवेचन करने के लिए इसे हम आदर्श रूप में ले सकते हैं।[29] शुक्लजी लिखते हैं : 'तृतीय उत्थान में आकर परिस्थिति बहुत बदल गयी। आन्दोलनों ने सक्रिय रूप धारण किया और गाँव-गाँव राजनीतिक और आर्थिक परतंत्रता के विरोध में भावना जगायी गयी। सरकार से कुछ माँगने के स्थान पर कवियों की वाणी देशवासियों को ही स्वतंत्रता देवी की वेदी पर बलिदान होने को प्रोत्साहित करने लगी। अब जो आन्दोलन चले, वे सामान्य जनसमुदाय को भी साथ लेकर···सबसे बड़ी बात यह हुई कि ये आन्दोलन संसार के और भागों में चलने वाले आन्दोलनों के मेल में लाये गये, जिससे ये क्षोभ की एक सार्वभौम धारा की शाखाओं से प्रतीत हुए।'[30] शुक्लजी ने आधुनिक युग में राजनीतिक, सामाजिक तथा साहित्यिक आन्दोलनों के अन्तर्राष्ट्रीय स्वरूप को पहचानकर अपनी सूक्ष्म दृष्टि का परिचय दिया है।

शुक्लजी ने आधुनिक काल के साहित्य के विद्रोही स्वर का कारण साम्राज्यवादी एवं पूँजीवादी शोषण को मानकर अद्‍भुत सूझबूझ का परिचय दिया है। वे लिखते हैं : 'वर्तमान सभ्यता और लोक की घोर आर्थिक विषमता से जो असन्तोष का ऊँचा

स्वर पश्चिम में उठा, उसकी गूँज यहाँ भी पहुँची। दूसरे देशों का धन खींचने के लिए यूरोप में महायंत्र-प्रवर्त्तन का जो क्रम चला, उससे पूँजी लगाने वाले थोड़े से लोगों के पास, जो अपार धनराशि इकट्ठी होने लगी, पर अधिकांश श्रमजीवी जनता के लिए भोजन-वस्त्र मिलना भी कठिन हो गया।'[31] पूँजीवादी व्यवस्था का यह विश्लेषण वर्गीय आधार पर किया गया है, जो अत्यन्त युक्तियुक्त है।

शुक्लजी ने पूँजीवाद की दो प्रतिक्रियाओं का भी उल्लेख किया है। उनके अनुसार : 'एक ओर तो यूरोप में मशीनों की सभ्यता के विरुद्ध टॉलस्टॉय की धर्मबुद्धि जगाने वाली वाणी सुनाई पड़ी, जिसका भारतीय अनुवाद गाँधी ने किया, दूसरी ओर इस घोर आर्थिक विषमता की घोर प्रतिक्रिया के रूप में साम्यवाद और समाजवाद नामक सिद्धान्त चले जिन्होंने रूस में अत्यन्त उग्र रूप धारण करके भारी उलटफेर कर दिया।'[32] श्री रामधारीसिंह दिनकर आदि के काव्य में उन्होंने इन्हीं आन्दोलनों के प्रभाव की प्रतिध्वनि का अन्वेषण किया है। ऐसा प्रतीत होता है कि शुक्लजी उन्हीं आन्दोलनों को सार्थक समझते हैं, जो देश के सामाजिक वातावरण में पालित-पोषित हों। विदेशी प्रभाव के परिणामस्वरूप चले साहित्यिक आन्दोलनों के वे पक्ष में नहीं थे, इसलिए उन्होंने तृतीय उत्थान के विद्रोही काव्य पर टिप्पणी करते हुए लिखा है : 'क्रान्ति के नाम से परिवर्तन की प्रबल कामना हमारे हिन्दी काव्य क्षेत्र में प्रलय की पूरी पदावली के साथ व्यक्त की गयी। इस कामना के साथ कहीं-कहीं प्राचीन के स्थान पर नवीन के दर्शन की उत्कंठा भी प्रकट हुई। सब बातों में परिवर्तन की यह कामना कहाँ तक वर्तमान परिस्थिति के स्वतंत्र पर्यालोचन का परिणाम है और कहाँ तक केवल अनुकृत है, नहीं कहा जा सकता। इतना अवश्य दिखाई पड़ता है कि इस परिवर्तनवाद के प्रदर्शन की प्रवृत्ति अधिक हो जाने से जगत और जीवन के नित्यस्वरूप की वह अनुभूति नये कवियों में कम जग पाएगी, जिसकी व्यंजना काव्य को दीर्घायु प्रदान करती है।'[33] शुक्लजी आधारहीन विद्रोह के पक्ष में नहीं थे। इससे यह भ्रम नहीं होना चाहिए कि वे क्रान्तिकारी भावनाओं की कद्र नहीं करते थे। उन्हें परिवर्तनवाद के प्रदर्शन की प्रवृत्ति अवश्य नापसन्द थी।

दृष्टिकोण की असंगति

उपर्युक्त विवेचन से यह समझ लेना चाहिए कि आचार्य रामचन्द्र शुक्ल का परिस्थिति सम्बन्धी विश्लेषण सदा वैज्ञानिक बना रहा है। कहीं-कहीं उनके विश्लेषण में असंगतियाँ भी आ गयी हैं। ऐसा उनके दार्शनिक दृष्टिकोण की सीमाओं के कारण हुआ है। डॉ॰ रामविलास शर्मा ने इन असंगतियों को स्पष्ट करते हुए लिखा है : शुक्लजी का दार्शनिक दृष्टिकोण वस्तुवादी है, लेकिन संगत रूप से वस्तुवादी नहीं है उसमें असंगतियाँ भी हैं। यही बात उनके साम्राज्य विरोधी दृष्टिकोण के बारे में भी सही है। वह साम्राज्यवाद का विरोध करना चाहते थे, उसके लुटेरे रूप को

समझते थे, यही सही है लेकिन इस सिलसिले में अलग-अलग वर्गों की भूमिका उनके सामने स्पष्ट नहीं थी।...ये बातें स्पष्ट न होने से शुक्लजी सोवियत संघ के खिलाफ झूठे प्रचार का खुद शिकार हुए। हिन्दू-मुस्लिम एकता का सुसंगत समर्थन करने के बदले वह कहीं-कहीं भाषा और साहित्य का विकास केवल हिन्दुओं और मुसलमानों से जोड़ने लगे, मजदूर आन्दोलन की क्रान्तिकारी भूमिका समझने के बदले उसे शंका की दृष्टि से देखने लगे।'[34]

शुक्लजी पर यह आरोप भी लगाया जाता है, कि वे आधुनिक युग के द्विवेदीयुगीन तथा छायावादी आन्दोलन को पूरी तरह समझने में असमर्थ हैं। डॉ॰ रूपचन्द पारीक के अनुसार : 'शुक्लजी ने द्विवेदी युग का विश्लेषण सतही स्तर पर किया है।'[35] आचार्य नन्ददुलारे वाजपेयी लिखते हैं : शुक्लजी के विवरणों से यह आभास मिलता है, कि हमारा आधुनिक साहित्य यूरोपीय अनुकृति पर ही चल रहा है। यह एक ऐसा आरोप है जिसे हम सम्यक् प्रमाण के अभाव में स्वीकार नहीं कर सकते।[36] इसमें सन्देह नहीं कि शुक्ल्जी ने छायावाद के राष्ट्रीय तथा मानवतावादी पक्ष का उद्घाटन नहीं किया। किन्तु उन्होंने छायावादी काव्य की रहस्यात्मकता की प्रवृत्ति तथा शैली की अत्यधिक लाक्षणिकता की कटु आलोचना करके स्वस्थ दृष्टि का परिचय दिया है। द्विवेदी युग के काव्य की इतिवृत्तात्मकता तथा छायावादी काव्य की रहस्यात्मकता की प्रवृत्तियों की आलोचना शुक्लजी की रसवादी साहित्यिक दृष्टि तथा लोकवादी चेतना को स्पष्ट करती है। उन्होंने आधुनिक युग के समस्त साहित्य को अनुकृत भी नहीं माना। उन्होंने छायावादी कवियों की प्रशंसा भी कम नहीं की जिसमें उनकी लोकोन्मुख भावना मुखरित हुई है। हाँ, वे छायावाद को उसके समग्र रूप में नहीं देख सके।

शुक्लजी अपने युग के प्रगतिशील विचारक थे और उन्होंने हिन्दी साहित्य के इतिहास की वस्तुवादी व्याख्या करके वैज्ञानिक साहित्येतिहासलेखन का पथ प्रशस्त किया। उन्होंने सामाजिक परिस्थितियों के सन्दर्भ में साहित्यिक प्रवृत्तियों और साहित्यिक आन्दोलनों को स्पष्ट करने का भरसक यत्न किया। उनके प्रयत्न में जो असंगतियाँ दृष्टिगोचर होती हैं, वे स्वाभाविक थीं, क्योंकि उनके युग में शुद्ध धर्मनिरपेक्ष वैज्ञानिक दृष्टिकोण का समुचित विकास नहीं हो सका था, परन्तु शुक्ल जी का ऐतिहासिक बोध अपने युग की ऐतिहासिक चेतना से किसी भी रूप में पीछे नहीं था।

शुक्लजी के साहित्येतिहासलेखन की पद्धति एवं शिल्प

शुक्लजी हिन्दीसाहित्य का इतिहास लिखते समय सामग्री के लिए मुख्यतः पूर्ववर्ती इतिहास ग्रन्थों पर ही निर्भर रहे हैं। उन्होंने रीतिकाल के सम्बन्ध में लिखा है : 'इस काल के कवियों के परिचयात्मक वृत्तों की छानबीन में मैं अधिक नहीं प्रवृत्त हुआ

हूँ, क्योंकि मेरा उद्देश्य अपने साहित्य के इतिहास का एक पक्का और व्यवस्थित ढाँचा खड़ा करना था, न कि कविकीर्तन करना। अतः कवियों के परिचयात्मक विवरण मैंने प्रायः मिश्र बंधु विनोद से लिये हैं।'[37] शुक्लजी इतिहासकार, संकलनकर्ता तथा अनुसंधानकर्ता के अन्तर को भली-भाँति समझते थे। इसलिए यह स्वाभाविक है कि, 'उनका मन तथ्यों की छानबीन की ओर उतना नहीं रमा।[38] फिर भी उन्होंने जहाँ उचित समझा है, वहाँ सामग्री का परीक्षण अवश्य किया है। उदाहरण के लिए डॉ॰ सुमनराजे ने ऐसे 86 कवियों के रचनाकाल की तिथि तालिका दी है, जिसमें शुक्लजी के इतिहास, विनोद और सरोज के संवतों में अन्तर दिखााया गया है।[39]

मुख्यतः पूर्ववर्ती ग्रन्थों पर निर्भर रहकर भी शुक्ल जी ने साहित्यिक दृष्टिकोण से यह निश्चित किया कि साहित्य के इतिहास में उन्हीं रचनाओं को स्थान मिलना चाहिए, जो साहित्यिक दृष्टि से महत्त्वपूर्ण हों। यह उनका विवेकपूर्ण निर्णय है। इस निर्णय के आधार पर ही उन्होंने वीरगाथा काल में मिश्रबन्धुओं द्वारा उल्लिखित 'वृहद् नवकार' आदि असाहित्यिक रचनाओं को सम्मिलित नहीं किया। यह प्रश्न विवादास्पद हो सकता है कि कौन-सी रचना साहित्यिक है और कौन-सी असाहित्यिक, किन्तु इसमें कोई सन्देह नहीं होना चाहिए कि साहित्य के इतिहास में कोरी साम्प्रदायिक रचनाओं की चर्चा तभी होनी चाहिए यदि काव्यरूपों के स्पष्टीकरण के लिए ऐसा आवश्यक हो, अन्यथा नहीं।

सामग्री का वर्गीकरण एवं कालविभाजन : शुक्लजी ने हिन्दी साहित्य के इतिहास की सामग्री का जिस सुव्यवस्थित रूप में वर्गीकरण किया है, वह अभूतपूर्व है। शुक्लजी इतिहासलेखन का महत्त्व वर्गीकरण और युग व्यवस्थापना में ही मानते हैं और उन्होंने अपने दृष्टिकोण को व्यावहारिक रूप में परिणत किया। जयचन्द्र राय का यह मत अत्यन्त समीचीन है कि वर्गीकरण को सुव्यवस्थित बनाने के लिए तथा इतिहास के ढाँचे का निर्माण करते हुए उन्होंने तीन सूत्रों को सदैव ध्यान में रखा :[40]

1. जनता की चित्तवृत्ति के परिवर्तन के साथ-साथ साहित्य के स्वरूप में भी परिवर्तन होता चला जाता है।
2. इन्हीं चित्तवृत्तियों की परम्परा को परखते हुए साहित्यपरम्परा के साथ उनका सामंजस्य दिखाना ही इतिहासकार का मुख्य कर्त्तव्य है।
3. कारण-स्वरूप इन (राजनीतिक, सामाजिक, साम्प्रदायिक तथा धार्मिक) परिस्थितियों का किन्चित् दिग्दर्शन भी साथ ही साथ आवश्यक होता है।

उपर्युक्त तीन सूत्रों के आधार पर उन्होंने साहित्य के इतिहास में वर्गीकरण तथा कालविभाजन की समस्या का समाधान ढूँढ़ने का यत्न किया।

आचार्य शुक्ल ने अपने ग्रन्थ के आरम्भ में कालविभाजन के आधार को स्पष्ट किया है। उनके शब्दों में : 'जिस कालखंड के भीतर किसी विशेष ढंग की रचनाओं

की प्रचुरता दिखाई पड़ी है, वह एक अलग काल माना गया है, और उसका नामकरण उन्हीं रचनाओं के स्वरूप के अनुसार किया गया है। इस प्रकार काल का एक निर्दिष्ट सामान्य लक्षण बताया जा सकता है। किसी एक ढंग की रचना की प्रचुरता से अभिप्राय यह है कि दूसरे ढंग की रचनाओं में से चाहे किसी (एक) ढंग की रचना को लें, वह परिमाणों में प्रथम के बराबर न होगी, यह नहीं कि और सब ढंग की रचनाएँ 10, 5, 6, 7 और 2 के क्रम से मिलती हैं, तो जिस ढंग की रचना की 10 पुस्तकें हैं, उसकी प्रचुरता कही जाएगी, यद्यपि शेष और ढंग की सब पुस्तकें मिलकर 20 हैं। यह तो हुई पहली बात। दूसरी बात है ग्रन्थों की प्रसिद्धि।...प्रसिद्धि भी किसी काल की लोकप्रवृत्ति की प्रतिध्वनि है। सारांश यह कि इन दोनों बातों की ओर ध्यान रखकर कालविभागों का नामकरण किया गया है।'[41]

साहित्यिक प्रवृत्ति को दर्शाने वाली रचनाओं की प्रचुरता तथा प्रसिद्धि के आधार पर साहित्यिक युगों का विभाजन करते हुए उन्होंने एक सामान्य प्रवृत्ति की रचनाओं की अलग-अलग विशिष्टताओं को स्पष्ट करने के लिए एक युग के अन्तर्गत उप-विभाजन भी किया है। वे लिखते हैं : 'एक ही काल और एक ही कोटि की रचना के भीतर जहाँ भिन्न-भिन्न प्रकार की परम्पराएँ चली हुई पायी गयी हैं, वहाँ अलग-अलग शाखाएँ करके सामग्री का विभाग किया गया है। जैसे, भक्तिकाल के भीतर पहले तो दो काव्यधाराएँ निर्गुणधारा और सगुणधारा निर्दिष्ट की गयी हैं। फिर प्रत्येक धारा की दो-दो शाखाएँ स्पष्ट रूप से लक्षित हुई हैं...इन धाराओं और शाखाओं की प्रतिष्ठा यों ही मनमाने ढंग पर नहीं की गयी है। उनकी एक दूसरे से अलग करने वाली विशेषताएँ अच्छी तरह दिखाई गयी हैं और देखते ही ध्यान में आ भी जाएँगी।[42] इससे स्पष्ट है कि उन्होंने वर्गीकरण का एक सुनिश्चित आधार निश्चित करने के बाद हिन्दी साहित्य को विभिन्न युगों में विभाजित किया है तथा प्रत्येक युग तथा उसकी विभिन्न शाखाओं का नामकरण किया है। उनका सुप्रसिद्ध विभाजन इस प्रकार है :

आदिकाल : 1. अपभ्रंश काव्य
2. देशभाषा काव्य—वीरगाथा काल (सं॰ 1050-1375)
फुटकर रचनाएँ

मध्यकाल : 1. पूर्व मध्यकाल—भक्तिकाल (सं॰ 1375-1700)
1. निर्गुणधारा—ज्ञानश्रयीशाखा
2. निर्गुणधारा—प्रेममार्गी (सूफी) शाखा
3. सगुणधारा—रामभक्ति शाखा
4. सगुणधारा—कृष्णभक्ति शाखा

2. उत्तरमध्यकाल : रीतिकाल (सं॰ 1700-1900)

आधुनिक काल : गद्य खंड (सं॰ 1900-1980)

1. गद्य का विकास

आधुनिक काल के पूर्व गद्य की अवस्था

2. गद्य का आविर्भाव

3. गद्य का प्रवर्त्तन–प्रथम उत्थान

4. गद्य का प्रसार–द्वितीय उत्थान

5. गद्य की वर्तमान गति : तृतीय उत्थान

3. आधुनिक काल : काव्यखंड (सं॰ 1900 से)

1. पुरानी धारा

2. नई धारा : प्रथम उत्थान (सं॰ 1925-50)

3. नई धारा : द्वितीय उत्थान (सं॰ 1950-75)

4. नई धारा : तृतीय उत्थान (सं. 1975 से)

काल विभाजन के दोष : शुक्लजी के काल विभाजन को अत्यधिक महत्त्वपूर्ण मानते हुए भी उनके कई दोषों की ओर विद्वानों ने ध्यान आकर्षित किया है। डॉ॰ सुमनराजे ने जिन अभावों की विस्तार से चर्चा की है उनका सार इस प्रकार है :

1. स्पष्ट काल खंडों में जिन काव्य खंडों को स्थापित किया गया है, वे पारस्परिक प्रभाव को प्रकट करने में समर्थ नहीं है।
2. नामकरण का आधार शुक्लजी ने ग्रन्थ संख्या को माना है, जो विवादास्पद ही नहीं, सन्देहास्पद भी है क्योंकि अनुसंधान से ऐसी रचनाओं की संख्या बढ़ सकती है, जो नामकरण करते समय उपेक्षित रही हैं। 'वीरगाथा काल' नाम की अप्रामाणिकता इस पद्धति की अव्यावहारिकता का प्रमाण है।
3. इसी प्रकार लोक प्रसिद्धि का सिद्धान्त है, जिसमें काव्यात्मक श्रेष्ठता का सिद्धान्त समाहित है। शुक्लजी ने यह स्पष्ट नहीं किया कि लोकप्रवृत्ति अथवा लोकप्रसिद्धि को नापा किस प्रकार जाएगा। यहाँ लोकप्रसिद्धि के स्थान पर व्यक्तिगत को ही अधिक महत्त्व मिला है। जैन, बौद्ध और नाथ साहित्य की उपेक्षा इस बात का प्रमाण है।
4. केशव के अलंकारवादी होने के कारण रीतिकाल का आरम्भ चिन्तामणि से माना गया है।
5. शुक्लजी ने प्रत्येक काल के लिए निश्चित तिथि दी है, परन्तु उसका आधार स्पष्ट नहीं किया है। उनके द्वारा निर्धारित विभिन्न कालखंडों का अन्तराल प्रमाण पोषक नहीं है।
6. आधार की दृष्टि से भी शुक्लजी के कालविभाजन में काफी विविधता है : काल की सापेक्षता, रस, साधना, सम्प्रदाय, पद्धति, वृत्ति, काव्य के भेद तथा केवल कालखंड के विभिन्न आधारों को अपनाया गया है।[43]

हमारी दृष्टि में उपर्युक्त दोष विवेचन पूर्णतया दोषरहित नहीं है। हमारे

विचारानुसार शुक्लजी का कालविभाजन तथा नामकरण सम्बन्धी सिद्धान्त युक्तिसंगत है। रचनाओं की प्रचुरता तथा उनकी लोकप्रियता का सिद्धान्त इसलिए अमान्य नहीं हो जाता कि अनुसंधान के परिणामस्वरूप अन्य प्रकार की रचनाओं की प्रचुरता बढ़ सकती है। तब भी युग का नाम बदला जा सकता है, सिद्धान्त तो यही रहेगा। इसलिए 'वीरगाथा काल' नाम के औचित्य पर उसी प्रकार प्रश्न-चिह्न लग सकता है, जिस प्रकार 'आदिकाल', 'चारणकाल' अथवा सिद्ध-सामंत आदि नामों पर, किन्तु शुक्लजी के सिद्धान्त के औचित्य को अस्वीकार नहीं किया जा सकता। इसमें सन्देह नहीं कि शुक्लजी द्वारा किया गया युगों का सीमानिर्धारण स्पष्ट प्रमाणों द्वारा पुष्ट नहीं है तथा उसमें परिवर्तन के लिए स्थान है किन्तु यह बात भी सही है कि साहित्य के इतिहास में यह सर्वथा सम्भव नहीं होता कि सभी एक युग का आरम्भ और अन्त एक निश्चित तिथि को ही मान लें। जहाँ तक शुक्लजी द्वारा अपनाये गये विभिन्न आधारों का प्रश्न है, हम यह कहना चाहते हैं कि कालक्रम के अतिरिक्त दूसरा आधार साहित्यिक प्रवृत्ति का ही है। उन्होंने 'प्रवृत्ति' शब्द का प्रयोग व्यापक अर्थों में किया है। रीतिबद्धता, भक्ति और आधुनिकता आदि को प्रवृत्ति कहा जा सकता है।

वस्तुतः शुक्लजी का कालविभाजन इतना सार्थक सिद्ध हुआ है, कि वह प्रायः 'सर्वमान्य सा ही हो गया है।'[44] डॉ॰ सुमनराजे ने स्वयं लिखा है : 'उन्होंने अपने आधार स्वयं खोजे हैं, अपनी पद्धति स्वयं निर्मित की है। यह उनकी सबसे बड़ी मौलिकता है। उसका सबसे बड़ा प्रमाण तो यही है, कि केवल वीरगाथा काल को छोड़कर उनके द्वारा स्वीकृत नाम आज भी प्रचलित हैं, और विद्वानों ने उन्हें मान्यता दी है। काल का जो विभाजन उन्होंने किया है, उसमें दो-एक वर्ष या तो घटा दिए गये हैं या बढ़ा दिये गये हैं, परन्तु मूल ढाँचा ज्यों-का-त्यों है।'[45] यह उनके विवेकपूर्ण और संगत कालविभाजन का ही परिणाम है कि 'शुक्लजी अपने समय में तो इतिहास लेखन में दिग्विजयी हुए ही थे, उनके बाद भी उनका कालविभाजन या हिन्दी साहित्य की मुख्य धाराओं का विभाजन बहुत कुछ अपने मूल रूप में कायम है।'[46] संक्षेप में कहा जा सकता है कि शुक्लजी द्वारा निर्दिष्ट हिन्दी साहित्येतिहास का वर्गीकरण और कालविभाजन हिन्दी साहित्येतिहास की एक बहुत बड़ी उपलब्धि है।

प्रस्तुतीकरण की योजना

शुक्लजी ने प्रत्येक युग की सामग्री के प्रस्तुतीकरण के लिए एक व्यवस्थित तथा निश्चित योजना तैयार की। उन्होंने सर्वप्रथम युग का सामान्य परिचय दिया है। इसके अन्तर्गत उन्होंने परिस्थितियों के सन्दर्भ में साहित्यिक प्रवृत्तियों और सामान्य विशेषताओं का वर्णन किया है। इसके अतिरिक्त उन्होंने प्रवृत्ति तथा काव्य परम्परा के उद्‌गम की भी खोज की है। सामान्य परिचय, उनके इतिहास का अत्यन्त

महत्त्वपूर्ण अंग है। इसमें ही उन्होंने साहित्यिक इतिहास की कार्य-कारण शृंखला का निर्माण किया है।

सामान्य परिचय के पश्चात् वे प्रत्येक काव्यधारा अथवा साहित्यिक विधा का अलग-अलग प्रकरणों में निरूपण करते हैं। तत्पश्चात् वे उस धारा के साहित्यकारों तथा उनकी रचनाओं का विवरण प्रस्तुत करते हैं। यह विवरण दो प्रकार का है : (1) आलोचनात्मक तथा, (2) परिचयात्मक। प्रत्येक युग के प्रमुख कवियों का विवरण विस्तार से दिया गया है तथा उनके साहित्य पर आलोचनात्मक दृष्टि से विचार किया गया है। शेष कवियों का विवरण परिचयमात्र है। प्रत्येक कवि के जीवन और साहित्य का विवरण देने के बाद उसकी प्रतिनिधि रचनाओं के अंश दे दिये गये हैं, जैसी कि उनसे पूर्व के इतिहास लेखन में प्रथा थी।

आधुनिक युग के अतिरिक्त उन्हें प्रत्येक युग में 'फुटकल खाता' भी खोलना पड़ा है। इसके अन्तर्गत उन कवियों और रचनाओं को समेटा गया है, जो कालक्रम की दृष्टि से उस युग से सम्बन्धित हैं, किन्तु जिनके द्वारा युग की प्रमुख साहित्यिक प्रवृत्ति का पोषण नहीं हुआ। इसमें सन्देह नहीं कि फुटकल खाते द्वारा इतिहास की एकसूत्रता को आघात पहुँचा है और परवर्ती इतिहासकारों ने इसे समाप्त भी कर दिया परन्तु अभी तक इस समस्या का पूरा समाधान नहीं हो सका कि एक युग की उन रचनाओं को कहाँ स्थान दिया जाए, जो उस युग के नाम को सार्थक नहीं बनातीं। 'यह ठीक है कि शुक्लजी कोई ऐसा सामान्य नाम नहीं ढूँढ़ सके, जो सम्पूर्ण इतिहास को अपने भीतर समेट ले। आज भी ऐसा नाम ढूँढ़ लिया गया है, इस बात में सन्देह है।'[47]

कलात्मक भाषा शैली

शुक्लजी ने हिन्दी साहित्य का इतिहास एक वैज्ञानिक की सूझबूझ से ही नहीं लिखा, उसे एक प्रतिभाशाली साहित्यकार की तरह कलात्मक सौन्दर्य भी प्रदान किया है। उन्होंने साहित्यिक प्रवृत्तियों का विश्लेषण करते हुए तथा प्रमुख कवियों का मूल्यांकन करते समय विवरण को सुरुचिपूर्ण, परिमार्जित, सुस्पष्ट तथा सुसज्जित बनाने का सफल यत्न किया है। उनका 'हिन्दी साहित्य का इतिहास' पढ़ते समय हम स्थान-स्थान पर उनकी गद्य शैली के सौन्दर्य का आस्वादन करते हैं। उनकी गद्य शैली की सभी प्रमुख विशेषताएँ बिम्ब विधान, व्यंग्य विनोद, भाषा की समाहार शक्ति तथा भाषा का विषयानुकूल रूप उनके इतिहासलेखन का अभिन्न अंग बनकर उद्घाटित हुई हैं। इसके कुछ उदाहरण इस प्रकार हैं :

1. 'नूतन हिन्दी साहित्य का वह प्रथम उत्थान कैसा हँसता-खेलता सामने आया था, भारतेन्दु के सहयोगी लेखकों का वह मंडल किस जोश और जिन्दादिली के साथ और कैसे चहल-पहल के बीच अपना काम कर गया, इसका उल्लेख

पहले ही हो चुका है।'[48] (बिम्ब विधान)।

2. 'इस काल खंड के बीच हिन्दी लेखकों की तारीफ में प्रायः यही कहा-सुना जाता रहा है कि ये संस्कृत बहुत अच्छी जानते हैं। ये अरबी-फारसी के पूरे विद्वान हैं। ये अंगरेजी के अच्छे पंडित हैं। यह कहने की आवश्यकता नहीं समझी जाती थी कि ये हिन्दी बहुत अच्छी जानते हैं।'[49] (व्यंग्य विनोद)
3. शुक्लजी अपने मत के प्रतिपादन के लिए तर्कयुक्त तथा विश्लेषणात्मक शैली का प्रयोग करते हैं, किन्तु जहाँ उन्होंने कवियों के भावालोक में विचरण किया है, वहाँ उनकी भाषा शैली भी कोमल तथा स्निग्ध हो गयी है। सूर के काव्य का मूल्यांकन करते हुए लिखते हैं : 'कालिन्दी के कूल पर शरद की चाँदनी में होने वाले रास की शोभा का क्या कहना है, जिसे देखने के लिए सारे देवता आकर इकट्ठे हो जाते थे। सूर ने एक न्यारे प्रेमलोक की आनन्द छटा अपने बन्द नेत्रों से देखी है।[50] (लालित्य)।

एक महान इतिहासकार की प्रतिभा से सम्पन्न शुक्लजी ने साहित्येतिहासलेखन को विज्ञानसम्मत और युक्तियुक्त ही नहीं बनाया, अपनी प्रौढ़ गद्य शैली के द्वारा उसे कलात्मक रूप भी प्रदान किया है।

शुक्लजी की सीमाएँ तथा सामर्थ्य

आचार्य शुक्ल के इतिहासलेखन की कई सीमाओं और त्रुटियों की ओर विद्वानों की दृष्टि गयी है, किन्तु उनमें से कुछ असंगत और कल्पित हैं। उदाहरण के रूप में जैनेन्द्रकुमार के आक्षेप को लिया जा सकता है। उनके अनुसार : 'इतिहास उन्होंने जुटाया है, जगाया नहीं।'[51] इस अस्पष्ट उक्ति को स्पष्ट करते हुए डॉ॰ पारीक ने लिखा है : इतिहास जगाने से उनका तात्पर्य सांस्कृतिक चेतना के विराट स्वरूप को स्पष्ट करने से है। प्रवृत्ति का कुछ अंशों तक निरूपण करने पर भी यह इतिहास हमारी संस्कृति का वाहक नहीं बन सका।[52] आचार्य शुक्ल पर इस प्रकार का आरोप उचित प्रतीत नहीं होता, क्योंकि उन्होंने सर्वप्रथम हिन्दी साहित्य के इतिहास को जीवन्त रूप दिया। हाँ, वे इतिहास लिखते समय जैनेन्द्र जी की भाववादी दृष्टि का शिकार नहीं हुए। डॉ॰ पारीक ने यह नहीं बताया कि शुक्लजी का इतिहास संस्कृति का वाहक कैसे नहीं है और वे इतिहासकार से किस प्रकार के सन्देश की आशा रखते हैं। इसी प्रकार उनके साहित्यिक इतिहास को 'आवश्यकता से अधिक तार्किक'[53] कहना भी असंगत है, क्योंकि इतिहासलेखन तर्कयुक्त तो होना ही चाहिए। यह उनकी सीमा नहीं, सामर्थ्य है। इससे भी असंगत यह आरोप है कि उनके इतिहांस में, 'वैयक्तिक रुचि की प्रधानता है।'[54] उनकी रसवादी आलोचना की सीमाएँ हो सकती हैं, किन्तु उन्होंने इतिहासकारों का मूल्यांकन करते समय वैयक्तिक रुचि को नहीं, रस सिद्धान्त को आधार बनाया है। उन्होंने उन कृतियों के साहित्यिक सौन्दर्य

को भी स्पष्ट किया है, जो उनके 'लोकमंगल' के सिद्धान्त पर खरी नहीं उतरतीं।

शुक्लजी के इतिहासदर्शन की वास्तविक सीमाओं का पहले उल्लेख हो चुका है। वस्तुवादी दृष्टिकोण से साहित्येतिहास की व्याख्या करते हुए भी वे कहीं-कहीं धार्मिक तरंग में अवश्य बह गये हैं। उनके युग को देखते हुए यह स्वाभाविक लगता है।

जहाँ तक इतिहासलेखन की प्रणाली का प्रश्न है शुक्ल जी की एक बहुत बड़ी सीमा है। वे इतिहास में एकसूत्रता लाने में उतने सफल नहीं हो सके, जितने हजारी प्रसाद द्विवेदी अपने साहित्येतिहासलेखन में हुए हैं। इसलिए नलिन विलोचन शर्मा का यह मत ठीक है कि, 'पंडित रामचन्द्र शुक्ल के साहित्येतिहास की इन विशेषताओं के बावजूद, जो त्रुटि है, वह यह कि अनुपात की दृष्टि से उनका स्वल्पांश ही प्रवृत्ति निरूपणपरक है, अधिकांश विवरण प्रधान ही है।'[55] वे पूर्ववर्ती परम्परा की तरह जब कवियों के इतिवृत्तसंग्रह तथा रचनाओं के उदाहरण देने में प्रवृत्त होते हैं तब इतिहास की एकसूत्रता को काफी आघात पहुँचता है। वे कविवृत्तसंग्रह की प्रवृत्ति से मुक्त नहीं हो सके। हालांकि वे साहित्य के इतिहास को इतिवृत्तसंग्रह से भिन्न मानते थे।

कालविभाजन करते समय भी शुक्लजी कहीं-कहीं लड़खड़ाए हैं। उदाहरण के रूप में वीरगाथा काल का अन्त और भक्तिकाल का आरम्भ हम्मीरदेव के शासनकाल से सम्बन्धित करना किसी भी दृष्टि से उचित नहीं है।

शुक्लजी के साहित्येतिहास में दर्शनशास्त्र एवं शिल्प सम्बन्धी कुछेक असंगतियाँ होते हुए भी इस स्थापना में कोई सन्देह नहीं होना चाहिए कि उन्होंने हिन्दी साहित्य के इतिहासलेखन को जो मोड़ दिया, वह अत्यन्त सारगर्भित है। उनका इतिहासलेखन मुख्यतः लोकोन्मुखी रहा है और उसमें साहित्य धाराओं तथा साहित्यिक प्रवृत्तियों का वैज्ञानिक विश्लेषण करने का समाजशास्त्रीय प्रयास हुआ है। भविष्य के बारे में कहना कठिन है, किन्तु इतना निश्चित है कि आज भी हिन्दी साहित्येतिहासलेखन शुक्लजी का अनुकरण करता प्रतीत होता है। इसलिए कहा जा सकता है कि उनका इतिहास कालजयी हुआ है। आवश्यकता इस बात की है कि नये इतिहासकार उनकी राह पर चलते हुए उनकी असंगतियों को दूर करने का प्रयास करें न कि उनकी प्रतिभा से आतंकित होकर उनका अन्धानुकरण करें, जैसा कि प्रायः हो रहा है। प्रतिक्रियास्वरूप शुक्लजी के इतिहासदर्शन को एकांगी समाजशास्त्रीय दृष्टिकोण[56] कहकर शुद्ध कलावादी दृष्टिकोण से इतिहासलेखन की कामना करना अपने आप में एकांगी और भ्रामक है। आवश्यकता उनके दृष्टिकोण को अधिक विकसित करने की है, न कि त्यागने की, परन्तु शुक्लजी के युग में जो इतिहास लिखे गये और उसके बाद जो लिखे गये हैं, उनमें यह सम्भव नहीं हो सका। कुछ को छोड़कर अन्य उनकी जूठनमात्र बनकर रह गये हैं।

विकास युग का शुक्लेत्तर साहित्येतिहासलेखन

विकास युग के शुक्लेतर साहित्येतिहासलेखन में विशेष मौलिकता और नवीनता परिलक्षित नहीं होती। इतिहास दर्शन तथा लेखनपद्धति की दृष्टि से शुक्लजी की साहित्येतिहासलेखन परम्परा का ही अनुकरण किया गया, किन्तु इन प्रयत्नों से उनकी परम्परा का गुणात्मक विकास सम्भव नहीं हुआ। शुक्लजी की सीमाओं को पार करने की आकांक्षा होते हुए भी कोई इतिहासकार इसमें सफल नहीं हुआ। नवीन सामग्री के प्रयोग की ओर अवश्य ध्यान दिया गया, किन्तु दृष्टि और रूप में कोई परिवर्तन नहीं हुआ। इन ग्रन्थों का महत्त्व साहित्येतिहासलेखन की परम्परा को अक्षुण्ण बनाये रखने में ही है। इन पर विचार करने पर यह बात स्पष्ट हो जाएगी कि इस युग में साहित्येतिहासलेखन शुक्लजी द्वारा निर्धारित पथ पर चलता रहा, उसे नवीन पथ की तलाश में सफलता प्राप्त नहीं हो सकी।

डॉ. श्याम सुन्दरदास का साहित्येतिहासलेखन

शुक्ल जी के समकालीन डॉ० श्याम सुन्दर दास का इतिहासग्रन्थ 1930 में प्रकाशित हुआ। यह ग्रन्थ उनके शब्दों में : 'हिन्दी साहित्य के भिन्न-भिन्न कालों का इतिवृत्त, उन कालों की राजनीतिक, धार्मिक, सामाजिक, साहित्यिक परिस्थिति तथा उनके मुख्य-मुख्य निर्माताओं का वर्णन है।[57]

डॉ० श्यामसुन्दर दास साहित्य के इतिहास का सम्यक् ज्ञान प्राप्त करने के लिए साहित्य की जातिगत अथवा देशगत स्थाई प्रवृत्तियों तथा उनके प्रगतिशील रूप को समझना आवश्यक समझते हैं। उनके शब्दों में : 'किसी साहित्य के इतिहास का ठीक-ठीक ज्ञान प्राप्त करने के लिए केवल उस साहित्य की जातिगत व देशगत प्रवृत्तियों को ही जानना आवश्यक नहीं होता, वरन् विभिन्न कालों में उसकी कैसी अवस्था रही, देश के सामाजिक, धार्मिक तथा कला-कौशल सम्बन्धी आन्दोलनों के उस पर कैसे-कैसे प्रभाव पड़े, किन-किन व्यक्तियों की प्रतिभा ने उसकी कितनी और कैसी उन्नति की, ऐसी अनेक बातों का जानना भी अनिवार्य होता है।...समय परिवर्तनशील है और समय के साथ देश तथा जाति की स्थिति भी बदलती रहती है। जनता के इसी स्थिति परिवर्तन के साथ उसकी चित्तवृत्तियाँ भी और की और हो जाती हैं, साथ ही साहित्य भी अपना स्वरूप बदलता चलता है।'[58]

साहित्येतिहासलेखन उनकी उपर्युक्त मान्यता से स्पष्ट है कि उन्होंने शुक्लजी की तरह समय के साथ-साथ परिवर्तनशील जनता की चित्तवृत्तियों के परिणामस्वरूप परिवर्तनशील साहित्य के अध्ययन को साहित्य के इतिहास का मुख्य प्रश्न माना है। इसके अतिरिक्त उन्होंने व्यक्ति साहित्यकारों के विवेचन को भी साहित्यिक का आवश्यक अंग समझा है। इसका कारण उन्होंने यह माना है कि : 'साहित्य एक

वैयक्ति कला है और प्रत्येक बड़े साहित्यकार की अपनी व्यक्तिगत विशेषताएँ होती हैं।'[59]

साहित्येतिहास और महान प्रतिभाओं के सम्बन्ध में उनकी धारणा भाववादी हो गयी है। वे कविप्रतिभा को कालातीत मानते हैं। वे लिखते हैं : 'प्रतिभाशाली तथा विलक्षण कवि अथवा लेखक कभी-कभी स्वतन्त्र रीति से वाणी के विलास में प्रवृत्त होते हैं और समाज की साधारण स्थितियों का उन पर प्रायः कुछ भी प्रभाव नहीं पड़ता।'[60] इसी प्रकार कवि के व्यक्तित्व को 'देश तथा काल से परे'[61] मानना भी एक इतिहास विरोधी धारणा है। उनका जाति तथा जातीय साहित्य की स्थाई वृत्तियों में विश्वास भी उनके इतिहास सम्बन्धी भाववादी और जातिवादी चिन्तन का परिणाम है। उन्होंने लिखा है : 'जिस प्रकार पुत्री अपनी माता के रूप की ही नहीं, गुण की भी उत्तराधिकारिणी होती है उसी प्रकार हिन्दी ने भी संस्कृत, पाली तथा प्राकृत आदि साहित्यों में अभिव्यंजित आर्य-जाति की स्थायी चित्तवृत्तियों और उसके विचारों की परम्परागत सम्पत्ति प्राप्त की।'[62] उन्होंने समन्वय की भावना तथा धार्मिकता को आर्य जाति तथा भारतीय एवं हिन्दी साहित्य की स्थाई प्रवृत्तियाँ माना है। यह भी इतिहाससम्मत धारणा नहीं है। धार्मिकता मध्ययुगीन मनोवृत्ति है, किसी भी जाति या समाज तथा उसके साहित्य की स्थाई मनोवृत्ति नहीं कही जा सकती।

श्यामसुन्दर दास जी के इतिहासदर्शन पर जातीयता का रंग भी काफी गहरा है, जिसके परिणामस्वरूप उनका हिन्दी साहित्य तथा हिन्दी साहित्य का इतिहास सम्बन्धी चिन्तन ऐतिहासिक यथार्थ से बहुत दूर चला गया है। इसी चिन्तन के परिणामवश उनकी कुछ परिकल्पनाएँ अत्यन्त भ्रामक हो गयी हैं। उनके अनुसार : 'हिन्दी साहित्य का सम्पूर्ण युग अशान्ति, निराशा तथा पराधीनता का युग रहा है ...हमारे सम्पूर्ण इतिहास में करुणा की जो एक हल्की अन्तर्धारा व्याप्त मिलती है वह इसी के परिणामस्वरूप है। पुरानी हिन्दी के समस्त साहित्य में नाटकों, उपन्यासों तथा अनेक मनोरंजक साहित्यांगों का जो अभाव दिखाई देता है, वह भी बहुत कुछ इसी कारण से है।'[63] वे यह भूल गये कि हिन्दी में जब उपन्यास आदि साहित्यिक विधाओं का आरम्भ हुआ तब भी हम पराधीन थे। संक्षेप में, इतना कहना ही पर्याप्त है कि श्यामसुन्दर दास जी का साहित्येतिहास चिन्तन इतना प्रौढ़ नहीं है, जितना शुक्ल जी का है। डॉ॰ नामवरसिंह का यह मत सही है कि : 'बाबू साहब वह गहराई और बारीकी नहीं निभा सके।'[64]

'हिन्दी साहित्य' में साहित्यधाराओं और साहित्यिक प्रवृत्तियों का विवेचन भी रामचन्द्र शुक्ल के इतिहास के आधार पर किया गया है। इसमें एक नवीनता लाने का प्रयत्न अवश्य किया गया है। जैसा कि नामवर सिंह ने लिखा है : 'उन्होंने शुक्ल जी के इतिहास के विच्छिन्न प्रवाह को क्रमसंख्या, रचनाओं का नमूना आदि बातें हटाकर अविच्छिन्न-सा दिखलाना चाहा है।'[65] इसके अतिरिक्त उन्होंने एक साहित्यिक

धारा के सभी कवियों को एक साथ दे दिया है। डॉ॰ पारीक के शब्दों में : 'आचार्य शुक्ल के समान उन्होंने प्रवृत्ति को खंडित रूप में नहीं देखा। एक प्रवृत्ति विशेष का चित्रण करते समय ही उसकी सभी रचनाओं पर विचार कर लिया गया है। उदाहरण के लिए वीरगाथा काल के अन्तर्गत ही भूषण की चर्चा की गयी है।'[66] इससे काल-दोष आ गया है। युग की उपेक्षा अपने आप में इतिहासविरोधी धारणा है। मैथिलीशरण गुप्त को रामभक्ति शाखा के मध्यकालीन कवियों के साथ मिला देना युग संवेदना का तिरस्कार है। इसके अतिरिक्त इस प्रकार के विवेचन से पुनरावृत्ति का दोष भी आ गया है।

कालविभाजन तथा सामग्री के प्रस्तुतीकरण की दृष्टि से भी ग्रन्थ में कोई नवीनता नहीं है। शुक्ल जी का ही अनुकरण किया गया है। काल निर्धारण, युगों का नामकरण तथा युग की काव्यधाराओं का नामकरण हूबहू शुक्ल जी के इतिहास जैसा ही है। हाँ, उन्होंने 'काल' के स्थान पर 'युग' शब्द का प्रयोग अवश्य किया है। जैसे :

आदियुग (वीरगाथा का युग—संवत् 1050 से 1400 तक)
पूर्व मध्ययुग (भक्ति का युग—संवत् 1400 से 1700 तक)
उत्तर मध्ययुग (रीतिग्रन्थों का युग—संवत् 1700 से 1900)[67]
आधुनिक युग (नवीन विकास का युग—संवत् 1900 से अब तक)।

प्रस्तुतीकरण की योजना में कुछ भिन्नता लाने और कुछ नयी सामग्री जुटाने का यत्न किया गया है, परन्तु इस भिन्नता से साहित्यिक इतिहास लेखन के विकास में कोई सहायता नहीं मिली। पहले अध्याय में साहित्य सम्बन्धी चर्चा की गयी है, दूसरे अध्याय में सभी युगों की भिन्न-भिन्न परिस्थितियाँ दे दी गयी हैं और तीसरे अध्याय में ललित कलाओं की स्थिति का संक्षिप्त विवरण दिया गया है। चौथे अध्याय से हिन्दी साहित्य के इतिहास का विवरण आरम्भ होता है। परिस्थितियों की चर्चा युग विशेष के सन्दर्भ में पुनः की गयी है, जिससे ग्रन्थ में राजनीतिक, सामाजिक, सांस्कृतिक तथा साहित्यिक परिस्थितियों का विवेचन अनावश्यक रूप में विस्तृत हो गया है तथा उनका युग की साहित्यिक प्रवृत्तियों के साथ अन्तः-सम्बन्ध भी ढंग से स्थापित नहीं हो सका।

संक्षेप में यह निस्संकोच कहा जा सकता है कि डॉ॰ श्यामसुन्दर दास के इतिहास में साहित्येतिहासलेखन और शिल्प की वह मौलिकता एवं प्रौढ़ता नहीं है, जो शुक्लजी के इतिहास में दृष्टिगोचर होती है। वे न तो कोई नवीन दृष्टिकोण उपस्थित कर सके हैं और न ही प्रतिपादन को शुक्लजी जैसा सुव्यवस्थित रूप प्रदान कर सके हैं।

रमाशंकर शुक्ल 'रसाल' का साहित्येतिहासलेखन

'रसाल' जी का 'हिन्दी साहित्य का इतिहास' 1931 में प्रकाशित हुआ तथा इसमें उन्होंने साहित्येतिहास विषयक अपनी मान्यताओं को विस्तार से स्पष्ट करने का यत्न किया है। वे साहित्येतिहास के व्यापक स्वरूप पर विचार करते हुए लिखते हैं : 'साहित्य के इतिहास से हमारा यही तात्पर्य है कि इतिहास के समान जिसमें साहित्य के भिन्न-भिन्न समय से सम्बन्ध रखने वाली दशाओं या अवस्थाओं का सुव्यवस्थित वर्णन हो, उसे साहित्य का इतिहास समझना चाहिए। जिस प्रकार किसी देश अथवा समाज के इतिहास से हमें उससे सम्बन्ध रखने वाली घटनाओं, उनके कारणों, परिणामों एवं उनकी परिस्थितियों आदि का यथाक्रम आद्योपान्त एवं सांगोपांग परिचय प्राप्त होता है, उसी प्रकार किसी भाषा के साहित्य के इतिहास से हमें उस साहित्य से सम्बन्ध रखने वाले भिन्न-भिन्न विषयों की दशाओं, उनके कारणों एवं परिणामों आदि का, उनकी महत्त्वपूर्ण परिस्थितियों और प्रगतियों के साथ, ज्ञान प्राप्त होता है।'[68] साहित्यिक इतिहास सम्बन्धी अपनी दृष्टि को स्पष्ट करते हुए वे आगे लिखते हैं : साहित्य का इतिहास हमें बतलाता है कि उस साहित्य में कब-कब, कितनी-कितनी और किस-किस प्रकार की उन्नति अथवा अवनति होती आयी है, किस रूप से उसका आरम्भ हुआ है और किन-किन रूपान्तरों के साथ वह इस वर्तमान रूप में विकसित होता हुआ पहुँच गया है।'[69]

'रसाल' जी की उपर्युक्त विकासवादी अवधारणा सामान्यतः युक्तियुक्त है, किन्तु साहित्यिक इतिहास की विशिष्टता को पहचानने में असमर्थ रही है। उन्होंने अपने युग के देश तथा समाज सम्बन्धी इतिहासलेखन के स्वरूप के आधार पर साहित्यिक इतिहास लेखन पर विचार किया है, जो प्रधान रूप से राजाओं और सम्राटों के कार्यकलापों के इतिहास तक सीमित था। इसलिए वे साहित्यिक इतिहास में महान लेखकों का स्थान निर्धारित करते हुए लिखते हैं : 'जिस प्रकार इतिहास में राजनीति के केन्द्र रूपी सम्राटों एवं राजाओं के शासनों, अनुशासनों एवं कार्यों का मार्मिक विवेचन सत्यता के साथ किया जाता है, उसी प्रकार साहित्य के इतिहास में साहित्य-सम्राट रूपी लेखकों एवं कविराजों (महाकवियों) के साहित्यिक कार्यों पर प्रकाश डाला जाना चाहिए। इतिहास में जैसे राजाओं की नीतियों एवं रीतियों की समालोचना की जाती है वैसे ही साहित्य के इतिहास में भी लेखकों एव कवियों की नीतियों, रीतियों एवं शैलियों आदि की सकारण तुलनात्मक और मार्मिक विवेचना उनके परिणामों के साथ की जानी चाहिए।'[70] यहाँ आकर स्पष्ट हो जाता है कि उनकी साहित्यिक विकास सम्बन्धी धारणा व्यक्तिवादी दृष्टि का शिकार हो गयी है। साहित्येतिहास में महान प्रतिभाओं की उपेक्षा नहीं हो सकती परन्तु वे साहित्यिक प्रवृत्तियों के प्रतिनिधि के रूप में ही स्थान ग्रहण करते हैं।

'रसाल' जी ने साहित्य के इतिहास में विचारों तथा विचारधाराओं के विवेचन पर भी आवश्यकता से अधिक महत्त्व दिया है। उनके अनुसार : 'प्राधान्य होना चाहिए साहित्य के इतिहास में विचारों, विशेषतया साहित्य सम्बन्धी विचारों के विकास का। जिस प्रकार इतिहास में राजाओं के पारस्परिक युद्ध आदि के ऊपर विशेष महत्ता के साथ प्रकाश डाला जाता है, क्योंकि उसका बहुत बड़ा प्रभाव देश, जनता और उसके समस्त व्यापारों पर प्रायः पड़ता है, उसी प्रकार यहाँ भी आचार्यों के मत-मतान्तर सम्बन्धी विचारों पर जोर दिया जाता है और दिया भी जाना चाहिए क्योंकि साहित्यिक क्षेत्र तथा उससे सम्बन्ध रखने वाले समस्त लोगों पर इनका गहरा प्रभाव पड़ता है।'[71] साहित्य के इतिहास में साहित्यिक प्रवृत्तियों, संवेदनाओं और अभिरुचियों के विश्लेषण के स्थान पर विचारधाराओं का विवेचन और विश्लेषण का विवेचन प्रधान कार्य के रूप में मानना भ्रामक है।

सामाजिक परिवेश तथा साहित्येतिहास के पारस्परिक सम्बन्ध की जटिलता को न समझकर 'रसाल' जी ने इस समस्या को गहराई से समझने का यत्न नहीं किया। वे लिखते हैं : 'यदि वास्तविक दृष्टि से देखा जावे, तो प्रत्येक देश एवं समाज की राजनीतिक एवं आर्थिक दशा पर ही उसकी साहित्यिक दशा एवं प्रगति समाधारित रहती है।'[72] एक ओर तो वे साहित्यिक स्थिति तथा विकास का मूलाधार 'राजनीतिक एवं आर्थिक दशा' को मानते हैं और दूसरी ओर यह भी स्वीकार करते हैं कि 'साहित्य हमारे धर्म के आधार पर स्थिर होता हुआ उसी के साथ-साथ उससे प्रभावित हो विकसित एवं परिष्कृत होता आया है।'[73] इस प्रकार 'साहित्य और धर्मशास्त्र' का सम्बन्ध निर्धारित करते हुए उनका ध्यान 'राजनीतिक एवं आर्थिक दशा' से हटकर धर्म पर केन्द्रित हो गया है। वस्तुतः साहित्य के इतिहास की सीमा का अत्यधिक विस्तार करते हुए उनका साहित्यिक इतिहास सम्बन्धी दृष्टिकोण असंगतियों का शिकार हो गया है, किन्तु इतना कहना पड़ेगा कि उन्होंने साहित्यिक इतिहास के स्वरूप पर सर्वप्रथम विस्तार से विचार किया है।

हिन्दी साहित्य के अपने इतिहास में रसालजी ने सामग्री के प्रस्तुतीकरण के लिए प्रमुखतया डॉ॰ श्याम सुन्दर दास की पद्धति को अपनाया है। विस्तृत भूमिका में साहित्य के इतिहास पर विचार करने के बाद उन्होंने हर युग की ऐतिहासिक परिस्थितियों पर विस्तार से लिखा है : 'तत्पश्चात् प्रत्येक युग की साहित्यिक प्रवृत्तियों का निरूपण किया है और उनसे सम्बन्धित लेखकों का उल्लेख किया है तथा उनका मूल्यांकन किया है। युग की राजनीतिक आदि परिस्थितियों का उस युग के साहित्यिक सृजन से उपयुक्त अन्तःसम्बन्ध स्थापित नहीं हो सका जैसा कि रामचन्द्र शुक्ल के इतिहास में दृष्टिगोचर होता है। नलिन विलोचन शर्मा ने बिल्कुल ठीक लिखा है कि : 'स्वयं 'रसाल' जी शुक्लजी का अनुसरण करते हुए सभी कालों की राजनीतिक, धार्मिक, सामाजिक दशा को पृष्ठभूमि के रूप में प्रस्तुत करने की

चेष्टा करते हैं यद्यपि शुक्लजी की तरह वे अपेक्षतया अधिक विस्तृत विवरणों के बावजूद, पृष्ठभूमि तथा उस पर उभरे चित्र के अन्तःसम्बन्ध का निर्देश नहीं कर पाए हैं।'[74] यही दोष डॉ० श्याम सुन्दर दास के 'हिन्दी साहित्य' में भी दृष्टिगोचर होता है।

युग के प्रतिनिधि कवियों का मूल्यांकन करते हुए भी 'रसाल' जी ने शुक्लजी जैसी सन्तुलित तथा ऐतिहासिक दृष्टि का परिचय नहीं दिया। आधुनिक युग के कुछ कवियों का मूल्यांकन तो बेसिरपैर का हो गया है। मैथिलीशरण गुप्त के विषय में उन्होंने लिखा है : 'गुप्तजी में मौलिक भावों की न्यूनता तथा काव्य शैली की संकीर्णता उन्हें ऊँचा स्थान देने में रोकती है।'[75] जयशंकर प्रसाद की काव्य प्रतिभा की मौलिकता की भी उपेक्षा करते हुए वे फरमाते हैं : 'जो अंगरेजी मत से प्रभावित हो सूफी संतों के रहस्यवाद से कुछ मार्मिक भाव लेकर लाक्षणिकता, व्यंजकता और मूर्तिमत्ता के साथ लिखा करते हैं।'[76] ऐसा प्रतीत होता है कि उन्होंने पूर्वग्रहों से युक्त होकर साहित्यकारों की आलोचना प्रस्तुत की है। ऐसे मूल्यांकन से विक्षुब्ध होकर डॉ० पारीक ने लिखा है : 'इस प्रकार के विचारों को हीनता ग्रन्थि से उत्पन्न परिणाम के अतिरिक्त और क्या कहा जा सकता है। रसाल जी का यह साहित्येतिहास उनकी हीन भावना को बार-बार प्रकट करता है।'[77]

सामग्री के वर्गीकरण के लिए 'रसाल' जी ने जो कालविभाजन किया है उसका आधार उनकी साहित्यिक इतिहास सम्बन्धी जैविक परिकल्पना है, परन्तु यह इतनी सुचिन्तित नहीं है। काल विभाजन में मौलिकता लाने का प्रयास अवश्य किया गया है, किन्तु वे न तो शुक्लजी की सीमा का उल्लंघन कर सके हैं और न ही मौलिकता को सार्थकता प्रदान कर सके हैं। काल विभाजन इस प्रकार है :

1. आदिकाल : 1000 संवत् से 1400 सं० तक
बाल्यावस्था : (क) पूर्वार्ध—सं० 1000 से 1200 सं० तक
(ख) उत्तरार्ध—सं० 1200 से 1400 सं० तक

2. मध्यकाल : 1400 सं० से 1800 सं० तक
किशोरावस्था : (क) पूर्वार्ध—सं० 1400 से 1600 सं० तक
(ख) उत्तरार्ध—सं० 1600 से 1800 सं० तक

3. आधुनिक काल : 1800 से आज तक
युवावस्था : (क) परिवर्तन काल—सं० 1800 से 1900 सं० तक
(ख) वर्तमान—सं० 1900 से अब तक।[78]

'रसाल' जी के अनुसार उक्त कालविभाग 'भिन्न-भिन्न कालों की व्यापक विशेषताओं एवं साहित्यिक विशिष्ट परम्पराओं, प्रवृत्तियों एवं प्रगतियों के आधार पर किया गया है।'[79] उनके द्वारा किये गये कालविभाजन की सार्थकता को उनके ग्रन्थ के प्राक्कथन लेखक श्री श्यामबिहारी मिश्र ने ही झुठला दिया है। उनके कथनानुसार,

'हमारी अनुमति में यह कालविभाग बहुत युक्तियुक्त प्रतीत नहीं होता, क्योंकि ऐसा विभाग किसी भी भाषा के इतिहास का किया जा सकता है।'[80] साहित्य के इतिहास को व्यक्ति मानकर उसके युग को बाल्यावस्था आदि नाम देना भी युक्तियुक्त नहीं है, क्योंकि साहित्येतिहास सम्बन्धी यह जैविक परिकल्पना उसके अन्त का भ्रम पैदा करती है।

'रसाल' जी के 'हिन्दी साहित्य का इतिहास' में न तो शुक्लजी के इतिहास जैसी सुव्यवस्था दृष्टिगोचर होती है और न ही प्रौढ़ता। नलिन विलोचन शर्मा का यह मत अत्यन्त औचित्यपूर्ण है कि : 'रसाल' जी के साहित्यिक इतिहास विषयक उपर्युक्त विचार जितने समन्वयात्मक नहीं हैं, उतने निश्चित योजना के अभाव के परिचायक हैं। साहित्येतिहास में जिन-जिन सरणियों की झलक लेखक को मिली है, या जिन-जिन की कल्पना वह कर सका है, सभी को उसने अपनी परिभाषा में समाविष्ट कर लिया है। व्यवहार में इसका यह परिणाम हुआ है कि उसका विवेचन विशीर्ण तथा योजनारहित हो गया है।'[81] इसलिए कहा जा सकता है कि दृष्टि और शिल्प के लिहाज से 'रसाल' जी का साहित्येतिहास न तो कोई नई जमीन तोड़ सका और न ही साहित्येतिहासलेखन की पूर्ववर्ती परम्परा को अधिक सार्थक रूप प्रदान कर सका।

आचार्य रामचन्द्र शुक्ल के बाद और आचार्य हजारीप्रसाद द्विवेदी से पूर्व जो साहित्येतिहास लिखे गये, उनमें से डॉ॰ श्यामसुन्दर दास तथा 'रसालजी' के ग्रन्थों के अतिरिक्त अन्य ग्रन्थ इतने महत्त्वहीन समझे गये कि नलिन विलोचन शर्मा ने अपनी पुस्तक 'साहित्य का इतिहासदर्शन' में उनका उल्लेख करना भी उचित नहीं समझा। डॉ॰ रूपचन्द पारीक[82] तथा डॉ॰ सुमनराजे[83] ने भी अत्यन्त संक्षेप में इन ग्रन्थों पर विचार किया है। यह इस बात का प्रमाण है कि आचार्य हजारीप्रसाद द्विवेदीजी से पूर्व कोई भी साहित्येतिहासकार शुक्लजी की परम्परा को नया मोड़ देने में असमर्थ रहा। साहित्येतिहासदर्शन और इतिहासलेखन की पद्धति एवं शिल्प की दृष्टि से इनका महत्त्व शुक्लजी के साहित्येतिहास की तुलना में अत्यन्त गौण है। साहित्येतिहासलेखन की परम्परा को सुरक्षित बनाए रखने में ही इन ग्रन्थों का महत्त्व है। इसलिए संक्षेप में ही इन पर विचार करना उचित होगा।

सूर्यकान्त शास्त्री का 'हिन्दी साहित्य का विवेचनात्मक इतिहास'

1932 में प्रकाशित इस ग्रन्थ की भूमिका में शास्त्रीजी ने इतिहास के पुनर्लेखन अथवा युगानुरूप लेखन की आवश्यकता को गेटे की इतिहास सम्बन्धी उस मान्यता के आधार पर उचित ठहराया है, जिसके अनुसार : 'इतिहास समय-समय पर पुनः लिखा जाना चाहिए। इसलिए नहीं कि कई नवीन तथ्यों का अन्वेषण हो चुका होता है, बल्कि नये दृष्टिकोण भी सामने आ जाते हैं, क्योंकि एक युग की प्रगति में सक्रिय

भाग लेने वाले ऐसे केन्द्रबिन्दु पर पहुँचते हैं, जहाँ से अतीत एक नये ढंग से जाँचा और परखा जा सकता है।[84] इतिहास सम्बन्धी उक्त मान्यता निस्सन्देह समीचीन है, परन्तु प्रश्न है कि शास्त्री ने अपने साहित्येतिहास में इसका पालन कहाँ तक किया है? इसके उत्तर में यह कहने के लिए विवश होना पड़ता है कि वे न तो हिन्दी साहित्येतिहास सम्बन्धी कोई नवीन दृष्टिकोण ही दे पाये हैं और न ही लेखनपद्धति में कोई विशेष परिवर्तन ला सके हैं। उन्होंने स्वयं स्वीकार किया है कि 'युगों के निर्माण तथा क्रम में हिस्टरी ऑफ हिन्दी लिटरेचर का अनुकरण किया गया है।'[85] युग विभाजन के लिए के॰ महोदय का अनुकरण नितान्त असंगत प्रतीत होता है, जबकि शुक्लजी पहले ही एक सुव्यवस्थित तथा तर्कसंगत कालविभाजन प्रस्तुत कर चुके थे।

शास्त्रीजी के साहित्येतिहास में हिन्दी साहित्य को मुसलमानों के योगदान पर विशेष बल दिया गया है। यह बात पहले भी स्वीकार की जा चुकी थी परन्तु उन्होंने 'हिन्दू-मुस्लिम ऐक्य' की भावना से प्रेरित होकर इस तथ्य का विवेचन किया है। यह विवेचन उनकी उदारवादी राष्ट्रीय चेतना का परिचायक है। भावात्मक शैली में वे लिखते हैं : 'हिन्दी साहित्य के तात्कालिक विकास में जितना हिन्दुओं का हाथ है उतना ही मुसलमानों का भी। यदि हिन्दी साहित्य की वेदी पर हिन्दुओं ने तुलसी को समर्पित किया तो मुसलमानों ने कबीर द्वारा हिन्दी साहित्य की सेवा की। यदि सूरदास हिन्दू थे तो जायसी का जन्म मुसलमान वंश में हुआ। यदि मीराबाई हिन्दू थी तो ताज़ मुसलमान थी। यदि बिहारी ने हिन्दू वंश में जन्म लिया तो रहीम खानखाना और रसलीन ने इस्लाम की गोद में शिक्षा पायी थी। यदि हिन्दी साहित्य-गगन में से हिन्दू कवियों को निकाल दिया जाए तो सूर्यास्त हो जाता है और यदि उसमें से मुसलमान कवियों का बहिष्कार कर दिया जाए तो चन्द्रोदय नहीं होता।'[86] यह दृष्टि जातिवादी संकीर्णता से मुक्त दिखाई देती है, जो युग के कई इतिहासकारों में प्रत्यक्ष अथवा परोक्ष रूप में परिलक्षित होती रही है।

शास्त्रीजी के इतिहास में दूसरी विशेषता तुलनात्मक विवेचन पद्धति की है, जिसे डॉ॰ सुमनराजे ने इस ग्रन्थ की एकमात्र शक्ति माना है।[87] ग्रियर्सन और के॰ महोदय ने भी इस विवेचन पद्धति को अपनाया है, किन्तु शास्त्री जी ने इसे कहीं-कहीं अति की सीमा तक पहुँचा दिया है। यह ठीक है कि तुलनात्मक पद्धति साहित्यिक इतिहास लेखन को नया आयाम देने तथा विश्व के साहित्येतिहास में सामान्यीकरण की समस्या को समझने में सहायक हो सकती है, परन्तु इसका प्रयोग अत्यन्त सावधानी से करने की आवश्यकता रहती है, क्योंकि साहित्य और सामाजिक व्यवस्था के सम्बन्ध को झुठलाया नहीं जा सकता। शास्त्रीजी के तुलनात्मक विवेचन में इतनी गहराई नहीं आ सकी।

शास्त्रीजी के विवेचनात्मक इतिहास को पढ़ते हुए एक प्रश्न और पैदा होता

है कि क्या साहित्येतिहासलेखन के लिए आलंकारिक भाषा शैली उचित है? क्योंकि इस इतिहास में शास्त्रीजी ने ऐसी भाषा शैली का प्रयोग पर्याप्त मात्रा में किया है। डॉ॰ पारीक के अनुसार : 'उनकी भाषा भी साहित्येतिहास के लिए उचित गाम्भीर्य लिए हुए नहीं है। उनकी भाषा चमत्कारवृत्ति की ओर अधिक उन्मुख है।'[88] निस्सन्देह साहित्येतिहासलेखन की भाषा चमत्कारपूर्ण नहीं होनी चाहिए, क्योंकि वह साहित्य के इतिहास का विश्लेषण करने में बाधक बनती है। संक्षेप में कहा जा सकता है कि हिन्दी साहित्येतिहासलेखन के क्षेत्र में यह ग्रन्थ भी एक बढ़ता हुआ चरण सिद्ध नहीं हो सका।

अयोध्या सिंह उपाध्याय 'हरिऔध' का साहित्येतिहासलेखन

इस युग में 'हरिऔध' जी का 'हिन्दी भाषा और साहित्य का विकास' 1934 में प्रकाशित हुआ जो उनके द्वारा पटना विश्वविद्यालय में दिये गये भाषणों का संग्रह है। उनका इतिहासदर्शन तथा हिन्दी साहित्य के विकास का विवरण हिन्दूवादी राष्ट्रीयता से इतना अधिक प्रभावित है कि साहित्येतिहासलेखन के लिए वांछनीय तटस्थता को कहीं-कहीं बहुत आघात पहुँचा है। इस संकीर्ण ऐतिहासिक दृष्टि के कारण वे मुसलमान सन्तों के उदार विचारों में भी साम्प्रदायिकता की बू पाते हैं। वे स्वयं धार्मिक पूर्वग्रह से मुक्त नहीं हो सके। इसलिए वे सूफी मत के प्रभाव को स्पष्ट करते हुए लिखते हैं : राजधर्म होने के कारण मुसलमान धर्म को उन्नति के अनेक साधन प्राप्त थे। अतएव वह प्रतिदिन उन्नत हो रहा था और राज्याश्रय के अभाव एवं समुन्नत पथ में प्रतिबन्ध उपस्थित होने के कारण हिन्दू धर्म दिन-दिन क्षीण हो रहा था...इस समय सूफी सम्प्रदाय के अनेक मुसलमान फकीरों ने अपना वह राग अलापना आरम्भ किया था जिस पर कुछ हिन्दू बहुत विमुग्ध हुए और अपने वंशगत धर्म को तिलांजलि देकर उस मंत्र का पाठ किया, जिससे उनको अपने अस्तित्वलोप का सर्वथा ज्ञान नहीं रहा।'[89] इसी प्रकार कबीर के बारे में उनका मत भी उनकी उक्त ऐतिहासिक दृष्टि का ही परिचायक है। उन्होंने लिखा है : 'मुसलमान धर्म अवतारवाद, मूर्तिपूजा और दैववाद का कट्टर विरोधी है और अपने विचारानुसार एकेश्वरवाद का प्रबल प्रचारक। यही कारण है कि उस समय के कबीर साहब जैसे कुछ धर्म प्रचारकों को निर्गुणवाद का राग अलापते देखा जाता है।'[90]

हिन्दी साहित्य के मध्ययुग का धार्मिक दृष्टि से विवेचन कितना अनैतिहासिक और एकांगी हो सकता है, इसके लिए उपर्युक्त दो उदाहरण ही पर्याप्त है। उनके धर्मानुराग, देशानुराग, भाषानुराग की अतिशयता सर्वत्र दिखाई देती है। अपने इसी अनुराग के परिणामस्वरूप वे कई ऐतिहासिक भ्राँतियों के शिकार हो गये हैं। यही कारण है कि जिन वीर काव्यों को ग्रियर्सन तथा आचार्य शुक्ल संदिग्ध मानते हैं, 'हरिऔध' जी उन्हें संदिग्ध नहीं मानना चाहते। 'खुमानरासो' के विषय में वे लिखते

हैं : 'ऐसी अवस्था में न तो उसके आदिम रचना होने का महत्त्व नष्ट होता है और न ही उसकी भाषा को संदिग्ध कहा जा सकता है।'[91] इन रचनाओं की असंदिग्धता का कारण तलाशते हुए वे कहते हैं : उस काल का वातावरण ही ऐसा था कि इस प्रकार के ग्रन्थों की रचना होती।'[92] स्पष्ट है कि यहाँ शुक्लजी के मत का ही पोषण हुआ है, किन्तु 'हरिऔध' जी के विवेचन में शुक्लजी की ऐतिहासिक दृष्टि की परिपक्वता का लोप हो गया है। इसलिए वे चारण कवियों को देशानुराग से प्रेरित मानते हैं और लिखते हैं : 'यह असम्भव था कि उत्तरोत्तर मुसलमान पवित्र भारत वसुन्धरा के विभागों को अधिकृत करने जावें और जिन सहृदय हिन्दुओं में देशानुराग था वे अपने सजातियों को देश और जाति रक्षा के लिए विविध रचनाओं द्वारा उत्तेजित और उत्साहित भी न करें।[93]

शिल्प की दृष्टि से भी यह उतना प्रौढ़ नहीं है, जितना कि शुक्ल जी का है। इसमें हिन्दी साहित्य की सामग्री का वर्गीकरण और कालविभाजन शुक्लजी की परम्परा के अनुरूप है। अन्तर केवल यह है कि हरिऔधजी ने आरम्भिक काल आठवीं शताब्दी से 13वीं शताब्दी तक माना है। ऐसा क्यों माना है? इसका कोई ठोस उत्तर उनके पास नहीं है। आरम्भिक काल में प्रमुखतया वीरगाथात्मक काव्यों का वर्णन है। तत्पश्चात् 'माध्यमिक काल' में भक्तिकालीन तथा 'उत्तर काल' में रीतिकालीन कवियों का विवरण दिया गया है। आधुनिक काल को वर्तमान काल कह दिया गया है। भारतेन्दु युग की कविता को उत्तरकाल में स्थान दिया गया है, जबकि इस युग का वर्तमान काल में विवेचन हुआ है। यह भी ऐतिहासिक भ्रांति है कि एक समय के गद्य और पद्य को दो अलग-अलग युगों में स्थान दिया जाए।

गद्य भाग में इतिहास, विज्ञान, धर्म, दर्शन और अर्थशास्त्र सम्बन्धी सामग्री समेटने का भी यत्न किया गया है। उन्नति सम्बन्धी उद्योग, संगठित संस्थाओं तथा प्रसिद्ध प्रेसों का भी विवेचन किया गया है। साहित्येतिहास की दृष्टि से यह विवेचन अनावश्यक है।

साहित्यकारों का मूल्यांकन यशोगान बन गया है। डॉ॰ पारीक के अनुसार : 'प्रसिद्ध और नवोदित दोनों प्रकार के कलाकारों की उन्होंने प्रशस्ति लिखी है।'[94] यही नहीं, कहीं-कहीं मूल्यांकन सतही होकर रह गया है। इसलिए कहा जा सकता है कि इस ग्रन्थ ने हिन्दी साहित्येतिहासलेखन को आगे बढ़ाने में कोई सहायता नहीं की।

आधुनिक हिन्दी साहित्य का प्रथम इतिहास

इसी वर्ष पंडित कृष्णशंकर शुक्ल का 'आधुनिक हिन्दी साहित्य का इतिहास' प्रकाशित हुआ, जिसमें सं॰ 1900 से 1990 तक के साहित्यकारों का विस्तृत विवरण प्रस्तुत करना ही लेखक का उद्देश्य दिखाई देता है। ग्रन्थ के आरम्भ में हिन्दी साहित्येतिहास के अन्य तीन कालों का भी संक्षेप में वर्णन किया गया है, क्योंकि

लेखक का विचार है : 'किसी विशेष काल का इतिहास खंड-खंड करके प्रस्तुत करना यह मान लेने के समान है कि इन अवयवों में कोई सम्बद्ध शृंखला नहीं है, परन्तु वास्तव में ऐसा नहीं होता।'[95] इसमें कोई सन्देह नहीं कि इस ग्रन्थ में आधुनिक काल के हिन्दीसाहित्य का विवेचन पहले ग्रन्थों की अपेक्षा विस्तृत है, परन्तु इतिहासदर्शन तथा शिल्प की दृष्टि से इसमें कोई नवीनता नहीं है। युग विशेष के इतिहासलेखन का प्रथम प्रयत्न होने के कारण यह ग्रन्थ उल्लेखनीय अवश्य है।

डॉ॰ रामकुमार वर्मा का साहित्येतिहासलेखन

डॉ॰ रामकुमार वर्मा ने 1938 ई. में प्रकाशित 'हिन्दी साहित्य का आलोचनात्मक इतिहास' में भक्तिकाल तक हिन्दी साहित्य का विस्तृत विवरण प्रस्तुत किया है। वे साहित्य के इतिहासलेखन की कठिनाइयों से पूरी तरह परिचित थे तथा उन्हें इतिहासकार के गम्भीर उत्तरदायित्व का भी बोध था। उन्होंने लिखा है : 'साहित्य का इतिहास आलोचनात्मक शैली से अधिक स्पष्ट किया जा सकता है। अतः ऐतिहासिक सामग्री के साथ कवियों एवं साहित्यिक प्रवृत्तियों की आलोचना करना मेरा दृष्टिकोण है।'[96] इससे यह स्पष्ट हो जाता है कि वे ऐतिहासिक परिप्रेक्ष्य में साहित्यिक प्रवृत्तियों तथा कवियों की आलोचना को साहित्येतिहास का प्रधान उद्देश्य स्वीकार करते हैं। यह दृष्टिकोण नया नहीं है। शुक्लजी ने भी अपने इतिहास में यही किया है।

डॉ॰ रामकुमार वर्मा ने साहित्यिक प्रवृत्तियों का विश्लेषण भी शुक्लजी के पद चिह्नों पर चलकर किया है। उदाहरण के रूप में भक्तिकाल की राजनीतिक परिस्थितियों तथा भक्तिभावना के विवेचन को लिया जा सकता है। वर्माजी का मत शुक्ल जी के मत का पोषण करता है जब वे लिखते हैं कि : ' मुसलमानों के बढ़ते हुए आतंक ने हिन्दुओं के हृदय में भय की भावना उत्पन्न कर दी थी···हिन्दुओं में मुसलमानों से लोहा लेने की शक्ति नहीं थी···इस असहायावस्था में उनके पास ईश्वर से प्रार्थना करने के अतिरिक्त अन्य कोई साधन नहीं था। वे ईश्वरीय शक्ति और अनुकम्पा पर ही विश्वास करने लगे।[97]

वर्मा जी के साहित्येतिहास में दृष्टिकोण सम्बन्धी कई अन्तर्विरोध भी आ गये हैं। एक ओर तो वे 'जैन साहित्य' को हिन्दी के इतिहास में महत्त्वपूर्ण स्थान देते हैं और दूसरी ओर शुक्ल जी के ही स्वर में यह कहते हैं कि : 'जैन साहित्य में कोई बड़ा लक्षण कवि नहीं हुआ।' इसका कारण यह था कि प्रत्येक आचार्य का आदर्श धर्म की व्यवस्था करना प्रमुख था, काव्य का श्रृंगार करना गौण···केवल सिद्धान्तों के प्रतिपादन में अच्छी कविता नहीं हो सकती।[98] इसी तरह वे संत मत के काव्य पर विचार करते हुए एक स्थान पर लिखते हैं : 'सन्त मत का काव्य उच्च कोटि का नहीं है।'[99] दूसरे स्थान पर वे कहते हैं : 'कबीर का काव्य बहुत स्पष्ट और

प्रभावशाली है। यद्यपि कबीर ने पिंगल और अलंकार के आधार पर काव्य रचना नहीं की थी तथापि उनकी काव्यानुभूति इतनी उत्कृष्ट थी कि वे सरलता से महाकवि कहे जा सकते हैं।[100]

वर्मा जी ने हिन्दी साहित्येतिहास के युगों का सीमानिर्धारण और नामकरण भी शुक्लजी के अनुरूप किया है। एक भिन्नता है···उन्होंने हिन्दी साहित्य का आरम्भ सं॰ 750 से माना है क्योंकि उनके विचारानुसार, 'यह तो अवश्य कहा जा सकता है कि वज्रयान के प्रचारक सिद्धों ने नियमित रूप से सबसे प्रथम हिन्दी में रचना आरम्भ कर दी थी।'[101] इसलिए उन्होंने 750 वि॰ सं॰ से 1000 वि॰ सं॰ तक के युग को सन्धिकाल तथा सं॰1000 से सं॰ 1375 के युग को चारणकाल कहना उचित समझा है। इस दृष्टि से उन्होंने ग्रियर्सन तथा मिश्रबंधुओं की परम्परा को मान्यता दी है। संधिकाल के साहित्य का विवरण निम्नलिखित रेखाचित्र के अनुरूप प्रस्तुत किया गया है :[102]

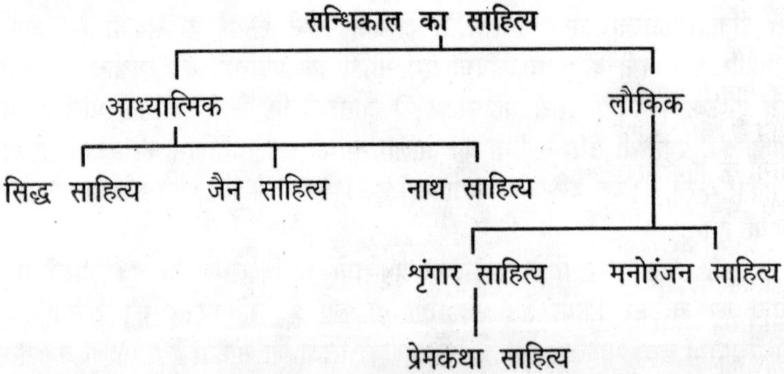

सन्धिकाल के महत्त्व को उन्होंने काव्यात्मक भाषा में स्थापित किया है। उनके शब्दों में : 'सन्धिकाल हमारे साहित्य के इतिहास में एक ऐसा पुण्य पर्व समझा जाना चाहिए जिसमें शताब्दियों की धार्मिक, दार्शनिक और सांस्कृतिक परम्पराएँ हमारी भाषा में अवतरित हुईं। ···उस समय भाषा विकास के पथ पर अग्रसर हो रही थी। उसमें नवीन जीवन के चिह्न दृष्टिगोचर हो रहे थे। वह अपने पुराने पल्लवों को छोड़कर नूतन किसलयों से सुसज्जित होती हुई वसन्त श्री की शोभा धारण करने जा रही थी।'[103] यहाँ यह स्पष्ट हो जाना चाहिए कि शुक्ल जी ने इस साहित्य की संशोधित और प्रवर्धित संस्करण में कुछ चर्चा अवश्य की है, परन्तु उनका दृष्टिकोण यही रहा है कि : 'सिद्धों और योगियों की रचनाएँ साहित्य कोटि में नहीं आतीं और योगधारा काव्य या साहित्य की कोई धारा नहीं मानी जा सकती।'[104] परवर्ती साहित्यिक इतिहास लेखन में भी प्रायः इसका विवेचन 'हिन्दी साहित्य की भूमिका' अथवा हिन्दी साहित्य की पृष्ठभूमि के रूप में ही हुआ है। इसलिए 'सन्धिकाल' नाम मान्यता नहीं प्राप्त कर सका। इसी तरह चारण काल नाम भी प्रचलित नहीं हुआ।

प्रस्तुतीकरण की योजना में वर्माजी ने एक नवीनता लाने का यत्न अवश्य किया है। प्रत्येक काव्यधारा के विवेचन के बाद उस पर 'सिंहावलोकन' शीर्षक के अन्तर्गत संक्षेप में पुनः विचार किया गया है। यह विचार वर्ण्य विषय, भाषा, छन्द, रस तथा विशिष्टता सम्बन्धी है। इससे उनके इतिहास में अनावश्यक विस्तार आ गया है, क्योंकि प्रायः पिछली बातों को ही दोहरा दिया गया है। इसलिए इस नवीनता की विशेष सार्थकता नहीं है।

इस ग्रन्थ का महत्त्व इसमें संकलित और विवेचित सामग्री की विपुलता के कारण स्वीकार किया गया है। डॉ॰ सुमनराजे ने लिखा है : 'इस ग्रन्थ के रचना काल तक जितनी सामग्री शोध के द्वारा प्रकाश में आयी थी, उन सबका उपयोग डॉ॰ वर्मा जी ने किया है। विभिन्न सम्प्रदायों के दार्शनिक सिद्धान्तों को बड़े ही सुलझे ढंग से प्रस्तुत किया है।'[105] यहाँ यह प्रश्न उठता है कि क्या साहित्य के इतिहास में सम्प्रदाय सम्बन्धी विस्तृत चर्चा आवश्यक है? इसमें सन्देह नहीं कि इससे ज्ञानवर्द्धन तो होता है, परन्तु साहित्य के इतिहास की पहचान कठिन हो जाती है। इसी प्रकार कवियों और कृतियों के अनुसंधान सम्बन्धी सामग्री का उपयोग करते समय वर्माजी ने सावधानी से काम नहीं लिया। उनका ध्यान सभी कुछ दे देने की ओर अधिक रहा है, चाहे उसकी विशेष आवश्यकता हो या न हो, जैसे वे 'पृथ्वीराजरासो' के सभी सर्गों के नाम गिनाने तक ही सीमित नहीं रहे, उसकी अप्रामाणिकता पर विचार करते हुए उन्होंने 'पृथ्वीराज विजय' के भी बारह सर्गों का सार दे दिया है।

साहित्य के इतिहास में महान कवियों तथा साहित्यकारों के व्यक्तित्व और कृतित्व पर विस्तार से विचार करने की परम्परा रही है। वर्माजी ने इस परम्परा को अति की सीमाओं तक निभाया है। इसका परिणाम यह हुआ कि साहित्यिक प्रवृत्तियों और काव्यधाराओं का विवेचन गौण हो गया है और महान कवियों का विवरण प्रमुख। अकेले तुलसीदास पर 173 पृष्ठ लिखे गये हैं। कवियों की इतनी विस्तृत आलोचना ने भी ग्रन्थ के आकार को अनावश्यक विस्तार दिया है। इसलिए कहा जा सकता है कि वर्माजी भी हिन्दी साहित्येतिहासलेखन के इतिहास में कोई नया कीर्तिमान स्थापित नहीं कर सके। इसलिए जो शब्द उन्होंने हिन्दी के पूर्ववर्ती साहित्येतिहासलेखन के सम्बन्ध में लिखे हैं, वे उन पर भी लागू होते हैं। शब्द इस प्रकार हैं : 'हिन्दी का इतिहास लेखन अभी पूर्ण नहीं है।'[106]

इतिहासलेखन तो कभी भी पूर्ण नहीं होगा, परन्तु आचार्य शुक्ल के पश्चात् हिन्दी साहित्येतिहासलेखन को एक सार्थक तथा नया मोड़ देने में आचार्य हजारीप्रसाद द्विवेदी ही सफल हो सके। उससे पूर्व यह सम्भव नहीं हो सका। इस युग के अन्य इतिहासकार न तो आचार्य शुक्ल के समान साहित्येतिहास का कोई मौलिक दर्शनशास्त्र निमित्त कर सके तथा न ही उनके दृष्टिकोण की कुछेक असंगतियों को दूर करने का उत्तरदायित्व निभा सके। अतः उनका साहित्येतिहासलेखन आचार्य शुक्ल की परम्परा को अधिक प्रगतिशील रूप देने में असमर्थ रहा।

सन्दर्भ

1. कथा–अंक 5, नवम्बर 1975, पृ. 27.
2. डॉ. रामविलास शर्मा 'आचार्य रामचन्द्र शुक्ल और हिन्दी आलोचना', द्वितीय संस्करण, भूमिका, पृ. 12-13.
3. डॉ. रामलाल सिंह 'आचार्य रामचन्द्र शुक्ल के समीक्षा सिद्धान्त', प्रथम संस्करण, पृ. 63.
4. कथा, नवम्बर 75, पृ. 27.
5. रामचन्द्र शुक्ल : 'रस मीमांसा' , प्रथम संस्करण, पृ. 28.
6. डॉ. सुमनराजे : 'साहित्यिक इतिहासः संरचना और स्वरूप'.
7. रामचन्द्र शुक्ल : 'हिन्दी साहित्य का इतिहास', काशी, सं. 2018, 13वां संस्करण, काल विभाग, पृ. 3.
8. वही, प्रथम संस्करण का वक्तव्य, पृ.1.
9. 'आलोचना', अक्टूबर, 1953.
10. वही, अक्टूबर, 1952.
11. जयचन्द राय : 'रामचन्द्र शुक्ल और उनका साहित्य', प्रथम संस्करण, पृ. 189.
12. 'चिन्तामणि', दूसरा भाग, पृ. 122.
13. वही, पहला भाग, पृ. 237.
14. देखिए, 'साहित्यिक इतिहास : संरचना और स्वरूप', 1975, पृ. 318-19.
15. पं. रामचन्द्र शुक्ल : 'हिन्दी साहित्य का इतिहास', 13वां संस्करण, पृ. 34-35.
16. वही, पृ. 60.
17. वही.
18. वही.
19. वही, पृ. 63.
20. वही, पृ. 65.
21. हजारी प्रसाद द्विवेदी : 'हिन्दी साहित्य', 1952, पृ. 88.
22. वही, पृ. 90.
23. रामचन्द्र शुक्ल : 'हिन्दी साहित्य का इतिहास', पृ. 64.
24. देखिए, वही, पृ. 66.
25. देखिए, वही, पृ. 233.
26. वही, पृ. 230.
27. वही, पृ. 615.
28. वही.
29. डॉ. रामविलास शर्मा : 'आचार्य रामचन्द्र शुक्ल और हिन्दी आलोचना', पृ. 167.

30. रामचन्द शुक्ल : 'हिन्दी साहित्य का इतिहास', पृ. 616.
31. वही.
32. वही, पृ. 617.
33. वही.
34. 'आचार्य रामचन्द्र शुक्ल और हिन्दी आलोचना', पृ. 172.
35. डॉ. पारीकः 'हिन्दी साहित्य के इतिहास-ग्रन्थों का आलोचनात्मक अध्ययन', पृ. 144.
36. नन्ददुलारे वाजपेयी, 'हिन्दी साहित्य', इलाहाबाद सं. 2007, प्रथम संस्करण, पृ. 370.
37. रामचन्द शुक्ल : 'हिन्दी साहित्य का इतिहास', वक्तव्य, पृ. 5.
38. नामवर सिंह, 'आलोचना', इतिहास विशेषांक, पृ. 11.
39. 'साहित्यिक इतिहास : संरचना और स्वरूप', पृ. 313-316.
40. जयचन्द राय, 'आचार्य रामचन्द्र शुक्ल और उनका साहित्य', प्रथम संस्करण, पृ. 179.
41. रामचन्द शुक्ल : 'हिन्दी साहित्य का इतिहास', वक्तव्य, पृ. 2.
42. वही, पृ. 5.
43. देखिए, संरचना और स्वरूप', पृ. 169-171.
44. डॉ. नगेन्द्र : 'रीतिकाव्य की भूमिका' (डॉ. रामविलास शर्मा, 'आचार्य रामचन्द्र शुक्ल', में उद्धृत, पृ. 186).
45. 'साहित्यिक इतिहास : संरचना और स्वरूप', पृ. 172.
46. डॉ. रामविलास शर्मा : 'आचार्य रामचन्द्र शुक्ल', पृ. 186.
47. आचार्य रामचन्द्र शुक्ल और उनका साहित्य', पृ. 191.
48. रामचन्द शुक्ल : 'हिन्दी साहित्य का इतिहास', पृ. 665.
49. वही, पृ. 466.
50. रामचन्द शुक्ल : 'हिन्दी साहित्य का इतिहास', पृ. 166.
51. गुलाबराय, विजयेन्द्र स्नातक (सं.) : 'आचार्य शुक्ल', प्रथम संस्करण, पृ. 48.
52. 'हिन्दी साहित्य के इतिहास-ग्रन्थों का आलोचनात्मक अध्ययन', पृ. 143.
53. वही. पृ. 143.
54. वही.
55. 'साहित्य का इतिहास दर्शन', पृ. 89.
56. 'आलोचना', इतिहास विशेषांक में शिवदानसिंह चौहान का लेख, रामविलास शर्मा द्वारा, 'आचार्य रामचन्द्र शुक्ल' में उद्धृत, पृ. 32.
57. डॉ. श्याम सुन्दर दास : 'हिन्दी साहित्य', इंडिया प्रेस, प्रयाग, दशम संस्करण, सं. 2013, पृ. 1.
58. वही, विषय प्रवेश, पृ. 20.
59. वही, पृ. 24.
60. वही.

61. वही, पृ. 23.
62. वही, पृ. 9.
63. वही, पृ. 19.
64. 'आलोचना', इतिहास विशेषांक, पृ. 11.
65. वही, पृ. 11.
66. 'हिन्दी साहित्य के इतिहास ग्रन्थों का आलोचनात्मक अध्ययन', पृ. 147.
67. श्यामसुन्दर दास : 'हिन्दी साहित्य', पृ. 22.
68. रमाशंकर शुक्ल 'रसाल' : 'हिन्दी साहित्य का इतिहास', प्रयाग 1931, भूमिका, पृ. 8.
69. वही, पृ. 8.
70. वही, पृ. 9-10.
71. वही, पृ. 10.
72. वही, पृ. 2-3.
73. वही, पृ. 15.
74. 'साहित्य का इतिहास दर्शन', पृ. 376.
75. रमाशंकर शुक्ल 'रसाल' : 'हिन्दी साहित्य का इतिहास', पृ. 376.
76. वही, पृ. 767.
77. 'हिन्दी साहित्य के इतिहास ग्रन्थों का आलोचनात्मक अध्ययन', पृ. 153.
78. रमाशंकर शुक्ल 'रसाल' : 'हिन्दी साहित्य का इतिहास', पृ. 22.
79. वही, पृ.24.
80. वही, प्राक्कथन, पृ. 5.
81. 'साहित्य का इतिहास दर्शन', पृ. 92.
82. 'हिन्दी साहित्य के इतिहास ग्रन्थों का आलोचनात्मक अध्ययन', पृ. 164.
83. 'साहित्यिक इतिहास : संरचना और स्वरूप', पृ. 319-321.
84. सूर्यकान्त शास्त्री : 'हिन्दी साहित्य का विवेचनात्मक इतिहास', प्रथम संस्करण, भूमिका, पृ. 81.
85. वही, पृ. 8.
86. वही, पृ. 28-29.
87. 'साहित्यिक इतिहास : संरचना और स्वरूप', पृ. 321.
88. 'हिन्दी साहित्य के इतिहास ग्रन्थों का आलोचनात्मक अध्ययन', पृ. 156.
89. अयोध्यासिंह उपाध्याय हरिऔधः 'हिन्दी भाषा और साहित्य का इतिहास', 1934, पृ. 103.
90. वही, पृ. 150.
91. वही, पृ. 89.
92. वही.
93. वही.

94. ‘हिन्दी साहित्य के इतिहास ग्रन्थों का आलोचनात्मक अध्ययन’, पृ. 158.
95. कृष्णशंकर शुक्ल : ‘आधुनिक हिन्दी साहित्य’, नवम् संस्करण, बनारस, पूर्वपीठिका, पृ. 2.
96. डॉ. रामकुमार वर्मा : ‘हिन्दी साहित्य का आलोचनात्मक इतिहास’, पंचम संस्करण निवेदन, पृ. 1.
97. वही, पृ. 192.
98. वही, पृ. 101.
99. वही, पृ. 193.
100. वही, पृ. 59.
101. वही, पृ. 58.
102. वही, पृ. 134.
103. वही, पृ. 133.
104. रामचन्द्र शुक्ल : ‘हिन्दी साहित्य का इतिहास’, संशोधित संस्करण, दो बातें, पृ. 1.
105. ‘साहित्यिक इतिहास : संरचना और स्वरूप’, पृ. 321.
106. ‘हिन्दी साहित्य का आलोचनात्मक इतिहास’, निवेदन, पृ. 1.

आचार्य शुक्ल सम्मत इतिहास प्रारूप

<table>
<tr><td colspan="7"></td><td>वि.सं.1900 से
आधुनिक काल</td></tr>
<tr><td>अपभ्रंश काव्य</td><td>प्रथम युग</td><td colspan="5">काल विभाजन</td><td>चतुर्थ युग</td></tr>
<tr><td rowspan="3"></td><td rowspan="3">वीरगाथा
काल
वि॰ सं॰
1050
से 1375
तक</td><td colspan="5">अध्याय/प्रकरण</td><td rowspan="3">रीतिकाल
वि॰ सं॰
1700 से
1900
तक</td></tr>
<tr><td>1</td><td>2</td><td>3</td><td>4</td><td>5</td></tr>
<tr><td>युग का सामान्य परिचय
राजनीतिक, सामाजिक तथा सांस्कृतिक परिवेश</td><td>काव्य धाराएँ
प्रवृत्ति निरूपण/मूल्यांकन</td><td>लोकनायक/धार्मिक नायक/ प्रतिनिधि कवि
व्यक्तित्व तथा कृतित्व का अध्ययन</td><td>अन्य कवियों का विवरण
जन्म/स्थान/जाति/मृत्यु/रचनाएँ</td><td>फुटकल खाता</td></tr>
<tr><td>द्वितीय युग
तृतीय युग</td><td colspan="6">भक्तिकाल वि॰ सं॰ 1375 से 1700 तक</td><td></td></tr>
</table>

वर्तमान युग का हिंदी साहित्येतिहासलेखन

दर्शनशास्त्र एवं शिल्प

हिन्दी साहित्येतिहासलेखन का वर्तमान युग

शुक्ल जी ने हिंदी साहित्येतिहासलेखन की जो प्रौढ़ और स्वस्थ परम्परा चलाई थी, उसकी कुछ सीमाएँ थीं। ये सीमाएँ दृष्टिकोण तथा पद्धति दोनों से सम्बन्धित थीं। इन सीमाओं को ठीक से पहचानने तथा उनका अतिक्रमण करने में आचार्य द्विवेदी ही सफल हो सके। उन्होंने साहित्येतिहास संबंधी अपने तीन ग्रन्थों, 'हिंदी साहित्य की भूमिका', 'हिंदी साहित्य का आदिकाल' तथा 'हिंदी साहित्य—उसका उद्‌भव और विकास' द्वारा इतिहास लेखन की एक नवीन परम्परा का श्रीगणेश किया।

आचार्य हजारीप्रसाद द्विवेदी का साहित्येतिहासलेखन

सन् 1940 ई॰ में द्विवेदीजी की पुस्तक—'हिंदी साहित्य की भूमिका' प्रकाशित हुई और इसके द्वारा इतिहास लेखन को जो नवीन दिशा मिली उसने सभी विद्वानों का ध्यान आकर्षित किया। डॉ॰ नामवरसिंह के अनुसार : "आचार्य हजारीप्रसाद द्विवेदी की 'हिंदी साहित्य की भूमिका' ऐसे ही समय नवीनयुग की भूमिका बनकर प्रकाश में आयी। पूर्ववर्ती व्यक्तिवादी इतिहास प्रणाली के स्थान पर सामाजिक अथवा जातीय ऐतिहासिक प्रणाली का आरंभ करने वाली यह पहली हिन्दी पुस्तक है। अनेक साहित्यकारों का वैयक्तिक परिचय देने का मोह छोड़कर इस पुस्तक ने हिंदी साहित्य के विराट पुरुष और उसके सामूहिक प्रभाव तथा साहित्येतिहास के माध्यम से युग-युगान्तर से आती हुई अबाध हिन्दी जाति की विचार सारणी और भाव परम्परा का दर्शन कराया।'[1] उनका साहित्येतिहास 'हिन्दी जाति' की संस्कृति के उद्‌घाटन के लिए माध्यम बन कर आया है। इसलिए डॉ. इंद्रनाथ मदान का मत है : 'आचार्य द्विवेदी वास्तव में भारतीय संस्कृति के इतिहासकार हैं। इसका निरूपण करने के लिए उन्होंने हिन्दी साहित्य को माध्यम बनाया है। वे शुक्ल परम्परा के इतिहासकार नहीं

हैं। वे उसकी सीमाओं से मुक्त होकर अपनी सीमाओं में बँध गये हैं। अभी तक हिंदी साहित्य का साहित्येतिहास नहीं लिखा गया।'[2] साहित्येतिहासकार और साहित्य मर्मज्ञ होते हुए भी द्विवेदीजी साहित्य और उसके इतिहास को 'साहित्यिक घेरे में बंद करने के पक्ष में नहीं हैं। इसके लिए उनके इतिहासदर्शन को समझ लेना आवश्यक है।

आचार्य द्विवेदी का इतिहास दर्शनः द्विवेदी जी की जीवनदृष्टि मानवतावादी है, जिसे नवआदर्शवाद का आधार प्राप्त है। इस बात को सभी विद्वानों ने स्वीकार किया है कि उनका समस्त चिन्तन मानव और उसके कल्याण की ओर उन्मुख रहा। उनका इतिहासदर्शन भी आर्दशवादी मानवतावाद पर आधारित है। डॉ. रघुवंश ने 19वीं शती के इतिहासज्ञों की मानववादी दृष्टि को स्पष्ट करते हुए लिखा है : 'हजारी प्रसाद द्विवेदी की इतिहास के बारे में धारणा इस मानववादी दृष्टि से अत्यधिक प्रभावित रही है।'[4] डॉ॰ रधुवंश ने यूरोप के प्रसिद्ध दार्शनिकों-कांट, हीगेल आदि के इतिहासदर्शन का उल्लेख करते हुए द्विवेदीजी की इतिहास विषयक अवधारणा को स्पष्ट किया है। कांट के अनुसार सम्पूर्ण मानवता को उच्चतर स्थिति की ओर बढ़ाने में ही इतिहास की सार्थकता है।[4] द्विवेदीजी ने भी कई निबन्धों में इस उद्देश्य को स्पष्ट किया है। 'हीगेल ने समस्त संसार के इतिहास की प्रक्रिया को एक तथा समान उद्देश्य की ओर प्रेरित मानते हुए हर राष्ट्र का विशिष्ट योग माना है''''हजारी प्रसाद द्विवेदी ने संस्कृति की व्याख्या में इतिहास की इसी दृष्टि को स्वीकार किया है।[5] द्विवेदी जी की धारणा है 'मनुष्य दिन-ब-दिन अपने महान लक्ष्य के नजदीक पहुँचता जाएगा। सामान्य मानव संस्कृति ऐसा ही दुर्लभ लक्ष्य है। मेरा विश्वास है कि प्रत्येक देश और जाति ने अपनी ऐतिहासिक परम्पराओं और भौगोलिक परिस्थितियों के अनुसार उस महान लक्ष्य के किसी न किसी पहलू का अवश्य साक्षात्कार किया है।'[6]

डॉ. रघुवंश ने यह भी स्थापित किया है कि : 'द्विवेदी जी की सामाजिक नैतिकता और स्वाधीनता की भावना सम्बन्धी अवधारणाओं पर भी हीगेल का प्रभाव है। इसलिए 'सामाजिक नैतिकता' के साथ वे स्वाधीनता को स्वीकार करते हैं। इतिहास का लक्ष्य इसी स्वाधीनता को उपार्जित करते जाना है। स्वाधीनता अनियंत्रित जीवन नहीं है और प्राकृतिक अधिकारों का सिद्धांत भी इस रूप में सही नहीं है।'[7] इस प्रकार द्विवेदीजी का इतिहासदर्शन मूलतः समाजनिष्ठ है, व्यक्तिनिष्ठ नहीं। समाजनिष्ठ होकर उन्होंने इतिहासवादी अथवा इतिहास संबंधी निश्चयवादी धारणाओं को भी स्वीकार किया है। वे मार्क्सवाद के प्रति भी आकर्षित हुए हैं और विकास की ओर भी परंतु ये प्रभाव उन्होंने उसी सीमा तक स्वीकार किए हैं जहाँ तक उनका आदर्शवादी मानवतावाद आज्ञा देता है। इसलिए रघुवंश ने लिखा है–'मार्क्स की समाजवादी दृष्टि और अर्थव्यवस्था के प्रति आकर्षित होते हुए भी द्विवेदी जी ने युग विशेष के सामाजिक, आर्थिक और सांस्कृतिक जीवन में निरन्तर घटित होने वाली

प्रक्रिया को स्वीकार किया है और उसमें एक गहरा नैतिक और व्यापक मानवीय प्रयोजन स्वीकार किया है, जो मार्क्स की आर्थिक वर्ग संघर्ष की द्वन्द्वात्मकता से भिन्न है और प्रायः हीगेल के अधिक निकट है।[8] इसलिए कहा जा सकता है कि द्विवेदी जी का ऐतिहासिक दृष्टिकोण वस्तुवादी न होकर आदर्शवादी है। इसी आदर्शवाद को उन्होंने नवीन और व्यापक रूप दिया है। उसे नए सन्दर्भ और अर्थ दिये हैं।

द्विवेदी जी का आदर्शगर्भित इतिहासदर्शन आमूल-चूल मानवतावादी है। 'इतिहास की समस्त प्रक्रिया को संस्कृति के सन्दर्भ में रखकर देखते समय द्विवेदी जी अपनी व्यापक मानवतावादी सीमा में ही रहते हैं···उनमें मानववादियों की अटूट आस्था है कि मानव इतिहास अन्ततः मनुष्य को आगे बढ़ाने में संलग्न है।'[9] उन्होंने वैज्ञानिक विकासवाद को भी समष्टि के हित की भावना के संदर्भ में ही मान्यता दी है। इसी मानवतावादी आदर्शवाद के आधार पर उन्होंने इतिहास और संस्कृति की व्याख्या की है। मानव की प्रगति में आस्था के कारण उनकी इतिहास और संस्कृति सम्बन्धी व्याख्या जैविक नहीं है जिसके अनुसार किसी संस्कृति की उत्पत्ति और विकास के साथ उनके विनाश की भी कल्पना की जाती है। वे संस्कृति के विकास में विघ्न-बाधाओं को स्वीकार करते हुए भी उसके धारावाहिक क्रम तथा विकासशीलता के नैरन्तर्य में विश्वास रखते हैं।

व्यापक मानवतावादी दृष्टि सामान्यतः समन्वयवादी होती है। हजारीप्रसाद द्विवेदी जी ने भी अनेकानेक प्रभावों और दृष्टियों को समन्वित करके उन्हें अपने मानवतावादी दृष्टिकोण का अंग बना लिया है। डॉ॰ इन्द्रनाथ मदान के शब्दों में : 'श्री हजारीप्रसाद द्विवेदी ने आदर्शवाद के धरातल पर परस्पर विरोधी विचारधाराओं, परम्परा तथा प्रयोग, संस्कृति तथा सभ्यता, समाज तथा विज्ञान, मानववाद तथा मानवतावाद, गाँधी तथा मार्क्स, प्राचीन तथा नवीन जीवनबोध में सामंजस्य एवं समन्वय स्थापित कर रखा है।[10] भारतीय संस्कृति की समन्वयवादी चेतना उनके दृष्टिकोण का अभिन्न अंग है।

द्विवेदी जी का आदर्शवादी जीवनदर्शन समाजनिष्ठ और लोकमंगल की भावना से प्रेरित है। उनका इतिहास, संस्कृति तथा साहित्य सम्बन्धी दृष्टिकोण भी इसी भावना से परिचालित है। उनके लिए मनुष्य और समाज का मंगल ही मनुष्य के सभी कार्यों का लक्ष्य होना चाहिए। वे देश और समाज के इतिहास की ऐसी व्याख्या नहीं चाहते जो मनुष्य को निराशवादी बनाए। वे ऐसी व्याख्याओं को समाज के लिए विष मानते हैं। उन्होंने लिखा है : 'इतिहास को कभी भौगोलिक व्याख्या के भीतर से, कभी जातिगत और कभी धर्मगत विशेषताओं के भीतर से प्रतिफलित करके समझाया जाता है कि हिंदुस्तानी जैसे हैं, उन्हें वैसा होना ही है और उसी रूप में बना रहना ही उनके लिए श्रेयस्कर है। इतिहास की जो अभद्र व्याख्या इन भिन्न भिन्न विशेषताओं के भीतर से देखने वाले प्रचारकों ने की है, वह हमारे रोम-रोम व्याप्त

होने लगी है। अगर इस जहर को दूर करना है, तो प्राचीन ग्रन्थों के देशी प्रामाणिक संस्करणों का अनुवाद करने के सिवा और कोई रास्ता नहीं है।'[11] वे देश के इतिहास की ऐसी व्याख्या के पक्ष में है जो समाज को प्रगतिशील बनाने मे सहायक हो। उन्होंने स्वयं भी यही किया है। डा॰ रघुवंश की यह स्थापना अत्यन्त सार्थक है : 'द्विवेदी जी की सांस्कृतिक दृष्टि में सामाजिक सन्दर्भ का विशेष महत्त्व है जिसे उन्होंने सामाजिक मानववादी के रूप में स्वीकार किया है।'[12]

संक्षेप में, कहा जा सकता है कि द्विवेदी जी ने इतिहास, संस्कृति और साहित्य को मानवतावादी आदर्शवाद की दृष्टि से देखी है। शुक्लजी का इतिहास दर्शन मुख्यतः वस्तुवादी है और द्विवेदी जी का आदर्शवादी। शुक्ल जी की वस्तुवादी ऐतिहासिक दृष्टि भी आदर्शोन्मुख और समाजनिष्ठ है, परन्तु द्विवेदी जी का चिन्तन मानवतावाद को अधिक व्यापक रूप में प्रतिष्ठित करने में सफल हुआ है। उनके दर्शन में मनुष्य की समता और सामूहिक मुक्ति की कामना है।'

साहित्येतिहासदर्शन

द्विवेदी जी के मानवतावादी जीवनदर्शन तथा इतिहासदर्शन ने ही उनके साहित्येतिहासदर्शन को निर्धारित किया है। वे साहित्य के इतिहास का संबंध जातीय संस्कृति से स्थापित करते हैं और उसके स्वरूप को व्यापक मानते प्रतीत होते हैं। वे सांस्कृतिक इतिहास के सन्दर्भ में साहित्य के इतिहास का विवेचन करते हैं। इससे स्पष्ट हैं कि वे साहित्येतिहास को संस्कृति के इतिहास का अभिन्न अंग स्वीकार करते हैं। वे साहित्य को समस्त सांस्कृतिक इतिहास के आलोक में समझने का प्रयास करते हैं, क्योंकि वे साहित्य को भी सांस्कृतिक अभिव्यक्ति के रूप में स्वीकृति देते हैं।

वे साहित्य के इतिहास को, साहित्यिक प्रवृत्ति को, काव्य रूप तथा कथानक रूढ़ियों को धारावाहिक क्रम देने का यत्न करते हैं। इसलिए उनकी दृष्टियुगीन परिवेश पर केन्द्रित होने के साथ-साथ साहित्यिक प्रवृत्ति के उत्स को खोज निकालने में भी तल्लीन रहती है। शुक्लजी ने भी इस ओर ध्यान अवश्य दिया है, किन्तु उनका लक्ष्य मुख्यतः सामाजिक सन्दर्भ में साहित्य का विश्लेषण करना था। द्विवेदीजी साहित्य के इतिहास को अविरल और अविच्छिन्न धारा प्रवाह के रूप में देखते हैं। नलिन विलोचन शर्मा के अनुसार, 'द्विवेदीजी स्पष्टतः विधेयवादी शुक्ल परम्परा से भिन्न स्वरूप का स्पष्ट परिचय देना ही अपना लक्ष्य घोषित करते हैं।…इस प्रकार द्विवेदीजी अनेकानेक शुक्लोत्तर साहित्येतिहासकारों की तुलना में, हिन्दी में पहली बार…कदाचित् समस्त भारतीय भाषाओं में सबसे पहले आचार्य शुक्ल के द्वारा प्रवर्तित, विधेयवादी साहित्यिक इतिहास से भिन्न, साहित्येतिहास लिखने के श्रेय के अधिकारी हैं।'[13]

उपर्युक्त कथन से यह भ्रम पैदा नहीं होना चाहिए कि द्विवेदीजी ने विधेयवाद को एकदम नकार दिया है। उन्होंने साहित्य को जहाँ सांस्कृतिक परम्परा के सन्दर्भ में व्याख्यायित किया है वहाँ उनके सामाजिक परिवेश की भी अवहेलना नहीं की। डॉ॰ रघुवंश ने इसलिए यह प्रतिपादित किया है : रामचन्द्र शुक्ल और हजारी प्रसाद द्विवेदी दोनों साहित्य के इतिहास को मानवीय परिवेश में रखकर देखते हैं और उस दृष्टि से 19वीं शती के विधेयवाद और ऐतिहासिकता से प्रभावित हैं।...अन्तर केवल इस बात का है कि शुक्लजी साहित्य को युगीन जीवन की क्रिया-प्रतिक्रिया के रूप में अथवा उसके प्रतिबिम्ब के रूप में स्वीकार करते हैं और द्विवेदीजी साहित्य को युग जीवन की सांस्कृतिक प्रतिक्रिया के रूप में विवेचित करते हैं।'[14] इसका परिणाम यह हुआ है कि द्विवेदीजी का विवेचन अधिक लचीला हो गया है। उन्होंने कार्य-कारण के बाह्य सम्बन्ध की खोज करने की अपेक्षा दोनों में आन्तरिक सम्बन्ध स्थापित करने का अधिक प्रयास किया है।

द्विवेदीजी ने शुक्लजी की मानववादी और लोकवादी दृष्टि को अधिक व्यापक बना कर साहित्य के इतिहास पर विचार किया है। वस्तुतः 'हिन्दी साहित्य के इतिहास में 'नव मानवतावादी' दृष्टिकोण का निर्देश आचार्य हजारीप्रसाद द्विवेदी ने किया है और इस मानवतावाद को एक विस्तृत आधार देने की, स्वयं हिन्दी साहित्य और उसकी दीर्घकालीन पृष्ठभूमि से उसे विकसित ओर समर्थित करने की चेष्टा की है।'[15] इसलिए वे सिद्ध तथा सन्त साहित्य की व्याख्या शुक्लजी की अपेक्षा अधिक सहृदय होकर करने में सफल हुए हैं।

उपर्युक्त विवेचन से यह स्पष्ट हो जाता है, कि द्विवेदीजी की ऐतिहासिक चेतना अत्यन्त विकसित थी और उन्होंने शुक्ल युग के साहित्येतिहास सम्बन्धी दृष्टिकोण को संशोधित और परिवर्तित करने का यत्न किया। उन्होंने पूर्ववर्ती मानवतावादी दृष्टिकोण की कुछ असंगतियों को दूर करने का भी सफल यत्न किया। सीमाएँ उनकी भी हैं, क्योंकि आदर्शवादी मानवतावादी की अपनी सीमाएँ हैं। जैसा कि डॉ॰ नामवर सिंह उनकी दृष्टि की असंगतियों की ओर ध्यानाकर्षित करते हुए लिखते हैं : असंगतियाँ तो यहाँ भी हैं जैसे सामाजिक ढाँचे के विवेचन में आय-अनार्य मूलक जातिगत (रेशल) सिद्धान्तों का सहारा।'[16] परन्तु इसमें सन्देह नहीं कि अभी तक भी ऐसा कोई साहित्येतिहासकार दृष्टिगोचर नहीं होता जो इन असंगतियों को दूर करके हिन्दी साहित्य का इतिहास अधिक प्रामाणिक इतिहास दर्शन के आधार पर लिखने में समर्थ हुआ हो।

आचार्य हजारीप्रसाद द्विवेदी के साहित्येतिहास ग्रन्थ

हिन्दी साहित्य की भूमिका : द्विवेदीजी का सर्वाधिक महत्त्वपूर्ण और बहुचर्चित ग्रन्थ यही है। जैसा कि नाम से ही स्पष्ट है; यह उस रूप में साहित्यिक इतिहास नहीं

है जिस रूप में प्रायः समझा जाता है। इसलिए आरम्भ में ही स्पष्ट कर दिया गया है : 'यह पुस्तक हिन्दी साहित्य का इतिहास नहीं है और न यह ऐसे किसी इतिहास का स्थान ही ले सकती है। आधुनिक इतिहासों को अधिक स्पष्ट करती है और भविष्य में लिखे जाने वाले इतिहासों की मार्गदर्शिका है।'[17] इसे भारतीय चिन्तन का इतिहास भी कहा जा सकता है, परन्तु द्विवेदीजी इसी ग्रन्थ द्वारा एक नया ऐतिहासिक दृष्टिकोण तथा पद्धति लेकर हिन्दी साहित्यिक इतिहास लेखन के क्षेत्र में उपस्थित हुए थे। उनके इतिहास सम्बन्धी चिन्तन को समझने के लिए यह ग्रन्थ अत्यन्त महत्त्वपूर्ण है। इसी में उन्होंने शुक्लजी से भिन्न स्थापनाएँ की हैं।

उनकी पहली स्थापना यह है कि भारतीय चिन्तन और भारतीय साहित्य स्वाभाविक रूप से विकसित होता आया है। इसलिए बाहरी प्रभावों को अत्यधिक महत्त्व देने से उसके वास्तविक स्वरूप को समझा नहीं जा सकता। उन्होंने लिखा है : 'मैं प्रस्ताव करता हूँ कि हमारे पाठक आगे के सहस्राब्दक की साहित्यिक चेतना की जाति की स्वाभाविक चेतना के रूप में देखें, अस्वाभाविक अधोगति के रूप में नहीं।'[18]

उनकी दूसरी महत्त्वपूर्ण स्थापना है कि मध्यकालीन हिन्दी साहित्य लोकमानस की अभिव्यक्ति है तथा लोकमत का प्रतिनिधि है। उनके शब्दों में : 'इस प्रकार महायान सम्प्रदाय या यों कहिए कि भारतीय बौद्ध सम्प्रदाय सन् ईस्वी के आरम्भ से ही लोकमत की प्रधानता स्वीकार करता गया...सन् ईसवी के हजार वर्ष बाद यह अवस्था सभी सम्प्रदायों, शास्त्रों और मतों की हुई। मुसलमानी संसर्ग से उनका कोई सम्पर्क नहीं है। हजार वर्ष पहले से ही वे ज्ञानियों और पंडितों के ऊँचे आसन से नीचे उतरकर अपनी असली प्रतिष्ठा भूमि लोकमत की ओर जाने लगे। उसी की स्वाभाविक परिणति इस रूप में हुई। उसी स्वाभाविक परिणति का मूर्त प्रतीक हिन्दी साहित्य है। मैं इसी रास्ते सोचने का प्रस्ताव करता हूँ। मतों, आचार्यों, सम्प्रदायों और दार्शनिक चिंताओं के मानदंड से लोकचिंता को नहीं मापना चाहता बल्कि लोकचिंता की अपेक्षा मैं उन्हें देखने की सिफारिश करता हूँ।'[19] यह वक्तव्य उनकी लोकवादी दृष्टि को भी स्पष्ट करता है। उनके लिए हिन्दी साहित्य और उसके इतिहास का सम्बन्ध मुख्यतः लोकचिंता से है न कि समाज से विछिन्न किसी मत विशेष से। पूर्व मध्यकाल में सभी मत लोकमत की ओर उन्मुख हो गये थे। वे लिखते हैं : 'स्मार्त और बौद्ध दोनों ही हिन्दी साहित्य के जन्मकाल के समय लोकमत का प्राधान्य स्वीकार कर चुके थे।[20]

उनकी तीसरी मौलिक स्थापना संतमत और समस्त भक्ति साहित्य से सम्बन्धित है। वैसे तो डॉ॰ श्यामसुन्दर दास और डॉ॰ वर्मा ने भी संतमत के साहित्य पर शुक्लजी की अपेक्षा अधिक उदारता से विचार किया था, परन्तु कबीर के संस्कारों को अभारतीय ही समझा जाता रहा। द्विवेदीजी का मत है कि कबीर आदि संतों का

मत और साहित्य पूर्णतया भारतीय है। उन्होंने प्राचीन शास्त्रों के उद्धरण देकर यह जोर देकर कहा है : 'जहाँ तक उनकी उपस्थापन पद्धति, विषय, भाषा, अलंकार, छन्द और पद आदि का सम्बन्ध है, वे सौ फीसदी भारतीय परम्परा में पड़ते हैं। उनके पारिभाषिक शब्द, उनकी रूढ़िविरोधिता, उनकी खंडनात्मक वृत्ति, उनकी अक्खड़ता आदि उनके पूर्ववर्ती साधकों की देन है।'[21]

हिन्दी साहित्य को भारतीय परम्परा की एक महत्त्वपूर्ण कड़ी के रूप में स्वीकार करते हुए उन्होंने निष्कर्ष स्वरूप यह प्रतिपादित किया है, कि भक्ति साहित्य विजित जाति की निराशा का परिणाम नहीं है, जैसा कि शुक्लजी तथा उनकी परम्परा के अन्य साहत्यिक इतिहासकार समझते रहे हैं। उनके शब्दों में : 'दुर्भाग्यवश, हिन्दी साहित्य के अध्ययन और लोकचक्षुगोचर करने का भार जिन विद्वानों ने अपने ऊपर लिया है वे भी हिन्दी साहित्य का सम्बन्ध हिन्दू जाति के साथ ही अधिक बतलाते हैं और इस प्रकार अनजान आदमी को दो ढंग से सोचने का मौका देते हैं : एक यह कि हिन्दी साहित्य का हतदर्प पराजित जाति की सम्पत्ति है। इसलिए इसका महत्त्व उस जाति के उत्थान-पतन के साथ अंगांगिभाव से सम्बद्ध है और दूसरा यह कि ऐसा न भी हो, तो भी वह एक निरन्तर पतनशील जाति की चिन्ताओं का मूर्त प्रतीक है जो अपने आप में कोई महत्त्व नहीं रखता। मैं इन दोनों बातों का प्रतिवाद करता हूँ और अगर ये बातें मान भी ली जाएँ तो भी यह कहने का साहस करता हूँ कि फिर इस साहित्य का अध्ययन करना नितान्त आवश्यक है क्योंकि दस सौ वर्षों तक दस करोड़ कुचले हुए हुए मनुष्यों की बात भी मानवता की प्रगति क अनुसंधान के लिए केवल अनुपेक्षणीय ही नहीं बल्कि अवश्य ज्ञातव्य वस्तु है। ऐसा करके मैं इस्लाम के महत्त्व को भूल नहीं रहा हूँ, लेकिन जोर देकर कहना चाहता हूँ कि अगर इस्लाम नहीं आया होता तो भी इस साहित्य का बारह आना वैसा ही होता जैसा कि आज है।'[22] इससे स्पष्ट है कि द्विवेदीजी युगीन राजनीतिक परिवेश से साहित्यिक युग का इतना सम्बन्ध नहीं मानते जितना साहित्यिक परम्परा और सांस्कृतिक चेतना से।

उपर्युक्त चारों स्थापनाएँ उनके लोकनिष्ठ मानवतावादी साहित्येतिहास दर्शन की ही परिचायक है जिसका आधार आदर्शवाद है।

हिन्दी साहित्य की भूमिका एक सांस्कृतिक इतिहास बन कर रह जाता यदि इसमें हिन्दी साहित्य की मुख्य प्रवृत्तियों, काव्यधाराओं तथा काव्यरूपों का विस्तार से विवेचन न होता। प्रथम अध्याय इसके सांस्कृतिक इतिहास होने का भ्रम पैदा करता है, परन्तु शीघ्र ही स्पष्ट हो जाता है कि वह तो उन्होंने हिन्दी साहित्य को देखने-परखने के लिए गवाक्ष तैयार किया है। इसलिए वे भारतीय चिन्ता के स्वाभाविक विकास की विवेचना के बाद हिन्दी-साहित्य की ओर लौट जाते हैं। वे यहाँ भी याद दिला देते हैं कि आधुनिक युग से पूर्व की कविता और उसकी मुख्य

धाराएँ अपने स्वाभाविक विकास का प्रतिफल हैं। उन्होंने लिखा है : 'आधुनिक युग आरम्भ होने से पहले हिन्दी कविता के प्रधानतः छः अंग थे : डिंगल कवियों की वीरगाथाएँ, निर्गुणियाँ संतों की वाणियाँ, कृष्णभक्त या रागानुगा भक्तिमार्ग के साधकों के पद, राम या वैधी भक्तिमार्ग के उपासकों की कविताएँ, सूफी साधना से पुष्ट मुसलमानों कवियों के तथा ऐहिकतापरक हिन्दू कवियों के रोमांस और रीतिकाव्य। हम इन छहों धाराओं की आलोचना अलग करें तो देखेंगे कि ये छहों धाराएँ अपभ्रंश कविता का स्वाभाविक विकास है।'[23] उन्होंने समस्त भक्ति काव्य को जन आन्दोलन का काव्य मानते हुए इसके मूल स्रोतों का अन्वेषण किया है। इस अन्वेषण के लिए उन्होंने हिन्दी साहित्य के जन्म के पहले की दस शताब्दियों की सांस्कृतिक, दार्शनिक तथा साहित्यिक विरासत की छानबीन की है।

द्विवेदीजी ने इस ग्रन्थ में संत मत का विवेचन विस्तार से किया है। छठे अध्याय को छोड़कर जिसमें सगुण मतवाद का विवेचन है : संतमत और कबीर सर्वत्र छाए रहे हैं। सम्भवतः इसलिए कि एक तो सिद्धों के अपभ्रंश काव्य की संवेदना से उसका गहरा सम्बन्ध है दूसरे इस सम्बन्ध में ही वे मौलिक देन दे सकते थे और तीसरे शुक्लजी के इतिहास में संतमत और उसके साहित्य का विवेचन इतना न्यायपूर्ण नहीं हो सका था।

काव्य धाराओं का विवेचन करते हुए उन्होंने जातिवादी सिद्धान्त को भी समक्ष रखा है। उनकी मान्यता है (जिसे उन्होंने तीन बार दोहराया है) कि हिन्दी के मध्यकालीन काव्य का संस्कार दो भिन्न प्रकृति की आर्य जातियों द्वारा हुआ है। उनके अनुसार : 'पूर्वी आर्य अधिक भाव प्रवण, आध्यात्मिकतावादी और रूढ़िमुक्त थे और पश्चिमी या मध्यदेशीय आर्य अपेक्षाकृत अधिक रूढ़िजढ़, परम्परा के पक्षपाती, शास्त्रप्रवण और स्वर्गवादी थे।'[24] इस दृष्टि के आधार पर वे मानते हैं : हिन्दी में दो प्रकार की चीजें अपभ्रंश से विकसित हुई हैं :

1. पश्चिमी अपभ्रंश से राजस्तुति, ऐहिकतामूलक श्रृंगारी काव्य, नीतिमूलक फुटकर रचनाएँ और लोक प्रचलित कथानक और,
2. पूर्वी अपभ्रंश से निर्गुणियाँ संतों की शास्त्र निरपेक्ष उग्र विचारधारा, झाड़-फटकार, अक्खड़पना, सहज शून्य की साधना, योगपद्धति और भक्तिमूलक रचनाएँ। यह और भी लक्ष्य करने की बात है कि यद्यपि वैष्णव मतवाद उत्तरभारत में दक्षिण से आया पर उसमें भावावेशमूलक साधना पूर्वी प्रदेशों से आई।' इस प्रकार हिन्दी साहित्य में दो भिन्न-भिन्न जाति की रचनाएँ दो भिन्न-भिन्न मूलों से आई।[25] द्विवेदीजी का जातिवादी सिद्धान्त उनके व्यापक मानवतावाद का कमजोर पक्ष है। इसे इनके दृष्टिकोण की असंगति ही कहा जाएगा।

रीतिकालीन काव्यपरम्परा को द्विवेदीजी ने एक ओर संस्कृत की रीतिकाव्य परम्परा से जोड़ा है और दूसरी ओर उसके भावपक्ष का सम्बन्ध स्तोत्रों की तथा

पश्चिमी अपभ्रंश की शृंगारिक परम्परा से स्थापित किया है। जिन इतिहासकारों ने रीतिकालीन काव्य में राधा-कृष्ण की केलि के चित्रण की यह कहकर भर्त्सना की है कि यह अश्लील है तथा रीतिकाल की स्थूल शृंगारिकता का परिणाम है, उन्हें सुनाते हुए आचार्य हजारी प्रसाद घोषणा करते हैं कि राधा-कृष्ण की केलि का वर्णन बहुत पहले से ही होता आ रहा था। उन्होंने लिखा है : प्राकृत और अपभ्रंश में तो बहुत प्राचीन काल से ही गोपियों के साथ गोपाल (यह गोपाल सदा कृष्ण नहीं हुआ करते थे) के प्रेम की चर्चा की है, पर संस्कृत में इसका सर्वप्राचीन उल्लेख आनन्दवर्धन के ध्वन्यालोक के एक उदाहरण में ही पाया जाता है।'[26] वे इस बात को स्पष्ट करना चाहते हैं कि, 'रीतिकाल में लक्षण ग्रन्थों की भरमार होने पर भी वह उस प्राचीन लोकभाषा के साहित्य का ही विकास था जो कभी संस्कृत साहित्य को अत्यधिक प्रभावित कर सका था।[27]

उपर्युक्त विवेचन से स्पष्ट है कि उन्होंने हिन्दी साहित्य के इतिहास के विषय में जो धारणा बनाई थी, उसके अनुसार उन्होंने हिन्दी काव्य के छः प्रमुख अंगों, छः प्रमुख काव्यधाराओं के विवेचन द्वारा यह सिद्ध करके दिखा दिया कि ये मध्यकालीन काव्यधाराएँ और साहित्यिक प्रवृत्तियाँ प्राचीन अपभ्रंश काव्य परम्पराओं का ही युगानुरूप विकास है। इसकी प्रकृति का स्वाभाविक विकास हुआ है, किसी बाहरी प्रभाव की प्रतिक्रिया के रूप में नहीं। इसके बाद उनका ध्यान आधुनिक युग के हिन्दी साहित्य की ओर गया जिसका सम्बन्ध परम्परा से इतना नहीं जितना नवीनता से है। इसका विवेचन कैसे किया जाए? वे यहाँ भी परम्परा को सामने अवश्य रखते हैं।

द्विवेदीजी ने उपसंहार में हिन्दी के आधुनिक साहित्य पर विचार करते हुए भारतीय साहित्य और संस्कृति की सम्पत्ति को सामने रखा है। वह सम्पत्ति है : संयम, श्रद्धा और निष्ठा।'[28] इसलिए उन्हें इस बात की चिन्ता है कि, 'इस अनन्य साधारण गुण के अभाव में कई जगह हमारी वैयक्तिकता साहित्य में गलदश्रु भावुकता से आरम्भ करके हिस्टीरिक प्रमाद तक का रूप धारण करती जा रही है, प्रकृति का आलम्बन थोथी बकवास और शून्यगर्भ प्रलाप वाक्यों के रूप में प्रकट हो रहा है, व्यक्तिगत प्रेमचर्चा विज्ञापनबाजी सी मालूम होती है और मानवता के प्रति अर्पित श्रद्धांजलि रटी हुई सूक्तियों का आकार ग्रहण कर गई है।'[29] परन्तु उनकी आस्थावान मानवतावादी दृष्टि आधुनिक युग में हिन्दी साहित्य क्षेत्र में यूरोपीय अनुकरण पर विक्षुब्ध होते हुए भी विश्वस्त है, क्योंकि हममें स्वतन्त्र उद्भावना की कमी कभी नहीं रही।[30]

'हिन्दी साहित्य की भूमिका' का रचना विधान तथा शिल्प पूर्ववर्ती इतिहासग्रन्थों से एकदम अलग दृष्टिगोचर होता है। इसमें न तो किसी युग का सामान्य परिचय है, न राजनीतिक परिस्थितियों का वर्णन और न ही फुटकर खाता। है तो यह

व्याख्यानों के आधार पर रचित पुस्तक, परन्तु फिर भी हिन्दी साहित्येतिहास का एक सजीव चित्र इसमें मिल जाता है। द्विवेदीजी ने सर्वप्रथम हिन्दी साहित्य के पर्यवेक्षण का एक पुष्ट आधार निर्मित किया है तथा फिर हिन्दी साहित्य के इतिहास का निर्माण किया है। पहला अध्याय 'भारतीय चिन्ता का स्वाभाविक विकास' ग्रन्थ की आधार शिला है।

आर्चाय द्विवेदी हिन्दी साहित्य की चर्चा से आरम्भ करते हैं और धीरे-धीरे प्राचीन इतिहास, संस्कृति, दर्शन तथा साहित्य के सागर में डुबकियाँ लगाते हुए कई अमूल्य रत्न लेकन पुनः हिन्दी साहित्य की सतह पर आ जाते हैं। उनके इतिहासलेखन की पद्धति है वर्तमान से अतीत की ओर और अतीत से वर्तमान की ओर अग्रसर होना। अन्त में वे ऐसा निष्कर्ष देते हैं, जिसे उनका विचार सूत्र कहा जा सकता है।

ग्रन्थ अध्यायों में विभाजित है। पहले अध्याय के बाद अपभ्रंश साहित्य की मूल चेतना को स्पष्ट करने का यत्न किया गया है और स्थान-स्थान पर संकेत दे दिए गये हैं, जिनसे पता चलता है कि उनके बाद आने वाले हिन्दी साहित्य की चेतना उसी का विकास है। तीसरे से सातवें अध्याय तक भक्तिकाल का विवेचन है। आठवां अध्याय भक्तिकाल के प्रमुख कवियों को समर्पित है। नवें अध्याय में रीतिकाव्य का विश्लेषण किया गया है और उपसंहार में आधुनिक हिन्दी साहित्य की मूल चेतना को पहचानने का यत्न किया गया है।[31] परिशिष्ट के आठ अध्याय संस्कृत साहित्य, महाभारत आदि से सम्बन्धित हैं जिनका हिन्दी साहित्य से प्रत्यक्ष सम्बन्ध नहीं है। इसलिए यदि ग्रन्थ को उसके समग्र रूप में लिखा जाए तो वह हिन्दी साहित्य का इतिहास ही नहीं रहता बल्कि उत्तर भारत के साहित्य के इतिहास से सम्बन्धित ग्रन्थ हो जाता है।

भक्तिकाल की काव्यधाराओं के विवेचन के बाद प्रमुख कवियों के व्यक्तित्व पर प्रकाश डालना द्विवेदीजी ने भी आवश्यक समझा है, परन्तु लीक से हटकर। इसमें कवियों की जाति, जन्मतिथि तथा स्थान की छानबीन करने की बजाय उनके व्यक्तित्व तथा उनकी काव्य प्रतिभा पर ही विचार किया गया है। यदि जाति सम्बन्धी विचार किया भी गया है तो एकाध वाक्य में, जैसे, सूरदास के विषय में लिखते हैं : 'सूरदास कबीर की तरह समाज के निम्नतर स्तर में नहीं पैदा हुए थे। वे ऊँची जाति के, शायद सारस्वत ब्राह्मण वंश के रत्न थे।'[32] उनका मुख्य उद्देश्य वर्तमान युग की ऐतिहासिक चेतना के प्रभाव को अंगीकार करते हुए भारतीय संस्कृति और परम्परा के आलोक में हिन्दी साहित्य के इतिहास का पुनर्निर्माण करना था। उसके लिए ही उन्होंने अपनी लेखन पद्धति का निर्माण किया। इसलिए कहा जा सकता है कि द्विवेदीजी ने इस ग्रन्थ के द्वारा साहित्येतिहासलेखन को व्यक्ति केन्द्रित होने की बजाय समाज और संस्कृति केन्द्रित बनाकर उसे नया आयाम

दिया।

हिन्दी साहित्य का आदिकाल (1952 ई०) :: यह ग्रन्थ भी द्विवेदीजी के भाषणों का संग्रह है। इसलिए भक्तिकाल से पूर्व का यह इतिहास विवेचन भी पूर्ववर्ती साहित्य के इतिहास ग्रन्थों की परम्परा से अलग होकर 'हिन्दी साहित्य की भूमिका' की परम्परा से सम्बन्धित है। इसलिए विश्वनाथ त्रिपाठी के शब्दों में कहा जा सकता है : 'भक्ति साहित्य को पूर्ववर्ती साहित्य का स्वाभाविक विकास सिद्ध करने के लिए भक्तिकाल पूर्व हिन्दी साहित्य यानि आदिकाल का अध्ययन आवश्यक था। द्विवेदी जी ने आदिकाल का जो विशद और गम्भीर अध्ययन किया है, उसकी शुरुआत 'भूमिका' में ही हो गयी थी। पता नहीं लोगों के ध्यान में यह बात आई है या नहीं कि वस्तुतः 'हिन्दी साहित्य का आदिकाल' और 'हिन्दी साहित्य की भूमिका' दोनों मिलकर एक पूर्ण ग्रन्थ बनते हैं और भूमिका का प्रथम अध्याय 'भारतीय चिन्ता का स्वाभाविक विकास' उस पूर्ण ग्रन्थ की सिनाप्सिस है।'[33] इसमें भी उन्होंने उन सूत्रों की खोज की है और अतीत की उन विचार सरणियों का उद्घाटन किया है, जिनका प्रतिफलन लोकवादी भक्ति साहित्य में हुआ।

द्विवेदी जी ने जिसे 'हिन्दी साहित्य का आदिकाल' कहा है वह मुख्यतः भारतीय साहित्य के इतिहास में परवर्ती अपभ्रंश का युग है, जिस अपभ्रंश को पुरानी हिन्दी का नाम दिया जाता है। द्विवेदी जी स्वयं यह स्वीकार करते हैं। फिर इस युग के साहित्य के अध्ययन का क्या महत्त्व है? इसका उन्होंने बहुत सही उत्तर दिया है : ' इस अंधकार युग को प्रकाशित करने योग्य जो भी चिंगारी मिल जाए, उसे सावधानी से जला रखना कर्त्तव्य है, क्योंकि वह बहुत बड़े आलोक की सम्भावना लेकर आई होती है। उसके पेट में केवल उस युग के रसिक हृदय की धड़कन ही नहीं, बल्कि उस युग के सम्पूर्ण मनुष्य को उद्भासित करने की क्षमता छिपी होती है। इस काल की कोई भी रचना अवज्ञा और उपेक्षा की पात्र नहीं हो सकती। साहित्य की दृष्टि से, भाषा की दृष्टि से या सामाजिक गति की दृष्टि से उसमें किसी-न-किसी महत्त्वपूर्ण तथ्य के मिल जाने की सम्भावना होती ही है।'[34] द्विवेदी जी ने उन चिंगारियों को एकत्र करके जो प्रकाश पैदा किया उससे आदिकालीन भारतीय जीवन और साहित्य को समझने में ही नहीं परवर्ती हिन्दी साहित्य को नए दृष्टिकोण से देखने में भी सहायता मिली है। अतः डॉ० रघुवंश की यह सम्मति सही है कि : 'हिन्दी साहित्य के इतिहास की दृष्टि से इस अध्ययन का बहुत अधिक महत्त्व है।'[35]

'हिन्दी साहित्य की भूमिका' में डिंगल काव्य परम्परा पर सांकेतिक रूप में ही विचार किया था। 'आदिकाल' में इस काव्य का विशद विवेचन किया गया है। इसके अतिरिक्त उन्होंने 'आदिकाल के काव्य रूपों के उद्भव और विकास की कहानी'[36] सुनाकर कई भ्रमों को तोड़ा है। उन्होंने सूफियों के प्रेमकाव्य की प्रकृति को भारतीय करार दिया है और उनकी समानता जैन काव्य से दिखाई है। उन्होंने

बड़ी स्पष्ट और रोचक शैली में समझाया है कि ऐतिहासिक व्यक्तियों के नाम से लिखे गये 'पृथ्वीराज रासो' और 'पद्मावत' आदि में ऐतिहासिक तथ्यों को नहीं जीवन के सम्भाव्य को समक्ष रखा गया है। भाषण शैली में लिखा गया यह ग्रन्थ मध्ययुगीन भाषा काव्य की आन्तरिक चेतना और बाह्य स्वरूप तथा उसके विकास को समझने की कुंजी है।

हिन्दी साहित्य : उसका उद्भव और विकास (वि॰ सं॰ 2009) : आचार्य हजारीप्रसाद द्विवेदी पहले से ही अपने दो ग्रन्थों में हिन्दी साहित्य के इतिहास पर विचार कर चुके थे तथा साहित्य के इतिहास सम्बन्धी अपने चिन्तन और दर्शन को व्यावहारिक रूप दे चुके थे, फिर उन्होंने यह ग्रन्थ क्यों लिखा? इस प्रश्न का एक उत्तर तो यह है कि इससे पूर्व के एक ग्रन्थ में समस्त हिन्दी साहित्य पर सुव्यवस्थित ढंग से नहीं लिख पाए थे। दूसरा उत्तर भी उन्होंने स्वयं दिया है : 'पुस्तक विद्यार्थियों को ध्यान में रखकर लिखी गयी है। प्रयत्न किया गया है कि यथा सम्भव सुबोध भाषा में साहित्य की विभिन्न प्रवृत्तियों और उसके महत्त्वपूर्ण बाह्य रूपों के मूल और वास्तविक स्वरूप का स्पष्ट परिचय दे दिया जाए, परन्तु पुस्तक को संक्षिप्त रूप देते समय ध्यान रखा गया है कि मुख्य प्रवृत्तियों का विवेचन छूटने न पाए और विद्यार्थी अद्यावधिक शोधकार्यों के परिणाम से अपरिचित न रह जाएँ। उन अनावश्यक अटकलबाजियों और अप्रासांगिक विवेचनाओं को छोड़ दिया गया है, जिनसे इतिहास नामधारी पुस्तकें प्रायः भरी रहती हैं। आधुनिक काल की प्रवृत्तियों को समझाने का प्रयत्न तो किया गया है, पर बहुत अधिक नाम गिनाने की मनोवृत्ति से बचने का भी प्रयास किया है।'[37]

उपर्युक्त वक्तव्य से स्पष्ट है, कि उन्होंने प्रवृत्ति निरूपण तथा उनके मूल की खोज को ही साहित्येतिहासलेखन माना है। शुक्लजी ने भी अपने समक्ष यही लक्ष्य रखा था, परन्तु वे नाम गिनाने की पूर्ववर्ती परम्परा की उपेक्षा नहीं कर सके। क्या द्विवेदी जी इस ग्रन्थ में कर सके हैं। इस विषय में नलिनविलोचन शर्मा का मत है : 'द्विवेदी जी अपनी प्रतिज्ञा का दृढ़तापूर्वक पालन नहीं कर सके हैं। सभी प्रमुख कवियों के विषय में आवश्यक विवरण और नव्यतम अनुसंधानों के परिणाम देने के प्रयास के कारण, बहुत अंशों में, हिन्दी साहित्य का यह इतिहास भी अपनी पूर्वोक्त विशेषता के बावजूद, विवरण प्रधान बन गया है। यह ठीक है कि आचार्य शुक्ल की तरह द्विवेदी जी ने साहित्य को अपने द्वारा बनाये गये सांचें में जकड़बंद करने की चेष्टा नहीं की है, न उसे किसी अति सरलीकृत पारिपार्श्विक योजना में बिठाने की आवश्यकता समझी है।'''तत्वतः शुक्लेतर पद्धति अपनाते हुए भी, बहुधा बनी बनाई गहरी लीक पर चल पड़े हैं।'[38] परन्तु इसमें किसी को भी सन्देह नहीं है, कि द्विवेदी जी ने 'गहरी लीक पर' चलते हुए भी अन्य इतिहासकारों की तरह शुक्लजी का अनुकरण नहीं किया। इस ग्रन्थ में भी उनके दृष्टिकोण की नवीनता और पद्धति

की विशिष्टता परिलक्षित होती है। शुक्ल जी की परम्परा का एकदम त्याग बांछनीय नहीं है उसकी असंगतियों को दूर करने की आवश्यकता है। द्विवेदीजी ने यही करने का प्रयास किया है। यह दूसरी बात है कि उनके अपने दृष्टिकोण के अंतर्विरोध भी हैं।

'हिन्दी साहित्य' में रीतिकाल तक के विवेचन का आधार उनके पहले दो ग्रन्थ हैं। यह स्वाभाविक भी था। यहाँ भी उन्होंने अपना मूल मंत्र यही रखा है कि भक्तिकाव्य तथा रीतिकाव्य स्वाभाविक विकास का परिणाम है तथा भक्ति आन्दोलन हारी हुई जाति की प्रतिक्रिया नहीं है।'[39] रचना विधान में अवश्य अन्तर आया है। यहाँ उन्होंने प्रत्येक साहित्य धारा के प्रमुख साहित्यकारों का विवरण देना भी आवश्यक समझा है।

हिन्दी साहित्येतिहास के अध्येता के लिए जो द्विवेदी जी के पहले दोनों ग्रन्थों पढ़ चुका है। इस ग्रन्थ की सार्थकता आधुनिक युग के साहित्य के विवेचन के कारण हैं, क्योंकि 'भूमिका' में उन्होंने इस पर अत्यन्त संक्षेप में ही विचार किया है। इसलिए इस ग्रन्थ में आधुनिक युग के साहित्यिक विवेचन का अध्ययन विशेष महत्त्व रखता है।

द्विवेदी जी ने आधुनिक युग को नवीन चेतना का युग माना है और इस चेतना के निर्माण में सक्रिय व्यक्तियों की भी परीक्षा की है। आधुनिक साहित्य की मूल संवेदना की परीक्षा के लिए द्विवेदी जी ने अतीत की यात्रा नहीं की। उन्होंने आधुनिक युग के साहित्य के विवेचन के लिए कारण रूप में उन नवीन प्रभावों को अपनी मानवतावादी दृष्टि का केन्द्र बनाया है, जो अंग्रेजों के प्रभुत्वकाल में हमारे साहित्य पर पड़े हैं। आधुनिक युग के साहित्य को देखकर वे यह नहीं कह सकते थे कि यदि भारत का यूरोपीय संस्कृति से साक्षात्कार न होता तो भी हिन्दी साहित्य की गति 'बारह आने' ऐसी ही रहती। इसलिए उन्होंने आधुनिक युग के वैचारिक, राजनीतिक तथा सांस्कृतिक सन्दर्भ में ही आधुनिक युग के हिन्दी साहित्य के विकास का अध्ययन प्रस्तुत किया है।

द्विवेदी जी के अनुसार : 'आधुनिकता का वाहन प्रेस है और उसके प्रचार के सहायक हैं, यातायात के समुन्नत साधन...वस्तुतः प्रेस ने साहित्य को प्रजातांत्रिक रूप दिया।'[40] इस प्रकार वे आधुनिक साहित्य के स्वरूप को प्रजातान्त्रिक मानते हैं। अब उनकी अन्वेषी दृष्टि आधुनिक युग की प्रजातान्त्रिक चेतना का मूल स्रोत खोजने के लिए उत्सुक होती है। इस चेतना का स्रोत उन्होंने 'नवीन ढंग की राष्ट्रीयता' को माना है। यूरोप में इस राष्ट्रीयता को उन्होंने राजतन्त्र के विरुद्ध पूँजीपतियों के विद्रोह का परिणाम माना है। उनके शब्दों में : 'धीरे-धीरे व्यावसायिक वर्ग ने यह अनुभव किया कि राजसत्ता पर अधिकार जमाए बिना व्यापार सुविधा से नहीं चल सकता और यूरोप में सर्वत्र राजतन्त्र के विरुद्ध विद्रोह हुआ। इस परिस्थिति

में उस नवीन धारा का जन्म हुआ जिसे राष्ट्रीयता कहते हैं। यूरोप में जन्मी हुई विचारधारा ने धीरे-धीरे भारत के विचारशील लोगों को भी प्रभावित करना शुरु किया।'[41]

द्विवेदी जी की मानवतावादी दृष्टि ने यूरोप तथा व्यापारी वर्ग की अथवा पूँजीवादी देशों की संकीर्ण राष्ट्रीयता को पहचानने में भी भूल नहीं की। 'यह राष्ट्रीयता एक सीमा तक मनुष्य के उच्चतर उद्देश्यों के अनुकूल थी, लेकिन सीमा व्यतिक्रम करने के बाद इसका एक अत्यन्त कुत्सित रूप सामने आता है। वह यह कि अपने देश को धन-धान्य से समृद्ध बनाने के लिए दूसरे देशों का शोषण किया जा सकता है।'[42] उन्होंने इस राष्ट्रीयता से साक्षात्कार और अंग्रेजी शोषण के विरुद्ध आवाज को आधुनिक युग के साहित्य की प्रेरक शक्तियाँ माना है। उन्होंने यह भी स्पष्ट किया है, कि परतन्त्र देश में राष्ट्रीयता का स्वरूप मानवतावादी ही होता है। इसलिए आधुनिक युग के साहित्य का प्रमुख स्वर मानवतावादी है।

छायावादी साहित्य की विवेचना करते हुए भी द्विवेदीजी की दृष्टि भारत के तत्कालीन राजनीतिक और सांस्कृतिक परिवेश पर केन्द्रित रही है। वे इस युग को नवीन सांस्कृतिक चेतना का युग मान कर चले हैं। 'युद्ध के बाद देखा गया है कि श्वेत जातियों की बहु प्रचारित श्रेष्ठता का दावा झूठा था, राष्ट्रीयता के मोहनमंत्र से सारे देश को एक करने के प्रयत्न में कुछ थोड़े से धनकुबेरों का स्वार्थ ही प्रबल हेतु था और उपनिवेशों के लोगों को सभ्य और शासनक्षम बनाने की प्रतिज्ञाएँ भौंडे मजाक से अधिक वज़नदार नहीं थीं। भारतवर्ष ने इस मजाक की मर्मव्यथा सबसे अधिक अनुभव की...प्रथम महायुद्ध के समाप्त होने न होते सारे देश में नयी चेतना की लहर दौड़ गयी।'[43] भारतवर्ष दासता के बन्धन काटने के लिए कटिबद्ध हो गया। 'यही बन्धन मुक्त चित्त काव्यों, नाटकों और उपन्यासों में नाना प्रकार से प्रकट हुआ, परन्तु काव्य में वह जिस रूप में व्यक्त हुआ वह कुछ काल तक अपरिचित जैसा लगा।'[44] छायावादी काव्य के अपरिचित स्वर का कारण उन्होंने नवीन शिक्षा पद्धति का परिणाम माना है, क्योंकि 'इस शिक्षा पद्धति से शिक्षित नवयुवक अपने देश में ही अजनबी-सा था। उसके चित्त में रोमांटिक अंग्रेजी साहित्य के व्यक्तिवाद की छाप थी।'[45] यहाँ आकर द्विवेदीजी शुक्लजी के समान सोचने लगते हैं।

हिन्दी साहित्य में प्रगतिवादी प्रवृत्ति का भी निरूपण संक्षेप में किया गया है। इस निरूपण में भी द्विवेदीजी की मतवाद निरपेक्ष मानवतावादी दृष्टि उजागर हुई है। उन्होंने प्रगतिशील साहित्य के समाजनिष्ठ मानवतावाद की पीठ थपथपाई है, परन्तु 'प्रगतिशील' और 'प्रगतिवाद' में भेद माना है। उनके अनुसार : 'प्रगतिशील व्यापक शब्द है, किन्तु प्रगतिवाद एक निश्चित तत्त्ववाद को सूचित करता है।'[46] वे प्रगतिशीलता को ही स्वीकृति देते हैं और उनका भविष्य कथन है कि : 'प्रगतिशील आन्दोलन बहुत महान उद्देश्य से चालित है। इसमें सम्प्रदायिक भाव का प्रवेश नहीं

हुआ, तो इसकी सम्भावनाएँ अत्यधिक हैं।'[47]

उपर्युक्त विवेचन से स्पष्ट हो जाता है, कि द्विवेदीजी ने आधुनिक युग की प्रवृत्तियों के निरूपण के लिए मुख्य रूप से विधेयवादी प्रणाली ही अपनाई है, परन्तु उनका निरूपण गहरी अन्तर्दृष्टि से युक्त है।

'हिन्दी साहित्य' में ही द्विवेदीजी ने सामग्री के प्रस्तुतीकरण के लिए कालविभाजन को आवश्यक समझा है। इससे पूर्व तो उन्होंने मुख्य काव्य धाराओं के विवेचन को ही अपना लक्ष्य माना है। कालविभाजन में विशेष नवीनता नहीं है। यह इस प्रकार है :

हिन्दी साहित्य का आदिकाल (1000 ई॰ से 1400 ई॰)
भक्तिकाल का आविर्भाव
रीतिकाव्य (16वीं शताब्दी के मध्य भाग से 19वीं शताब्दी के मध्य तक)
आधुनिक काल (1800-1952 ई॰)[48]

उपर्युक्त विभाजन से एक बात स्पष्ट होती है, कि द्विवेदीजी साहित्येतिहास के कालविभाजन और युग की सीमा में कठोरता नहीं बरतना चाहते। भक्तिकाल की उन्होंने कोई तिथि नहीं दी। रीतिकाल को 19वीं शती के मध्य तक माना है और साथ ही आधुनिक युग का आरम्भ भी 19वीं शती के आरम्भ से मान लिया है। उनका कालविभाजन सम्बन्धी मत भी यही है कि साहित्य के इतिहास में सीमा निर्धारण अत्यन्त कठिन होता है, जैसा कि उन्होंने आधुनिक काल के विषय में लिखा है।'[49] परन्तु काल विभाजन में अत्यधिक शिथिलता भी युक्तियुक्त नहीं है, क्योंकि इससे साहित्यिक प्रवृत्तियों के आरम्भ और विकास को समझने में बाधा उपस्थित होती है।

पूर्णता का कोई भी दावा सत्य नहीं होता और आचार्यजी ने यह दावा कभी नहीं किया, जैसा कि कुछ इतिहासकारों ने किया है। फिर भी इसमें सभी विद्वान एकमत हैं, कि द्विवेदीजी ने हिन्दी साहित्येतिहासलेखन को नया जीवन दिया और नयी गति दी। यही कारण है, कि उनके समय में और उसके पश्चात् छोटे-बड़े अनेकानेक इतिहास लिखे गये, परन्तु अभी तक भी ऐसा साहित्येतिहास देखने में नहीं आया, जो द्विवेदीजी के हिन्दी साहित्य सम्बन्धी इतिहासग्रन्थों से अधिक प्रौढ़ हो या उनका समकक्ष हो।

वर्तमान युग के अन्य उल्लेखनीय साहित्येतिहासकारों का इतिहासलेखन

इतिहासलेखन में गतिरोध

वर्तमान युग में द्विवेदीजी ने शुक्लेतर साहित्येतिहासलेखन की पद्धति अपनाकर जिस मौलिक दृष्टि का परिचय दिया वह अन्यत्र दुर्लभ है। समस्त हिन्दी साहित्य

को एक इकाई मानकर अनेक छोटे-बड़े इतिहास लिखे गए, परन्तु उनके द्वारा हिन्दी साहित्येतिहासलेखन में दृष्टिकोण तथा शिल्प सम्बन्धी कोई सार्थक नवीनता नहीं आ सकी और न ही इन ग्रन्थों द्वारा ऐतिहासिक चेतना के विकास में विशेष सहायता प्राप्त हो सकी। हिन्दी साहित्येतिहासलेखन के क्षेत्र में यह गतिरोध क्यों दिखाई देता है जबकि इतिहास की समझ में पर्याप्त वृद्धि हुई है? डॉ॰ सुमनराजे ने इसके तीन कारण बतलाए हैं :

1. विशेषीकरण की प्रवृत्ति के कारण विश्लेषण की सूक्ष्मता के लिए सम्पूर्ण काल को खंड-खंड करके अध्ययन की प्रवृत्ति बढ़ी। विभिन्न विश्वविद्यालयों में जो शोध कार्य हुए हैं, वे इसी प्रकार के हैं। इससे पृथक-पृथक क्षेत्र तो प्रकाशित हुए हैं, परन्तु समग्र चित्र रूपायित नहीं हुआ है।
2. रूपात्मक अध्ययन की इकाई साहित्य के विधागत अध्ययन ने, विधाओं के पृथक इतिहास श्रृंखला की खोज की है। इस दृष्टि से काव्य एवं गद्य की पृथक-पृथक विधाओं के ऐतिहासिक अध्ययन प्रस्तुत किए गये हैं।
3. तीसरा प्रमुख कारण है 'सहयोगी इतिहास लेखन' प्रथा का प्रारम्भ।[50]

उपर्युक्त कारणों के अतिरिक्त एक कारण यह भी है, कि जो विद्वान परिपक्व ऐतिहासिक दृष्टि से सम्पन्न हैं, वे ऐतिहासिक आलोचना के क्षेत्र में ही कार्यशील रहे हैं, साहित्येतिहासलेखन की ओर प्रवृत्त नहीं हुए। इन कारणों के परिणाामस्वरूप हिन्दी साहित्येतिहास की समग्रता को ऐतिहासिक दृष्टि से लिपिबद्ध करने के यत्न शुक्लजी और द्विवेदीजी से आगे नहीं बढ़ सके। अधिक-से-अधिक नवीन सामग्री के उपयोग का प्रयत्न किया गया। नवीन अनुसंधान के परिणामस्वरूप कुछ तथ्यों में भी परिवर्तन अथवा संशोधन किया गया, परन्तु साहित्येतिहासलेखन में दर्शन शास्त्रीय प्रौढ़ता में वृद्धि सम्भव नहीं हो सकी। मौलिकता और नवीनता के दावेदार तो कई हुए, परन्तु उनके दावे यदि झूठ नहीं तो खोखले अवश्य सिद्ध हुए।

सुबोध, सरल और संक्षिप्त प्रवृत्यात्मक आदि विशेषणों से युक्त परीक्षोपयोगी अथवा पाठ्यक्रम केन्द्रित इतिहासों की बाढ़ अवश्य आ गयी है, परन्तु ऐसा इतिहास ग्रन्थ ढूँढ़ना कठिन हो जाता है, जिसमें इतिहासकार ने अपना रचनाधर्म ईमानदारी से निभाया हो। फिर भी वर्तमान युग के कुछ ग्रन्थ उल्लेखनीय कहे जा सकते हैं। कालक्रम की दृष्टि से इनका विवेचन किया जाएगा।

'हिन्दी भाषा और साहित्य का इतिहास' (आचार्य चतुरसेन शास्त्री)

सन् 1946 ई॰ में प्रकाशित यह इतिहास ग्रन्थ कलेवर में काफी बड़ा है। इसके महत्त्व के विषय में शास्त्रीजी का कथन है : 'मैंने अपने पूर्ववर्ती और समकालीन प्रायः सब हिन्दी इतिहासलेखकों की प्रचलित परम्परा का उल्लंघन करके अपने कुछ नये ऐतिहासिक दृष्टिकोण निर्धारित किये हैं और उनके समर्थन में इतिहास की

सामाजिक और राजनैतिक पृष्ठभूमि की सेवाएँ ली हैं।'[51]

ग्रन्थ की भूमिका में श्यामबिहारी मिश्र तथा शुकदेवबिहारी मिश्र ने भी लेखक के मत की पुष्टि करते हुए लिखा है : 'आचार्य जी का यह 'हिन्दी भाषा और साहित्य का इतिहास' महत्त्वपूर्ण ग्रन्थ है। इसमें उन्होंने अनेक नये सिद्धान्त जोड़े हैं, कई-कई गवेषणाओं का समावेश किया है, नये ऐतिहासिक दृष्टिकोण और गहन भूमिका स्थापित की है तथा इसे सब प्रकार से परिपूर्ण करने का प्रयास किया है।'[52] यही नहीं भूमिकालेखकों ने अपना यह निर्णय भी सुना दिया है : पं॰ रामचन्द्र शुक्ल का 'हिन्दी साहित्य का इतिहास' भी इतिहास नहीं है। वह ऐतिहासिक दृष्टिकोण से लिखा ही नहीं गया।'[53]

लेखक के वक्तव्य और भूमिका को पढ़कर अध्येता शीघ्र ही वह निर्णय ले लेता है, कि लेखक तथा भूमिकालेखकों के पास वह प्रौढ़ ऐतिहासिक दृष्टि नहीं है, जिससे पं॰ रामचन्द्र शुक्ल सम्पन्न थे। वे इस ज्ञान से वंचित लगते हैं, कि एक इतिहासकार का एक ही ऐतिहासिक दृष्टिकोण होना चाहिए। वस्तुतः आचार्य चतुरसेन शास्त्री हिन्दीसाहित्य के विकासक्रम को प्रौढ़ इतिहासदर्शन के गवाक्ष से देखने में सफल नहीं हो सके। इसलिए जहाँ भी वे कोई नयी स्थापना करते हैं, वहाँ उनकी ऐतिहासिक दृष्टि की असंगति उभरकर सामने आ जाती है। उदाहरण के लिए ग्रन्थ का उपसंहार देखा जा सकता है, जिसे उन्होंने 'प्रथम अध्याय' कहा है। ऐसा क्यों कहा है? इसका उन्होंने इस प्रकार उत्तर दिया है : 'यह एक गम्भीर विचारणीय बात है कि इस ग्रन्थ का उपसंहार हिन्दी साहित्य के इतिहास का 'प्रथम अध्याय' है। इसका यह अभिप्राय है कि सन् 1945 तक हिन्दी साहित्य में जो रचनाएँ हुई उनका काल समाप्त हो चुका और अब सन् 1946 हिन्दी साहित्य के 'प्रथम अध्याय' को प्रारम्भ करने का चिर स्मरणीय काल है।'[54] यह कितनी भ्राँतिमूलक धारणा है, कि द्वितीय विश्व युद्ध की समाप्ति से हिन्दी साहित्य के इतिहास में नया युग आरम्भ हो गया।

आचार्य चतुरसेन शास्त्री ने सामग्री के प्रस्तुतीकरण के लिए जो कालविभाजन किया है, उसमें कोई नवीनता दृष्टिगोचर नहीं होती। मिश्र बन्धुओं तथा शुक्लजी दोनों की योजना के आधार पर सामग्री का वर्गीकरण किया गया। फिर भी वर्गीकरण इतना व्यवस्थित नहीं बन सका। तीसरे खंड में अपभ्रंश युग से लेकर 'अलंकृत युग' के साहित्य का विवेचन तथा आधुनिक काल के साहित्य का चार खंडों में विवेचन इतना संतुलित नहीं कहा जा सकता।

ग्रन्थ में साहित्य के इतिहास का विवेचन इतना प्रवृत्यात्मक नहीं है, जितना कवि केन्द्रित है। रीतिकाल सम्बन्धी अध्यायों में यह बात स्पष्ट हो जाएगी :

अध्याय 26—अलंकृत काल।
27—रीतिप्रस्तोता केशवदास।

28, 29, 30—रीतिबद्ध कवियों का विवेचन।
31—रीतिमुक्त प्रमुख कवि।
32—रीति के विराम कवि पद्माकर और प्रतापसाहि।
33—लक्ष्यकार बिहारीलाल।[55]

कवियों और साहित्यकारों के विवरण की प्रधानता इस ग्रन्थ को 'मिश्रबंधु विनोद' की श्रेणी में खड़ा कर देती है। वैसे भी शास्त्रीजी ने सामग्री समेटने का ही यत्न अधिक किया है। इसलिए अनेक चित्रों से सुसज्जित यह बृहदाकार ग्रन्थ भी हिन्दी साहित्येतिहासलेखन की परम्परा को पूर्ववर्ती परम्परा से अधिक प्रौढ़ रूप देने में असमर्थ रहा है।

'हिन्दी साहित्य के अस्सी वर्ष' (शिवदानसिंह चौहान)

लेखक की प्रौढ़ ऐतिहासिक चेतना : 1954 ई॰ में प्रकाशित यह ग्रन्थ वस्तुतः आधुनिक युग के हिन्दी साहित्य का इतिहास है, जिसे लेखक ने समस्त हिन्दीसाहित्य का इतिहास माना है, क्योंकि उनके अनुसार खड़ी बोली का साहित्य ही हिन्दी साहित्य है। इससे पूर्व 1941 ई॰ में श्री ब्रजरत्नदास ने भी 'खड़ी बोली साहित्य का इतिहास' लिखा था, परन्तु इतिहासदर्शन की दृष्टि से उसका कोई महत्त्व नहीं है। शिवदानसिंह चौहान का यह ग्रन्थ कई दृष्टियों से महत्त्वपूर्ण है। इसमें इतिहास सम्बन्धी विकसित दृष्टिकोण तथा लेखनपद्धति की मौलिकता दृष्टिगोचर होती है। उन्होंने साहित्येतिहास विषयक पूर्ववर्ती जनवादी दृष्टि को नया आयाम देने का यत्न किया है। इसके अतिरिक्त उन्होंने हिन्दी साहित्य के इतिहासलेखन की कुछ असंगतियों की ओर भी ध्यान आकर्षित किया है। उन्होंने साहित्य के इतिहास की व्याख्या को भी अधिक विश्लेषणात्मक रूप प्रदान किया है। उनकी सब स्थापनाओं से सहमत होना कठिन है, परन्तु इसमें कोई सन्देह नहीं कि उनकी इतिहास सम्बन्धी दृष्टि अत्यन्त विकसित है।

ग्रन्थकार की धारणा है कि हिन्दीसाहित्य के इतिहास में रीतिकाल तक ब्रजभाषा आदि के साहित्य के विवेचन को प्राथमिकता देना और आधुनिक युग में उन बोलियों के साहित्य की उपेक्षा करना हिन्दी के साहित्येतिहासलेखन की बहुत बड़ी असंगति है। उनके शब्दों में : 'इतिहास लेखन की यह परम्परा अनैतिहासिक और स्वेच्छाचारी है। इसके पीछे ऐतिहासिक दृष्टिकोण का अभाव है। एक प्रकार से यह पद्धति ही एक संकीर्ण सामन्ती दृष्टिकोण का पोषण करती है, साहित्य के विद्यार्थियों में जनवादी दृष्टिकोण का विकास नहीं करती।'[56] उनकी इस धारणा से पूरी तरह सहमत होना कठिन है, क्योंकि इस तथ्य को अस्वीकार नहीं किया जा सकता कि आधुनिक युग से पूर्व जिस प्रकार साहित्यिक अभिव्यक्ति की मुख्य भाषा ब्रज रही है, उसी प्रकार खड़ी बोली आज साहित्यिक अभिव्यक्ति का प्रमुख साधन

है। इसमें सन्देह नहीं कि अन्य जनपदीय भाषाओं के आधुनिक साहित्य की उपेक्षा नहीं होनी चाहिए, उसे हिन्दी साहित्येतिहास में स्थान मिलना ही चाहिए। यह स्थान दिया भी गया है, परन्तु आधुनिक युग में यदि खड़ी बोली में ऐतिहासिक अनिवार्यता के कारण प्रचुर मात्रा में उत्कृष्ट साहित्य का सृजन हुआ, तो उसे प्रमुख स्थान मिलेगा ही। इसलिए इतिहासलेखन की पूर्ववर्ती परम्परा को अनैतिहासिक घोषित करना युक्तियुक्त नहीं है। यहाँ लेखक स्वयं भ्राँति का शिकार हो गया है।

साहित्येतिहास की वैज्ञानिक व्याख्या : उपर्युक्त भ्राँति के होते हुए भी लेखक की साहित्येतिहास की पकड़ काफी गहरी है। उन्होंने भक्तियुग के सांस्कृतिक पुनर्जागरण की धर्मनिरपेक्ष व्याख्या की है। इसे एक ओर मध्यकालीन धर्मान्धता तथा वर्णव्यवस्था के कठोर बन्धनों के प्रति विद्रोह और दूसरी ओर दो संस्कृतियों के सम्मिलन का परिणाम माना है।[57] आधुनिक युग के साहित्य का प्रवृत्यात्मक अध्ययन प्रस्तुत करते हुए भी उन्होंने प्रौढ़ ऐतिहासिक चिन्तन का परिचय दिया है। उन्होंने स्वच्छन्दतावादी काव्य के नैराश्य का कारण पूँजीवादी युग के वर्गवैषम्य में खोजते हुए लिखा है : 'साहित्य की रोमांटिक या स्वच्छन्दतावादी धारा ने व्यक्ति और समाज या वस्तुजगत के इस वैषम्य को चिरंतन मानकर व्यक्तिवाद की पताका फहराई। नैराश्यवेदना के भावानाकूलों के बीच स्वच्छन्दतावाद की धारा प्रवाहित हो चली।'[58]

साहित्यिक प्रवृत्ति के निर्धारण के सम्बन्ध में भी उनका मत अत्यन्त सार्थक है। उन्होंने लिखा है : 'विषयवस्तु से साहित्य की प्रवृत्ति का निर्धारण नहीं किया जाता। प्रवृत्ति है, जीवन और जगत को देखने की दृष्टि और रागात्मक प्रतिक्रिया का वह समन्वित रूप है।...इसलिए स्वच्छन्दतावादी या यथार्थवादी प्रवृत्ति के अन्तर्गत रखते समय किसी रचना के बहिरंग को ही नहीं देखना चाहिए, बल्कि इसके अन्तरंग से झाँकती हुई कवि दृष्टि को पहचानना चाहिए।'[59] लेखक की अपनी दृष्टि धर्म निरपेक्ष और प्रगतिशील है। इसलिए वे पूर्वछायावादी युग के देशप्रेम के साम्प्रदायिक रूप को स्पष्ट करने में समर्थ हो सके हैं।

शिवदानसिंह चौहान ने सामग्री के प्रस्तुतीकरण के लिए जो योजना बनाई है, उसे स्पष्ट करते हुए उन्होंने लिखा है : 'हम शताब्दी को सीमाचिह्न मानकर इस कालावधि को उन्नीसवीं-बीसवीं शताब्दी में नहीं बाँटेंगे, न हर पीढ़ी से किसी एक महत्त्वपूर्ण या प्रतिभाशाली लेखक के नाम पर भारतेन्दुयुग, द्विवेदीयुग, प्रसादयुग, प्रेमचन्द युग में बाँटेंगे...इस तरह के कालविभाजन साहित्य के विभिन्न रूपों (कविता, नाटक, उपन्यास, कहानी, निबन्ध, आलोचना) के माध्यम से विकासमान हिन्दीसाहित्य की परम्परा को, विशेषकर उसकी प्रवृत्तियों और गतिदिशा को समझने में सहायक नहीं होते। इसलिए इन साहित्य रूपों के अलग-अलग माध्यम से ही हम हिन्दीसाहित्य के इतिहास को समझने-समझाने की चेष्टा करेंगे।'[60] क्योंकि साहित्यिक रूपों का विकास भी काल निरपेक्ष नहीं होता। इसलिए उन्होंने कविता के विकास

का विवेचन तीन युगों–पूर्व छायावादयुग, छायावादयुग और उत्तर छायावादयुग के अन्तर्गत किया है। परन्तु गद्यविधाओं का विवेचन युग विभाजन के बिना करना संगत प्रतीत नहीं होता। फिर भी आधुनिक साहित्य के विकास का जैसा विश्लेषण इस ग्रन्थ में हुआ है वह इससे पूर्व सम्भव नहीं हुआ था।

'हिन्दी साहित्य का अतीत' (विश्वनाथ प्रसाद मिश्र)

सन् 1959 तथा 1960 में प्रकाशित 'हिन्दी साहित्य का अतीत' के दो भागों में मिश्रजी ने आदिकाल से लेकर रीतिकाल तक के साहित्य पर विचार किया है। उनके शब्दों में : 'प्रस्तुत पुस्तक में हिन्दी की व्याप्ति, साहित्य की निरुक्ति और अतीत की अलक्षित विशेषता को दृष्टिपथ में रखकर उन विवेच्य विषयों का विचार करने का प्रयास किया गया है, जिनके नियत स्वरूप में मतभेद है।'[61] स्पष्ट है कि लेखक ने स्वयं भी इस ग्रन्थ को साहित्य का इतिहास नहीं कहा। परन्तु इसमें भी सन्देह नहीं कि ग्रन्थ में साहित्येतिहास की सामग्री को युगों में विभाजित करके प्रस्तुत किया गया है, तथा इसमें हिन्दी साहित्य की मध्यकालीन धाराओं, प्रवृत्तियों तथा परम्पराओं एवं कवियों का कालक्रम से विवेचन किया गया है। इसलिए ग्रन्थ को साहित्येतिहास का रूप देने का प्रयत्न किया गया है। अतः इस वृहदाकार ग्रन्थ पर संक्षेप में विचार करना उचित होगा।

भाववादी ऐतिहासिक दृष्टि : मिश्रजी की ऐतिहासिक दृष्टि चाहे इतनी स्पष्ट नहीं हुई, परन्तु उन्होंने जिस ढंग से अतीत की व्याख्या की है तथा विषयों का विवेचन किया है, उसके आधार पर उसे भाववादी कहा जा सकता है। उन्होंने अतीत की जो व्याख्या की है वह अतीत का यशोगान बन गयी है। उन्होंने लिखा है : 'गत' मात्र 'अतीत' नहीं है। अतीत में 'अति' भी है, 'अतिगत' ही अतीत होता है…अतीत की सबसे बड़ी विशेषता यह होती है कि वह निर्विशेष आनन्द देता है। वर्तमान राग-द्वेष की भूमि है, पर अतीत शुद्ध राग की भूमि है।''[62] अतीत की यह धारणा अत्यन्त रोमांटिक है। सुखद होते हुए भी यथार्थ से काफी दूर है। इसी दृष्टिकोण के कारण लेखक ने लिखा है : 'साहित्य अतीत से अनुराग करता है–प्रधान रूप से।'[63] उनका यह अतीत मोह तथा भावुकतापूर्ण दृष्टिकोण सर्वत्र दृष्टिगोचर होता है। वे साहित्य को 'वाद' अथवा विचारधारा से सुरक्षित रखने की बात भी कहते हैं, क्योंकि साहित्य तो मुक्ति का मार्ग है और वर्तमान युग में मुक्ति की साधना साहित्य ही कर सकता है।'[64]

मिश्रजी ने मध्ययुगीन काव्यधाराओं का विवेचन शुक्लजी के निष्कर्षों के आधार पर किया है, परन्तु उन जैसी प्रौढ़ ऐतिहासिक दृष्टि से नहीं। इसलिए मिश्रजी के ग्रन्थ में कई असंगतियाँ दृष्टिगोचर होती हैं। वे एक ओर यह घोषित करते हैं कि आदिकाल की वीरकाव्य सम्बन्धी रचनाएँ परवर्ती युग की हैं और फिर

भी आदिकाल का साहित्येतिहास में अस्तित्व स्वीकार करते हैं। यही नहीं वे डिंगल के 17वीं शताब्दी तक के काव्य का विवेचन आदिकाल में करते हैं।[65]

लेखक की धार्मिक प्रकृति की राष्ट्रीयता के परिणामस्वरूप कुछ विचित्र निष्कर्ष भी सामने आते हैं। उन्होंने लिखा है : कि कृष्णभक्ति तथा उससे सम्बन्धी काव्य में सामाजिक मर्यादा का सत्स्वरूप दिखाई पड़ा।...कृष्णभक्ति शाखा ने सात्विक प्रेम की महत्ता का प्रतिपादन करके जीवन में फैले या फैलने वाले बाजारू प्रेम या लो.न की व्यभिचारी वृत्ति का उन्मूलन किया।'[66] वे तुलसीदास की महानता उनके काव्य तथा उसके सामाजिक तत्त्व के कारण तो मानते हैं, परन्तु इसके अतिरिक्त उनके मूर्ति स्थापना के कार्य द्वारा देश के उद्धार की भी बात करते हैं।'[67]

मिश्रजी अपने सन्तकाव्य सम्बन्धी पूर्वग्रह से उसे साहित्यिक तो मानते ही नहीं है, सन्त कवियों को दी गयी समाजसुधारक की पदवी भी उनसे छीन लेने का आग्रह करते हैं। उन्होंने लिखा है : 'जो हो, इन संतों को समाजसुधारक कहना ठीक नहीं प्रतीत होता। समाजसुधारक वही कहा जा सकता है, जो समाज को मानने वाला और समाज की रक्षा को मानने वाला हो। ये सन्त समाज को ही नहीं मानते। इनकी साधना सामाजिक साधना न होकर वैयक्तिक साधना थी...इन संतों के वचन जगत में प्रवृत्त करने वाले नहीं हैं। इसलिए ये समाज सुधारक नहीं कहे जा सकते।'[68] ऐसी स्थापनाओं से एक बात स्पष्ट हो जाती है, कि जातिवादी पूर्वग्रह इतिहासदर्शन तथा काव्यधाराओं के मूल्यांकन को किस प्रकार भ्राँतिपूर्ण बना देता है।[69]

कालविभाजन की असंगति : कालविभाजन में भी कोई नवीनता नहीं है। शुक्लजी का ही आदर्श सामने रखा गया है। हाँ, बात काफी घुमा-फिराकर कही गयी है,, जिससे बात अस्पष्ट भी हो गयी है और असंगतियुक्त भी। एक ओर वे सं. 1600 से ही रीति ग्रन्थों की अखंड परम्परा की सच्चाई को स्वीकार करते हैं। शृंगारिक काव्य का आरम्भ भी वे इसी के आसपास मानते हैं। इसलिए वे सं. 1600 से ही इस युग का आरम्भ मानना चाहते हैं, परन्तु मानते भी नहीं। वे लिखते हैं : 'इस प्रकार इस काल का आरम्भ सं. 1600 के आसपास से ही मानना चाहिए, पर 1600 से 1700 तक वस्तुतः इस काल की प्रस्तावना ही है। शृंगार के अभिनय का आरम्भ इसके अनन्तर ही हुआ।'

मिश्रजी ने ग्रन्थ के द्वितीय भाग में शृंगारकाल के काव्य का विवेचन अत्यन्त विस्तार से किया है तथा इस युग को शुद्ध साहित्य की दृष्टि से अत्यन्त महत्त्वपूर्ण माना है। महत्त्व स्थापित करते हुए, वे युग के साहित्य के विषय में दरबारी होने की सामान्य धारणा को भी बदल देना चाहते हैं। वे इसे जन साहित्य की संज्ञा देने के लिए ललायित प्रतीत होते हैं। उन्होंने लिखा है : 'सबसे पहले यही देखना चाहिए कि रीतियुगीन साहित्य जनसम्पर्क का साहित्य है या नहीं। हिन्दी में रीतियुगीन साहित्य भक्ति साहित्य के समानान्तर बनने लगा था। दिखाई यही पड़ता है कि

भक्ति का साहित्य यदि जनसम्पर्क का अभिलाषुक था, तो रीति साहित्य भी उसी के ससर्ग का इच्छुक।'[70] यह कितनी मौलिक तथा चौंकाने वाली स्थापना है, परन्तु साथ ही इतिहास के कितनी विरुद्ध है।

'हिन्दी साहित्य का अतीत' में कवियों के जीवन तथा उनकी कृतियों का विवरण अत्यन्त विस्तृत है तथा नवीन अनुसंधान की सामग्री के प्रयोग द्वारा विवरण को अधिक प्रामाणिक बनाने का प्रयास किया गया है। शृंगारकाल का विवेचन अत्यन्त विस्तार से हुआ है। विवेचन को लालित्यपूर्ण बनाने का प्रयास प्रशंसनीय है, परन्तु भाषा दुरूहता खटकती है। आलम आदि कवियों के विषय में भी नये तथ्यों का अन्वेषण किया गया है, परन्तु ऐतिहासिक बोध की प्रौढ़ता के अभाव ने ग्रन्थ की महत्ता को साहित्येतिहासलेखन की दृष्टि से क्षति पहुँचाई है।

'हिन्दी साहित्य का वैज्ञानिक इतिहास' (डॉ॰ गणपतिचन्द्र गुप्त)

सन् 1965 ई॰ में प्रकाशित 'हिन्दी साहित्य का वैज्ञानिक इतिहास' इसलिए उल्लेखनीय है, कि इसमें गुप्तजी ने साहित्येतिहासदर्शन का विवेचन विस्तृत रूप में करते हुए साहित्यिक विकास सम्बन्धी अपने दृष्टिकोण को भी स्पष्ट किया है। उन्होंने इतिहासलेखन के लिए दृष्टिकोण की अनिवार्यता स्वीकार करते हुए लिखा है : 'इतिहास का सम्बन्ध अतीत की व्याख्या से है तथा प्रत्येक व्याख्या के मूल में व्याख्याता का दृष्टिकोण अनुस्यूत रहता है।'[71] उन्होंने अपने दृष्टिकोण को वैज्ञानिक दृष्टिकोण की संज्ञा दी है। उनके अनुसार : ग्रन्थ में, 'इस दृष्टिकोण के अनुसार किसी पुष्ट सिद्धान्त या प्रतिष्ठित नियम के आधार पर वस्तु की तथ्यपरक सर्वांगीण एवं बौद्धिक व्याख्या सुस्पष्ट शैली में प्रस्तुत करने का प्रयास किया गया है।'[72] प्रत्येक इतिहासकार की ऐतिहासिक दृष्टि विज्ञानसम्मत होनी चाहिए, परन्तु प्रश्न यह है कि गुप्तजी का इतिहासपरक दृष्टिकोण कहाँ तक वैज्ञानिक बन पड़ा है? इसके लिए उनके सिद्धान्त तथा उसके व्यावहारिक प्रयोग पर विचार कर लेना चाहिए।

लेखक की ऐतिहासिक दृष्टि : वे लिखते है : 'यह नव प्रतिष्ठित सिद्धान्त पाँच सूत्रों में प्रस्तुत है : (1) प्राकृतिक सर्जन-शक्ति, (2) वातावरण, (3) परम्परा (4) द्वन्द्व, (5) सन्तुलन।

संक्षेप में, विकास की प्रत्येक क्रिया के मूल में कोई न कोई प्राकृतिक सर्जन शक्ति निहित रहती है, जो परम्परागत तत्त्वों एवं सामयिक वातावरण के पारस्परिक द्वन्द्व से उद्दीप्त एवं प्रेरित होकर तब तक सक्रिय रहती है, जब तक कि द्वन्द्व के उभय पक्षों में सन्तुलन स्थापित नहीं हो जाता। संतुलन स्थापना ही विकासप्रक्रिया का चरम लक्ष्य है, जिसकी उपलब्धि के अनन्तर एक आवृत्ति पूर्ण हो जाती है।'[73] इस विकासप्रक्रिया के द्वारा उन्होंने साहित्य का विकास मुख्यतः तीन प्रकार का माना

है : 'साहित्य रूपों का विकास, साहित्य की आन्तरिक प्रवृत्तियों का विकास एवं साहित्य के गुणों (विशुद्ध साहित्यिक तत्वों या मूल्यों) का विकास।'[74]

डॉ॰ गणपतिचन्द्र गुप्त की विकास सम्बन्धी आवृत्तिमूलक धारणा तथा उसकी व्याख्या इतनी वैज्ञानिक नहीं है, जितनी वे समझते हैं। द्वन्द्व सदैव दो विरोधी तत्वों में होता है। नवीनता और परम्परा के द्वन्द्व की बात तो कही जा सकती है, परन्तु परम्परा और सामयिक वातावरण में द्वन्द्व की धारणा काल्पनिक है। वस्तुतः सामाजिक विकास से निरपेक्ष साहित्यिक विकास की कोई भी धारणा निर्मूल है।

लेखक अपने सिद्धान्त को व्यावहारिक रूप में परिणत करने में भी असफल रहा है। हिन्दीसाहित्य के इतिहास की व्याख्या करते हुए उनका ऐतिहासिक दृष्टिकोण कहीं विधेयवादी हो गया है, तो कहीं जातिवादी। उनकी भारतीय संस्कृति की परिकल्पना भी हिन्दूवादी है। इसलिए उनके अनुसार : ' स्थूल दृष्टि से मुस्लिम शासकों को भी भारतीय कहा जा सकता है, क्योंकि वे भारत की ही भूमि में जन्मे और पले थे, किन्तु उनका सांस्कृतिक आदर्श, साम्प्रदायिक दृष्टिकोण एवं जीवन पद्धति भारतीयता के प्रतिकूल थी।'[75] इस दृष्टिकोण के परिणामस्वरूप उन्होंने लिखा है कि मध्यकाल में हमारे समाज और साहित्य की चेतना का मूल केन्द्र हिन्दू-मुस्लिम सांस्कृतिक द्वन्द्व था।[76] सांस्कृतिक समन्वय के युग को सांस्कृतिक द्वन्द्व का युग मानना भ्रामक दृष्टिकोण है। इस दृष्टि के कारण कहीं-कहीं उनकी स्थापनाओं और विवेचन में अत्यधिक अन्तर्विरोध उत्पन्न हो गया है। जैसे एक ओर तो वे हिन्दी की काव्य परम्पराओं और काव्य रूपों को अपभ्रंश आदि पूर्ववर्ती साहित्य का विकसित रूप मानते प्रतीत होते हैं और दूसरी ओर यह भी स्थापित करते हैं : 'मुस्लिम शासकों के आश्रय में भारतीय संस्कृति एवं साहित्य की पूर्ववर्ती परम्पराओं के पोषित एवं विकसित होने का तो प्रश्न ही नहीं उठता···ऐसी स्थिति में संस्कृत, प्राकृत एवं अपभ्रंश की प्राचीन साहित्य परम्पराओं का एकाएक ह्रासोन्मुखी हो जाना स्वाभाविक था।'[77] अपभ्रंश की काव्य परम्पराओं के ह्रास का कारण राजनीतिक अवस्था को मानना ऐतिहासिक तथ्य नहीं है।

आधुनिक युग तक आते-आते लेखक की उक्त भारतीयता सम्बन्धी आदर्शवादी दृष्टि अधिक स्पष्ट हो जाती है। प्रगतिवादी, प्रयोगवादी और नवीन साहित्यिक प्रवृत्तियों का आधुनिकता विरोधी उनका दृष्टिकोण इसका प्रमाण है। इस विवेचन में अपेक्षित गहराई की कमी है। वैसे तो उन्होंने प्राक्कथन में ही अपने आधुनिकता विरोधी स्वर को मुखरित करते हुए लिख दिया था : 'राष्ट्र का दुर्भाग्य है कि आज आधुनिकता, नवीनता और यथार्थवादिता के नाम पर कुत्सित, अश्लील, कुंठाग्रस्त, आत्मघाती, समाजविरोधी एवं आस्थाशून्य साहित्य को प्रोत्साहन एवं प्रश्रय दिया जा रहा है।'[78] वे स्पष्ट नहीं कर सके कि 'उदात्त विचारों से अनुप्राणित साहित्य' कहाँ है, जिसकी आधुनिक युग में उपेक्षा हो रही है, जैसा कि उनका विचार है।

कालविभाजन तथा प्रस्तुतीकरण : डॉ॰ गणपतिचन्द्र गुप्त ने शालिभद्र सूरिकृत 'भरतेश्वर बाहुबली रास' को हिन्दी की प्रथम रचना मानकर 1184 ई॰ से हिन्दी साहित्य के इतिहास का आरम्भ माना है। उन्होंने पूर्ववर्ती कालविभाजन का तिरस्कार करके विभिन्न काव्य-प्रवृत्तियों को सर्वांगीण रूप में प्रस्तुत करने के लिए निम्नलिखित विभाजन उचित ठहराया है :

प्रारम्भिक काल	: सन् 1184-1350 ई॰।
मध्यकाल	: पूर्वमध्यकाल (1350-1857 ई॰)।
	मध्य मध्यकाल
	उत्तर मध्यकाल
आधुनिक काल	: 1857-1964 ई॰।

साहित्य के इतिहास में कालविभाजन की समस्या का यह सरलीकरण न तो मान्य हो सका और न ही इस योग्य था। प्रवृत्ति के आधार पर कालविभाजन एक उपलब्धि है। उसका त्याग वांछनीय नहीं।

प्रस्तुतीकरण की योजना भी प्रायः शुक्लजी जैसी है। सामान्य परिचय के पश्चात् काव्यपरम्परा का विवेचन किया गया है। विवेचन इतना स्पष्ट नहीं है, जितना शुक्लजी का है। विवेचन में अन्तर्विरोध भी आ गये हैं, जिनकी ओर डॉ॰ सुमनराजे ने ध्यान आकर्षित किया है।[79] काव्य परम्परा के विवेचन के पश्चात् कवियों के वृत्तों तथा कृतियों का सोदाहरण विवरण प्रस्तुत किया गया है। हिन्दी की काव्य परम्पराओं के पौराणिक प्रबन्ध काव्यपरम्परा, पौराणिक गीतिकाव्य परम्परा आदि नाम भी अधिक सार्थक नहीं प्रतीत होते। इसलिए इस ग्रन्थ द्वारा भी हिन्दी के साहित्येतिहासलेखन में कोई सार्थक परिवर्तन नहीं आया, जैसा कि इसके शीर्षक और प्रथम खंड को पढ़कर सम्भावना बनी थी।

'हिन्दी साहित्य का नया इतिहास' (डॉ॰ रामखेलावन पाण्डेय)

डॉ॰ रामखेलावन पांडेय ने अपने इस इतिहास को 'एक संरचनात्मक पुनर्विचार'[80] भी कहा है तथा इसके आरम्भ में अपने इतिहासदर्शन को भी स्पष्ट करने का यत्न किया है। वे साहित्य के इतिहास के युगानुरूप पुनर्लेखन को आवश्यक मानते हैं, क्योंकि 'इतिहास वही नहीं जो स्मृत और सुरक्षित रह जाता है, बल्कि वह है, जिसके स्मरण करने की आवश्यकता का अनुभव हमें होता चलता है। और इसलिए प्रत्येक युग अपने लिए ऐतिहासिक तथ्यों और तत्त्वों का नवीन संगठन करता है, उसकी संरचनात्मक व्याख्या करता है।...साहित्य को जीवन्त और प्राणवन्त चेतना की अभिव्यक्ति के रूप में रूपायित करने का प्रयास आधुनिक काल के साहित्येतिहासकार को करना पड़ेगा।'[81] उन्होंने इस संकल्प के साथ हिन्दी साहित्य का नया इतिहास लिखा है, क्योंकि इससे पूर्व उनके अनुसार आचार्य शुक्ल ने इतिहास के स्थान पर

व्याकरण लिखा, प्रत्येक नियम के अपवादों की तालिका तैयार की। उनके मतानुसार, आचार्य हजारीप्रसाद द्विवेदी ने 'प्रत्येक नयी उपलब्धि को पूर्व परम्परा का अभिनव विवर्त'[82] मानकर विकासवाद की सीमा को ही स्वीकृति दी है। इस प्रकार उन्होंने पूर्ववर्ती साहित्येतिहासलेखन की परम्पराओं को नकारते हुए 'नया इतिहास' लिखने का उत्तरदायित्व सम्भाला है।

ऐतिहासिक दृष्टिकोण : डॉ॰ पाण्डेय की यह धारणा सही है कि 'साहित्य का इतिहास मात्र साहित्यिक घटनाओं का अनुलेखन नहीं हो सकता, उसमें मूल्यांकन की पद्धति सन्निहित है और मूल्यांकन विधि मूल्यदृष्टि से परिसीमित है। मूल्य दृष्टि अनुशासक है और अनुशासित भी। वैचारिक अनुशासनों की अन्तरंगता मूल्यदृष्टि का निर्धारण करती है।'[83] यदि वैचारिक अनुशासन मूल्यदृष्टि का निर्णायक है, तो मूल्यांकन की कसौटी भी एक ही होगी, परन्तु डॉ॰ पांडेय यहाँ अन्तर्विरोध से नहीं बच सके। वे राजन्य वर्ग के रंजक साहित्य, उच्चवर्गीय समाज के आत्मसंरक्षणात्मक साहित्य तथा निम्नवर्गीय समाज के आत्मसंस्थापनात्मक साहित्य के मूल्यांकन के अलग-अलग निकषों की माँग करते हैं।[84] यदि निकष भिन्न होंगे तो मूल्य दृष्टियाँ भी भिन्न होंगी और वैचारिक अनुशासन भी एक नहीं रहेगा। साहित्य के इतिहासकार से विभिन्न साहित्यिक धाराओं के मूल्यांकन के लिए विभिन्न निकषों की माँग अपने आप में एक भ्रामक धारणा है। यह कैसे सम्भव हो सकता है कि रीतिकालीन रंजक साहित्य के मूल्यांकन के समय मानवतावादी इतिहासकार अपने मूल दृष्टिकोण को एक तरफ रखकर कलावादी आधार को अपना ले।

डॉ॰ पांडेय हिन्दी साहित्य की चेतना अथवा सांस्कृतिक चेतना के विकास की विवेचना के लिए कोई सुस्पष्ट आधार निर्मित नहीं कर सके हैं। वे 'संयोजनकाल' में वर्गीय आधार पर साहित्य का विवेचन करने का संकल्प करते हैं। उनके अनुसार : 'साहित्यिक स्थिति की परीक्षा इस सन्दर्भ में करनी होगी : (क) राज्याश्रित काव्यधारा (ख) अभिजातवर्गीय धार्मिकता (ग) निम्नवर्गीय चेतनाश्रयी धार्मिकता।'[85]

एक तो राजन्य वर्ग तथा अभिजात वर्ग को दो वर्ग मानना उचित नहीं जान पड़ता, दूसरे परवर्ती युगों के साहित्यिक विवेचन के लिए उन्होंने इस आधार को छोड़ दिया है। वस्तुतः लेखक किसी भी ऐतिहासिक दृष्टि से प्रतिबद्ध नहीं होना चाहता। कहीं वे विधेयवादी इतिहासकार की तरह सामाजिक और राजनीतिक सन्दर्भ में साहित्य का विवेचन करते हैं, और कहीं स्वाभाविक विकास के रूप में।

ग्रन्थ में नवीनता का आग्रह अत्यधिक है। इसलिए डॉ॰ पांडेय ने कई नयी स्थापनाएँ की हैं, जिनसे साहित्य के इतिहास का अध्येता चौंके बिना नहीं रहता। जैसे उन्होंने लिखा है : 'जायसी को सूफी सन्त मानने का भ्रम फैलाया गया है।, वस्तुतः जायसी महदवी सम्प्रदाय के अनुयायी थे। इस सम्प्रदाय का मूल उद्देश्य था इस्लाम का इस्लामी संगठन एवं पुनर्जागरण।'[86] इसलिए वे सूफी काव्य परम्परा को

भारतीय प्रेमाख्यान का इस्लामी संस्कार कहना उचित समझते हैं। ऐसी स्थापनाएँ हिन्दू संस्कृति के संस्कार का ही परिणाम कही जा सकती हैं। इसी संस्कार के कारण ही उन्होंने मार्क्सवाद, मार्क्सवादी लेखकों पर ही नहीं, समाजवाद से प्रभावित पं॰ नेहरू जैसे राजनीतिज्ञों पर भी छींटाकशी की है।[87]

लेखनप्रणाली तथा कालविभाजन : डॉ॰ पांडेय की लेखनप्रणाली में भी विशेष नवीनता नहीं है। युग के आरम्भ में परिस्थितियों का दिग्दर्शन भी है, काव्यपरम्परा के विवेचन के पश्चात् कवियों का विवरण भी है। हाँ, भाषा-शैली को इतना अलंकृत, व्यंजनात्मक तथा संस्कृतनिष्ठ बनाया गया है, कि जहाँ विवेचन और विवरण की साहित्यिकता प्रशंसनीय कही जा सकती है, वहाँ दुर्बोधता खटकती भी है।

कालविभाजन की दृष्टि से ग्रन्थ का शीर्षक अधिक सार्थक बन पड़ा है, क्योंकि डॉ॰ पांडेय ने कालविभाजन की पूर्ववर्ती परम्परा को अमान्य ठहराकर एकदम नयी योजना तैयार की है। उन्होंने समस्त साहित्य को समस्तता के परिप्रेक्ष्य और सन्दर्भ में[88] विवेचित करने का आग्रह किया है। इसके लिए उन्होंने नवीन कालविभाजन किया है तथा प्रत्येक युग के नाम की सार्थकता को भी स्पष्ट किया है। उनका विभाजन और उसका स्पष्टीकरण संक्षेप में इस प्रकार है :

1. संक्रमणकाल (1000-1400 ई॰) : अपभ्रंश भाषाएँ आधुनिक भारतीय भाषाओं के रूप में संक्रमित हो रही थीं।
2. संयोजनकाल (1401-1600 ई॰) : इस अवधि में संक्रमण शिथिल चरण हुआ और संभावनाओं ने निर्दिष्टता पायी। परम्परा के कल्पों का नव्य संयोजनायोजन हुआ।
3. संवर्धनकाल (1601-1800 ई॰) : संयोजन का प्रत्येक प्रयास संवर्धन का संकेत शिल्प है।
4. संचयकाल (1801-1900 ई॰) : इस अवधि के साहित्य की मुख्य चिन्ता है सम्यक् चयन की।
5. सम्बोधितकाल (1901-1947 ई॰) : संचयन की प्रक्रिया ने साहित्यबोध को जाग्रत गति दी।
6. संचरणकाल (1947 ई॰) : आस्थाहीन कर्मवाद का संचरण अनिश्चितता एवं विवर्त का संयोग हो गया। मात्र चलना ही जब उद्देश्य रह जाए...तो संचरण काल की संगति अचिन्त्य है।[89]

उपर्युक्त कालविभाजन जितना नवीन है, उतना सार्थक नहीं बन सका। डॉ॰ सुमनराजे के शब्दों में : 'स्पष्ट नहीं होता कि यह किस वस्तु का संक्रमण, संयोजन, संवर्धन, संचयन, सम्बोधि एवं संचरण है, साहित्य का? अथवा चेतना का? इस नामकरण में अनुप्रास का आग्रह प्रमुख है। साहित्यगत प्रवृत्तियाँ गौण हैं।'[90] रीतिकाल के भक्तिकाव्य को संवर्धनात्मक मानना उचित नहीं है, क्योंकि गुण की

वृद्धि के बिना संवर्धन की परिकल्पना निर्मूल है। इसी प्रकार दूसरे काल खंडों के नामों से भी साहित्येतिहास की गत्यात्मकता, दिशा तथा प्रकृति स्पष्ट नहीं होती।

डॉ॰ पांडेय के इतिहास द्वारा वर्तमान युग में शुक्लजी की इतिहासलेखन पद्धति से मुक्ति की आकांक्षा अपने तीव्रतम रूप में अभिव्यक्त हुई है, परन्तु इसके द्वारा साहित्य के इतिहासलेखन में कोई सार्थक मोड़ उपस्थित नहीं हो सका। अतः कहा जा सकता है कि वर्तमान युग में आचार्य द्विवेदी के अतिरिक्त जिन इतिहासज्ञों ने भीम प्रतिज्ञाओं के साथ हिन्दी साहित्येतिहासलेखन का कार्य सम्पन्न किया, उनमें ऐसे विद्वान ही अधिक हैं, जिनका ऐतिहासिक बोध विशेष विकसित नहीं है।

सन्दर्भ

1. डॉ. नामवर सिंह : 'आलोचना', इतिहास विशेषांक, 1952, पृ. 12.
2. 'धर्मयुग', 1 अगस्त, 1964, पृ. 10
3. 'साहित्य के इतिहास की सांस्कृतिक व्याख्या', (सं. शिवप्रसाद सिंह) में डॉ. रघुवंश का 'शान्ति निकेतन से शिवालिक' में लेख, 1967, पृ. 151-52
4. वही, पृ. 152.
5. वही. पृ. 153.
6. डॉ. हजारीप्रसाद : 'अशोक के फूल' प्रथम संस्करण, 'भारतीय संस्कृतिक की देन' शीर्षक निबन्ध, पृ. 76.
7. डॉ. रघुवंश : 'शान्ति निकेतन से शिवालिक' में लेख, पृ. 154.
8. वही.
9. वही, पृ. 154-155.
10. सं. गणपतिचन्द्र गुप्त : 'आचार्य हजारीप्रसाद द्विवेदी', (भूमिका लेखक डॉ. इन्द्रनाथ मदान), प्रथम संस्करण, आमुख, पृ. 2.
11. 'अशोक के फूल' में 'मनुष्य ही साहित्य का लक्ष्य है' में शीर्षक निबन्ध, पृ. 173.
12. डॉ. रघुवंश : 'शान्ति निकेतन से शिवालिक' में लेख, पृ. 156.
13. 'साहित्य का इतिहास दर्शन', पृ. 94.
14. 'शान्ति निकेतन से शिवालिक' , पृ. 157-58.
15. 'आलोचना', जुलाई 1954, सम्पादकीय, पृ. 6.
16. वही, इतिहास विशेषांक, पृ. 12
17. हजारी प्रसाद द्विवेदी : 'हिन्दी साहित्य की भूमिका', द्वितीय संस्करण, दिल्ली 1969, प्रकाशक की ओर से.
18. वही, पृ. 11
19. वही, पृ. 6
20. वही, पृ. 11

21. वही, पृ. 137
22. वही, पृ. 1-2
23. वही, पृ. 25
24. वही, पृ. 91
25. वही, पृ. 25
26. वही, पृ. 98
27. वही, पृ. 101
28. वही, पृ. 109
29. वही, पृ. 109
30. वही, पृ. 118
31. वही, विषय-सूची, पृ. 1-3
32. वही, पृ. 81
33. 'शान्ति निकेतन से शिवालिक', सं. शिवप्रसाद सिंह, प्रथम संस्करण, 1967, में विश्वनाथ त्रिपाठी का लेख, पृ. 96.
34. 'हिन्दी साहित्य का आदिकाल', तृतीय संस्करण, 1961, पृ. 27.
35. 'हिन्दी साहित्य का आदिकाल', तृतीय संस्करण, 1961, ग्रन्थ के आरम्भ में दी गयी सम्मतियों में डॉ. रघुवंश की सम्मति.
36. वही, प्रथम आख्यान, पृ. 1
37. 'हिन्दी साहित्य', दिल्ली 1955, निवेदन, पृ. 1.
38. 'साहित्य का इतिहास दर्शन', पृ. 95.
39. देखिए, 'हिन्दी साहित्य', पृ. 102.
40. वही, पृ. 362.
41. वही, पृ. 394-95.
42. वही, पृ. 395.
43. वही, पृ. 450.
44. वही, पृ. 451.
45. वही.
46. वही, पृ. 495.
47. वही, पृ. 500
48. 'हिन्दी साहित्य', पृ. 43, 85, 288, 359
49. देखिए, वही, पृ. 361.
50. 'साहित्यिक इतिहास : संरचना और स्वरूप', प्रथम संस्करण, 1975, पृ. 325-26.
51. आचार्य चतुरसेन : 'हिन्दी भाषा और साहित्य का इतिहास', प्रथम संस्करण, 1946, दो शब्द.
52. वही, भूमिका, पृ. 2.

53. वही.
54. वही, पृ. 697.
55. वही, विषय सूची, 27 से 33 अध्याय तक.
56. शिवदान सिंह चौहान : 'हिन्दी साहित्य के अस्सी वर्ष', द्वितीय संस्करण 1961, प्रस्तावना, पृ. 9.
57. द्रष्टव्य, वही, पृ. 24.
58. वही, पृ. 54.
59. वही, पृ. 54.
60. वही, पृ. 49.
61. विश्वप्रसाद मिश्र : 'हिन्दी साहित्य का अतीत' , प्रथम भाग, द्वितीय आवृत्ति, 2022, वि., पृ. 8.
62. वही. पृ. 30.
63. वही. पृ. 27.
64. देखिए. वही. पृ. 25.
65. देखिए. वही. पृ. 90 से 106 तक.
66. वही. पृ. 148.
67. वही. पृ. 149.
68. वही. पृ. 157.
69. वही. दूसरा भाग, पृ. 392.
70. वही. पृ. 411.
71. डॉ. गणपतिचन्द्र गुप्त : 'हिन्दी साहित्य का वैज्ञानिक इतिहास', 1965, प्राक्कथन, पृ. 2.
72. वही.
73. वही. पृ. 5.
74. वही.
75. वही. पृ. 601.
76. वही.
77. वही. पृ. 109.
78. देखिए, वही प्राक्कथन, पृ. 11.
79. देखिए, 'साहित्यिक इतिहासः संरचना और स्वरूप', पृ. 326-28.
80. डॉ. रमखिलावन पाण्डेयः 'हिन्दी साहित्य का नया इतिहास', पृ. 326-28.
81. वही. जो लिख न सका, पृ. 4.
82. वही. पृ. 2.
83. वही. पृ. 313.
84. दे. वही. पृ. 311-12.

85. वही. पृ. 83.

86. वही. पृ. 95.

87. वही. पृ. 251, 252, 274.

88. वही. पृ. 29.

89. वही. पृ. 29-31.

90. 'साहित्यिक इतिहासः संरचना और स्वरूप', 1975, पृ. 329.

हिन्दी साहित्येतिहासलेखन की अन्य दिशाएँ

दर्शन एवं शिल्प

विशिष्ट कालखंड का साहित्येतिहासलेखन

वर्तमान युग में विशेषीकरण की प्रवृत्ति के परिणामस्वरूप साहित्येतिहासलेखन विशिष्ट कालखंड के विस्तृत तथा शोधपरक अध्ययन की ओर उन्मुख हुआ। शोधपरक इतिहासलेखन की दृष्टि से इलाहाबाद विश्वविद्यालय में आधुनिक युग के अलग-अलग कालखंडों के हिन्दी साहित्य पर, जो विशेष काम हुआ है, उसका परिणाम निम्नलिखित चार थीसिस हैं :

1. आधुनिक हिन्दीसाहित्य (1850-1900 ई॰) (डॉ॰ लक्ष्मीसागर वार्ष्णेय)।
2. आधुनिक हिन्दीसाहित्य का विकास (1900-1925 ई॰) (डॉ॰ श्रीकृष्ण लाल)।
3. आधुनिक हिन्दीसाहित्य की भूमिका (1757-1857 ई॰) (डॉ॰ लक्ष्मीसागर वार्ष्णेय)।
4. हिन्दी साहित्य (1926-1947 ई.) (डॉ. भोलानाथ)।

डॉ॰ लक्ष्मीसागर वार्ष्णेय का इतिहासलेखन

डॉ॰ वार्ष्णेय ने अपने दोनों शोधग्रन्थों में 1757 ई॰ से लेकर 1900 ई॰ तक के हिन्दीसाहित्य का ऐतिहासिक परिपार्श्व में अध्ययन प्रस्तुत किया है। इसमें कोई सन्देह नहीं कि उन्होंने आलोच्य काल की विपुल सामग्री को अपने अध्ययन का विषय बनाया है, किन्तु उनका ऐतिहासिक दृष्टिकोण यांत्रिक वस्तुवादी बनकर रह गया है। इस दृष्टि के कारण वे देश की भौगोलिक स्थिति को भौतिक तथा सांस्कृतिक विकास की निर्णायक शक्ति के रूप में स्वीकार करते हैं। उन्होंने लिखा है : 'इस प्रकार के सांस्कृतिक विकास या ह्रास में किसी देश या प्रदेश की भौगोलिक स्थिति का बड़ा हाथ रहता है। भौगोलिक परिस्थिति के कारण एक देश के ऐतिहासिक, राजनीतिक, सामाजिक तथा अन्य सांस्कृतिक विकासों का रूप निर्धारित होता है, विदेशों के साथ सम्पर्क स्थापित हो सकने या न हो सकने के कारण भावों

और विचारों की गतिविधि पर प्रभाव पड़ता है। पैदावार, औद्योगिक विकास और संगठन तथा वातावरण से सामाजिक और अन्त में राजनीतिक रूपरेखा का निर्माण होता है और भी ऐसी अनेक बातें हैं, जिन पर भौगोलिक परिस्थिति का प्रभाव पड़ता है। विशेष रूप से आधुनिक समय में, जबकि भूगोल का सोच-समझकर उपयोग किया जाता है…भारतीय इतिहास और संस्कृति का प्रधान केन्द्र होने के कारण हिन्दी प्रदेश का भौगोलिक तथा तज्जनित समस्याओं के अध्ययन का महत्त्व और भी बढ़ जाता है।[1] भौगोलिक स्थिति को इतना अधिक महत्त्व देने के कारण उन्होंने हिन्दी भाषाभाषी लोगों को शान्तिप्रिय और सन्तोषी माना है, क्योंकि इस प्रदेश में भूमि उपजाऊ है।[2] यही नहीं वे भारतीय इतिहास के स्वर्णयुग (गुप्तकाल) का नाता भी इस प्रदेश की भौगोलिक अवस्था से जोड़ते हैं। हमारे मत में इस प्रकार की धारणाएँ साहित्य के विकास, विशेषतया आधुनिक साहित्य के इतिहास को समझने में सहायक नहीं बाधक सिद्ध होती है, क्योंकि मानव समाज भौगोलिक परिवेश पर काफी हद तक विजय प्राप्त कर चुका है।

डॉ॰ वार्ष्णेय ने राजनीतिक घटनाओं को भी साहित्य के इतिहास में आवश्यकता से अधिक महत्त्व दिया है। इसलिए ही उन्होंने 1757 ई॰ में प्लासी के युद्ध में अंग्रेजों की विजय को भारत में ही नहीं, हिन्दी साहित्य के इतिहास में भी आधुनिक युग की भूमिका मान लियः है। इस कारण उनके विवेचन में अन्तर्विरोधों का आना स्वाभाविक था। इस युग को आधुनिक हिन्दी साहित्य की भूमिका कैसे माना जा सकता है, जबकि वे स्वयं स्वीकार करते हैं कि आलोच्यकालीन हिन्दी काव्य में भावों, विचारों, विषय प्रतिपादन, साहित्यिक रूपों, भाषा-शैली आदि की दृष्टि से नवीनता का अभाव और परम्परा का पालन मात्र मिलता है।[3] वस्तुतः ग्रन्थ का विषयविस्तार की दृष्टि से ही महत्त्व है, इतिहास दर्शन तो सतही ही रहा है। विषयप्रतिपादन तथा प्रस्तुतीकरण की दृष्टि से भी कोई नवीनता दृष्टिगोचर नहीं होती। ऐतिहासिक पृष्ठभूमि का विस्तार से वर्णन अवश्य किया गया है, परन्तु उसका ऐतिहासिक प्रवृत्तियों से अन्तःसम्बन्ध स्थापित नहीं हो सका।

डॉ॰ वार्ष्णेय ने 'आधुनिक हिन्दी साहित्य' (1850-1900 ई॰) में भी आलोच्य काल के साहित्यिक विकास का अध्ययन उपर्युक्त दृष्टि तथा प्रणाली से किया है। इसका लक्ष्य कालखंड के साहित्य का विस्तृत अध्ययन है जैसा कि डॉ॰ धीरेन्द्र वर्मा का कथन है : 'स्वर्गीय पंडित रामचन्द्र शुक्ल ने हिन्दी साहित्य के इतिहास की प्रथम पूर्ण आलोचनात्मक रूपरेखा तैयार की थी। उसके बाद से इस आवश्यकता का अनुभव प्रतिदिन होने लगा, कि अब हिन्दी के प्रतिनिधि कवियों, साहित्य की विशेष धाराओं तथा कालों का विस्तृत अध्ययन होना चाहिए।'[4] इस शोध-ग्रन्थ द्वारा उक्त आवश्यकता की पूर्ति तो हुई है, परन्तु इसमें शुक्लजी जैसा प्रौढ़ ऐतिहासिक चिन्तन परिलक्षित नहीं होता।

डॉ॰ वार्ष्णेय ने इस ग्रन्थ में भी राजनीतिक घटनाओं को आवश्यकता से अधिक महत्त्व दिया है। वे विक्टोरिया की मृत्यु का सम्बन्ध अपने आलोच्य काल से स्थापित करते हुए लिखते हैं : 'आलोच्य काल का सम्बन्ध इंगलैंड के विक्टोरियन युग से है। विक्टोरिया की मृत्यु भी जनवरी 1901 में हुई। इसलिए 1900 को आलोच्य काल की अन्तिम तिथि मान लेना असंगत न होगा।'[5] वे यह भूल जाते हैं, कि महारानी की मृत्यु जैसी ऐतिहासिक घटनाओं से हिन्दी साहित्य का कोई सम्बन्ध नहीं है।

डॉ॰ वार्ष्णेय ने भारतेन्दु के जन्मकाल (1850 ई॰) को हिन्दी साहित्य के आधुनिक युग का आरम्भ माना है, जबकि वे स्वयं 1857 ई॰ को राजनीतिक तथा अन्य कारणों से प्राचीन और नवीन की पार्थक्य रेखा मानते हैं। उनका दूसरा शोध प्रबन्ध भी यही सिद्ध करता है, कि उन्होंने सन् 1857 ई॰ तक के इतिहास को आधुनिक युग की भूमिका ही माना है। इसलिए 1850 ई॰ से आधुनिक युग का आरम्भ मानना तर्कसंगत नहीं है।

राजनीतिक स्थिति की साहित्यिक प्रतिक्रिया सम्बन्धी कुछ निष्कर्ष अत्यन्त सार्थक भी बन पड़े हैं। उन्होंने 1857 ई॰ की क्रान्ति सम्बन्धी काव्य के कई अवतरण देकर यह सिद्ध किया है कि : स्वतंत्र रूप से साहित्यिक रचना करने वाले कवियों ने निश्चित रूप से विद्रोह की निन्दा की या वे चुप रहे। इन कवियों का सम्बन्ध अंगरेजी राज्य के अन्तर्गत नवजात मध्यम वर्ग से था। परन्तु ग्रन्थ में ऐसी सार्थक स्थापनाएँ बहुत कम हैं।

लेखनशिल्प की दृष्टि से शुक्लजी की पद्धति का अनुसरण किया गया है। प्रत्येक साहित्यिक धारा का युगीन परिस्थितियों के परिप्रेक्ष्य में विवेचन करने के बाद प्रमुख साहित्यकारों तथा उनकी रचनाओं का विवरण प्रस्तुत किया गया है तथा शेष साहित्यकारों का उल्लेख कर दिया गया है। विषय के स्पष्टीकरण के लिए उदाहरणों और अवतरणों को प्रचुर मात्रा में उद्धृत किया गया है। इतिहासलेखन की दृष्टि से अवतरणों की प्रचुरता की कोई सार्थकता नहीं है, क्योंकि इससे विवेचन में अनावश्यक विस्तार आ गया है।

डॉ॰ श्रीकृष्णलाल का इतिहासलेखन

इन्होंने अपने शोधग्रन्थ 'आधुनिक हिन्दी साहित्य का विकास' में 1900 ई॰ से 1925 ई॰ के कालखंड के साहित्य का ऐतिहासिक विवेचन किया है। यह एक अत्यन्त महत्त्वपूर्ण शोधग्रन्थ है तथा डॉ॰ धीरेन्द्र वर्मा के मतानुसार : 'वर्तमान हिन्दी साहित्य के विकास का ऐसा सूक्ष्म, निष्पक्ष तथा समालोचनात्मक अध्ययन प्रथम बार हुआ है। अन्य कालों के लिए यह अध्ययन पथप्रदर्शक सिद्ध होगा।'[7] समालोचनात्मक अध्ययन तो सूक्ष्म है, परन्तु क्या ऐतिहासिक अध्ययन भी उतना ही प्रौढ़ बन सका है? इस प्रश्न का स्वीकारात्मक उत्तर देते हुए संकोच होता है, क्योंकि इस ग्रन्थ में

भी प्रौढ़ ऐतिहासिक दृष्टि का उन्मेष दिखायी नहीं देता।

डॉ॰ लाल ने आधुनिक साहित्य का विकास का सम्बन्ध बाह्य प्रभावों से स्थापित किया है। उन्होंने लिखा है : 'आधुनिक साहित्य की क्षिप्र प्रगति और विकास तथा इन क्रान्तिकारी परिवर्तनों के तीन मुख्य कारण हैं : (1) भारत में ब्रिटिश राज्य की स्थापना, (2) पश्चिमीय विचारों तथा भावों का आयात और (3) अंगरेजी साहित्य का प्रभाव।'[8] आधुनिक साहित्य के विकास की यह व्याख्या आंशिक रूप में ही सत्य है। इसका कारण नवीन सामाजिक व्यवस्था में खोजना अधिक उपयुक्त होता।

ग्रन्थ की भूमिका में उन्होंने भारतीय साहित्येतिहास में हुए प्रमुख परिवर्तनों का संक्षेप में उल्लेख किया है, जिससे उनके साहित्येतिहासपरक दृष्टिकोण का परिचय प्राप्त होता है। उनके मतानुसार : 'ब्राह्मणों की प्रभुत्ता के समय कवि ऋषि होता था और साहित्य का दृष्टिकोण अध्यात्मिकता था। मौर्य साम्राज्य की स्थापना होने पर कवियों की प्रभुत्ता बढ़ने लगी और साथ-ही-साथ भोग-विलास और वैभव-अभिमान की भी लिप्सा बढ़ चली और इसकी पूर्ति के लिए अनेक कलाओं और विज्ञानों का आविर्भाव और विकास हुआ···· कवियों ने उनके वैभव का गान गाया··काव्यकला में एक महान परिवर्तन हुआ। अंगरेजी राज्य के आविर्भाव से वैश्यों की प्रभुत्ता स्थापित हुई और साहित्य एवं कला के दृष्टिकोण में महान परिवर्तन आया।'[9] साहित्य एवं कला के दृष्टिकोण के परिवर्तन सम्बन्धी यह ब्राह्मणवादी एवं परम्परावादी दृष्टिकोण अनैतिहासिक ही कहा जाएगा।

डॉ॰ लाल का आलोच्य युग की स्वच्छन्दतावादी काव्यधारा सम्बन्धी दृष्टिकोण भी भारत के ऐतिहासिक यथार्थ पर आधारित नहीं है। उनके शोधकाल (1940 ई॰) में इस काव्यधारा के मूल स्वर को अच्छी तरह पहचान लिया गया था, फिर भी उन्होंने शुक्लजी की धारणा को मान्यता दी है। उनका कथन है : ''20वीं शताब्दी के द्वितीय दशांश में युवकों का एक नवीन दल उठ खड़ा हुआ, जो पश्चिमी साहित्य के समालोचना सिद्धान्तों पर, उसकी कटी-छटी और नपी-तुली रचनाओं तथा उसकी चित्र कल्पना और नाद शैली पर अत्यन्त मुग्ध था। पद्य और गद्य दोनों में 'कला कला के लिए' की पुकार स्वयं एक मोहनमंत्र थी। फिर रूढ़ि और नियमों के बन्धन से मुक्ति की भावना, जीवन के प्रति स्वच्छन्दतावादी दृष्टिकोण, प्रत्येक प्रसंग पर बुद्धि और तर्क की दुहाई आदि सभी में एक नवीन आकर्षण था। अस्तु उत्साही नवयुवकों ने पश्चिमी साहित्य का अन्धानुकरण आरम्भ कर दिया।'[10] छायावाद के आरम्भ और विकास सम्बन्धी यह धारणा बहुत पहले ही भ्रामक सिद्ध हो चुकी थी।

इतिहासकार की स्वच्छन्दतावाद सम्बन्धी परिकल्पना ही नहीं, हिन्दी साहित्य क्षेत्र में उसकी अवतारणा सम्बन्धी मत भी औचित्यपूर्ण नहीं है। उन्होंने कविता के क्षेत्र में इसका आंरभ1900 ई॰ से ही मान लिया है। उनके अनुसार : 'हिन्दी साहित्य

के प्रथम पच्चीस वर्षों में हिन्दी कविता का विकास स्वच्छन्दवाद (रोमेंटिसिज्म) का सर्वांगीण विकास है। प्रथम चरण में स्वच्छन्दवाद अपने मूल रूप में प्राचीन साहित्य की रूढ़िगत परम्परा और उसके सीमित दृष्टिकोण के प्रति एक उत्साहपूर्ण विरोध था।'[11] उनके अनुसार 1916 ई॰ तक सैद्धान्तिक स्वच्छन्दतावाद का युग था। 'स्वच्छन्दतावाद का प्रथम चरण (1900-1916 ई॰) सैद्धान्तिक स्वच्छन्दतावाद का काल था, जिसका सिद्धान्त 19वीं शताब्दी की कविता के संकुचित दृष्टिकोण के प्रति असंतोष और उसकी अतिशय नियमबद्धता और साहित्यिक पांडित्य के प्रति विरोध था।'[12] हिन्दी साहित्यइतिहास के पुनरुत्थानवादी युग को स्वच्छन्दतावादी युग में समेट लेना ऐतिहासिक दृष्टि की भ्रांति है। इसलिए उनकी यह नयी सूझ सार्थक नहीं कही जा सकती।

लेखक की साहित्यिक युग सम्बन्धी अवधारणा इतनी परिपक्व नहीं है। वे आधुनिक काल का आरम्भ 1837 ई॰ से इसलिए मानते हैं, क्योंकि दिल्ली में एक लियोग्रेफिक प्रेस की स्थापना हुई...1837 से हिन्दी पुस्तकों का प्रकाशन अबाध गति से चलता है।[13] प्रेस खुलने की तिथि से ही आधुनिक युग का आरम्भ मान लेना उपहासास्पद है। अपने आलोच्य काल में भी उन्होंने तीन कालखंडों की स्थिति स्वीकार की है : अराजकता काल (1900-1908 ई॰), साहित्यिक व्यवस्था का काल (1908-1916 ई॰) तथा '1916 के पश्चात् आधुनिक साहित्य का तीसरा काल आरम्भ होता है...उस काल की प्रमुख विशेषता यह थी कि भारतीय प्राचीन संस्कृति और साहित्य की ओर उपेक्षा की दृष्टि से देखते थे और सभी अंग्रेजी वस्तुओं पर श्रद्धा रखते थे।'[14] इतिहास में इतने लघु कालखंडों की स्थिति तभी मानी जा सकती है, यदि वे किसी विशेष परिवर्तन के सूचक हों। इसके अतिरिक्त लेखक ने साहित्यिक विधाओं का विवेचन करते समय इनका आधार स्वीकार नहीं किया।

संक्षेप में इतना कहा जा सकता है, कि ग्रन्थ की उपलब्धि साहित्य का आलोचनात्मक अध्ययन ही है, न कि ऐतिहासिक अध्ययन। इतिहासदर्शन की दृष्टि से ग्रन्थ इतना प्रौढ़ नहीं है तथा अनेक भ्रांतियों से युक्त है।

डॉ॰ भोलानाथ का 'हिन्दी साहित्य' (1926-1947 ई॰)

खंड विशेष के इतिहासलेखन की परम्परा की यह रचना अन्तिम कड़ी है, परन्तु इतिहासलेखन की दृष्टि से यह इतनी महत्त्वपूर्ण नहीं है। लेखक ने थीसिस की समस्त योजना डॉ॰ श्रीकृष्णलाल के थीसिस के आधार पर बनायी है। उन्होंने स्वयं लिखा है : "मेरे इस अध्ययन कार्य को डॉ॰ श्रीकृष्णलाल की पुस्तक 'आधुनिक हिन्दी साहित्य का विकास' (1900-1925 ई॰) ने बहुत सरल कर दिया है। अध्ययन की रूपरेखा, विषयों का क्रम एवं अन्य अनेक बातों, यहाँ तक कि कुछ निष्कर्षों तक के लिए भी मैं डॉ॰ श्रीकृष्णलाल की प्रतिभा का ऋणी हूँ और उन्हें अपनी श्रद्धा

समर्पित करता हूँ।[15]

लेखक ने आलोच्य काल के साहित्य का प्रवृत्त्यात्मक अध्ययन ही अपना लक्ष्य माना है। उन्होंने आरम्भ में ही स्पष्ट कर दिया है : 'मैंने विवेच्य काल के साहित्य की सामान्य प्रवृत्तियों को उपस्थित कर दिया है।...किसी विशेष साहित्यकार अथवा किसी विशेष की पुस्तक चाहे उसका कितना भी महत्त्व क्यों न हो : स्वतंत्र रूप से आलोचना का इसमें कोई भी स्थान नहीं है।'[16] इस वक्तव्य से पाठक यह आशा करता है, कि साहित्यिक प्रवृत्तियों का इतिहास सम्मत विश्लेषण पढ़ने को मिलेगा, परन्तु इसमें साहित्यिक विधाओं के प्रकारों का वर्णन ही प्रमुख हो गया है।

साहित्यिक विधाओं की विवेचना में अपेक्षित गम्भीरता भी नहीं है और न ही इसमें ऐतिहासिक दृष्टि का विन्यास हो सका है। विवेचन अस्पष्ट भी है और अव्यवस्थित भी। साहित्यिक विधाओं के विकास को स्पष्ट करने का प्रयास इतना क्षीण है कि इस शोध ग्रन्थ को साहित्यिक युग का इतिहास माननें में संकोच होता है।

इसमें सन्देह नहीं कि आधुनिक युग के साहित्येतिहास से सम्बन्धित इन शोध ग्रन्थों द्वारा साहित्यिक विधाओं का विस्तृत विवेचन सम्भव हो सका तथा कई ऐसे साहित्यकारों तथा उनकी रचनाओं की ओर ध्यानाकर्षित हुआ, जिन्हें पूर्ववर्ती ग्रन्थों में स्थान प्राप्त नहीं हुआ था, परन्तु इन ग्रन्थों में शोध तथा नयी सामग्री के उपयोग की प्रवृत्ति ही प्रमुख रही है, इतिहास दर्शन की प्रौढ़ता और गहराई नहीं आई। कालखंडों के साहित्य का अध्ययन राजनीतिक घटनाओं के आधार की बजाय साहित्यिक युगों के आधार पर होता, तो साहित्यिक प्रवृत्तियों का विवेचन और विश्लेषण अधिक युक्तियुक्त हो सकता था। साहित्येतिहासलेखन के शिल्प की दृष्टि से भी ये ग्रन्थ कोई नवीन दिशा नहीं दे सके।

हिन्दी साहित्य का बृहत् इतिहास : सामूहिक इतिहासलेखन

नागरी प्रचारिणी सभा द्वारा निश्चित हिन्दी साहित्य के बृहत् इतिहासलेखन की योजना के अधीन 12 भागों का प्रकाशन हो चुका है, और अन्य भाग लिखे जाने पर यह योजना पूरी होगी।[17] योजनापूर्ण होने से पूर्व ही इस सामूहिक इतिहासलेखन की सफलताओं और असफलताओं, इसके अन्तर्विरोधों, असंगतियों, बिखराव तथा अनावश्यक विस्तार से साक्षात्कार हो जाता है। वस्तुतः इतिहासदर्शन तथा इतिहासलेखन की 'एकरूपता के अभाव' में यह सामूहिक प्रयत्न इतना सार्थक सिद्ध नहीं हो सका।

सामान्य सिद्धान्त

सम्पादक मंडल ने लेखन में एकरूपता तथा एकान्विति लाने की आवश्यकता का अनुभव तो कर लिया था, जिसके परिणामस्वरूप उसने मार्गदर्शन के लिए कुछ

'सामान्य सिद्धान्त तथा पद्धति' का निर्धारण किया है। ये सामान्य सिद्धान्त इस प्रकार हैं :

1. हिन्दी साहित्य के विभिन्न कालों का विभाजन युग की मुख्य सामाजिक और साहित्यिक प्रवृत्तियों के आधार पर किया गया है।
2. व्यापक सर्वांगीण दृष्टि : साहित्यिक प्रवृत्तियों, आंदोलनों तथा प्रमुख कवियों और लेखकों का समावेश इतिहास में होगा और जीवन की सभी दृष्टियों से उन पर विचार किया जाएगा।
3. साहित्य के उदय और विकास, उत्कर्ष तथा अपकर्ष का वर्णन और विवेचन करते समय ऐतिहासिक दृष्टिकोण का पूरा ध्यान रखा जाए, अर्थात् तिथिक्रम, पूर्वापर तथा कार्य-कारण सम्बन्ध, पारस्परिक सम्पर्क, संघर्ष, समन्वय, प्रभाव, ग्रहण, आरोप, त्याग, प्रादुर्भाव, अन्तर्भाव, तिरोभाव आदि प्रक्रियाओं पर पूरा ध्यान दिया जाए।
4. सन्तुलन और समन्वयः ऐसा ध्यान रखा जाए, कि साहित्य के सभी पक्षों का समुचित विचार हो सके। ऐसा न हो कि किसी पक्ष की उपेक्षा हो जाए और किसी का अतिरंजन। साथ ही साथ साहित्य के सभी अंगों का एक दूसरे से सम्बन्ध और सामंजस्य किस प्रकार से विकसित हुआ, इसे स्पष्ट किया जाये। उनके पारस्परिक संघर्षों का उल्लेख और प्रतिपादन उसी अंश और सीमा तक किया जाए, जहाँ तक वे साहित्य के विकास में सहायक सिद्ध हुए हों।
5. हिन्दीसाहित्य के इतिहास के निर्माण में मुख्य दृष्टिकोण साहित्यशास्त्रीय होगा। इसके अन्तर्गत ही विभिन्न साहित्यिक दृष्टियों की समीक्षा और समन्वय किया जाएगा। विभिन्न साहित्यिक दृष्टियों में इनकी प्रमुखता होगी : (1) शुद्ध साहित्यिक दृष्टि : अलंकार, रीति, रस, ध्वनि, व्यंजना आदि। (2) दार्शनिक, (3) सांस्कृतिक (4) समाजशास्त्रीय (5) मानववादी आदि।
6. विभिन्न राजनीतिक मतवादों और प्रचारात्मक प्रभावों से बचना होगा। जीवन में साहित्य के मूल स्थान का संरक्षण आवश्यक है।
7. साहित्य के विभिन्न कालों में उसके विविध रूपों में परिवर्तन और विकास के आधारभूत तत्वों का संकलन और समीकरण होना चाहिए।
8. विभिन्न मतों की समीक्षा करते समय उपलब्ध प्रमाणों पर सम्यक् विचार किया जाए। सबसे अधिक सन्तुलित और बहुमान्य सिद्धान्त की ओर संकेत करते हुए भी नवीन तथ्यों और सिद्धान्तों का निर्माण सम्भव होगा।
9. उपर्युक्त सामान्य सिद्धान्तों को दृष्टि में रखते हुए प्रत्येक भाग के सम्पादक अपने भाग की विस्तृत रूपरेखा प्रस्तुत करेंगे, पर सम्पादक मंडल इतिहास की व्यापक एकरूपता और आन्तरिक सामंजस्य बनाये रखने का प्रयास

करता रहेगा।[18]

उपर्युक्त सामान्य सिद्धान्तों द्वारा किसी स्पष्ट एवं पुष्ट साहित्यतिहासपरक परिकल्पना का बोध नहीं होता। केवल एक तथ्य उद्घाटित होता है, कि सिद्धान्तचर्चा में किसी सुनिश्चित विचारदर्शन से बचने का प्रयास किया गया है। ऐतिहासिक दृष्टिकोण किसी विचारदर्शन पर प्रतिष्ठित नहीं है। इस प्रकार की समन्वयवादी दृष्टि भ्रामक सिद्ध होती है, क्योंकि समन्वयवाद नाम का कोई इतिहासदर्शन अस्तित्व नहीं रखता। इसलिए इन सिद्धान्तों द्वारा साहित्य के इतिहासलेखन का सम्यक् मार्गदर्शन कैसे सम्भव हो सकता है?

लेखनपद्धति

मार्गदर्शन के लिए लेखनपद्धति इस प्रकार निरूपित की गयी है :

1. प्रत्येक लेखक और कवि की सभी कृतियों का पूरा संकलन किया जायेगा और उसके आधार पर ही उसके साहित्यक्षेत्र का निर्वाचन और निर्धारण होगा तथा उनके जीवन और कृतियों के विकास में विभिन्न अवस्थाओं का विवेचन और निर्देशन किया जाएगा।
2. तथ्यों के आधार पर ही सिद्धान्तों का निर्धारण होगा, केवल कल्पना और सम्मतियों पर ही किसी कवि अथवा लेखक की आलोचना अथवा समीक्षा नहीं होगी।
3. प्रत्येक निष्कर्ष के लिए प्रमाण तथा उद्धरण आवश्यक होंगे।
4. लेखन में वैज्ञानिक पद्धति का उपयोग किया जाएगा। संकलन, वर्गीकरण, समीकरण, सन्तुलन एवं आगमन आदि।
5. भाषा और शैली सुबोध तथा सुरुचिपूर्ण होनी चाहिए।
6. प्रत्येक खंड के अन्त में सन्दर्भ ग्रन्थों की सूची आवश्यक होगी।[19]

'पद्धति' में यदि यह स्पष्ट कर दिया जाता कि वृहत् इतिहास के प्रत्येक खंड का परस्पर सम्बन्ध स्थापित करने के लिए तथा 'साहित्य की प्राणधारा का प्रवाह अखंडित तथा अविच्छिन्न रूप से प्रवाहित' दिखाने के लिए क्या किया जाना चाहिए, तो सम्भवतः लेखन को अधिक सुव्यवस्थित रूप देने में सहायता मिल सकती थी।

ऐतिहासिक दृष्टिकोण की अस्पष्टता तथा एकान्विति का अभाव

सामान्य सिद्धान्तों तथा पद्धति द्वारा साहित्येतिहास के न तो विशिष्ट दर्शनशास्त्र की रूपरेखा स्पष्ट होती है, और न ही लेखनपद्धति के व्यावहारिक रूप का बोध होता है। इसलिए नलिन विलोचन शर्मा ने इसकी अपूर्णता तथा अस्पष्टता पर टिप्पणी करते हुए लिखा है : 'इतने बड़े पैमाने पर आयोजित कार्य को अन्तःसम्बद्ध बनाने

वाला कोई सुनिश्चित सिद्धान्त और सुचिन्तित पद्धति नहीं है, बल्कि अनेक अस्पष्ट और अव्यवहार्य सिद्धान्त और पद्धतियाँ गिना भर दी गयी हैं।'[20] निश्चित इतिहासदर्शन तथा लेखनपद्धति के पुष्ट आधार के अभाव के परिणामस्वरूप 'हिन्दी साहित्य का वृहत् इतिहास' के विभिन्न भाग न तो एक रचना का रूप ग्रहण कर सके हैं, और न ही ऐतिहासिक चेतना से मंडित हो सके हैं। कुछ सम्पादकों ने इस अभाव का अनुभव भी किया है, परन्तु उन्होंने सामूहिक प्रयत्न में एकान्विति का होना दुष्कर मानकर संतोष कर लिया है। डॉ॰ नगेन्द्र ने षष्ठ भाग के विषय में स्वीकार किया है : 'अनेक विद्वानों का समवेत उद्योग होने के कारण इसमें वांछित एकान्विति नहीं है।' इससे स्पष्ट हो जाता है, कि अलग-अलग भागों में ही नहीं, प्रत्येक भाग के अन्तर्गत भी 'वांछनीय एकान्विति' नहीं है।

इस योजना को कार्यान्वित करने वालों में ऐसे लेखकों की कमी नहीं है, जो साहित्य के इतिहासकार न होकर केवल आलोचक हैं। उनकी आलोचनापद्धति भी ऐतिहासिक न होकर या तो शास्त्रीय है, अथवा गुण-दोष के विवेचन तक सीमित है। इसलिए भी इस सामूहिक इतिहासलेखन में ऐतिहासिक बोध की कमी रही है। वास्तव में 'हिन्दी साहित्य का वृहत् इतिहास' साहित्य का इतिहास कम है और ज्ञान का संचित भंडार अधिक है। प्रकाशित भागों के संक्षिप्त विवेचन से यह बात भी स्पष्ट हो जायेगी, कि शुक्लजी के साहित्येतिहासलेखन को समक्ष रखकर बनायी गयी इतिहास लेखन की यह योजना अत्यन्त विस्तृत होती हुई भी साहित्येतिहासदर्शन की दृष्टि से उतनी विकासोन्मुख नहीं है, जितनी अपेक्षित थी।

विभिन्न भागों का सर्वेक्षण

प्रथम भाग–हिन्दी साहित्य की ऐतिहासिक पीठिका : इस भाग का हिन्दी साहित्य के इतिहास से बहुत दूर का सम्बन्ध माना जा सकता है, क्योंकि इसमें भारत की और विशेषतयाः मध्यदेश की मध्यकालीन राजनीतिक, सामाजिक तथा धार्मिक स्थिति तथा साहित्यिक, धार्मिक और दार्शनिक परम्पराओं का वर्णन किया गया है। बाह्य सम्पर्क और प्रभाव को भी स्पष्ट करने का यत्न किया गया है। इतनी विस्तृत ऐतिहासिक पीठिका इसलिए आवश्यक समझी गयी है, क्योंकि 'किसी भी साहित्य के उद्भव और विकास के लिए दो तत्व आवश्यक हैं, एक तो उसका उद्गम स्थल, वातावरण तथा स्वगत अथवा सजातीय परिवर्तन की प्रवृत्ति एवं क्षमता और दूसरा बाहरी सम्पर्क तथा प्रभाव।'[22] प्रस्तावना में साहित्य की वृक्ष से उपमा देकर उसके विकास के सिद्धान्त की भी संक्षेप में चर्चा की गयी है।[23] साहित्य के उद्भव और विकास सम्बन्धी यह दृष्टि भावात्मक है, विश्लेषणात्मक नहीं।

पाँच खंडों में विभक्त प्रथम भाग की विपुल सामग्री तथा उसके विवेचन द्वारा ज्ञानवर्धन तो होता है, परन्तु हिन्दी साहित्य के इतिहास को समझने के लिए यह

इतनी उपयोगी नहीं कही जा सकती। नलिन विलोचन शर्मा ने ठीक ही लिखा है : 'साहित्य के इस इतिहास में पर्वत, नदी, जल, वायु, वनस्पति के साथ-ही-साथ जीव-जन्तुओं का भी विवरण है, इसके बाद भारत के राजनीतिक तथा सामाजिक इतिहास का सर्वेक्षण है, फिर वेषभूषा, तब कहीं संस्कृति, साहित्यों का उल्लेख है और तब आता है, भारतीय धर्मों, दर्शनों तथा कलाओं का इतिहास। यह साहित्येतिहास की नहीं, विश्वकोश की रूपरेखा हो सकती थी।'[24] कई बार अत्यधिक विस्तार से प्रतिपाद्य विषय स्पष्ट होने के बजाय अधिक उलझ जाता है, अथवा आँखों से ओझिल हो जाता है। यहाँ भी यही हुआ है। इतिहास, भूगोल, समाज, संस्कृति, दर्शन, संस्कृत साहित्य आदि के तथ्यात्मक विवेचन के परिणामस्वरूप 'हिन्दी साहित्य की ऐतिहासिक पीठिका' गुम हो गयी है। तथ्यों के अम्बार में साहित्येतिहास की वास्तविकता छिप गयी है।

द्वितीय भाग–हिन्दी भाषा का विकास (सं॰ डॉ॰ धीरेन्द्र वर्मा) : यह भाषा हिन्दी भाषा के विकास से इतना सम्बन्धित नहीं है, जितना कि उसके भाषा वैज्ञानिक अध्ययन से। हिन्दी साहित्य के इतिहास से इस भाग का कोई प्रत्यक्ष सम्बन्ध नहीं है।

तृतीय भाग–हिन्दी इतिहास का उदय और विकास (1400 वि॰ तक) : यह भाग अभी तक भी प्रकाशित नहीं हो सका। इतना अवश्य कहा जा सकता है कि इस युग का यह नाम उचित नहीं है, क्योंकि यह शीर्षक हिन्दी साहित्य के समस्त इतिहास का आभास देता है।

चतुर्थ भाग–भक्तिकाल (निर्गुण भक्ति)–सं॰ 1400-1700 (सं॰ पं॰ परशुराम चतुर्वेदी) : इस भाग में सन्तकाव्य तथा प्रेमकाव्य का ही विवेचन नहीं है, विभिन्न सम्प्रदायों सम्बन्धी भी पर्याप्त सामग्री दी गयी है। प्रथम खंड का सम्बन्ध परिस्थितियों के विशद विवरण से है। द्वितीय तथा तृतीय खंड में क्रमशः सन्त साहित्य तथा सूफी साहित्य का विवेचन किया गया है। चतुर्थ खंड में प्रभावित एवं दार्शनिक साहित्य का वर्णन किया गया है तथा पंचम खंड में इस युग के काव्य की समीक्षा प्रस्तुत की गयी है। इस प्रकार हम देखते हैं, कि केवल दो खंडों का सम्बन्ध ही निर्गुण भक्ति के साहित्येतिहास से है। सम्पादक महोदय ने भी आरम्भ में लिख दिया है : ' इस भाग में हमने पाँच खंड कर दिये हैं, जिनमें से केवल द्वितीय एवं तृतीय का ही सम्बन्ध वस्तुतः संत साहित्य एवं सूफी साहित्य वाली काव्यकृतियों के इतिहास का अंश ठहराया जा सकता है।'[25] इन दो खंडों में भी काव्यधाराओं तथा साहित्यिक प्रवृत्तियों के विश्लेषण को प्रधानता न देकर कवियों, सन्तों, सम्प्रदायों के विवरण को विस्तार दिया गया है।

सन्त साहित्य का मूल्यांकन करते समय चाहे वर्गीय आधार को स्पष्ट रूप में ग्रहण नहीं किया गया, फिर भी इसे दलित वर्ग के प्रतिनिधि काव्य के रूप में

स्वीकृति दी गयी है। इसकी विशेषताओं को स्पष्ट करते हुए लिखा गया है : 'सन्त मत ने किसी उच्च और शिष्ट श्रेणी या वर्ग तक सीमित न रहकर अपना सम्बन्ध सीधे जनसाधारण से रखा और वह विशेष रूप से दीन, दुखी, दलित, पतित जनों के उद्धार में अपने ढंग से प्रवृत्त हुआ।'[26] सन्त काव्य के सामाजिक महत्त्व को ही नहीं उसके साहित्यिक सौन्दर्य को भी उद्घाटित करने का यत्न किया गया है।

हिन्दी सूफी काव्य के विवेचन के अन्तर्गत इसके विदेशी स्रोत से निस्सृत होने की भ्रामक धारणा का विरोध करके स्वस्थ ऐतिहासिक दृष्टिकोण का परिचय दिया गया है। इस महत्त्वपूर्ण साहित्य को भारतीय वातावरण की उपज मानते हुए लिखा है : 'हिन्दी सूफी काव्य के अध्येता के लिए यह समझने में बहुत देर नहीं लगेगी कि फारसी सूफी काव्य ने उस पर अप्रत्यक्ष रूप से ही प्रभाव डाला है। हिन्दी के अधिकांश सूफी कवियों ने भारतीय वातावरण, भारतीय वर्णन शैली और परम्परा को अपनाया है। छन्द, उपमान योजना, कथानक, रूढ़ि आदि के लिए हिन्दी के सूफी कवियों ने भारतीय परम्परा की ओर अधिक ध्यान दिया है, फारसी साहित्य की ओर यदा-कदा ही।'[27]

इसमें सन्देह नहीं, कि इस भाग में निर्गुण साहित्य का अत्यन्त विस्तार से विवेचन किया गया है तथा विपुल सामग्री जुटाने का प्रयास किया गया है। परन्तु इतिवृत्तात्मकता एवं संग्रह की प्रवृत्ति की प्रधानता के कारण निर्गुण साहित्य के इतिहास का विश्लेषणात्मक अध्ययन सम्भव नहीं हो सका। एक खंड के विभिन्न अध्यायों का लेखन भी अलग-अलग लेखकों ने किया है। इसलिए एकान्विति का दोष और अधिक बढ़ गया है।

पंचम भाग–भक्तिकाल (सगुण भक्ति) : सं॰ 1400-1700 वि॰ (सं॰ डॉ॰ देवेन्द्रनाथ शर्मा, डॉ॰ विजयेन्द्र स्नातक) : चार खंडों में विभक्त पंचम भाग में कृष्णभक्ति और रामभक्ति सम्बन्धी काव्य का ही निरूपण नहीं हुआ। चतुर्थ खंड में रामकृष्णेतर हिन्दीकाव्य के अन्तर्गत शिव भक्तिकाव्य, शक्तिकाव्य, हनुमद्भक्ति काव्य, गणेश, सूर्य, गंगा आदि स्फुट काव्य तथा जैन भक्ति काव्य का विवेचन किया गया है। यह विवेचन काल की सीमा का उल्लंघन कर गया है। पाँच खंडों के अतिरिक्त पाँच परिशिष्टों में भक्तिकालीन अन्य काव्यधाराओं का संक्षिप्त विवरण प्रस्तुत किया गया है। ऐसा प्रतीत होता है, कि सम्पादकों के अपने वैष्णवी संस्कार काफी गहरे हैं। तभी उन्होंने सगुण भक्तिकाव्य की प्रतिष्ठा करते हुए लिखा है : 'सगुण भक्तिधारा के कवियों का सर्वाधिक महत्त्वपूर्ण सांस्कृतिक योगदान भारतीय जीवन की वर्णाश्रम व्यवस्था के सम्यक् और युगानुकूल संरक्षण के क्षेत्र में रहा है।'[28] वर्णाश्रम व्यवस्था के संरक्षण को महत्त्वपूर्ण सांस्कृतिक योगदान मानना इतिहास और संस्कृति सम्बन्धी अत्यन्त भ्रामक ऐतिहासिक दृष्टि है।

इतिहास विरोधी दृष्टि के कारण ही सगुण काव्य की तुलना में निर्गुण काव्य

को ध्वंसात्मक कहा गया है : 'निर्गुण भक्तिधारा के कवि अपनी आराधना के क्षेत्र में लोक की लीक से स्वच्छन्द रहे और तत्कालीन समाज की धार्मिक और सांस्कृतिक समस्याओं के सम्बन्ध में भी जहाँ कहीं उनकी दृष्टि गयी, वहाँ वह मूलतः सृजनात्मक न रहकर ध्वंसात्मक ही रही है।'[29] इस प्रकार का पूर्वग्रहयुक्त मूल्यांकन अपेक्षित ऐतिहासिक तटस्थता के विपरीत है।

ग्रन्थ में कृष्णकाव्य की परम्परा तथा रामकाव्य के विकास के सम्बन्ध में केवल दो अध्याय हैं। शेष अध्याय सम्प्रदायों तथा उनसे सम्बन्धित कवियों के विवरण को समर्पित हैं। इसलिए काव्यधाराओं के ऐतिहासिक विवेचन तथा प्रवृत्यात्मक अध्ययन को बहुत कम स्थान दिया गया है। इसमें भी अन्य भागों की भाँति अनावश्यक विस्तार का दोष आ गया है। प्रथम भाग का सम्बन्ध ही हिन्दी साहित्य की ऐतिहासिक पीठिका से है। चौथे भाग में भक्तिकालीन परिस्थितियों का विस्तार से वर्णन किया गया है। इसलिए इस भाग में भक्तिकालीन परिस्थितियों का पुनः विवेचन नितान्त अनावश्यक है। यही नहीं, ग्रन्थ के तृतीय खंड में फिर से 'हिन्दी रामकाव्य की प्रेरणा और आधार' के नाम से एक अध्याय राजनीतिक और सामाजिक वातावरण को समर्पित किया गया है। इस प्रकार की पुनरावृत्ति की उपेक्षा की जानी चाहिए थी।

पंचम भाग के शैलीगत वैविध्य के विषय में सम्पादकीय के अन्तर्गत स्पष्टीकरण इस प्रकार दिया गया है : 'इस खंड की सामग्री के विषय में एक बात कहना मैं आवश्यक समझता हूँ। पाठकों को यह लक्षित होगा कि जिस क्रम से सामग्री संकलित की गयी और जिस शैली से विषय प्रतिपादन हुआ है, उसमें पर्याप्त वैविध्य है। वस्तुतः इस प्रकार के सामूहिक प्रयास में शैली भेद को रुचिभेद तथा वैयक्तिक वैदुष्य का ही परिणाम समझना चाहिए।'[30]

वस्तुतः इस भाग में न तो प्रगतिशील ऐतिहासिक दृष्टि का विन्यास सम्भव हो सका है और न ही विषय का प्रतिपादन विश्लेषणात्मक बन सका है। इसकी एकमात्र उपलब्धि नवीन सामग्री का संयोजन है।

षष्ठ भाग–रीतिकालः रीतिबद्ध काव्य : (सं॰ 1700-1900 सं॰ डॉ॰ नगेन्द्र) : इस भाग में सामग्री की अनावश्यक भरती की प्रवृत्ति से बचने का प्रयास प्रशंसनीय है। चार खंडों में विभक्त इस भाग में रीतिबद्ध काव्य के सम्यक् एवं सन्तुलित मूल्यांकन, हर काव्यपरम्परा के विकास सम्बन्धी अध्ययन तथा प्रवृत्तियों के विवेचन की ओर पर्याप्त ध्यान दिया गया है।

रीति की परम्परा का सूत्रपात हिन्दी साहित्य के आरम्भिक युग में मानते हुए डॉ॰ नगेन्द्र ने लिखा है : 'हिन्दी में रीति परम्परा का आरम्भ तो उसके जन्मकाल से ही मानना पड़ेगा : पुष्य या पुंड कवि विशेष का अस्तित्व चाहे मानें या नहीं। जन समाज में जहाँ समयप्रभाव के अनुकूल वीरभाव अथवा निर्गुण-सगुण भक्ति की

भावनाएँ काव्य रूप में अभिव्यक्त हो रही थीं, वहाँ साहित्यविद् पंडितों की गोष्ठियों में आरम्भ से ही रीतिपरम्परा का किसी-न-किसी रूप में पोषण हो रहा था। वीरगाथा और भक्तिकाल के शास्त्रनिष्ठ कवियों की कविता मुक्ताभ होकर भी रीति के रेशमी बन्धनों का मोह नहीं छोड़ पाती थी।'[31]

रीतिबद्ध काव्य के सीमित घेरे में बन्द होने के कारण को तत्युगीन सामंती वातावरण में खोजने का प्रयास किया गया है : 'मध्यकालीन राजनीतिक व्यवस्था में राजतंत्र तथा सामन्तवाद के प्राधान्य ने कला तथा साहित्य को ऐश्वर्य और अलंकार के रूप में स्वीकार किया। ऐसी स्थिति में साहित्यसर्जना का क्षेत्र अभिव्यंजनागत चमत्कार और आश्रयदाता के रुचिप्रसादन तक ही सीमित हो गया।'[32] यहाँ तक तो चिन्तन की दिशा सही है, परन्तु रीतिकाव्य को समस्त समाज के लिए उपयोगी मान लेना अटकलबाजी ही कही जाएगी। उपसंहार में लिखा है : 'घोर पराभव के उस युग में समाज के अभिशप्त जीवन में सरसता का संचार कर इन कवियों ने अपने ढंग से समाज का उपकार किया।...अपने युग की आत्मघाती निराशा को उच्छिन्न करने में उसने स्तुत्य योगदान दिया।'[33] जो काव्य समाज के लिए था ही नहीं, वह समाज के लोकरंजन का साधन कैसे हो सकता है? वैसे भी एक वर्ग का साहित्य समस्त समाज के लिए उपादेय कैसे हो सकता है?

इस भाग में रीतिकाव्य की शृंगारिक वृत्ति का विश्लेषण अत्यन्त सटीक और सार्थक है। डॉ॰ बच्चनसिंह के शब्दों में : 'रीतिकाव्य की मुख्य प्रवृत्ति थी शृंगारिकता ...इस शृंगारिकता में अपेक्षित गम्भीरता का अभाव है, क्योंकि वह रसिकता से पोषित और अनेकोन्मुखता से आप्लावित है। इससे स्पष्ट है कि रीतिकालीन जीवनदर्शन एक सीमित घेरे में बँध गया था...एक संकीर्ण सीमा के भीतर उदात्त व्यापक जीवनदर्शन के लिए अवकाश कहाँ? जीवन के विविध उतार-चढ़ाव, उत्थान-पतन आशा-आकांक्षा की स्फूर्तिदायिनी छवियों का चित्रण उसके लिए सम्भव नहीं था।'[34] इस प्रकार इस भाग में कई अध्यायों में प्रवृत्तियों का गम्भीर विवेचन और विश्लेषण हुआ है, परन्तु सर्वत्र ऐसा गम्भीर्य नहीं आ सका, क्योंकि कई अध्याय उन लेखकों द्वारा लिखे गये हैं, जिनकी ऐतिहासिक दृष्टि इतनी परिपक्व नहीं है।

इस भाग में एकान्विति के अभाव को सम्पादक महोदय ने भी स्वीकार किया है। इस दोष को कम किया जा सकता था, यदि एक अध्याय को एक ही लेखक लिखता। पता नहीं सम्पादक महोदय ने लेखनकार्य को इस प्रकार विभाजित क्यों किया कि एक ही अध्याय के कुछ पृष्ठ एक लेखक लिखे और कुछ दूसरा लेखक। कुछ ऐसे भी लेखक हैं, जिन्होंने नाममात्र के लिए ही लिखा है। ऐसी योजना के पीछे क्या कारण रहा होगा? इस विषय में डॉ॰ पारीक का यह सन्देह निराधार नहीं है। जब वे लिखते हैं : 'डॉ॰ अम्बा प्रसाद 'सुमन', डॉ॰ मनमोहन गौतम और डॉ॰ सावित्री सिन्हा ने क्रमशः 5, 14 और 30 पृष्ठ लिखे हैं। ऐसा लगता है कि

इतिहासलेखकों के रूप में प्रतिष्ठित करने के लिए इन्हें यह कार्य सौंपा गया था, जबकि इन अंगुली पर गिनने योग्य पृष्ठों को कोई भी वही लेखक लिख सकता था, जिसने अधिक पृष्ठ लिखे हैं।'[35] यह तो निश्चित है कि इस योजना से ग्रन्थ में विषय के विवेचन की अविच्छिन्नता को काफी आघात पहुँचा है।

इस भाग की उपलब्धियों को सम्पादक ने आरम्भ में ही स्पष्ट कर दिया है। हम इससे सहमत हैं, कि इसमें ऐसे अनेक रीति कवियों के जीवनचरित तथा कवित्व एवं आचार्य कर्म का विवेचन प्रस्तुत किया गया है, जिनका अन्यत्र उल्लेखमात्र है या उल्लेख भी नहीं है।[36] इसके अतिरिक्त रीतिकाव्य की प्रवृत्तियों के विस्तृत विवेचन, इसके कलावैभव के विश्लेषण तथा रीति आचार्यों के कृतित्व के मूल्यांकन की दृष्टि से भी इसका पर्याप्त महत्त्व है।

सप्तम भाग : रीतिकाल : रीतिमुक्त : सं॰ 1700-1900 वि॰ (सं॰ डॉ॰ भगीरथ मिश्र) : यह सम्पादकीय सूझबूझ का परिणाम है कि इस भाग में रीतिकालीन परिस्थितियों की पुनरावृत्ति नहीं हुई है, जैसी कि अन्य कई भागों में दृष्टिगोचर होती है। हाँ, काव्यपरम्पराओं के विवेचन तथा कवियों के विवरण में यह ध्यान नहीं रखा गया है कि तत्सम्बन्धी बहुत-सी सामग्री भक्तिकाल तथा रीतिबद्धकाव्य सम्बन्धी भागों में स्वाभाविक रूप में आ ही जाएगी, अतः उसका विवेचन यहाँ आवश्यक नहीं था। इसका परिणाम यह हुआ कि ग्रन्थ का कलेवर अनावश्यक रूप में विस्तृत हो गया है। उदाहरणतया भक्तिकाव्य की परम्परा का यहाँ भी विवेचन किया गया है। वीरकाव्य के अन्तर्गत केशवदास, चिन्तामणि आदि 25 कवियों का विवरण दिया गया है, जबकि वे रीतिबद्ध कवि हैं तथा षष्ठ भाग में उनका विवरण दिया जा चुका है।

रीतिकाल में रीतिमुक्त काव्य क्यों रचा गया? इस महत्त्वपूर्ण प्रश्न पर ग्रन्थ के प्रथम अध्याय में विचार किया गया है। डॉ॰ भगीरथ मिश्र के अनुसार : 'इस प्रकार के काव्य लिखने के अनेक कारण थे। पहला कारण तो यही था, कि बहुत से कवि संस्कृत की शास्त्रीय परम्परा से बँधकर नहीं लिखना चाहते थे। उनके मन में अपनी कवि प्रतिभा को बाँधने के विरुद्ध एक विद्रोह भावना थी, ठीक उसी प्रकार जिस प्रकार की भावना यूरोप में क्लासिकल या शास्त्रीय परम्परा के विरोध में पनपी और, जिसके परिणामस्वरूप यूरोप का स्वच्छन्दतावादी काव्य प्रकट हुआ। इसी प्रकार की भावना को लेकर अनेक कवि इस युग में आये जिन्होंने स्वच्छन्द रीति से काव्य की रचना की थी।'[37] रीतियुगीन रीतिस्वच्छन्दता को यूरोप के स्वच्छन्दतावाद की समानधर्मा मानना ऐतिहासिक दृष्टि की भ्रांति है। युग का ध्यान न रखते हुए रीतिमुक्त काव्यकारों के अनुभव तथा साहित्यिक दृष्टिकोण को समान मानना भी उचित प्रतीत नहीं होता। इसलिए यह कथन भी निराधार है कि : 'इन कवियों का अनुभव बहुत कुछ आधुनिक स्वच्छन्दतावादी कवियों के समान ही था। कविता को

ये आयासप्रसूत न मानकर स्वतः स्फूर्त या स्वानुभूति प्रेरित मानने के पक्ष में थे।'[38] दोनों काव्यधाराएँ भिन्न सामाजिक व्यवस्थाओं तथा भिन्न युगों की देन हैं। अतः दोनों की प्रकृति तथा स्वच्छन्दता की प्रवृत्ति में मूलभूत अन्तर है।

एक ओर रीतिमुक्त काव्य में विद्रोही प्रवृत्ति की खोज करना और दूसरी ओर उसे रीति से प्रभावित मानना बहुत बड़ा अन्तर्विरोध है। इसकी प्रकृति के विषय में लिखा है : 'यद्यपि रीतिमुक्त साहित्य स्वतंत्र रूप से लिखा गया, फिर भी उस पर रीति और शृंगारिक प्रवृत्तियों का प्रभाव है। कम-अधिक ढाँचा रीतिकाव्यों का ही रहा, भले ही रीति के अनुसार रचना नहीं की गयी।'[39]

रीतिबद्ध काव्य तथा रीतिमुक्त काव्य की विशेषताओं में समानता तथा भिन्नता दिखाने में ग्रन्थ सफल रहा है। रीतिमुक्त काव्य की निम्नलिखित विशिष्ट प्रवृत्तियों का संक्षेप में विवेचन किया गया है : (1) रीति स्वच्छन्दता, (2) काव्यगत विशिष्ट दृष्टिकोण, (3) भावप्रवणता, (4) वैयक्तिकता, (5) प्रेमभावना का प्राधान्य और (6) विरहानुभूति।[40] यह स्पष्ट करने का यत्न किया गया है, कि रीतिमुक्त काव्य अपनी विशिष्टताओं सहित अपने युग की प्रमुख रीतिकाव्यधारा से अप्रभावित नहीं रहा।

प्रवृत्तियों तथा काव्यविशेषताओं के विवेचन के बाद इस भाग में भी कवियों का विवरण विस्तार से दिया गया है। रीतिमुक्त शृंगारी कवियों के अतिरिक्त भक्तिकाव्य, वीरकाव्य, नीतिकाव्य तथा विनोदकाव्य के रचनाकारों का अलग-अलग खंडों में वर्णन किया गया है। अन्तिम खंड में रीतिमुक्त काव्य का साहित्यिक मूल्यांकन प्रस्तुत किया गया है। यह मूल्यांकन ऐतिहासिक न होकर आलोचनात्मक है। वैसे भी प्रत्येक खंड में समीक्षात्मक दृष्टि की प्रधानता है। इस भाग में सप्तम खंड (विविध साहित्य) की भी कोई महत्ता और सार्थकता दृष्टिगोचर नहीं होती।

अष्टम भाग–हिन्दी साहित्य का अभ्युत्थान : भारतेन्दुकाल सं० : 1900-50 (सं० डॉ० विनयमोहन शर्मा) : 'हिन्दी साहित्य का बृहत् इतिहास' आधुनिक युग के हिन्दी साहित्य के विशद विवेचन के लिए विशेष महत्त्व रखता है, क्योंकि इससे सम्बन्धित सात भाग हैं, जबकि रीतिकाल तक के साहित्येतिहास का विवेचन पाँच भागों में हुआ है। अष्टम भाग इस शृंखला की पहली कड़ी है।

भारत में आधुनिकता का उद्भव कब हुआ और क्यों हुआ? इस प्रश्न का उत्तर इतना सरल नहीं है, जितनी सरलता से दिया जाता है। इस ग्रन्थ में भी समस्या का सरलीकरण कर दिया गया है। पूर्वचर्चित लक्ष्मीसागर वार्ष्णेय के मत को यहाँ मान्यता दी गयी जान पड़ती है। आधुनिकता का सम्बन्ध कम्पनी शासन की स्थापना, 'विदेशी व्यापारियों का राजनीतिक मंच पर धीरे-धीरे प्रवेश', विदेशी शिक्षा-प्रणाली, पाश्चात्य प्रभाव तथा वैज्ञानिक साधनों से स्थापित किया गया है।[41] यह धारणा कि : औरंगजेब की मृत्यु के बाद से भारत में आधुनिकता का उन्मेष

दिखाई देने लगता है'''।' अपने आप में उपहासास्पद है, परन्तु कई स्थलों पर आधुनिक युग का विवेचन अत्यन्त सार्थक है।

आधुनिकता के कई स्तर हैं। भारतेन्दुयुगीन आधुनिकता का क्या स्तर था? इसका विश्लेषण करने का प्रयास सराहनीय है, क्योकि इससे उस युग के साहित्य के ऐतिहासिक मूल्यांकन में सहायता मिलती है। यह सही है कि : 'भारतेन्दु युग की आधुनिकता का अपना विशिष्ट सन्दर्भ है। यह आधुनिकता समसामयिक आधुनिकता से भिन्न एक विशिष्ट प्रकार के संक्रमणकालीन पुनरुत्थान से सम्बद्ध है जिसके साथ परम्पराबद्धता, नवीनता के प्रति आग्रह, सांस्कृतिक बोध एवं आत्मनिष्ठा, नवीन जीवन पद्धति आदि के मूल्य अवतरित हुए।'''चार नये मूल्य भारतेन्दु युग में पाश्चात्य प्रभाव से आये थे। ये चारों : राष्ट्रीयता, व्यक्तिगत स्तर पर राष्ट्रीयता का बोध, समान शासित मनोवृत्ति तथा सहअस्तित्व के मूल्यों ने नई दिशाएँ खोल दी थीं। इसके निष्कर्ष एवं सामाजिक प्रतिक्रियाएँ बहुत ही प्रगतिशील एवं दूरगामी सिद्ध हुईं।[42]

ग्रन्थ में भारतेन्दु तथा उस युग के अन्य साहित्यकारों की लोक चेतना तथा वर्गीय चेतना का विवेचन कुछ उलझ गया है। लिखा है कि : 'भारतेन्दुयुगीन काव्य में युग चेतना का अपना विशिष्ट रूप है। इस युग की विचार पद्धति ने जनसामान्य को साग्रह होने की विशेष प्रेरणा दी थी'''हिन्दी के भारतेन्दुयुगीन कवि तथा लेखक अधिकांशतः उसी वर्ग के थे।'''साहित्यिक सुरुचि के बीच किसी न किसी प्रकार के उच्चवर्ग के प्रति दबी प्रतिक्रिया व्यक्त करते रहे तथा दूसरी ओर अपनी जनचेतना की ओर जागरुक भी रहे। बालकृष्ण भट्ट, प्रतापनारायण मिश्र, बालमुकुन्द गुप्त आदि के लेखों तथा कविताओं में निम्नवर्गीय जीवनपद्धति की ओर आकृष्ट होने का निरन्तर मोह दिखाई पड़ता है।'[43] निम्नवर्ग के प्रति सहानुभूतिशील होना मध्यवर्गीय बोध का परिचायक है। मध्यवर्गीय लेखकों का 'निम्नवर्गीय जीवनपद्धति की ओर आकृष्ट होना' समझ में नहीं आता।

इस भाग की सामग्री तीन खण्डों में प्रस्तुत की गयी है। प्रथम खंड में युग की सामान्य पृष्ठभूमि की विवरणात्मक चर्चा के पश्चात् भारतेन्दुपूर्व हिन्दी साहित्य का विवेचन किया गया है। द्वितीय खंड में इस युग की कविता तथा चार गद्यविधाओं : नाटक, उपन्यास, निबन्ध और आलोचना का विवेचन किया गया है। तीसरा खंड फालतू-सा लगता है। इसमें राजस्थानी गद्य, अनूदित साहित्य, दक्खिनी हिन्दी तथा उर्दू साहित्य का विवरण प्रस्तुत किया गया है। ''''इस भाग में युगप्रवृत्तियों का आकलन और उनको अभिव्यक्त करनेवाले प्रमुख लेखकों तथा कवियों के कृतित्व पर प्रकाश डालने का नम्र प्रयास किया गया है।'[44] ऐसा प्रतीत होता है, कि लक्ष्मीसागर वार्ष्णेय का शोधग्रन्थ इस भाग के लेखकों का मुख्य आधार ग्रन्थ रहा है। नवीन सामग्री के अन्वेषण तथा समायोजन का प्रयास कम हुआ है।

नवम भाग–हिन्दी साहित्य का परिष्कार (द्विवेदीकाल) : अप्रकाशित।

दशम भाग–उत्कर्षकाल (काव्य)–सं॰ 1975-1995 : (प्रधान सं॰ डॉ॰ नगेन्द्र, सं॰ रामेश्वर शुक्ल अंचल, शिवप्रसाद मिश्र, रुद्र काशिकेय) : इस भाग के आरम्भ में ही स्पष्ट कर दिया गया है कि यह एक ऐतिहासिक दृष्टिकोण से रचा गया ग्रन्थ नहीं है। प्रधान सम्पादक के अनुसार, 'इतिहास की प्रकल्पना के पीछे प्रायः दो प्रकार के दृष्टिकोण हो सकते हैं। एक दृष्टिकोण यह है, कि इतिहास जीवनपरम्परा का समग्र दर्शन है। इस दृष्टिकोण के अनुसार, इतिहास की रचना के मूल में एक ही व्यक्ति की अविभक्त दृष्टि होनी चाहिए, जो उसके विविध पक्षों को समंजित कर सके। दूसरे दृष्टिकोण के अनुसार, जीवन में इतना अधिक वैविध्य है, कि कोई एक व्यक्ति का कार्य न होकर सामूहिक योजना ही हो सकती है।'[45] जिसे विद्वान सम्पादक ने दूसरा दृष्टिकोण माना है, वह इतिहासलेखन का कोई दृष्टिकोण नहीं है। इतिहासलेखन का सामूहिक प्रयास तभी पूर्ण सार्थकता को प्राप्त होता है, यदि लेखक मंडल के सदस्यों का सामान्य इतिहासदर्शन एक हो। अन्यथा इतिहास की व्याख्या भटकाव पैदा करती है।

इस भाग में मुख्यतः छायावाद तथा राष्ट्रीय सांस्कृतिक कविता का विवेचन तथा इस युग के प्रमुख कवियों एवं उनकी कृतियों का आलोचनात्मक अध्ययन प्रस्तुत किया गया है। राष्ट्रीय सांस्कृतिक कविता को तद्‌युगीन राजनीतिक एवं सामाजिक परिस्थितियों का प्रत्यक्ष परिणाम माना गया है। छायावाद के सम्बन्ध में दो भिन्न-भिन्न दृष्टिकोण प्रकट किये गये हैं। एक के अनुसार : 'छायावाद की मूल दृष्टि विद्रोही न होकर स्थापनाधर्मी थी···वह कोरी प्रतिक्रिया न होकर स्वतः स्फूर्तक्रिया थी।'[46] इस 'स्वतः स्फूर्त क्रिया को आगे चलकर देश की ऐतिहासिक तथा सांस्कृतिक चेतना से संपृक्त करते हुए लिखा है : 'छायावादी काव्य अपने ऐतिहासिक सन्दर्भ और राष्ट्रीय परिवेश के अनुरूप बहुमुख़ी स्वातंत्र्य अथवा मुक्ति की आकांक्षा की अभिव्यक्ति था।'[47] दूसरे लेखक के दृष्टिकोण के अनुसार, इस काव्यधारा को पश्चिमी रोमांसवाद ने अत्यधिक प्रभावित किया है। 'पश्चिम की जिस साहित्यधारा से छायावाद प्रभावित हुआ, वह प्रधानतः 19वीं शती के रोमांटिक नवजागरण की ही प्राणवती धारा थी।'[48] उन्होंने इतना अवश्य स्पष्ट कर दिया है कि 'विदेशी मतवाद हमें तब तक ग्राह्य नहीं होते, जब तक उनके लिए उपयुक्त भूमिका नहीं बन जाती।'[49]

ग्रन्थ में छायावाद के स्वरूप, उसकी प्रवृत्तियों तथा विशेषताओं का विवेचन शोध ग्रन्थ की शैली में किया गया है। अधिक-से-अधिक विद्वानों के मत देकर विषय को स्पष्ट करने का यत्न किया गया है। छायावादी प्रवृत्तियों : वैयक्तिकता, विषयिनिष्ठता, अनुभूति की प्रतिष्ठा, कल्पनाशीलता, प्रेमानुभूति और सौन्दर्यबोध आदि का विवेचन विश्लेषणात्मक न होकर वर्णात्मक अधिक है। कवियों और

कृतियों का विवरण अत्यन्त विस्तृत है। कवियों की समीक्षा सोदाहरण है। ग्रन्थ का स्वरूप आलोचनात्मक अधिक है, ऐतिहासिक दृष्टिकोण की गम्भीरता कहीं-कहीं ही दृष्टिगोचर होती है।

एकादश भाग–हिन्दी साहित्य का उत्कर्ष काल (नाटक) : सं॰ 1975-1995 वि॰ तक (सम्पादक : डॉ॰ सावित्री सिन्हा, डॉ॰ दशरथ ओझा, डॉ॰ लक्ष्मीनारायण लाल) : इस भाग में भी पूर्वपीठिका के रूप में पूर्व छायावादयुग के नाटकों की परम्परा तथा स्वरूप पर विचार किया गया है, जबकि यह विचार 8वें तथा 9वें भागों में किया जाना निर्धारित है। यह विवेचन आलोच्ययुग की नाट्यपरम्परा से सम्यक् रूप में सम्बन्धित भी नहीं हुआ, क्योंकि इसके पश्चात् राष्ट्रीय और अन्तर्राष्ट्रीय परिस्थितियों का परिचयात्मक वर्णन किया गया है।

परिस्थितियों का इस युग की वैचारिक प्रवृत्तियों से सम्बन्ध स्थापित करते हुए जो निष्कर्ष दिया गया है, वह अपरिपक्व ऐतिहासिक दृष्टि का परिचायक है। लिखा है : 'संक्षेप में यह युग राजनीति की दृष्टि से गाँधीवादी युग, अर्थ की दृष्टि से दो महायुद्धों के बीच का युग और समाज की दृष्टि से पाश्चात्य प्रभाव का युग कहा जा सकता है : इन तीनों पक्षों ने भारतीय साहित्य में क्रमशः तीन प्रवृत्तियों : आदर्शवादी नैतिक चेतना, स्वच्छन्द रोमांटिक चेतना और यथार्थवादी चेतना का विकास किया, जो इस युग के भारतीय साहित्य की विभिन्न प्रवृत्तियों के मूल में दृष्टिगोचर होती है। हिन्दी का नाटक साहित्य भी इसका अपवाद नहीं है।'[50] देश के इतिहास में इस प्रकार की युग कल्पना भ्रामक ही नहीं, हास्यप्रद भी है।

अन्य साहित्यिक विधाओं की अपेक्षा हिन्दी नाटक के पिछड़ेपन का जो विश्लेषण किया गया है, वह भी बुद्धि को प्रभावित नहीं करता। यह तो ठीक है कि नाटक सामूहिक साधना है, परन्तु यह कहना तर्कसंगत नहीं है कि हिन्दी क्षेत्र में राजनीतिक आन्दोलन की व्यापकता के कारण 'व्यक्तिगत साधना के लिए अच्छे अवसर मिले, अच्छी मानसिक खुराक मिली, लेकिन सामूहिक साधना पिछड़ गयी।'[51] जब राजनीतिक क्षेत्र में सामूहिक साधना अपनी चरम सीमा पर थी, तो साहित्यिक क्षेत्र में यह क्यों पिछड़ गयी? वस्तुतः मध्यवर्गीय जीवनबोध तथा स्वच्छन्दतावादी प्रवृत्ति के परिणामस्वरूप इस युग में नाटक का जितना और जैसा विकास हो सकता था, वह अवश्य हुआ।

इस भाग में समस्यानाटक परम्परा का विवेचन अपेक्षित गम्भीरता के साथ हुआ है। लेखक के अनुसार : 'यह नाट्यपरम्परा यथार्थवादी जीवन दृष्टि की देन है। प्रगतिवादी एवं यथार्थवादी साहित्यिक विचारधारा के प्रसार के साथ विश्व के अनेक साहित्यों में समस्या नाटकों की रचनाएँ की गयीं। लक्ष्मीनारायण मिश्र ने आलोच्य-नाट्यरूप को हिन्दी में भी अवतरित किया।'[52] यह मानते हुए कि इस युग में समस्या नाटकों की प्रचुर मात्रा में रचना हुई, लेखक ने यह स्पष्ट कर दिया है

कि : 'उनमें नवीन बौद्धिक, वैज्ञानिक अथवा मनोवैज्ञानिक पद्धति अपनाकर, मूल्यों के बारे में नये सिरे से सोचने के लिए बाध्य कर देने वाली दृष्टि से समस्याएँ उपन्यस्त नहीं की गयी हैं, जो समस्या नाटककार के यथार्थवादी चिन्तन की विशेष प्रक्रिया है।'[53] इसमें कोई सन्देह नहीं कि हिन्दी के अधिकांश समस्या नाटकों में वस्तुवादी दृष्टि के होते हुए भी यथार्थ की पकड़ सतही है। ग्रन्थ में प्रसाद के नाटकों का एक सौ से अधिक पृष्ठों में अध्ययन प्रस्तुत किया गया है। यह अध्ययन समीक्षा की दृष्टि से अत्यन्त महत्त्वपूर्ण है, परन्तु एक इतिहासग्रन्थ में एक लेखक पर इतने विस्तार से विचार किया जाना उचित प्रतीत नहीं होता। इससे रचना के सन्तुलन को भी क्षति पहुँची है। इस भाग में इस युग के हिन्दी एकांकी, काव्यरूपक, लोकनाट्य की पृष्ठभूमि, हिन्दी रंगमंच, पारसी थियेटर का भी विवरण प्रस्तुत किया गया है, जिसमें ऐतिहासिक दृष्टिकोण का विन्यास ठीक से नहीं हो सका, उनके स्वरूप का ही विवेचन अधिक हुआ है।

द्वादश भाग–हिन्दी साहित्य का उत्कर्ष काल : 1975-1995 वि०–उपन्यास, कथा, आख्यायिका–(सं० डॉ० कृष्णलाल) : अप्रकाशित।

त्रयोदश भाग–समालोचना, निबन्ध और पत्रकारिता : सं० 1975-1995 वि० (सं लक्ष्मीनारायण सुधांशु) : इतिहासदर्शन तथा इतिहासदर्शन की वैज्ञानिक पद्धति की दृष्टि से इस भाग का भी विशेष महत्त्व नहीं है। सं० महोदय भी इस तथ्य से परिचित हैं तथा इस अभाव को स्वीकार करते हैं। उनके अनुसार, 'बृहत् इतिहास के इस भाग की काल-सीमा विक्रमी सं० 1975 से 95 तक है…इन बीस वर्षों की अवधि में हिन्दी समालोचना, निबन्ध और पत्रकारिता का विकास ऐतिहासिक दृष्टि से प्रस्तुत करना ही इस भाग का उद्देश्य है। इतिहास की वैज्ञानिक पद्धति से हुए विवेचन में कुछ कमी तो अवश्य है, किन्तु उस कमी को पूरा कर पाना सरल भी नहीं था, और इसी कारण उस दोष से ऊपर उठकर पूर्ण वैज्ञानिक पद्धति से इस काल के हिन्दी साहित्य का मूल्यांकन कर पाना शायद आज सम्भव नहीं।'[54] इससे ऐसा प्रतीत होता है, कि सम्पादक महोदय इस सामूहिक प्रयास से विशेष सन्तुष्ट नहीं हैं। वे इसकी सार्थकता तथ्य संजोने में ही अधिक मानते हैं, जिससे भविष्य के इतिहास का मार्ग सुगम और प्रशस्त होगा।[55]

यह भाग पाँच खंडों में विभाजित है। प्रथम खंड में परिस्थितियों के विवेचन में कोई विशिष्ट ऐतिहासिक दृष्टि नहीं उभर सकी। ऐसा प्रतीत होता है कि किसी साहित्यिक दृष्टिकोण एवं परम्परा का कोई मूल कारण न मानकर उसे कई कारणों का परिणाम माना गया है। जैसे व्यक्तिवादी दृष्टिकोण के ऐतिहासिक पक्ष पर विचार करते हुए कहा गया है : सैद्धान्तिक विचार से व्यक्तिवादी जीवनदृष्टि को हम पूँजीवाद की उपज भले ही मान लें, किन्तु जिस भावभूमि पर साहित्य में यहाँ व्यक्तिमानव की प्रतिष्ठा हुई, वह इससे कुछ पृथक है। उसमें पूँजीवाद का भी हाथ

हो सकता है, किन्तु उसकी एक मात्र प्रेरणा वही नहीं है।'[56]

ग्रन्थ में कहीं-कहीं इतिहास सम्बन्धी नायकवादी अथवा व्यक्तिवादी दृष्टिकोण का उन्मेष दिखाई देता है। जैसे महावीरप्रसाद द्विवेदी के बारे में श्रद्धाविभोर होकर लिखा है 'सन् 1900 से 1920 ई. तक का हिन्दी साहित्य सभी दिशाओं में प्रत्यक्ष या अप्रत्यक्ष रूप से द्विवेदीजी की प्रतिभा का ऋणी है। नये युग की अवतारणा के नायक, बहुमुखी विकास के मंत्रदाता और हिन्दी की निश्चित प्रगति के पुरोहित वही थे। हिन्दी का बहुविध साजसज्जा से सुसज्जित जो मनोरम महल आज खड़ा है, इसकी दृढ़ भित्ति उन्हीं की देन है।'[57]

ग्रन्थ में निबन्ध तथा समालोचना के सम्बन्ध में सैद्धान्तिक विवेचन आवश्यकता से अधिक विस्तृत है तथा ऐतिहासिक विवेचन आवश्यकता से कम। जैसे निबन्ध के स्वरूप का विवेचन 47 से 92 पृष्ठ तक किया गया है तथा उसकी परम्परा का केवल 9 पृष्ठों में वर्णन कर दिया गया है। इसी प्रकार पंचम खंड में सैद्धान्तिक आलोचना का विवेचन काव्यशास्त्रीय बनकर रह गया है। पुनरावृत्ति के कारण भी ग्रन्थ का गौरव कम हुआ है।

चतुर्दश भाग–हिन्दी साहित्य का अद्यतन काल : सं० 1995-2017 वि० (सं० डॉ० हरवंशलाल शर्मा) : इस भाग की भूमिका में स्पष्ट किया गया है, कि इतिहासलेखन और सम्पादन के लिए तत्त्वग्राही दृष्टि एवं व्यापक अध्ययन के साथ ही साथ युग का मर्मान्त बोध तो आवश्यक है ही, उसके साथ ही तटस्थ सरस सहिष्णु दृष्टि की भी आवश्यकता होती है।[58] अब प्रश्न पैदा होता है कि क्या इस भाग में तत्त्वग्राही ऐतिहासिक दृष्टि का आधार अपनाया गया है? ग्रन्थ में दी गयी युग की पृष्ठभूमि तथा विभिन्न साहित्यिक विधाओं के विवेचन के अध्ययन के पश्चात् उक्त प्रश्न का उत्तर है, कि सर्वत्र ऐसा सम्भव नहीं हुआ।

ग्रन्थ 1938 ई० से सन् 1960 ई० तक के हिन्दी साहित्य के इतिहास से सम्बन्धित है, परन्तु परिस्थितियों का विश्लेषण 1952 ई० तक सीमित कर दिया गया है। उसके बाद सामाजिक और आर्थिक व्यवस्था के विश्लेषण से बचने का प्रयास सम्भवतः इसलिए किया गया है, क्योंकि यह स्थापना सामाजिक जीवन के यथार्थ के आधार पर प्रतिष्ठित नहीं हो सकती थी : 'स्वतंत्रता प्राप्ति के पश्चात् हमारे देश में औद्योगिक व्यवस्था का स्वरूप परिवर्तित हो गया। राजकीय तथा सहकारी स्तर पर अनेक योजनाएँ कार्यान्वित की जा रही हैं जिनका उद्देश्य यह है कि शोषक और शोषित वर्गों की पारस्परिक कटुता कुछ कम हो और उसमें कुछ सामंजस्य अथवा सौमनस्य स्थापित हो।'[59] उसके बाद तो वर्ग संघर्ष में तेजी आयी है, क्योंकि आर्थिक वैषम्य कम होने के बजाय बढ़ा है। इसमें सन्देह नहीं कि ग्रन्थ में स्वतंत्रता पूर्व भारतीय परिवेश का अध्ययन प्रगतिशील दृष्टि से किया गया है।

अद्यतन काल के हिन्दी साहित्य की यथार्थधर्मिता तथा प्रगतिशील स्वर का

विवेचन पर्याप्त युक्तियुक्त है। पूँजीवादी व्यवस्था के कारण ज्यों-ज्यों सामन्तीय संस्कृति ह्रासोन्मुख हुई तथा जैसे-जैसे नवीन जीवन मूल्यों का विकस हुआ, वैसे-वैसे साहित्य का स्वर भी बदलता गया। आर्थिक विषमता तथा वर्गीय चेतना के इस युग में आधुनिक हिन्दी साहित्य ने इस आर्थिक विषमता का बड़ा सजीव तथा यथार्थपरक चित्रण किया है। उसमें कृषक-श्रमिक वर्ग के उत्पीड़न और उससे उत्पन्न वर्ग-संघर्ष का पर्याप्त अंकन हुआ है। लेखकों ने इस संघर्ष में प्रगतिवादी दृष्टिकोण अपनाया और उन्होंने अपनी सहानुभूति शोषित और दलित को अर्पित की।[60]

इस युग के प्रगतिशील साहित्य का आधार समाजवादी दर्शन रहा है। इस साहित्य के समाजवादी मानवतावाद के स्तर को स्पष्ट करते हुए लिखा है : 'समाजवादी मानवतावाद क्रान्तिकारी और संघर्षशील है। यह युद्धशील है। इसी से अनुनय-विनय और प्रार्थना पर बहुत अधिक विश्वास नहीं करता और वह अन्याय और उत्पीड़न का डटकर प्रतिवाद और विरोध करता है।'[61] परन्तु ग्रन्थ में वर्गीय आधार का पूरी तरह सर्वत्र निर्वाह नहीं हुआ। अद्यतन काल के प्रगतिविरोधी साहित्य का विश्लेषण करने का प्रयास नहीं हुआ, क्योंकि ग्रन्थ में समाजवादी दृष्टि की अपेक्षा 'सरस सहिष्णु' दृष्टि को प्राथमिकता दी गयी है।

आलोच्य काल कई साहित्यिक आन्दोलनों का युग है। ग्रन्थ में इन सभी पर संक्षेप में विचार किया गया है, परन्तु उनकी सार्थकता, प्रेरणाशक्ति तथा आधारभूत दृष्टिकोण का विश्लेषण नहीं किया गया। राजनीतिक स्वतंत्रता के पश्चात् धीरे-धीरे जीवन की कटुता, सन्त्रास, टूटन, विद्रोह आदि का बोध क्यों बढ़ता गया? इस प्रश्न का उत्तर देने के बजाय साहित्य का विवेचन विवरणात्मक ढंग से किया गया है। नयी कविता और नयी कहानी का आन्दोलन अद्यतन काल में विशेष महत्त्व रखता है। इसका विवेचन करते हुए लिखा है : 'कवियों ने अपना कथ्य पा लिया। कथ्य कहाँ नहीं है? वह तो समस्त मानव जीवन के सर्वांग में दीप्त है।...अतएव एक ऐसा धरातल आ गया, जहाँ प्रयोगवादी शिल्प की ओर झुकनेवाले प्रगतिवादियों में दूरी कम हो गयी। उस सामान्य धरातल पर लिखी जाने वाली कविता नयी कविता कहलायी।'[62] यह तो ठीक है, कि यथार्थधर्मिता, जीवनसम्पृक्ति तथा समाजनिष्ठता नये साहित्य की मुख्य प्रवृत्तियाँ हैं, परन्तु साहित्यकारों की यथार्थपरक दृष्टि के वैचारिक आधार के परीक्षण के बिना विश्लेषण पूर्ण नहीं कहा जा सकता।

इस भाग में पहली बार 1938 ई॰ से 1960 ई॰ तक की साहित्यिक विधाओं का इतना विशद विवेचन हुआ है। अन्य भागों की अपेक्षा इसमें साहित्यिक गतिविधियों के विश्लेषण की भी प्रधानता है। ग्रन्थ के अन्त में अद्यतन काल के उर्दू साहित्य पर लिखा गया अध्याय अत्यन्त विचारोत्तेजक है तथा साहित्य के इतिहासलेखन का सुन्दर उदाहरण है।

पंचदश भाग–हिन्दी में शास्त्र और विज्ञान (सं॰ डॉ॰ विश्वनाथ प्रसाद) : अप्रकाशित।

षोड्श भाग–हिन्दी का लोक साहित्य (सं॰ महा पं॰ राहुल सांकृत्यायन, डॉ॰ कृष्णदेव उपाध्याय) : सम्पादकीय वक्तव्य तथा प्रस्तावना में साहित्य के इतिहास के सम्यक् अध्ययन के लिए लोक साहित्य के महत्त्व को स्पष्ट किया गया है। वक्तव्य में लिखा है : 'किसी देश के शिष्ट साहित्य से पूर्णतया परिचित होने के लिए उसके लोक साहित्य का अध्ययन आवश्यक है। शिष्ट साहित्य का लोक साहित्य से घनिष्ठ सम्बन्ध है। वास्तविक बात तो यह है, कि शिष्ट साहित्य लोक साहित्य का ही विकसित, संस्कृत एवं परिमार्जित रूप है।'[63] आचार्य रामचन्द्र शुक्ल ने अपने साहित्य के इतिहास में 'भारतीय हृदय का सामान्य रूप पहचानने के लिए' लोक साहित्य के अध्ययन की आवश्यकता पर ध्यान आकर्षित किया था, परन्तु वैज्ञानिक दृष्टि से यह अध्ययन सम्भव नहीं हो सका।

ग्रन्थ में स्पष्ट किया गया है कि देश की संस्कृति के दो रूप बहुत पहले से रहे है : (1) शिष्ट संस्कृति, (2) लोक संस्कृति। 'शिष्ट संस्कृति से हमारा तात्पर्य उस अभिजात वर्ग की संस्कृति से है, जो बौद्धिक विकास के उच्चतम शिखर पर पहुँचा हुआ था, जो अपनी प्रतिभा के कारण समाज का अग्रणी और पथ प्रदर्शक था तथा जिसकी संस्कृति का स्रोत वेद या शास्त्र था। लोकसंस्कृति से हमारा अभिप्राय जनसाधारण की उस संस्कृति से है, जो अपनी प्रेरणा लोक से प्राप्त करती थी।'[64] लोकसाहित्य में लोकमानस की सही तस्वीर देखी जा सकती है, तथा राष्ट्र की संस्कृति और शिष्ट साहित्य के वास्तविक अध्ययन के लिए लोक साहित्य का अध्ययन अत्यन्त आवश्यक है।

हिन्दी साहित्य के इतिहास का अध्ययन तब तक अधूरा रहेगा, जब तक उस पर लोक साहित्य के परिप्रेक्ष्य में विचार नहीं होता। इसलिए सम्पादकों की ओर से कहा गया है : 'हिन्दी साहित्य के इतिहासकारों का धर्म है कि वे लोक साहित्य के परिप्रेक्ष्य (पर्स्पेक्टिव) में साहित्य के अनुशीलन तथा शोध का प्रयास करें।'[65]

उपर्युक्त मत से कोई मतभेद नहीं हो सकता, परन्तु इस भाग में जिस ढंग से लोक साहित्य का विवेचन हुआ है, वह हिन्दी साहित्येतिहासलेखन के लिए इतना सहायक सिद्ध नहीं हो सकता। लेखकों ने लोक साहित्य का सोदाहरण वर्णन भर कर दिया है, न तो उसका ऐतिहासिक विश्लेषण किया गया है और न ही शिष्ट साहित्य पर उसके प्रभाव को अंकित किया गया है। इसलिए इसकी उपयोगिता कम हो गयी है।

'ग्रन्थ में हिन्दीभाषी प्रदेश की निम्नांकित बीस जनपदीय बोलियों तथा भाषाओं के लोक साहित्य का वर्णन किया गया है : (1) मैथिली (2) मगही (3) भोजपुरी (4) अवधी (5) बघेली (6) छत्तीसगढ़ी (7) बुन्देली (8) ब्रज (9) कनौजी (10) राजस्थानी (11) मालवी (12) कौरवी (13) पंजाबी (14) डोगरी (15) कांगड़ी (16) गढ़वाली (17) कुमाऊँनी (18) नेपाली (19) कुलुई (20) चंबिसाली।...इस

विवरण को प्रस्तुत करते समय वर्णन का क्रम पूर्व से पश्चिम की ओर रखा गया है।'[66] प्रत्येक भाषा के लोक साहित्य को पाँच भागों में विभाजित किया गया है। गद्य और पद्य के लोक साहित्य का यह ग्रन्थ अधिक महत्त्वपूर्ण होता, यदि विवेचन वर्णनात्मक न होकर विश्लेषणात्मक होता तथा उसमें वैज्ञानिक इतिहासदर्शन का सन्निवेश होता।

वस्तुतः 'हिन्दी साहित्य का बृहत् इतिहास' हिन्दी साहित्य सम्बन्धी विपुल सामग्री को समेटने का प्रयास है। मार्गदर्शन के लिए इतिहासलेखन के जिन सामान्य सिद्धान्तों का निर्माण किया गया, वे किसी सुनिश्चित इतिहासदर्शन पर आधारित नहीं थे। इसलिए विभिन्न लेखकों के इतिहासलेखन में अन्विति का ढीला सूत्र भी टूट गया है। इसके अतिरिक्त योजना को कार्य रूप देने के लिए आवश्यकता से अधिक लेखकों की सहायता ली गयी। इनमें ऐसे लेखकों की कमी नहीं है, जिन्होंने अपने-अपने शोध ग्रन्थों की सामग्री को ग्रन्थ में उंडेल दिया है। ये लेखक वास्तविक अर्थ में इतिहासकार भी नहीं हैं। इसलिए यह बृहत् एवं सामूहिक प्रयास इतना गम्भीर एवं सार्थक सिद्ध नहीं हो सका। प्रौढ़ इतिहासदर्शन के अभाव के कारण वृहत् इतिहासलेखन कई असंगतियों, अन्तर्विरोधों तथा परस्पर विरोधी धारणाओं से ग्रस्त हो गया है। इसलिए इस सामूहिक प्रयास का महत्त्व हिन्दीसाहित्य की विपुल सामग्री जुटाने में ही अधिक है, जिसके आधार पर भविष्य में वैज्ञानिक इतिहासदर्शन से सम्पन्न कोई प्रतिभा सम्पन्न इतिहासकार उत्कृष्ट साहित्येतिहास की रचना करने में समर्थ हो सकता है।

मंझोले आकार में सामूहिक साहित्येतिहासलेखन

भारतीय हिन्दी परिषद् इलाहाबाद ने भी नागरी प्रचारिणी सभा की भाँति हिन्दी साहित्य के इतिहासलेखन में अपना योगदान दिया है। इस संस्था की योजना इतनी बृहत् न होकर समस्त हिन्दी साहित्य के इतिहास को विभिन्न विद्वानों के सहयोग से तीन खंडों में प्रकाशित करने की है। तीन खंडों की योजना इस प्रकार है :

1. प्रथम खंड में हिन्दी भाषा और साहित्य की भूमिका के रूप में हिन्दी प्रदेश का सम्पूर्ण सामाजिक, सांस्कृतिक तथा साहित्येतिहास रहेगा।
2. द्वितीय खंड में प्रारम्भ से 1850 ई॰ तक के हिन्दीसाहित्य का इतिहास होगा।
3. तृतीय खंड 1850 ई॰ के बाद के साहित्य से सम्बन्धित होगा।[67]

उपर्युक्त योजना से स्पष्ट है, कि द्वितीय तथा तृतीय खंड ही हिन्दी साहित्य के इतिहास से सम्बन्धित हैं और प्रथम खंड उसकी पूर्व पीठिका के स्पष्टीकरण के लिए रखा गया है। द्वितीय खंड में भी राजनीतिक एवं सांस्कृतिक पृष्ठभूमि का विवेचन किया गया है, जिससे प्रथम खंड की योजना अनावश्यक-सी प्रतीत होती

है।

साहित्येतिहासपरक दृष्टिकोण

द्वितीय खंड के विद्वान सम्पादकों के मतानुसार, इतिहासलेखक के लिए यह आवश्यक है, कि वह साहित्य की नवीन खोजों और नवीन व्याख्याओं से पदानुपद लाभान्वित होता हुआ उनका यथोचित उपयोग करता रहे, परन्तु सन् 1913 ई॰ में 'मिश्रबन्धु विनोद' के प्रथम भाग के प्रकाशन के बाद हिन्दी साहित्य के दो दर्जन इतिहास लिखे गये हैं, उनमें प्रायः ऐसा नहीं हुआ है। 'कोई एक लेखक सभी विषयों पर विशेषज्ञता की दृष्टि से विचार नहीं कर सकता। इसी कारण अधिकांश इतिहासलेखकों में उपर्युक्त कठिनाई से बचकर निकल जाने की प्रवृत्ति दिखाई देती है। इसी को ध्यान में रखकर भारतीय हिन्दी परिषद् ने एक मंझोले आकार के इतिहास की योजना बनाई थी, जो विभिन्न विषयों के विशेषज्ञों के सहयोग से प्रस्तुत किया जाए और उसमें नवीनतम खोजों और व्याख्याओं का समुचित उपयोग हो सके। 'हिन्दी साहित्य' : (द्वितीय खंड) उसी योजना की पूर्ति का प्रथम अंश है।[68]

उपर्युक्त कथन न तो हिन्दी साहित्येतिहासलेखन के सम्बन्ध में पूरी तरह सही है, और न ही साहित्य के इतिहासदर्शन के सन्दर्भ में महत्त्वपूर्ण है। इस योजना के कार्यान्वित होने के पूर्व ही हिन्दी साहित्य के प्रमुख इतिहासकार खोज से उपलब्ध नवीन सामग्री का उपयोग करते रहे हैं। इसके अतिरिक्त यह कहना भी भ्रामक है, कि विशेषज्ञों के सामूहिक प्रयास से ही साहित्य का इतिहास सम्यक् और सुचारू रूप से लिखा जा सकता है। इसके विपरीत यह कहना उपयुक्त है कि विभिन्न ऐतिहासिक दृष्टियों के परिणामस्वरूप सामूहिक इतिहासलेखन व्यवस्थित एवं एकान्वित नहीं हो पाता। प्रस्तुत ग्रन्थ भी सुव्यवस्था एवं एकान्विति के गुणों से वंचित रहा है।

हिन्दी साहित्य : द्वितीय खंड के निर्माण में 17 विद्वानों ने सहयोग दिया है, जिनमें डॉ॰ हजारीप्रसाद द्विवेदी, डॉ॰ रामकुमार वर्मा, पंडित परशुराम चतुर्वेदी, डॉ॰ भगीरथ मिश्र आदि लब्धप्रतिष्ठित विद्वान तथा इतिहासकार भी हैं। फिर भी ग्रन्थ अपने समग्ररूप में इतिहासलेखन का आदर्श रूप नहीं बन सका, क्योंकि कई विद्वान ऐसे भी हैं, जिन्होंने सतही ढंग से विषय का विवेचन किया है अथवा बिना ऐतिहासिक अन्तर्दृष्टि के काव्यधारा का विवरण प्रस्तुत कर दिया है। नीति तथा जीवनी साहित्य, राजस्थानी साहित्य तथा हिन्दवी साहित्य के विवेचन में विशेष रूप से ऐसा हुआ है। इसके अतिरिक्त हिंदवी साहित्य, उर्दू साहित्य तथा पंजाबी साहित्य को हिन्दी साहित्य के इतिहास में समेटना भी विवादास्पद है।

इस ग्रन्थ में सांस्कृतिक पृष्ठभूमि का विवेचन कई स्थलों पर ऐतिहासिक अंतर्दृष्टि के अभाव में भावुकतापूर्ण बनकर रह गया है। लेखक का मत है कि

अकबर के जीवन तथा उसके आचरण ने तत्कालीन सांस्कृतिक जीवन को व्यापक रूप में प्रभावित किया। वे लिखते हैं : 'इतना वैभव होते हुए भी अकबर के जीवन में सादगी और सरलता थी जिसका व्यापक प्रभाव समस्त समकालीन सांस्कृतिक पद्धति पर पड़ा।···वास्तुकला तथा चित्रकला में अलंकार की अपेक्षा हुनर का अधिक प्रदर्शन है। इसी प्रकार की सादगी का परिचय हमको हिन्दी काव्य में भी मिलता है। अबुलफजल के समान तुलसीदास ने भी सरल तथा क्लिष्ट दोनों तरह की भाषा का प्रयोग किया और फैजी के समान सूर ने अपने पदों में रस भर दिया। अन्तर केवल इतना ही है कि अबुलफजल और फैजी की कृतियाँ विशिष्ट वर्ग के लिए थीं और तुलसीदास और सूर की कृतियाँ जनसाधारण के लिए थीं, परन्तु दोनों ही अपने-अपने ढंग से समकालीन भारतीय संस्कृति का चित्र प्रदर्शित करती हैं।'[69] सम्राट अकबर की सादगी तथा उसका साहित्य में प्रतिबिम्बित होना एक अटकलबाजी ही कही जाएगी। इस प्रकार की व्यक्तिवादी ऐतिहासिक दृष्टि ऐतिहासिक यथार्थ तथा इतिहास की जटिल प्रक्रिया को समझने में सहायक न होकर, बाधक ही बनती है। युगपुरुष चाहे कितना भी महान क्यों न हो, युगचेतना तथा सांस्कृतिक चेतना का वाहक मात्र होता है। वह उसके विकास में महत्त्वपूर्ण योगदान अवश्यक देता है, उसका निर्धारण नहीं करता।

परस्पर विरोधी व्याख्याएँ

सामूहिक साहित्येतिहासलेखन में साहित्यिक प्रवृत्तियों के विवेचन के लिए विभिन्न ऐतिहासिक दृष्टियों का आधार अपनाने के कारण भी उलझाव उत्पन्न हो जाता है। इस ग्रन्थ में किसी विद्वान ने विधेयवादी दृष्टिकोण को प्राथमिकता दी है और किसी ने परम्परा के निरन्तर विकास के आधार पर काव्यधारा का विश्लेषण किया है और किसी ने विश्लेषण करने की आवश्यकता ही नहीं समझी। आचार्य हजारी प्रसाद द्विवेदी 'नाथपंथी साहित्य' के विवेचन में संतमत और उसके साहित्य को नाथपंथ तथा उसके साहित्य का सहज विकास मानते हैं, परन्तु रामकुमार वर्मा संतकाव्य को काव्य परम्परा की शृंखला के रूप में स्वीकार न करके उसे प्रधानतया तत्कालीन परिस्थितियों की उपज मानते हैं। वे लिखते हैं : 'लोदी वंश के शासक विशेष रूप से असहिष्णु थे तथा मन्दिर और मूर्तियों को तोड़ने में उनकी राजनीति सक्रिय थी। पठानों के आक्रोश से सुरक्षित रखने के लिए ही संत सम्प्रदाय ने अपने धार्मिक रूप को स्थूल होने से बचाया। ···तत्कालीन परिस्थितियों की परख कबीर में विशेष रूप से ज्ञात होती है। मुसलमान धर्म के निराकार और निर्गुण ईश्वरवाद के समकक्ष ही उन्होंने अपने राम की कल्पना की।···तत्कालीन राजनीतिक क्षेत्र में जो हिन्दुओं के प्रति मुसलमानों का और मुसलमानों के प्रति हिन्दुओं के हृदय में जो भयानक विक्षोभ था, उसी के निराकरण के लिए कबीर ने अपने साहित्यिक अस्त्र

का प्रयोग किया। इस भाँति कबीर की कविता परम्परा से उतनी अनुशासित नहीं, जितनी अधिक तत्कालीन राजनीतिक परिस्थितियों से और फिर कबीर ने परम्पराओं का घोर विरोध किया है। इसलिए यह कहना कि कबीर की कविता परम्परा की एक कड़ी है, सत्य की अवहेलना ही होगी।'[70] लोदी वंश की असहिष्णुता को संतमत के अंतर्गत निर्गुण ब्रह्म की परिकल्पना का मुख्य कारण मान लेना अपने आप में एक भ्रम है। इसी प्रकार संत साहित्य की वर्गीय आधार पर व्याख्या न करना भी इतिहास को झुठलाना है।

लेखन पद्धति

हिन्दी साहित्य (द्वितीय खंड) में नाथपंथी साहित्य तथा सन्तकाव्य के अतिरिक्त मध्यकाल की अन्य प्रमुख हिन्दी काव्यधाराओं के अन्तर्गत वीरकाव्य, रासोकाव्य, सूफी प्रेमाख्यानक साहित्य, कृष्णभक्ति साहित्य, राम काव्य तथा रीतिकाव्य का विस्तृत विवेचन किया गया है। यह विवेचन कालविभाजन के आधार पर न होकर धाराप्रवाह के रूप मे हुआ है। प्रस्तावना में ही स्पष्ट कर दिया गया है 'प्रस्तुत ग्रन्थ में 1850 ई॰ तक के सम्पूर्णकाल को एक अविभाज्य इकाई के रूप में ग्रहण किया गया है। इतिहासलेखकों ने इस काल को साहित्यिक प्रवृत्तियों के आधार पर अनेक कालों और शाखाओं में विभक्त किया है, परन्तु इस विभाजन के विषय में सदैव मतैक्य नहीं पाया जाता। वस्तुतः हिन्दी साहित्य की अनेक प्रवृत्तियाँ प्रायः 1850 ई॰ तक चली आती हैं। 19वीं शताब्दी में ही उसमें एक ऐसी स्थिरता दिखाई देती है, जो युग के अन्त और नवीन युग के आगमन की सूचक है।'[71] साहित्यिक प्रवृत्तियों तथा काव्यधाराओं के क्रमिक विकास का युगनिरपेक्ष अध्ययन प्रौढ़ ऐतिहासिक दृष्टिकोण का परिचायक नहीं कहा जा सकता। 1850 ई॰ तक के काल को एक अविभाज्य इकाई मानना न तो सामान्य इतिहास और न ही साहित्येतिहास की दृष्टि से समीचीन है। यह ठीक है कि भारत में मध्ययुग की अवधि अपेक्षतया काफी लम्बी रही है और सामन्तीय व्यवस्था की जड़ें जर्जर होते पर्याप्त समय लगा है। फिर भी सामंतवाद की प्रकृति परिवर्तित होती रही है। हिन्दी साहित्य के इतिहास में भी 1850 ई॰ तक साहित्य की प्रकृति और प्रवृत्ति एक नहीं रही। इसलिए प्रवृत्तियों के आधार पर युगविभाजन को नकारना तथा सरलीकरण द्वारा समस्या का समाधान उपस्थित करना युक्तियुक्त नहीं है।

संक्षेप में, इतिहासलेखन का यह सामूहिक प्रयास भी संपादकीय दावों के बावजूद इतिहासदर्शन तथा शिल्प की दृष्टि से कोई नवीन क्रान्ति उपस्थित नहीं कर सका। अन्तर्विरोधों, एकान्विति का अभाव, पुनरावृत्ति, कुछ लेखकों की भाववादी ऐतिहासिक चेतना, विवरण की प्रधानता आदि कई कारण हैं, जिनके परिणामस्वरूप इस ग्रन्थ में हिन्दी साहित्य के इतिहास का विवेचन और विश्लेषण अपेक्षित

गम्भीरता को प्राप्त नहीं कर सका। अभी तक यह योजना पूर्ण भी नहीं हो सकी।

हिन्दीसाहित्य का इतिहास : एक और सामूहिक प्रयत्न[72]

डॉ॰ नगेन्द्र द्वारा सम्पादित 'हिन्दी साहित्य का इतिहास' 23 लेखकों के सामूहिक प्रयत्न का फल है। संपादक महोदय को सामूहिक इतिहास लेखन की सीमाओं का पर्याप्त अनुभव है और उनकी मान्यता है : 'अनेकता में एकता स्थापित करने का प्रयत्न एक सीमा तक ही सफल हो सकता है।' फिर भी उन्होंने इस ग्रन्थ की सार्थकता स्पष्ट करते हुए लिखा है : 'युग और परिमाण में समृद्ध, निरन्तर विकासशील हिन्दी साहित्य का परिपूर्ण इतिहास तो कोई एक कृती लेखक ही लिख सकता है, परन्तु उसके अभाव में यह संकलन ग्रन्थ भी शायद, कुछ सीमा तक, रिक्तपूर्ति कर सके, ऐसी आशा करना बहुत अनुचित न होगा।'[73] इस ग्रन्थ के प्रमुख लेखक वही हैं, जो 'हिन्दी साहित्य का वृहत् इतिहास' की योजना में अपना सहयोग दे चुके हैं। इसलिए इस ग्रन्थ की नवीनता नगण्य हो जाती है। हाँ, एक ही ग्रन्थ में नवीन सामग्री का उपयोग करते हुए समस्त हिन्दी साहित्य के इतिहास लेखन का सहयोगी प्रयत्न इसकी विशेषता है।

साहित्येतिहास के सम्बन्ध में सम्पादक का मत

युगानुरूप साहित्य के इतिहासलेखन की आवश्यकता को स्पष्ट करते हुए इतिहास में समन्वयात्मक दृष्टिकोण तथा सन्तुलित विवेचन का महत्त्व स्थापित करते हुए उन्होंने जो निष्कर्ष दिये हैं उनका सार इस प्रकार है :

1. नवीन शोध : परिणामों और विकसित साहित्य चेतना को ध्यान में रखते हुए हिन्दी साहित्य के इतिहास का पुनर्लेखन आवश्यक है।
2. ऐतिहासिक दृष्टि और आलोचनाशक्ति से युक्त एक लेखक यदि कार्य कर सके, तो उत्तम होगा, किन्तु यदि सम्भव न हो तो निश्चित परियोजना के अन्तर्गत निर्देशक सिद्धान्तों का निर्धारण कर कुछ लेखकों का समुदाय, घनिष्ठ सम्पर्क-सहयोग के आधार पर, यह अनुष्ठान पूरा कर सकता है। शैलीभेद होने पर सम्पर्क-सहयोग परिदर्शन की एकता इस प्रकार के समवेत प्रयास में एकान्विति स्थापित कर सकती है।
3. युगचेतना और साहित्यचेतना के समन्वय पर आधृत साहित्य के इतिहास के संश्लिष्ट स्वरूप को ही हमें स्वीकार करना चाहिए....।
4. नवीन शोध सामग्री का उपयोग आवश्यक है, किन्तु इस विषय में सतर्कता भी उतनी ही आवश्यक है...।
5. विषय-प्रतिपादन में समन्वयात्मक पद्धति का अवलम्बन करना ही उचित है।
6. जीवन वृत्त तथा ग्रन्थ विवरण साहित्यिक विवेचन से पूर्व देना ही अधिक

संगत है....।

7. समानुपात की रक्षा और उचित मूल्यांकन के लिए इतिहास के समग्र रूप की कल्पना और उसके अनुसार पूर्वयोजना तथा रूपरेखा की रचना अनिवार्य है।

8. विक्रम संवत् अथवा अन्य सन्-संवत् से आज के पाठक का जीवन्त सम्पर्क न होने के कारण ईस्वी सन् का ही प्रयोग करना उचित है।[74]

उपर्युक्त सिद्धान्तों में यह स्पष्ट नहीं किया गया कि ऐतिहासिक दृष्टि का आधार कौन-सा इतिहासदर्शन होगा। इसके अतिरिक्त ग्रन्थ में यह ध्यान नहीं रखा गया कि इन सिद्धान्तों का प्रत्येक लेखक पालन करे। यही कारण है कि ग्रन्थ विभिन्न विद्वानों के लेखों का ऐसा संग्रह बन गया है, जिसमें हिन्दी साहित्य-इतिहास का विवेचन ऐतिहासिक दृष्टि की एकता के आधार पर सम्भव नहीं हो सका जैसा कि सम्पादक के काम्य था। किसी लेखक ने परिस्थितियों के सन्दर्भ में साहित्य की व्याख्या प्रस्तुत की है, किसी ने साहित्यिक परम्परा का गवेषणात्मक अध्ययन प्रस्तुत किया है, और किसी नें साहित्य के सिद्धान्त पक्ष पर अधिक बल दिया है।

अंतर्विरोध एवं असंगतियाँ

यह ग्रन्थ सातवीं शती के मध्य से लेकर अपने प्रकाशन काल (सन् 1973) तक के 'हिन्दी साहित्य के इतिहास' से सम्बन्धित है। सम्पादक महोदय तथा आदिकाल के लेखक डॉ॰ रामगोपाल शर्मा दिनेश ने उत्तरकालीन अपभ्रंश को हिन्दी कहना ही उचित माना है। लेखक की मान्यता है : 'यद्यपि अपभ्रंश अपने मूल रूप में साहित्य की भाषा 15वीं शताब्दी तक बनी रही तथापि आठवीं शताब्दी से ही बोलचाल की भाषा पृथक होकर उसके समानान्तर साहित्य रचना का माध्यम बन गयी थी। इसी भाषा को कुछ विद्वानों ने उत्तर 'अपभ्रंश' या 'पुरानी हिन्दी' कहा है और कुछ विद्वानों ने अवहट्ठ नाम दिया है, परन्तु वास्तविकता यह है कि वह भाषा हिन्दी है।' इसलिए लेखक ने आदिकाल में सिद्ध साहित्य, जैन साहित्य तथा नाथ साहित्य को भी हिन्दी साहित्य मानकर उसका विवेचन किया है। भाषा सम्बन्धी यह दृष्टिकोण नया नहीं है। राहुल सांकृत्यायन आदि विद्वानों के मत को ही स्वीकृति दी गयी है। लेखक ने राहुल के मत की पुष्टि करते हुए सरहपाद को हिन्दी का प्रथम कवि माना है। उसके अनुसार : 'आदिकाल की अवधि 769 ई॰ से 1418 ई॰ तक है। पूर्वपीठिका में आदिकाल की अवधि सातवीं शताब्दी के मध्य से 13वीं शती के मध्य तक मानी गयी है।[77] कम-से-कम ऐसे अन्तर्विरोध तो दूर किये जा सकते थे। ग्रन्थ में कहीं तो जातिवादी दृष्टिकोण से विषय का विवेचन हुआ है, कहीं समन्वयात्मक दृष्टिकोण को अपनाया गया है और कहीं प्रगतिशील ऐतिहासिक दृष्टि के स्वस्थ आधार पर साहित्य का सुन्दर विश्लेषण किया गया है। उदाहरण के लिए आदिकाल में संस्कृति सम्बन्धी धारणा ऐतिहासिक यथार्थ से बहुत दूर चली गयी है, जब लेखक शुद्धतावादी

दृष्टिकोण के आधार पर लिखता है : 'आदिकाल में भारतीय संस्कृति का जो स्वरूप मिलता है वह परम्परागत गौरव से विच्छिन्न तथा मुस्लिम संस्कृति के गहरे प्रभाव से निर्मित है···संगीत, चित्र, वास्तु एवं मूर्तिकलाओं पर एक ऐसा परदा मिलता है, जिसके भीतर भारतीय परम्परा धीरे-धीरे क्षय होती गयी है। यदि ह्रासोन्मुख सामन्ती व्यवस्था के सन्दर्भ में ह्रासशील संस्कृति की व्याख्या की जाती तो अधिक तर्कसंगत होती। भक्तिकाल की पूर्वपीठिका में समन्वयवादी दृष्टिकोण के आधार पर सांस्कृतिक पृष्ठभूमि की व्याख्या प्रस्तुत की गयी है। दोनों व्याख्याओं में परस्पर विरोध दिखाई देता है।

ग्रन्थ में एक ही विषय के अलग-अलग पक्षों पर अलग-अलग विद्वानों ने लिखा है, जिसके परिणामस्वरूप अपेक्षित अन्विति को काफी आघात पहुँचा है। निर्गुण भक्ति के स्वरूप पर सात पृष्ठ एक लेखक ने लिखे हैं और सन्त काव्य का विवेचन दूसरे लेखक ने किया है। एक के अनुसार : 'निर्गुण भक्ति की रहस्यवादी प्रेमपद्धति की सीमा भी वही है, जो ज्ञानमार्ग की है। निर्गुण को ही आराध्य के रूप में स्वीकार करने का परिणाम यह हुआ कि साधना इन दोनों पद्धतियों की स्वीकृति सीमित क्षेत्र के भीतर ही रही। जब सगुण भक्ति या प्रेम को आलम्बन के रूप में ग्रहण किया जा सकता है, तो फिर निर्गुण की ओर आकर्षित होने की सम्भावना अत्यन्त सीमित हो जाती है। इसके विपरीत दृष्टि दूसरे लेखक की है, जिसके अनुसार : 'निर्गुण भक्ति का चतुर्थ एवं सबसे महत्त्वपूर्ण तत्व है : मानव को एक ऐसे विश्वव्यापी धर्म के सूत्र में निबद्ध करना जहाँ जाति, वर्ग और वर्ण सम्बन्धी भेद न हो।'[80] इस प्रकार के अन्तर्विरोधों के कारण तथा कुछ लेखकों के अपने धार्मिक संस्कारों के फलस्वरूप ऐतिहासिक विवेचन अपनी गरिमा को प्राप्त नहीं हो सका।

नवीन सामग्री का उपयोग

इसमें कोई सन्देह नहीं कि कई लेखकों ने नवीन सामग्री का उपयोग करते हुए ऐतिहासिक विवेचन को अधिक विस्तृत बनाने का प्रयत्न किया है। उदाहरण के रूप में प्रेमाख्यान काव्य का विवेचन लिया जा सकता है। लेखक के अनुसार : 'आचार्य शुक्ल के युग तक इस परम्परा के आठ आख्यान ही उपलब्ध हुए थे, जिनमें से छः के रचयिता मुस्लिम थे, जबकि अब इस परम्परा से सम्बन्धित तिरेपन कवियों के प्रेमाख्यान उपलब्ध हो चुके हैं, जिनमें से छत्तीस हिन्दू हैं तथा आरम्भिक ग्यारह कवियों में से भी आठ हिन्दू हैं। अतः साम्प्रदायिक आधार पर भी उन्हें फारसी-मसनवियों की देन बताना निरर्थक है। इसके अतिरिक्त अन्तःसाक्ष्य से भी हिन्दी के प्रेमाख्यान पूर्ववर्ती संस्कृत, प्राकृत व अपभ्रंश कथाकाव्य से प्रेरित सिद्ध होते हैं।'[81] परन्तु क्या भक्तिकालीन प्रेमकाव्य को ऋग्वेद के पुरुरवा-उर्वशी जैसे प्रेम प्रसंगों का स्वाभाविक विकास मानना उचित है, जैसी कि लेखक की मान्यता है? इसके अतिरिक्त यदि

लेखक का मत सही मान लिया जाए, तो प्रेमाख्यानक काव्य का विवेचन निर्गुण भक्ति सम्बन्धी काव्य के अन्तर्गत कैसे हो सकता है, जैसा कि ग्रन्थ में किया गया है?

इस ग्रन्थ में भी आलोचनात्मक, गवेषणात्मक तथा सिद्धान्त विवेचन की प्रधानता के कारण ऐतिहासिक दृष्टि दबी रही है। छायावादोत्तर युग के साहित्य का विवेचन इसका अपवाद है। आधुनिक युग की पूर्वपीठिका में भी ऐतिहासिक परिवेश का सूक्ष्म विश्लेषण किया गया है। इसमें हिन्दी साहित्य के आधुनिक युग का सम्बन्ध बदली हुई आर्थिक व्यवस्था से स्थापित करने का यत्न किया गया है, क्योंकि इतिहासकार के अनुसार : साहित्य का इतिहास बदलती हुई अभिरुचियों और संवेदनाओं का इतिहास होता है, जिसका सीधा सम्बन्ध आर्थिक और चिन्तनात्मक परिवर्तन से है। लेखक ने आर्थिक परिवर्तन तथा अभिरुचियों के परिवर्तन की जटिल प्रक्रिया की ओर संकेत करते हुए लिखा है : 'वस्तुतः आर्थिक और सांस्कृतिक परिवर्तनों का पेचीदा सम्बन्ध है। स्थूल रूप से दोनों में कार्य-कारण सम्बन्ध स्थापित करके सरलीकरण नहीं किया जा सकता। अतः साहित्येतिहास के सन्दर्भ में दोनों के सम्बन्धों और योगदान का विवेचन अतिरिक्त अवधानता की अपेक्षा रखता है।'[83] साहित्य के इतिहास की व्याख्या का यह आधार तर्कसंगत है। इस वैज्ञानिक इतिहासदर्शन के आधार पर ही छायावादोत्तर काल के साहित्य का ऐतिहासिक विवेचन और मूल्यांकन अधिक गम्भीर, तर्कसंगत तथा यथार्थपूर्ण बन सका है। परन्तु यदि ग्रन्थ को उसके समग्र रूप में लिया जाए तो यह कहना पड़ेगा कि अधिक संख्या उन लेखकों की है, जो ऐतिहासिक यथार्थ को गहराई से पकड़ने में असमर्थ रहे हैं।

संक्षेप में, यह संग्रहग्रन्थ भी हिन्दी साहित्य के इतिहास का वास्तविक ऐतिहासिक विवेचन करन में सफल नहीं हो सका। इसे बृहत् इतिहास योजना का लघु संस्करण कहा जा सकता है। इसलिए इसकी सीमाएँ और महत्त्व उसी योजना के अनुरूप हैं। अभी तक तो हम इसी निष्कर्ष पर पहुँचे हैं, कि हिन्दी साहित्येतिहासलेखन के सभी सामूहिक प्रयास साहित्य के ऐतिहासिक विवेचन को वैज्ञानिक एवं अन्वितिपूर्ण रूप देने में सफल नहीं हो सके। 'साहित्य सामग्री की विपुल राशि' एकत्र करने में इनका योगदान अवश्य महत्त्वपूर्ण है।

साहित्यिक विधाओं का इतिहासलेखन

वर्तमान युग में विभिन्न साहित्यिक विधाओं के इतिहासलेखन के अनेक प्रयत्न हुए हैं, जिनके परिणामस्वरूप हिन्दी साहित्य की प्रत्येक विधा का विस्तृत एवं सांगोपांग अध्ययन सम्भव हो सका। साहित्यिक विधाओं सम्बन्धी उत्कृष्ट ग्रन्थ मुख्यतः शोध प्रबन्धों के रूप में लिखे गये हैं। इसमें कोई सन्देह नहीं, कि इनके द्वारा विभिन्न

साहित्यिक विधाओं के सूक्ष्म तात्त्विक विवेचन का लक्ष्य पूरा हुआ है तथा उनसे सम्बन्धित विशाल सामग्री भी प्रकाश में आयी है। प्रत्येक साहित्यिक विधा पर कई विद्वानों ने शोधकार्य किया है, परन्तु यहाँ उन पर अलग-अलग विचार करना न तो सम्भव है और न ही इतना वांछनीय, क्योंकि इनके द्वारा इतिहासदर्शन एवं शिल्प सम्बन्धी कोई नया मोड़ हिन्दी साहित्येतिहासलेखन में उपस्थित नहीं हुआ। इसलिए साहित्येतिहासलेखन की इस परम्परा पर संक्षेप में विचार करना ही समीचीन होगा।

इस परम्परा के अन्तर्गत जो ग्रन्थ लिखे गये हैं, उनमें से एक वर्ग उनका है, जिनमें ऐतिहासिक दृष्टिकोण को प्रधानता मिली है और दूसरा वर्ग उन ग्रन्थों का है, जिनमें विधा के सिद्धान्त पक्ष को प्रधानता दी गयी है, साहित्यिक विधाओं सम्बन्धी इतिहासलेखन के निम्नलिखित उदाहरणों से यह बात स्पष्ट हो जाएगी।

आलोचना

इस साहित्यिक विधा सम्बन्धी ग्रन्थों में 'हिन्दी आलोचना : उद्‌भव और विकास', 'हिन्दी आलोचना का इतिहास' तथा 'आधुनिक हिन्दी साहित्य में समालोचना का विकास' उल्लेखनीय ग्रन्थ हैं।

1. प्रथम ग्रन्थ के लेखक डॉ॰ भगवतस्वरूप मिश्र हैं। उन्होंने अपने सम्पूर्ण प्रबन्ध को एक विकासमूलक भूमिका देने का उपक्रम किया है, जो आधुनिक अनुशीलन के लिए अत्यावश्यक है।[84] इसमें विभिन्न आलोचना पद्धतियों का विवेचन कालक्रमानुसार अवश्य हुआ है, परन्तु यह विवेचन सैद्धान्तिक एवं तात्त्विक कोटि का है। विभिन्न प्रकार की हिन्दी आलोचना के स्वरूप का विश्लेषण करना ही लेखक का मुख्य लक्ष्य रहा है। उनका कथन है : 'इसमें मैंने हिन्दी समीक्षा सिद्धान्तों, उसके सम्प्रदायों तथा शैलियों को तात्त्विक एवं तटस्थ प्रस्तुत करने की चेष्टा की है।'[85] इसमें ऐतिहासिक दृष्टि का आधार आंशिक रूप में ही अपनाया गया है। इसलिए इसे सैद्धान्तिक आलोचना सम्बन्धी ग्रन्थ कहना ही स[illegible]ीचीन होगा।
2. दूसरे ग्रन्थ 'हिन्दी आलोचना का इतिहास' के लेखक डॉ॰ रामदरश मिश्र हैं। उन्होंने युगीन परिस्थितियों के सन्दर्भ में हिन्दी आलोचना के विभिन्न चरणों पर विचार किया है। उन्होंने लिखा है : 'सबसे नया कार्य इस क्षेत्र में जो मैंने किया है वह है, प्रवृत्तियों की भूमिकाओं का विश्लेषण। किन कारणों से आलोचना की प्रवृत्तिविशेष फूटी, इसकी वस्तुवादी व्याख्या करने की चेष्टा की गयी है।'[86] आलोचना की प्रवृत्तियों की वस्तुवादी दृष्टि से ऐतिहासिक व्याख्या उनके स्वस्थ ऐतिहासिक दृष्टिकोण की परिचायक है। ग्रन्थ में आधुनिक युग में हिन्दी आलोचना के उत्तरोत्तर विकास का तर्कसंगत विवेचन किया गया है तथा प्रत्येक समीक्षा पद्धति के आलोचकों की सैद्धान्तिक एवं व्यावहारिक

आलोचना का मूल्यांकन भी किया गया है।

3. तीसरे ग्रन्थ के लेखक डॉ॰ वेंकट शर्मा हैं। डॉ॰ शर्मा ने अपने इस शोध प्रबन्ध में हिन्दी समालोचना के विकास को चार युगों में विभाजित किया है : प्रवर्त्तन काल, संवर्धन काल, विकास काल एवं प्रसार काल। उन्होंने आलोचना के विकास का विवेचन साहित्यिक चेतना के विकास के सन्दर्भ में किया है। उन्होंने लिखा है : मैंने अपने शोधकार्य में आधुनिक हिन्दी साहित्य की मूल चेतना का प्राधान्य देते हुए उसके प्रमुख स्रोतों का उल्लेख कर इस विषय का स्पष्टीकरण करने की चेष्टा विशेष रूप से की है कि उसके विकास के स्वाभाविक क्रम में समालोचना का अंग किस प्रकार क्रमशः प्रवर्तित, संवर्धित, विकसित और प्रसारित होकर अपना स्वरूप संगठन कर चुका है।' समालोचना के विकास का युगविभाजन यदि उसकी प्रवृत्तियों के आधार पर किया जाता तो अधिक उचित होता। इस ग्रन्थ में ऐतिहासिक चेतना की अपेक्षा समीक्षात्मक दृष्टि का प्राधान्य रहा है।

नाटक

नाटक के इतिहास की विवेचना सम्बन्धी ग्रन्थों में भी सैद्धान्तिक विवेचन, समीक्षात्मक अध्ययन तथा नाटककारों के मूल्यांकन तथा सामग्री संचयन की ही प्रधानता रही है। उदाहरण के रूप में डॉ॰ दशरथ ओझा का शोधप्रबंध 'हिन्दी नाटक : उद्भव और विकास' लिया जा सकता है। इसमें सन्देह नहीं कि 'प्रथम बार इतने विशाल पटभूमि पर रखकर हिन्दी के नाटक देखे और जाँचे गए हैं।'[89] उन्होंने प्रथम अध्याय में नाटक के स्वरूप पर विचार करके वैदिककालीन तथा रामायण और महाभारत से सम्बन्धित भारतीय नाट्य परम्परा का संक्षेप में वर्णन किया है। द्वितीय अध्याय में लोकनाटक तथा यात्रानाटक की परम्परा के उद्भव और विकास को स्पष्ट किया है। तीसरे और चौथे अध्याय में क्रमशः मैथिली और राजस्थानी में नाटक की उत्पत्ति की खोज की गयी है। पाँचवें अध्याय में रासलीला परम्परा का विवेचन प्रस्तुत किया गया है। इसके बाद अगले सात अध्यायों में हिन्दी की साहित्यिक नाट्य परम्परा तथा नाटककारों एवं उनकी कृतियों का अध्ययन प्रस्तुत किया गया है। प्राचीन भारतीय नाट्य परम्पराओं के अन्वेषण के कारण इस ग्रन्थ की सार्थकता अत्यधिक है। 'आधुनिक हिन्दी नाटक साहित्य' के विवेचन का सैद्धान्तिक और समीक्षात्मक पक्ष ऐतिहासिक पक्ष की अपेक्षा अधिक प्रबल है।

गवेषणा की दृष्टि से कृष्णदास का ग्रन्थ 'हमारी नाट्य परम्परा' भी महत्त्वपूर्ण रचना है। इसमें समस्त भारतीय नाट्यपरम्पराओं तथा रंगमंच का अध्ययन प्रस्तुत किया गया है। अन्य भाषाओं की नाट्यपरम्परा का अध्ययन हिन्दी नाटक तथा रंगमंच के इतिहास को व्यापक रूप में समझने के लिए सहायक हो सकता है।

अध्ययन का अत्यन्त व्यापक क्षेत्र होने के कारण ऐतिहासिक विवेचन अधिकांशतः विवरणात्मक तथा परिचयात्मक रह गया है।

एकांकी नाटक के इतिहास पर डॉ॰ रामचरण महेन्द्र का शोधप्रबन्ध 'हिन्दी एकांकी : उद्भव और विकास' उल्लेखनीय है। इसमें प्रचलित इतिहासलेखन प्रणाली का प्रयोग करते हुए राजनीतिक तथा सामाजिक परिस्थितियों के आलोक में हिन्दी एकांकी के विकास तथा प्रत्येक युग के एकांकीकारों पर विचार किया गया है। एकांकी साहित्य का वर्गीकरण विषयवस्तु तथा नाट्यशिल्प की दृष्टि से भी किया गया है। खंड 9 में 'नवीन हिन्दी एकांकी का अन्तरंग दर्शन' के अन्तर्गत राजनीतिक तथा सामाजिक परिवेश के सन्दर्भ में एकांकी साहित्य के विचारपक्ष का उद्घाटन किया गया है। ग्रन्थ में युगीन परिस्थितियों तथा चिन्तनधारा से हिन्दी एकांकी का सम्बन्ध स्थापित करने में लेखक सफल रहा है, परन्तु सूक्ष्म ऐतिहासिक अन्तर्दृष्टि से विषय का प्रतिपादन करने के बजाय स्थूल विधेयवादी दृष्टि का आधार अपनाया गया है। विश्लेषण की अपेक्षा विवरण की प्रधानता है। हिन्दी एकांकी साहित्य की विविध धाराओं के विवरण तथा उनसे सम्बन्धित विपुल साहित्य के संचयन की दृष्टि से ग्रन्थ का महत्त्व सदा रहेगा।

उपन्यास

हिन्दी उपन्यास के विकासक्रम को स्वतंत्र रूप से चित्रित करने का प्रयास सर्वप्रथम शिवनारायण श्रीवास्तव ने किया। इसलिए उनके ग्रन्थ 'हिन्दी उपन्यास' का ऐतिहासिक महत्त्व है। उनके शब्दों में : 'प्रस्तुत पुस्तक में अपनी प्राचीन कथा परम्परा तथा नवीन उपन्यासों के उदय, विकास एवं शिल्प प्रयोगों का परिचयात्मक विवेचन किया गया है। परिशिष्ट रूप में उपन्यास के स्वरूप, तत्व, प्रकार एवं विविध वादों का भी उल्लेख कर दिया गया है।'[90] इस पुस्तक में हिन्दी के उपन्यास का विवरणात्मक इतिहास प्रस्तुत किया गया है। इसलिए इतिहासदर्शन से उसका महत्त्व गौण है।

उपन्यास पर डॉ॰ गणेशन का शोधप्रबन्ध : 'हिन्दी उपन्यास साहित्य का अध्ययन' एक महत्त्वपूर्ण ग्रन्थ है। यह व्यापक अध्ययन उपन्यास के सिद्धान्त पक्ष, हिन्दी उपन्यास की प्रमुख प्रवृत्तियों तथा उनकी समीक्षा से सम्बन्धित है। यह अध्ययन ऐतिहासिक कम, शास्त्रीय अधिक है और इसमें हिन्दी उपन्यास की तुलना पाश्चात्य उपन्यास से करने का यत्न भी किया गया है। अपने शोध के लक्ष्य को निर्धारित करते हुए उन्होंने लिखा है, कि 'आज उपन्यास की विभिन्न प्रवृत्तियों का शास्त्रीय अध्ययन करके, उसका मूल्यांकन करने की नितान्त आवश्यकता है। इसी आवश्यकता की पूर्ति का विनीत प्रयत्न है। स्पष्ट है कि इसमें ऐतिहासिक दृष्टि की अपेक्षा शास्त्रीय तथा समीक्षात्मक दृष्टि को प्रधानता दी गयी है।

ग्रन्थ में हिन्दी उपन्यास के विकास की प्रेरक शक्ति प्रमुखतया देश की सामाजिक तथा राजनीतिक परिस्थितियों की पृष्ठभूमि स्वीकार की गयी है। लेखक के अनुसार : 'जहाँ तक हिन्दी उपन्यास का सम्बन्ध है, उसके पिछले साठ-सत्तर वर्षों के तीव्र विकास का क्रमबद्ध इतिहास यहाँ प्रस्तुत किया गया है। इन साठ-सत्तर वर्षों में हमारे देश की राजनीति ने अभूतपूर्व उथल-पुथल देखी और निश्चित ध्येयों के लिए विघ्न-बाधाओं का सामना करते हुए प्रगति पथ से प्रयाण किया। इसी समय हमारे उपन्यास में तीव्र गति के साथ विकास हुआ, उसे पूर्णतया समझना सम्पूर्ण उपन्यास को एक साथ लेने से ही सम्भव हुआ है। ग्रन्थ का हिन्दी उपन्यास के विकास सम्बन्धी भाग अत्यन्त संक्षिप्त है। दूसरे अध्याय के 8 खंडों में से केवल तीसरे, चौथे और पाँचवें में ही उपन्यास का ऐतिहासिक विवेचन किया गया है। शोध के शेष भाग का सम्बन्ध उपन्यास के तात्त्विक विवेचन, उसके तुलनात्मक अध्ययन तथा मूल्यांकन से है। इतिहासदर्शन तथा इतिहासलेखन की दृष्टि से इस ग्रन्थ का महत्त्व भी गौण है।

कहानी

डॉ॰ लक्ष्मीनारायण लाल का शोधप्रबन्ध : 'हिन्दी कहानियों की शिल्पविधि का विकास' एक महत्त्वपूर्ण ग्रन्थ है। इसमें उन्होंने कहानी ही नहीं प्राचीन कथा साहित्य की शिल्पविधि का भी अध्ययन प्रस्तुत किया है। उन्होंने कहानी को व्यापक अर्थ में ग्रहण करके इसके साधारण रूप का आरम्भ वैदिक युग से माना है। उनके अनुसार : अध्ययन की पृष्ठभूमि में प्राचीन भारतीय कथा परम्परा का वैज्ञानिक विवेचन अत्यन्त आवश्यक है, क्योंकि इसी के उपरान्त हिन्दी कहानी की शिल्पविधि के आविर्भाव, विकास आदि युगों के स्वतंत्र अध्ययन की स्थिति आती है। इस दृष्टिकोण के परिणामस्वरूप उन्होंने पूर्व परिचय में भारत के प्राचीन कथा साहित्य तथा मध्ययुगीन हिन्दी के आख्यायिका साहित्य का परिचयात्मक अध्ययन प्रस्तुत किया है। इस पृष्ठभूमि के अध्ययन के पश्चात् विभिन्न युगों की कहानियों की प्रवृत्तियों तथा कहानियों का तात्विक विश्लेषण किया गया है।

प्रश्न उत्पन्न होता है कि क्या यह इतिहास ग्रन्थ कहा जा सकता है? इसमें कोई सन्देह नहीं, कि इसमें विषय का प्रतिपादन ऐतिहासिक क्रम से हुआ है, परन्तु लेखक ने तत्वों के आधार पर कहानियों की शिल्पविधि के विश्लेषण की ओर अधिक ध्यान दिया है। हिन्दी कहानी तथा उसकी शिल्पविधि के विकासक्रम का विवेचन मुख्यतः कालक्रम के अनुसार हुआ है, किसी सुनिश्चित इतिहासदर्शन पर प्रतिष्ठित नहीं हुआ। कहानी की समीक्षा की दृष्टि से ही इस ग्रन्थ का विशेष महत्त्व है।

कविता

आधुनिक काल की हिन्दी कविता का आलोचनात्मक अध्ययन तो प्रचुर मात्रा में हुआ है, परन्तु उसके इतिहास पर स्वतंत्र ग्रन्थों की रचना की ओर कम ध्यान दिया गया है। इस अभाव की पूर्ति स्व॰ डॉ॰ सुधीन्द्र ने की है। 20वीं शती के प्रथम दो दशकों की हिन्दी (खड़ी बोली) कविता के व्यापक अध्ययन की दृष्टि से उनकी पुस्तक 'हिन्दी कविता में युगान्तर' अत्यन्त महत्त्वपूर्ण है। डॉ॰ पारीक के अनुसार : 'खड़ी बोली कविता का ऐसा सूक्ष्म, निष्पक्ष और विस्तृत अध्ययम कम हुआ है। ग्रन्थ का ऐतिहासिक पक्ष भी पर्याप्त प्रबल है।

इस पुस्तक में मुख्यतः विधेयवादी ऐतिहासिक दृष्टिकोण अपनाया गया है तथा पूर्ववर्ती इतिहासलेखन पद्धति के अनुसार विषय को प्रस्तुत किया गया है। काव्यधाराओं के विषयविवेचन तथा कविता के सौन्दर्यपक्ष के उद्‍घाटन से पूर्व युग की सांस्कृतिक, राजनीतिक, सामाजिक तथा साहित्यिक पृष्ठभूमि का सविस्तार विवेचन किया गया है। इसके अतिरिक्त साहित्य की प्रेरक प्रवृत्तियों के रूप में बुद्धिवाद, आदर्शवाद, जनवाद और मानवतावाद, राष्ट्रवाद तथा स्वच्छन्दतावाद का भी संक्षेप में विवेचन किया गया है। पृष्ठभूमि का यह विवेचन सामान्यतः विवरणात्मक है। लेखक ने इस युग को सभी प्रकार से घोर परिवर्तन का युग माना है। इसलिए उन्होंने इस युग के काव्य को 'क्रान्ति की साधना' का नाम दिया है। भाषाविधान, छन्दविधान, विषयविधान तथा अर्थविधान की दृष्टि से इस युग की कविता में जो क्रान्तिकारी परिवर्तन हुए, उनका विवेचन अत्यन्त महत्त्वपूर्ण है। चौथे अध्याय से लेकर आठवें अध्याय तक इस युग के काव्य की प्रकृति, स्वरूप तथा समस्त काव्यधाराओं का विशद विवेचन किया गया है। नौवाँ अध्याय काव्य की शास्त्रीय समीक्षा से सम्बन्धित है। इस प्रकार पुस्तक में बीस वर्षों के काव्य का सर्वांगीण अध्ययन प्रस्तुत किया गया है। यह ठीक है कि लेखक ने इस पुस्तक में इतिहासलेखन की पूर्ववर्ती पद्धति ही अपनाई है, परन्तु युगचेतना के सन्दर्भ में काव्य के वस्तु एवं शिल्प पक्ष की सुन्दर व्याख्या ने इसे ऐतिहासिक गरिमा से मंडित किया है।

कविता, कहानी, उपन्यास, नाटक तथा आलोचना आदि साहित्यिक विधाओं के इतिहास लेखन द्वारा आधुनिक हिन्दी साहित्य का व्यापक रूप में अध्ययन सम्भव हो सका है। इसके द्वारा विशाल सामग्री भी प्रकाश में आयी है, परन्तु इन ग्रन्थों का स्वरूप अधिकांशतः समीक्षात्मक ही रहा है। इनका गवेषणात्मक तथा आलोचनात्मक पक्ष जितना महत्त्वपूर्ण है उतना ऐतिहासिक पक्ष नहीं।

सन्दर्भ

1. डॉ॰ लक्ष्मीसागर वार्ष्णेयः 'आधुनिक हिन्दी साहित्य की भूमिका', हिन्दी परिषद्, प्रयाग, प्रथम संस्करण, पृ॰ 4-5
2. द. वही, पृ॰ 21-22
3. वही, पृ॰ 250
4. डॉ॰ लक्ष्मीसागर वार्ष्णेय : 'हिन्दी साहित्य', 'हिन्दी परिषद्, प्रयाग, संशोधित संस्करण, 1954, आरम्भिक पृ॰.
5. वही, विषय प्रवेश, पृ॰ 3
6. वहीं, पृ॰ 255
7. डॉ॰ श्रीकृष्णलालः 'आधुनिक हिन्दी साहित्य का विकास', तृतीय संस्करण 1952, हिन्दी परिषद्, प्रयाग, परिचय।
8. वही, भूमिका, पृ॰ 7
9. वही, भूमिका, पृ॰ 8
10. वही, पृ॰ 21-22
11. वही, पृ॰ 33
12. वही, पृ॰ 35
13. वही, भूमिका, पृ॰ 15
14. वही, भूमिका, पृ॰ 18
15. डॉ॰ भोलानाथः 'हिन्दी साहित्य' (1926-1947 ई.) प्रयाग, 1954, प्रस्तावना, पृ॰ 2
16. वही, पृ॰ 1
17. पहले 17 भाग लिखे जाने की योजना थी, परन्तु अब 16 भाग ही लिखे जाएँगे।
18. देखिए, प्रत्येक भाग के आरम्भ में दी गयी 'हिन्दी साहित्य के वृहत् इतिहास की योजना', पृ॰ 2-3 ।
19. वही, पृ॰ 3-4
20. 'साहित्य का इतिहास दर्शन', पृ॰ 97
21. 'हिन्दी साहित्य का वृहत् इतिहास', षष्ठ भाग, (सं॰ डॉ॰ नगेन्द्र) सम्पादकीय, पृ॰1
22. 'हिन्दी साहित्य का वृहत् इतिहास', प्रथम भाग, (सं॰ राजबली पांडेय) प्रस्तावना, वि॰ सं॰ 2024, पृ॰ 5
23. वही।
24. 'साहित्य का इतिहासदर्शन', प्रथम संस्करण, 1960, पृ॰ 116
25. 'हिन्दी साहित्य का वृहत् इतिहास', सम्पादकीय, 2025 वि. उपसंहार, पृ॰ 2
26. वही, पृ॰ 104
27. वही, पृ॰ 297

28. 'हिन्दी साहित्य का वृहत् इतिहास', 2031 वि. उपसंहार, पृ. 473
29. वही, पृ. 470
30. वही, सम्पादकीय, पृ. 2
31. 'हिन्दी साहित्य का वृहत् इतिहास', षष्ठ भाग, (सं. डॉ. नगेन्द्र), 2015 वि., पृ. 155
32. वही, पृ. 11
33. वही, उपसंहार, पृ. 547-48
34. डॉ. बच्चनसिंह 'हिन्दी साहित्य का वृहत् इतिहास', (सं. डॉ. नगेन्द्र) षष्ठ भाग, 2015 वि., पृ. 214।
35. 'हिन्दी साहित्य के इतिहास ग्रन्थों का आलोचनात्मक अध्ययन', पृ. 233
36. 'हिन्दी साहित्य का बृहत् इतिहास', पष्ठ भाग, सम्पादकीय, पृ. 1
37. वही, भाग सप्तम 2029 वि., पृ. 3।
38. वही, पृ. 44
39. वही, पृ. 4
40. वही, पृ. 43
41. देखिए : वही, अष्टम भाग, 2029 वि., सम्पादकीय तथा प्रथम खंड का प्रथम अध्याय।
42. वही, पृ. 82
43. वही, पृ. 91-92
44. वही, सम्पादकीय वक्तव्य।
45. वही, दशम भाग, 2028 वि. आमुख।
46. वही, पृ. 133
47. वही, पृ. 136
48. वही, पृ. 330
49. वही ।
50. वही, एकादश भाग, 2029 वि., पृ. 47
51. वही, पृ. 50
52. वही, पृ. 119
53. वही, पृ. 122
54. वही, त्रयोदश भाग, 2022 वि. प्रस्तावना।
55. वही।
56. वही, पृ. 22
57. वही, पृ. 21
58. वही, चतुर्दश भाग, 2027 वि., भूमिका, पृ. 23
59. वही, पृ. 21

60. वही, चतुर्दश भाग, 2027 वि., भूमिका, पृ. 23।
61. वही, पृ . 47
62. वही, पृ. 145
63. वही, 2027 वि., सम्पादकीय, पृ. 13 ।
64. वही, पृ. 4
65. वही, पृ. 15
66. वही, पृ. 17
67. 'हिन्दी साहित्य' (द्वितीय खंड) (सं. धीरेन्द्र वर्मा तथा ब्रजेश्वर शर्मा), प्रथम संस्करण, प्रस्तावना।
68. वही, प्रस्तावना।
69. वही, पृ. 63
70. वही, पृ. 198
71. वही, प्रस्तावना से उद्‌धृत
72. सम्पादक डॉ. नगेन्द्र, सह सम्पादक डॉ. सुरेशचन्द्र गुप्त।
73. 'हिन्दी साहित्य का इतिहास', (सं. डॉ. नगेन्द्र), प्रथम संस्करण, दिल्ली 1973, निवेदन।
74. वही, भूमिका, पृ. 22-23
75. वही, पृ. 21
76. वही, पृ. 37
77. वही, पूर्वपीठिका, पृ. 28
75. वही, पृ. 21
76. वही, पृ. 37
77. वही, पूर्वपीठिका, पृ. 28
78. वही, पृ. 41
79. वही, पृ. 107
80. वही, पृ. 135
81. वही, पृ. 434
82. वही।
83. डॉ. भगवतस्वरूप मिश्र5 'हिन्दी आलोचना : उद्‌भव और विकास', प्रथम संस्करण, प्राक्कथन।
84. वही।
85. डॉ. राजदरश मिश्रः 'हिन्दी आलोचना का इतिहास', प्रथम संस्करण, आमुख।
86. डॉ. वेंकट शर्माः 'आधुनिक हिन्दी साहित्य में समालोचना का विकास', प्रथम संस्करण, विषय-सूची, अध्याय-5, 6, 7, 8 ।
87. वही, आत्मनिवेदन।

88. डॉ॰ दशरथ ओझा : 'हिन्दी नाटक : उद्‌भव और विकास', प्रथम संस्करण की भूमिका में आचार्य हजारीप्रसाद द्विवेदी का मत।
89. शिवनारायण श्रीबास्तव : 'हिन्दी उपन्यास', प्रथम संस्करण, निवेदन.
90. डॉ॰ गणेशनः 'हिन्दी उपन्यास का अध्ययन', प्रथम संस्करण, प्रस्तावना, पृ॰5.
91. वही, प्रस्तावना, पृ॰ 8
92. डॉ॰ लक्ष्मीनारायण लालः 'हिन्दी कहानियों की शिल्पविधि का विकास', प्रथम संस्करण, निवेदन।
93. 'हिन्दी साहित्य के इतिहास ग्रन्थों का आलोचनात्मक अध्ययन', प्रथम संस्करण, पृ. 295
94. देखिए, डॉ. सुधीन्द्र : 'हिन्दी कविता में युगान्तर', प्रथम संस्करण, अध्याय 3

उपसंहार

हिन्दी साहित्येतिहासलेखन की प्रक्रिया तो निरन्तर चलती रहेगी तथा उसके दर्शनशास्त्र एवं शिल्प का विकास भी जारी रहेगा। मैंने इस क्षेत्र में हुए अब तक के प्रयत्नों का विश्लेषणात्मक अध्ययन प्रस्तुत करने का विनम्र यत्न किया है। इसमें सन्देह नहीं कि हिन्दीसाहित्य तथा आलोचना के तीव्रगामी विकास को देखते हुए यह कहना पड़ता है कि हिन्दी साहित्य का इतिहासलेखन साहित्येतिहासदर्शन तथा शिल्प की दृष्टि से अपेक्षाकृत पिछड़ा रहा है। हिन्दी साहित्येतिहासलेखन की जटिल समस्याओं के कारण इस बौद्धिक अनुशासन के विकास का समय-समय पर अवरुद्ध होना स्वाभाविक भी था। अनेक कठिनाइयों का सामना करते हुए चाहे मंद गति से ही सही, हिन्दी साहित्य का इतिहासलेखन युगानुरूप परिवर्तित तथा परिवर्द्धित होने का आकांक्षी रहा है। अतः इसके पिछड़ेपन की घोषणाओं में हिन्दी साहित्य के इतिहासकारों की महत्त्वपूर्ण उपलब्धियों की उपेक्षा उचित नहीं है।

हिन्दी साहित्येतिहासलेखनः प्रमुख उपलब्धियाँ

हिन्दी साहित्येतिहासलेखन की परम्परा पर समग्र रूप से विचार करने पर उसकी निम्नलिखित उपलब्धियाँ उभरकर सामने आती हैं :

1. हिन्दी साहित्येतिहासलेखन नवीन सामग्री के उपयोग द्वारा सदा पहले से अधिक प्रामाणिक तथा समृद्ध रूप धारण करता रहा है।
2. हिन्दी साहित्य के महान इतिहासकारों ने मध्ययुगीन पौराणिकता के आवरण में लिपटे ऐतिहासिक यथार्थ को उद्घाटित करने का भरसक यत्न किया है।
3. हिन्दी साहित्येतिहासलेखन अनेक दिशाओं की ओर उन्मुख हुआ है। समस्त इतिहास को इकाई मानकर भी इतिहास लिखे गये हैं, युग विशेष सम्बन्धी इतिहासलेखन का कार्य भी सम्पन्न हुआ है तथा साहित्यिक दिधाओं के इतिहास ग्रन्थों का निर्माण भी होता रहा है। साहित्येतिहासलेखन के सामूहिक प्रयासों द्वारा भी हिन्दी साहित्य की विपुल सामग्री का प्रकाशन तथा आरक्षण सम्भव हो सका है।

4. हिन्दी साहित्य के विकास का सम्बन्ध पूववर्ती परम्परा से स्थापित करके उसकी समाजनिष्ठ व्याख्या एक बहुत बड़ी उपलब्धि है, जिसकी अधिकाधिक प्राप्ति की ओर हमारे साहित्येतिहासकार अग्रसर होते रहे हैं।
5. हिन्दी साहित्येतिहासलेखन में युगीन परिस्थितियों का सन्दर्भ भी उपेक्षित नहीं रहा है, जिसके अभाव में साहित्यिक विकास की कार्यकारण युक्त व्याख्या सम्भव नहीं हो सकती। इस उपलब्धि पर एक प्रश्न-चिह्न अवश्य लगा हुआ है, क्योंकि महान इतिहासकार भी युगीन साहित्य तथा परिवेश के अंतःसम्बन्ध के यथार्थ को उद्‌घाटित करने में इतने सफल नहीं हो सके।
6. हिन्दीसाहित्य के इतिहास की सामग्री को युगों में विभाजित करके सुव्यवस्थित रूप में तथा सुरुचिपूर्ण ढंग से प्रस्तुत करने का कार्य भी होता रहा है।
7. हिन्दी के प्रमुख साहित्येतिहासकारों ने अपने ऐतिहासिक दृष्टिकोण तथा लेखनपद्धति को अपने-अपने ग्रन्थ के आरम्भ में स्पष्ट करके साहित्येतिहासदर्शन तथा शिल्प के निर्माण में भी सहयोग दिया है।
8. हिन्दी साहित्येतिहासलेखन साहित्येतिहास सम्बन्धी शुद्ध कलावादी तथा रूपवादी अवधारणाओं से ग्रस्त नहीं हुआ। इस प्रकार वह इतिहास विरोधी चिन्तन से अपनी रक्षा कर सका है।

इन उपलब्धियों को देखकर यह कहा जा सकता है कि हिन्दी साहित्येतिहासलेखन इतना पिछड़ा हुआ नहीं है, जितना कि कुछ विद्वान समझते हैं। यह सही है कि इसकी सीमाएँ भी कम नहीं है।

हिन्दी साहित्येतिहासलेखन : सीमाएँ

1. इतिहासदर्शन की दृष्टि से हिन्दी साहित्य का इतिहासलेखन धार्मिक पूवग्रहों, जातिवादी परिकल्पनाओं, पारभौतिक एवं आदर्शवादी भ्रान्तियों के कारण अपेक्षित प्रौढ़ता को प्राप्त नहीं कर सका। उच्च कोटि के इतिहासकारों द्वारा प्रस्तुत हिन्दी साहित्य के इतिहास का समाजशास्त्रीय तथा सांस्कृतिक अध्ययन भी वैचारिक विभ्रमों (आइडियोलॉजिकल इल्यूजन्स) से मुक्त नहीं हो सका। कुछ अपवादों को छोड़कर हिन्दी साहित्य के इतिहासकार धर्मनिरपेक्ष होकर साहित्येतिहासलेखन में असमर्थ रहे हैं। यह भी कहा जा सकता है कि इतिहासकार अपनी मध्यवर्गीय ऐतिहासिक चेतना से विमुक्त होकर साहित्यिक विकास की व्याख्या को वैज्ञानिक गरिमा देने में असमर्थ रहे हैं। इसलिए उनकी लोक मंगलकारी तथा मानवतावादी ऐतिहासिक चेतना इतनी सारगर्भित सिद्ध नहीं हो सकी।
2. हिन्दी साहित्य के प्रमुख इतिहास ग्रन्थों में भी साहित्यिक विकास के विश्लेषण, प्रवृत्ति निरूपण तथा ऐतिहासिक मूल्यांकन की अपेक्षा विवरणात्मकता

तथा इतिवृत्तात्मकता की प्रधानता रही है।

3. लेखन पद्धति तथा शिल्प की दृष्टि से भी मुख्यतः आचार्य शुक्ल का ही अनुकरण होता रहा है। इस दिशा में नवीनता लाने के प्रयत्न इतने सार्थक सिद्ध नहीं हुए।
4. हिन्दी के साहित्येतिहासलेखन में दृष्टिकोण तथा तथ्यों सम्बन्धी अटकलबाजियाँ भी पहले से कम नहीं हुईं जिनकी ओर आचार्य द्विवेदी ने संकेत किया था।
5. हिन्दी साहित्य के आरम्भिक युग के इतिहासलेखन में भाषा सम्बन्धी दृष्टिकोण अभी तक विवादास्पद बना हुआ है। इस युग के साहित्य की भाषा को किसी विद्वान ने अपभ्रंश का नाम दिया है तो किसी ने उसे उत्तरकालीन अपभ्रंश माना है तथा कोई उसे पुरानी हिन्दी अथवा हिन्दी का नाम देना उचित समझना है। इस अनिश्चित स्थिति के कारण हिन्दी साहित्येतिहास के आरम्भ का प्रश्न अनेक उत्तरों के होते हुए भी अनुत्तरित रह गया है।
6. हिन्दी साहित्येतिहासलेखन के बृहत तथा सामूहिक प्रयास मुख्यतः अधिकाधिक सामग्री जुटाने तक ही सीमित रह गये हैं। अनावश्यक विस्तार तथा अनेक पुनरावृत्तियों के कारण उनकी सार्थकता और भी क्षीण हो गयी है।

उपर्युक्त अभावों को देखकर विक्षोभ हो सकता है, परन्तु हताश होने की आवश्यकता नहीं है, क्योंकि विक्षोभ में नयी सम्भावनाएँ छिपी रहती हैं। इसके अतिरिक्त भारत में इतिहास सम्बन्धी प्रगतिशील चिन्तन के विकास तथा प्रसार को देखकर यह कथन निराधार नहीं होगा कि अनेक विरोधों के होते हुए भी भविष्य में हिन्दी साहित्य का इतिहासलेखन धर्मनिरपेक्ष, वैज्ञानिक तथा समाजवादी जीवन दर्शन पर आधारित ऐतिहासिक दृष्टिकोण से सम्पन्न हो सकेगा। यह साहित्येतिहासदर्शन शास्त्र की दृष्टि से अपने वास्तविक अर्थ में वैज्ञानिक तथा शैली की दृष्टि से साहित्यिक एवं कलात्मक होगा।

ग्रन्थ की उपलब्धियाँ

1. इस पुस्तक में इतिहास, इतिहासदर्शन तथा इतिहासलेखन के विस्तृत अध्ययन द्वारा साहित्येतिहास के दर्शनशास्त्र तथा लेखनशास्त्र को स्पष्ट करने का यत्न किया गया है।
2. अनेक प्रमाणों द्वारा यह सिद्ध किया गया है कि साहित्येतिहास का ऐतिहासिक भौतिकवादी दृष्टिकोण अन्य ऐतिहासिक दृष्टिकोणों की अपेक्षा कहीं अधिक विकसित एवं सार्थक है यदि यह साहित्येतिहास की विशिष्टताओं द्वारा पुष्ट हो।
3. साहित्येतिहासलेखन की पद्धति एवं शिल्प को स्पष्ट करने तथा उसकी समस्याओं को सुलझाने का पूरा यत्न किया गया है।

4. सम्भवतः किसी अन्य भाषा के साहित्येतिहास में युग व्यवस्थापन की (कालविभाजन) समस्या इतनी जटिल तथा विवादास्पद नहीं है जितनी हिन्दी भाषा के साहित्येतिहास की है। इस समस्या पर विस्तार से विचार करके यह सुझाव दिया गया है कि 15वीं शताब्दी से पूर्व के तथाकथित हिन्दी साहित्य की चर्चा हिन्दी साहित्येतिहास की भूमिका के रूप में की जानी चाहिए, हिन्दी के साहित्यिक इतिहास के युग विशेष के अन्तर्गत नहीं। इस स्थापना से कुछ विद्वान चौंक सकते हैं, परन्तु यह स्थापना चौंकाने के लिए नहीं, समस्या का समुचित समाधान करने के लिए की गयी है।
5. इस ग्रन्थ में पहली बार उन देशी और विदेशी विद्वानों के साहित्येतिहासदर्शन को स्पष्ट किया गया है, जिन्होंने केवल संग्रह ग्रन्थ लिखे हैं। इन ग्रन्थों की भूमिकाएँ तथा उनमें संकलित तथ्य लेखकों के इतिहासदर्शन को समझने में सहायक रहे हैं, क्योंकि तथ्यों के चुनाव में भी लेखक का दृष्टिकोण विन्यस्त होता है।
6. हिन्दी साहित्येतिहासलेखन के दर्शनशास्त्र एवं शिल्प का गवेषणात्मक अध्ययन करते हुए मैंने विद्वान इतिहासकारों के ऐतिहासिक दृष्टिकोण, साहित्येतिहासदर्शन तथा लेखन शिल्प को स्पष्ट ही नहीं किया, उनके इतिहासलेखन का विश्लेषण करते हुए उनकी उपलब्धियों के साथ-साथ उनकी भ्रान्तियों, अन्तर्विरोधों तथा विभ्रमों का भी उद्घाटन किया है।
7. हिन्दी साहित्येतिहासलेखन के इस अध्ययन में उसके उन पक्षों पर विशेष रूप से विचार किया गया है जो अब तक अछूते रहे हैं।

अन्तिम वक्तव्य

जिस प्रकार हिन्दी साहित्य के इतिहास के पुनर्निर्माण तथा पुनर्लेखन की आवश्यकता का बार-बार अनुभव होता रहेगा, उसी प्रकार हिन्दी साहित्य के इतिहासलेखन पर पुनर्विचार करने की आवश्यकता बनी रहेगी ताकि इस क्षेत्र का लेखन सही दिशा की ओर अग्रसर होता रहे। हिन्दी साहित्येतिहास का क्षेत्र इतना विस्तृत है कि तत्सम्बन्धी शोध की सम्भावनाएँ सदा बनी रहेंगी।

अन्त में यह आशा की जा सकती है कि भविष्य में इस व्यापक क्षेत्र का अनेक रूपी अध्ययन हिन्दी साहित्येतिहास के चिन्तन तथा लेखन को नये आयाम देने में समर्थ हो सकेगा।

सन्दर्भ-ग्रन्थ सूची

हिन्दी

1. अब्राहम जार्ज ग्रियर्सन कृत 'हिन्दी साहित्य का प्रथम इतिहास' (अनु॰ किशोरीलाल गुप्त) हिन्दी प्रचारक पुस्तकालय, वाराणसी द्वितीय संस्करण, 1961 ई..
2. अयोध्या सिंह उपाध्याय 'हरिऔध' : 'हिन्दी भाषा और साहित्य का विकास', किताब महल, इलाहाबाद, 1958.
3. उदय नारायण तिवारी : 'हिन्दी भाषा का उद्गम और विकास', भारती भंडार, इलाहाबाद, तृतीय संस्करण, संवत् 2026.
4. उदयभानु सिंह : 'महावीर प्रसाद द्विवेदी और उनका युग', लखनऊ विश्वविद्यालय, लखनऊ, सम्वत 2004.
5. कृष्णलाल : 'आधुनिक हिन्दी साहित्य का विकास', हिन्दी परिषद्, प्रयाग, तृतीय संस्करण, 1952.
6. कृष्ण शंकर शुक्ल : 'आधुनिक हिन्दी साहित्य', हिन्दी साहित्य कुटीर, बनारस, नवम् संस्करण, सम्वत 2014.
7. गणपतिचन्द्र गुप्त : 'हिन्दी साहित्य का वैज्ञानिक इतिहास', भारतेन्दु भवन, चंडीगढ़, प्रथम संस्करण, 1965.
8. गणपतिचन्द्र गुप्त (सं.) : 'आचार्य हजारी प्रसाद द्विवेदी', भारतेन्दु भवन, चंडीगढ़, 1963.
9. गणेशन : 'हिन्दी उपन्यास का अध्ययन', राजपाल ऐंड सन्स दिल्ली, प्रथम संस्करण, 1962.
10. गार्सां द तासी : 'हिन्दी साहित्य का इतिहास' (अनु॰ लक्ष्मीसागर वार्ष्णेय) हिन्दुस्तानी एकेडमी इलाहबाद, प्रथम संस्करण, 1953.
11. गुलाबराय, विजयेन्द्र स्नातक, 'आचार्य शुक्ल', आत्माराम एण्ड सन्स, दिल्ली प्रथम संस्करण, 1952.
12. चतुरसेन शास्त्री : 'हिन्दी भाषा और साहित्य का इतिहास', मेहरचन्द लक्ष्मणदास,

लाहौर, प्रथम संस्करण, 1946.

13. जयचन्द्र राय : 'आचार्य रामचन्द्र शुक्ल और उनका साहित्य', भारतीय साहित्य, दिल्ली, 1963.

14. जयचन्द्र विद्यालंकार : 'इतिहास प्रवेश', हिन्दी भवन, जालंधर, प्रथम संस्करण, 1949.

15. दशरथ ओझा : 'हिन्दी नाटकः उद्भव और विकास', राजपाल एण्ड सन्स, दिल्ली, प्रथम संस्करण, 1970.

16. देवेन्द्रनाथ शर्मा, डॉ. विजयेन्द्र स्नातक (सं.) : 'हिन्दी साहित्य का बृहत् इतिहास', पंचम भाग, नागरी प्रचारिणी सभा, काशी, स.. 2031.

17. धीरेन्द्र वर्मा तथा ब्रजेश्वर वर्मा (सं.) : 'हिन्दी साहित्य : द्वितीय खंड' प्रथम संस्करण, भारतीय हिन्दी परिषद्, इलाहाबाद.

18. धीरेन्द्र वर्मा (सं.) : 'हिन्दी साहित्य का बृहत् इतिहास : 'द्वितीय भाग', नागरी प्रचारिणी सभा, काशी, संवत् 2022.

19. नगेन्द्र : 'रीतिकाव्य की भूमिका', दिल्ली, 1959.

20. नगेन्द्र (सं.) : 'हिन्दी साहित्य का इतिहास', नेशनल पब्लिशिंग हाउस, दिल्ली, प्रथम संस्करण, 1973.

21. डॉ. नगेन्द्र (सं.), 'हिन्दी वाड्.मयः बीसवीं सदी', विनोद पुस्तक मन्दिर, आगरा, 1972.

22. नगेन्द्र (सं.) : 'हिन्दी साहित्य का वृहत् इतिहासः षष्ठ भाग', नागरी प्रचारिणी सभा, काशी, संवत् 2028.

23. नगेन्द्र (प्रधान सम्पादक) : 'हिन्दी साहित्य का बृहत् इतिहास : दशम भाग', नागरी प्रचारिणी सभा, काशी, संवत् 2015.

24. नन्ददुलारे वाजपेयी : 'हिन्दी साहित्य', भारती भंडार, लीडर प्रेस, इलाहाबाद, प्रथम संस्करण, संवत् 2007.

25. नलिनविलोचन शर्मा : 'साहित्य का इतिहास-दर्शन', बिहार राष्ट्र भाषा परिषद्, पटना, 1960 ई..

26. नामवर सिंह : 'इतिहास और आलोचना', सत् साहित्य प्रकाशन बनारस, प्रथम संस्करण, 1956.

27. प्लेखानेव, जी : 'मार्क्सवाद की मूल समस्याएँ', (अनुवादक—गिरीश मिश्र), पीपुल्स पब्लिशिंग हाउस, नई दिल्ली, 1966.

28. परशुराम चतुर्वेदी (सं.) : 'हिन्दी साहित्य का वृहत् इतिहास, चतुर्थ भाग', नागरी प्रचारिणी सभा, काशी, संवत् 2025.

29. डॉ. बुद्धप्रकाश : 'इतिहास दर्शन', प्रयाग, 1962.

30. ब्रजरत्नदास : 'खड़ी बोली हिन्दी साहित्य का इतिहास', हिन्दी साहित्य कुटीर, बनारस, प्रथम संस्करण, 1941.

31. भगवद् दत्त : 'भारतवर्ष का बृहत् इतिहास : प्रथम भाग', इतिहास प्रकाशन मंडल, 1951.
32. भगवतशरण उपाध्याय : 'भारतीय कला और संस्कृति की भूमिका', 1965.
33. भगवतस्वरूप मिश्र : 'हिन्दी आलोचनाः उद्भव और विकास', साहित्य सदन, देहरादून, प्रथम संस्करण, 1954.
34. भगीरथ मिश्र : 'हिन्दी काव्यशास्त्र का इतिहास', लखनऊ विश्वविद्यालय, प्रथम संस्करण, 1966.
35. भगीरथ मिश्र : 'हिन्दी इतिहास का बृहत् इतिहास : सप्तम भाग', नागरी प्रचारिणी सभा, काशी, संवत् 2029.
36. भोलानाथ : 'हिन्दी साहित्य', हिन्दी परिषद् प्रयाग, प्रथम संस्करण, 1954.
37. महेशदत्त शुक्ल : 'भाषा काव्य संग्रह', मुंशी नवल किशोर प्रेस, लखनऊ, पंचम संस्करण, 1901.
38. मिश्रबन्धु : 'मिश्रबन्धु विनोद', गंगा ग्रंथागार लखनऊ, (तीन भाग) प्रथम भाग, (प्र॰ संस्करण, 1913 ई॰), चौथा भाग, (1945 ई॰).
39. मोतीलाल मेनारिया : 'राजस्थान का पिंगल साहित्य', हिन्दी ग्रन्थरत्न, बम्बई, 1958.
40. रमाशंकर शुक्ल 'रसाल' : 'हिन्दी साहित्य का इतिहास', रामदयाल अग्रवाल, शान्ति प्रेस, इलाहाबाद, 1931.
41. राजबली पांडेय (सं॰) : 'हिन्दी साहित्य का बृहत् इतिहास : प्रथम भाग', नागरी प्रचारिणी सभा, काशी, सम्वत् 2024.
42. राजकुमार वर्मा : 'हिन्दी साहित्य का आलोचनात्मक इतिहास', नव साहित्य प्रेस, इलाहाबाद, पंचम संस्करण, 1964.
43. डॉ. रामखिलावन पांडे : 'हिन्दी साहित्य का नया इतिहास', अनुपम, पटना, प्रथम संस्करण, 1969.
44. रामचन्द्र शुक्ल : 'हिन्दी साहित्य का इतिहास', काशी नागरी प्रचारिणी सभा, काशी, (प्रथम संस्करण, 1929 ई॰) ; संशोधित तेरहवां पुनर्मुद्रण, 2015.
45. रामचन्द्र शुक्ल : 'रस-मीमांसा', नागरी प्रचारिणी सभा, काशी, तृतीय संस्करण, सम्वत् 2017.
46. रामचन्द्र शुक्ल : 'चिन्तामणि', (2 भाग), नागरी प्रचारिणी सभा, काशी 1950.
47. रामदरश मिश्र : 'हिन्दी आलोचना का इतिहास', काशी विश्वविद्यालय, प्रथम संस्करण, 1960.
48. डॉ॰ रामलाल सिंह : 'आचार्य शुक्ल के समीक्षा सिद्धान्त', इंडियन प्रेस, प्रयाग 1954.
49. रामविलास शर्मा : 'आचार्य रामचन्द्र शुक्ल और हिन्दी आलोचना', तृतीय संस्करण, 1973.

50. राहुल सांकृत्यायन : 'हिन्दी काव्यधारा', किताब महल, इलाहाबाद, प्रथम संस्करण, 1945.

51. राहुल सांकृत्यायन (सम्पादक) : 'हिन्दी साहित्य का बृहत् इतिहासः षोड्श भाग', नागरी प्रचारिणी सभा, काशी, संवत् 2017.

52. डॉ. रूपचन्द पारीक : 'हिन्दी साहित्य के इतिहास ग्रन्थों का आलोचनात्मक अध्ययन', सरस्वती पुस्तक सदन, आगरा, प्रथम संस्करण, 1972.

53. लक्ष्मीनारायण लाल सुधांशु (सम्पादक) : 'हिन्दी साहित्य का बृहत् इतिहास : त्रयोदश भाग', नागरी प्रचारिणी सभा काशी, संवत् 2022.

54. लक्ष्मीसागर वार्ष्णेय : 'आधुनिक हिन्दी साहित्य', हिन्दी परिषद्, इलाहाबाद, संशोधित एवं परिवर्द्धित संस्करण, 1954 ई..

55. विनयमोहन शर्मा (सं.) : 'हिन्दी साहित्य का बृहत् इतिहास : अष्टम भाग', नागरी प्रचारिणी सभा, काशी, सम्वत् 2023.

56. विश्वप्रसाद मिश्र : 'हिन्दी साहित्य का अतीत : प्रथम भाग', वाणी-वितान प्रकाशन, वाराणसी, सम्वत् 2022, द्वितीय भाग, संवत् 2023.

57. वेंकट शर्मा : 'आधुनिक हिन्दी साहित्य में समालोचना का विकास', आत्माराम ऐंड सन्स, दिल्ली, प्रथम संस्करण, 1962.

58. शम्भूनाथ सिंह : 'हिन्दी काव्य की सामाजिक भूमिका', प्रथम संस्करण.

59. शिवदानसिंह चौहान : 'हिन्दी साहित्य के अस्सी वर्ष', राजकमल प्रकाशन, दिल्ली, द्वितीय संस्करण, 1961.

60. शिवनारायण श्रीवास्तव : 'हिन्दी उपन्यास', साहित्य मन्दिर, बनारस, संवत 2016.

61. शिवप्रसाद सिंह (सम्पादक) : 'शान्ति निकेतन से शिवालिक', भारतीय ज्ञानपीठ प्रकाशन, प्रथम संस्करण, 1967.

62. 'शिवसिंह सेंगरः 'शिवसिंह सरोज' (सं. 1934 की भूमिका सहित), (सं. त्रिलोकीनारायण दीक्षित), तेजकुमार बुक डिपो, लखनऊ, 1966.

63. श्यामसुन्दर दासः 'हिन्दी साहित्य', इंडियन प्रेस, प्रयाग, दशम संस्करण, 1956.

64. सावित्री सिन्हा (सं.) : 'हिन्दी साहित्य का बृहत् इतिहास : एकादश भाग', नागरी प्रचारिणी सभा, काशी, संवत् 2029.

65. सुधीन्द्र : 'हिन्दी कविता में युगान्तर', आत्माराम एंड सन्स, दिल्ली, प्रथम संस्करण, 1950.

66. सुनीतिकुमार चाटुर्ज्या, 'भारतीय आर्य भाषा और हिन्दी', राजकमल प्रकाशन, दिल्ली, 1963.

67. सुमनराजे : 'साहित्येतिहास : संरचना और स्वरूप', ग्रन्थम कानपुर, प्रथम संस्करण, 1975.

68. सोमनाथ गुप्त : 'हिन्दी नाटक का साहित्य के इतिहास', हिन्दी भवन, जालंधर, प्रथम संस्करण, 1949.

69. हरवंशलाल शर्मा (सं.) : 'हिन्दी साहित्य का बृहत् इतिहास : चतुर्दश भाग', नागरी प्रचारिणी सभा, काशी, सम्वत् 2027.
70. हजारी प्रसाद द्विवेदी : 'हिन्दी साहित्य की भूमिका', राजकमल प्रकाशन, दिल्ली पुनर्मुद्रण 1969.
71. आचार्य हजारी प्रसाद द्विवेदी : 'हिन्दी साहित्य का आदिकाल', बिहार राष्ट्रभाषा परिषद्, पटना, तृतीय संस्करण, 1961.
72. हजारी प्रसाद द्विवेदी : 'हिन्दी साहित्य', अत्तरचन्द कपूर ऐंड संस, दिल्ली, 1955.
73. 'आलोचना', इतिहास विशेषांक, अक्तूबर 1952.
74. वही, 1953.
75. वही, वर्ष 3, अंक 2, जनवरी 1954.
76. वही, जुलाई 1954.
77. वही, नवम्बर 1955.
78. वही, नवांक 36, 37, 38, 1976.
79. 'उपलब्धि' अंक 7, नवम्बर 1971.
80. 'कथा' अंक 4, 1975.
81. 'धर्मयुग', 11 अगस्त, 1964.
82. 'परिशोध', अंक 14.
83. 'सम्भावना', वर्ष 1, अंक 2.
84. 'सम्मेलन पत्रिका', लोक संस्कृति विशेषांक, सं. 2010.
85. 'साहित्य सन्देश', अंक 4.
86. 'हिमप्रस्थ', मार्च, अप्रैल, 1976.

अंगरेजी—

1. Afanasyev, V. : 'Marxist Philosophy', tr. from Russian into English by L. Lepmpert, First edition, Moscow.
2. Aray, M.C.D. : 'The Sense of History : Secular and sacred', New York, 1959.
3. Aron, Raymond : 'Introduction To The Philosophy of History', Boston, 1962.
4. Sri Aurovindo : 'The Life Divine', Vol.II.
5. Becker, Howard and Harry Elmer : 'Social Thought Lore To Science', Vol. II., Third ed. 1961.
6. Becker, Carl L. : 'Everyman His own Historian', New York, 1955-
7. Berlin, Isiah : 'Foreign Affairs'., XXVIII No. 3 (June, 1950).
8. Berr, Henry : 'Ancient India and Civilisation', e d by C.K. Ogden, 1967.

9. Block Mare : 'Historian's Craft', tr. from French by Peter Putnam.
10. Budh Prakash : 'The Modern Approach To History', 1961.
11. Caudwell, Christopher : 'Studies In Dying Culture', London, 1949.
12. Carlyle : 'On Heroes and Hero Worship', 'Introduction by W.H. Hudson', London, 1964.
13. Carr, E. H. : 'What is History', a pelican book, Great Britain, 1964.
14. Cohen, Moris R. : 'The Meaning Of Human History', 1947.
15. Collingwood, R.G. : 'The Idea Of History', Oxford University Press, London, 1966.
16. Cornforth, Maurice : 'Dialectical Materialism', Vol. II (Theory of Knowledge), National Book Agency, Third ed; London, 1971.
17. Croce, Benedetto : 'History As Story of Liberty ', Eng, tr. by Syloria Sprigge, Unwin Ltd, Third ed., London, 1964.
18. Cowell, F.R. : 'History, Civilization and Culture', Thames and Hudson, London, 1952.
19. Elton : 'Camridge Modern History', Vol. II, London 1958.
20. Frazer, R.W. : 'A Literary History Of India', Fisher Unwin, London, 1907.
21. Galbraith : 'Why We Do Read History', London, 1944.
22. Galbraith : 'Historical Study and The State', (An Inaugral lecture delivered before the University of Oxford on 3rd Feb, 1948), Oxford, 1948.
23. Gardiner, Patrick, : 'Theories Of History' (ed.), Free Press, London, 1959.
24. Ghoshal, U.N. : 'Studies in Indian History And Culture', Orient Longman, 1965.
25. Goel, Dharmendra : 'Philosophy Of History', First ed., 1967.
26. Gottschalk, Louis : 'Understanding History', Alfred A. Knope, New York, 1958.
27. Hauser, Arnold : 'The Philosophy of Art History', Alfred A. Knope, New York, 1956.
28. Hockett, Homer Carry : 'The Critical Method In Historical Research and Writing', Macmillan & Co., New York, 1961.
29. Hook, Sidney : 'The Hero in History', Beacon Press, Boston, 1955.
30. Joshi, V.V.: 'The Problems Of History And Historiography', Kitabistan, Allahabad, 1946.
31. Keay, F.E. : 'History Of Hindi Literature', Oxford University Press, 3rd, ed., 1960.
32. Kosminski, Y. : 'Prof. Toynbee's Philosphy Of History', tr. form Russian into Eng. by Goerge Henna, Moscow, 1960.
33. Legouis and Cazamian : 'A History Of English Literature', J.M. Dent

and Sons Ltd., London, 1965.
34. Lenin, V. I. : 'Materialist Conception of History', Labour Monthly 4, 1923.
35. Lord Acton : 'Lectures in Modern History', Macmillan & Co., New York, 1956.
36. Lord Acton : 'Cambridge Modern History', Vol. I, London, 1902.
37. Lunacharsky : 'On literature And Art', Progress Publishers, Moscow, First ed., 1965.
38. Maciver, R.M. and Page : 'Society', Macmillan & CO. Ltd., London, 1953.
39. Mahajan Vidyadhar : 'Ancient India', S.Chand & Co., Delhi, 1974.
40. Majumdar : 'Ideas Of History in Sanskrit Literature', (An essay in Historians Of India, Pakistan and Ceyoln) ed. by C.H. Philips, London, 1961.
41. Mandel Paum, Maurice :'The Problems Of Historical Khowledge', First ed., Liver Right Publishing Corporation, New York, 1938.
42. Maritain, Jaques : 'On The Philosophy Of History'. 1957.
43. Marx and Engals : 'Works', XXVI.
44. Mill, James : 'The History of British India', First ed., London, 1858.
45. Narula, Shamsher Singh : 'Scientific History of the Hindi Language', Hindi Academy, New Delhi, 1965.
46. Nilkant, K.A. : 'Historical Method', Madras, 1956.
47. Pathak, V.S. : 'Ancient Historians of India', Madras, 1966.
48. Philips, C.H. (Ed.) : 'Historians of India', , Pakistan and Ceylon', Oxford Uni. Press, London, 1962.
49. Piepier, Joseph : 'The End Of Time', tr. by Michael Bullock, First ed., London.
50. Plekhanov, George : 'Art and Society', tr. from Russian Enlarged ed., London, 1953.
51. Popper, Karl R. : 'The Poverty of Historicism', New York, 1967.
52. Powick, F. : 'Modern Historian and Study Of History', 1955.
53. Read Herbert : 'The Philosophy Of Art', Faber and Faber, London, 1951.
54. Renier, G. J. : 'History : Its Purpose and Method', The Beacon Press, Boston, 1950.
55. Rickett. Compton : 'History of English Literature', Thoman Nelson and Sons, London, 1946.
56. Rubinstein, Annette. T. : 'The Great Tradition in English Literature', New York, 1953.
57. Russel, Bertand : 'Portraits Form Memory', London, 1958.
58. Saintsbury : 'A Short History of English Literature', Macmillan & Co. Ltd., London, 1966.

59. Sampon, George : 'The Concise Cambridge History of English Literature', Cambridge University Press, London, 1953.
60. Sampson, R.V. : 'Progress In The Age of Reason', London, 1966.
61. Schuyler, R. L. and Ausubel : 'The Making of English History', (ed.) New York, 1952.
62. Schlegel, Frederick Von : 'The Philosophy Of History', Eng. tr. by James Rovertson, Second ed., 1846.
63. Scott, R.A. : 'Fifty Years Of English Literature', Longmans Green & Co., London, 1958.
64. Shotwell, James T. : 'The History Of History', Vol. I., Coulmbia University Press, New York, 1950.
65. Sorokin, P.A. : 'Culture and Social Dynamics', Vol I. First edition.
66. Spengler, Oswald : 'The Decline Of The West', Eng. tr. by Charles Francis, Allen and Unwin Ltd, Fifth ed., 1954.
67. Thomson, James Westfall : 'History Of Historical Writing', Vol. I & II, Macmillan Co. New York (Fifth ed), 1962.
68. Tolstoy : 'War and Peace', Epilogue.
69. Toynbee, Arnold J.A. : 'Study Of History', (Abridgement of Vol. I-VI) London, 1956.
70. Toynbee : 'A Study Of History', Vol. XII, Reconsiderations, Oxford University Press, London, 1961.
71. Verma, V.P. : 'Introduction To A New Philosophy Of History', The Vishvabharati Quarterly, Autumn 1956.
72. Walsh, W. H. : 'Introduction to The Philoshy of History', Vol. I, 1950.
73. Ward, A.C. : 'Illusrated History Of English Literature', Longmans, Green and Co., London, 1957.
74. Wellek, Re'ne and Austin Warred : 'Theory Of Literatre', Peregrine Books, Third ed., U.S.A., 1963.
75. Ware, Caroline F. : 'The Cultural Approach To History', New York, 1940.
76. Widgery, Alban G. : 'Interpretations Of History', 1941.
77. Winkler, Hugo : 'The History Of Babylonia and Assyria', tr. by J.A. Craig, New York, 1907.
78. Winternitze : 'History Of Indian Literature', Calcutta, 1933.
79. Yakhot, O. : 'What Is Dialectical Materialism', Moscow, 1965.
80. Young, G.M. 'Victoria England : Portrait Of An Age', London, 1944.
81. Zovorikine : 'Theory Of Culture', An article, in Social Digest, No. 2, June, 1968.

अनुक्रमणी

अंचल रा. प्र. शुक्ल 95,
'अकबरनामा' 60
अग्रदास, 192
अष्टछाप, 202
अबुलफज़ल, 60, 179
अमीरखुसरो, 202
'अलंकार रत्नाकर', 155
अस्तित्ववादी, 27
आदिकाल 136, 225, 227, 249, 259
'आधुनिक हिन्दी साहित्य', 169, 279, 280
'—का विकास', 169, 240, 279, 282
'—की भूमिका', 169, 279
आधुनिक युग, 220. 221, 233, 263-64 266, 270
'आलमगीरनामा', 60
इंशाअल्ला खाँ, 149
इन्द्र, भगवानलाल, 62
'इकबालनामा जहाँगीरी', 60
'इतिहासतिमिरनाशक', 64
उपनिषद्, छान्दोग्य, 50
उत्कर्षक काल, 295, 297
उपाध्याय, वि. ना., 105
एंजिल, 27
एक्टन, लार्ड, 75
एडिंगटन, जान, 86
एमर्सन, 16
एल्बन, विजेरी, 36
एल्टन, 21, 99
एल्फिस्टोन, 63
'ए स्केच ऑफ हिन्दी लिटरेचर', 134, 161
एशियाटिक सोसाइटी, 62
'ए हिस्टरी ऑफ हिन्दी लिटरेचर', 161, 162
ऐतिहासिक भौतिकवाद, 33
ओमन, सरचार्ल्स, 37
ओल्डनबर्ग, 62
कंडोकसेट, 31
कजामिया, ल्युइस, 91, 105
कथकसंहिता, 49
'कथासार', 64
कर्णादीन, 57
कलावादी, 98
कल्हण, 52, 54
कबीर, 142, 177, 179, 183, 186, 192, 202, 238, 254, 258
'कविप्रिया', 185
'कविमाला', 155
काडवेल, क्रिस्टोफर, 108
कामते, 31, 76
'कायमरासो', 58
कातो द एलडर, 68
'कारणता', 26, 82
कार, ई. एच., 13, 20, 21, 23, 24, 32, 38
कालिंगवुड, 12, 17, 20, 27, 28, 33, 35, 68, 70, 75, 121
कालीदास, 185, 198

'कालीदास हजारा', 155, 185
'काव्य निर्णय', 187
कीथ, 48
'कीर्तिकौमुदी', 56
'कीर्तिलता', 56
कूना, 86
क्रूजे, 72
केर, 84
केशवदास, 58, 145, 185, 191, 198
कोल्बुक, 62
क्रोचे, 13, 16, 17, 20, 24, 33, 75
'खुमानरासो', 57, 137, 239
'खुलासतुत्तावारीख', 179
गाटस्वाक, लुई, 37
गार्सा-द-त्तासी 157, 158, 160, 174, 178, 188, 195
गिब्बन, 72
ग्रिफथ, 62
ग्रियर्सन, 133, 142, 147, 159, 162, 164, 187-190, 203, 242
ग्रीब्ज, 30, 134, 161
गुप्त, किशोरी लाल, 184, 188, 194, 199,
गुप्त, डॉ. गणपतिचन्द्र, 132, 137, 143, 145, 149, 168, 270, 272
गुप्त, मैथिलीशरण, 165, 233, 236
गूज, एडमंड 99
गोयल, धर्मेन्द्र, 45
घनानन्द, 146
घोषाल, यू.के., 49
—यू. एम 55
चन्द, 60, 177, 184, 202
चतुर्वेदी, माखनलाल, 135
चरित काव्य, 56
चाटुर्ज्या, डॉ. सुनीतिकुमार, 141
चारणकाल, 134, 135, 136, 190, 196-197, 227, 242
'चिन्तामणि', 145, 191
चोपमेल, 179
'चौरासी वैष्णवन की वार्ता', 154
चौहान, शिवदानसिंह, 133, 266-267
'छत्रसालरासो', 58
छत्रप्रकाश, 59
छायावाद, 148, 149, 223, 257, 262, 282, 295
'जयसिंहचरित', 58
जयचन्द्र सूरी, 56
जयसिंह, 56
जयानक, 52, 54
'जसवंत उद्योत', 58
जायसी, 238
जानकवि, 58
जार्ज, डॉ. अब्राहम, 133
जिनेन, 111
जैन काव्य, 136
जैनेन्द्र कुमार, 229
जोंस, विलियम, 62
जोधराम, 58
जोशी, वी.बी. 15, 18
टाड, जेम्स, 60, 134, 182, 185, 190, 195
टायनबी, 32, 40, 51, 75-76, 87-88
ट्रिलमोंट, 71
ट्रेवेलियन, 25
डार्विन, 19, 30, 31
डिंगल, 57, 136, 259, 269
डूंगरसी, 58
ड्रे, विलियम, 77
'तारसप्तक', 149

तिवारी, डॉ॰ उदयनारायण, 141
तिवारी, डॉ॰ भोलानाथ, 141, 169
तुकाराम, 179
तुलसीदास, 142-145, 185, 186, 189, 192-193, 197, 198, 215, 269
तेन, हिप्पोलाइत, 91-92
तैत्तिरीय ब्राह्मण, 49
दयालदास, 58
दादू, 177-178
दास, बाबू श्यामसुन्दर, 135, 165, 231, 233, 235, 236, 254
'दिनेश', डॉ. रामगोपाल शर्मा, 140
'दिनकर', रामधारीसिंह, 222
दि माडर्न वर्नाक्यूलर लिट्रेचर ऑफ हिन्दुस्तान', 157, 187
'दिग्विजय, भूषण', 155
द्विवेदी, डॉ. हजारीप्रसाद, 136-137, 140-141, 143, 145, 147-148, 163, 167-168, 171, 189, 219, 230, 237, 243, 249-263,
द्विवेदी काल, 150, 221, 223, 295,
नन्दराम, 58
नगेन्द्र, डॉ. 133, 148, 170, 305
नजील, अरनेस्ट, 77
'नवसहसांकचरित', 52
नागरी प्रचारिणी सभा, 160, 170-171, 203, 284
नानक, 178
नामदेव, 177
निर्गुण धारा, 225
नेही, 184
पद्मगुप्त, 52
पद्मनाभ, 57
पद्माकर, 58-59
'पद्मावत', 260
'परमालरासो', 140
प्रगतिवाद, 148
प्लेखोनोव, 76, 94
'प्रसाद', 236
पांडेय, मैनेजर, 97-98, 102
पांडेय, डॉ. रामखेलावन, 137, 143, 145, 168, 272, 273
पाठक, वि. श., 50, 53
पाठानुसंधान, 116
पापर, कार्ल आर. 21, 22, 27, 38, 40, 77
पारीक, डॉ. रूपचन्द, 156-157, 163, 166, 229, 233, 236, 240, 291, 313
प्रियदास, 179
'पृथ्वीराजरासो, 57-58, 60, 120, 140, 184, 190, 243, 260
'पृथ्वीराज विजय', 52, 54
पुष्य, 133-134, 196-197, 290
पुनरुत्थानवादी, 69
पेज, 30
प्रेमचन्द-प्रसाद युग, 148, 267
'प्रेमसागर', 176
फिलिप, सी. एच., 55
फिशर, 27, 40, 75
फीत्से, जी, एल., 72
फ्रैंकलेन, चार्ल्स 77
बकुनिन, 76
बरी, जे. बी., 19, 27, 75
बर्लिन, इजिया. 40, 77
बादर ढाढी, 57
बिहारीलाल, 185
बुधप्रकाश, 13, 73
'बुद्धचरित', 52
ब्रुनेतियर,फार्डिने, 86

बेकन, फ्रांसिस, 70
बैट्सन, एफ॰ डब्ल्यू॰ 106
ब्लैक, क्रिस्टोफर॰ 77
बोधा, 207
बोलेंडिस्ट, 71
'भक्तमाल', 144, 177, 179, 187-192
भक्तिकाल, 142, 144, 146, 151, 161, 164, 166, 219, 230, 240-241, 248, 288-289
भक्ति काव्य, 190, 219, 289
भरतेश्वर बाहुबली रास', 137, 141
'भाषा काव्य संग्रह', 155-156
भारतीय हिन्दी परिषद्, 301
भारतेन्दु, 133, 145, 148, 221, 228, 240
भारतेन्दुकाल, 150, 293
भिखारीदास, 185
भूषण, 135
मतिराम, 183
मदान, डॉ. इन्द्रनाथ, 249, 251
'महाभारत', 50, 52
मध्यकाल, 235
मार्क्स, 22, 27, 29, 31-32, 38
मारीटेन, 33
मित्रा, आर. एल. 62
मिल, जेम्स, 63
मिश्रबंधु, 65, 137, 145, 147, 159-160, 199, 206, 207, 224, 242
'मिश्रबन्धु विनोद', 120, 134, 159, 199, 200, 203, 204, 224, 266, 302
मिश्र, कुलपति, 186
—, दलपति, 58
—, भगवतस्वरूप, 309
—, डॉ॰ भगीरथ, 146
—, मातादीन, 186
—, रामदरश, 309
—, डॉ. विश्वनाथ, 123, 146, 268
—, शिवप्रसाद, 295
मीराबाई, 183
मुरलीधर, 58
मूर, 30
मेडलबाम, मारिस, 33, 35
'मेवाड़ का इतिहास', 65
मैटलैंड, 74
मैकाले, 17
मैकाइवर, 29, 30
मैक्समूलर, 48, 62, 63
मैकाइवली, 69
मोतीलाल मुनारिया, 58, 137
रघुवंश, डॉ. 250, 252, 259
'रघुवंश', 52
'रणमल्लछंद', 57, 135
'रस चन्द्रोदय', 155, 187
'रसाल', 135, 160, 165, 202-205, 234-237
रहीम, 238
'रागकल्पद्रुम', 155
राघव, रांगेय, 66, 216
'राजतरंगिणी', 52, 54, 183
'राजविलास', 58
राजे, डॉ. सुमन, 111, 112, 115, 117-118, 122, 125, 144, 159, 162, 166-167, 178-99, 226-227, 237-38
'राणारासो', 58
'रानी केतकी की कहानी', 124
रान्के, वान, 37, 75
रामदेव, 65
रामकवि, 58
रामानन्द, 142-43, 180
'रामायण', 50, 52, 181, 186

राय, जयचन्द्र, 216, 224
'राव जैतसी रो पाघड़ी छन्छ', 57
रीतिकाल, 135, 144-145, 161, 164, 191, 197, 215, 220, 223, 240, 256, 258, 266, 273, 290, 292
रूद्रकाशिकेय, 295
रेनियर, 12, 18, 23
लाल, डॉ. लक्ष्मीनारायण, 312
लिंगुइस, एमाइल, 105
लिबी, 68
लूनाचर्सकी, 107
लेनिन, 108
वर्मा डॉ. रामकुमार, 114, 136, 146, 145, 154, 158, 161, 165,-166, 241-242, 254
—, स्नातक सत्यकाम, 136, 144, 146
वल्लभाचार्य, 185
वस्तुवादी, 98
वाजपेयी, आचार्य न. दु., 223
बाणभट्ट, 53, 54
वाल्टेयर, 33, 71, 86
वाल्श, डब्ल्यू, एच., 11, 16, 20
वार्ष्णेय, डॉ. लक्ष्मीसागर, 157, 169, 176, 180, 279
विंकलर, 47
'विक्रमांकदेवचरित', 52, 54
विकास के विशिष्ट नियम, 96
विकासवाद, 19, 29
'विजयपाल रासो', 137
विटरनिट्स, 48
विट्ठलस्वामी, 185
'विनय पत्रिका', 186
विद्यापति 56, 202
वियोगीहरि, 135
'विद्वन्मोद तरंगिणी', 155
विल्किन, 62
विल्हण, 52
वीको, 31, 38, 71
वीरकाव्य, 57
वीरगाथाकाल, 135, 137, 140, 143, 164, 225, 227, 230, 233, 295
'वीरमायण', 56
'वीसलदेव रासो', 57
वेलेक, रेने, 84-86, 97-99, 122, 124
'वैदिकी हिंसा हिंसा न भवति', 113
वैश्रव, 47
व्यवहारवाद, 12
व्हाइट, मार्टन, 77
व्हूलर, 49, 62
शरण, रघुवीर, 65
शर्मा, नलिन विलोचन, 100, 109, 112, 123, 158, 159, 171, 182, 192, 199, 235, 252, 260, 288
—,बालकृष्ण, 135
—,रामविलास, 140, 171, 214, 221, 222
—, हरवंशलाल, 298
शा, 201
शास्त्री, आचार्य चतुरसेन, 264-265
—, सूर्यकान्त, 165-166, 237
शाट्वेल, जेमज, 25
'शिवसिंह सरोज', 119, 133, 154-158, 182-83, 185-187
शुक्ल, आचार्य रामचन्द्र, 29, 114, 119-120, 134-135, 140, 142-148, 159-167, 192, 193, 199, 208, 213-223, 226-230, 237, 239, 249, 252-253, 254, 255-256, 260, 237, 280
—, गया प्रसाद, 135

—, महेशदत्त, 156
—, माधव, 135
—, युग, 162
शेलिंग. जे., 72
श्री अरविन्द, 32
श्रीधर, 57, 135
शृंगारकाल, 145-146, 270
'शृंगार संग्रह', 155, 194
श्रीवास्तव, शिवनारायण, 311
संधिकाल, 242
सगुण धारा, 225
सदासुखलाल, मुंशी, 149
सरकार, यदुनाथ, 50, 66
सांकृत्यायन, राहुल, 114, 136
साइमन, 16
'सार-संग्रह', 155
'साहित्येतिहास :संरचना और स्वरूप', 171
'साहित्य का इतिहासदर्शन', 171
सिंह, नामवर, 29, 47, 160, 162-165, 167-168, 171, 249, 253
—, बच्चन, 102, 124, 144, 148-149-150
—, डॉ. रामलाल, 214-215, 217
—, डॉ. वासुदेव, 125, 131, 135, 136, 138
—, डॉ. शम्भूनाथ, 138, 143, 168
'सिंहासन बत्तीसी', 179
सितारेहिन्द, राजा, शिवप्रसाद, 64, 137
सिद्धान्त, चाक्रिक, 71
सिद्ध-सामन्त युग, 136
सुन्दरीतिलक, 187
सुखदेव, 184
'सुजानचरित', 59, 187
सूदन, 58, 135, 207
सूफीवाद, 202, 273
'सूर्यमल्लवंश भास्कर', 59
'सूरज प्रकाश', 57
सूरदास, 177, 189, 229, 238, 258
सूरी, शालिभद्र, 137
सेंगर, शिवसिंह, 154-158, 182-187
सेंटरबरी, 106
सैंपसन, आर॰ बी॰, 24
—, जार्ज, 104
सोमनाथ, 184
सोमेश्वर, 56
सोरोकिन, 41, 87, 89, 90-91
स्कॉट, आर॰ ए॰, 105
स्टीफन, लस्ली, 99
स्पेंसर, हर्बर्ट, 31, 89
स्मिथ, 64
हक्स्ले, जूलियन, 87
'हम्मीरमदमर्दन', 56
'हम्मीररासो', 57
'हरिऔध', 166, 184, 239-240
हरिदास, 58
हरिनाथ, 184
'हरिवंश', 52
'हर्षचरित', 53
हाऊजर, आर्नल्ड, 105, 110, 113
हाकिन्स, एलेमर, 96
हार्डी, पी॰, 59
हार्स्ले, जान, 71
'हिन्दी आलोचना का इतिहास', 309
'हिन्दी उपन्यास', 311
'हिन्दी कहानियों की शिल्पविधि का विकास', 312
'हिन्दी काव्य की सामाजिक भूमिका', 168
'हिन्दी भाषा और साहित्य', 135, 165
'हिन्दी भाषा और उसके साहित्य का विकास',

165, 239
'हिन्दी साहित्य', 168, 230, 232, 236, 284
'हिन्दी साहित्य के अस्सी वर्ष', 266
'—का इतिहास', 134, 156, 165, 170, 214, 221, 234, 237, 289
'—का आदिकाल', 168
'—का आलोचनात्मक इतिहास', 165, 241
'—का नया इतिहास', 137, 168, 272
'—की भूमिका', 167, 249, 253, 255, 257
'—का प्रथम इतिहास', 188
'—का विवेचनात्मक इतिहास', 165, 237
'—का वैज्ञानिक इतिहास', 270
'—का वृहत् इतिहास', 284-301
'हिम्मतबहादुर विरुदावली', 59
हिरोदोतस, 19, 67
हीगेल, 33, 38, 72, 75
हेमचन्द्र, 56, 141
हैम्पल, 77

□□